内蒙古年鉴精品工程

2023 扎兰屯年鉴

扎兰屯市档案史志馆　编

方志出版社
Publishing House of Local Records

图书在版编目（CIP）数据

扎兰屯年鉴. 2023 / 扎兰屯市档案史志馆编. -- 北京 : 方志出版社, 2023.12
ISBN 978-7-5144-6094-0

Ⅰ. ①扎… Ⅱ. ①扎… Ⅲ. ①扎兰屯—2023—年鉴
Ⅳ. ①Z522.63

中国国家版本馆 CIP 数据核字(2023)第 253279 号

责任编辑：丛　珺
责任校对：张玉霞
责任印制：梅中英
出 版 者：方志出版社
地　　址：北京市朝阳区潘家园东里 9 号（国家方志馆 4 层）
邮　　编：100021
网　　址：http://www.zgfzcb.cn
发　　行：方志出版社图书营销中心（010-67110500）
印　　刷：呼伦贝尔市巍利斯印业有限公司
开　　本：889 毫米×1194 毫米　1/16
印　　张：23.5
字　　数：696 千字
版　　次：2023 年 12 月第 1 版
印　　次：2023 年 12 月第 1 次印刷
定　　价：280.00 元

《扎兰屯年鉴（2023）》编纂委员会

《扎兰屯年鉴（2023）》编纂人员

编 辑 说 明

一、《扎兰屯年鉴（2023）》是由中共扎兰屯市委、扎兰屯市人民政府主办，扎兰屯市档案史志馆组织编纂的大型地方综合年鉴。本年鉴以马克思列宁主义、毛泽东思想、邓小平理论、“三个代表”重要思想、科学发展观、习近平新时代中国特色社会主义思想为指导，以铸牢中华民族共同体意识为主线，坚持辩证唯物主义和历史唯物主义的立场、观点和方法，系统记述扎兰屯市自然、政治、经济、文化、社会和生态建设基本情况和发展情况，旨在为各级党政机关、研究部门和社会各界人士及中外投资者认识、了解和研究扎兰屯市提供基本资料。

二、本年鉴记述起止时间原则上为2022年1月1日至12月31日。为突出年鉴的时效性及年度性，卷首专题图片中城市建设类图片选用2023年资料，特载选用2023年会议工作报告。

三、本年鉴依据本行政区域经济社会发展特点，参照有关分类标准，采用分类编排法，设类目、分目、条目3个层次，个别分目下设次分目，条目为记述基本层次。个别地方设“链接”，收录相关资料，以扩展条目内容的信息量。

四、与上年年鉴相比，“农业”类目下分目调整为“综述”“种植业”“畜牧业”“动物疫病防控”“林业”“农业机械化”“现代农业产业园”“现代化农牧场”，进一步突出地方特色；增设“科学技术”“应急管理”类目，进一步突出时代特色；“商贸服务业”类目下增设“粮油购销”“专项经营”“居民服务业”“中介服务业”4个分目，“工业”类目下原“重点企业”分目按业态调整为“农畜林产品加工”“矿产开发”“医药制造”“化工工业”“建材工业”，以增强资料收录全面性；卷首专题图片新设“创建全区民族团结进步示范市”，以突出年度特色。

五、为行文方便，年鉴文字叙述适当采用简称。年鉴中数字，除词汇用语和习惯单数用汉字数字外，其他数字均用阿拉伯数字表述；年份时间均用阿拉伯数字表述。度量衡单位均采用公制并用汉字表述。标点、数字使用遵照中华人民共和国国家标准，即《标点符号用法》（GB/T 15834—2011）、《出版物上数字用法》（GB/T 15835—2011），计量单位按照中华人民共和国法定计量单位执行。

六、年鉴中的资料、图片均由各供稿单位专人撰写或提供，经各单位负责人审阅。为全面反映相关领域的发展情况，《扎兰屯年鉴（2023）》编辑部采编和补充了部分内容，并以“年编”署名。因统计时间、口径不同等原因，个别数据在不同稿件中可能不尽一致，使用时请注意出处。对反映全市国民经济和社会发展情况的数据，以扎兰屯市统计局统计资料为准。

七、年鉴的检索方法有目录和索引两种。目录在卷首，编至条目；索引在卷末，编至二级主题索引。

扎兰屯名片

- ▲ 国家生态市
- ▲ 国家园林城市
- ▲ 中国特色魅力城市
- ▲ 中国天然氧吧城市
- ▲ 国家级风景名胜区
- ▲ 中国优秀旅游城市
- ▲ 国家级滑雪旅游度假地
- ▲ 全国休闲农业与乡村旅游示范县
- ▲ 中国根艺之乡
- ▲ 国家绿色农业示范区
- ▲ 中国西部最具投资潜力百强市
- ▲ 全国绿色食品原料标准化生产基地
- ▲ 国家电子商务进农村综合示范市
- ▲ 全国农民工返乡创业试点市
- ▲ “中国好粮油”示范县
- ▲ 内蒙古自治区森林城市

2022·扎兰屯数字

▲ 综合

地区生产总值200.22亿元

第一产业增加值70.07亿元

第二产业增加值73.89亿元

第三产业增加值56.26亿元

▲ 固定资产投资

固定资产投资28.01亿元

第二产业完成投资18.50亿元

第三产业完成投资9.51亿元

房地产开发投资2.99亿元

▲ 人口

常住户16.53万户

常住人口39.38万人

城镇人口17.44万人

乡村人口21.94万人

迁入1939人

迁出3581人

出生人口1648人

死亡人口3140人

▲ 农业

粮食作物播种面积25.82万公顷

粮食总产量14亿千克

标准化规模养殖场1436家

牲畜存栏148.57万头（只）

林业施业区总面积85.59万公顷

森林覆盖率70.04%

草原植被覆盖率84%

▲ 工业

规模以上工业企业11家，规模以下工业企业17家

实现工业增加值66.49亿元

规模以上工业企业实现利润31.97亿元

▲ 商业　贸易

社会消费品零售总额28.78亿元

城镇消费品零售额22.29亿元

乡村消费品零售额6.49亿元

商品零售额24.86亿元

餐饮收入额3.91亿元

招商引资签约金额30.2亿元

接待旅游人数218.9万人次

▲ 交通　邮电

铁路货运量193.25万吨

公路货运量696万吨

民航行货邮吞吐量19.5吨

铁路客运量22.9万人次

公路客运量92.6万人次

民航客运量6.93万人次

邮政业务总量2400万元

▲ 财政　金融

一般公共预算收入5.19亿元

一般公共预算支出40.21亿元

金融机构各项存款余额209.82亿元

各项贷款余额143.53亿元

住户个人存款余额187.77亿元

▲ 社会生活

城镇居民人均可支配收入4.18万元

城镇居民人均消费支出2.75万元

农村居民人均可支配收入2.35万元

农村居民人均消费支出1.64万元

城镇职工养老保险缴纳10.1万人

城乡居民养老保险缴纳17.24万人

基本医疗保险缴纳33.25万人

居家和社区养老服务中心7个

居家和社区养老服务站24个

养老机构23家

养老床位3668张

英奇传媒　供图

塞外苏杭

扎兰屯市区在雅鲁河畔群山环抱之中，因气候温暖、景色宜人，素有“塞外苏杭”的美誉。境内有旅游景区景点30处，其中国家AA级旅游景区1个、AAA级旅游景区1个、AAAA级旅游景区1个，国家级风景名胜区1个，国家湿地公园1个，自治区级地质公园1个。先后被评为“中国特色魅力城市”“国家级风景名胜区”“中国优秀旅游城市”。连年举办春季杜鹃节、夏季漂流节、秋季采摘节、冬季滑雪节等四季旅游节庆活动。2022年，接待游客218.9万人次，实现旅游收入19.2亿元。

映山红生态主题公园　（韩 冷　摄）

柴河同心天池 （英奇传媒 供图）

绰尔河太极谷风光 （伊广彬 摄）

年度视点

1

❶ 12 月 14 日，扎兰屯市人民政府与大元建业集团股份有限公司举行居然之家商业综合体项目签约仪式

（市融媒体中心　供图）

❷ 6 月 30 日，华能蒙东伊穆直流外送岭东 100 万千瓦风光项目扎兰屯 30 万千瓦风电工程开工仪式举行。项目总投资 15.76 亿元，建设内容包括 300 兆瓦风电机组及其配套设施，设计年发电量 7.2 亿千瓦时

（市融媒体中心　供图）

❸ 2022 年，扎兰屯市着力推进临空产业建设，飞行板块提升项目全部完成。在 2021 年 12 架训练机和 2 台模拟训练器已交付使用基础上，2022 年又完成 14 架训练机交付工作。图为最后一批 8 架飞机在浙江万丰公司完成交付

（市民航事业发展中心　供图）

华能蒙东伊穆直流外送岭东100万千瓦风光项目
扎兰屯30万千瓦风电工程
开工仪式
华能内蒙古东部能源有限公司
2022.6.30
奠基

2

中国民航大学

3

1

2

❶ 1月10日，由市委、市政府主办，市文体旅游广电局、文旅投公司承办，金龙山滑雪场协办的“助力冬奥会，为奥运添彩”呼伦贝尔冰雪之约暨扎兰屯冰雪嘉年华启动（韩 冷 摄）

❷ 7月22日，由市文体广电旅游局主办的扎兰屯市雅鲁河夏日漂流季在南木鄂伦春民族乡鹿鸣山庄开幕。飘流季通过游客漂流体验、家庭亲子游戏、邀请网红现场直播等一系列活动，扩大扎兰屯市旅游品牌影响力，累计吸引域内外游客3万余人次。图为游客在鹿鸣山庄体验漂流（郑庚涛 摄）

❸ 2022年，市电子商务发展中心组织电商企业、知名网红在各种节庆期间，通过线上平台直播、线下门店促销，宣传推介扎兰屯本地优质农林产品，累计销售32万元。图为9月21日，实力主播在“庆丰收 迎盛会·扎兰屯黑木耳·双品网购直播节”上现场带货（市融媒体中心 供图）

创建全区民族团结进步示范市

——民族风情回溯

2022年，扎兰屯市有蒙古族、达斡尔族、鄂温克族、鄂伦春族、满族、回族、朝鲜族等28个少数民族。清末之前，扎兰屯地区仅有鄂温克族、鄂伦春族猎民居住，清末之后，达斡尔族、汉族、蒙古族、朝鲜族、满族、回族、俄罗斯族居民先后进入扎兰屯地区定居谋生，逐步形成各民族居民“大杂居、小聚居”的局面。各民族文化上兼收并蓄，经济上相互依存，情感上相互亲近，形成了相互依存、休戚与共的中华民族多元一体大格局。

鄂伦春语所称的舞蹈“吕日格仁”，大体可分为气氛热烈的娱乐性、悲壮激昂的仪式性、舞步粗狂的宗教性三大类。无论哪一类，其动作速度都是由慢至快，并以激烈动作结束表演。图为2014年7月27日，南木鄂伦春民族乡群众在第十一届漂流节暨鄂伦春猎民部落旅游景点开营仪式上表演鄂伦春族代表性大型歌舞《走上高高的兴安岭》 （董联声　摄）

“好来宝”是蒙古族曲艺曲种，用蒙古语演唱。在蒙古语中意为“联韵”，即各句唱词的头一个音节谐韵，故又称联头韵。演唱形式不拘一格，既有一人以四胡伴奏自拉自唱，也有两人对唱，还有集体边演奏四胡、马头琴等乐器边合唱。1956 年 3 月，布特哈旗（今扎兰屯市）蒙古族老艺人陈双宝以“好来宝”形式表演叙事诗《铁牛》，晋京参加全国职工文艺调演，受到党和国家领导人的亲切接见并获得表演一等奖。图为 2014 年 6 月，洼堤乡“萨拉朗”蒙古族民间舞蹈队表演“好来宝”（董联声　摄）

原生态舞蹈“阿罕拜”是鄂温克族民间舞蹈，在民间没有乐器伴奏，而是由参加者的简短有力的呼号作为节拍，以统一舞蹈的步调，以群舞或集体舞的形式在喜庆节日里起舞，歌词、动作取材于生产生活。图为 1994 年 9 月，萨马街鄂温克民族乡鄂温克族群众在萨马街鄂温克民族乡建乡 10 周年庆祝活动中表演原生态舞蹈“阿罕拜”（董联声　摄）

❶ 达斡尔族曲棍球也叫草地曲棍球，达斡尔语称“贝阔·塔日克贝”，即“打曲棍球”。达斡尔族的曲棍球运动历史悠久，源远流长，为达斡尔族专有的体育运动项目。图为1991年8月，在呼伦贝尔盟（今呼伦贝尔市）那达慕大会上，扎兰屯市达斡尔民族乡农民曲棍球代表队在达斡尔族传统体育项目曲棍球比赛中获得第二名

（董联声　摄）

❷❸ 压跳板和荡秋千是朝鲜族妇女最喜爱的传统体育活动。压跳板是一项优美而又婀娜多姿的朝鲜民族传统体育项目，极具观赏性，朝鲜族群众在元宵节、端午节、中秋节等节日和农闲时节都会进行。民间荡秋千，在村头或打稻场等平坦之地随时可搭起高高的简易秋千架，节假日或闲暇之余都会荡秋千。图为1991年8月，在呼伦贝尔盟那达慕大会上，扎兰屯市成吉思汗镇红光朝鲜族村的妇女在朝鲜族传统体育项目压跳板和荡秋千比赛中分别获得亚军和单人冠军

（董联声　摄）

④ 山东快书又名“竹板快书”，是汉族传统曲艺，流行于山东、华北、东北各地。演唱者手执竹板或鸳鸯板（铜板），以快节奏击板叙唱，具有灵活简便、易演易编的特点，通常是 1 个或几个演员演唱，表演不受场地限制，有着广泛的群众基础。图为 2022 年 6 月 11 日，扎兰屯市曲艺家协会在 2022 年文化和自然遗产日宣传活动上表演《山东快书》

（市文化馆　供图）

农牧业

2022 年，大河湾农牧场采用玉米、大豆带状复合种植技术，在同一地块实现大豆、玉米和谐共生、一季双收。图为大河湾农牧场玉米、大豆带状基地　（英奇传媒　供图）

2022 秋季，绰尔河农牧场麦田丰收 （市融媒体中心 供图）

❶ 5月20日，高台子街道近郊村养殖园区鑫村养殖合作社肉羊基地（市农科局 供图）
❷ 8月15日，扎兰屯市蒙东牲畜交易市场育肥牛基地（市农科局 供图）
❸ 9月10日，扎兰屯市忠海养鸡农民专业合作社全自动智能蛋鸡产蛋舍（英奇传媒 供图）

2

3

❶ 6 月 4 日，达斡尔民族乡黑木耳基地工人进行栽培作业

（英奇传媒　供图）

❷ 7 月 25 日，大河湾镇众兴榛子合作社榛子林

（市融媒体中心　供图）

❸ 8 月 10 日，农民在扎兰屯市成吉思汗镇繁荣村天原中草药种植农民专业合作社中草药基地除草

（韩 冷　摄）

工 业

2022年，呼伦贝尔东北阜丰生物科技有限公司实现工业总产值96.82亿元，缴纳税费5.72亿元，出口创汇3.85亿美元，被评为“2022内蒙古民营企业100强”，位列第32位。

❶ 呼伦贝尔东北阜丰生物科技有限公司厂区全貌

❷ 呼伦贝尔东北阜丰生物科技有限公司货物外运专线

（英奇传媒　供图）

2022 年 12 月，中核扎兰屯 49.5 兆瓦和 200 兆瓦两期风电项目顺利并网发电，这是扎兰屯市首例集中式风力发电并网项目，标志着扎兰屯市风电项目发展实现新的突破。

3 中核风电项目在大河湾镇开展吊装作业　（英奇传媒　供图）

城市建设

2022年，扎兰屯市提升城市精细化管理水平，完善城区交通路网，推进城市基础设施更新，依托依山傍水的自然风光，打造环境整洁、生态优美的宜居城市。

中央北路环岛 （英奇传媒 供图）

河西新区新貌　（英奇传媒　供图）

2022 年，扎兰屯市依托“森林城市”“中国天然氧吧”等生态资源，新增“口袋公园”4 个，满足市民休闲健身多元化需求。图为布特哈公园　（英奇传媒　供图）

绿林街与232国道交会处 （英奇传媒　供图）

振兴路　（英奇传媒　供图）

秀水西路　（英奇传媒　供图）

扎兰屯市行政区划图

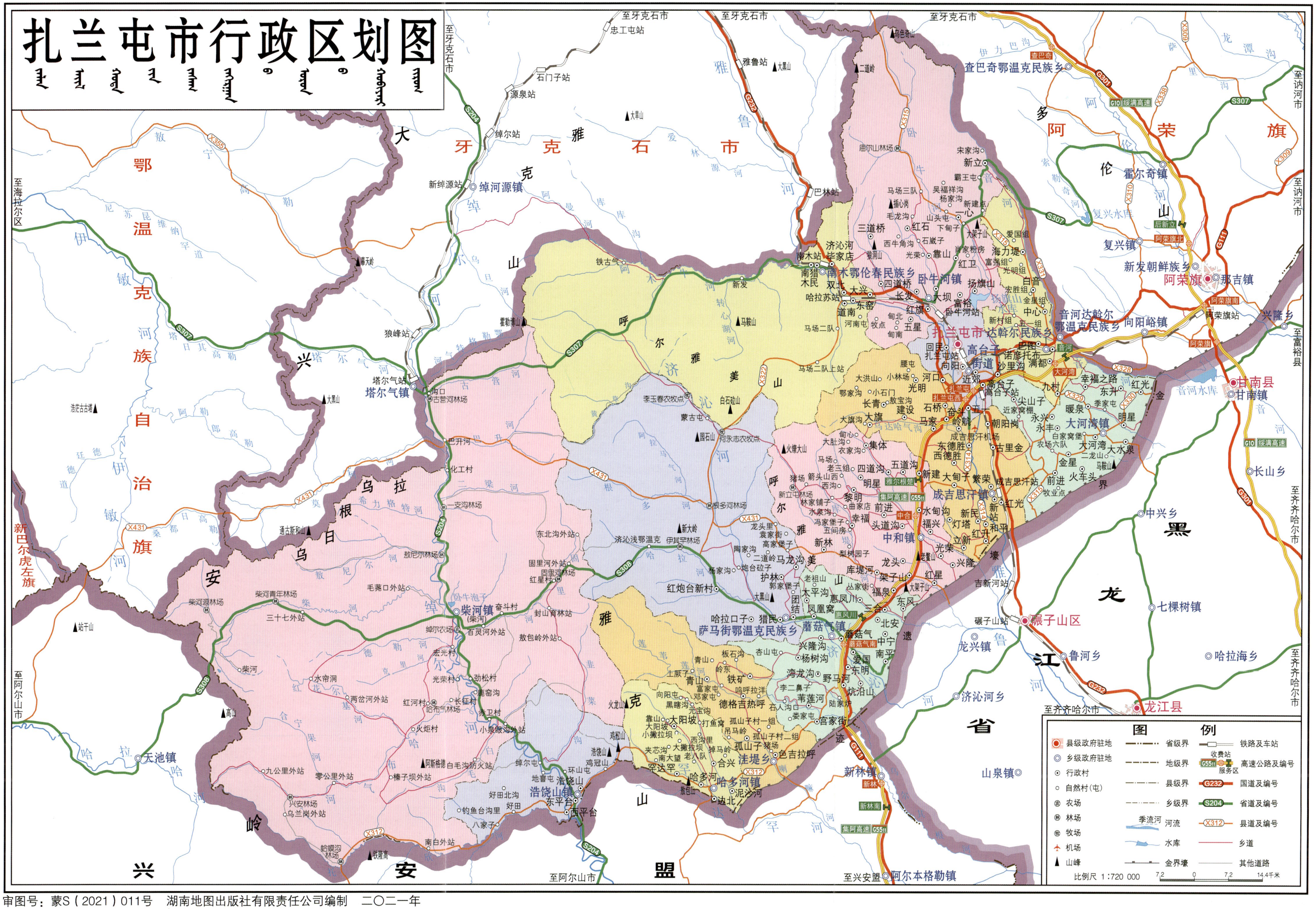

审图号：蒙S（2021）011号　湖南地图出版社有限责任公司编制　二〇二一年

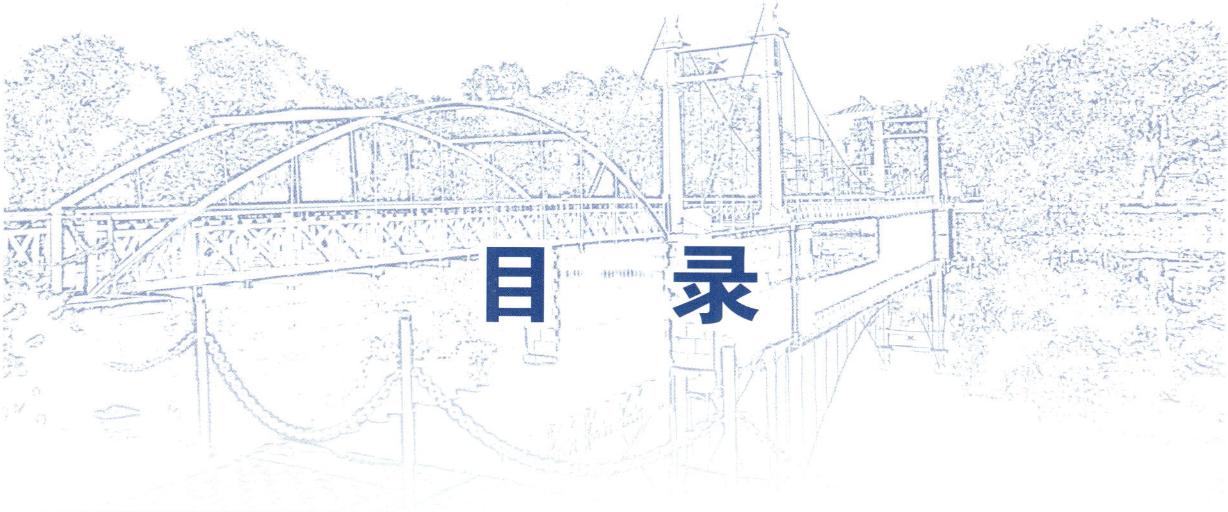

目 录

特 载

专 文

大事记

市情概览

中共扎兰屯市委员会

扎兰屯市人民代表大会

扎兰屯市人民政府

中国人民政治协商会议扎兰屯市委员会

中共扎兰屯市纪律检查委员会 扎兰屯市监察委员会

民主党派·工商联

群众团体

法　治

军　事

经济管理

农　业

工 业

商贸服务业

旅游业

交通　通信

金融业

城乡规划建设与管理

生态建设

科学技术

教　育

文　化

体　育

卫生健康

社会民生

应急管理

乡镇（街道）

荣　誉

附　录

索　引

在市委九届四次全体会议暨全市经济工作会议上的报告

（2023年1月18日）

2022 年工作情况

2022 年是党和国家历史上具有重要里程碑意义的一年，也是扎兰屯市发展历程中极不平凡、极不容易、极为重要的一年。一年来，面对严峻复杂的经济形势和艰巨繁重的改革发展稳定任务，市委常委会坚决落实“疫情要防住、经济要稳住、发展要安全”的政治要求，团结带领全市上下，保持战略定力，勇于担当尽责，在抢抓机遇中蓄势谋势，在攻坚克难中奋斗奋进，在推动发展中出彩添彩，各项工作都有了新进展、新成效、新突破，进一步夯实了“稳”的基础，保持了“进”的态势，积蓄了“强”的动能，取得了“好”的成绩，在社会主义现代化建设的新征程上迈出了坚实步伐。

一是政治生态展现新气象。一年来，市委常委会充分发挥把方向、管大局、作决策、保落实的作用，坚持以习近平新时代中国特色社会主义思想为指导，时刻牢记、全面落实习近平总书记重要讲话重要指示批示精神，尤其是对内蒙古工作的谆谆教诲和殷切期望，始终把衷心拥护“两个确立”、忠诚践行“两个维护”作为最大的政治和最大的大局。深入学习宣传贯彻落实党的二十大精神，全面开展“大学习、大宣讲、大宣传、大培训、大调研、大落实”活动，常委同志带头学习、带头宣讲、带头贯彻，切实把党的二十大精神落实到经济社会发展各领域各方面，体现到各项工作当中。认真贯彻落实党中央的决策部署和自治区党委、呼伦贝尔市委工作要求，旗帜鲜明讲政治，心无旁骛谋发展，奋勇争先促改革，全力以赴惠民生，全力支持人大、政府、政协和“一委两院”依法依章程履行职责，全面加强统一战线工作，认真落实民主集中制，自觉执行廉洁从政各项规定，不断提高政治判断力、政治领悟力、政治执行力，带头做到“我开的会我贯彻，我作的批示我落实，我制定的政策我兑现”，推动全市上下形成了思想上同心同德、目标上同心同向、行动上同心同行的生动局面。

二是大战大考赢得新胜利。市委常委会高效统筹经济社会发展，积极应对各种不利因素，顶住经济下行压力，紧盯全年目标任务，狠抓重点项目建设，强化经济运行调度，树立有解思维、带头实干担当，切实做到领导在一线指挥、项目在一线谋划、问题在一线解决、工作在一线落实，千方百计推进经济稳进提质。全年地区生产总值同比增长4%左右；实施重点项目51个，限额以上固定资产投资预计完成28亿元左右，同比增长48.3%；社会消费品零售总额预计完成29亿元，同比增长2.2%；城乡常住居民人均可支配收入预计分别完成4.12万元和2.33万元，同比增长3%和6%；经济发展保持了稳中有进、稳中向好的积极态势，在大战大考中交出了“双胜利”的优异答卷。

三是产业转型取得新突破。一年来，市委常委会聚焦“五大任务”“五个大起底”，以“五大行动计划”为抓手，加快推动产业转型、业态创新、质效提升。“五个大起底”如期完成。待批项目全部实现应批尽批；处置闲置土地37.81公顷，消化批而未供土地37.46公顷，超额完成年度任务；核查沉淀资金2.86亿元，上缴资金3278.29万元，开发区闲置资源要素大起底工作全部完成，资源利用效率不断提高。农牧业增量增质。坚持藏粮于地、藏粮于技，实施高标准农田建设1.13万公顷、黑土地保护性耕作5.86万公顷，粮食产量14亿千克。规模养殖场达到1436家，牲畜存栏预计150万头（只）左右。国家现代农业产业园落户扎兰屯，“一核四区”发展规划得到农业农村部批准，4大工程20个重点项目稳步推进。坚持科技引领，与中国科学院、呼伦贝尔农垦集团签订“政院企”战略合作协议，“黑土粮仓”项目稳步推进，智慧农业实现破题突破。强化品牌打造，“三品一标”认证产品90个，标准化基地达到17.81万公顷，中草药种植2000公顷以上。突出抓好“小木耳大产业”，赴东宁、佳木斯等地招商考察对接，启动建设黑木耳产业示范园区，全力打造内蒙古黑木耳之乡。加快农牧业产业化进程，农牧业产业化龙头企业销售收入达到81亿元，居呼伦贝尔市首位。传统产业创新创优。坚持绿色低碳可持续发展，加减并举、稳扎稳打，全市规上工业总产值实现140.7亿元，预计实现营业收入146.8亿元，均同比增长20%，位列呼伦贝尔市前列。东北阜丰、国森矿业两家企业再次登上内蒙古民营企业百强。有序完成呼伦贝尔岭东农畜林产品开发区规划调整和优化整合工作，智慧园区项目稳步推进，产业园区高质量发展步伐加快。居然之家商贸综合体项目成功签约，扎兰屯市成为自治区首批县域商业体系建设试点县。文旅产业提标提效。成功举办雅鲁河夏日漂流季、冰雪嘉年华等系列活动，四季旅游品牌持续打响。映山红生态公园、乌兰牧骑馆等重点文旅项目扎实推进，吊桥公园被命名为内蒙古最美公园，金龙山滑雪场入选内蒙古网红打卡地冬季榜单，获评首批国家级滑雪旅游度假地，是目前自治区唯一获此殊荣的地区。全年旅游人数达到218.9万人次，增长10%；旅游收入达到19.2亿元，增长8.5%。新兴产业集约集聚。临空产业稳步发展，园区基础设施建设水平和内蒙古飞行学院飞行培训规模进一步提升，柴河通用机场纳入全区第一批统筹建设通用机场项目清单，成功举办中国民航飞行人才培养工作研讨会，中国民航飞行员协会民用无人机系统应用合格证培训考试中心和中国航空器拥有者及驾驶员协会培训中心落户扎兰屯。电子商务增势强劲，实现交易额14亿元，同比增长17.6%，启动电子商务产业园直播基地项目建设，创建“大兴电商示范村”，培育助农直播典型，丰富助农直播活动，农产品上行交易额达1.57亿元，同比增长4.6%。新能源产业实现历史性突破，累计实施项目5个，风电装机容量60万千瓦，完成投资15.4亿元，产业发展初具规模。生态产业乘时乘势。推动生态环境保护与生态产业发展有机结合，排查符合碳汇开发的新造林6900公顷，完成阜丰等4家重点排放单位碳排放数据报告编制，大力发展林下经济，积极探索生态资源价值实现渠道。

四是生态环境增添新风景。一年来，市委常委会坚决贯彻落实习近平生态文明思想，牢固树立“绿水青山就是金山银山”理念，全方位、全地域、全过程加强生态环境保护。统筹推进山水林田湖草沙一体化保护和系统治理，全面落实河湖长制、林草长制，稳步推进音河扎兰屯段水生态综合整治工程，全面加强水源地保护，常态化开展“清四乱”，完成侵蚀沟治理250条，深入开展破坏草原林地违规违法专项整治，实施人工造林866.67公顷、封育666.67公顷、草原禁牧8466.67公顷，草原植被综合盖度达到80%，连续24年未发生重大森林草原火灾，获得自治区森林城市称号，顺利通过2022年中国天然氧吧城市复查。有序完成国家风景名胜区和秀水国家湿地公园优化整合，保护治理水平得到进一步提升，新华社客户端对柴河、秀水景区进行了专题报道。深入打好污染防治攻坚战，动真碰硬抓好中央生态环境保护督察反馈意见整改，第一时间交办、第一时间核查、第一时间处置、第一时间整改，高质量完成7项任务销号，其余任务均达序时进度，群众信访件全部办结。全面加强环保基础设施建设，补齐短板不足，生活垃圾填埋场、乡镇污水处理厂等项目建设稳步推进。主动融入呼伦贝尔全国生态文明建设示范市创建工作，严格落实绿色发展考核指标和生态环境保护责任清单，绿色低碳生产生活方式逐步形成，扎兰屯的天更蓝、山更绿、水更清、空气更清新、环境更优美。

*五是改革开放迸发新活力。*一年来，市委常委会坚持以全面深化改革为动力，紧盯重点领域和关键环节，解放思想、改革创新，完成重点改革任务76项。全面落实稳经济一揽子政策，通过“降缓返补”为企业减负1960.63万元。持续优化营商环境，深化“放管服”改革，梳理公布行政许可事项清单，加大简政放权力度，全面落实蒙速办“一网办、掌上办、一次办、帮您办”，开展24小时服务和延时服务工作，推出公用事业接入办理“一门式”集成、服务事项“跨省通办”、新建商品房“交房即交证”等一系列利企便民改革举措，综窗网上办件量和办结率位列呼伦贝尔市前列。全市各类市场主体达到4.32万户，同比增长28.5%，注册资本达到175.99亿元，同比增长15.7%。加大开放力度，推动更多产品走出去，更多资金引进来，外贸出口实现4亿美元，同比增长10%；招商引资签约30.2亿元，预计到位区外资金17.5亿元，均位居呼伦贝尔市第一方阵。

*六是乡村振兴迈出新步伐。*一年来，市委常委会全面推进乡村振兴战略，带头落实五级书记抓乡村振兴责任，全力推动巩固拓展脱贫攻坚成果同乡村振兴有效衔接。深入实施乡村产业项目，争取资金1.5亿元，实施新建项目94个，130个村集体收入全部达到10万元以上，总额突破2500万元，村集体经济再上新台阶。扎实开展“千名干部进百村入万户”为民服务办实事等系列活动，健全完善防返贫动态监测和帮扶机制，引导6600余名边缘易致贫人口外出务工就业，投入730万元巩固“三保障”成果，发放小额信贷565.4万元，实施小型基础设施项目69个，完成户厕整改任务3390户，新改造户厕1818个。扎实推进“四好农村路”建设，自然村屯通畅率达94.4%，农村通客(货)运率、公路列养率均达100%。持续开展人居环境整治，村屯生活垃圾治理率达95%以上、绿化率达30%以上，满都村人居环境整治经验得到呼伦贝尔市委肯定，野马河村成为自治区红色美丽乡村建设试点。

*七是民生幸福绘就新画卷。*一年来，市委常委会坚持以人民为中心的发展思想，惠民生、增福祉，努力让群众共享更多高质量发展成果。积极推进稳岗就业，城镇新增就业1503人，农村转移就业2.56万人，城镇登记失业率为4.1%，均超额完成任务。扎实推进民生兜底保障工作，探索推进“物质+服务+精神”社会救助试点，发放社会保险待遇19.23亿元、各类困难群众保障资金2.04亿元，成为呼伦贝尔市社会救助创新创优试点地区。持续改善办学条件，调整市区4所学校布局，新建公办幼儿园4所，增加公办园学位1440个，新区小学主体

工程完成。多措并举招引教职工320人，有力破解教师缺员问题。打好普高教育质量三年提升行动等组合拳，全市教育教学质量不断提升，德育、智育、体育、美育、劳动教育全面发展，中考平均分提高31.6分，高考本科上线率提高9.74%，实现双突破。积极推进医疗卫生事业发展，启动全国基层中医药工作示范县创建工作，打造繁荣社区卫生服务中心、卧牛河卫生院示范型中医馆，推进达斡尔卫生院等基础型中医馆建设。加大医疗保障服务力度，医保参保率稳定在95%以上，建成基层服务点192个，成为自治区医疗保障基层服务示范点。全力抓好供热保障，改造44个小区供暖设施，解决农村取暖平价煤5.9万吨，确保群众温暖过冬。积极推动紫沟至大兴一级公路、阿扎高速公路补充工程（阜丰段改造）、岭北四队互通等工程，交通路网进一步完善。启动争创全国文明城市提名资格三年行动，实施城市更新，加快推进老旧小区和城市管网改造，组织开展爱国卫生百日攻坚、精细化管理攻坚年等系列行动，打通振兴“断头路”、修好四中“民心桥”，升级葛根“老旧街”、畅通排水“循环网”，实施公共空间“微改造”，全面推行“网格化”“路长制”，推出“红黑榜”“曝光台”监管新模式，清理生活垃圾2万余吨、建筑垃圾10万余方、打非治违1.6万余平方米、节能改造维修路灯3300余盏、平整公共空间20万余平方米，激活了一场民心所向的城市蜕变，城市面貌焕然一新，赢得了群众的真心点赞。

八是社会治理呈现新亮点。一年来，市委常委会树牢总体国家安全观，加强国家安全教育和全民国防教育，强化风险隐患排查，有效防范处置重大风险，推动形成了维护国家安全的强大合力。全面推进依法治市，扎实推进创建全国市域社会治理现代化试点合格城市各项任务，围绕“平安建设+基层治理”两条主线，统筹推进公共法律服务中心等载体建设，有序完成“雪亮工程”二期扩容建设，推动各类资源载体深度融合，创新打造“党建引领、网格服务、矛盾调处、法治保障、群防群治”社会治理五大平台，形成“网格长+业委会”、地局联建、“四合”警务、“一室两灯”等典型治理模式，构建了“1+2+N”的县域现代化社会治理新格局，基层治理效能全面提升。深化社会矛盾排查化解，打造三级“一站式”矛盾纠纷调处平台，圆满完成党的二十大安保维稳任务，进京赴区访大幅下降，一批信访积案得到有效化解。常态化推进扫黑除恶专项斗争，严厉打击各类违法犯罪，刑事案件同比下降47.6%。深入推进安全生产三年专项整治行动和食药安全监管工作，全力守护公共安全，群众安全感和满意度得到再提升、再深化、再充实。

九是党建水平再上新台阶。一年来，市委常委会扛稳扛实主体责任，坚决贯彻新时代党的建设总要求，坚定不移推进全面从严治党。牢固树立大抓基层的鲜明导向，统筹抓好各领域党建工作，“最强党支部”达到40%，建设示范点10个和示范基地1个，评定北疆模范机关10个，创建党建特色品牌10个，筹建新业态企业党组织孵化基地9个，设置“党员先锋岗”550余个，成立呼伦贝尔首家快递企业联合党支部、外卖送餐行业联合党支部，推动党建与业务工作深度有效融合。扎实推进“转观念、强作风、优环境、重落实、树形象”学习实践活动，引导全市各级党组织和广大党员干部在中心工作、重点任务一线提能力、转作风、树形象，让党旗在干事创业一线高高飘扬。严格落实意识形态工作责任制，加强阵地管理，强化舆情引导，意识形态领域保持平稳可控、向上向好的良好态势。加强新时代文明实践阵地建设，打造文明示范所（站）16个，开展志愿服务活动1900余次，“小夜灯”项目获得全区新时代文明实践志愿服务大赛二等奖。加强干部人才队伍建设，树立正确用人导向，圆满完成乡镇人大、政府换届选举工作，选任在急难险重一线工作中担当作为、表现突出干部54名、专业干部24名、“87后”年轻干部29名，提拔重用乡镇、街道干部41名，为192名公务员晋升职级，推进干部能上能下，持续释放重基层、重实干、重实绩的鲜明导向。坚持高质量推进人才队伍建设，拓宽招才引才渠道，引进急需紧缺专业高层次人才和实用人才54名。深入推进党风廉政建设，创建“清风扎兰”廉政品牌，扎实推进巡察工作，全力支持纪检监察工作，持之以恒纠治“四风”，始终保持反腐败高压态势，推动党风政风持续向好。坚决铸牢中华民族共同体意识，扎实推进国家通用语言文字宣传贯彻和思想引导工作，深入开展政策法规宣传和民族团结进步创建“8+N”进活动，积极培育“石榴籽家园”试点工作品牌，获得自治区民族团结进步模范集体称号1个、呼伦贝尔市民族团结进步示范单位5个。有序推进共青团基层组织改革，顺利完成工商联、残联换届，宗教、武装、保密、档案、群团、审计、统计、老干部、关心下一代、退役军人事务等工作得到加强。红十字会“小桔灯”人文关怀志愿服务组织被评为“全国红十字模范单位”，扎兰屯国家基本气象站列入中国百年气象站名录。

2023年工作安排

2023年是全面贯彻落实党的二十大精神的开局之年，是实施“十四五”规划承上启下、推动高质量发展的关键期、爬坡期和攻坚期，做好经济工作意义重大。前一阶段的中央经济工作会议，深刻分析了当前国内外形势，系统部署了2023年经济工作，为全面建设社会主义现代化国家开好局起好步指明了前进方向、提供了根本遵循。自治区党委十一届五次全会暨全区经济工作会议和呼伦贝尔市委五届五次全会暨全市经济工作会议，对今年乃至今后一个时期的经济工作进行了安排部署，提出了经济工作的思路、目标和任务，为我们全面融入和服务发展大局开阔了视野、指明了方向、明确了路径。

结合中央经济工作会议和自治区、呼伦贝尔市两级经济工作会议精神，结合扎兰屯市实际，2023年经济工作的总体要求是：**以习近平新时代中国特色社会主义思想为指导，全面贯彻党的二十大、中央经济工作会议精神和习近平总书记对内蒙古重要讲话重要指示批示精神，深入落实自治区党委十一届五次全会暨全区经济工作会议和呼伦贝尔市委五届五次全会暨全市经济工作会议精神，完整、准确、全面贯彻新发展理念，积极服务和融入新发展格局，聚焦高质量完成“五大任务”和全方位建设“模范自治区”两件大事，坚定不移走以生态优先、绿色发展为导向的高质量发展新路子，坚持“绿色崛起、富民强市、共享繁荣”，以“建设呼伦贝尔高质量发展样板城市”为目标，更好统筹疫情防控和经济社会发展，更好统筹发展和安全，全面深化改革开放，大力提振市场信心，突出做好稳增长、稳就业、稳物价工作，深入实施经济总量跃升工程、生态文明绿色工程、五大产业强市工程、乡村振兴引领工程、城市品质提升工程、科教人才兴市工程、文化赋能振兴工程、民生改善幸福工程、稳域安民护航工程等“九大工程”，在稳中求进的基础上稳中快进、稳中优进，实现经济质的有效提升和量的合理增长，奋力谱写全面建设社会主义现代化国家扎兰屯新篇章。**

根据自治区和呼伦贝尔市确定的预期目标，结合扎兰屯市实际，经市委认真研究，今年的主要预期目标确定为：**地区生产总值增长6%左右，限额以上固定资产投资增长10%左右，绿色发展指标和约束性指标等要达到上级要求，各项工作要力求达到更高标准、取得更好成绩。全市上下要深入贯彻党中央决策部署，全面落实自治区党委、呼伦贝尔市委工作要求，围绕扎兰屯市经济工作总体要求和目标指标，以奋发有为的精神状态、时不我待的责任意识和只争朝夕的工作劲头，推动各项任务落地落实。**

一、认清发展态势，找准社会主义现代化建设的目标定位

当前，大环境还存在诸多的复杂性和不确定性，需求收缩、供给冲击、预期转弱“三重压力”交织叠加的影响依然存在，经济下行压力仍然较大。面对严峻复杂的经济形势，市委

提出了“建设呼伦贝尔高质量发展样板城市”这个目标，主要是基于两个方面的考虑。从发展环境看，中央经济工作会议提出“五大政策”“六个更好统筹”，并明确将加大对地方的转移支付和经济恢复发展支持力度，又陆续制定了《扩大内需战略规划纲要》等一系列推进经济恢复发展的利好政策；自治区党委针对“五大任务”和“五个大起底”分别制定了具体实施方案，明确要以多种方式和渠道扩大内需；呼伦贝尔市委在对今年经济工作安排中，也重点强调要支持扎兰屯等岭东地区打造产业集群发展示范区、文旅产业全域全季全业发展示范区等一系列举措，特别是随着扎兰屯市承办“十四冬”赛事，上级将给予更多的资金项目支持等利好政策和机遇，这些都为我们推进高质量发展提供了良好条件，必然进一步有利于引导预期、重塑信心。从自身优势看，扎兰屯市是呼伦贝尔市乃至内蒙古东部少数同时具备良好资源禀赋、区位优势、气候条件和全产业链的旗市区，一、二、三产业发展都有基础、有潜力、有优势，中央、自治区和呼伦贝尔市的产业扶持政策都可以在扎兰屯市找到落脚点和突破口。在“双碳”背景下，近几年主要经济指标始终保持了稳中向好的态势，扎兰屯市的产业发展优势和综合县域地位在呼伦贝尔市乃至自治区更加凸显，今年我们还有阜丰三期、新能源项目、居然之家商贸综合体等多个过亿元的重点项目落地开工，尤其是经历三年艰苦卓绝的大考，我们的干部队伍得到了锤炼，干部作风进一步转变，干群关系进一步密切。这都充分说明，扎兰屯市的经济韧性强、潜力大、活力足，干部谋发展的劲头很强，高质量发展的基础很牢固。特别是呼伦贝尔市委对扎兰屯市发展提出了“打造呼伦贝尔岭东地区高质量发展样板城市”的要求，充分说明，呼伦贝尔市委对扎兰屯市的发展给予厚望。

在此基础上，市委常委会经过认真审慎研究，立足发展实际，拉高标杆、跳起摘桃，进一步提出了“建设呼伦贝尔高质量发展样板城市”这一更高目标，就是要坚决做到“七个摒弃”，使出“不待扬鞭自奋蹄”的闯劲儿、冲劲儿和干劲儿，守正创新、迎难而上、敢于争先，努力在全区全市发展大局中提高分量、提升位次、再创佳绩。当然，建设高质量发展样板城市不是轻轻松松就能实现的，许多工作需要几年甚至几届班子的拼搏奋斗。全市上下要全面、客观、辩证地看待当前发展形势，尤其要把握好推动发展、实现目标中的“稳和进”“质和量”“供和需”“内和外”“点和面”“近和远”的紧密关系，坚定发展信心、增强干事决心、树立创业雄心，推动高质量发展行稳致远。

一要准确把握“稳”和“进”的关系。稳中求进工作总基调是治国理政的重要原则，也是做好经济工作的方法论。我们既要把“稳”的基础筑牢，全力稳住经济发展的基本盘，努力做到增长稳、投资稳、生态稳、预期稳、社会稳；同时，也要把“进”的因素激活，以进促稳、跳起摸高，实现经济大局的稳中快进、稳中优进。二要准确把握“质”和“量”的关系。经济发展是质和量的有机统一。我们要把做大经济总量与提升发展质量紧密结合起来，以量提质、以质增量，在扩大经济总量、挖掘禀赋优势、提高单产水平、提升资源利用率、优化产业结构方面想办法、做文章，推动经济发展增量提质。三要准确把握“供”和“需”的关系。实现供给创造需求与需求推动供给的良性互动是产业转型的关键所在。我们要从供给侧和需求侧双向发力，用好“三驾马车”，扎实推进扩大内需战略纲要等政策落实，因时因势调整政策措施，加大项目建设和招商引资力度，引导企业转型升级，激发市场活力。四要准确把握“内”和“外”的关系。一方面，我们要坚持向内部深度挖潜，把各个方面、各个环节的潜力都挖掘出来、调动起来，推动经济内涵式增长；另一方面，要更好融入“两个循环”，坚持开门谋发展、搞建设、促改革，大力发展外向型经济、链式经济，加强企业间、地区间的合作交流、互惠互通，引入更多的源头活水。五要准确把握“点”和“面”的关系。各地区、各部门、各领域都要有“敢于争先、勇创一流”的魄力，大力培育一批“拿得出、叫得响、立得住”的特色亮点、项目品牌，以“点上出彩”推进“全域振兴”。同时，我们要跳出扎兰看扎兰，对扎兰屯的发展要通盘考虑、系统谋划，更多地从融入和服务发展大局的角度争取支持、推动发展，主动融入区域联动一体化，努力为全区全市发展大局多挑担子、多出成果、多作贡献。六要准确把握“近”和“远”的关系。要统筹把握当前和长远的关系，既要算眼前账，更要算长远账；既要算经济账，也要算政治账、生态账、民生账，树牢“功成不必在我、功成必定有我”的理念，多做打基础立长远的事情，坚持一张蓝图绘到底，一锤接着一锤敲，脚踏实地地把蓝图变成现实。

二、实施九大工程，走好社会主义现代化建设的发展新路

深入实施“九大工程”，是市委落实呼伦贝尔市委对扎兰屯市发展提出的“九个着力”要求，坚持市第九次党代会“绿色崛起、富民强市、共享繁荣”的发展思路，加快建设“呼伦贝尔高质量发展样板城市”的有力抓手，也是实现扎兰屯赶超争先、振兴崛起的务实举措。全市上下务必紧紧扭住“九大工程”，聚焦聚力、精准发力，真抓实干、久久为功，夯实赶超争先之基，实现振兴崛起之梦。

（一）实施经济总量跃升工程，把握现代化建设的战略主动。要坚持大抓发展、加快发展理念，抓住中央、自治区、呼伦贝尔市一系列的利好政策，树立“争、抢、拼”的意识，争项目、争资金，抢时间、抢进度，拼服务、拼作风，想办法把政策用好、把机遇抓牢、把总量做大、把家底攒足。

一要坚持“项目为王”。集中精力、集中政策、集中资源，全力推进今年计划实施的43个项目，突出抓好27个呼伦贝尔市级重点项目，加快阜丰三期、新能源项目、居然之家等亿元以上的项目建设进度，全时段开展“五个一批”活动，实行项目全生命周期服务，推行专班化、项目化、清单化、责任化、目标化的“五化”工作法，盯着项目干、围着项目转，确保重大项目早开工、早竣工、早投产、早达效，以项目建设的“加速快跑”推动经济发展的“增量提质”。二要突出“招商为要”。认真落实自治区招商引资三年行动方案，适时召开全市招商引资大会，完善具体举措、建立专业队伍、增列专项资金、强化激励奖励，构建“亲”“清”政商关系，形成大抓招商、真抓招商、亲商安商的浓厚氛围。要紧跟政策导向和投资取向，精准招商，以商招商、以企招商、以产业链招商，看准的项目就要全力争取、勤跑多找、紧盯不放，努力吸引更多的龙头企业、冠军企业、“链主、链核”企业落户扎兰屯，力争在区域竞争中成功突围、赢得先机。三要激发市场活力。把恢复和扩大消费摆在优先位置，坚持从供需两端发力，积极开展系列消费活动，提升传统消费，培育新型消费，扩大服务消费，增加公共消费，加强服务监管，确保市场繁荣、供销两旺。要加大对企服务力度，引导企业把更多心思放在做新做优、做大做强上来，推动“个转企、小升规、规做精、优上市”，让各类市场主体预期更稳、信心更足、活力更强。四要全面深化改革。持续优化营商环境，深化“放管服”改革，加大简政放权力度，抓好重点领域和关键环节的改革任务，扎实推进“优化职能职责优化工作流程”专项行动，围绕项目建设、招商引资、办事服务、政策体系、管理机制等方面，实施一批落点准、切口小、见效快的“微改革”，争取更多的试点落地，推动“干部敢为、地方敢闯、企业敢干、群众敢首创”，形成改革创新、迸发活力的生动局面。

（二）实施生态文明绿色工程，夯实现代化建设的绿色根基。生态作为底蕴，绿色作为底色，转型才有起色、发展才有亮色。要深入贯彻习近平生态文明思想，坚持山水林田湖草沙一体化治理，全方位、全地域、全过程开展生态保护和修复，筑牢生态安全屏障。

一要全面加强生态保护。

认真落实林草长制，科学实施大规模国土绿化行动，深化林草专项整治行动成果，加强森林草原防灭火工作，全面提高“护绿、增绿、管绿、用绿”能力，巩固自治区森林城市创建成果。严格执行河湖长制，加强水源地保护和水网布局规划建设，加大水土流失和侵蚀沟治理力度。健全完善秀水国家湿地公园长效监管机制，推进国家风景名胜区和秀水国家湿地公园生态保护项目建设，让“河畅水清、岸绿景美”成为常态。二要深入推进污染防治。坚持精准治污、科学治污、依法治污，高标准实施蓝天、碧水、净土保卫战，深化土地资源综合整治，严格水资源管理，加快污水处理厂、生活垃圾填埋场等项目建设，全力补齐城乡生态环境基础设施短板，增强城乡环境污染防控能力。要全力抓好中央生态环境保护督察整改工作，确保按时销号清零，不断巩固整改成效。三要落实全面节约战略。推深做实“五个大起底”行动，严控总量、盘活存量、做优增量、提升质量，加强对资源开发利用行为的全过程管控，探索可利用生态资源国有规范化运营，全面提高资源综合利用效率，让各类资源真正动起来、活起来、用起来。四要加快推动绿色转型。协同推进降碳、减污、扩绿、增长，扎实有序开展碳达峰行动，坚决遏制“两高”项目盲目发展。开展“工完场清”等行动，加快绿色交通体系建设和基础设施绿色升级，倡导低碳生活方式，形成崇尚绿色生活的社会氛围。五要推动生态价值转化。以“生态产业乘时乘势行动”为抓手，积极参与呼伦贝尔市争创国家生态产品价值实现机制试点，大力发展生态旅游、生态康养、林下经济、可再生资源利用等生态产业，努力抢抓碳汇经济发展新机遇，做活做优“林草经济”“山水经济”等生态产品价值实现路径，让“绿水青山”持续转化为“金山银山”。

（三）实施五大产业强市工程，挺起现代化建设的发展脊梁。产业是一个地区最关键、最深厚、最持久的力量。要坚定不移走生态优先、绿色发展为导向的高质量发展新路子，以“五大行动计划”为抓手，大力发展实体经济，推动一、二、三产握指成拳、协同并进、融合发展，全力打造呼伦贝尔产业集群发展示范区。

一是建设现代农牧业强市，稳住高质量发展压舱石。农业稳则全局稳，要巩固提升产粮大县、畜牧业大县地位，以“农牧业增量增质行动”为抓手，全力打造内蒙古东部重要的绿色农畜林产品生产加工输出基地。要做好扩量增产提质文章，优化种植结构，加快高标准农田建设，促进良种、良田、良法、良机融合配套，提高单产水平，确保粮食产量稳定在12.25亿千克以上。要抢抓奶业振兴、舍饲圈养、畜牧业向玉米主产区转移等政策机遇，推动畜牧业规模化发展，确保牲畜存栏稳定在150万头（只）。要树立大食物观，支持有条件乡镇发展蔬菜、食用菌、林果、特种养殖等基地建设，因地制宜发展设施农业，提高多元化、绿色化的食物供给能力，为农牧业发展增色添香。要推动农牧业全产业链发展，做大做强玉米、肉类、奶业、黑木耳、中草药、特种养殖等优势产业集群，加快推动国家现代农业产业园、岭东农畜林产品开发区、黑木耳产业园区等载体建设，积极争创自治区级玉米产业园，加快产业化、组织化、规模化、品牌化、绿色化、融合化、现代化发展步伐，推动农牧业“接二连三”，构建“种养加、产供销”一体化发展格局。要坚持品牌强农富农，实施农牧业品牌提升专项行动，依托“呼伦贝尔大草原”品牌，提升扎兰屯黑木耳、大米、榛子、沙果等“三品一标”产品影响力，打造一批“扎兰菌”“扎兰粮”“扎兰果”“扎兰药”等品牌“爆款”，让扎兰屯的“好产品”变成“好品牌”，卖出“好价钱”。要强化创新驱动科技赋能，扎实推进大豆育种试点工作，争取自治区级育种制种大县项目，努力实现种业振兴新突破。深化“政研企”三方合作，力促“黑土粮仓”成果转化，加快无人机、5G等新技术的推广应用，探索智慧农业新路径。要持续深化现代农业综合改革，严守耕地红线，推动土地适度规模化经营，扶持合作社、家庭农场、种植养殖大户等新型农业经营主体，大力培育“新粮人”、农业经纪人和产业带头人队伍，积极发展社会化服务，完善农企、村企利益联结机制，让农民端牢“金饭碗”。

二是建设循环工业强市，增强高质量发展硬底气。坚持以链式思维抓工业，深入实施延链补链强链行动，推动传统产业“脱胎换骨”、支柱产业“聚链成群”。要加快传统产业优势再造，以“传统产业创新创优行动”为抓手，围绕自治区12条重点产业链，充分发挥扎兰屯市产业门类齐全、中小企业众多的优势，大力发展实体经济，积极推进浆纸公司、松鹿制药等传统企业基础再造、技术改造、矩阵构造，加快培育生物科技、节能环保、电子信息等新兴产业，争取更多的优势产业链嵌入国家、自治区产业发展链条，努力实现工业经济总量上攀升、技术上提升、效益上跃升。要巩固提升玉米精深加工领先地位，加快阜丰三期项目建设，大力引进培育秸秆综合利用、饲料、油脂等精深加工企业，集聚发展生物科技产业，努力培育一批玉米精深加工领域的行业领军企业，进一步延伸产业链条，创造倍增效应，实现玉米产业“全株开发”，努力把扎兰屯打造成全区具有代表性的玉米全产业链创新发展示范区。要坚持绿色低碳可持续发展，积极引导企业加大绿色化、循环化、科技化改造力度，加快推进国森矿业、吉安化工等企业提标扩能，推动龙北水泥、百业成酒精等重点企业创建绿色工厂。积极引导国森矿业提升氧化矿综合利用水平，加强矿山恢复治理，努力打造绿色矿山发展示范区。要加快岭东农畜林产品开发区建设，推动园区产业布局“链式”发展，重点围绕源头抓一产、围绕转型抓二产、围绕配套抓三产，推动一、二、三产融合发展，打造产业融合发展新高地。坚持以亩产论英雄、以效益论英雄，高规格、高定位、高标准推进园区规划建设，充分利用智慧园区建设成果，强化中小企业服务中心建设，重点抓好园区规划、基础配套、招商引资、引企入园、优化服务等关键性工作，推进产业、园区、城市之间的空间整合和功能融合，促进企业向园区集聚、要素向园区集中、产业向集群化发展，打造高品质产业园区。

三是建设文旅产业强市，增添高质量发展新活力。依托“北国江南”“塞外苏杭”等金字招牌，以打造“呼伦贝尔市文旅产业全域全季全业发展示范区、内蒙古东部重要的度假休闲旅游目的地”为目标，切实把文旅产业品质提起来、名气打出去、人气聚上来。要系统整合文旅资源，坚持全视野布局、全要素组合、全链条协作、全产业联动，加强总体规划布局，积极融入“乌阿海满”一体化，加强与兴安盟、黑吉辽等地的旅游合作，完善“一核两极、一廊两带”的全域旅游发展空间布局，打好生态、文化、田园、冰雪、康养“五张特色牌”，推进文旅、体旅、航旅、农旅、康旅等深度融合发展，力争接待游客和旅游收入均增长10%以上。要加快文旅项目建设，重点推进“四山一河”、两条历史文化街区、秀水国家湿地公园、吊桥公园等项目建设，加大招商引资力度，尽快盘活闲置旅游资源，壮大文旅投公司，完善基础设施和服务功能，丰富旅游景区文化内涵，打造一批近郊休闲、乡村民宿、生态康养、度假露营等精品景点和项目，探索开发文博体验、康养度假、户外庆典、室内滑雪、观光农业等新业态，扶持开发一批有传承、有特色、有价值、能变现的文创产品，推动文旅产业深度融合。要加强品牌营销推广，以游客需求、群众满意、市场运作、品牌经营为导向，递进式开展四季旅游系列活动，集中打造一批有影响力的旅游节庆活动和精品路线，适时召开文化旅游招商推介大会，让“北国江南”“塞外苏杭”的金字招牌擦得更亮、打得更响，吸引更多游客和企业走进扎兰、环游扎兰、体验扎兰、融入扎兰。要推动阿柴景区一体化，抢抓机遇、主动搭乘自治区推动阿尔山创建国家级旅游度假区的顺风车，加强柴河与阿尔山的互动合作，下定决心、全力争取支持，坚决破除柴河景区多重管理问题，积极引进社会资本，盘活现有旅游资源，加快培育柴河月亮小镇的看点、亮点、卖点，尽快实现良性互动、优势互补、客源互享、利益共得。要大力发展冰雪旅游，高标准、早谋划、快推进“十四冬”筹备工作，积极争跑政策支持，积极承办各级体育赛事，积极培育大众冰雪项目，加大冬季旅游新业态、新产品开发，尽快实现金龙山滑雪场市场化运营，完善基础配套，探索四季经营模式，推动金龙山滑雪场申报国家AAAA级旅游景区，做强国家级滑雪旅游度假地品牌，努力把扎兰屯打造成为更有温度、更有特色、更有品质的冰雪旅游度假胜地。

*四是建设商贸物流强市，点燃高质量发展助推器。*立足“两个循环”，大力发展现代商贸物流业，扎实推进县域商业体系建设试点工作，努力把扎兰屯市打造成为国家向北开放、“哈大齐呼”经济走廊和内蒙古东部的重要商贸物流集散地。要优化完善交通运输网络，加快G232线、S308线、岭北四队互通、农垦道路硬化等路网项目建设，加强齐海满高铁项目对接沟通，积极推进成吉思汗至柴河铁路建设前期工作，优化丰富航线网络，争取尽早开通哈尔滨等航线，进一步完善综合立体交通网络。要推动专业市场升级，做强蒙东牲畜交易市场，做优果蔬批发市场，加快岭东机动车交易市场建设，有序推进农资农机、农副产品、道地药材等专业市场建设，努力构建专业化高、辐射面广、相互配套、相对集中的市场体系，提升岭东地区商贸中心地位。要加快商业扩圈提质，逐步提升百兴百货、发达广场、葛根街、步行街等传统商圈基础设施和服务功能，加快居然之家商贸综合体建设和乡镇商贸中心建设，强化早市、夜市、后备箱集市、农村大集等市场的运行管理，让商业街、步行街、大商场、小商铺开起来、旺起来，释放消费新活力，点燃城乡烟火气，促进商业大繁荣。要大力发展物流产业，壮大岭东商贸物流园区，规范运营管理，积极引进知名物流企业设立分支机构，加快快递产业园建设，打造智能化快递物流分拣中心，加快冷链物流建设，努力实现农产品冷链库容达7万立方米以上，产地低温处理率达45%以上。加快村级物流服务网点升级改造，实现主要乡镇24小时村村快递投放，着力打造陆铁空、客货邮、市乡村一体化的综合立体物流体系。要加强商贸互动合作，加强与岭东地区的互联互通和产业合作，畅通与岭上、岭西地区的要素流动，发展与满洲里等口岸城市和齐齐哈尔等周边城市的商贸合作，主动对接环渤海、长三角等经济发达地区企业，探索发展泛口岸经济、飞地经济，让好产品走出去、把优资源引进来。

*五是建设新兴产业强市，培育高质量发展新动能。*瞄准战略性新兴产业，突出抓好新能源、临空产业、电子商务等优势特色新兴产业，优化发展格局，提升产业档次，积极培育专精特新“小巨人”企业，争当呼伦贝尔新兴产业发展“领跑者”。要大力发展新能源产业，全力推进华能、中核、西郊变等新能源项目建设，加快并网发电进度，加大转化应用力度，积极推动华能30万千瓦风电清洁供暖项目建设。主动对接区内外能源企业，积极争跑新的风电、光伏、绿氢项目落地，探索以资源、土地、服务、劳务入股等合作开发新模式，争取扩大地方收益。要持续壮大临空产业，加强临空产业园基础设施建设，加快柴河通用机场建设，支持内蒙古飞行学院、杰普逊国际飞行学院做大做强，打造中国民航系统重要培训基地。要延伸临空产业链条，强化岭东农畜林产品开发区与临空产业园区的合作交流，探索发展航空培训、旅游、物流、无人机等新产业、新业态，努力打造内蒙古临空经济发展先行区、示范区，中国北方航空特色小镇。要加快发展电商产业，加大对电子商务扶持力度，建设电商产业园，加强与国内知名电商企业、扎兰屯职业学院等洽谈合作，努力培育一批本土电商示范村、电商企业、网红达人、电商人才和特色品牌，探索成立电子商务行业协会，力争跨境电商实现突破，着力构建统一品牌、统一营

销、统一物流、统一售后的电商标准化服务体系，完善电商产业链、供应链、服务链，打造呼伦贝尔电商产业发展集聚区。

（四）实施乡村振兴引领工程，构建现代化建设的和美乡村。要深入实施乡村振兴战略，坚持五级书记抓乡村振兴，把人力投入、物力配置、财力保障都要转移到乡村振兴上来，全面推进“五个振兴”，全面建设宜居宜业和美乡村。

一要巩固拓展脱贫攻坚成果。继续压紧压实责任，加强驻村帮扶，完善防返贫监测帮扶机制，把脱贫人口的帮扶政策衔接好、措施落到位，持续巩固“三保障”成果，强化扶贫资产后续管理，千方百计为薄弱村和脱贫监测户增收创造条件，坚决防止发生整村返贫现象，守好守牢不发生规模性返贫底线。二要抓好产业振兴这个“重中之重”。挖掘农业农村特色资源，深化产业帮扶政策，实施乡村振兴项目，大力发展到户产业和庭院经济，做好“土特产”文章，持续壮大村集体经济。支持各类人才返乡创业，有针对性加强致富带头人、新型职业农民培训，促进农民就地就近就业，推动乡村产业全链条升级。三要力促“小木耳”做成“大产业”。加快黑木耳产业示范园区和基地建设，努力在“增量提质、园区建设、科技创新、品牌打造、精深加工、市场运作”上下功夫、做文章、见实效、求突破，全力打造呼伦贝尔黑木耳产业发展核心区、示范区，争创内蒙古黑木耳之乡。四要深入实施乡村建设行动。扎实推进农村人居环境整治提升五年行动，加快推进乡村治理、四好农村路、农村户厕改建、生活垃圾和污水治理、村容村貌提升等工作，高质量推进野马河村红色美丽乡村建设试点，创建美丽乡村、美丽宜居村庄，积极引导农民主动参与乡村建设管理，提高乡村基础设施完备度、公共服务便利度、人居环境舒适度，努力做到环境共护、道路共通、特色共塑、管理共抓、成果共享、发展共联，实现乡村由表及里、形神兼备的全面提升。五要统筹推动区域协调发展。推动各地区差异化、特色化、优质化发展，成吉思汗、蘑菇气、中和、大河湾等地要进一步提升综合性大镇地位，在产业发展、乡村建设、民生保障等方面综合发力，重点打造区域中心重镇；柴河、南木、卧牛河等地要进一步整合旅游资源，找准在扎兰屯市全域旅游中的定位，加强景区景点打造和服务供给能力，努力在文旅、农旅、体旅、康旅等方面做有力探索，重点打造文旅产业发展示范乡镇；达斡尔、萨马街等少数民族乡要高质量推进民族工作，充分挖掘少数民族资源，大力发展特色产业，重点打造民族团结进步示范乡镇；哈多河、洼堤、浩饶山等中小乡镇要充分挖掘区域特色，宜农则农、宜牧则牧、宜林则林、宜游则游，因地制宜培育特色产业。涉农街道要加快城乡融合、产城融合进程，大力发展休闲农业、服务业、特色手工业、电商、物流等绿色产业，打造城市“后花园”。需要强调的，以上定位是市委对差异化发展的初步规划，各地要立足实际，创新思路、整合资源、加强合作，既要沿着市委定的方向重点攻坚，也要敢于突破条条框框、创先争优，推动形成“百花齐放、生机勃勃”的发展景象。

（五）实施城市品质提升工程，打造现代化建设的美好家园。要始终把人民宜居安居放在城市发展的首要位置，深入实施新型城镇化战略，持续推进争创全国文明城市行动，全力打造宜居韧性智慧城市，不断提升城市环境质量、人民生活品质和城市竞争力。

一要大力推进城市更新行动。加大老城区市政基础设施维护改造和新区基础设施建设力度，加快推进老旧小区改造，完善棚户区改造配套工程，强化城镇供热保障工作，积极推进成吉思汗路综合管线及路面升级改造等工程，优化道路环境。持续完善地下管网建设，争创海绵城市，加大城市内涝治理力度，重点抓好城中村、城乡结合部防灾减灾能力建设，完善城市安全体系，保障城市安全，提高城市发展韧性。二要推深做实精细化管理。坚持“三分建七分管”，推动爱国卫生运动、城市精细化管理常态化制度化长效化，坚决整治乱停乱放、乱搭乱建、乱摆乱卖等“城市病”，对背街小巷、城市边角地、零星地块等公共空间持续进行“微改造、精提升”，以绣花般的细心、匠心、卓越心推进城市精细化管理。加快智慧城市建设，推进5G网络基站等基础设施建设，推动数字资源共建共享、共联共用，延伸服务触角。推动城区建筑风貌提升、住宅小区品质提升、城市整体环境提升，逐步推进雅鲁河沿岸、秀水湿地公园生态步道、骑行道和慢行步道系统建设，推进运动健身设施全域化布局，积极打造运动之城、活力之城。强化历史文化保护，因地制宜推进净化美化，结合实际推进城市夜间亮化，塑造城市风貌，让景在城中、人在景中成为靓丽风景。三要树立经营城市理念。严守“三区三线”和城镇开发边界，优化发展布局，加强城市发展空间规划，强化资源全面节约集约，以产促城、以城兴产、产城融合，推动城市发展由外延扩张向内涵提升转变。坚持“房住不炒”，引导房地产市场预期和信心回暖，支持刚性和改善性住房需求，推动房地产市场平稳健康发展。

（六）实施文化赋能振兴工程，提升现代化建设的内涵底蕴。要把文化建设摆在更加突出的位置，全面提升文化软实力，实现以文化人、以文惠民、以文兴业，赓续扎兰百年风采，夯实城市发展“根与魂”，提振现代化建设“精气神”。

一要打造“信仰扎兰”。加强党校、党群服务中心、新时代文明实践中心等阵地建设，开展对象化、分众化、互动化基层理论宣讲，推动习近平新时代中国特色社会主义思想和党的二十大精神“飞入寻常百姓家”。二要打造“正能量扎兰”。坚持团结稳定鼓劲、正面宣传为主，加强融媒体中心建设，增强主流媒体影响力，加快构建网上网下一体、内宣外宣联动的主流舆论格局。积极引导自媒体等社会媒介传播社会主流价值，让“正能量”产生“大流量”，让“好声音”成为“最强音”。三要打造“文明扎兰”。大力弘扬和践行社会主义核心价值观，实施新时代公民道德建设“十大行动”，深化群众性精神文明创建，持续加强新时代文明实践志愿服务，提高群众文明素质和城市文明程度。四要打造“文化扎兰”。延续和发展城市文脉，加大文物和文化遗产保护力度，继续推进文博风情小镇建设，争创国家历史文化名城。大力发展乌兰牧骑事业，加快推进乌兰牧骑馆投入使用，努力创作一批精品力作，开展群众性文化活动，做强雅鲁河群众文化艺术节品牌，深入发展诗、书、画、影和根艺、剪纸等民间艺术，推进文化繁荣。五要打造“自信扎兰”。实施“塞外苏杭”城市形象提升计划，提炼城市发展内涵，讲好扎兰屯故事、传播扎兰屯声音，积极开展城市间文化交流，壮大“朋友圈”，搭建“大舞台”，展示“好形象”。

（七）实施科教人才兴市工程，培育现代化建设的强劲引擎。要坚定不移落实科教兴国、人才强国、创新驱动发展战略，把教育、科技、人才作为现代化建设的基础性、战略性支撑，统筹谋划、一体部署，着力推动教育与发展紧密对接、科技与发展深度融合、人才与发展高效匹配。

一要全力办好人民满意教育。坚持“五育”并举，实施教育“量质双升工程”，推动学前教育、特殊教育普惠发展，加快义务教育优质均衡发展和城乡一体化，坚持高中阶段学校多样化发展，推动职业高中和扎兰屯职业学院优势互补、资源共享、融合发展，进一步建好建强校长、教师两支队伍，畅通晋升轮岗渠道，大刀阔斧地进行教育体制综合改革，沉下心、铆足劲，实现全市教育教学质量再上新台阶，让扎兰屯的孩子享受更加优质、更加高效的教育资源。二要深入落实“科技兴蒙”行动。大力开展全民科学素质提升行动，着力提升青少年、农民、产业工人、老年人、领导干部和公务员“五大人群”科学素质。实施创新型企业“双倍增双提升”行动，搭建科技创新合作平台，加大与中国科学院、农垦集团等合作力度，支持引导农研所、职业学院、飞行学院等驻扎院所、高校开展科技研发，积极引导金融机构加大对科技创新的支持力度，推进高新技术企业、科技型中小企业认定，努力构建以企业为主体、市场为导向、产学研深度融合的技术创新体系。三要积极打造人才集聚高地。持续完善人才政策，积极培育本土人才，探索组建“乡村振兴”“城市建设”“产业发展”“招商引资”等人才智库，持续推进“草原英才”“鸿雁计划”“绿色通道”等工作，优化流程、提高效率，加大刚性、柔性引才引智力度，既要“求贤若渴”更要“人尽其才”，拿出真金白银、真情实意引才、留才、用才。

（八）实施民生改善幸福工程，共享现代化建设的繁荣成果。发展为民、发展惠民是我们推动高质量发展的初心和落脚点。要坚持民生投入只增不减、惠民力度只强不弱、利民实事只多不少，扎实推进为民办实事项目，解决好群众的急难愁盼问题，想方设法让群众的日子越过越红火、越来越有奔头。

一要强化就业优先。深入落实就业促进“五大行动”“十项服务计划”，加快推进公共实训基地运行发展，开展职业技能培训，突出抓好重点群体就业，确保零就业家庭实现动态“清零”。重点抓好中低收入群众增收，规范公益性岗位管理，推动政府投资重点工程项目实施以工代赈，加大恶意欠薪打击力度，加强新就业形态劳动者权益保障，最大限度地保障收入公平公正。二要提高社保水平。深入实施全民参保计划，稳妥推进养老保险全国统筹，创新社会救助服务模式，保障困难群体生活，及时有效缓解结构性物价上涨给部分困难群众带来的影响。要强化退役军人服务体系建设，完善双拥工作机制，扎实做好军人军属、退役军人和其他优抚对象服务保障工作。三要完善养老服务。积极应对人口老龄化，提高公共服务能力，发展银发经济，盘活闲置资产，推动康养、医疗卫生、地产、旅游、金融等产业深融互通，尽快实现生态康养产业破题发展，努力建设生态康养小镇。四要建设健康扎兰。深化医药卫生体制改革，提高家庭医生签约率，加强医共体建设，完善分级诊疗服务体系，有针对性开展爱国卫生运动，持续推动优质医疗资源扩容下沉和城乡均衡发展，打造岭东地区医疗中心。推进中蒙医特色化、优质化发展，全力创建全国基层中医药工作示范县。五要科学防控疫情。围绕“保健康、防重症”，全面落实疫情防控优化调整政策，提升救治能力水平，全力保障好群众就医用药需求，重点抓好老年人和患基础性疾病群体救治，毫不放松抓好重大传染病防治，筑牢疫情防控大防线。

（九）实施稳域安民护航工程，筑牢现代化建设的稳定屏障。要更好统筹发展和安全，把维护稳定作为压倒一切的政治任务，推动高质量发展和高水平安全实现良性互动，守好呼伦贝尔南大门，筑牢祖国北疆安全稳定屏障。

一要坚持总体国家安全观。严格落实党委（党组）国家安全责任制，加强国家安全人民防线建设，持续深化国家安全教育和全民国防教育，健全风险研判、防控协同、防范化解等体制机制，加快构建覆盖各领域各层次、灵敏协调高效的安全防控网，切实把维护国家安全贯穿于经济社会发展的全过程各方面。二要全面推进依法治市。扎实推进“八五”普法，加强依法决策，严格执法司法，强化法律服务，积极创建民主法治示范村（社区）等典型示范，常态化开展扫黑除恶斗争，加强和改进人民调解和信访工作，巩固深化市域社会治理现代化试点合格城市创建成果，不断提高治理体系和治理能力现代化水平，建设更高水平的法治扎兰、平安扎兰。三要着力防范化解重大风险。切实提高重大风险预测预警能力，统筹推进住建、医疗、自然资源、教育、就业、交通等领域重大矛盾化解集中攻坚，稳步推进政府债务化解，协同抓好安全生产、食药安全、防灾减灾等重点工作，深入推进大排查大整治行动，建立完善大安全大应急体系，提高公共安全治理水平，全面防范化解各领域重大风险，坚决守住不发生系统性风险底线。四要全面加强和改进民族工作。坚决铸牢中华民族共同体意识，把巩固发展民族团结大局作为筑牢祖国北疆安全稳定屏障的根本性任务，全力创建全区民族团结进步示范市，积极参与呼伦贝尔市全国民族团结进步示范市创建，统筹推进“守望祖国北疆、共绘多彩呼伦贝尔”主题系列活动和民族团结“六带三基地一家园”建设，创建一批升级版的民族团结进步示范单位，推动新时代党的民族工作高质量发展，推动各民族共居共学、共建共享、共事共乐，为全方位建设“模范自治区”作出扎兰屯贡献。

三、从严管党治党，加强社会主义现代化建设的政治保障

全面建设社会主义现代化国家，全面推进中华民族伟大复兴，关键在党。要深入贯彻新时代党的建设总要求，把各级党组织建设得更加坚强有力，为现代化建设提供坚强政治保障。

（一）聚焦政治引领，坚定正确方向。要毫不动摇坚持和加强党的全面领导，以政治建设为统领，全面推进党的各项建设，把思想和行动统一到党的二十大精神和党中央关于经济工作的决策部署上来，完善党中央重大决策部署和自治区党委、呼伦贝尔市委工作要求落实机制，确保党的路线方针政策在扎兰屯落地落实。要着力增强党内政治生活的政治性、时代性、原则性、战斗性，坚持第一议题抓学习、第一遵循抓贯彻、第一政治要件抓落实，坚定拥护“两个确立”，坚决做到“两个维护”，始终在政治立场、政治方向、政治原则、政治道路上同以习近平同志为核心的党中央保持高度一致。要加强党对经济工作的领导，牢牢扭住经济建设这个中心不动摇，加强对经济工作的统筹谋划，完善和做实更加注重结果的考核机制，持续加大抓创新、抓项目、抓投资、抓招商的工作力度，全面提升领导和推动经济工作的能力。

（二）聚焦思想铸魂，筑牢信仰根基。要持续深入学习宣传党的二十大精神，深入推进“六大活动”，坚持用党的创新理论成果武装头脑、教育群众、指导实践、推动工作。要持续强化理想信念教育，深入实施习近平新时代中国特色社会主义思想铸魂工程，组织开展好党中央即将在全党开展的主题教育，筑牢信仰之基、补足精神之钙。要严格落实意识形态工作责任制，守好意识形态阵地，巩固壮大奋进新时代的主流思想舆论，引导各族群众更加由衷地听党话、感党恩、跟党走，以新气象新作为推动宣传思想工作高质量发展取得新成效。

（三）聚焦基层基础，建强战斗堡垒。要坚持大抓基层鲜明导向，着力推动基层党建“三强三优”工程，不断增强基层党组织的政治功能和组织功能。要更加注重组织体系建设，提高“两新”组织党建质量，加强和改进新业态、新就业群体党建工作，常态化、长效化整顿软弱涣散基层党组织，着力提升党员队伍质量，实现组织覆盖和工作覆盖“双推进”、有形覆盖和有效覆盖“双提升”。要大力推进各领域基层党建创新，更加注重载体创新、方法创新、手段创新，强化带头人队伍建设，推进“最强党支部”建设提质升级，打造基层党建特色品牌，推动基层党组织全面进步、全面过硬。要强化党建引领作用，压实各级党委（党组）主体责任，推进党建与发展深度融合，促进各领域各行业与基层党建互促共荣，更好地发挥基层党组织的战斗堡垒作用和党员干部的先锋模范作用。

（四）聚焦干部队伍，打造过硬铁军。要树立正确的选人用人导向，健全完善考察考核、奖励激励、容错纠错等体制机制，更加注重从基层一线和急难险重任务中发现、使用政治素质过硬、业务能力突出、干事创业担当的好干部，关心关爱基层干部，营造干事有为、成事有功、误事担责、赏罚分明的干事创业氛围，真正让老实人有干劲、一线人有奔头、干事人有舞台。要全面提高干部培训质效，大抓党员理论武装、大抓干部思想解放、大抓专业能力提升、大抓经济思维培养，推动全市干部的认识水平和能力素质得到进一步提升。要持续优化干部队伍结构，

大胆提拔使用优秀年轻干部，加快年轻干部成长成才步伐。

（五）聚焦正风肃纪，永葆清廉本色。要进一步增强坚定不移全面从严治党的政治定力，坚持把中央八项规定精神作为长期有效的铁规矩和硬杠杠，持续深化“转观念、强作风、优环境、重落实、树形象”学习实践活动成果，着力解决“三多三少三慢”问题。要始终保持反腐高压态势，坚决惩治群众身边的腐败问题和不正之风，一体推进不敢腐、不能腐、不想腐，更加有力遏制增量，更加有效清除存量，进一步铲除腐败滋生土壤，把严的基调、严的措施、严的氛围长期坚持下去，营造风清气正的政治生态。

（六）聚焦团结奋斗，凝聚发展合力。市委常委会要充分发挥统揽全局、协调各方的作用，切实加强自身建设，始终坚持干在实处、走在前列、做好表率，支持人大、政府、政协和“一委两院”依法依章程履行职能、开展工作，不断巩固壮大新时代爱国统一战线，持续加强党管武装、民族宗教、老干部等各项工作，更好地发挥群团组织作用。全市各级党员干部职工要树立“强化执行、狠抓落实”的鲜明导向，向落实对标、向落实聚力、向落实问效，切实做到锚定目标抓落实、放开手脚抓落实、提速提效抓落实、干部带头抓落实，凝聚起大抓落实的浓厚氛围和推动现代化建设的强大动力。

全市上下要紧密团结在以习近平同志为核心的党中央周围，坚定拥护“两个确立”，坚决做到“两个维护”，进一步增强抓发展的定力、提升抓发展的能力、激发抓发展的动力、汇聚抓发展的合力，勠力同心、勇毅前行，努力把扎兰屯建设成呼伦贝尔高质量发展样板城市，为奋力谱写全面建设社会主义现代化国家呼伦贝尔新篇章作出扎兰屯贡献。

政府工作报告

——在扎兰屯市第十届人民代表大会第二次会议第一次全体会议上

（2023年2月27日）

一、2022年工作回顾

过去的一年，在市委的坚强领导下，我们坚持以习近平新时代中国特色社会主义思想为指导，深入学习贯彻党的二十大精神，坚决落实“疫情要防住、经济要稳住、发展要安全”的政治要求，围绕市委九届二次全会暨全市经济工作会议决策部署，凝心聚力、加压奋进，拉高标杆、跳起摘桃，圆满完成全年目标任务，坚定不移推动高质量发展样板城市取得新进展，意气风发迈上全面建设现代化扎兰屯新征程。

——我们顶住压力、迎难而上，经济运行企稳向好。坚持稳中求进，优化政策落实，激发企业活力，稳住经济大盘，全市地区生产总值首次跨越200亿元大关，总量跃居呼伦贝尔市第二位。限额以上固定资产投资完成28.01亿元，增长48.3%，增速位居呼伦贝尔市第二位。规上工业总产值突破140亿元，增长20%，总量位居呼伦贝尔市第三位。社会消费品零售总额完成28.78亿元，增长1.5%，总量位居呼伦贝尔市第四位。招商引资签约金额30.2亿元，到位资金17.25亿元，总量位居呼伦贝尔市第二位。综合实力稳居呼伦贝尔市第一方阵。

——我们立足优势、加速转型，产业发展提级增效。聚焦“五大行动计划”，加快推动产业转型、业态创新、质效提升。现代农牧业增量增质，坚持藏粮于地、藏粮于技，粮食播种面积25.82万公顷，建设高标准农田1.13万公顷，超额完成大豆种植任务，粮食产量实现“十九连丰”；稳步推动畜牧业规模发展，全市规模养殖场增至1436家；中草药、黑木耳等特色产业持续做大，农牧业产业化龙头企业销售收入居呼伦贝尔市首位，国家级现代农业产业园获批并高标准建设。传统产业加速升级，实施阜丰公司高效菌种开发、国森公司氧化矿、松鹿制药养阴清肺口服液等增资扩产、节能技改项目，企业效益大幅提升，规上工业企业利润总额达31.97亿元，增长88.2%，2家企业再次登上全区民营企业百强榜单；完成开发区智慧园区建设，加速打造高质量产业园区；居然之家商业综合体项目成功签约，扎兰屯市成为自治区首批县域商业体系建设试点。文旅产业提标提效，金龙山滑雪场获评首批国家级滑雪旅游度假地，吊桥公园被命名为内蒙古最美公园，成功举办雅鲁河夏日漂流季、冰雪嘉年华等系列活动，四季旅游品牌持续打响，全年旅游人数和收入分别增长10%、8.5%。新兴产业破题发展，实施风电项目5个，总装机容量60万千瓦，完成投资15.4亿元，中核一期10万千瓦风电工程实现并网发电，新能源产业初具规模；临空产业稳步推进，产业园区设施日趋完善，中国民航大学内蒙古飞行学院训练规模大幅提升，柴河通用机场纳入全区第一批统筹建设清单；电子商务繁荣活跃，交易额突破14亿元，增长17.6%；农产品上行交易额1.57亿元，增长4.6%。生态产业乘时乘势推进。摸清碳汇资源底数，探索生态资源价值实现渠道，完成四家重点单位碳排放数据报告编制，努力促进生态环境保护与生态产业发展有机结合。

——我们聚焦品质，协同发力，城乡面貌颜值更高。实施城区道路、排水防涝、城市绿化等市政项目20余个，新建供水管网11千米，改造老旧小区17个，城市功能日趋完善；爱国卫生、城市精细化管理“攻坚行动”成果丰硕，清除垃圾12万吨，打非治违1.6万平方米，改造升级路灯3300余盏，平整公共空间20万平方米，城市品质显著提升。加快乡村振兴步伐，投入资金1.5亿元，实施补助扶持项目94个，130个村集体收入全部达到10万元以上，总额突破2500万元，脱贫成果持续巩固；加大乡村建设力度，修复集中式饮水工程114处，改造农村危房79户，新建户厕1818个，农村生活垃圾收运处置体系覆盖率达到54%，村庄绿化覆盖率达到30%，达斡尔民族乡满都村人居环境整治经验得到呼伦贝尔市认可，蘑菇气镇野马河村成为自治区红色美丽乡村建设试点。强化基础设施支撑，完成阿扎高速阜丰段项目建设，岭北四队互通、乡村道路等重大基础设施项目进展顺利，较大自然村屯通畅率达94.4%，农村公路列养率达100%。

——我们坚守底线、科学保护，绿色底蕴愈加深厚。始终把生态环境保护挺在发展的前面，全面落实林草长制、河湖长制，强化水源地和秀水湿地保护，严打破坏草原林地违规违法行为，治理侵蚀沟250条，人工造林866.67公顷，封山育林666.67公顷，草原禁牧8466.67公顷，草原综合植被盖度达到80%，连续24年无重大森林草原火灾发生，成功创建自治区级森林城市，顺利通过“中国天然氧吧”复查。巩固拓展蓝天、碧水、净土保卫战成果，空气质量优良天数比例达到99.2%，雅鲁河断面稳定在Ⅱ类水体标准，土壤环境质量总体良好，中央生态环境保护督察47件群众信访举报件全部办结。坚持资源节约集约利用，“五个大起底”行动成效显著，清缴沉淀资金3278万元，解决批而未供土地37.4公顷，消化盘活土地37.8公顷，高质量完成待批项目、开发区闲置资源要素大起底任务。严格执行“双碳”政策，源头把控项目准入，有效落实节能举措，单位GDP能耗完成呼伦贝尔市目标任务。

——我们守正创新、深化改革，发展活力不断激发。深化重点领域改革，高质量完成25项经济生态领域改革任务。纵深推进“放管服”改革，梳理公布行政许可事项清单，全面落实蒙速办“一网办、掌上办、一次办、帮您办”，行政审批、工程项目审批、证照分离改革取得新成效。加大助企纾困力度，落实“组合式”税费与金融政策，为市场主体减负2.36亿元，发放助企贷款9.06亿元，全年净增各类市场主体9581户，同比增长28.5%，达到4.32万户。实施“科技兴市”行动，强化科技投入，落实惠企政策，切实提升企业科技创新能力。国企改革三年行动顺利收官，企业管理运营逐步规范。外贸经济实现突破，全力支持阜丰公司、同德木业、石本羊绒、鑫难公司扩大产品出口，外贸出口额达到4亿美元，增长10%。

——我们兜牢底线、为民惠民，群众福祉持续增进。全市财政民生支出占一般公共预算支出的80%，城乡居民人均可支配收入分别增长4.5%和7.4%，达到4.18万元、2.35万元；动态消除239名监测对象返贫致贫风险。实施民生实事项目7个，新增城镇就业1503人，农村劳动力转移就业2.56万人，城镇登记失业率控制在4.1%以内。养老保险、工伤保险、失业保险参保人数分别增长5%、1.37%和12.49%，低保、残疾人、孤儿、特困人员救助供养标准持续提高，实现应保尽保，扎兰屯市成为呼伦贝尔市社会救助创新创优试点地区。未成年人保护中心、公办养老机构消防改造项目顺利完成，改扩建基层养老服务中心31个，丰富了“一老一小”服务供给。社会事业全面进步，新建1所小学、4所幼儿园，增加公办园学位1440个，招录教职工320名，线下学科类培训机构压减率、学校课后服务参与率均达100%，普惠性幼儿园覆盖率达到88.2%，中考和高考成绩实现双突破，教育水平大幅提升；启动全国基层中医药工作示范县创建工作，完善基层中医馆和卫生院建设，加大医疗保障服务力度，医保参保率稳定在95%

以上，扎兰屯市成为自治区医疗保障基层服务示范点；开展基层文艺演出144场，组织文化大集50次、群众性体育活动16次，举办“喜迎二十大”“书香中国”等主题展览87次。平安建设成效显著，切实铸牢中华民族共同体意识，不断巩固和加强民族团结，乌兰牧骑被评为“全区民族团结进步模范集体”；打击违法犯罪成绩斐然，矛盾排查化解扎实有力，安全生产态势平稳，社会大局和谐稳定，圆满完成党的二十大安保维稳任务。与此同时，国防动员、人民防空、退役军人工作扎实开展，外事侨务、统计调查、广播电视、史志档案、地震、供销、邮政等工作取得新进步，老龄、妇女儿童、青少年、残疾人、工会、慈善、关心下一代、老年体协等事业实现新发展，市红十字会“小桔灯”志愿服务组织被评为“全国红十字模范单位”，市科协被评为“2022年表现突出的科普中国信息员组织单位”，市工商联获得全国“五好”标杆县级工商联称号，市企业家商会被认定为全国“四好”商会，扎兰屯国家基本气象站列入中国百年气象站名录。

——我们牢记重托、不负期盼，政府效能全面提升。坚持把政治建设放在首位，坚定拥护“两个确立”，坚决做到“两个维护”。严格执行市人大及其常委会的决议决定，自觉接受人大依法监督和政协民主监督，高质量办复人大代表建议83件、政协委员提案118件。加强依法行政，深入贯彻《法治政府建设实施纲要(2021—2025年)》，严格执行重大行政决策程序，健全政府工作规章制度，自觉维护司法权威，行政机关负责人出庭应诉率达到100%。强化审计监督，查处违规问题53个，纠正不规范问题36个，促进增收节支848万元。树立“过紧日子”思想，严控一般性支出，合理压缩“三公”经费。防范化解各类风险，多方筹措资金，化解政府隐性债务3.6亿元，清理中小企业无分歧账款8000万元，解决了遗留多年的拖欠职工工资和乡镇文体广电中心、基层卫生院职工医保问题。严格落实中央八项规定精神，驰而不息纠治“四风”，深入开展“转观念、强作风、优环境、重落实、树形象”学习实践活动，作风建设、以案促改等工作取得明显成效。

各位代表，事非经过不知难，成如容易却艰辛。回望过去的一年，我们众志成城战疫情，全力以赴稳大盘，在大战大考中顶住了压力，赢得了发展。一路走来，我们深切地感受到，以习近平同志为核心的党中央，是引领我们从胜利走向胜利的主心骨；全市各族干部群众的团结奋斗，是我们战胜一切艰难险阻的动力源。在此，我代表市人民政府，向全市各族人民，向人大代表、政协委员和各民主党派、工商联、人民团体、社会各界人士，向驻扎单位、解放军和武警部队官兵，向所有关心支持参与扎兰屯建设发展的朋友们，致以崇高的敬意和衷心的感谢！

各位代表，在看到成绩的同时，我们也清醒地认识到，踏上现代化扎兰屯建设新征程，还面临不少困难、问题和挑战。如，经济增速放缓、产业转型升级较慢、科技创新短板明显；政府投资乏力、消费结构不优、财政收支矛盾突出；就业、教育、医疗、养老、住房等群众关心的急难愁盼问题仍需下大力气解决；化解政府债务、防控金融风险压力不减，统筹发展和安全要求更高、难度更大；政府工作还有不少需要加强和改进的地方，一些工作人员思想破冰不够、担当意识不强、闯劲干劲不足，工作“懒、散、拖、慢”等问题仍较突出，等等。对于这些问题，我们不遮掩、不回避，逐项研究对策，以更大的力度、更强的措施加以解决，决不辜负全市人民的期盼和重托。

二、2023年主要工作

2023年是全面贯彻落实党的二十大精神的开局之年，是“加快发展、大抓发展”的奋进之年，更是乘势而上推进扎兰屯高质量发展的关键之年。今年政府工作的总体要求是：以习近平新时代中国特色社会主义思想为指导，全面贯彻党的二十大、中央经济工作会议精神和习近平总书记对内蒙古重要讲话重要指示批示精神，深入落实自治区党委十一届五次全会暨全区经济工作会议和呼伦贝尔市委五届五次全会暨全市经济工作会议精神，围绕市委九届四次全会暨全市经济工作会议决策部署，完整、准确、全面贯彻新发展理念，积极服务和融入新发展格局，聚焦高质量完成“五大任务”和全方位建设“模范自治区”两件大事，坚定不移走以生态优先、绿色发展为导向的高质量发展新路子，坚持“绿色崛起、富民强市、共享繁荣”，以“建设呼伦贝尔高质量发展样板城市”为目标，推深做实“五大行动计划”，更好统筹疫情防控和经济社会发展，更好统筹发展和安全，全面深化改革开放，大力提振市场信心，突出做好稳增长、稳就业、稳市场、稳民生、稳预期工作，深入实施“九大工程”，在稳中求进的基础上稳中快进、稳中优进，实现经济质的有效提升和量的合理增长，奋力谱写全面建设社会主义现代化国家扎兰屯新篇章。

全市经济社会发展的主要预期目标是：**地区生产总值增长6%左右；限额以上固定资产投资增长15%以上；社会消费品零售总额稳步增长；居民收入与经济增长基本同步；城镇登记失业率控制在任务指标以内；绿色发展指标全面完成，能耗强度和减排指标完成呼伦贝尔市下达任务，努力在实际工作中争取更好成绩。**

上述目标充分体现了高质量发展的内涵和要求，充分考虑了未来发展的支撑条件、战略机遇和发展潜力，充分预估了可能遇到的问题和困难。全市上下要深入贯彻党中央决策部署，全面落实上级党委政府工作要求和扎兰屯市委总体安排，努力提升扎兰屯市在自治区、呼伦贝尔市发展大局中的分量和位次，以奋发有为的精神状态和时不我待的责任意识，只争朝夕地推动各项目标任务落到实处，全力以赴打造好呼伦贝尔高质量发展样板城市。

为实现上述目标，重点抓好以下七个方面工作。

（一）以稳促进、以进固稳，着力做大县域经济总量。牢固树立“加快发展、大抓发展”理念，深入实施经济总量跃升工程，不遗余力抓招商、优环境、上项目，奋力实现经济质效双增、行稳致远。

一是在项目建设上呈现新气象。坚持“项目为王”理念，全时段全周期抓实项目建设，努力在提升签约率、开工率、落地率、竣工率上寻求突破。高质量谋划项目，准确把握国家、自治区、呼伦贝尔市投资政策，围绕产业链、供应链、创新链，做实做优做精项目库，重点谋划现代农牧业、现代服务业、新能源等产业项目，让更多的大项目好项目列入国家和自治区大盘子，为经济发展提供更加有力支撑。加快项目实施进度。瞄准项目前期、强化流程管控、推行专班化、项目化、清单化、责任化、目标化的“五化”工作法，盯紧计划表、任务表、时间表、责任表，一旬一旬的推动、一周一周的督办，一天一天的实干，全力以赴抓好42个重点项目建设，力争阜丰三期、居然之家及新能源等上亿元重大项目早落地、早开工、早竣工、早投产、早达效，以项目建设的“加速快跑”助推经济发展的“增量提质”。

二是在招商引资上实现新跨越。将招商引资作为经济工作“一号工程”，实施“招商引资攻坚年”行动，全地域全行业扩大招商引资。紧跟政策导向和投资方向，围绕优势特色资源禀赋，坚持市级领导带头，配强专业队伍，增列专项经费，发动强劲攻势，在全市掀起“全域抓招商、全员抓招商、比拼抓招商”的热潮。紧盯京津冀、长三角、珠三角等发达地区，用活用好“十二条”招商引资工作法，努力吸引更多的龙头企业、冠军企业落户扎兰屯，确保到位资金突破30亿元。坚决做优营商环境，构建亲清政商关系，全面提升服务能力，着力提高办事质效，设身处地为企业着想，真情实意排忧解难，塑造更有力度、更有速度、更有温度的政务环境、法治环境和营商环境，让扎兰屯成为国企敢干、民企敢闯、外企敢投的发展高地。

三是在扩大消费上展现新作为。全力促进消费扩容提质，完善县域商业体系，培育区域性专业市场，优化末端配送网络，促进消费供给“微循环”，积极打造“一刻钟便民生活圈”。制定促进消费政策措施，拓展消费行动覆盖面，办好“直播扎兰屯·消费促进季”系列促销活动，激发绿色智能家电、新能源汽车等消费潜力，推动批零住餐、文旅娱乐等消费恢复常态。强化早市、夜市、后备箱集市、农村大集等市场的运行管理，发展好夜间经济，培育健康消费、养老消费、假日消费等消费热点，助力消费升级加速，让群众共享品质消费，点旺城乡烟火气。

四是在激发市场活力上寻求新突破。运用好退减缓免措施，顶格落实促进市场主体稳定健康发展政策，打好税费政策“组合拳”，为企业“雪中送炭”，为市场“松绑鼓劲”，大力提振市场信心。做好知识产权运用、促进、保护、发展工作，实施个体工商户三年成长计划，依法保护、更好支持各类市场主体蓬勃发展。精准开展政金企对接，积极帮助民营企业、中小微企业破解资金瓶颈。

（二）深耕产业、融合发展，加快构建现代产业体系。坚定不移走以生态优先、绿色发展为导向的高质量发展新路子，深入实施“五大产业强市工程”，全力打造呼伦贝尔产业集群发展示范区。

一是谱写农牧业发展新篇章。按照产业化理念、工业化思维、市场化导向，着力做好扩大数量、提高质量、增加产量文章，加速打造绿色农畜林产品生产加工输出基地。严守耕地保护红线，守住粮食安全底线，统筹推进1万公顷高标准农田、6666.67公顷黑土地保护性耕作项目建设，积极引进玉米、大豆新品种，保障粮食产量实现“二十连丰”；加快规模养殖场建设，推广标准化养殖技术，优化兽医社会化服务，确保牲畜存栏达到150万头（只）以上。坚持规模化、产业化、品牌化发展，大力实施绿色特色、节水高效、防灾避灾型农牧业，着力推动玉米、大豆、肉牛、肉羊、生猪、黑木耳、中草药全产业链发展；壮大新型经营主体、产业化联合体，培育“扎兰屯大豆”“扎兰屯黑木耳”等一批区域公共品牌，增强“三品一标”影响力，提升农畜产品溢价值。依托扎兰屯市大豆拥有的“绿色食品”认证和科研机构优势，高质高效实施国家现代农业产业园建设，全力打造现代农牧业强市。

二是挺进循环工业发展新赛道。紧紧围绕工业强市目标，以“高端化、智能化、绿色化、服务化”为主攻方向，以重大项目实施、重点企业培育、重点产业链条改造、特色园区集群提升为重点，统筹资源、集聚要素，大力扶持一批基础好、潜力足的企业深耕主业、增资扩产，让一批骨干企业成为转型升级的主力军，支持阜丰公司、国森矿业、吉安化工等重点企业扩能改造，理顺浆纸公司管理体制，加快企业转型升级。积极引进培育秸秆综合利用、饲料加工、大豆精深加工企业，推动玉米、大豆产业“全株开发”，构建全链条现代化产业集群。完善呼伦贝尔岭东农畜林产品开发区功能，充分利用智慧园区建设成果，推进产业、园区、城市之间的空间整合和功能融合，建设绿色低碳循环可持续的高品质产业园区。

三是开辟文旅产业发展新路径。以打造“呼伦贝尔市文旅产业全域全季全业发展示范区、内蒙古东部重要的度假休闲旅游目的地”为目标，坚持“以文塑旅、以旅彰文”，按照生产、生活、生态“三生融合”理念，一体规划、一体建设、一体发展，发挥政府主导、市场主体、游客主角作用，从供给侧把品质、标准提上来，从需求端把形象、品牌打出去，推动全域全季全业旅游发展。深入整合文旅资源，积极融入“乌阿海满”一体化，加强与兴安盟、黑吉辽等地的旅游合作，打好生态、文化、田园、冰雪、康养“五张特色牌”；开发利用“四山一河”、两条历史文化街区、秀水国家湿地公园、吊桥公园等优秀文旅资源，完善基础设施和服务功能，丰富旅游景区景点的文化内涵，推动文旅产业深度融合发展。持续开展杜鹃赏花季、雅鲁河漂流季、金秋采摘季和金龙山冰雪季等系列活动，擦亮“北国江南、塞外苏杭”金字招牌。高标准、高质量做好

"十四冬"筹备工作,积极承办各级体育赛事,开发冬季旅游新业态、新产品,完善国家级滑雪旅游度假地功能,全力争创金龙山滑雪场国家 AAAA 级旅游景区,把扎兰屯打造成为有温度、有品质的冰雪运动之城。力争全年接待游客 240 万人次以上,旅游收入达 20 亿元以上。

四是激发商贸物流发展新活力。坚持以县域商业体系建设试点为抓手,加速发展现代商贸物流业。做强蒙东牲畜交易市场,完善农资农机、农副产品、道地药材等专业市场建设,构建专业化高、辐射面广、相互配套、相对集中的市场体系。加快居然之家商业综合体落地建设,逐步提升百兴百货、发达广场、葛根街、步行街等传统商圈基础设施和服务功能,促进商业扩圈提质。积极引进知名物流企业,壮大岭东商贸物流园区,推动村级物流服务网点升级改造,着力完善陆铁空、客货邮、市乡村一体化的综合立体物流体系。加强与岭东地区的互联互通和产业合作,畅通与岭上、岭西地区的要素流动,进一步巩固区域商贸中心地位。

五是绘就新兴产业发展新蓝图。围绕打造百万千瓦新能源基地目标,全力推进华能扎兰屯 30 万千瓦风电、中核扎兰屯 20 万千瓦风电等新能源项目建设,确保全部实现并网发电,为扎兰屯市建设清洁低碳、安全高效的现代能源体系提供强有力支撑。发展壮大临空产业,加快柴河通用机场建设,支持中国民航大学内蒙古飞行学院、杰普逊国际飞行学院做大做强,探索发展航空培训、旅游、物流、无人机等新产业、新业态,努力建设内蒙古临空经济发展先行区、示范区。加大电商扶持力度,完善电子商务产业链、供应链、服务链,积极推进电商产业园直播基地建设,培育孵化一批本土电商企业、网红达人、电商村和特色品牌,力争年交易额突破 16.6 亿元,增长 18%,农产品上行交易额达到 1.83 亿元,同比增长 16%。

(三)创新引领、改革赋能,激活内生发展动力引擎。坚持向创新要动力、向改革要活力、向开放要红利,不断汇集发展新动能新优势。

一是更大力度推进创新。坚持实施"科技兴市"行动,积极谋划扎兰屯科技馆项目,建立科技型企业梯次培育储备库,开展规上工业企业科技创新"三清零"行动,新增高新技术企业 1 家,入库科技型中小企业 3 家,探索"人才飞地""研发飞地"模式,支持企业牵头组建创新联合体。聚焦特色优势产业、"双碳"等领域,实施科技攻关 2 项以上。发挥好政府组织作用,推动产业链创新链资金链人才链深度融合,提升全民科学素质,最大限度激发全社会创新创造潜能。拓宽渠道引进外来人才,真心实意创优人才环境,拿出更多实招硬招,让各类人才引得进、留得住、发展好,在扎兰屯这片创新创业的热土上尽展其能、成就梦想。

二是更实举措深化改革。深化"放管服"改革,加大简政放权力度,抓好重点领域和关键环节的改革任务,巩固"优化职能职责、优化工作流程"专项行动成果,推动一次办和跨省通办事项落地见效,强化政务服务向基层延伸。推深做实国企"三项制度"改革,支持城投公司、文旅投公司等国企多领域、深层次参与经济社会建设。深化农村综合改革,有序推进农村集体经营性建设用地入市,抓好农村宅基地制度改革。坚持依法普查、科学普查、为民普查,精心组织开展第五次全国经济普查工作。

三是更高水平扩大开放。主动参与"一带一路"建设,深度融入环渤海经济圈,紧盯京津冀、长三角、珠三角,大力承接产业转移,深化更广领域合作。积极融入国内国际双循环发展格局,务实开展与周边地区的产业协作,加强与俄蒙地区的合作,鼓励开展线上线下境外展会,帮助出口企业拓市场、拿订单,带动企业勇于走出去,重点支持阜丰公司、同德木业、鑫雅公司出口,创造更多开放合作的支点。

(四)一体保护、系统治理,加快发展方式绿色转型。践行"两山"理念,实施生态文明绿色工程,协同推进降碳、减污、扩绿、增长，促进人与自然和谐共生，建设美丽扎兰。

一是加大生态建设保护力度。深入贯彻习近平生态文明思想，完善国土空间生态修复规划，健全生态环境监测体系。严格遵守“三区三线”“三线一单”管控要求，压实林草长制、河湖长制责任，实施山水林田湖草沙一体化保护，持续巩固林草专项整治成果，严厉打击破坏生态环境违法行为，落实森林管护43.62公顷，封山育林2000公顷，人工造林666.67公顷。健全完善长效监管机制，强化国家风景名胜区和秀水国家湿地公园生态保护，抓好雅鲁河、绰尔河、音河、济沁河等重点流域治理，持续开展河湖“清四乱”行动，让“岸绿景美、河畅水清”成为常态。

二是深入推进环境污染防治。坚决推动中央生态环境保护督察反馈问题整改，以点带面、举一反三、立行立改，不断巩固拓展整改成效。深入打好蓝天、碧水、净土保卫战，补齐城乡生态环境基础设施短板，加快实施清洁取暖替代工程，降低挥发性有机物和氮氧化物排放，确保空气质量优良天数比例保持在98%以上；严管严控入河排污口，完善地下水环境质量监测，强化农牧业面源污染防治，有效管控建设用地土壤污染风险。加强污水、生活垃圾、固体废物处置等环保设施建设，实施成吉思汗等乡镇污水处理厂项目，增强城乡环境污染防控能力，让扎兰屯的天更蓝、山更绿、水更清、环境更优美。

三是实施全面节约发展战略。坚持集约节约利用，摸清耕地、林地、草地、矿山等资源底数，促进能源、水、粮食、土地、矿产、原材料等全方位全过程节约。深化“五个大起底”行动，推动各类资源集约高效使用。树立经营土地理念，深化土地综合整治，严格“耕地”占补平衡，强化土地盘活利用，努力提高土地利用效率和使用效益。

四是着力推动绿色低碳发展。落实碳达峰碳中和“1+N”政策，系统推进能源减碳、工业降碳、生态固碳、生活低碳，积极争取碳汇交易项目，力争碳汇经济实现破题。严格执行新建项目“两个先进”审查标准，加快改造低端低效产能，坚决遏制“两高”项目上马。严守国家矿产资源管理政策要求，确保非煤矿产资源绿色安全有序开发。加强既有居住建筑节能改造，推动交通运输“散改集”“油换电”，全面创建节约型城市。

（五）城乡融合、协调发展，巩固提升区域中心地位。加快以人为核心的新型城镇化进程，大力实施城市品质提升与乡村振兴工程，打造现代化区域中心城市，建设宜居宜业和美乡村。

一是着力在城市建设管理提质上下功夫。坚持把宜居安居放在城市发展的首要位置，建设布局更科学、品质更高端、功能更完备、底蕴更深厚的人民城市。加速实施城市更新行动，改造老旧小区30个，积极推进振兴路、成吉思汗路等市政道路建设，完善城市排水防涝、公园绿地、供热天然气等基础设施，投入运营新能源公交车，全面增强城市综合承载能力。探索海绵城市建设，完善城市管理体制机制，提升智慧城市管理水平，做精做优停车治理、公厕服务、垃圾分类、物业管理，大力整治违章建筑、交通拥堵、噪声扰民、飞线充电、不文明遛犬等城市顽疾，推动道路、绿化、城市家具“一把扫帚扫到底”，实现“城市，让生活更美好”。

二是着力在乡村振兴赋能提速上下功夫。深入贯彻落实中央一号文件精神，持续巩固拓展脱贫攻坚成果同乡村振兴有效衔接，落准落细动态监测和帮扶措施，实施产业发展、兜底保障等项目19个，守牢不发生规模性返贫底线。着力振兴乡村产业，坚持强龙头、补链条、兴业态、树品牌，做好“土特产”文章，促进“农牧+”多业态融合发展。实施乡村建设工程，升级农村电网168千米，建设供水保障工程7处，改造户厕551户，保持农村危房改造动态清零；加快推进乡村治理、生活垃圾和污水处置、村容村貌提升等工作，让乡村既有“颜值”更有“气质”。

三是着力在基础承载能力

提升上下功夫。积极争取上级项目资金支持，努力引入社会资本，完善城乡基础设施。全力推动紫沟—大兴等公路项目建设，加快岭北四队互通项目实施进度，积极争取S308蘑柴线路面改造项目，实施农村公路提质改造和危桥改造，畅通农村客货运输，提升内外畅通、区域联通、城乡融通水平。探索开辟新的城市航线，优化丰富航空运营网络；积极推进“齐海满”高铁项目建设，完善综合立体交通体系。建立覆盖城乡的5G网络，增设238座5G基站，加快5G网络向乡镇、行政村延伸，着力解决部分地区通信信号薄弱问题。

（六）均衡可及、兜牢网底，努力提高人民生活品质。坚持把人民对美好生活的向往作为奋斗目标，深入实施民生改善幸福工程，用更深感情为民服务、更大力度为民办事、更实举措为民谋利，让发展更有温度、幸福更有质感。

一是多措并举促进就业创业。落实落细就业优先政策，完善重点群体就业支持体系，建立“政校企”培训联盟，举办创业项目推介展示会，支持打造“零工市场”、培育劳务品牌，促进高校毕业生、农村劳动力、退役军人、就业困难人员等重点群体就业，新增城镇就业1500人、农民转移就业2.5万人，零就业家庭保持动态清零。坚持以创业带动就业，推动公共实训基地规范建设，发放创业担保贷款800万元以上。拓宽城乡居民收入渠道，提升工资性收入、经营性收入、转移性收入和财产性收入水平，促进城乡居民收入持续稳定增长。开展欠薪预防整治专项行动，全力维护农民工、新业态劳动者合法权益。

二是坚决办好人民满意教育。加快义务教育优质均衡发展和城乡一体化进程，投入使用新区小学及4所幼儿园，启动实施雅尔根楚学校改造项目，持续改善城乡教学条件，促进学前教育、特殊教育普惠发展。深化教育体制综合改革，建好建强校长、教师两支队伍，扎实开展普通高中教育质量提升三年行动，沉下心、铆足劲，实现全市教育教学质量再上新台阶，让扎兰屯的孩子享受更加优质、更加高效的教育资源。强化与扎兰屯职业学院合作，积极推进中高职一体化发展，优化职业教育专业设置，实现与就业需求、高质量发展同频共振。

三是增强公共文化服务供给。深入实施文化赋能振兴工程，用心用情用力打造“信仰扎兰”“正能量扎兰”“文明扎兰”“文化扎兰”“自信扎兰”五张名片。强化文化艺术精品创作，抓好乌兰牧骑“学·创·演”工作，做强雅鲁河群众文化艺术节品牌，深入发展诗、书、画、影和根艺、剪纸等民间艺术，推进文化繁荣，办好丰富多彩的群众文化活动。实施“塞外苏杭”城市形象提升行动，提炼城市发展内涵，讲好扎兰屯故事、传播扎兰屯声音，积极开展城市间文化交流，壮大“朋友圈”，搭建“大舞台”，展示“好形象”。加强文物和文化遗产系统性保护，创建一批非遗就业工坊、传承基地，完善文博风情小镇建设，争创国家历史文化名城。倡导全民阅读，建设“书香扎兰”，用优秀文化涵养城市文明。实施全民健身五年计划，积极谋划河西体育公园、全民健身馆、健身步道、玉带河体育公园等项目，推动体育事业高质量发展。

四是深入推进健康扎兰建设。深化医药卫生体制改革，促进中医药传承创新发展，增强基层医疗卫生机构服务能力，推动分级诊疗和双向转诊制度落地见效，家庭医生签约服务覆盖率达到52%。优化人口发展战略，落实生育支持配套措施。着力提高“一老一小”照护服务水平，二级及以上综合性医疗机构老年医学科设置比例达到60%，3岁以下婴幼儿托位达到670个以上。深入开展爱国卫生运动，为人民群众营造健康生活环境。

五是兜住兜牢基本民生底线。实施社会保险参保扩面行动，实现社会救助扩围增效，切实保障好困难群众和老弱病残等特殊群体基本生活。加速医保电子凭证应用，推进医疗保障服务下沉，使群众足不出村享受医保待遇，打造医疗保障服务升级版，创建自治区级“高血压、糖尿病”门诊用药保障示范城市。落实妇女儿童“两规划”目标任务，投入运营未成年人保护中心，建成一批乡镇未成年人保护工作站。坚持“房住不炒”定位，支持刚性和改善性住房需求，有序增加保障性住房供给。顺应民心期盼，办好民生实事，努力为人民群众创造幸福美好的生活。

（七）守望相助、共建共享，建设更高水平“平安扎兰”。深入实施稳域安民护航工程，持续巩固市域社会治理现代化试点合格城市创建成果，推动高质量发展和高水平安全实现良性互动，维护社会和谐稳定，守护人民幸福安康。

一是提高公共安全水平。深入开展安全生产专项整治行动，加大对工矿企业、交通运输、建筑工地、城镇天然气、经营性自建房等重点行业领域的隐患排查整治力度，严防冬季城镇消防失火、夏季中小学生溺水等事故，强化食品药品全链条安全监管，全力维护社会大局和谐稳定。实施气象灾害防御能力提升工程，加快构建“防抗救”一体化应急处突体系。防范化解政府性债务、房地产、金融等领域风险，守住安全发展底线。

二是提升社会治理效能。坚持和发展新时代“枫桥经验”，建立“五社联动”机制，推行“网格化＋大数据＋铁脚板”模式，充实社区人员力量。开展信访矛盾治本控源行动，建立初信初访“四办”机制，加快推进三级“一站式”矛盾纠纷调处中心规范化运营，以最快速度、最优方案解决群众合理诉求。强化社会治安整体防控，严厉打击各类违法犯罪行为，让“平安扎兰”成色更足、底色更亮。更大力度支持外事侨务、统计调查、广播电视、史志档案、地震、气象、供销、邮政、科协、工商联等工作，努力推动老龄、妇女儿童、青少年、残疾人、工会、慈善、红十字、志愿服务、关心下一代事业再上新台阶。

三是巩固团结和谐大局。坚决铸牢中华民族共同体意识，把巩固发展民族团结大局作为筑牢祖国北疆安全稳定屏障的根本性任务，全力创建全区民族团结进步示范市，积极参与呼伦贝尔市全国民族团结进步示范市创建，统筹推进“守望祖国北疆、共绘多彩呼伦贝尔”主题系列活动和民族团结“六带三基地一家园”建设，创建一批升级版的民族团结进步示范单位，推动新时代党的民族工作高质量发展，促进各民族共居共学、共建共享、共事共乐，为全方位建设“模范自治区”作出扎兰屯贡献。支持国防动员、人民防空、退役军人事务工作，深化国家安全教育和全民国防教育，加快构建覆盖各领域各层次、灵敏协调高效的安全防控网，切实把维护国家安全贯穿于经济社会发展的全过程各方面。

三、建设人民满意政府

踏上现代化建设新征程，使命在前、重任在肩。我们将忠诚履行党和人民赋予的职责，脚踏实地、真抓实干，持续提升政府治理体系和治理能力现代化水平，努力创造经得起实践检验的新业绩。

一是强化政治引领。全面学习、全面把握、全面落实党的二十大精神，深刻领悟“两个确立”的决定性意义，不断提高政治判断力、政治领悟力、政治执行力，坚决做到“两个维护”。深入落实习近平总书记交给内蒙古的“五大任务”，贯彻中央决策部署不打折、不变通、不走样，始终在思想上政治上行动上同以习近平同志为核心的党中央保持高度一致。

二是厚植法治精神。深化法治政府建设，坚持科学民主决策，严格落实重大行政决策程序制度，做到为民用权不谋私、依法用权不任性、阳光用权不放纵、秉公用权不失职。依法接受人大监督，自觉接受政协民主监督，主动接受群众监督、舆论监督，加强审计监督、统计监督，依法推进政务公开，让政府工作更加规范、更加透明、更加阳光。

三是锤炼干事作风。围绕“七个摒弃”，坚决破除制约加快发展、高质量发展的思想观念。严格落实政府系统抓落实工作机制，实打实解决“三多、三少、三慢”问题，紧在前头、快在前头、干在前头，让重实干、抓落实成为政府工作的主旋律。发扬斗争精神，强化“有解思维”，坚持一线工作法，事不避难、一抓到底。主动求新求变，敢闯敢试、敢为人先，埋头实干、少说多做，在担当实干中拼出发展新天地。

四是坚守勤廉底色。牢记初心使命，念民之所忧，行民之所盼，把群众的小事当大事、把群众的急事难事当要事，惠民生、聚民力、守民心。坚持精打细算过紧日子，兜牢基层“三保”底线，把每一分钱都花在刀刃上。锲而不舍落实中央八项规定精神，以上率下持续纠治“四风”，靶向整治层层加码、麻痹松懈、任性用权、不担当不作为等问题。扛牢压实管党治党责任，严于律己、严负其责、严管所辖，脚踏实地建设为民务实清廉政府。

各位代表，使命呼唤担当，奋斗成就梦想。让我们更加紧密地团结在以习近平同志为核心的党中央周围，在党的二十大精神指引下，在市委的坚强领导下，在市人大和市政协监督支持下，自信自强、守正创新，踔厉奋发、勇毅前行，向新目标迈进，在新征程建功，全力打造呼伦贝尔高质量发展样板城市，奋力谱写全面建设社会主义现代化国家扎兰屯新篇章！

专 文

全力打造岭东区域乡村振兴发展样板

2022 年，扎兰屯市落实大豆振兴计划。图为中和镇大豆种植基地
（市农科局　供图）

实施乡村振兴战略，是以习近平同志为核心的党中央从党和国家事业全局出发，着眼于实现“两个一百年”奋斗目标，顺应亿万农民对美好生活的向往作出的重大决策。近年来，扎兰屯市深入学习贯彻习近平总书记关于“三农”工作的重要论述，全面落实党中央决策部署、自治区党委和呼伦贝尔市委工作要求，坚定扛起农业大市责任，不断改善人民生活、促进共同富裕，全力打造岭东区域乡村振兴样板。

*聚焦产业振兴，着力构建现代农业体系。*扎兰屯市始终把产业发展放在第一位，坚持产业化理念、工业化思维、市场化导向，全力打造绿色农畜林产品生产加工输出基地。巩固农业基础地位。坚持“稳粮优经扩饲”，建好高标准农田，落实大豆振兴计划，扎实推进畜禽规模化集约化养殖，鼓励蒙东肉牛、天佐生猪等养殖基地发展壮大，粮食总产量稳定在 12.5 亿千克以上，牲畜存栏稳定在 148 万头（只）以上，牢牢把饭碗端在自己手上；推动农牧业产业化。坚持绿色、低碳、循环、可持续发展，全面推动绿色农畜林产品精深加工和产业延伸升级，大力实施乡村产业项目，截至 2022 年末，累计争取资金 1.5 亿元，实施项目 61 个，引进培育呼伦贝尔市级以上农业产业化龙头企业 32 家，利益联结比例达到 88%，推动农牧业大市向农牧业强市迈进；发挥绿色生态优势。突出抓好特色种养殖业，大力发展黑木耳、中草药、鹿、野猪、沙果、万寿菊等特色产业，巩固“三品一标”品牌优势，全力打造区域特色产业圈。深入挖掘旅游潜力，依托“乌阿海满”一体化发展机遇，大力发展农业观光旅游，积极培育休闲农业与乡村旅游示范点，全力推进以庙尔山、翠屏

山、金龙山、扬旗山、柴河为龙头的全域全季全业旅游经济圈。

聚焦人才振兴，着力增强内生发展动力。扎兰屯市积极培育新型职业农民，加强农村专业人才队伍建设，吸引更多社会人才投身乡村建设。做好筑巢引凤。依托4家自治区级企业研究开发中心、1家自治区级企业技术中心、1家国家博士后科研工作站等科研基地，推进科技企业技术研发中心、众创空间、星创天地等创新创业服务平台建设，增强农牧业企业发展驱动力；促进合作交流。注重开展域内外科研院所、高校和企业科技人才资源对接开展产学研合作，争取自治区科技厅派驻扎兰屯市“三区人才”服务团队进驻，年度科技特派员保持在100名以上，实现科技特派员服务全覆盖，同时积极开展科技服务活动，组建专家服务团队，先后与21家农民专业合作社和农牧生产加工企业建立科技服务合作关系；优化创新环境。围绕引领企业主体增强自主创新能力，组织科技型企业参加高新技术企业认定管理、技术合同认定登记、技术交易后补助和相关政策培训班。

聚焦文化振兴，加强农村精神文明建设。扎兰屯市始终坚持把精神文明作为滋润人心、德化人心、凝聚人心的工作，全面加强农村精神文明建设，拓展全市190个新时代文明实践中心（所、站）功能，依托市融媒体中心、乌兰牧骑等平台阵地，在农村开展群众性主题宣传教育活动，创新开展“听党话、感党恩、跟党走”宣讲活动。大力培育和践行社会主义核心价值观，在全市范围内评选一批文明村镇、文明家庭，涵养文明乡风、良好家风、淳朴民风，积极营造守望相助、崇德向善的文明风尚。

聚焦生态振兴，着力建设美丽家园。扎兰屯市始终坚持以“生态+”的理念谋划乡村振兴、“+生态”的思路发展乡村建设，推动生态、生产、生活深度融合。在全市范围内开展突出环境问题大排查大整治工作，对工业企业污染治理、毁林毁草、生态环境资金等领域开展专项督查，点对点核实整改进展。做好秸秆禁烧工作，组织精干力量24小时不间断巡查。巩固农村人居环境整治成果，加快实施畜禽粪污资源化利用整县推进项目、秸秆综合利用项目，全力推进农村生活垃圾、污水、厕所“三大革命”，加快补齐农业农村短板，全面提升农村教育、医疗、养老等服务水平。

9月20日，扎兰屯市政府举办扎兰屯市加快推进农牧业农村现代化 促进农牧业增量增质发展“政院企”三方合作签约仪式

（市融媒体中心　供图）

聚焦组织振兴，着力加强基层党组织建设。扎兰屯市始终坚持党建引领乡村振兴，健全完善党领导农村工作的组织体系、制度体系、工作机制，立足实际制定“五级书记”抓乡村振兴责任清单，进一步压实责任，明确目标任务。将党建引领乡村振兴与“我为群众办实事”活动、“转观念、强作风、优环境、重落实、树形象”学习实践活动结合，全面推行四大班子主要领导包片区、处级领导包乡镇、科局包村、干部包户、党员包保的包联责任体系。深入开展党建引领乡村振兴“千名干部进百村入万户”活动，成立农村政策宣传队、社情民意调查队和为群众办实事工作队三支队伍，全市160个包联单位、1098名干部职工与200名驻村工作队员共同包联全市130个村，推动党员干

部进农家、利民实事进农家、政策法规进农家、信息技术进农家、文明新风进农家，提升农村基层党组织对乡村振兴的全面领导，密切党群干群关系，打通联系服务群众“最后一公里”。

（市委政研室供稿）

新时代十年 扎兰屯市在新发展理念指引下的实践图景波澜壮阔

党的十八大以来，扎兰屯市始终坚持以习近平新时代中国特色社会主义思想为指引，全面落实习近平总书记对内蒙古重要讲话重要指示批示精神，坚持把增进人民福祉作为一切工作的出发点和落脚点，坚定不移走以生态优先、绿色发展为导向的高质量发展新路子，攻坚克难、砥砺前行。现如今，绿色崛起、富民强市、共享繁荣进程加快，新旧动能加速转换，项目建设势猛劲足，民生保障不断升级，广大干部群众勇担使命、砥砺奋进，用高质量发展写下浓墨重彩的扎兰屯篇章。

生态优先，绿色发展步履铿锵。近年来，扎兰屯市坚持生态优先，实施造林绿化2200公顷，恢复矿山治理239.3公顷，破坏草原林地行为得到有效遏制。坚决打好污染防治攻坚战，能耗总量、强度实现“双绿”，空气质量优良天数均值保持在98%以上，雅鲁河水质达到Ⅱ类水体标准，土壤环境保持稳定。先后获得国家生态市、中国天然氧吧城市、国家全面推行河湖长制工作先进集体等荣誉称号，秀水湿地公园成功晋升为国家级湿地公园，阜丰公司被评为国家级绿色工厂，国森矿业公司被评为自治区级绿色矿山企业。

扎兰屯市坚持新发展理念，地区生产总值由呼伦贝尔市第四位升至第二位，达到179亿元；一般公共预算收入达到5.36亿元、社会消费品零售总额达到28.35亿元、五年固定资产投资完成154.15亿元，城乡居民人均可支配收入年均增长6.8%和8.9%，各项经济指标均保持呼伦贝尔市前列；农牧业产业化龙头企业销售收入达到86亿元，规模以上工业总产值达到117.2亿元，均居呼伦贝尔市首位，综合实力保持在呼伦贝尔市第一方阵。

扎兰屯市坚持绿色发展，现代农牧业基础不断夯实，建设高标准农田6000公顷，创建全国绿色食品原料标准化生产基地12.89万公顷，粮食年产量突破14亿千克，获评“中国好粮油”示范县；规模养殖场数量增长近50%，达到1436家，牲畜存栏由130万头（只）增至148万头（只）。“三品一标”认证总数达到90个，黑木耳入选中欧首批互认清单。产业链体系不断攀向中高端，全市玉米年加工能力达到300万吨，成为全球最大的谷氨酸生产加工基地，国森矿业年采选能力达到150万吨。中国民航大学内蒙古飞行学院、杰普逊国际飞行学院和国航公司飞行培训专属基地落户该市，成为自治区绿色发展、高质量发展的典范。电商交易额累计实现36.6亿元，成为全国电子商务示范县。柴河阿尔山旅游区整体晋升为国家AAAAA级旅游景区，扎兰屯市被评为首批国家滑雪旅游度假地。

人民至上，民生福祉显著提升。扎兰屯市坚持精准施策，在实现“两不愁三保障”基础上，农村基础设施、产业发展、公共服务、村容村貌、生态环境等大幅改善。

实施义务教育标准化项目45个，顺利通过国家义务教育基本均衡县验收，“双减政策”全面落实。坚持城乡融合，新建小区36个，改造老旧小区97个，实施棚改6300户，升级改造中央路、布特哈南路等市政道路21条。农村人居环境整治成效显著，改造农村危房5714户、户厕1.39万座，解决了6.6万人饮水安全问题；新建乡镇垃圾处理场15座、垃圾转运站2座，扎兰屯市获得全国村庄清洁行动先进县称号，蘑菇气镇、柴河镇获得全国卫生乡镇称号。开通5G基站30座，滨洲铁路电气化改造顺利完成，成吉思汗机场增加北京、天津航线，旅客吞吐量突破15万人次。新改建农村公路912千米，改造危桥38座，G5511新林北至扎兰屯至阿荣旗高速公路全线通车，公路、铁路、民航“三位一体”的综合交通网络初具规模，城乡综合服务功能大幅提升。

坚持人民至上，健全城乡社会保障体系，养老及医疗保险基本实现全覆盖，各项救助标准持续提高，养老服务体系加快完善。教学条件明显改善，新招录教师668名，增加公办幼儿园学位1331个。岭东区域医疗中心地位更加凸显，市人民医院和中蒙医院晋升为三级综合医院和三级甲等中医医院，扎兰屯市被评为全国基层中医药工作先进单位。

人民城市人民建，人民城市为人民。扎兰屯市始终坚持以人民为中心发展思想，积极推进城市精细化建设管理，树立“过紧日子”思想，突出花小钱办大事，聚焦城市环境提升、生态修复、城市双修，科学规划城市空间，实施供热管网更新，市政道路、老旧小区改造等城市基础设施项目，进一步强管理、抓规范、惠民生、重内涵，对城市边角地、零星地块、闲置绿地、老旧公园广场进行“微改造、精提升”，加快构建共建共治共享模式，让群众在“小而美”中体验“微幸福”。随着一批民生工程、生态工程等实施到位，人民群众的获得感、幸福感、安全感显著提升，“城在园中，路在景中，人在画中”，这就是扎兰屯市呈现出来的幸福画卷。

文旅融合，踔厉奋发走在前列。党的十八大以来，扎兰屯市把文旅产业作为县域经济发展的重要支柱产业，依托生态优势，坚持全视野布局、全要素组合、全链条协作、全产业联动，加快景区景点提档升级，着力打造“春赏杜鹃、夏漂流、金秋采摘、冬滑雪”四季旅游品牌。同时，把老城棚户区改造、河道生态修复治理、城市景观建设与文旅项目相结合，着力实施“四大提升工程”，重点实施推进翠屏山映山红生态公园、吊桥公园提标改造、秀水国家湿地公园基础设施建设等文旅提标项目，努力盘活闲置文旅资源，带动建设一批精美精致的特色文旅项目，释放“一业兴百业”的联动效应，推动品牌化、品质化、特色化发展，实现承东启西、融南贯北，全季美景绘全域风光。

扎兰屯市积极融入“乌阿海满”一体化，积极吸引社会资本，全力打造庙尔山国家森林公园、金龙山四季运动主题乐园、扬旗山水上乐园，推动“全域风景线”尽快成形变样。申报自治区首家“博物馆之城”，“文博风情小镇”建设列入自治区文博事业发展“十四五”规划。剪纸、根艺、钢笔画等文创产品多次在国内及海外展览销售，歌曲《放歌大草原》入选国家艺术基金资助项目，情景剧目《八女投江》《不灭的火焰》分获自治区优秀剧目、艺术精品工程剧目，乌兰牧骑晋升为自治区一类乌兰牧骑。

扎兰屯市生态环境优越、历史文化厚重、旅游资源丰富，坚持生态产业化、产业生态化，突出地域资源优势，着眼“点线面”谋篇策划，加快推动文旅产业提标提效发展，制定文旅产业提标提效发展行动方案，高起点谋划、高标准设计、高质量建设，推进景区景点提档升级和城市精细化管理，加快重点项目重点工程建设，完善公共服务设施和功能，促进文旅、农旅、体旅、航旅等多旅融合，打造旅游精品项目、精品景区、精品路线，提高群众参与度，增强游客体验感，努力树形象、创品牌、提档次，打造重要的度假休闲旅游目的地。

如今的扎兰屯，踔厉奋发、笃行不怠、产业集聚、生态优美、宜居宜业，正以创新思维寻求攻坚之法、破难之策，回应时代呼唤和人民期盼，向着打造岭东地区高质量发展样板城市目标奋勇迈进。

（撰文：韩冷，摘自《呼伦贝尔日报》2022年7月29日第一版）

大事记

1月

4日 中共扎兰屯市委九届十七次常委会会议召开，审议并通过召开市委九届二次全会暨经济工作会议、十届人大一次会议、市政协十届一次会议有关事宜。

同日 政协扎兰屯市第九届委员会常务委员会第十二次会议召开。会议听取《全市2021年经济运行情况通报》《市政协九届五次会议以来委员提案办理情况的通报》；审议并通过政协扎兰屯市第十届委员会委员人选建议名单草案及有关市政协十届一次会议的各项事宜。

同日 扎兰屯市第九届人民代表大会常务委员会第三十一次会议召开。

同日 扎兰屯市人民政府2022年第一次常务会议召开。会议传达学习中央农村工作会议精神，研究审议市委九届二次全会暨全市经济工作会议有关事项和拟提交市十届人大一次会议审议的政府工作报告等事项。

6日 扎兰屯市第九届人民代表大会常务委员会第三十二次会议召开。

10日 中共扎兰屯市委九届十九次常委会(扩大)会议召开，对全市乡镇街道和市直属党(工)委书记抓基层党建工作进行述职评议。

同日 呼伦贝尔冰雪之约暨扎兰屯冰雪嘉年华系列活动在扎兰屯金龙山滑雪场启动。活动由市委、市政府主办，市文体旅游广电局、文旅投公司承办，金龙山滑雪场协办。

11日 中国共产党扎兰屯市第九届委员会第二次全体会议暨全市经济工作会议召开。

同日 扎兰屯市召开市人大、政协十届一次会议党员负责人会议。会议宣读中共扎兰屯市委关于同意成立市人大十届一次会议临时党委的批复、关于同意成立市政协十届一次会议临时党委的批复。

同日 扎兰屯市第十届人民代表大会第一次会议召开预备会议。表决通过扎兰屯市第十届人民代表大会第一次会议议程、扎兰屯市第十届人民代表大会第一次会议主席团和秘书长名单、扎兰屯市第十届人民代表大会第一次会议议案审查委员会名单。

11—12日 中国人民政治协商会议扎兰屯市第十届委员会第一次会议召开。会议审议通过《政协扎兰屯市第九届委员会常务委员会工作报告的决议》《政协扎兰屯市第十届委员会常务委员会关于十届一次会议提案审查情况的报告》《政协扎兰屯市第十届委员会第一次会议政治决议》。

12日 扎兰屯市委农村牧区工作领导小组召开2022年第

一次工作会议暨巩固拓展脱贫攻坚成果同乡村振兴有效衔接工作调度会。

12—14日 扎兰屯市第十届人民代表大会第一次会议召开。

14日 中共扎兰屯市委九届二十次常委会(扩大)会议召开,会议传达学习呼伦贝尔市委五届二次全会暨全市经济工作会议精神及呼伦贝尔市委常委(扩大)会议精神,听取重点项目谋划情况汇报,部署相关工作。

15日 扎兰屯市人民政府2022年第二次常务会议召开。会议传达贯彻中共呼伦贝尔市第五届委员会第二次全体会议暨全市经济工作会议、中共扎兰屯市第九届委员会第二次全体会议暨全市经济工作会议精神,听取粮食购销领域腐败问题专项整治工作情况汇报,安排部署当前重点工作。

同日 扎兰屯市人民政府党组2022年第一次会议召开。会议传达学习习近平总书记在省部级领导干部学习贯彻党的十九届六中全会精神专题研讨班上的讲话精神,研究审议相关议题。

18日 共青团扎兰屯市第七次代表大会召开。

25日 G5511集阿高速扎兰屯至阿荣旗段增设的扎兰屯收费所(K1326+110)、扎兰屯西收费所(K1323+572)开通运营。

同日 扎兰屯秀水国家湿地公园通过国家林草局验收。

同日 扎兰屯滑雪旅游度假地入选首批国家级滑雪旅游度假地。

同日 扎兰屯市为2022年自治区首例造血干细胞捐献者杨慧鑫举办欢迎仪式。

29日 扎兰屯市117名医疗队员完成驰援满洲里任务,平安返回。

2月

8日 扎兰屯市南木鄂伦春民族乡大兴村获得“全国乡村治理示范村”称号。

10日 扎兰屯市召开秸秆禁烧工作部署会议,通报《自治区生态环境厅关于做好秸秆焚烧管控工作的督办函》、宣读《关于做好2022年度春季秸秆禁烧工作的通知》。

11日 扎兰屯市抓项目稳投资促发展工作会议召开,对市政府成立推进2022年全市重大项目建设指挥部文件进行解读,对项目建设及重点工作进行安排部署。

16日 扎兰屯市召开落实呼伦贝尔市创建全国市域社会治理现代化试点合格城市推进会,对创建工作进行再调度、再部署。

21日 扎兰屯市人民政府2022年第三次常务(扩大)会议召开,会议传达贯彻自治区优化营商环境大会、呼伦贝尔市优化营商环境推进重点项目会议精神及提升环保督察整改成果工作会议精神,安排部署优化营商环境、环保督察问题整改、预算管理制度改革、疫苗接种等重点工作。

25—26日 扎兰屯市参加呼伦贝尔市第五届人民代表大会第一次会议的代表团召开会议,集中审议政府工作报告及有关草案,审查计划、预算报告等,提出意见和建议,酝酿、讨论候选人名单。

3月

2日 扎兰屯市召开全市干部大会,传达学习呼伦贝尔市“两会”精神,安排部署扎兰屯市贯彻落实工作。

同日 扎兰屯市召开重点项目前期工作调度会议,传达贯彻落实呼伦贝尔市重点项目前期工作调度会议精神,安排部署全市相关工作。

5日 扎兰屯市召开全市干部大会,宣布内蒙古自治区党委关于干部任职决定,白志军任中共扎兰屯市委书记。

同日 扎兰屯市人民政府与内蒙古煤勘集团一〇九公司举行政企对接座谈会,对城市管网建设、地质勘查、矿产开发等工作进行对接洽谈。

8日 中共扎兰屯市委九届二十三次常委会(扩大)会议召开,传达学习习近平总书记近期重要讲话重要指示批示精神，审议有关事项，部署有关工作。

9日 扎兰屯市人民政府党组召开2022年第五次会议，学习习近平总书记关于生态文明建设重要论述，传达学习中央生态环境保护督察工作领导小组会议、全国生态环境保护工作会议精神及《生态环境保护专项督察办法》等有关政策要求，安排部署生态文明与环境保护工作。

11日 扎兰屯市召开春季森林草原防灭火及备春耕生产工作会议，对春季森林草原防灭火及备春耕生产工作进行安排部署。

13日 中共扎兰屯市委九届二十四次常委会会议召开，传达学习全国两会精神和习近平总书记在内蒙古代表团的重要讲话精神，研究部署近期重点工作。

16日 扎兰屯市召开重点项目工作推进会，传达呼伦贝尔市2022年政金企工作对接会议精神，通报第一季度主要经济指标预计完成情况和重点项目推进情况，对经济运行和重点项目建设工作进行再调度再部署。

17日 扎兰屯市召开专题会议，贯彻落实中央环境保护督察反馈意见工作领导小组暨呼伦湖生态综合治理工作领导小组会议精神。

18日 扎兰屯市召开新时代文明实践工作书记联席会议，研究解决制约新时代文明实践中心建设难点问题。

19日 扎兰屯市召开贯彻落实中央环境保护督察反馈意见工作推进会，推进中央环境保护督察反馈意见整改工作。

同日 扎兰屯市人民政府党组召开2022年第六次会议，学习习近平总书记有关重要讲话精神，贯彻落实中央、自治区、呼伦贝尔市纪委全会精神和呼伦贝尔市“开门红、开门稳”调度推进会等会议精神，学习《地方党委和政府领导班子及其成员粮食安全责任制规定》，安排部署贯彻落实意见。

20日 扎兰屯市第十届人民代表大会常务委员会召开第一次会议，审议《扎兰屯市人大常委会2022年工作要点》，选举产生市政府办公室、发展和改革委员会等27个政府组成部门主要负责人。

同日 扎兰屯市召开重点工作调度会。对加快推进重点工作、重点项目和招商引资等进行具体安排。

同日 扎兰屯市工商业联合会召开第十二次代表大会，听取并审议通过扎兰屯市工商业联合会第十一次执行委员会所作的工作报告，选举产生扎兰屯市工商业联合会第十二届执行委员会。

22日 扎兰屯市召开组织宣传工作会议，传达贯彻落实全国、全区、呼伦贝尔市组织部长、宣传部长会议精神和市委九届二次全会部署要求，总结2021年组宣工作，部署2022年重点任务。

25日 扎兰屯市人民政府召开2022年第四次常务会议，传达学习习近平总书记在参加十三届全国人大五次会议内蒙古代表团审议时的重要讲话精神，国务院《政府工作报告》主要精神及自治区、呼伦贝尔市相关会议精神，听取经济运行、重点项目、招商引资、备春耕生产、森林草原防灭火等工作开展情况汇报，安排部署重点工作。

同日 扎兰屯市启动爱国卫生运动百日攻坚活动。

28日 中共扎兰屯市委九届二十五次常委会会议召开，传达学习习近平总书记近期重要讲话重要指示批示精神，听取相关工作汇报，研究部署相关工作。

同日 扎兰屯市召开专题会议，贯彻落实呼伦贝尔市第五届市委常委会第二十四次（扩大）会议暨第二轮中央生态环境保护督察呼伦贝尔市协调保障工作领导小组会议精神。

30日 中共扎兰屯市第九届纪律检查委员会召开第二次全体会议，审议通过市纪委常委会工作报告《坚持守正创新 坚守职责使命 推动纪检监察工作高质量发展 以优异成绩迎接党的二十大胜利召开》《中共扎兰屯市第九届纪律检查委员会第二次全体会议决议（草案）》。

同日 扎兰屯市召开“转观念、强作风、优环境、重落实、树形象”学习实践活动动员部署会议。

4月

2日 第二轮中央生态环境保护督察扎兰屯市协调保障工作领导小组会议召开，通报落实环保督察相关情况，对下一步工作进行再安排、再部署、再推进。

7日 中共扎兰屯市委九届二十六次常委会会议召开，听取相关工作汇报，研究部署相关工作。

8日 扎兰屯市召开安全生产工作会议，贯彻落实习近平总书记关于安全生产工作重要指示批示精神、全国安全生产工作电视电话会议精神，部署下一步全市安全生产工作。

13日 扎兰屯市九届市委第一轮巡察集中反馈暨巡察整改工作安排部署会召开。

同日 扎兰屯市人民政府党组2022年第七次会议召开，学习贯彻习近平总书记关于民族工作的重要论述及有关民族工作要求，安排部署“转观念、强作风、优环境、重落实、树形象”学习实践活动，审议相关议题。

16日 扎兰屯市启动“预防火灾、珍爱生命、守护北疆”暨第十次“百车千人万里行”保护生态屏障联合行动仪式。

18日 呼伦贝尔市蒙医药健康服务走基层暨草原移动医院启动仪式在扎兰屯市举行。

21日 呼伦贝尔市委第九巡察组专项巡察扎兰屯市发展改革委党组（粮食和物资储备局）、财政局党组（国资委）情况反馈会议召开。

23日 扎兰屯市人民政府2022年第五次常务会议召开，学习贯彻习近平总书记重要讲话精神及《信访工作条例》等，听取经济运行、重点项目、农业生产等工作开展情况汇报，安排部署当前重点工作，研究审议相关议题。

24日 扎兰屯市委理论学习中心组组织第四次集体学习，学习贯彻习近平总书记在参加十三届全国人大五次会议内蒙古代表团审议时的重要讲话精神，结合“转观念、强作风、优环境、重落实、树形象”学习实践活动，针对推动扎兰屯市高质量发展，开展研讨交流。

29日 呼伦贝尔市巡察指导督导工作专题培训会在扎兰屯市召开。

同日 扎兰屯市召开创建自治区森林城市工作调度会，安排部署相关工作要点。

5月

7日 扎兰屯市经济“半年稳、双过半”暨重点工作推进会议召开，通报第一季度全市经济社会发展情况，安排部署党的建设、平安建设、经济社会发展等重点工作。

同日 扎兰屯市举行退役军人和其他优抚对象优待证申领发放工作启动仪式。

8日 扎兰屯市召开2022年度第五次市委理论学习中心组集体学习暨集中治理党内政治生活庸俗化交易化问题专题学习研讨会，学习贯彻习近平总书记关于严肃党内政治生活的重要论述，结合严肃党内政治工作要求，开展研讨交流。

11日 扎兰屯市委政法委委务扩大会议召开，传达学习上级会议、文件精神，听取近期重点工作汇报，对下一步工作进行安排部署。

同日 扎兰屯市召开妇女儿童工作委员会全体会议暨“两纲”（2021—2030年）编制工作推进会议，通报《扎兰屯市妇女发展纲要和扎兰屯市儿童发展纲要（2021—2030年）》编制起草情况，安排部署扎兰屯市妇女儿童工委成员单位相关工作任务。

14日 扎兰屯市召开重点项目、重点工作推进会，听取呼伦贝尔东北阜丰生物科技有限公司三期、风电、城市精细化管理、文旅产业发展等重点项目、重点工作情况汇报，专题督办推进过程中遇到的问题，安排部署下一步攻坚工作。

16日 扎兰屯市工商联民营企业法律服务站挂牌成立，是呼伦贝尔市首家为民营企业免费提供法律服务的工作站。

18日 扎兰屯市委党的建设工作领导小组2022年第一次全体会议召开，审议并通过《扎兰屯市委党的建设工作领导小组2022年工作要点》等文件，听取党的建设领导小组办公室专项组及各成员单位工作汇报，研究部署推进党的建设各项重点工作。

同日 扎兰屯市委人才工作领导小组2022年第一次全体会议召开，研究部署推进人才事业各项重点工作。

同日 扎兰屯市召开政法工作会议暨创建全国市域社会治理现代化试点合格城市工作推进会，总结全市政法工作成效，安排2022年政法工作，部署党的二十大安保和市域社会治理工作。

19日 扎兰屯市委结合“转观念、强作风、优环境、重落实、树形象”学习实践活动，组织市人大代表、政协委员和老干部代表视察调研重点项目建设和重点工作。

同日 中共扎兰屯市委九届三十一次常委会会议召开，传达学习习近平总书记近期重要讲话重要指示精神和中央、自治区、呼伦贝尔市有关会议文件精神，听取民生实事、中央生态环境保护督察整改、政法工作及巡察整改落实等工作情况汇报，安排部署当前重点工作。

同日 扎兰屯市政府与大元集团举行政企对接座谈会，围绕居然之家商贸综合体项目投资建设事宜开展对接洽谈。

同日 扎兰屯市人民政府2022年第六次常务会议召开，传达学习习近平总书记系列重要讲话精神，学习保密、统计工作有关知识，听取有关重点工作汇报，安排部署贯彻落实意见。

24日 扎兰屯市委理论学习中心组2022年第六次集体学习暨“转观念、强作风、优环境、重落实、树形象”学习实践活动专题学习研讨会召开，呼伦贝尔市委学习实践活动第三巡回指导组到会指导。

同日 扎兰屯召开落实创建国家市域社会治理现代化试点合格城市工作任务情况调度会，听取近期创建工作开展情况，安排部署重点工作。

26日 扎兰屯市科学技术协会举办2022年“全国科技工作者日”系列活动——科技工作者为乡村振兴建言献策座谈会。

27日 扎兰屯市召开争创全国文明城市提名资格动员大会，号召全市上下提振精神、勇担使命、真抓实干，推进城市精细化管理，不断提升城市文明形象，更好地满足全市人民对美好生活的期待。

31日 中共扎兰屯市委九届三十三次常委会会议召开，传达学习习近平总书记重要讲话重要指示精神，贯彻落实中央、自治区、呼伦贝尔市有关会议精神，研究部署有关工作。

6月

2日 扎兰屯市人民政府党组召开2022年第十次会议，传达学习习近平总书记在《求是》杂志发表的《正确认识和把握我国发展重大理论和实践问题》署名文章精神，安排部署贯彻落实意见。

6日 扎兰屯市设置高考考场55个，备用考场2个，备用隔离考场6个，隔离观察室3个。

7日 中共扎兰屯市委九届三十四次常委会（扩大）会议召开，传达和贯彻6月6日呼伦贝尔市委书记专题调度会精神，对扎兰屯市重点工作、重点项目、重点任务进行再部署、再推进、再落实。

同日 扎兰屯市人民政府召开2022年廉政工作会议，贯彻落实国务院第五次廉政工作会议精神及自治区政府全体（扩大）会议精神，安排部署政府系统党风廉政建设和反腐败工作。

10日 扎兰屯市召开打击整治养老诈骗专项行动调度会，听取相关部门工作开展情况汇报，对下一步工作进行再安排、再部署。

13日 中共扎兰屯市委九届三十五次常委会会议召开，传达学习习近平总书记近期重要讲话重要指示精神和中央、自治区、呼伦贝尔市有关会议文件精神，听取民族工作汇报，安排部署防汛工作、中央生态环境保护督察整改、优化营商环境、党风廉政建设等工作。

13—14日 呼伦贝尔市医疗保障服务延伸调研组到扎兰屯市调研医疗保障基层服务示范点建设及“两病”待遇落实情况。

14日 扎兰屯市召开安全生产暨防汛抗旱工作会议，贯彻落实呼伦贝尔市安全生产暨防汛抗旱工作会议精神，安排部署全市安全生产与防汛抗旱工作。

16日 扎兰屯市召开贯彻自治区总工会会议精神暨产业工人队伍建设改革试点验收现场会。

18日 呼伦贝尔市老年人气排球交流活动在扎兰屯市举行。

20日 扎兰屯市召开宗教工作会议，学习贯彻习近平总书记关于宗教工作的重要论述和对内蒙古重要讲话重要指示批示精神，贯彻落实上三级宗教工作会议精神，安排部署全市宗教领域重点工作。

同日 扎兰屯市召开民族工作会议，学习贯彻习近平总书记关于加强和改进民族工作的重要思想，贯彻落实上三级民族工作会议精神，安排部署全市民族领域重点工作。

24日 扎兰屯市人民政府2022年第七次常务（扩大）会议召开，学习习近平总书记重要文章《努力建设人与自然和谐共生的现代化》和在四川考察时的重要讲话重要指示精神；传达国家和自治区防汛抗旱工作会议精神；落实国务院总理李克强、内蒙古自治区党委书记孙绍骋有关指示要求，安排部署当前重点工作，研究审议有关议题。

同日 扎兰屯市召开食品药品安全委员会2022年第一次工作会议，学习贯彻习近平总书记关于食品药品安全工作的重要论述，安排部署全市食品药品安全工作。

25日 扎兰屯市召开第十届人民代表大会常务委员会第三次会议。审议通过扎兰屯市人民代表大会代表联系原选举单位和人民群众办法、扎兰屯市人民代表大会常务委员会组成人员联系本级人大代表制度、十届人大常委会法制工作委员会组成人员和十届人大常委会民族宗教工作委员会组成人员的议案。

26日 扎兰屯市召开市委书记专题会，对全市高标准农田建设、奶业振兴、民营企业账款清欠、解决房地产遗留问题、化解政府债务、生态环境保护督察整改等重点工作进行再梳理、再调度、再安排。

同日 扎兰屯市召开创建全国市域社会治理现代化试点合格城市工作领导小组办公室调度会。

同日 呼伦贝尔市驻嘎查村第一书记和驻村工作队队员乡村振兴第一期重点班在满洲里干部学院扎兰屯教学点开班。

28日 扎兰屯市委退役军人事务工作领导小组暨双拥工作领导小组2022年第一次全体会议召开，学习贯彻习近平总书记关于退役军人事务工作重要论述重要指示精神，全面落实自治区、呼伦贝尔市相关文件及会议精神，审议有关方案，研究部署2022年重点工作。

同日 扎兰屯市人民政府党组2022年第十二次会议召开，学习习近平总书记在十九届中共中央政治局第四十次集体学习、中央全面深化改革委员会第二十六次会议上的重要讲话精神及关于人权方面的重要文章，安排部署贯彻落实工作。

29日 扎兰屯市组织开展突发疫情应急处置实战演练活动。

30日 扎兰屯市人民政府与华能内蒙古东部能源有限公司合作开展的华能扎兰屯地区30万千瓦风电供暖项目签约。

同日 华能蒙东伊穆直流外送岭东100万千瓦风电项目扎兰屯30万千瓦风电工程开工。

本月 扎兰屯市人民医院通过中国卒中中心联盟(CSCA)认证，获得“综合卒中中心”称号。

7月

7日　扎兰屯市召开平安建设重点工作推进会暨创建市域治理合格城市工作调度会，安排部署二十大安保、市域社会治理等工作。

同日　扎兰屯市举办第十五届雅鲁河群众文化艺术展演·扎兰屯市第五届农民文艺会演。

13日　扎兰屯市召开全市爱国卫生运动百日攻坚行动总结大会暨城市精细化管理推进会议，落实呼伦贝尔市中心城区一体化发展暨全市城市精细化管理现场推进会精神。

同日　扎兰屯市召开强降水会商研判第二次会议，研究分析当前汛情形势，安排部署防汛重点工作。

同日　扎兰屯市举行“助康工程”辅助器具发放仪式。

18日　扎兰屯市召开预防学生溺水工作推进视频会，分析研判形势，安排部署全市预防学生溺水工作，坚决避免学生溺水事故发生。

19日　扎兰屯市召开贯彻落实高质量发展重点工作专题部署推进会议，对当前重点工作进行再安排、再部署。

22日　扎兰屯市召开全市领导干部警示教育大会暨党风廉政建设工作推进会议。

同日　中共扎兰屯市委九届四十次常委会会议召开，传达学习习近平总书记近期重要讲话、重要指示批示精神，自治区、呼伦贝尔市重要会议精神，听取全面从严治党工作汇报，研究部署有关工作。

同日　扎兰屯市召开2022年全市“放管服”改革协调小组第二次全体会议暨数字政府建设专题推进会议。

25—29日　扎兰屯市组织以市委书记为组长的团队，到黑龙江省东宁市、桦南县、五大连池市，重点围绕黑木耳和大豆产业发展进行考察学习、交流洽谈和招商引资。

26日　扎兰屯市普降大雨到暴雨，启动《扎兰屯市防汛抗旱应急预案》Ⅲ级响应。

26—27日　自治区红十字会到扎兰屯市，对扎兰屯市红十字会2022年上半年“三救”“三献”等核心业务工作开展及落实《“十四五”内蒙古自治区红十字事业发展规划》推进情况展开调研。

27日　扎兰屯市召开国土空间总体规划三线划定初步成果汇报会，研究讨论规划方案，安排部署相关工作。

28日　扎兰屯市全国农作物病虫疫情内蒙古分监测点项目通过验收。

8月

1—2日　扎兰屯市委、市政府邀请中国农业产业化龙头企业协会会长到扎兰屯市，对农牧业产业化发展工作进行考察对接，并召开座谈会。

2日　扎兰屯市人民政府2022年第八次常务会议召开，传达学习习近平总书记有关重要讲话精神，贯彻落实自治区高质量发展座谈会精神，听取当前重点工作汇报，安排部署贯彻落实工作。

8日　呼伦贝尔市乡村振兴领导干部能力提升培训班在扎兰屯市开班。

9日　中共扎兰屯市委九届四十一次常委会会议召开，传达学习习近平总书记近期重要讲话重要指示批示精神和中央、自治区、呼伦贝尔市重要会议精神，安排部署当前重点工作。

10日　扎兰屯市委审计委员会第四次会议召开，传达学习中央、自治区、呼伦贝尔市审计委员会会议精神，听取有关审计问题整改情况等工作汇报，审议通过《审计委员会2022年工作要点》等文件，对审计工作进行再安排、再部署。

同日　扎兰屯市委全面依法治市委员会第四次会议召开，传达学习自治区党委、呼伦贝尔市委全面依法治市有关会议精神，听取各协调小组工作汇报，审议通过《扎兰屯市贯彻〈法治政府建设实施纲要(2021—2025年)〉实施方案》等文件，对依法治市各项工作进行再安排、再部署。

同日　扎兰屯市召开基层医疗保障服务示范点建设暨"两病"保障工作推进会。

12日　自治区优质水稻绿色节水高效栽培技术现场观摩培训会在扎兰屯市蘑菇气镇关门山社区首站开启。

14—15日　自治区县域外经贸破零增量示范工作调研组到扎兰屯市实地调研县域外经贸破零增量示范工作。

15日　扎兰屯市召开第十届人民代表大会常务委员会第四次会议。审议通过《扎兰屯市人民代表大会常务委员会任免工作办法(修正草案)》《市人民政府关于2022年上半年国民经济和社会发展计划执行情况的报告》。

16日　中央储备粮呼伦贝尔直属库有限公司(位于扎兰屯市)开展以"宁流千滴汗不坏一粒粮"为主题的第五届公众开放日活动。

17日　扎兰屯市召开农村户厕排查整改工作调度会,对农村改厕问题排查整改工作进行再安排、再部署。

18日　扎兰屯市餐饮行业和农副产品加工业政协委员工作站挂牌成立。

同日　扎兰屯市召开"万企兴万村"行动启动会议。

19日　扎兰屯市市委书记带队到浙江省温州市考察对接招商项目,对文旅产业、冰雪产业与招商企业洽谈,推动在谈项目落地。

23日　扎兰屯市2022年第二期干部大讲堂暨乡村振兴专题培训班开班。

24日　扎兰屯市人民政府党组2022年第十四次会议召开,学习习近平总书记在辽宁考察时的重要讲话精神,传达李克强总理关于安全生产的批示及全国安全生产电视电话会议精神,安排部署近期重点工作。

25日　扎兰屯市召开乡村振兴文旅产业发展交流座谈会。会议针对如何更好推动扎兰屯市文旅产业高质量发展、如何通过发展文旅产业助推乡村振兴进行详细讲解。

25—26日　吉林黑尊生物科技公司企业考察团到扎兰屯市考察投资黑木耳产业。

27日　扎兰屯市教育系统校长工作会议召开,安排部署新学期教育教学工作目标任务和工作举措。

30—31日　扎兰屯市市长带队到河北省、山东省等地,与大元集团、香驰控股有限公司、阜丰集团洽谈商业综合体建设、大豆深加工、氨基酸及其配套项目等事宜。

9月

1日　呼伦贝尔市督导组一行到扎兰屯市,督导"五个大起底"(待批项目大起底、开发区闲置资源要素大起底、沉淀资金大起底、"半拉子"工程大起底、批而未供闲置土地大起底)工作并召开汇报会。

同日　扎兰屯市举行2022年"博爱一日捐,助你上大学"救助资金发放仪式,为81名贫困大学生发放助学金16.8万元。

5日　扎兰屯市开通"红十字宣传公交专线",为20辆主线路公交车投放急救箱,制作红十字文化、应急救护知识图版。

6日　扎兰屯市委网络安全和信息化委员会第四次会议召开,对全面提高网络安全和信息化工作水平、统筹推进各项重点任务落实等工作进行安排部署。审议并通过《网络安全和信息化委员会2022年工作要点》。

7日　中共扎兰屯市委九届四十二次常委会会议召开,传达学习习近平总书记近期重要讲话重要指示批示精神,中央、自治区、呼伦贝尔市有关会议精神,听取"五个大起底"行动汇报,安排部署贯彻落实工作。

13日　扎兰屯市人民政府2022年第九次常务会议召开,传达学习习近平总书记重要讲话《新发展阶段贯彻新发展理念必然要求构建新发展格局》主要精神、中央全面深化改革委员会第二十七次会议精神、李克强总理关于第二季度上半年经济形势和做好下一步经济工作的讲话精神,安排部署贯彻落实工作,研究审议有关议题。

同日　扎兰屯市重点工作推进会召开,对经济运行、重点项目、安全生产、森林草原防灭火、信访、“五个大起底”等工作进行再调度、再部署、再落实。

15 日 扎兰屯市开展“喜迎二十大，科普向未来”2022 年全国科普日活动。

16 日 扎兰屯市人民代表大会常务委员会对 2022 年新建重点项目及老旧小区改造情况开展专题调研。

20 日 扎兰屯市举行“喜迎二十大 悦享丰收节”庆祝 2022 年中国农民丰收节活动及“政院企”战略合作签约仪式。

同日 扎兰屯市召开全市农牧民冬季取暖用煤保障工作调度会。传达自治区《关于做好农牧民冬季取暖用煤保障工作有关事宜的通知》，对煤炭保障企业、保障范围、结算程序、发放方式等情况进行解释说明。

23 日 扎兰屯市召开秋季环境卫生集中整治动员会，学习《扎兰屯市城市精细化管理秋季环境卫生集中整治工作方案》，通报环境卫生集中整治督查要点，具体安排下一步工作。

26 日 扎兰屯市第九届市委巡察工作领导小组第十一次会议召开。会议传达学习中央《关于进一步发挥改革效能有力推进纪检监察监督巡视巡察监督与审计监督贯通协同高效的指导意见》，审议通过《关于落实呼伦贝尔巡察指导督导组反馈意见的整改方案（审议稿）》《扎兰屯市委巡察机构规范化、法制化、正规化建设工作方案（审议稿）》。

27 日 扎兰屯市委农村牧区工作领导小组暨乡村振兴工作领导小组会议召开。会议听取农牧业发展和乡村振兴工作汇报，研究审议黑木耳产业发展和国家现代农业产业园建设相关事宜，安排部署当前和今后一个时期重点工作。

10月

18 日 中共扎兰屯市委九届四十四次常委会会议召开，传达学习中共中央办公厅印发的《推进领导干部能上能下规定》、自治区“担当作为好干部”命名大会等会议文件精神，结合当前重点工作，对激励干部担当作为、凝聚全市上下干事创业合力进行专题部署。

19 日 扎兰屯市现代农业产业园召开创建工作联席会议，达成中国科学院入驻扎兰屯市协议，在扎兰屯市现代农业产业园设立中国科学院智能农业机械装备工程实验室扎兰屯中心、农业农村部农机作业监测与大数据应用重点实验室扎兰屯中心。

21 日 扎兰屯市现代农业产业园与中国科学院合作发展汇报会召开。

27 日 扎兰屯市第九届市委常委会第四十五次（扩大）会议召开，会议专题学习贯彻党的二十大精神。

同日 扎兰屯市委全面深化改革委员会各领域专项小组联络员暨办公室主任第一次会议召开。

28 日 扎兰屯市人民政府党组 2022 年第十七次（扩大）会议召开，专题学习贯彻党的二十大精神。

11月

3 日 中共扎兰屯市委九届四十六次常委会会议召开，传达学习习近平总书记在陕西延安和河南安阳考察时的重要讲话重要指示精神等内容，安排部署当前重点工作。

14—17 日 党的二十大精神专题读书班暨市委理论学习中心组 2022 年度第十次集体学习（扩大）会议召开。

15 日 扎兰屯市妇女联合会分别在铁东街道、成吉思汗镇举办全国妇联“低收入两癌救助”中央专项彩票公益金发放仪式。

16 日 扎兰屯市通过中国气象局公共气象服务中心复查，继续保持“中国天然氧吧”称号。

17 日 扎兰屯市人民政府 2022 年第十一次常务会议召开，学习贯彻党的二十大精神，传达学习习近平总书记考察陕西延安和河南安阳重要讲话精神，落实呼伦贝尔市前三季度经济运行分析会工作要求，安排部署当前重点工作,研究审议有关议题。

同日 扎兰屯市红十字会“小桔灯”人文关怀志愿服务组织被中国红十字会授予“全国红十字模范单位”称号。

18日 中共扎兰屯市委九届四十七次常委会会议召开,传达学习习近平总书记近期重要讲话、重要指示批示精神,中央、自治区、呼伦贝尔市有关会议及文件精神,研究审议年度考核指标、群团改革换届等事宜。

同日 扎兰屯市召开创建全国市域社会治理现代化试点合格城市工作调度会。

24日 扎兰屯市2023年重点项目谋划工作调度会议召开。会议听取2023年项目谋划情况,安排部署相关工作。

12月

1日 华能蒙东伊穆直流扎兰屯30万千瓦风电工程项目主体完工。华能扎兰屯30万千瓦风电项目工程投资15.76亿元,装机容量300兆瓦,安装风力发电机组61台,项目投产后,年上网电量可达7.45亿千瓦时,每年可节约标准煤22万吨。

3日 扎兰屯市委农村牧区工作领导小组会议暨乡村振兴工作领导小组会议召开,传达学习自治区有关会议精神,按照呼伦贝尔市安排部署,对扎兰屯市农村牧区、乡村振兴工作进行再调度、再安排、再部署。

6日 扎兰屯市召开经济运行和重点项目调度会议,对2022年经济运行主要指标、固定资产投资完成情况和2023年重点项目谋划情况进行再调度、再落实、再推进。

9日 中共扎兰屯市委九届四十八次常委会会议召开,传达学习12月6日中共中央政治局会议精神、自治区党委十一届四次全会精神和呼伦贝尔市委五届四次全会精神,安排部署贯彻落实工作。

12日 扎兰屯市吊桥公园入选“内蒙古最美公园”。

13日 扎兰屯市安全生产工作会议召开,贯彻落实上级安全生产工作部署和市九届市委常委会第四十八次会议精神,对全市安全生产工作进行再安排、再调度、再部署。

14日 扎兰屯市人民政府与大元建业集团股份有限公司通过视频连线方式举行扎兰屯市居然之家商业综合体项目签约仪式。

15日 呼伦贝尔冰雪文化运动旅游季暨扎兰屯市冰雪嘉年华启动仪式举行。

同日 中共扎兰屯市委九届四十九次常委会会议召开,听取市人大常委会、市政府、市政协、市法检两院党组及创建全国市域社会治理现代化试点合格城市等工作汇报,安排部署相关工作。

22日 扎兰屯市召开国土空间规划(2021—2035年)成果汇报会(线上视频会),听取内蒙古申科国土技术有限责任公司和哈尔滨工业大学城市规划设计研究院有限公司关于规划成果的汇报。

同日 扎兰屯国家基本气象站被中国气象局认定为中国百年气象站。扎兰屯国家基本气象站建于1908年。

26日 扎兰屯市被自治区绿化委员会办公室、自治区林业和草原局授予“自治区森林城市”称号。

27—28日 自治区安全生产工作督查组一行到扎兰屯市,对呼伦贝尔东北阜丰生物科技有限公司、同德木业有限公司、邮政快递中心、中国石油扎兰屯分公司四家企业开展督查。

29日 扎兰屯市人民政府2022年第十二次常务会议召开,学习贯彻习近平总书记有关重要讲话精神,传达落实中央农村工作会议精神,安排部署当前重点工作,研究审议相关议题。

30日 扎兰屯市委议军会议暨全市国防动员工作会议召开,贯彻党的二十大精神和习近平强军思想,听取全市武装和国防动员工作情况汇报,总结部署全市国防动员和后备力量建设工作。

(年编)

市情概览

自然环境

【位置面积】 扎兰屯市隶属于内蒙古自治区呼伦贝尔市，属县级市。位于内蒙古自治区东部、呼伦贝尔市南端，背倚大兴安岭，面眺松嫩平原，地理坐标为北纬47° 5′ 40″～48° 36′ 34″，东经120° 28′ 51″～123° 17′ 30″。东以音河为界与阿荣旗相依，东南及南以金长城为界与黑龙江省甘南、龙江两县及兴安盟扎赉特旗为邻，西及西北以哈玛尔山和漠克河为界与阿尔山市、鄂温克族自治旗接壤，北以阿木牛河为界与牙克石市相连。市境东西顶端直线距离210千米，南北顶端直线距离160千米，全市总面积1.69万平方千米。

【地貌】 扎兰屯市位于亚洲大陆中部的蒙古高原东缘，地处大兴安岭山脉的中段东麓、松嫩（辽）平原西侧。境内地势西高东低，北高南低。地形最高点为市境西端柴河源林场西南8千米与兴安盟交界处海拔1706米的无名高地，最低点为成吉思汗镇以南与黑龙江省龙江县交界附近海拔250米处，两地高差达1456米。区内的地貌形态，主要有山地（中山、低山）、丘陵、平原和河谷4种地形单元，按其表面形态组合的自然分布，全市可划分出中山分区、低山分区、丘陵

单位：摄氏度

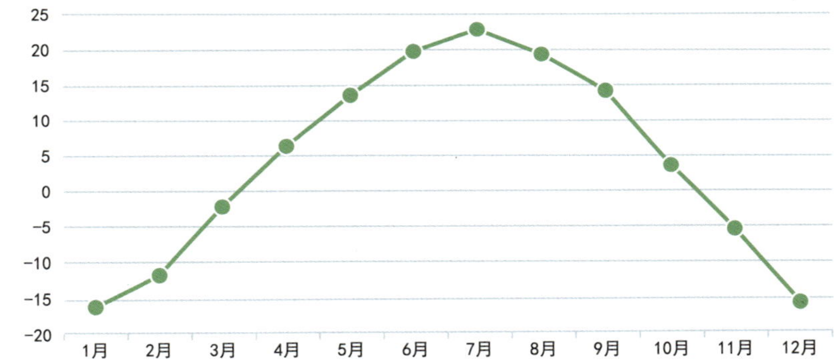

图1　2022年扎兰屯市月平均温度示意图　（市气象局　供图）

单位：毫升

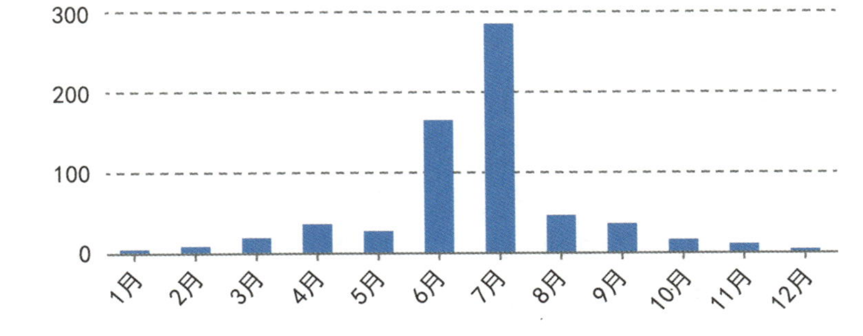

图2　2022年扎兰屯市月降水量示意图　（市气象局　供图）

分区和平原分区4个地貌分区。

【气候】 扎兰屯市属中温带大陆性季风气候。气候特点是太阳辐射较强，日照丰富，冬季漫长、严寒干冷。夏季短而温热，雨量集中，气温年、日差较大。春季升温快，秋天气温剧降，积温有效性高，风向呈河谷走向。西部和北部地区属于大兴安岭东部林缘温凉湿润、半湿润林牧业区，东南部地区属于温暖半湿润农业区。

2022年，扎兰屯市年平均气温4.0℃，与常年相比气温偏高0.1℃，与上年同期比气温偏高0.1℃；年降水量628.6毫米，与常年同期比降水偏多17.5%，与上年同期比降水偏少8.1%；年日照时数为2463.2小时，与常年同期比日照时数偏少10.1%，与上年同期比日照时数偏多9.6%；大风日数为6天，与常年同期比大风日数偏多0.5天，与上年同期比大风日数偏少1天。

【水文】 扎兰屯市位于雅鲁河中上游段。该流域在地质构造上属古生代—中生代复式背斜构造；处于新华夏系大兴安岭隆起带中段东缘，区内各类侵入岩较发育，一般以华力西晚期—燕山晚期酸性侵入岩为主，主体岩石主要是大成岩，其次花岗岩、石英片岩等分布较广。该流域自河源呈阶梯状从中山、低山、丘陵下降至松嫩平原，干流哈拉苏以上，两岸为高而陡的山地围绕，地势起伏大，相对高差400米左右；河谷宽2~3千米，哈拉苏至扎兰屯段，河谷宽增至4~5千米，河宽40~70米。成吉思汗边堡以下河流进入平原区，河道岔流多，两岸多沼泽湿地。扎兰屯市水资源由入境水资源、流域内地表径流和流域内地下水资源量3个部分组成，入境水资源不计入全市水资源总量中。全市多年平均地表径流量25.28亿立方米，地下水总补给量3.78亿立方米，水资源总量25.67亿立方米。河流比降大，一般在1/500~1/300之间。水能资源丰富，但时空分布不均，理论蕴藏量15万千瓦，其中雅鲁河及其支流6万千瓦，绰尔河及其支流9万千瓦。

【植被】 扎兰屯市境内植物种类既有温湿树种和灌草植物，又有寒温性植被。又因山丘起伏，河谷纵横，地形复杂，地带性植被与隐域性的草甸和沼泽植被呈相间分布。中低山地区森林植被有兴安落叶松、白桦、黑桦、山杨、柞树及兴安柳，林下灌木有杜鹃、毛榛、刺玫、蔷薇等。丘陵漫岗地区分布有森林植被和草原草甸植被。森林呈不连续分布，树种以柞树、黑桦占优势，沿谷底尚有水曲柳，并有零星的落叶松分布，林下灌木有胡枝子，毛榛等；草原草甸植物组成以草本为主，灌木少量，种类有大针茅、兴安柴胡、绣线菊、东方野豌豆、山黧豆、委陵菜、紫菀等，也有少量胡枝子。河川谷地分布着大量的草甸植被和沼泽植被，草甸植被的主要构成是地榆—裂叶蒿杂类草群落。主要地被植物有禾本科草、苔草、地榆、野豌豆、野百合、玉竹、蕨类等。

【野生动植物资源】 扎兰屯市境内野生动物种类200余种。其中国家一级保护动物7种，主要有细嘴松鸡、丹顶鹤、貂熊、驼鹿、梅花鹿、金雕等。国家二级保护动物47种，主要有棕熊、马鹿、雪兔、大天鹅、鸳鸯等。扎兰屯市境内各河流、湖泊等生长各种鱼类46种（包括亚种和人工养殖品种）隶属于12个科（以鲤科鱼类为主，共有29种，占鱼类总数63%），其中经济鱼类15种（包括亚种和人工养殖品种）。主要水生植物是芦苇。

扎兰屯市主要野生树种有蒙古栎、落叶松、樟子松、云杉、榆树、杨树、柳树、白桦、黑桦、山杨、柞树。扎兰屯市草场总面积33.73万公顷，其中可利用面积26.67万公顷。天然草场划分五类，即山地草甸类草场、山地草甸草原类草场、丘陵草甸草原类草场、沿河低湿草甸类草场、河泛地草本沼泽类草场。

扎兰屯市野生经济植物种类有维管束植物96科、334属、709种。其中野生药用植物100余种，占全市植物种类总数14.1%。主要有黄芪、黄精、沙参、列当、马先蒿、益母草、元胡、龙胆、白鲜、桔梗、独行菜、黄芩、防风、柴胡、大叶龙胆、裂叶荆芥、贝母、手掌参、金莲花、苍木、升麻、远志、草乌、祁洲漏芦、薄荷等。芳香油类植物主要有兴安杜鹃、裂叶荆芥、百里香、百合、白鲜、香薷、山刺玫、缬铃兰、黄芩等。单宁类植物（亦称鞣料植物）主要有兴安落叶松、白桦、蒙古栎、地榆、鼠掌草、柳兰、芍药、粗根老草、叉分蓼等。食用类植物主要有稠李、山里红、东方草莓、山丁子、蓝靛果、忍冬、白（黑）桦树液等。食用野菜及真菌类植物主要有蕨菜、黄花菜、桔梗、沙参、荨麻、猴头、木耳、蘑菇等。油料类植物主要有榛子、胡枝子、接骨木、苍耳、山野豌豆、兴安落叶松等。纤维类植物主要有大叶樟、小叶樟、射干、羊胡子苔草、柳兰、胡枝子、各种灌木柳、山杨、甜杨、白桦等。

【土地资源】 扎兰屯市境内土壤水平性地带为黑土，属于松嫩平原黑土带。受土壤垂直分布规律控制，海拔250～500米的东南部为基带土壤黑土，海拔500～800米的山地多为暗棕色土壤，海拔800米以上的为棕色针叶林土。主要有6种类型土壤，即棕色针叶林土、暗棕壤、黑土、草甸土、沼泽土、水稻土。土地总面积167.84万公顷，其中耕地面积26.41万公顷，占总土地面积的15.74%；园地面积1447.2公顷，占总土地面积的0.08%；林地面积112.61万公顷，占总土地面积的67.09%；草地面积12.60万公顷，占总土地面积的7.53%；湿地面积10.81万公顷，占总土地面积的6.44%；城镇村及工矿用地面积2.12万公顷，占总土地面积的1.26%；交通运输用地面积9866.28公顷，占总土地面积的0.58%；水域及水利设施用地面积7968.44公顷，占总土地面积的0.47%；其他土地面积1.36万公顷，占总土地面积的0.81%。

【矿产资源】 扎兰屯市矿产资源分布的主要特点是缺煤、少金属矿、石丰、土富。共发现各类矿床、矿点、矿化点55处，其中大型石材矿分布在市区天拜山、卧牛河镇五星村和成吉思汗镇光明村3处，铁矿有腰岭子等4处，硅石矿有音河桥头和雅尔根楚2处，石墨矿有中和镇1处，重晶石矿有柴河镇巴升河1处，硅灰石矿有南木鄂伦春民族乡哈拉苏1处，其余为矿点、矿化点。矿泉水3处，地下热水1处。金属矿点有铜、铅、锌、钼、金、铀等，非金属矿点中黏土、硅石、花岗岩较多，其次为煤及辰砂等。

【自然灾害】 2022年，扎兰屯市灾害性天气主要有洪涝灾害2次（6月25日、7月10日），风雹灾害3次（6月3日、6月17日、6月30日）。全市受灾人口1602人，其中高台子街道4人、中和镇874人、柴河镇189人、哈多河镇464人、萨马街鄂温克民族乡71人；农作物受灾面积1752.35公顷，其中高台子街道3公顷、中和镇875.45公顷、柴河镇189.93公顷、哈多河镇580.67公顷、萨马街鄂温克民族乡103.3公顷；农作物绝收面积66公顷，其中高台子街道3公顷、哈多河镇63公顷；直接经济损失427万元，其中高台子街道6000元、中和镇305.8万元、柴河镇26万元、哈多河镇94.6万元。

历史文化

【建置沿革】 距今7000年前的新石器时期，雅鲁河、绰尔河流域已有人类活动。尧、舜时代，雅鲁河、绰尔河流域均在古肃慎国内，其地为濊貊部余部夫余部所居。春秋时期，扎兰屯市境域内的雅鲁河、绰尔河流域为东胡的重要游猎地之一。东汉末年，雅鲁河、绰尔河流域处于鲜卑势力东界之内。公元386年，雅鲁河、绰尔河及阿伦河流域为夫余国势力范围之内，为勿吉国黑水部。唐宪宗时，雅鲁河、绰尔河流域属南室韦中的和解部和乌罗护部（即北魏乌洛侯）两部的游猎之地。五代时期，契丹皇族遥辇、迭剌二部长期居住在雅鲁河、绰尔河、阿伦河流域，为契丹人活动中心。1116

年，辽在泰州（今黑龙江省泰来县塔子城）北设金山县，后升为静州，为雅鲁河、绰尔河流域，即今扎兰屯市境域。相传，成吉思汗铁木真曾在雅鲁河流域屯驻重兵，他在统一草原各部和西征南战中，未实行分封前，大兴安岭岭东地区为其部将木华黎所统辖。1214年，铁木真对几个立有战功的弟弟和外戚家族进行分封，铁木真幼弟铁木哥·斡赤斤的封地在大兴安岭东西之地以及嫩江、松花江一带，扎兰屯市境域在其封地内。1408年明朝设立的阮里河（即雅鲁河）卫，即设在今大兴安岭东麓雅鲁河流域，同时在绰尔河流域设置了朵颜卫。清顺治年间（1644—1661年），沙俄军队入侵黑龙江以北广大地区，清政府忙于平定关内反清叛乱，无力顾及边疆防务，遂采取消极的内迁政策，将居住在这一边区的鄂伦春、鄂温克、达斡尔等族迁至黑龙江南岸居住，其中部分鄂伦春族人、鄂温克族人被迁至雅鲁河、绰尔河、济沁河流域的原始森林中游猎，雅鲁河、音河流域被编为“雅鲁阿巴”，济沁河流域被编为“济沁阿巴”，绰尔河流域被编为“托信阿巴”。

康熙二十二年（1683），现扎兰屯市境归黑龙江将军管辖。康熙三十年（1691），清政府在3个“扎兰”、5个“阿巴”的基础上，建立布特哈八旗即打牲八旗，嫩江流域的达斡尔族、鄂温克族、鄂伦春族均编入八旗之内。每旗十几佐或二十几佐不等，每佐设佐领一人，佐下设额兵催领（头目）4人，正蓝旗、镶红旗同驻雅鲁河，正蓝、镶红两旗设扎兰衙门，并派有“扎兰章京”坐镇扎兰屯，司掌正蓝、镶红两旗的军事和行政事务，由布特哈总管衙门节制。光绪二十年（1894年），裁撤布特哈总管，改升为布特哈副都统，仍隶属黑龙江将军管辖。同年，扎兰屯设立官庄，由扎兰章京总领收容关内人口、屯田等事宜。光绪三十二年（1906年），裁撤布特哈副都统，以嫩江为界，分设东、西两路布特哈，各设总管1人，西路布特哈总管驻宜卧奇，分别掌管本路所辖各旗事宜，雅鲁河流域属西路布特哈。每旗设佐领1人，扎兰衙门废止。

1916年3月1日，为管理自行流入的垦荒农民和发展招垦事业，黑龙江省在大兴安岭东麓济沁河流域设置济沁河稽垦局；同年7月1日设置扎兰屯稽垦局，同时设立辅佐稽垦局管理土地开放事务的佐治局。1923年3月，设立东省特别行政区行政长官公署，掌管辖地内铁路两侧附属地行政事务。1926年2月2日，济沁河、扎兰屯两稽垦局废止，设立雅鲁设治局，局址在扎兰屯，由黑龙江省委派设治员进行管理。1929年1月5日，黑龙江省行政公署将雅鲁设治局改升为雅鲁县，隶属黑龙江省管辖，为三等县。1932年6月27日，伪满洲国撤销雅鲁县建制。1946年5月，布特哈旗政府组建后，隶属于纳文慕仁盟（省）政府，1949年4月改属呼纳盟政府。

1950年1月23日，内蒙古自治区人民政府决定将布特哈旗所辖的博克图努克图（雅鲁、巴里木即巴林两嘎查）划归喜桂图旗管辖。1953年4月1日，内蒙古自治区政府决定撤销呼纳盟，建立内蒙古自治区东部行政公署，布特哈旗直接隶属于东部区行署。1954年4月，东部区行署撤销，将呼纳盟、兴安盟合并为呼伦贝尔盟，布特哈旗隶属呼伦贝尔盟。1969年8月1日，布特哈旗随呼伦贝尔盟划归黑龙江省。1979年7月1日，复归内蒙古自治区。1983年10月10日，经国务院批准，撤销布特哈旗，在原行政区内设立扎兰屯市（县级），1984年1月1日，实行市建制。至2022年，扎兰屯建置未发生变化。

【区划设置】 2022年，扎兰屯市辖8镇4乡，即蘑菇气镇、卧牛河镇、成吉思汗镇、大河湾镇、浩饶山镇、柴河镇、中和镇、哈多河镇和达斡尔民族乡、南木鄂伦春民族乡、萨马街鄂温克民族乡、洼堤乡。街道办事处7个，即兴华、正阳、繁荣、向阳、高台子、铁东、河西街道办事处。辖村民委员会130个，村民小组1002个；居民委员会43个（其中乡镇13个），居民小组551个。

2022 年扎兰屯市行政区划一览表

表1

镇、乡、街道办事处名称	驻地	村委会名称	居民委员会名称
蘑菇气镇	蘑菇气	蘑菇气村、兴隆沟村、三合村、凤凰窝村、爱国村、南平村、北安村、东风村、惠风川村、太平沟村、先锋村、杨树沟村、中宁村、苇莲河村、宫家街村、野马河村、湾龙沟村、炕沿山村、东明村	利民社区 团结社区 关门山社区
卧牛河镇	卧北	大坝村、红旗村、扬旗山村、富裕村、长发村、靠山村、红石村、红卫村、一心村、新立村、五星村、三道桥村、四道桥村	卧北社区
成吉思汗镇	成吉思汗	东德胜村、西德胜村、大甸子村、灯塔村、立新村、红升村、新民村、和平村、繁荣村、新站村、红光村、古里金村、朝阳岗村、奋斗村、马家村、建设村、长青村、大旗村、河口村、光明村、石桥村、岭航村	益民社区 友谊社区 永平社区
大河湾镇	镇德川	大河湾村、大水泉村、明星村、红光村、幸福之路村、东升村、暖泉村、火车头村、前进村、金星村、永丰村、永兴村、沙里沟村、尖山子村	大兴社区 大农社区
浩饶山镇	四五六山下	浩饶山村、东平台村、西平台村	浩饶河社区
柴河镇	柴河	—	振兴社区 石桥社区 绰尔社区
中和镇	中和	幸福村、头道沟村、光荣村、福泉村、福兴村、红星村、兴隆村、库堤河村、新林村、架子山村、龙头村、前进村、水甸沟村、新建村、黎明村、三道沟村、四道沟村、五道沟村、集体村、明星村	振兴社区 新华社区 新河社区
哈多河镇	河北乡	哈多河村、合兴村、大阳坡村、边北村、罕达罕村、泥沙河村	幸福社区
达斡尔民族乡	二村	海力堤村、白音村、中心村、满都村、九村、巴图村、诺彦托布村	—
南木鄂伦春民族乡	南木	南木村、猎民村、大兴村、双北村、道南村、东窑村、毕家店村、济沁河村	黎明社区 莫多兰社区
萨马街鄂温克民族乡	萨马街	马龙沟村、护林村、团结村、哈拉口子村、红炮台村、猎民村	—
洼堤乡	十八房	色吉拉呼村、孤山子村、青山村、德格吉热呼村、铁矿村	—
兴华街道办事处	—	—	青松社区 迎春社区 绿林社区 秀水社区 铁路社区
正阳街道办事处	—	—	红旗社区 沿河社区 民乐社区 永安社区
繁荣街道办事处	—	—	胜利社区 新风社区 光明社区 小溪社区
向阳街道办事处	—	向阳村	东方红社区 金星社区 星光社区 纸浆社区

续表 1

镇、乡、街道办事处名称	驻地	村委会名称	居民委员会名称
高台子街道办事处	—	高台子村、近郊村、鲜光村、五一村	糖厂社区 建设社区
铁东街道办事处	—	铁东村	天拜山社区 五里社区
河西街道办事处	—	回民村	南市社区 振兴社区 新城社区

（资料来源：市民政局）

【古遗址】 2022 年，扎兰屯市有古遗址 6 处，即金界壕遗址、王家屯古城、辽代九村古城、辽代高台子古城、辽代西平台遗址、丰收古城。

金界壕遗址

金界壕，又称金边壕、金长城，属金代军事防御工程。金界壕遗址东北路扎兰屯段是金长城东端起点部分，东起大河湾镇王家屯村，西至终点哈多河镇边壕屯，连接扎兰屯市五镇一乡，全长 125 千米。现存遗址为单墙单壕，主建筑与城墙已基本湮没在沙草之中，残址一般高 2 米，最高处 8 米，墙外 15～20 米为壕堑，宽 2～6 米，深 2～4 米。墙内每隔 10 千米左右有一戍堡，为夯土板筑，边长 180 米，呈正方形模样。成吉思汗镇以南 10 千米处长城遗址保存较好，边堡规模依稀可见，曾出土金代铜锅、箭镞等文物。金界壕遗址东北路扎兰屯段于 1996 年被内蒙古自治区人民政府公布为自治区级文物保护单位，2001 年被国务院公布为第五批全国重点文物保护单位。

王家屯古城

王家屯古城位于扎兰屯市大河湾镇王家屯村东北 2 千米处，经鉴定为辽金时期古城，遗址面积 4225 平方米。王家屯古城呈方形，皆为土筑，东墙长 67 米，西墙长 65 米，南墙长 65 米，北墙长 66 米；东侧有一城门，门阔 9 米；城内东北角有一内城，东北两侧借用外城墙门，内城南北墙长 30 米，东西墙长 31 米，城基宽 5～11 米；护城壕残深 1 米，四面有角台，马面。在城内曾采集有辽代篦纹陶片、瓦片等。2014 年被公布为“第五批自治区级重点文物保护单位”。

辽代九村古城

九村古城位于扎兰屯市达斡尔民族乡九村西南 1 千米处，经鉴定为辽代古城，遗址面积 4095 平方米。九村古城呈方形，城门城墙皆为土筑，南北长 65 米，城墙高近 3 米；东侧有一个城门，门阔 8 米；前有一高 1.5 米周长 12 米的土堆。城的四周有护城壕，残壕深 1 米，地面曾采集有青红布纹瓦片、篦纹陶片。1991 年被公布为“第一批扎兰屯市级重点文物保护单位”。

辽代高台子古城

高台子古城为土筑方形，东墙长 67 米，西墙长 65 米，南墙长 65 米，北墙长 66 米。东侧有一城门，门阔 9 米。城内东北角有一内城，东北两侧借用外城墙门，内城南北墙长 30 米，东西长 31 米，城基宽 5～11 米。护城壕残深 1 米，四面有角台、马面。在城内曾采集有辽代篦纹陶片、瓦片等。

辽代西平台遗址

西平台遗址位于扎兰屯市浩饶山乡西平台村绰尔河西岸，距浩饶山镇西南 4 千米，东南侧 300 米处为绰尔河与托沁河江河口。遗址东西长 30 米，南北长 200 米，面积 6000 平方米。距地表 0.5 米处曾发现大量辽代布纹瓦和一些梳齿纹陶片，还发现有少量卷沿陶片和红砖，其中大部分为布灰瓦。

丰收古城

丰收古城位于扎兰屯西南 70 千米处关门山办事处苇莲河 9 组。古城东西长 9 米，南北宽 10 米，面积为 90 平方米。城墙为土筑梯形，基本呈方形，墙高

0.5米。曾出土过辽代灰沙陶片、布纹瓦残片，现保存完好。

【文物保护单位】 2022年，扎兰屯市有文物保护单位124处，其中全国重点文物保护单位2处39个遗址点，内蒙古自治区级文物保护单位6处，扎兰屯市级文物保护单位116处。

纳文慕仁盟公署办公旧址

纳文慕仁盟公署办公旧址位于扎兰屯市区中央北路原扎兰屯师范学校院内，建于1935年，占地面积880平方米，建筑面积1560平方米，为砖瓦结构二层楼，屋面原为琉璃瓦。初为扎兰屯东北盟旗师范学校，后为纳文慕仁师范学校。1946年，这里曾是纳文慕仁盟公署机关办公地。2006年，被公布为“自治区级重点文物保护单位”。

乌兰夫同志工作旧址

乌兰夫同志工作旧址建筑为砖瓦结构的二层小楼，占地面积210平方米，建筑面积160平方米，二层设女儿墙和平台。建筑整体呈淡黄色，门、窗边缘以白色造型衬托，女儿墙为整体白色，四边以淡黄色衬托，显得整体建筑错落有致。大门处设门厅、拱形门，楼内木质地板，显得古朴典雅。旧址原为伪兴安东省省长额勒春公馆。1948年3—6月，乌兰夫在此居住和办公。新中国成立后，为布特哈旗医院门诊部，2010年建设为乌兰夫同志纪念馆，是呼和浩特乌兰夫同志纪念馆分馆，并被列为红色旅游重点景区，成为呼伦贝尔市爱国主义教育基地、扎兰屯市廉政教育基地。2006年，被公布为“自治区级重点文物保护单位”。

人口和民族宗教

【户籍人口】 2022年，扎兰屯市户籍人口39.38万人，同比减少3134人；户籍户16.53万户，同比减少2080户；出生1648人，出生率4.18‰；死亡3140人，死亡率7.97‰。

【城乡人口】 2022年，扎兰屯市城镇人口17.44万人，占户籍人口的44.3%；乡村人口21.94万人，占户籍人口的55.7%。

【流动人口】 2022年，扎兰屯市流动人口5520人，迁入1939人，占户籍人口的0.49%；迁出3581人，占户籍人口的0.91%。

2022年扎兰屯市人口结构一览表

表2　　单位：人

结构指标		数值	比例（%）
城乡人口结构	城镇	174440	44.3
	乡村	219406	55.7
人口性别结构	男性	201411	51.1
	女性	192435	48.9
人口年龄结构	0～17岁	53876	13.7
	18～34岁	74593	18.9
	35～59岁	178857	45.4
	60岁及以上	86520	22.0

（资料来源：市统计局）

【民族】 2022年，扎兰屯市有蒙古族、达斡尔族、鄂温克族、鄂伦春族、满族、回族、朝鲜族等28个少数民族。少数民族人口6.11万人，其中蒙古族2.25万人，达斡尔族5832人，鄂温克族1488人，鄂伦春族237人。

【宗教】 2022年，扎兰屯市有宗教4种，即佛教、伊斯兰教、天主教和基督教，有宗教团体1个，即扎兰屯市基督教三自爱国运动委员会，有宗教活动场所17处（固定场所12个，依法登记临时场所5个）。

2022年扎兰屯市各民族人口统计表

表3　　单位：人

乡镇（街道）	合计	汉族	蒙古族	回族	满族	朝鲜族	达斡尔族	鄂温克族	鄂伦春族	锡伯族	俄罗斯族	其他
蘑菇气镇	51760	43560	1969	6	5787	181	111	96	4	11	1	34
卧牛河镇	30601	29051	806	14	545	9	133	36	2	0	0	5
成吉思汗镇	45124	40323	1076	14	2546	966	131	16	3	32	3	14
大河湾镇	33018	30050	938	29	1768	22	147	12	12	25	1	14
浩饶山镇	4891	4256	261	0	325	10	31	3	0	0	0	5
柴河镇	6794	4976	857	8	716	25	131	78	0	1	0	2
中和镇	31570	27422	467	2	3533	52	64	8	0	1	3	18
哈多河镇	12150	9902	1306	2	851	57	24	7	0	0	0	1
达斡尔民族乡	10858	8155	683	3	416	8	1506	77	5	2	1	2
南木鄂伦春民族乡	12753	10283	926	6	537	20	606	277	85	13	0	0
萨马街鄂温克民族乡	8025	5352	1174	2	802	27	265	393	5	2	0	3
洼堤乡	9347	5949	3071	0	272	1	16	18	11	9	0	0
兴华街道	29708	23868	2198	255	2230	176	723	119	29	23	53	34
正阳街道	26858	21099	2447	163	2027	187	701	117	31	12	38	36
繁荣街道	23651	19543	1542	197	1607	134	413	104	29	21	36	25
向阳街道	19618	16633	1126	150	1205	118	294	58	12	5	7	10
高台子街道	14269	12723	468	17	674	225	123	9	1	3	2	24
铁东街道	11110	10086	401	27	410	15	139	17	4	0	5	6
河西街道	11741	9530	751	398	672	44	274	43	4	3	8	14

（资料来源：市公安局）

经济社会发展

【经济建设】 2022年，扎兰屯市完成地区生产总值200.22亿元，同比增长2.6%。固定资产投资完成28.01亿元，同比增加48.3%，其中房地产开发完成投资2.99亿元；按三次产业分，第一产业无投资，第二产业完成投资18.50亿元，第三产业完成投资9.51亿元。

全市粮食作物播种面积25.82万公顷，总产量14亿千克，平均亩产361.48千克。标准化规模养殖场（户）1436家，牲畜存栏148.57万头（只），其中大牲畜存栏25.65万头（只），羊存栏113.97万只，生猪存栏8.95万头。林业施业区总面积85.59万公顷，其中林地面积57.2万公顷，草地面积28.2万公顷，森林覆盖率70.04%，草原植被覆盖率84%。

全市实现工业增加值66.49亿元，增长0.1%，占地区生产总值的比例为33.2%。规模以上工业企业11家，总产值累计完成140.69亿元，同比增长20%；利润总额达31.97亿元，增长88.2%；工业产品销售率增长3%。实现建筑业增加值7.4亿元，同比下降14.3%。

全市社会消费品零售总额28.78亿元，同比增长1.5%。招商引资签约金额30.2亿元，到位资金17.25亿元。接待旅游人数218.9万人次，同比增长10%；旅游收入19.2亿元，同比增长8.5%。扎兰屯市成为自治区首批县域商业体系建设试点县。

全市铁路、公路完成货运量889.25万吨，客运量115.5万人次；民航行货邮吞吐量19.5吨，旅客吞吐量6.93万人次；邮政业务总量完成24000万元，同比增长3.5%。

全市金融机构各项存款余额209.82亿元，同比增加28.63亿元，同比增长15.8%；各项贷款余额143.53亿元，同比增加9.4亿元，同比增长7%。

【精神文明建设】 2022年，扎兰屯市坚持把精神文明作为滋润人心、德化人心、凝聚人心的工作。争创全国文明城市提名资格，完成自治区文明城市实地复查测评和软件材料申报。打造新时代文明实践所19个、文明实践站171个，推广“北疆新时代”APP，注册志愿服务队318支，开展各级各类志愿服务活动1900余场次，组织开展主题实践活动800余场。实施公民思想道德建设，打造“榜样就在身边”主题广场2个、景观小品6个，设计制作张贴宣传栏、宣传海报1232个(张)，开展传统节日主题活动150余场次。大力培育和践行社会主义核心价值观，评选文明村镇、文明家庭105个，选树“扎兰好人”6人，推荐呼伦贝尔市道德模范1人、呼伦贝尔好人3人、呼伦贝尔新时代好少年4人。扎兰屯市红十字会“小桔灯”人文关怀志愿服务组织获得“全国红十字模范单位”荣誉称号。

【民主法治建设】 2022年，扎兰屯市加强依法行政，执行市人大及其常委会的决议和决定，接受人大法律监督、工作监督和政协民主监督，高质量办理市人大代表建议83件，市政协委员提案118件。贯彻《法治政府建设实施纲要(2021—2025年)》，严格执行重大行政决策程序，健全政府工作规章制度，自觉维护司法权威，行政机关负责人出庭应诉率达到100%。强化审计监督，查处违规问题53个，纠正不规范问题36个，促进增收节支848万元。严控一般性支出，合理压缩“三公”经费，防范化解各类风险，多方筹措资金，化解政府隐性债务3.6亿元。严格落实中央八项规定精神，持续纠治“四风”，开展“转观念、强作风、优环境、重落实、树形象”学习实践活动，作风建设、以案促改工作取得明显成效。

【城乡建设与管理】 2022年，扎兰屯市启动争创全国文明城市提名资格三年行动，实施城市更新，加快推进老旧小区和城市管网改造，组织开展爱国卫生百日攻坚、精细化管理攻坚年等系列行动，畅通排水“循环网”，实施公共空间“微改造”，推进“环卫+园林+执法”城市管护一体化模式，不断推进城市管理科学化、精细化。实施城区道路、排水防涝、城市绿化等市政项目20余个，新建供水管网11千米，改造老旧小区17个。清除垃圾12万吨，打非治违1.6万平方米，改造升级路灯3300余盏，平整公共空间20万平方米。采购配备垃圾收集桶4.03万个、垃圾转运车49辆、930装载机(铲车)33辆、拖式清除机84辆、闪蒸矿化处理设备28台，建成垃圾处理站和垃圾转运站17座并投入使用。吊桥公园获得“内蒙古最美公园”荣誉称号。

全市实施乡村产业新建项目94个，争取资金1.5亿元，

130个村集体收入均达到10万元以上，总额突破2500万元。推进“四好农村路”建设，自然村屯通畅率达94.4%，农村通客（货）运率、公路列养率均达100%。制定《扎兰屯市农村饮水安全工程运行管理办法》，修复集中式饮水工程114处，建设饮水安全巩固提升项目3处，争取维修养护项目135.28万元，维修养护饮水工程45处，设立饮水工程公示牌106块。持续开展人居环境整治，全市130个行政村均建立保洁员制度，拥有保洁员500余人，初步建立“户收集分类、村转运到终端处理”的农村生活垃圾收运处理体系，村屯生活垃圾治理率达95%以上、绿化率达30%以上。达斡尔民族乡满都村人居环境整治经验得到呼伦贝尔市委肯定，蘑菇气镇野马河村成为自治区红色美丽乡村建设试点，南木鄂伦春民族乡大兴村获得“全国乡村治理示范村”荣誉称号。

全市统筹推进“山水林田湖草沙”一体化治理，遵循生态系统内在机理和规律，加强森林、草原、湿地、河流休养生息和保护修复，着力提升自然生态系统的稳定性。持续巩固拓展蓝天、碧水、净土保卫战成果，空气负氧离子浓度、水质等指标良好，雅鲁河断面稳定在Ⅱ类水体标准，土壤环境质量总体良好。坚持资源节约集约利用，清缴沉淀资金3278万元，解决批而未供土地37.46公顷，消化盘活土地37.81公顷，“五个大起底”行动成效显著。环保部门加强秸秆禁烧管控，农科部门实施秸秆粉碎翻压还田技术，持续提升农作物秸秆综合利用能力，实现生态效益和经济效益双赢；呼伦贝尔东北阜丰生物科技有限公司坚持绿色发展理念，不断研发环保新项目，实现企业清洁生产、节能降耗、资源综合利用一体化。严打破坏草原林地违规违法行为，治理侵蚀沟250条，人工造林866.67公顷，封山育林666.67公顷，草原禁牧8466.67公顷，草原综合植被盖度达到80%，连续24年无重大森林、草原火灾发生。$PM_{2.5}$平均浓度为12微克/米^3，空气质量优333天，环境质量优良天数比例达到99.2%。扎兰屯市顺利通过“中国天然氧吧”称号复查，获得“自治区森林城市”荣誉称号。

【社会民生事业】 2022年，扎兰屯市居民人均可支配收入3.23万元，同比增长5.0%。其中城镇常住居民人均可支配收入4.18万元，增长4.5%；农村常住居民人均可支配收入2.35万元，增长7.4%。城镇居民人均消费性支出2.75万元，增长13.8%；农村居民人均消费性支出1.64万元，下降14.8%。

全市参加城镇职工养老保险10.1万人，其中离退休人员4.57万人；参加城乡居民养老保险17.24万人，其中离退休人员4.38万人；参加基本医疗保险33.25万人，其中城镇职工基本医疗保险5.27万人，城乡居民基本医疗保险27.97万人。

全市城镇新增加就业1521人，其中失业人员再就业620人，困难人员就业520人；农村劳动力转移就业2.56万人。农牧区转移就业技能培训1022人，城镇就业技能培训335人，企业职工培训780人，创业培训153人。发放创业小额担保贷款56笔、875万元。

全市有养老机构23家，居家和社区养老服务中心7个，居家和社区养老服务站24个，养老床位总数达3668张，占老年人口的45.8‰。形成“15分钟生活圈”。

全市有国家高新技术企业2家，自治区科技型中小企业认定4家，规模以上企业科技研发投入资金累计2.68亿元。组织企业申报国家、自治区和呼伦贝尔市级科技计划项目14项，通过审核并下达项目资金预算11项，下达专项资金381.6万元。

全市有中小学33所，教学点33个，在校生2.5万人，专任教师1836人；普通高中2所，在校学生4431人，专任教师320人；职业高中1所，在校学生1632人，专任教师81人；特殊教育学校1所，在校学生294人，专任教师36人。新建幼儿园5所，改扩建3所，新增公办园学位1530个，普惠性幼儿园覆盖率88.02%。线下学科类培训机构压减率、学校课后服务参与率均达100%，中考和高考成绩实现双突破，教育水平大幅提升。

全市有医疗卫生机构250个，其中医院5个，乡镇卫生院21个，社区卫生服务中心（站）11个；医疗卫生单位病床数2128张，减少13张，其中医院1630张，乡镇卫生院416张，社区卫生服务中心（站）60张；卫生技术人员2890人，其中执业（助理）医师1174人，注册护士1270人。健全卫生项目工作机制和服务体系，组建家庭医生签约服务团队96个，年内签约21.49万人，签约率67.36%。审核传染病969例，处理传染病预警信息24起，监测到学校和托幼机构呼吸道传染病散发病例35例，疫情调查处理率100%。

全市举办雅鲁河夏日漂流季、冰雪嘉年华等系列活动，开展基层文艺演出144场，组织文化大集50次、群众性体育活动16次，举办“喜迎二十大”“书香中国”等主题展览87次。市乌兰牧骑获得“全区民族团结进步模范集体”荣誉称号。市域内新建体育公园、全民健身馆、翠屏山生态公园步行栈道、笼式足球场等群众身边的体育活动场地31处，15分钟健身圈全覆盖，人均体育用地面积2.6平方米。行政村健身路径覆盖率为76.9%。金龙山滑雪场入选“内蒙古网红打卡地冬季榜单”，获评“首批国家级滑雪旅游度假地”。

（年编）

中共扎兰屯市委员会

综　述

【概况】 2022年，扎兰屯市地区生产总值完成200.22亿元，同比增长2.6%；实施重点项目51个，限额以上固定资产投资完成28.01亿元，同比增长48.3%；社会消费品零售总额完成28.78亿元，同比增长1.5%；城乡常住居民人均可支配收入分别完成4.18万元和2.35万元，同比增长4.5%和7.4%。

【思想建设】 2022年，扎兰屯市学习宣传贯彻落实党的二十大精神，开展“大学习、大宣讲、大宣传、大培训、大调研、大落实”活动，市委常委成员带头学习、带头宣讲、带头贯彻，把党的二十大精神落实到经济社会发展各领域各方面，体现到各项工作中。贯彻落实党中央的决策部署和自治区党委、呼伦贝尔市委工作要求，讲政治、谋发展、促改革、惠民生，支持市人大、政府、政协和“一委两院”依法依章程履行职责，加强统一战线工作，落实民主集中制，自觉执行廉洁从政各项规定，不断提高政治判断力、政治领悟力、政治执行力，带头做到“我开的会我贯彻，我作的批示我落实，我制定的政策我兑现”，推动全市上下形成了思想上同心同德、目标上同心同向、行动上同心同行的生动局面。

【经济社会发展】 2022年，扎兰屯市委如期完成“五个大起底”，待批项目全部实现应批尽批，处置闲置土地37.81公顷，消化批而未供土地37.46公顷，核查沉淀资金2.86亿元，上缴资金3278.29万元；开发区闲置资源要素大起底工作全部完成，提高资源利用效率。农牧业增量提质，实施高标准农田建设1.13万公顷、黑土地保护性耕作5.86万公顷，粮食产量14亿千克；规模养殖场达到1436家，牲畜存栏148.57万头（只）；国家现代农业产业园落户扎兰屯，

2022年，扎兰屯市现代农业产业园建设完成　　（市现代农业产业园　供图）

"一核四区"（大豆融合创新发展核、大豆农机农艺深度融合发展示范区、大豆绿色高产稳产模式示范区、大豆数字化生产试验示范区、大豆良种育繁推一体化示范区）发展规划得到农业农村部批准，4大工程20个重点项目稳步推进；坚持科技引领，与中国科学院、呼伦贝尔农垦集团签订"政院企"战略合作协议，"黑土粮仓"项目稳步推进，智慧农业实现破题突破；强化品牌打造，"三品一标"认证产品90个，标准化基地达到17.81万公顷，中草药种植2000公顷以上；抓好"小木耳大产业"，启动建设黑木耳产业示范园区，打造内蒙古黑木耳之乡；加快农牧业产业化进程，农牧业产业化龙头企业销售收入达到113.83亿元，居呼伦贝尔市首位。传统产业创新创优，坚持绿色低碳可持续发展，加减并举、稳扎稳打，全市规模以上工业总产值实现140.7亿元，同比增长20%；利润总额31.9亿元，增长88.2%，位列呼伦贝尔市前列。呼伦贝尔东北阜丰生物科技、扎兰屯市国森矿业有限责任公司2家企业再次被评为"2022年内蒙古民营企业100强"；有序完成呼伦贝尔岭东农畜林产品开发区规划调整和优化整合工作，稳步推进智慧园区项目，加快产业园区发展步伐；居然之家商贸综合体项目成功签约，扎兰屯市成为自治区首批县域商业体系建设试点县。文旅产业提标提效，举办雅鲁河夏日漂流季、冰雪嘉年华等系列活动，持续打响四季旅游品牌。推进映山红生态公园、乌兰牧骑馆等重点文旅项目，吊桥公园被命名为内蒙古最美公园，金龙山滑雪场入选内蒙古网红打卡地冬季榜单，获评首批国家级滑雪旅游度假地，为自治区唯一获此殊荣的地区。全年旅游人数218.9万人次，增长10%；旅游收入19.2亿元，增长8.5%。临空产业稳步发展，园区基础设施建设水平和内蒙古飞行学院飞行培训规模进一步提升，柴河通用机场纳入全区第一批统筹建设通用机场项目清单，成功举办中国民航飞行人才培养工作研讨会，中国民航飞行员协会民用无人机系统应用合格证培训考试中心和中国航空器拥有者及驾驶员协会培训中心落户扎兰屯。电子商务实现交易额14亿元，同比增长17.6%，启动电子商务产业园直播基地项目建设，创建"大兴电商示范村"，培育助农直播典型，丰富助农直播活动，农产品上行交易额达1.57亿元，同比增长4.6%。新能源产业实现历史性突破，累计实施项目5个，风电装机容量60万千瓦，完成投资15.4亿元，产业发展初具规模。推动生态环境保护与生态产业发展有机结合，排查符合碳汇开发的新造林6900公顷，完成阜丰等4家重点排放单位碳排放数据报告编制，发展林下经济，探索生态资源价值实现渠道。

【乡村振兴战略实施】 2022年，扎兰屯市委全面推进乡村振兴工作，带头落实五级书记抓乡村振兴责任，推动巩固拓展脱贫攻坚成果同乡村振兴有效衔接。实施乡村产业新建项目94个，争取资金1.5亿元，130个村集体收入全部达到10万元以上，总额突破2500万元，村集体经济再上新台阶。开展"千名干部进百村入万户"为民服务办实事等系列活动，健全完善防返贫动态监测和帮扶机制，引导

1月12日，市委农村牧区工作领导小组第一次会议暨巩固拓展脱贫攻坚成果同乡村振兴有效衔接工作调度会召开　（市融媒体中心　供图）

6633名边缘易致贫人口外出务工就业，投入872万元巩固“三保障”成果，发放小额信贷565.4万元，实施小型基础设施项目69个，完成户厕整改任务3390户，新改造户厕1852个。推进“四好农村路”建设，自然村屯通畅率达94.4%，农村通客(货)运率、公路列养率均达100%。持续开展人居环境整治，村屯生活垃圾治理率达95%以上、绿化率达30%以上，满都村人居环境整治经验得到呼伦贝尔市委肯定，野马河村成为自治区红色美丽乡村建设试点。

【社会治理】 2022年，扎兰屯市委全面推进依法治市，推进创建全国市域社会治理现代化试点合格城市各项任务，围绕“平安建设+基层治理”两条主线，统筹推进公共法律服务中心等载体建设，有序完成“雪亮工程”二期建设扩容，推动各类资源载体深度融合，创新打造“党建引领、网格服务、矛盾调处、法治保障、群防群治”社会治理五大平台，形成“网格长+业委会”、地局联建、“四合”警务、“一室两灯”等典型治理模式，构建“1+2+N”的县域现代化社会治理新格局，基层治理效能全面提升。深化社会矛盾排查化解，打造三级“一站式”矛盾纠纷调处平台，完成党的二十大安保任务，进京赴区访大幅下降，信访积案得到有效化解。常态化推进扫黑除恶斗争，严厉打击各类违法犯罪，刑事案件同比下降47.6%。推进安全生产三年专项整治行动和食药安全监管工作，全力守护公共安全。

【全面从严治党】 2022年，扎兰屯市委统筹抓好各领域党建工作，“最强党支部”达到40%，建设示范点10个和示范基地1个，评定北疆模范机关10个，创建党建特色品牌10个，筹建新业态企业党组织孵化基地9个，设置“党员先锋岗”550个，成立呼伦贝尔市首家快递企业联合党支部、外卖送餐行业联合党支部，推动党建与业务工作深度有效融合。建立市委党务公开联席会议机制，组织召开党务公开工作联席会议2次，市委层面公开党务信息269条。制定《中共扎兰屯市委全面深化党务公开具体实施方案(试行)》，调整完善市本级党务公开目录，印发《关于持续做好党务公开工作的通知》，对党务公开台账月报、党务公开流程、党务公开事项内容审核单进行完善印发，增强各级党组织党务公开工作实效。注重推进“三务”公开资源共享，投入资金128万元，为130个村、37个社区统一建设“三务”公开栏，组织村“两委”在村民小组设立公开墙、建立“三务”公开微信群，不断扩大“三务”公开覆盖面，增强群众知晓率和关注度。投入资金53万余元，整合农民办事网络服务平台，率先在阳光三务服务系统公布30个职能部门权力清单、责任清单6442项，推动“三务”公开“上墙”“上网”双向发力，让基层各项事务真正公开透明。完善党内法规联席会议制度，召开联席会议对相关工作进行专题研究。将党内法规学习纳入市委党校和公务员培训，开展培训12次，参训3000人次。推动法律顾问全覆盖，全市39名律师和法律服务工作者分片包联全市173个村(居)。研究制定《扎兰屯市2022年度党内法规工作

7月22日，全市领导干部警示教育大会暨党风廉政建设工作推进会议召开

（市融媒体中心　供图）

评分细则》，提高党内法规工作制度化、规范化水平。严格落实意识形态工作责任制，加强阵地管理，强化舆情引导，意识形态领域保持平稳可控、向上向好的良好态势。加强新时代文明实践阵地建设，打造示范所（站）16个，开展志愿服务活动1900余次，“小桔灯”项目获得全区新时代文明实践志愿服务大赛二等奖。加强干部人才队伍建设，树立正确用人导向，完成乡镇政府、人大换届选举，选任在急难险重一线工作中担当作为并表现突出干部54名、专业干部24名、“87后”年轻干部29名，提拔重用乡镇、街道干部41名，为192名公务员晋升职级，推进干部能上能下，持续释放重基层、重实干、重实绩的鲜明导向。坚持高质量推进人才队伍建设，拓宽招才引才渠道，引进急需紧缺专业高层次人才和实用人才54名。推进党风廉政建设，创建“清风扎兰”廉政品牌，推进巡察工作，支持纪检监察工作，持之以恒纠治“四风”，保持反腐败高压态势，推动党风、政风持续向好。铸牢中华民族共同体意识，推进国家通用语言文字宣传贯彻和思想引导，开展政策法规宣传和民族团结进步创建“8+N”进活动，培育“石榴籽家园”试点工作品牌，获评自治区民族团结进步模范集体称号1个、呼伦贝尔市民族团结进步示范单位5个。

（丽　娜）

重要决策

【党的二十大精神学习宣传贯彻】 10月31日，市委制发《中共扎兰屯市委员会关于认真学习宣传贯彻党的二十大精神的通知》，明确提出深入学习宣传贯彻党的二十大精神，切实把全市广大党员干部职工和人民群众的思想统一到党的二十大精神上来，把力量凝聚到党的二十大确定的各项任务上来。强调要统一思想认识，深刻理解党的二十大重大意义；强调要切实学深悟透，准确把握党的二十大精神；强调要精心组织谋划，扎实抓好党的二十大精神学习宣传贯彻工作，掀起学习宣传贯彻热潮，组织开展好党的二十大“大学习、大宣讲、大宣传、大培训、大调研、大落实”专项活动，力戒形式主义，真正让党的二十大精神成为扎兰屯市推动各项工作的行动纲领；强调要强化责任担当，全面推动党的二十大精神落地见效，各级党委（党组）要聚焦党的二十大决策部署，紧扣中心、服务大局，埋头苦干、踏实肯干，敢想敢为、善作善成，努力在新征程上作出不负时代、不负人民的优异成绩。

【2022年度招商引资工作方案实施】 3月31日，市委、市政府制发《扎兰屯市2022年度招商引资工作方案》，明确全市招商引资工作重点围绕建设“三地三镇一中心”的战略定位开展，成立招商引资工作领导小组，划分17个工作组，即肉羊规模化养殖屠宰加工招商工作组、黑木耳产业发展招商工作组、翠屏山映山红生态景区招商工作组、金龙山四季运动主题乐园招商工作组、扬旗山水上乐园招商工作组、阿尔山国家森林公园招商工作组、柴河风景区招商工作组、岭东铁路物流园招商工作组、商贸综合体招商工作组、钻石系列飞机发动机维修厂招商工作组、文博风情园招商工作组、垃圾无害化处理招商工作组、康养产业招商工作组、康养主题酒店招商工作组、玉米全产业链发展招商工作组、扬旗山水库供水管线招商工作组和智慧停车招商工作组。加强招商宣传推介，形成全民招商共识。年内，实施重点项目51个，限额以上固定资产投资完成28.01亿元，增长48.3%；招商引资签约30.2亿元，到位资金17.25亿元。

【争创全国文明城市提名资格实施】 6月7日，市委、市政府制发《扎兰屯市争创全国文明城市提名资格实施方案》，明确利用三年扎实有效的创建行动，促进全市经济全面协调高效发展，城市建设和管理水平明显提高，市民文明素质、城市文明程度、城市文化品位、群众生活质量明显提升，全面巩固自治区级文明城市基础、争创全国文明城市提名资格，切实提升群众的幸福感、获得感和满意度。年内，实施城区道路、排水防涝、城市绿化等市政项目20余个，新建供水管网11千米，改造老旧小区17个，清除垃圾12万吨，打非治违1.6万平方米，改造升级路灯3300余盏，平整公共空间20万平方米，城市功能日趋完善，爱国卫生、城市精细化管理成果丰硕，城市品质显著提升。

【贯彻法治政府建设实施纲要(2021—2025年)实施】 8月9日，市委、市政府制发《扎兰屯市贯彻〈法治政府建设实施纲要(2021—2025年)〉实施方案》，明确到2025年，全市公职人员法治意识和运用法治方式解决问题的能力明显提升，政府行为全面纳入法治轨道，职责明确、依法行政的政府治理体系日益健全，重大行政决策制度体系基本健全，行政决策能力和质量明显提高，行政执法体制机制基本完善，行政执法质量和效能大幅提升，突发事件应对能力显著增强，各地区各部门法治政府建设协调统筹并进，阶段性目标任务全面落实，法治政府建设对法治扎兰、法治社会建设形成有力引领、带动，为到2035年基本建成法治扎兰、法治政府、法治社会奠定坚实基础。年内，政府效能全面提升，高质量办复人大代表建议83件、政协委员提案118件；加强依法行政，严格执行重大行政决策程序，健全政府工作规章制度，自觉维护司法权威，行政机关负责人出庭应诉率达到100%；强化审计监督，查处违规问题53个，纠正不规范问题36个，促进增收节支848万元；防范化解各类风险，多方筹措资金，化解政府隐性债务3.6亿元，清理中小企业无分歧账款8000万元，解决了遗留多年的拖欠职工工资和乡镇文体广电中心、基层卫生院职工医保问题。

【“转观念、强作风、优环境、重落实、树形象”学习实践活动工作方案实施】 3月29日，市委制发《扎兰屯市“转观念、强作风、优环境、重落实、树形象”学习实践活动工作方案》，明确学习实践活动的重要意义，各地各部门要聚焦主题主线、突出实际实效，切实对照扎兰屯市干部队伍、推动发展、环境优化等方面存在的问题，高标准推进、高质量落实，进一步提振精神、鼓足干劲，更新观念、转变作风，优化环境、促进发展，树立良好的组织形象、干部形象、发展形象。年内，全市各党委(党组)确定调研选题114个，“开门纳谏”梳理问题198件，督促立行立改、销号处理。组织党员干部聚焦基础设施更新、人居环境整治等解决民生问题1362件。各级党群服务中心服务党员群众1.5万余人次，办理事项1.2万余件。开展党内政治生活庸俗化交易化问题集中治理，组织党员干部开展学习1500余次，建立“回头看”整改台账84个，签订“十一严禁”承诺书4269份，促进全市政治生态净化、工作效能提升。

（年编）

重要会议

【市委常委会(扩大)会议】 2022年，中共扎兰屯市委先后召开34次市委常委会(扩大)会议。

1月4日，中共扎兰屯市委九届十七次常委会会议召开，研究审议并原则通过召开市委九届二次全会暨全市经济工作会议有关事宜；研究审议并原则通过召开市十届人大一次会议、市政协十届一次会议有关事宜。

1月10日，中共扎兰屯市委九届十九次常委会(扩大)会议召开，对全市乡镇街道和市直属党(工)委书记抓基层党建工作进行述职评议。

1月14日，中共扎兰屯市委九届二十次常委会(扩大)会议召开，传达学习呼伦贝尔市委五届二次全会暨全市经济工作会议精神及呼伦贝尔市委常委会(扩大)会议精神等内容，听取重点项目谋划情况汇报，部署相关工作。

1月28日，中共扎兰屯市委九届二十一次常委会会议召开，传达学习习近平总书记在中央政治局会议、十九届中纪委六次全会上的重要讲话精神及关于党史学习教育、信访工作等近期重要指示批示精神，传达学习自治区“两会”、自治区纪委全会精神及呼伦贝尔市实现第一季度“开门红、开门稳”工作调度推进会议精神；会议研究审议村集体经济项目、党的二十大代表推荐人选等事宜。

3月8日，中共扎兰屯市委九届二十三次常委会（扩大）会议召开，传达学习习近平总书记在省部级主要领导干部学习贯彻党的十九届六中全会精神专题研讨班开班式上的重要讲话精神；传达学习上三级纪委全会、组织部长会议、宣传部长会议等重要会议文件精神；研究市委常委分工调整事宜，听取市政府班子分工调整汇报；听取全市重点项目建设等工作汇报，研究部署近期重点工作。

3月13日，中共扎兰屯市委九届二十四次常委会会议召开，传达学习习近平总书记在参加十三届全国人大五次会议内蒙古代表团审议时的重要讲话精神、《政府工作报告》等内容；听取全市疫情防控工作情况汇报，安排部署有关工作；听取迎接第二轮中央生态环境保护督察情况汇报，就相关工作进行安排部署；对进一步加强和改进处级领导干部联系基层工作进行安排部署。

3月28日，中共扎兰屯市委九届二十五次常委会会议召开，传达学习习近平总书记一系列关于安全生产的重要论述，以及自治区主要领导关于安全生产的重要论述；重温习近平总书记关于民族工作的重要指示批示精神，听取民族工作汇报；听取市人大常委会、市政府、市政协、法检“两院”党组的工作汇报；对粮食安全工作和粮食购销领域腐败问题专项整治工作进行再安排、再部署。

4月7日，中共扎兰屯市委九届二十六次常委会会议召开，听取退役军人事务工作汇报、文旅产业发展情况汇报；审议通过2021年度党政企事业领导班子及科级干部年度考核结果；听取2021年巡察工作的汇报，审议通过2022年巡察工作计划。

4月24日，中共扎兰屯市委九届二十八次常委会（扩大）会议召开，传达学习习近平总书记在海南考察时的重要讲话精神；传达学习自治区党委、呼伦贝尔市委关于中央生态环境保护督察问题整改工作的指示要求，研究部署贯彻落实工作；听取第一季度经济运行情况汇报，研究部署下一阶段经济工作；传达学习《关于集中治理全区党内政治生活庸俗化交易化问题的实施方案》精神，通报党内政治生活庸俗化交易化问题清单，审议实施方案，签订承诺书，并对集中治理工作进行动员部署；传达学习《信访工作条例》，研究部署贯彻落实工作；对“转观念、强作风、优环境、重落实、树形象”学习实践活动进行再安排、再部署。

5月12日，中共扎兰屯市委九届三十次常委会（扩大）会议召开。传达落实呼伦贝尔市委书记在扎兰屯调研期间的指示讲话精神。

5月19日，中共扎兰屯市委九届三十一次常委会会议召开，传达学习4月29日中央政治局会议、5月5日中共中央政治局常务委员会会议主要精神；传达学习习近平总书记在庆祝中国共产主义青年团成立100周年大会上的重要讲话精神；听取2022年民生实事项目工作汇报、中央生态环境保护督察信访

5月12日，中共扎兰屯市第九届委员会第30次常委（扩大）会议召开
（市融媒体中心　供图）

案件办理进展情况汇报、政法工作及市域社会治理现代化试点任务推进情况和八届市委巡察整改落实情况汇报，并审议其他事项。

5月31日，中共扎兰屯市委九届三十三次常委会会议召开，传达学习习近平总书记重要文章《正确认识和把握我国发展重大理论和实践问题》；审议并通过《扎兰屯市争创全国文明城市提名资格实施方案》，研究审议其他事项。

6月13日，中共扎兰屯市委九届三十五次常委会会议召开，传达学习习近平总书记在四川考察时的重要讲话重要指示精神；传达学习中央环保督查组反馈意见；听取全市民族工作汇报，审议并通过有关文件；对优化营商环境、加强廉政建设等工作进行再安排、再部署。

6月20日，中共扎兰屯市委九届三十七次常委会会议召开，传达学习自治区党委书记在呼伦贝尔市调研期间的指示要求和呼伦贝尔市委常委会第三十三次（扩大）会议主要精神，安排部署贯彻落实等工作。

7月22日，中共扎兰屯市委九届四十次常委会会议召开，传达学习习近平总书记在湖北武汉市考察时的重要指示精神；专题听取思想政治建设、党风廉政建设和反腐败斗争、意识形态、基层组织建设、干部队伍建设等全面从严治党重点工作汇报，并就全面从严治党各项重点任务进行再安排再部署，会议就国家安全、保密、以案促改等工作进行安排部署。

8月9日，中共扎兰屯市委九届四十一次常委会会议召开，传达学习习近平总书记近期重要讲话重要指示批示精神和中央、自治区、呼伦贝尔市重要会议精神；安排部署当前重点工作，听取全市食品安全、社会组织等工作开展情况汇报。

9月7日，中共扎兰屯市委九届四十二次常委会会议召开，传达学习8月30日中共中央政治局会议主要精神和习近平总书记在辽宁考察时的重要讲话重要指示精神；听取“五个大起底”工作汇报，安排部署安全生产、信访稳定、社会治安综合治理等工作，对秋收工作进行重点安排。

10月18日，中共扎兰屯市委九届四十四次常委会会议召开，传达学习中共中央办公厅印发的《推进领导干部能上能下规定》和自治区“担当作为好干部”命名大会等会议文件精神，并结合当前重点工作，对激励干部担当作为、凝聚全市上下干事创业合力进行专题部署；研究审议《关于加强新一届市委班子政治建设的决定》《加强新时代廉洁文化建设暨“清风扎兰”廉政教育品牌建设实施方案》等文件，并就党风廉政建设、巡察工作、党内法规、乡村振兴等工作进行安排部署。

10月27日，中共扎兰屯市委九届四十五次常委会（扩大）会议召开，传达学习党的二十大报告主要精神和习近平总书记相关重要讲话精神，传达学习自治区、呼伦贝尔市学习贯彻党的二十大精神干部大会精神。

11月3日，中共扎兰屯市委九届四十六次常委会会议召开，传达学习习近平总书记在陕西延安和河南安阳考察时的重要讲话重要指示精神等内容，安排部署当前重点工作。

11月18日，中共扎兰屯市委九届四十七次常委会会议召开，传达学习习近平总书记近期重要讲话重要指示批示精神和中央、自治区、呼伦贝尔市有关会议文件精神；研究审议年度考核指标、群团改革换届等事宜。

12月15日，中共扎兰屯市委九届四十九次常委会会议召开，听取市人大常委会、市政府、市政协、市法检“两院”党组及创建全国市域社会治理现代化试点合格城市等工作汇报，安排部署相关工作。

12月29日，中共扎兰屯市委九届五十一次常委会会议暨疫情防控工作领导小组会议召开，传达学习习近平总书记近期重要讲话精神以及中央、自治区、呼伦贝尔市相关会议精神；听取当前疫情防控工作汇报、市委巡察工作汇报，安排部署相关工作。

【市委九届二次全体会议暨全市经济工作会议】 1月11日，中国共产党扎兰屯市第九届委员会第二次全体会议暨全市经济工作会议召开。会议以习近平新时代中国特色社会主义思想为指导，深入贯彻党的十九届六中全会以及中央经济工作会议精神，全面落实自治区党委全会暨全区经济工作会议精神和呼伦贝尔市委全会暨全市经济工作会议精神，总结2021年工作，部署2022年工作。

【全市干部大会】 3月2日，扎兰屯市召开全市干部大会，传达学习呼伦贝尔市“两会”精神，总结扎兰屯市“十四五”开局起步之年各领域工作，安排部署2022年主要工作任务。

【全市经济“半年稳、双过半”暨重点工作推进会议】 5月7日，扎兰屯市召开全市经济“半年稳、双过半”暨重点工作推进会议。会议通报一季度全市经济社会发展情况，安排部署党的建设、平安建设、经济社会发展等重点工作。

【争创全国文明城市提名资格动员大会】 5月27日，扎兰屯市召开争创全国文明城市提名资格动员大会。会议通报了自治区级文明城市测评反馈情况，对基础设施完善、环境卫生整治、加强精细化管理、提高市民文明素质等工作进行安排部署。

（年编）

组织工作

【概况】 2022年，中共扎兰屯市委组织部（以下简称市委组织部）有基层党组织703个，其中党委40个，党工委12个，党总支46个，党支部605个；党员1.69万人。市委管理党（工）委27个，党组49个，建制村党组织130个，社区党组织43个。制定印发《关于推动全市各级党组织和广大党员深入学习党的二十大精神的通知》《党建工作指南》《市直机关创建“党员先锋岗”实施方案》《扎兰屯市实施“三服务一促进行动”助力乡村振兴工作清单》等文件，推进干部、人才、基层党建及组织部门自身建设。

【党的二十大精神贯彻落实】 2022年，市委组织部制定“大培训”方案，明确培训内容和对象，分层分类制定工作计划。举办科级领导干部轮训班3个班次，524名科级干部全员覆盖。印发《关于推动全市各级党组织和广大党员深入学习党的二十大精神的通知》，将党的二十大精神列为“三会一课”必学内容，下发学习用书3000余册、党章8000余本，组织各级党组织开展学习1695次、主题党日406次，撰写心得体会800余篇。

【干部日常教育培训】 2022年，市委组织部制定《扎兰屯市干部教育培训申报备案办法》，利用“钉钉课堂”等平台组织开展各类培训8期，下发党员“学习资料”电子书8期，组织27个党（工）委开展培训2400余次，累计培训党员干部2万余人次。实施党员素质提升工程，举办“新时代先锋讲堂”9期，累计培训各级党员干部1.8万余人次。通过组工视线开展各类培训、座谈等活动123场，辐射8700余人次，全面提升党员干部思想政治素质。

【干部作风建设】 2022年，市委组织部开展“转观念、强作风、优环境、重落实、树形象”学习实践活动，组织各党委（党组）确定调研选题114个，“开门纳谏”梳理问题198件，督促立行立改、销号处理。组织党员干部聚焦基础设施更新、人居环境整治等，解决民生问题1362件。各级党群服务中心服务党员群众1.5万余人次，办理事项1.2万余件。开展党内政治生活庸俗化交易化问题集中治理，组织党员干部开展学习1500余次，建立“回头看”整改台账84个，签订“十一严禁”承诺书4269份，促进全市政治生态净化、工作效能提升。

【党员发展】 2022年，市委组织部制定《2022年发展党员指导性计划》，加大从“两新”领域、产业工人、农民等群体中发展党员力度，发展党员223名，其中

“两新”组织党员15名，工人党员10名，农民党员132名。严把入口，对455名发展对象进行“联审”，排除存在不宜发展情形的22人，坚决杜绝“带病入党”。建立电子党员档案，对近2年新发展的698名党员档案进行数字化扫描、电子化管理，做好数据审核，确保双档一致。

【基层党建规范化建设】 2022年，市委组织部健全组织工作基础业务指导体系，整理发展党员、党费收缴等3项业务和农村、城市等7个领域各级工作部署文件，印发《党建工作指南》，对各领域党建工作进行全面规范。完善组织生活运行体系，以基层党支部为单位，用简单直观的统计图表对“三会一课”“主题党日”等各类活动实行动态监控、提醒落实，增强党的组织生活活力。建立党建指导员督帮体系，以非公企业和社会组织党组织为重点，选派28名党建指导员，常态化开展党建督促指导，协助各基层党组织发现问题、补齐短板、帮带提升，推动基层党建工作提质增效。

【农村党建】 2022年，市委组织部举办村党组织书记发展壮大集体经济能力提升培训班1期，到村任职选调生履职能力提升培训班1期、组织127名村党组织书记进行“擂台比武”，提升村党组织书记能力素质。紧盯项目推进，持续跟进25个中央扶持发展壮大村集体经济项目，推进蘑菇气镇野马河村“红色美丽乡村建设”综合示范项目。注重精准施策，将130个村确定为“典型引路、提升突破、达标巩固”3个类别，实行“一村一策、分类提升”，全市130个村集体收入均达到10万元以上，总收入突破2500万元。

【城市党建】 2022年，市委组织部强化党建引领网格化治理，划定社区网格291个，建立网格党组织317个。推进社区工作者职业体系建设，人员额数从229名增加到290名，公开招聘社区工作者93名；建立“三岗十八级”等级序列和多层次薪酬激励标准，11人参加学历提升计划，考取社工证人数从5人增加到48人。深化“红色物业”微治理，“党建+物业”开展帮扶活动350余次。市本级成立党群服务中心股级事业单位，优化窗口服务和阵地服务，组织2.98万人参与读书沙龙、竞技比赛，接待3.49万人进行参观调研、教育培训。

【机关党建】 2022年，市委组织部开展“北疆模范机关”和党建品牌创建活动，评定北疆模范机关10个，创建党建品牌10个。制定《市直机关创建“党员先锋岗”实施方案》，在市直机关、乡镇街道、防疫卡站设置550余个“党员先锋岗”，党员干部挂牌上岗、承诺践诺。

【“两新”组织党建】 2022年，市委组织部完善运行机制，两新工委增加事业编制2个，成员单位由7个增加到18个。通过联建、派驻帮建，成立呼伦贝尔市首家快递企业联合党支部、扎兰屯市外卖送餐行业联合党支部，“两个覆盖率”分别达到83.7%和52.5%。筹建新业态企业党组织孵化基地9个，持续扩大党在“两新”领域的影响力。助力乡村振兴，实施“千企助千村”行动，39个民营企业同46个村结对，确立扶持项目13个，提供帮扶资金4000余万元，受益农户2400余户。

【优化干部队伍结构】 2022年，市委组织部通过无任用考察、差异化考核、“政治家访”等精准掌握干部情况，建立涵盖评价鉴定、奖惩信息、学习体会等内容的干部政治素质档案，其中科级干部524卷、普通公务员1516卷，为选准干部提供参考。全年调整任免科级干部7批次319人，其中调整配备30名多岗锻炼、经验丰富、业务过硬的科级正职，年龄平均下降1.1岁；“87”后干部29人，13名到党政部门任职，配备率较上年提升24.4%，14名到乡镇街道任职，完成序时进度的77.4%；选派24名熟悉农牧业、财政、审计等专业的干部到对口部门任职，提升班子专业水平。

【激励干部担当作为】 2022年，市委组织部提拔重用在疫情防控、乡村振兴等工作中表现突出干部54名，占总数的58.7%，较2021年提升45.2%。提拔重用乡镇街道基层一线干部41名，占总数的44.6%。为192名公务员晋升职级，比2021年增加136名，首次为100名事业单位职员晋升等级。补发公务员欠拨工资2433.8万元，对384名上年度考核优秀等次人员给予嘉奖或记三等功，发放奖金66.6万元。对科级领导班子和干部开展9项重点工作专项考核，实行“周排名”和中期民主测评，激励干部在“主战场”干事创业。对7名不适宜担任现职的科级干部进行调整，推进干部能上能下。

【干部日常监督管理】 2022年，市委组织部部长先后与45名单位主要负责人进行一对一谈话，以有效监督管住“关键少数”。做好常态监督，紧盯科级干部苗头性倾向性问题，提醒12人次，诫勉3人次；建立干部监督信息共享机制，收集汇总纪检监察、政法机关、巡视巡察、审计监督等监督信息156条，为选人用人提供重要参考。开展“两证两报告”工作，完成3032名干部“一人多证”专项清理自查、4812人次公职人员涉企事项统计及处级领导干部个人有关事项报告工作。持续健全领导干部请假和外出、重要情况和地区重大事件报告机制，加强干部管理。

【人才工作】 2022年，扎兰屯市通过“绿色通道”“鸿雁计划”公开引进急需紧缺专业高层次人才和实用人才54名。开展人才在线邀约，收到简历140余份。健全完善柔性引才机制，将127人纳入“鸿雁智库”。设立人才开发专项资金100万元，强化人才引育工作保障。制定《扎兰屯市实施“三服务一促进行动”助力乡村振兴工作清单》，成立工作专班，组建教育、卫健、农科领域专家团队，提升培训和服务覆盖面，开展各类活动90余次，受益3.9万余人次。强化服务保障，设立市本级科技特派员专项经费20万元，为自治区“三区”人才服务团队提供经费36万元，对实绩突出的专家人才，在评优评先、职称评聘、提拔晋升等方面给予优先考虑。

（车云燕）

2022年扎兰屯市党员和党组织情况统计表

表4

序号	党组织名称	党员数（人）	党组织数（个）				
				党工委	党委	党总支	党支部
1	市直机关工委	2553	165	1	5	14	145
2	非公有制经济组织和社会组织党工委	354	37	1	2	2	32
3	呼伦贝尔农畜林产品开发区党工委	185	12	1	1	—	10
4	国有资产监督管理委员会党委	215	10		1	—	9
5	教育党工委	1113	48	1		1	46
6	卫健委党工委	538	35	1	2	—	32
7	呼伦贝尔市第二人民医院党委	123	6	—	1	—	5
8	浆纸公司党委	155	10	—	1	—	9
9	兴华街道党工委	1180	30	1	4	—	25

续表 4

序号	党组织名称	党员数（人）	党组织数（个）				
				党工委	党委	党总支	党支部
10	正阳街道党工委	1389	34	1	4	—	29
11	繁荣街道党工委	642	19	1	1	3	14
12	向阳街道党工委	554	26	1	3	2	20
13	铁东街道党工委	269	12	1	—	3	8
14	河西街道党工委	461	16	1	1	3	11
15	高台子街道党工委	310	14	1		2	11
16	成吉思汗镇党委	1141	42	—	1	6	35
17	蘑菇气镇党委	982	31	—	1	—	30
18	中和镇党委	1007	27	—	1	—	26
19	大河湾镇党委	723	24	—	1	1	22
20	卧牛河镇党委	771	26	—	2	3	21
21	哈多河镇党委	379	14	—	1	2	11
22	柴河镇党委	155	6	—	1	—	5
23	浩饶山镇党委	212	7	—	1	—	6
24	南木鄂伦春民族乡党委	418	16	—	1	2	13
25	达斡尔民族乡党委	423	14	—	1	2	11
26	洼堤乡党委	353	13	—	2	—	11
27	萨马街鄂温克民族乡党委	247	9	—	1	—	8
28	合计	16852	703	12	40	46	605
					基层党组织：691		

（资料来源：市委组织部）

宣传工作

【概况】 2022年，中共扎兰屯市委宣传部(以下简称市委宣传部)学习贯彻习近平总书记关于宣传思想工作的重要论述精神，以宣传贯彻党的二十大精神为主线，持续铸牢中华民族共同体意识，围绕全市工作大局，全面推进宣传思想文化、意识形态和精神文明建设各项工作。举办“第十五届雅鲁河群众文化艺术展演”“我们的中国梦”文艺进万家活动等各类演出29场，开展群众文艺(节庆)活动23场，乌兰牧骑队伍开展基层文艺演出102场，累计服务群众18万余人。聚焦伟大建党精神及共产党人精神谱系，创作各类剧目21部，编排大型红色教育题材歌舞诗《忆·长征》。集中开展戏曲、舞蹈、民乐等业务培训4次，举办免费培训班124班次，开展书法、剪纸、摄影线上展览4场次，举办文化大集54场次。完成文化体制改革14项工作任务，推进电影放映和影院工作。开展全民阅读各类活动300余次，148 家草原书屋纳入图书馆总分馆制。

【理论学习】 2022 年，市委宣传部将习近平新时代中国特色社会主义思想列为各级党委（党组）理论学习中心组学习重点，巩固深化“领学原著 + 现场发言 + 撰写心得”规定流程，学习领会《习近平谈治国理政》（第四卷）的精髓和要义。市委理论学习中心组开展集体学习 10 次，专题研讨 5 次。通过“关键少数”示范带动，全市各基层党委（党组）理论学习中心组开展集中学习 500 余场次，参学人员 3000 余人次。常态化开展基层党委（党组）理论学习中心组学习巡听旁听，不断推进中心组学习制度化、规范化建设。建设并加强各级“理论学习轻骑兵”队伍，市级宣讲团到基层开展专题理论宣讲 40 余场次。

【意识形态工作】 2022 年，市委常委会召开专题会议 2 次、联席会议 2 次，听取和研究部署意识形态工作。全年对基层落实意识形态工作责任制情况开展督查指导 2 批次、通报 2 次。加强意识形态重点领域阵地管理，开展“正道”“新风”集中行动，“扫黄打非”各成员单位联防联动，开展联合执法检查 6 次，检查市场点位 80 余家次。

【宣传报道】 2022 年，市委宣传部召开媒体调度会 30 次，新闻发布会 4 场，融媒体中心刊发各类稿件 7700 篇（条），发布短视频 680 部，总浏览量 6420 万次。在上级主流媒体平台刊播稿件 1100 篇（条），推出“云”赏杜鹃花、“芍药花海竞芳菲”、“生态中国 内蒙古扎兰屯秋意浓”等直播活动 16 场，累计观看 1400 万人次。利用 LED 显示屏、出租车顶灯等刊播各类主题宣传标语，制作各类社会宣传品 1000 余面。策划推出“强国复兴有我 劳动创造幸福”“我和我的祖国”“喜迎二十大 · 共筑强军梦”等群众性主题宣传教育活动 500 场次。

4 月 26 日，市融媒体中心推出和你一起“云”赏杜鹃直播活动
（市融媒体中心　供图）

【版权保护】 2022 年，市委宣传部严守出版版权阵地，净化文化市场环境。强化市场管控，日常检查点位 380 家次，出动执法人员 100 余人次。为全市乡镇、街道印制发放“扫黄打非”宣传品 1200 份，联合社区开展进基层活动 2 次，全市统一开展“扫黄打非”宣传活动 50 余场次。在“扎兰屯市融媒体”官媒平台，开设“扫黄打非”专栏，发布相关稿件 334 篇。完善《扎兰屯市软件正版化工作督查制度》等系列软件正版化工作制度，在全市范围开展软件正版化自查工作，开展打击网络侵权盗版“剑网 2022”专项行动，出动执法人员 260 余人次，检查影院 3 家次，“剧本杀”娱乐场所 9 家次，网吧 80 余家次，书店 19 家次，印刷厂 14 家次，网络巡察每日开展。

【精神文明建设】 2022 年，市委宣传部常态化开展文明城市创建工作，打造新时代文明实践所 19 个、文明实践站 171 个。推广“北疆新时代”APP，注册志愿服务队 318 支。唱响“我帮你”志愿服务活动品牌，开展“新时代先锋讲堂”线下现场教学 10 期、讲座 15 场次，开展各级各类志愿服务活动 1900 余

4月10日，市新时代文明实践中心开展“新时代先锋讲堂”理论宣讲
（市委宣传部　供图）

场次，组织开展主题实践活动800余场。争创全国文明城市提名资格，完成自治区文明城市实地复查测评和软件材料申报。推荐获得呼伦贝尔市文明村镇2个、社区1个、单位（标兵）6个、家庭2户，命名市本级文明村镇16个、社区5个、单位6个、家庭27户。有各级文明村镇105个，占比达到73.9%。实施公民思想道德建设，打造“榜样就在身边”主题广场2个、景观小品6个，设计制作张贴宣传栏、宣传海报1232个（张）。开展传统节日主题活动150余场次，举办“移风易俗文明创建”广场舞大赛、“礼遇身边榜样弘扬时代新风”活动，选树“扎兰好人”6人，推荐1人获评呼伦贝尔市道德模范，3人获评呼伦贝尔好人，4人获评呼伦贝尔新时代好少年。

【网络安全监管】 2022年，市委宣传部守好网微管理防线，营造健康清朗网络空间。开展2022年“网络中国节”系列网络主题宣传，发布相关稿件100余篇。发布各类网络新闻消息850条，制作短视频282条，网络直播10次。开展互联网信息内容专项整治行动，印发网络安全风险预警通报7份，网站漏洞修补7次。在互联网平台设置违法和不良信息举报电话，对重点网站和关键信息基础设施单位进行网络安全检查，下发整改通知11份。

【党史学习教育长效化】 2022年，市委宣传部推进党史学习教育常态化长效化。将党史学习教育纳入市委理论学习中心组年度计划进行安排部署，组织全市党员干部职工学习《百年大党面对面》《中国共产党宣传工作简史》等学习资料。在“扎兰融媒”手机平台开设“奋进新征程、建功新时代”学习专栏，分享伟大建党精神等学习内容，努力营造党史学习教育的浓厚氛围。继续将党史学习教育与全市各中小学校文化活动有机融合，通过学、演、悟的方式推进校园“四史”宣传常态化。以开展爱国卫生“百日攻坚”战为引领，以“12345”平台为日常监督，以新时代文明志愿服务为着力点，结合北疆新时代服务平台，推进为群众办实事实践活动。以郊区居民供热难、校园周边交通堵、老旧小区环境差、年久街区行路难等群众反映的烦心事、闹心事为突破口，尽心尽力解决群众实际需求1998件。

（刁李萍）

统战工作

【概况】 2022年，扎兰屯市有新的社会阶层人士127人、党外知识分子1631人、民革成员16人、党外干部86人、党外优秀年轻干部43人。华人华侨侨眷655人，归国留学生10人。全市非公有制经济企业3.8万户，其中规模在千万元以上的有22家，500万元以上的有8家，100万元以上的有5家，从业人员5.2万余人。全年民营经济实现增加值133亿元，占地区生产总值的66.4%；实现税收收入17.62亿元，占税收总量的96.2%；城镇民营经济从业人员总数4.55万人，占从业人员总数的57.42%；私营企业3722户，同比增长

3.94%；个体工商户 3.43 万户，同比增长 7.1%。

【非公有制经济领域统战】 2022 年，市委统战部通过座谈会、网络课程等形式培训民营企业家 220 余人次，引导非公有制经济人士弘扬“扶贫济困、乐善好施”精神，履行社会责任，民营经济代表人士向呼伦贝尔市人民政府、扎兰屯市人民政府捐赠 280 余万元用于疫情防控、乡村振兴。印发《关于进一步发挥统战部门联络民营企业桥梁和纽带作用工作的实施方案》，联系走访民营企业 48 家，梳理重难点问题 14 条，协调解决 6 件。挂牌成立呼伦贝尔市首家工商联民营企业法律服务站，提供免费咨询服务。补充完善“百企千人”人才库，完成 392 名非公有制经济代表人士综合评价，推荐 41 名优秀代表到市、乡两级人大、政协和工商联组织任职。

【党外代表人士队伍建设】 2022 年，市委统战部引导党外代表人士参政议政，支持引导党外代表人士提出更多有价值、有分量的意见建议。更新党外年轻干部数据库 43 人，支持和帮助民主党派加强领导班子及后备干部队伍建设，完成民革支部换届工作。巩固无党派人士、党外知识分子的思想政治基础，推进理想信念教育。组织党外人士积极学习“内蒙古统一战线云课堂”系列课程，提高党外知识分子的思想认识。

（彭振东）

政策研究

【概况】 2022 年，中共扎兰屯市委政策研究室（以下简称市委政研室）坚持以文辅政，为市委决策服务。围绕疫情防控、经济高质量发展、优化营商环境、城市精细化管理、党的建设等重点工作，编印《决策参考》30 期，撰写的《聚焦“五个振兴”全力打造岭东地区乡村振兴发展样板》《以民为本 六化协同 扎兰屯市着力推进城市精细化管理》等文章在《呼伦贝尔工作》上采用刊发。

【全面深化改革】 2022 年，市委政研室传达学习上三级深化改革会议精神，当好“联络员、协调员、参谋员、督查员、宣传员”，坚持“月调度、季汇报、半年小结、年度总结”等制度，组织召开市委深化改革委员会会议 3 次、改革办主任会议 4 次，制定《扎兰屯市委全面深化改革委员会各领域改革专项小组联络员工作制度（试行）》《扎兰屯市委全面深化改革委员会各领域改革专项小组办公室工作细则（试行）》等制度，推动改革工作抓细抓实，抓出成效。全年谋划 81 项改革任务，完成 76 项，其余 5 项已完成年度改革任务。争取自治区以上试点 3 项，形成制度性改革成果 63 项，上报改革动态信息 41 篇，被上级采用 14 篇，位列呼伦贝尔旗市区第一方阵。

【调查研究】 2022 年，市委政研室紧紧围绕领导关注的重点、社会关注的热点、群众关注的焦点开展调查研究。到市教育局及 8 所学校实地调研，形成调研报告提交市委、市政府。重点对黑木耳产业、肉羊产业、文旅产业发展等重点工作进行调研，提出更加到位、更加精准和可落地、可执行的建议对策。以学习宣传贯彻党的二十大精神为主线，牵头推进“大调研”活动，聚焦事关本市未来发展的全局性、关键性、前瞻性工作，组织市级领导和各地各部门确定调研课题 107 个，编印“大调研”活动简报 4 期。形成《扎兰屯市黑木耳产业发展的调研报告》《守正创新 科学谋划 扎实推进红十字事业高质量发展》等调研文章 17 篇，积极为本市经济社会高质量发展提供“政研方案”、贡献“政研智慧”。

（冯　靖）

机构编制

【概况】 2022 年，中共扎兰屯市委机构编制委员办公室（以下简称市委编办）严格按照《扎兰屯市机关事业单位机构编制使用管理办法（试行）》人员列编注册规定和要求，完成公务员考录、事业单位招聘等涉及204人的列编注册审核，其中公务员28人、事业单位176人。规范域名注册，参照机构编制实名制数据库核对各部门中文域名名称，及时完善注册管理系统内中文域名的相关内容，做好中文域名的注册，确保注册管理系统内名称一致、信息一致，完成行政单位及事业单位的政务和公益中文域名维护更新233家。开展机构改革落实情况“回头看”评估督查，全面规范职能履行，理顺权责关系，巩固提升改革成果。

【事业单位改革】 2022年，市委编办结合“事业单位规范运行年”行动，对深化事业单位改革试点后的110家涉改事业单位开展机构运行评估，以实地座谈、调研和指导，提高事业单位规范运行的能力和水平，提升事业单位工作质效。启动教育系统学校“三定”（定职能、定机构、定编制）制定，及时对接请示上级对口部门及科室，明确学校的职能职责、机构规格、领导职数、编制规模等“三定”规定具体事项，初步拟制教育系统学校“三定”规定模板。配合完成参公事业单位梳理认定，对涉及转隶单位机构、编制、转隶人员进行审核调整。梳理认定后，扎兰屯市现有参公事业单位15家。

【基层职责事项治理】 2022年，市委编办对首批公布的《共同承担事项责任清单》涉及的33项事项进行“回头看”，及时征求市直相关部门和乡镇（街道）意见建议，完善清单事项，明晰市直部门与乡镇（街道）权责边界。制定印发《扎兰屯市市直部门与乡镇（街道）共同承担事项责任清单动态管理办法》《扎兰屯市乡镇和街道职责准入制度》，以制度建设为抓手，明确清单调整规则，规范乡镇（街道）职责准入程序，防止市直部门通过其他方式将事项职责下放到乡镇（街道），为基层减轻负担。研究分析自治区制定的《苏木乡镇和街道职责事项指导清单》，为制定扎兰屯市乡镇和街道职责事项清单做好前期基础工作。

【机构编制管理】 2022年，市委编办严格编制预审和列编注册，根据《扎兰屯市乡镇、街道和市直部门股级干部管理暂行办法》对各单位申报的股级干部调整动议涉及的单位职数及编制情况进行审核把关。开展2023年度机关事业单位编制使用计划申报，涉及全市党政机关、事业单位138家。严格执行机构编制报告和统计制度，严格执行中央机构编制委员会《机构编制报告制度实施办法（试行）》规定，于2022年1月末前完成各乡镇、街道，各部门单位2021年度机构编制报告收集、汇总。及时开展2022年度机构编制年底统计，组织全市各部门对退休、死亡、辞职等相关数据进行核实、报送，按照《事业单位行业分类》更新机构编制统计及实名制管理系统指标，保证数据的准确性、真实性、完整性。开展编外用人相关情况统计。完成开发区清理规范工作，督促指导开发区的机构挂牌、人员分配等后续工作；加强文物保护和考古工作机构编制保障，科学合理设置机构和配备人员编制；优化市发展改革委内设机构及其职能，保障机关工作高效运转。

【优化机构编制服务】 2022年，市委编办建立人才专项编制“周转池”，设立人才专项编制20名，为全市10家事业单位分配人才专项编制，助推扎兰屯市人才引进相关工作。制定印发《扎兰屯市事业单位人才专项编制管理办法（试行）》，解决人才留才“瓶颈”问题，增强人才引进政策吸引力，聚焦各类人才，激发人才活力。为响应国家战略需求，保障大豆主导产业机构及编制供给，经2022年市委编委第二次会议研究决定成立扎兰屯市现代农业产业园服务中心，为助推扎兰屯市大豆产业发展提供机构编制保障。做好事业单位管理与服务，印发《关于开展2021年度事业单位法人年度报告有关事宜的通知》，按系统对事业单位政工人员进行年度报告业务培训。规范完成事业单位法人年度报告163家，公示率100%，将年度报告书规范存档。做好事业单位法人登记日常工作，规范事业单位法人登记工作流程，做到材料齐全有效、即时办结，持续巩固深化事业单位改革成果。年内办理设立登记3家，变更登记76家，注销登记2家。推进统一社会信用代码赋码，按照统一社会信用代码赋码工作相关要求，梳理统一社会信用代码赋码工作流程，严格落实首问责任，一次性告知。办理初领业务1家，变更业务18家，证书延期2家。赋码档案全部归档完成，方便及时查阅，保障档案的连续性。推进事业单位法人电子证照试点工作，及时召开涉及14家部门的事业单位法人电子证书应用场景座谈会，收集整理《扎兰屯市事业单位法人电子证书应用场景调研表》，研究确定事业单位法人电子证书应用场景。

【机构编制条例贯彻落实】 2022年，市委编办以学习宣传《中国共产党机构编制工作条例》为主线，推动将《中国共产党机构编制工作条例》及配套法规制度列入市委理论学习中心组和编委会学习内容，提高领导干部机构编制法治意识。将《中国共产党机构编制工作条例》纳入2022年公务员（参公人员）在职（更新知识）培训课程中，提升《中国共产党机构编制工作条例》知晓率，保障《中国共产党机构编制工作条例》的贯彻落实。全年组织办内开展机构编制业务学习48次。严格执行《中国共产党机构编制工作条例》及配套法规制度，持续做好《机构编制监督检查工作办法》《“三定”规定制定和实施办法》《机构编制报告制度实施办法》贯彻执行，加强机构编制流程制度建设，对监督检查制度进行完善规范整理，制定相应业务流程，结合历年来中央、自治区、呼伦贝尔市发布的机构编制监督检查、实名制数据管理方面的政策法规性文件要求，制定制度及资料汇编。

（周楚然）

老干部工作

【概况】 2022年，扎兰屯市有离休干部35人。其中，正处级15人，副处级9人，一般干部11人；女离休干部8人，少数民族干部7人；年龄均在90岁以上，最大年龄99岁，最小年龄90岁，平均年龄93岁；在本地居住的30人，外地居住的5人。有处级退休干部34人，其中副厅级1人、正处级14人、副处级17人、调研员2人；市委退休4人、人大退休11人、政府退休3人、政协退休16人；最大年龄86岁，最小年龄61岁，平均年龄73岁；在本地居住的29人，在外地居住的5人；党员32人、非党2人。市委组织部（老干部局）统筹协调老干部工作领导小组，定期召开会议专题研究部署老干部工作，形成主要领导总体抓、分管领导亲自抓、责任部门具体抓的工作格局，确保各项工作落实到位。协调市财政局、民政局、人社局、教育局等成员单位，在老干部经费、政治待遇和生活待遇等方面积极对接，对服务管理的离休干部继续开展家庭医生签约服务，协调卫健委、卫生服务中心开展上门宣传、诊断等活动56人次，发放宣传单200份。选任能力强、素质好的干部担任老年大学校长，通过“鸿雁计划”“人才引进”及呼伦贝尔事业单位招聘等方式陆续引进专业教师3名。组织全体老干部工作者传达学习全国省市县老干部局（处）长培训班和《关于加强新时代离退休干部党的建设工作的意见》精神，强化政策业务的学习，夯实做好老干部工作的能力水平。

【离退休干部思想政治建设】 2022年，市委组织部（老干部局）围绕学习贯彻党的二十大精神和习近平总书记对内蒙古重要讲话重要指示批示精神，认真落实《关于加强新时代离退休干部党的建设工作的意见》，开展提升党性类教育活动50次，参训人数1000人次。组织全市离退休干部、老干部工作者观看党的二十大开幕盛况；组织全市各乡镇街道离退休党员干部、党务工作者、市老年大学学员100余人开展党的二十大精神学习问答；组织离退休（处级）

干部、离退休党组织书记(委员)、党务工作者、市老年大学学员120人通过钉钉软件开展二十大精神线上专题培训;依托各乡镇街道、市老年大学定期开展离退休干部公开课4期,累计参学人数达200人次;组织全市各乡镇、街道共40余人召开老干部工作推进会暨《关于加强新时代离退休干部党的建设工作的意见》专题培训会。通过扎兰屯融媒体平台推送《关于加强新时代离退休干部党的建设工作的意见》精神及解答;借助"学习强国"学习平台、"内蒙古离退休干部党员之家"微信公众号等现代信息手段,搭建离退休干部学习"云平台",累计关注3300人次,提高全市离退休干部对上级政策学习知晓率。

【离退休干部党组织建设】 2022年,市委组织部(老干部局)保持离退休干部服务保障关系不变前提下,引导离退休干部党员把组织关系转入社区党组织。全市3389名离退休党员根据居住地址,纳入就近的社区网格党支部(党小组)就近管理,208名国有企业退休干部党员组织关系转入相应社区党组织。依托市老年大学、社区党群服务中心,通过阵地共建、功能共享的形式,为离退休党员学习、活动提供保障。引导87名身体较好、热心群众工作的退休党员干部担任兼职网格员,不分节假日义务开展文明劝导、安全巡查、疫情防控等志愿服务。选配7名党性强、威信高、经验丰富、身体较好、相对年轻的离退休干部党员担任党组织书记,对党组织班子成员因身体健康状况等原因不能正常履职的,进行调整补充,7个离退休干部党组织均已按要求完成换届工作。社区党组织择优选派7名党建指导员到各离退休干部党支部,每个月1次深入联系党支部指导规范开展组织生活,累计联系离退休党员1100人次,开展集中学习6次,"三会一课"、主题党日等学习活动30次。

【离退休干部作用发挥】 2022年,市委组织部(老干部局)注重发挥离退休干部政治优势、经验优势、威望优势,立足家庭、社区、社会发挥积极作用。围绕党的二十大印发《关于开展"建言二十大"和"我看中国特色社会主义新时代"调研活动的通知》,组织开展"建言二十大"和"我看中国特色社会主义新时代"调研活动,开展座谈会7次、个人访谈15人次,形成调研报告1篇,组织5名处级离退休干部观摩扎兰屯市重点规划、重点项目并征求意见建议6条,组织8名离退休干部召开"建言二十大"座谈会,入户开展"我看中国特色社会主义新时代"访谈活动15人次,并适时通报全市经济社会发展情况,引导全市离退休干部积极弘扬正能量,为党和国家各项事业建言献策。组织引导离退休干部投身关心教育下一代工作,助推社区老少活动站建设,已建成繁荣街道新风社区、向阳街道纸浆社区、高台子街道高台子村3所老少活动站。组织各乡镇街道围绕老干部专业知识面打造132人的"银龄人才库"(由各乡镇街道离退休干部中发挥作用较好的退休人员打造的人才信息库,涵盖党政人才、教育人才、科技人才、法律人才、农牧业人才等)。建成"引领先锋"志愿服务队2支,开展志愿服务活动10次;组

8月22日,市委组织部举办离退休干部党建工作示范培训班

(市委组织部 供图)

织50余名退休学员助力爱国卫生运动志愿服务活动，在微信公众号扎兰组工和雅鲁先锋APP累计发布工作动态26次，发挥老同志优势作用，传导正能量。

【老年大学建设】 2022年，市委组织部（老干部局）积极推进乡镇街道、村和社区老年学习网络建设。7月，组织全市各乡镇街道开展老年教育工作自查，制定老年学校（老年学习点）建设、规范化建设、教育活动开展情况、社团组织建设四大类16项评价标准，将考评验收结果计入各乡镇街道整体年度考核中。发挥市老年大学师资、场地等优势，建立市、乡镇街道、村和社区三级老年教育教学活动联合机制，各街道社区选派骨干学员到市老年大学参加学习，培训学员70人次。加强远程教育覆盖，利用多功能教室推出“互联网+老年教育”新模式，利用“网上老年大学”、钉钉等平台，坚持线上与线下教学并重，提高场所利用率。丰富活动载体推动老年社团建设，结合重大节日、国家法定宣传日等时间节点，相继开展新春寄语微信短视频发布、免费体检、清明祭扫、慰问特殊儿童等活动。“七一”前后，组织开展“庆七一 喜迎二十大 老年大学杯”门球赛、台球赛、书法绘画展、雅鲁河群众文化艺术节专场文艺演出等系列活动，提升老年大学门球协会、台球协会、艺术团六支演出队等各老年社团组织的自我管理、规范建设、活动组织能力。

7月11日，雅鲁河群众文化艺术展演老年大学专场演出

（市文化馆　供图）

【离退休干部待遇落实】 2022年，市委组织部（老干部局）利用每月1次电话联系，主动了解老干部的需求和困难，累计电话联系老干部360人次。走访慰问在本市居住的老干部及遗属200人次，发放慰问金10万元，接待老干部及家属来信（来访）10余次，均按照相关政策妥善处理。严格落实离休干部离休费保障机制、医疗费保障机制和财政支持机制，按时足额发放离休干部离休费。按规定为35名离休干部征订党报党刊70余份，1.35万元；为离休干部发放蛋糕卡35张，7000元；按标准审批离休干部医药费82人次，核销金额157万元。在离休干部“一人一策”工作中精准掌握35名离休干部的基本信息，及时更新信息库和服务台账，完成离休干部服务需求345项，帮助10名离休干部家属处理丧葬费、一次性抚恤金的审批、发放等工作。

【老年消费教育培训】 2022年，市委组织部（老干部局）将“12315”消费者投诉举报中心和辖区派出所的工作人员纳入老年消费教育宣讲人员队伍，保证宣讲队伍的专业性，引导老年人科学理性消费，增强维权意识；制订年度培训计划，根据老年人的实际需求，确定授课主题、授课方式、辅助宣传体验活动内容，增强消费教育培训的规范性和实用性；完善直播授课配套设备，方便学员随时回看授课视频，提升学习效果。

（韩　冬）

党校工作

【概况】 2022年，中共扎兰屯市委党校（以下简称市委党校）立足新阶段，坚持以习近平新时代中国特色社会主义思想为指导，贯彻落实习近平总书记关于党校办学治校系列重要指示精神，统筹疫情防控和办学治校各项工作，发挥党员培训教育主渠道、主阵地作用，完成各类主体班次29期，培训5000余人次。

【教育培训】 2022年，市委党校聚焦主业主责，构建多渠道干部教育培训新格局。统筹疫情防控与学习需求，采取线上与线下结合的方式开展培训班次21期，安排教学课程专题70个，其中理论教育和党性教育课程专题55个，占总课比例的78.5%。利用“腾讯会议”“钉钉直播”等平台开启“线上教学”培训新模式，完成新时代基层干部网络培训、党的十九届六中全会精神、宣讲党的二十大精神等8个主体班次培训，培训学员2100余名。通过“党课直通车”“送党课下基层”等载体，先后在市党群服务中心、河西街道南市社区等单位举行专题讲座，完成送课41场次、受众6000余人次。重点做好党的二十大精神宣讲，选派骨干师资担任呼伦贝尔市委宣讲团、扎兰屯市委宣讲团成员，科学谋划专题课程，储备党的二十大总专题3个、分专题10个。

【理论研究成果】 2022年，市委党校完成咨政报告《挖掘地方红色资源 推动文旅产业提质增效的建议》；完成自治区级重点调研课题“内蒙古扎兰屯市红色遗迹开发与使用的研究”“扎兰屯市社区应急管理机制的研究”结项，自治区级重点课题“扎兰屯市培育壮大农村集体经济典型案例研究”“扎兰屯市以生态优先、绿色发展为导向探索高质量发展新路子的典型案例研究”立项，呼伦贝尔调研课题“扎兰屯市特色旅游发展的对策研究”“扎兰屯奶业振兴研究”立项。在《呼伦贝尔日报》发表课题论文2篇，入选呼伦贝尔党校论文集3篇，文章入编呼伦贝尔市乡村振兴典型案例书籍3篇。

3月23日，市委党校举办“80”后副科级领导干部培训班 （市委党校 供图）

【校地融合】 2022年，市委党校立足校地融合，贯彻《中国共产党党校工作条例》《内蒙古自治区2018—2022年干部教育培训规划》要求，打造以红色革命传统教育、爱国主义教育为主题的教育基地，构建“一校两区三点”（一校是中共扎兰屯市委党校，两区是金龙山校区和职业学院校区，三点是中东铁路博物馆、乌兰夫同志纪念馆和呼伦贝尔反腐倡廉警示教育扎兰屯监狱现场教学点）的校地融合布局，完善“4+1”（4是党性教育专题、绿色发展专题、乡村振兴专题、基层党建工作专题，1是特色专题）基地课程体系，被满洲里干部学院评估为理想办学基地。不断拓宽思路，整合市域党性教育资源，储备精品课程65个、微党课20个，新推出地方特色课程“知识青年上山下乡的历史认识”。全年承办呼伦贝尔市委组织部重点培训班、满洲里干部学院委托班9期，参训学员近500人。接待全市26家单位、730余名党员干部参观学习。

（彭丽梅）

关心下一代工作

【概况】 2022年，扎兰屯市有市级关心下一代工作委员会(以下简称关工委)1个，街道关工委7个，苏木乡镇关工委12个，社区关工委36个，嘎查村关工委126个，基层关工委39个，教育系统关工委42个。全市参与各级关工委工作的“五老”（老干部、老教师、老战士、老专家、老模范）人员1200人，其中活跃在关爱服务青少年第一线的有200余人。全市各级关工委充分发挥红色资源厚重的优势，开展浸入式、体验式的“游基地、学党史”活动，制作各类宣传展板39块，在市老年大学、市政府广场、铁路车站广场展出。探索和开辟网络关爱服务的新渠道、新方式，鼓励支持各级关工委工作人员和广大“五老”人员学网、懂网、用网。在《中国火炬》发表文章3篇，在《内蒙古关心下一代》发表文章6篇。

【爱国主义教育进校园活动】2022年，市关工委多渠道开展爱国主义教育活动。联合市文联、市根艺学会、市老年体协书画工委，以专题讲座、硬笔书法、传统文化书画展等形式组织开展“喜迎二十大、奋进新征程”学党史和传统文化进校园活动，参与青少年1000余人；结合建党101周年开展“老少同声颂党恩·携手喜迎二十大”等活动，对学生进行爱国主义教育和革命优良传统教育；开展纪念中国人民抗日战争暨世界反法西斯战争胜利77周年活动；围绕“五老情、少年心、共迎祖国73华诞”，开展“腾飞中国、辉煌73年”主题教育；7月，在乌兰夫同志纪念馆向市文化小学青年党员教师赠送《革命老区扎兰屯史略》等党史类书籍20册。

【家长学校建设】2022年，扎兰屯市教育系统42个关工委全部成立家长学校，家长学校硬件设备健全，参与家长学校的“五老”人员77人。建立网上家长学校42个，全市市区、乡镇各学校家长均在“三宽家长学校”平台上学习，覆盖率100%。

【青少年法治宣传教育】2022年，扎兰屯市各级关工委面向学校、社会、家庭开展青少年法治宣传教育。6月，举行第五届“关爱明天·普法先行”青少年普法教育活动启动仪式，开展《中华人民共和国未成年人保护法》《中华人民共和国预防未成年人犯罪法》《中华人民共和国家庭教育促进法》等法律法规学习宣传，将学校、社会、家庭三方紧密结合起来，发挥学校的主导作用、社会的实践作用、家庭的基础作用，强化广大青少年尊法、学法、守法、用法的意识。

【弱势青少年关爱工作】2022年，扎兰屯市各级关工委承担农村留守和困境儿童关爱保护责任，帮助孤残儿童、城乡低保户子女解决实际困难。5月，开展“真情关爱不停歇、帮困助梦暖童心”关爱留守儿童活动，慰问留守儿童、特殊家庭孩子及困难儿童76人，捐赠物品价值1.3万元；6月，开展“陪伴成长、情暖六一”特教学校慰问活动，为家庭困难、品学兼优的51名学生送去“圆梦微心愿”礼物，组织爱心人士为洼堤民族学校捐赠新图书3700册；8月，协调爱心人士为家庭经济困难的新考录大学生姚鹏宇捐赠生活用品和2000元资助金；9月，在达斡尔民族学校开展“情暖中秋 关爱成长”中秋节慰问贫困、留守儿童活动，为达斡尔民族学校20名贫困、留守儿童和特殊家庭孩子送去月饼和学习用品。

【“五老”工作室建设】2022年，市关工委协调市委宣传部、市文明办等部门，在新时代文明实践中心（所、站）设立“五老”工作室，有效整合党群服务中心（文化站）、草原书屋等场地资源，开展“五老”志愿服务。制作“五老”工作室牌匾70块分发到各基层关工委。鼓励和支持有能力有专长的“五老”人员结合自己的志趣爱好、专业特长，通过学业辅导、创新创造、文化育人、传承工匠精神等方式，为青少年提供专业化、精细化、常态化、个性化服务。

（傅永生）

扎兰屯市人民代表大会

综　述

【概况】 2022年，扎兰屯市人民代表大会常务委员会（以下简称市人大常委会）依法履行宪法和法律赋予的各项职责，召开人民代表大会会议1次、常委会会议7次，听取和审议“一府两院”各类议题39项，依法作出决议、决定和审议意见27项，任免本级国家机关工作人员58人次，开展视察、调研、执法检查21次。

【人大代表构成】 2022年，扎兰屯市第十届人民代表大会有代表216人，其中工人代表40名，占代表总数的18.52%；农民代表59名，占代表总数的27.31%；专业技术人员代表45名，占代表总数的20.83%；干部代表69名，占代表总数的31.94%；解放军代表1名，占代表总数的0.46%；其他代表2人，占代表总数0.93%。上述代表中，少数民族代表60名，占代表总数的27.78%；非中共党员代表76名，占代表总数的35.18%；妇女代表80名，占代表总数的37.04%。代表的知识结构有较大的改善和提高，具有大学及以上文化程度的114名，占代表总数的52.78%。代表年龄更趋合理，35岁以下的33名，占代表总数的15.28%；36至55岁的168名，占代表总数的77.78%；56岁以上的15名，占代表总数的6.94%。连任代表75名，占代表总数的34.72%。

【决议决定】 2022年8月15日，扎兰屯市第十届人民代表大会常务委员会第四次会议，按法定程序审议2021年第一次财政预算调整方案并作出决议；2022年10月21日，扎兰屯市第十届人民代表大会常务委员会第五次会议，按法定程序审议2021年财政决算并作出决议；2022年12月31日，扎兰屯市第十届人民代表大会常务委员会第七次会议，审查2022年第二次财政预算调整方案并作出决议。

【人事任免】 2022年，市人大常委会坚持党管干部原则，根据人大常委会主任会议、市人民政府、市监察委员会、市人民法院、市人民检察院提请，任免本级国家机关工作人员58人次，举行宪法宣誓仪式5次。

3月20日，扎兰屯市第十届人民代表大会常务委员会第一次会议，决定任命王柏奎为市人民政府办公室主任，曲作文为市发展和改革委员会主任，张涌生为市教育局局长，李伟为市工业和信息化局局长，刘洋为市民族事务委员会主任，李岩岭为市公安局局长，韩霖为市民政局局长，邵永鹏为市司法局局长，李德明为市财政局局长，陈志林为市人力资源和社会保障局局长，朱瑞军为市自然资源局局长，吴忱东为市住房和城乡建设局局长，佟荣伟为市交通运输局局长，尹晓辉为市水利局局长，梁旭为市农牧和科技局局长，钱海军为市文体旅游广电局局长，王舰为市卫生健康委员会主任，盖向东为市退役军人事务局局长，李希春为市应急管理局局长，李洪常为市审计局局长，何彦明为市市场监督管理局局长，杨絮为市统计局局长，关成国为市林业和草原局局长，刘贵宝为市乡村振兴局局长，秦英慧为市医疗保障局局长，王世峰为市信访局局长，曹丽莉为市政务服务局局长。

4月26日，扎兰屯市第十届人民代表大会常务委员会第二次会议，决定免去富豪的市人民法院高台子人民法庭庭长职务，霍宝君的市人民法院立案庭庭长职务。任命富豪为市人民法院立案庭庭长。

6月25日，扎兰屯市第十届人民代表大会常务委员会第三次会议，决定免去于强的市人民法院哈多河人民法庭庭长职务，刘怡麟的市人民法院刑事审判庭副庭长职务，刘茵的市人民检察院检察员职务。任命苏文为市人民政府副市长，薛多智为市人民法院哈多河人民法庭副院长，张云娥为市人民检察院检察委员会委员，王琪为市人民检察院检察员，王官巍为市人民检察院检察员。

8月15日，扎兰屯市第十届人民代表大会常务委员会第四次会议，决定免去边喜臣的市人大常委会正阳街道工委主任职务，董俊庆的市人大常委会向阳街道工委主任职务。任命刘淑敏为市人大常委会正阳街道工委主任，梁晶为市人大常委会兴华街道工委主任，李晓琪为市人大常委会河西街道工委主任，刘艳春为市人大常委会向阳街道工委主任，李敏为市人民法院高台子人民法庭副庭长，李娜娜为市人民法院刑事审判庭副庭长。

10月21日，扎兰屯市第十届人民代表大会常务委员会第五次会议，决定接受李静、张富君、孙德伟辞去市十届人民代表大会代表职务的请求，李静、张富君、孙德伟市十届人民代表大会代表职务终止，李静、张富君市十届人民代表大会常委会委员职务终止。免去何冀的市人大常委会办公室副主任职务，冯旭娟的市人大常委会高台子街道工委主任职务，李希春的市应急管理局局长职务。任命陈山为市应急管理局局长。

12月16日，扎兰屯市第十届人民代表大会常务委员会第六次会议，决定接受卜伟东、姜湖、韩志立辞去市十届人民代表大会代表职务的请求，卜伟东、姜湖、韩志立市十届人民代表大会代表职务终止。

重要会议

【概况】 2022年，市人大常委会召开市人民代表大会会议1次、人大常委会会议7次，听取和审议“一府两院”各类议题39项，依法作出决议、决定和审议意见27项，任免本级国家机关工作人员58人次。

【市十届人大一次会议】 2022年1月12—14日，扎兰屯市第十届人民代表大会第一次会议召开。会议应到会代表215名，出席会议代表203名。会议依法选举孙修非为市十届人大常委会主任，宋辉、张传福、魏洪春、陈辉为市十届人大常委会副主任，王波为市人民政府市长，吴忱东、杨积春、李岩岭、孟刚、卢亚光、鲁垚、韩志立为市人民政府副市长，刘红芝为市监察委员会主任，高福良为市人民法院院长，孟和吉日嘎拉为市人民检察院检察长；依法选举产生市十届人大常委会委员及呼伦贝尔市第五届人民代表大会代表。会议票决通过岭北四队互通项目、市政道路“益民重教”畅通工程、市职业高中项目、新区幼儿园及附属工程、老旧小区改造2022年工程、映山红生态公园基础设施项目、二道桥河道治理工程7项民生实事项目。会议听取大会议案审查委员会关于议案审查结果的报告。表决通过《扎兰屯市人民政府工作报告的决议》《扎兰屯市2021年国民经济和社会发展计划执行情况与2022年国民经济和社会发展计划的决议》《扎兰屯市2021年预算执行情况和2022

年预算的决议》《扎兰屯市人大常委会工作报告的决议》《扎兰屯市人民法院工作报告的决议》《扎兰屯市人民检察院工作报告的决议》。会议还表彰了优秀人大代表、优秀代表建议、代表建议先进承办单位和优秀基层人大秘书。

【市十届人大常委会会议】 2022年3月20日，扎兰屯市第十届人民代表大会常务委员会第一次会议召开。会议先后审议《扎兰屯市十届人大常委会代表资格审查委员会组成人员名单》《扎兰屯市人大常委会财经工作委员会组成人员名单》《扎兰屯市人大常委会2022年工作要点》《市人大常委会代表资格审查委员会关于市十届人大代表资格审查情况的报告》，通过人事任免事项，拟任命人员分别向会议作供职报告。经过无记名投票，会议选举产生市政府办公室、发展和改革委员会等27个政府组成部门主要负责人，并颁发任命书。会议举行新任职国家机关工作人员向宪法宣誓仪式。

3月20日，扎兰屯市第十届人民代表大会常务委员会第一次会议召开

（市融媒体中心　供图）

2022年4月25日，扎兰屯市第十届人民代表大会常务委员会第二次会议召开。会议通过市十届人大常委会第二次会议议案表决办法，并依照法定程序进行人事任免事项；审议通过市十届人大常委会农业工作委员会、科教文卫工作委员会及选举任免联络工作委员会组成人员议案；听取和审议市人大常委会代表资格审查委员会关于个别代表的代表资格的报告；听取市政府2022年重大事项重大决策的报告及市政府2022年民生实事项目进展情况的报告。

2022年6月25日，扎兰屯市第十届人民代表大会常务委员会第三次会议召开。会议审议通过扎兰屯市人民代表大会代表联系原选举单位和人民群众办法、扎兰屯市人民代表大会常务委员会组成人员联系本级人大代表制度、十届人大常委会法制工作委员会组成人员和十届人大常委会民族宗教工作委员会组成人员的议案；听取和审议扎兰屯市2021年度环境状况和环境保护目标完成情况专题报告、扎兰屯市政府债务管理情况的报告。会议依法进行了人事任免，经过审议，通过于强等3人免职决定，表决通过苏文等5人的人事任命决定，接受任命后，苏文等人向宪法宣誓。

2022年8月15日，扎兰屯市第十届人民代表大会常务委员会第四次会议召开。会议审议扎兰屯市人民代表大会常务委员会任免工作办法(修正草案)；听取和审议市人民政府关于2022年上半年国民经济和社会发展计划执行情况的报告、市人民政府关于2022年第一次财政预算调整方案的报告、全市体育工作开展情况的报告、2020年度扎兰屯市本级预算执行情况和其他财政收支审计查出问题整改情况的报告、全市2021年物业管理视察问题整改情况的报告。会议依法进行人事任免，拟任命人员分别向会议作供职报告。经过无记名投票，表决通过梁晶、刘艳春等6人的人事任免决定，并颁发任命书。会议举行新任职国家机关工作人员向宪法宣誓仪式。

2022年10月21日，扎兰屯市第十届人民代表大会常务委员会第五次会议召开。会议听取市人大常委会代表资格审查委员会关于市十届人大代表资格审查情况的报告；听取和审议扎兰屯市2022年上半年财政预算执行情况的报告、2021年财政决算（草案）的报告、关于规范性文件备案审查工作开展情况的报告。对法院、检察院法职人员进行述职测评。经过无记名投票，表决通过陈山的人事任免决定，并颁发任命书。会议举行新任职国家机关工作人员向宪法宣誓仪式。

2022年12月16日，扎兰屯市第十届人民代表大会常务委员会第六次会议召开。会议接受卜伟东等3人辞去扎兰屯市第十届人民代表大会代表职务的请求。会议审议通过市人大常委会代表资格审查委员会关于市十届个别人大代表资格审查情况的报告；审议通过市人民政府关于2022年民生实事项目调整的议案；听取和审议全市产业振兴规划、布局和措施的专题报告，国有金融资产管理情况的报告；听取和审议2021年度本级预算执行和其他财政收支情况的审计工作报告。会议依法对政府职能部门进行述职测评。

2022年12月30日，扎兰屯市第十届人大常务委员会第七次会议召开。会议听取和审议2022年第二次财政预算调整方案（草案）的报告、《扎兰屯市国土空间总体规划(2021—2035年）（草案）》编制情况的报告、2022年度民生实事项目办理情况报告。

人大监督

【概况】 2022年，市人大常委会重点围绕经济发展领域、生态环境保护领域、民生改善领域、法律领域开展监督，听取和审议全市环境质量、民生实事办理、规范性文件备案审查等各领域工作报告，依法作出审议意见。

【经济健康运行监督】 2022年，市人大常委会听取并审议2021年预算执行和2022年预算安排的报告、2022年上半年预算执行的报告、预算两次调整的报告，批准市本级财政支出预算变动调整，支持和跟踪监督“稳保促”各项政策措施落实。听取和审议2021年度财政收支情况的审计报告和2020年度审计问题整改的报告，督促加强项目管理，提高资金使用绩效。对防范金融风险、化解金融矛盾及政府债务管理情况进行调研并听取工作报告，支持完善管理制度体系、防范化解重点风险隐患，对国有资产管理情进行调研，推动国有资产规范管理，确保国有资产保值增值。

【经济发展监督】 2022年，市人大常委会组织对全市重点项目建设情况进行视察，推动政策落地见效，扩大有效投资。对规模化养殖产业发展、电子商务发展情况进行调研视察，加快推动产业转型、业态创新、质效提升；听取审议全市四季旅游发展情况报告，支持完善基础设施，加快内蒙古东部重要的度假休闲旅游目的地建设；对粮食安全及种业发展、蔬菜基地建设进行专题调研，助推打造内蒙古东部重要的绿色农畜林产品生产加工输出基地。

【生态环境保护重点监督】 2022年，市人大常委会常态化听取审议全市环境质量状况、环保目标完成情况报告，监督环保督察反馈问题整改落实，提升生态环境质量。审议《扎兰屯市国土空间规划(2021—2035年)》，依法作出审议意见，保障规划高质量落实，确保全市土地资源的高效利用；听取推行河湖长制、林长制以来的工作开展情况报告，织牢织密生态保护网。对《中华人民共和国环境保护法》《内蒙古自治区环境保护条例》贯彻执行情况进行执法检查，推动补齐环境监测预警能力等短板，守好改善生态环境生命线。配合呼伦贝尔市人大开展“听取贯彻实施《中华人民共和国环境保护法》情况汇报及开展执法检查”，并对企业及政府相关部门开展问卷调查。

【民生改善精准监督】 2022年，市人大常委会围绕建设宜居宜业和美丽乡村，组织对全市农牧业产业振兴、乡村环境整治进行调研，支持巩固脱贫攻坚成果与乡村振兴有效衔接。对全市职业教育发展、全市教师队伍建设情况进行调研，推动教育优质均衡发展，办好人民满意的教育。听取审议2022年民生实事办理情况报告，推动解决群众急难愁盼问题。对全市公共卫生防控救治能力建设情况进行调研，督促调整优化全市医疗资源布局，保障人民群众生命健康安全。听取全民体育设施使用情况专项报告，增强体育设施的有效供给，满足人民日益增长的公共体育设施服务需求。听取审议全市法院"一站式"多元解纷机制和人民调解工作的报告，畅通人民调解工作与全市中心工作衔接机制、提升人民调解工作公信力。以贯彻实施《内蒙古自治区促进民族团结进步条例》为基础，对少数民族发展项目和少数民族经济发展情况进行调研，对产业项目发展提出建议和意见，听取市政府关于全市少数民族发展任务资金项目实施情况工作汇报。针对《呼伦贝尔市非物质文化遗产代表性传承人保护管理条例》落实情况提出整改措施6项。

【法律监督】 2022年，市人大常委会持续开展宪法日活动，常态化开展《中华人民共和国全国人民代表大会和地方各级人民代表大会代表法》《中华人民共和国各级人民代表大会常务委员会监督法》宣传培训，推进宪法宣誓制度全覆盖常态化，维护宪法权威和尊严。组织对《中华人民共和国科学技术进步法》《中华人民共和国乡村振兴促进法》《内蒙古自治区公安机关警务辅助人员条例》贯彻情况开展执法检查，确保法律法规得到有效实施。听取审议规范性文件备案审查工作情况报告，对"一府两院"规范性文件依法进行备案审查，对涉及水能资源开发利用、计划生育等地方性法规、政府规章和规范性文件开展专项清理，做到有件必备、有备必审、有错必纠。开展对《中华人民共和国立法法(修正草案)》《中华人民共和国无障碍环境建设法(草案)》《中华人民共和国行政复议法(修订草案)》《内蒙古自治区实施中华人民共和国土地管理法办法(修订草案)》《内蒙古自治区城镇供热条例(修订草案)》《呼伦贝尔市乡村人居环境建设管理条例(草案修改稿)》等法律法规的立法征求意见工作，并上报修改意见5条。

代表工作

【概况】 2022年，市人大常委会听取审议"一府两院"专项工作报告39项，开展专题调研12次、专项视察3次，配合完成自治区、呼伦贝尔市人大视察检查调研8项，以监督和保障市委重大决策部署落地落实。举办集中学习党的二十大精神提升代表履职能力培训2期；重视人大代表履职经费保障，落实市人大代表通信、交通费用补贴；通过新闻媒体和"扎兰人大"微信公众号，宣传相关法律法规、发布市人大工作动态、报道代表履职先进事迹，营造关心人大工作、支持代表依法履职的良好氛围。

【代表履职平台建设】 2022年，市人大常委会开展"参加代表小组活动，密切联系人民群众"活动21次，全市19个乡镇街道完善代表工作室建设，因地制宜在有选区的村及社区建设代表工作站，实现代表工作全覆盖。推进每月15日"代表接待人民群众日"活动，推动代表回选区见选民，全市各级人大代表接待人民群众140人次，收集各类问题60件，推动解决相关问题60余件，促进百姓关注的用水、用电、用气、路网改造、小区物业、看病就医等问题得到解决。

【代表知情知政渠道建设】 2022年，市人大常委会作为密切联系群众的重要桥梁，制定《人大代表联系原选举单位和人民群众办法》《常务委员会组成人员联系本级人大代表制度》，及时通报情况、听取意见。先后邀请代表、群众30余人次列席市人大常委会会议，参与检查、调研、视察以及"一府一委两院"组织的听证会、开放日等活动，推动代表履职深度融入发展大局。

【代表议案建议办理】 2022 年，市人大常委会完善代表议案建议集中交办、部门承办、定期督办“全链条”办理机制，推动代表议案建议办出高质量、办出好结果。市人大常委会 2 次跟踪督办代表重点建议，听取市政府办理代表议案建议情况专题报告。市十届人大一次会议 83 件建议全部办结。

（秦正圣）

2022 年扎兰屯市人大常委会重点建议一览表

表5

序号	建议内容	提建议人	主办单位
1	关于进一步规范小区物业管理的建议	封慧戎	住建局
2	关于老旧小区供暖不足问题的建议	杨成艳	住建局
3	关于建议扎兰屯市相关部门高度重视民间网络诈骗问题的建议	李士娇	公安局

（资料来源：市人大常委会办公室）

2022 年扎兰屯市优秀人大代表建议一览表

表6

序号	建议内容	提建议人	主办单位
1	关于改善向阳辖区纸浆厂连脊户、新北大草房老旧平房区人居环境的建议	于光生	住建局
2	关于落实呼伦贝尔市养犬条例共创文明城市的建议	王喜洪	公安局

（资料来源：市人大常委会办公室）

扎兰屯市人民政府

综　述

【概况】 2022年，扎兰屯市地区生产总值首次跨越200亿元大关，总量跃居呼伦贝尔市第二位。限额以上固定资产投资完成28.01亿元，增长48.3%，增速位居呼伦贝尔市第二位。规模以上工业总产值突破140亿元，增长20%，总量位居呼伦贝尔市第三位。社会消费品零售总额完成28.78亿元，增长1.5%，总量位居呼伦贝尔市第四位。外贸经济实现突破，全力支持呼伦贝尔东北阜丰生物科技公司、扎兰屯市同德木业有限责任公司、呼伦贝尔鑫难农副产品有限责任公司扩大产品出口，外贸出口额达到4亿美元，增长10%。招商引资签约金额30.2亿元，到位资金17.25亿元，总量位居呼伦贝尔市第二位。综合实力稳居呼伦贝尔市第一方阵。

【营商环境改革优化】 2022年，扎兰屯市完成25项经济生态领域改革任务；全面推动“蒙速办”APP、“一网办、掌上办、一次办、帮您办”四办工作，开展24小时服务和延时服务工作，推出公用事业接入办理“一门式”集成、服务事项“跨省通办”、新建商品房“交房即交证”等一系列利企便民改革举措，综窗网上办件量和办结率位列呼伦贝尔市前列，行政审批、工程项目审批、证照分离改革取得新成效；加大助企纾困力度，落实“组合式”税费与金融政策，为市场主体减负2.36亿元，发放助企贷款9.06亿元，全年净增各类市场主体9581户，同比增长28.5%，达到4.32万户；实施“科技兴市”行动，强化科技投入，落实惠企政策，提升企业科技创新能力；完成国企改革三年行动，逐步规范企业管理运营。

【产业转型升级】 2022年，扎兰屯市传统产业加速升级，实

9月20日，意大利客户到呼伦贝尔鑫难农副产品有限责任公司对出口食用菌进行现场验货 （市融媒体中心　供图）

施呼伦贝尔东北阜丰生物科技公司高效菌种开发、扎兰屯市国森矿业有限责任公司氧化矿、呼伦贝尔松鹿制药有限公司养阴清肺口服液等增资扩产、节能技改项目，企业效益大幅提升，规模以上工业企业利润总额达31.97亿元，增长88.2%，2家企业再次上榜全区民营企业百强榜单；完成开发区智慧园区建设，加速打造高质量产业园区；居然之家商业综合体项目成功签约，扎兰屯市成为自治区首批县域商业体系建设试点。新兴产业破题发展，实施风电项目5个，总装机容量60万千瓦，完成投资15.4亿元，中核一期10万千瓦风电工程实现并网发电，新能源产业初具规模；临空产业稳步推进，产业园区设施日趋完善，中国民航大学内蒙古飞行学院训练规模大幅提升，柴河通用机场纳入全区第一批统筹建设清单；生态产业乘时乘势推进，摸清碳汇资源底数，探索生态资源价值实现渠道，完成4家重点单位碳排放数据报告编制，促进生态环境保护与生态产业发展有机结合。

【生态环境保护】 2022年，扎兰屯市全面落实林草长制、河湖长制，强化水源地和秀水湿地保护，严打破坏草原林地违规违法行为，治理侵蚀沟250条，人工造林866.67公顷，封山育林666.67公顷，草原禁牧8466.67公顷，草原综合植被盖度达到80%，连续24年无重大森林草原火灾发生，成功创建自治区级森林城市，通过“中国天然氧吧”复查。巩固拓展蓝天、碧水、净土保卫战成果，空气质量优良天数比例达到99.2%，雅鲁河断面稳定在Ⅱ类水体标准，土壤环境质量总体良好，中央生态环境保护督察47件群众信访举报件全部办结。坚持资源节约集约利用，“五个大起底”（待批项目大起底、开发区闲置资源要素大起底、沉淀资金大起底、“半拉子”工程大起底和批而未供、闲置土地大起底）行动成效显著，清缴沉淀资金3278万元，解决批而未供土地37.46公顷，消化盘活土地37.81公顷，高质量完成待批项目、开发区闲置资源要素大起底任务。严格执行“双碳”政策，源头把控项目准入，有效落实节能举措，单位GDP能耗完成呼伦贝尔市目标任务。

【城乡建设精细化管理】 2022年，扎兰屯市实施城区道路、排水防涝、城市绿化等市政项目20余个，新建供水管网11千米，改造老旧小区17个；推进爱国卫生、城市精细化管理“攻坚行动”，清除垃圾12万吨，打非治违1.6万平方米，改造升级路灯3300余盏，平整公共空间20万平方米；加大乡村建设力度，修复集中式饮水工程114处，改造农村危房79户，新建户厕1818个，农村生活垃圾收运处置体系覆盖率达到54%，村庄绿化覆盖率达到30%，达斡尔民族乡满都村人居环境整治经验得到呼伦贝尔市认可，蘑菇气镇野马河村成为自治区红色美丽乡村建设试点；强化基础设施支撑，完成阿扎高速阜丰段项目建设，岭北四队互通、乡村道路等重大基础设施项目进展顺利，较大自然村屯通畅率达94.4%，农村公路养护达100%。

12月7日，扎兰屯市城镇供热、城市精细化管理工作汇报会召开

（市融媒体中心 供图）

【社会民生事业进步】 2022年，扎兰屯市财政民生支出占一般公共预算支出的80%，城乡居民人均可支配收入分别增长4.5%和7.4%，达到4.18万元、2.35万元。实施民生实事项目7个；新增城镇就业1503人，农村劳动力转移就业2.56万人，城镇登记失业率控制在4.1%以内；养老保险、工伤保险、失业保险参保人数分别增长5%、1.37%和12.49%，低保、残疾人、孤儿、特困人员救助供养标准持续提高，实现应保尽保，扎兰屯市成为呼伦贝尔市社会救助创新创优试点地区；完成未成年人保护中心、公办养老机构消防改造项目，改扩建基层养老服务中心31个，丰富“一老一小”服务供给；社会事业全面进步，新建小学1所、幼儿园4所，增加公办园学位1440个，招录教职工320名，线下学科类培训机构压减率、学校课后服务参与率均达100%，普惠性幼儿园覆盖率达到88.2%，中考和高考成绩实现双突破，教育水平大幅提升；启动全国基层中医药工作示范县创建，完善基层中医馆和卫生院建设，加大医疗保障服务力度，医保参保率稳定在95%以上，扎兰屯市成为自治区医疗保障基层服务示范点；开展基层文艺演出144场，组织文化大集50次、群众性体育活动16次，举办“喜迎二十大”“书香中国”等主题展览87次，乌兰牧骑被评为“全区民族团结进步模范集体”。

链接

2022年扎兰屯市七个民生实事项目

一、扎兰屯市岭北四队互通项目。项目位于市区西侧，岭北四队大桥南侧700米处，是市区与国道232线连接的重要枢纽，总投资5780.16万元。项目道路按城市主干线标准，新建改造匝道，项目前期手续已办理完成，房屋征收及招投标按期完成。2022年8月5日开工建设，完成投资2030万元，如期完成2022年阶段建设任务，2023年可投入使用。项目建成后将实现市区中部与G232线快速便捷连通，极大改善群众出行条件，破解攻克扎兰屯市岭东商贸物流园区发展的交通瓶颈问题，助推扎兰屯市优质的农牧商贸产品迈出家门、走向全国，真正以优质、安全的交通物流路网，繁荣商贸业发展，推动经济社会发展高质量，巩固和提升扎兰屯市“内蒙古东部重要的商贸物流集散地”地位。

二、扎兰屯市益民重教道路畅通项目。项目位于市第四中学东侧，总投资800万元，新建20米宽混凝土预应力桥1座，混凝土道路425米，同步对给排水、亮化照明、交通出行标志等进行配套建设，已如期完工并交付使用。项目的实施和交付使用，极大改善了第四中学周边交通环境和配套基础设施，为学校师生及群众打造良好的出行条件，第四中学上下学期间的出行不便、交通拥堵现象得到有效缓解，学校周边交通安全水平切实提升，及时为群众送上了高质量的“安康路”“暖心桥”。

三、扎兰屯市河西新区小学建设项目。项目占地面积4.88万平方米，总建筑面积1.49万平方米，可设置教学班24个，可容纳学生1080名。已完成投资4000万元，建成教学楼、综合楼各1栋，风雨场馆1处。2022年阶段建设任务已完成，按照招生计划，2023年可投入使用。项目投入使用后，将切实保障河西新区适龄学生入学需求，让孩子们在家门口享受到最优质的教育保障资源。

四、扎兰屯市河西新区幼儿园建设项目。项目位于秀水华庭二期西侧，占地面积2万平方米，投资2000万元，建设完成综合性教学楼6799平方米，可开设教学班15个，容纳学前儿童450名。2022年阶段任务完成，按照招生计划，2023年可投入使用。项目投入使用后，将优化河西新区学前教育整体布局，打造15分钟就学保障服务圈，解决新区学前教育阶段适龄儿童“入园难、入园远”的问题。

五、扎兰屯市老旧小区改造项目。对农研所家属楼、石油站家属楼等老旧小区实施改造，涉及1291户，总投资1800万元。2022年9月开工建设，对小区供热及排污配套管网改造、楼顶维修、路面修缮、墙面粉刷等群众急难愁盼事项实施改造升级。2022年阶段建设任务已完成，小区居住环境和出行条件得到极大改善，有效提升群众幸福感。

六、扎兰屯市映山红生态公园基础设施建设项目。项目位于扎兰屯市新区南侧翠屏山杜鹃坡，总投资5206万元。项目已完工，提升映山红生态公园基础设施服务水平，丰富扎兰屯市优质旅游产品供给，为广大市民和游客提供优质的休闲娱乐、户外休闲活动场所。5月15日对外开放，到10月末接待游客17万人次，成为打造扎兰屯市全季全业旅游新格局的重要支撑，为扎兰屯市文旅产业发展提标提效注入了新活力。

七、扎兰屯市二道桥河道治理项目。项目位于卧牛河镇靠山村、大坝村及镇区。总投资2966.96万元，对靠山水库下游约3.3千米处以下河段进行治理，治理工程长达9.5千米，控制流域面积205平方千米。项目已建设完工，保护人口8274人、耕地4193公顷，有效防止洪水对沿河两岸居民正常生产、生活的威胁，消除汛期洪水灾害隐患，降低洪水灾害给国家和人民群众带来的损失，为维护地区经济稳定、保护群众生命财产安全、助推高质量发展发挥巨大的保障作用。

【政府效能提升】 2022年，扎兰屯市加强依法行政，贯彻《法治政府建设实施纲要(2021—2025年)》，严格执行重大行政决策程序，健全政府工作规章制度，自觉维护司法权威，行政机关负责人出庭应诉率达到100%；全年审查市政府常务会、党组会议议题125件，“互联网+督查”答复意见16份，审查信访复查意见8份、房屋征收补偿决定13份；聘请政府法律顾问，为政府及政府工作部门制定的规范性文件及签订的合作协议出具法律意见书，对政府重要规范性文件和重大决策进行可行性论证，为重大行政复议、涉诉涉访等案件提供法律咨询或代理活动，全年提供诉讼、复议案件21项，审查法律文件和合同22项，参加相关会议55次，参与行政复议案件5个。强化审计监督，查处违规问题53个，纠正不规范问题36个，促进增收节支848万元；树立“过紧日子”思想，严控一般性支出，合理压缩“三公”经费；防范化解各类风险，多方筹措资金，化解政府隐性债务3.6亿元，清理中小企业无分歧账款8000万元，解决遗留多年的拖欠职工工资和乡镇文体广电中心、基层卫生院职工医保问题。严格落实中央八项规定精神，持续纠治“四风”，开展“转观念、强作风、优环境、重落实、树形象”学习实践活动，作风建设、以案促改工作取得明显成效。按照“每月一督查，每月一通报”的要求，加大对全市76项重点工作、重点项目的督查督办力度，通过查看现场、电话督查等形式督查160次，编发通报65期，提出督查建议138条。

【人大代表议案、政协委员提案办理】 2022年，市政府办公室高质量做好人大代表建议和政协委员提案的交办、督办、协调工作，确保落实见效，答复到位。全年办理市人大代表建议83件，市政协委员提案118件。

（曹　群）

重要会议

【市政府常务会议】 2022年，扎兰屯市人民政府先后召开12次常务会议。

1月4日，扎兰屯市人民政府2022年第一次常务会议召开。会议传达学习中央农村工作会议精神及近期呼伦贝尔市疫情防控工作会议精神，研究审议市委九届二次全会暨全市经济工作会议有关事项和拟提交市十届人大一次会议审议的政府工作报告等事项。

1月15日，扎兰屯市人民政府2022年第二次常务会议召开。会议传达贯彻中共呼伦贝尔市第五届委员会第二次全体会议暨全市经济工作会议精神和中共扎兰屯市第九届委员会第二次全体会议暨全市经济工作会议精神，听取疫情防控、粮食购销领域腐败问题专项整治工作情况汇报，安排部署当前重点工作。

2月21日，扎兰屯市人民政府2022年第三次常务（扩大）会议召开。会议传达贯彻自治区优化营商环境大会、呼伦贝尔市优化营商环境推进重点项目会议精神及提升环保督察整改成果工作会议精神，安排部署优化营商环境、环保督察问题整改、预算管理制度改革、疫苗接种等重点工作。

3月25日，扎兰屯市人民政府2022年第四次常务会议召开。会议传达学习习近平总书记在参加十三届全国人大五次会议内蒙古代表团审议时的重要讲话精神、国务院《政府工作报告》主要精神及自治区、呼伦贝尔相关会议精神，听取经济运行、重点项目、招商引资、备春耕生产、森林草原防灭火等工作开展情况汇报，安排部署重点工作。

4月23日，扎兰屯市人民政府2022年第五次常务会议召开。会议学习贯彻习近平总书记系列重要讲话精神及《信访工作条例》等，听取经济运行、重点项目、农业生产等工作开展情况汇报，安排部署当前重点工作，研究审议相关议题。

5月19日，扎兰屯市人民政府2022年第六次常务会议召开。会议传达学习习近平总书记重要讲话精神，学习保密、统计工作有关知识，听取有关重点工作汇报，安排部署贯彻落实意见。

6月24日，扎兰屯市人民政府2022年第七次常务（扩大）会议召开。会议学习习近平总书记重要文章《努力建设人与自然和谐共生的现代化》和习近平总书记在四川考察时的重要讲话重要指示精神，传达国家和自治区防汛抗旱工作会议精神，落实国务院总理李克强有关批示、自治区党委书记孙绍骋有关指示要求，安排部署当前重点工作，研究审议有关议题。

8月2日，扎兰屯市人民政府2022年第八次常务会议召开。会议传达学习习近平总书记有关重要讲话精神，贯彻落实自治区高质量发展座谈会精神，听取当前重点工作汇报，安排部署贯彻落实工作。

9月13日，扎兰屯市人民政府2022年第九次常务会议召开。会议传达学习习近平总书记重要讲话《新发展阶段贯彻新发展理念必然要求构建新发展格局》主要精神、中央全面深化改革委员会第二十七次会议精神、李克强总理关于第二季度上半年经济形势和做好下一步经济工作的讲话精神，安排部署贯彻落实工作，研究审议有关议题。

10月9日，扎兰屯市人民政府2022年第十次常务会议召开。会议传达学习9月26日国务院常务会议精神，贯彻落实自治区党委书记孙绍骋有关资源集约节约利用讲话要求，安排部署当前重点工作，研究审议有关议题。

11月17日，扎兰屯市人民政府2022年第十一次常务会议召开。会议学习贯彻党的二十大精神，传达学习习近平总书记考察陕西延安和河南安阳重要讲话精神，落实呼伦贝尔市前三季度经济运行分析会工作要求，安排部署当前重点工作，研究审议有关议题。

12月29日，扎兰屯市人民政府2022年第十二次常务会议召开。会议学习贯彻习近平总书记有关重要讲话精神，传达落实中央农村工作会议精神，安排部署当前重点工作，研究审议相关议题。

【市政府党组会议】 2022年，扎兰屯市政府先后召开18次党组会议。

1月15日，市政府党组第一次会议召开，传达学习习近平总书记在省部级领导干部学习贯彻党的十九届六中全会精神专题研讨班上的讲话精神，研究审议相关议题。

1月27日，市政府党组第二次会议召开，传达学习习近平总书记在中央政治局会议上的重要讲话精神及自治区“两会”精神。

2月7日，市政府党组第三次会议召开，传达学习习近平总书记在十九届中央纪委六次全会上的重要讲话精神，安排部署贯彻落实工作。

2月21日，市政府党组第四次会议召开，学习贯彻落实习近平法治思想，开展市政府党组法治学习。

3月9日，市政府党组第五次会议召开，专题学习习近平总书记关于生态文明建设重要论述，传达学习中央生态环境保护督察工作领导小组会议、全国生态环境保护工作会议精神及《生态环境保护专项督察办法》等有关政策要求，安排部署生态文明与环境保护工作。

3月19日，市政府党组第六次会议召开，学习习近平总书记系列重要讲话精神，贯彻落实中央、自治区、呼伦贝尔市纪委全会精神和呼伦贝尔市“开门红、开门稳”调度推进会精神，学习《地方党委和政府领导班子及其成员粮食安全责任制规定》，安排部署贯彻落实意见。

4月13日，市政府党组第七次会议召开，学习贯彻习近平总书记关于民族工作的重要论述及有关民族工作要求，安排部署“转观念、强作风、优环境、重落实、树形象”学习实践活动。

4月27日，市政府党组第九次会议召开。学习习近平总书记在海南考察时重要讲话精神，传达学习自治区党委书记石泰峰在自治区党委理论学习中心组2022年第3次集体学习时的讲话精神及《关于集中治理全市党内政治生活庸俗化交易化问题的实施方案》。

6月2日，市政府党组第十次会议召开，传达学习习近平总书记在《求是》杂志发表的《正确认识和把握我国发展重大理论和实践问题》署名文章精神、全国稳住经济大盘电视电话会议精神及自治区、呼伦贝尔市有关会议精神等。

6月28日，市政府党组第十二次会议召开，集中学习习近平总书记在十九届中共中央政治局第四十次集体学习、中央全面深化改革委员会第二十六次会议上的重要讲话精神及关于人权方面的重要文章，重温中央全面依法治国工作会议精神和《加强法治乡村建设的意见》主要内容，安排部署贯彻落实工作。

8月2日，市政府党组第十三次会议召开，传达学习习近平总书记近期重要讲话精神和《关于完善全区防范化解重大风险工作运行机制的方案》主要内容，安排部署贯彻落实工作。

8月24日，市政府党组第十四次会议召开，集中学习习近平总书记在辽宁考察时重要讲话精神，传达李克强总理关于安全生产的批示和全国安全生产电视电话会议精神，安排部署近期重点工作。

9月29日，市政府党组第十五次会议召开，学习贯彻习近平总书记重要文章精神，贯彻落实全国安全生产电视电话会议精神及自治区党委书记、自治区人大常委会党组书记孙绍骋在“担当作为好干部”命名大会、自治区推进全社会资源全面节约集约工作领导小组会议上的讲话精神，传达学习呼伦贝尔市委常委会第44次会议精神。

10月9日，市政府党组第十六次会议召开，学习贯彻习近平总书记重要文章精神和自治区党委书记、自治区人大常委会党组书记孙绍聘在全区统战工作会议上的讲话精神，安排部署贯彻落实意见，研究审议相关议题。

10月28日，市政府党组第十七次（扩大）会议召开，专题学习贯彻党的二十大精神，落实自治区、呼伦贝尔市干部大会要求，统一思想和行动。

12月29日，市政府党组第十八次会议召开，学习贯彻中央经济工作会议、中共内蒙古自治区第十一届委员会第五次全体会议暨全区经济工作会议精神，研究审议相关议题。

（年编）

政务服务

【概况】 2022年，扎兰屯市印发《2022年扎兰屯市政务公开工作要点》，持续加大优化营商环境、疫情防控、助企纾困等重点领域信息公开力度，对涉及面广、社会关注度高、惠及民生的文件，做到政策性文件与解读方案、解读材料同步组织、同步审签、同步发布。印发《扎兰屯市优化项目审批工作实施方案》，行政审批中介服务事项办理376件，“容缺受理”事项办理97件，“证照分离”改革事项办理6147件。印发《2022年扎兰屯市进一步深化“放管服”改革、促进营商环境改善任务责任清单》，定期调度涉及的11个部门13项任务落实情况，完成新建商品房“交房即交证”、新增工业用地“标准地”改革、个体工商户纾困发展等改革任务。完成政务新媒体僵尸公众号清理，合理保留新媒体公众号32个，在全国政务新媒体信息报送系统中备案。完成政府网站集约化工作，提升安全防护水平，未发生网络安全事件。

【公共资源交易】 2022年，市政务服务局推广不见面开标、远程异地评标、电子保函和政府采购云平台服务，搭建本地“不见面”开标系统，投入资金16.47万元用于设备的采购、安装，推进公共资源交易服务标准化，为211个交易项目提供进场交易服务，其中服务工程建设类进场交易项目157个、服务政府采购项目54个，均为“不见面”开标，有效防范人员聚集，大幅缩短开标时间，降低投标主体的投标成本，未出现违规交易行为。

【蒙速办】 2022年，扎兰屯市市直各部门梳理完成综窗事项1321项，各乡镇街道入驻综窗事项570项，实现综合一窗网上受理，推进企业和群众办事向“一门、一窗”转变，线上实现政务服务事项“一网通办”。接入“蒙速办”APP特色应用20个，新开发办理老年证、防火证、公证业务、图书证、党群活动预约5个特色应用在“蒙速办”APP特色专区上线运行，为企业和群众提供24小时“掌上”政务服务和多项便民服务。围绕自治区“一张表单”“新生儿一件事”2项工作进行专题调度，梳理可实施“一次办”事项113项，办理单办事项12万余件，联办事项2114件。将涉及市卫健委、公安局等4个职能部门办理的6项服务集成为新生儿出生“一件事”，受理89件，其中全流程办理64件。在政务服务大厅设置“蒙速办·帮您办”专区，实现工程项目审批“一窗受理＋帮办代办”服务。召开会商会审会议3次，公布“帮您办”事项清单26条，完成“帮您办”事项79件，在开发区建立政务服务工作站配备“帮您办”人员。组建17人的专业队伍，整合各方资源，优化审批流程，为企业重大项目投资和群众办事提供政策咨询、协调推进、代办帮办等无偿服务，变“企业跑”为“政府跑”，减少审批环节、时限，推动项目早立项、早开工、早投产。

【政务综合窗口服务】 2022年，市政务服务局设置医保、社保、不动产、税务、专业综合一窗区域，完成40名综合窗口人员的政府购买工作，实现“前台综合受理、后台分类审批、统一窗口出件”的工作模式，办件量12万余件，办结率97.72%。173个村、社区建立便民服务站，配备工作人员1607人，其中“村两委”897人、政府购买服务57人、大学生村干部20人、社会工作者129人、志愿者等其他身份

4月4日，群众在市政务大厅“蒙速办”一次办服务窗口办理业务

（市融媒体中心 供图）

工作人员504人。其中帮办代办工作人员1042人(包括专职兼职),每个村、社区平均发布帮办代办事项14项,办理帮办待办事项3910件。设置“跨省通办”窗口,11家部门认领跨省通办事项72项,办件量1万余件。在“24小时自助服务区”增设自助服务设备5台、互联网体验电脑4台,办理自助服务事项3453项,办结率100%。开展延时服务,梳理延时服务事项196项,办理延时服务事项2400余件,办结率100%。

5月16日，市政务服务局“12345”便民服务专席工作人员受理工单
（市政务服务局　供图）

【“12345”政务服务便民热线】 2022年,市政务服务局印发《关于进一步加强“12345”政务服务便民热线的通知》《扎兰屯市推进“12345”政务服务便民热线领导小组办公室工作规程》《扎兰屯市“12345”政务服务便民热线约谈制度(试行)》,明确“12345”政务服务便民热线办理工作规范、受理范围、工作流程。召开调度会暨热线工作业务培训会2次,明确工作任务,加强沟通协调、业务指导、督查督办,健全完善知识库,防止高频工单不断挤占工单处理时间,确保群众的合理诉求得到解决。建立工单运行情况月通报工作机制,严防出现超期工单,对紧急重大诉求做到第一时间介入,确保工单第一时间由指挥调度中心转派至相关承办单位。热线调度中心通过在供暖企业设置“三方通话”、更新完善供暖内容知识库、事先分析研判等“未诉先办”三项举措,“抢答”群众诉求,开展供暖期热线服务保障工作。全年受理工单7504件,已完成7388件,未办结工单116件。其中诉求分类中求助类工单3386件,投诉类工单1385件,咨询类工单1232件,举报类工单367件,建议类工单1527件,表扬类工单14件,其他类工单7件;行业分类中城市综合类工单4666件,民生保障类工单897件,农林水土类工单445件,安全监管类工单160件,政务管理类工单557件,科教文卫类工单829件,治安法制类工单34件,非受理范围197件,行业监管类工单93件,经济综合类工单36件,党政群体4件。总体完成率93.81%,响应率94.97%,满意率92.28%,解决率85.83%,逾期率6.97%。知识库信息维护2491条。

【政务公开】 2022年,市政务服务局召开政务公开业务培训会2次,采取线上线下相结合的方式,通过图文和实操形式,解答政务公开工作中常见的问题。完成政府网站集约化管理工作,优化专栏信息建设,规范和完善公开板块栏目设置,推进行政机关基础信息公开及规划信息、统计信息和重大民生信息的公开。在呼伦贝尔市人民政府网站开展社会评议活动,主动听取社会公众的意见与建议,评议结果良好。全年发布新闻、动态类信息4737条,政策解读227条,办理网民留言92件,基础信息公开8496条,优化营商环境、乡村振兴、稳岗就业、养老服务、生态环境、食品药品、义务教育、医疗卫生、企事业单位等重点领域信息公开3600条。按照《扎兰屯市依申请公开制度》及流程,规范依申请答复建档工作,收到政府信息公开申请9件,行政复议1件,未涉及行政诉讼,未发生政府信息公开责任追究情况。

（张　博）

信访工作

【概况】 2022年，扎兰屯市信访局(以下简称市信访局)接待群众来访920批次4727人次，其中个体访576批次909人次，集体访344批次3818次。信访信息系统信访件2064件，其中走访7件、来信1246件、网上投诉782件、网上建议1件、领导信箱28件；已办结1828件，调查处理中236件；初始信访件1574件，重复信访件490件。进京访4批次4人次，同比批次下降88.89%、人次下降90.90%；赴区访4批次5人次，同比批次下降71.42%、人次下降68.75%；到呼伦贝尔市上访81批次126人次。

【信访责任制】 2022年，扎兰屯市级领导严格执行领导干部接访、下访、约访制度，常态化运行“疏访、预防、导访、下访”机制，将矛盾化解“关口前移”，发挥身先士卒、“领头雁”作用，接待群众395批次1296人次，化解147批次832人次的信访事项。市信访联席会议发挥联席会议制度作用，密集开展信访工作调度和案件化解工作，全市范围内以乡镇、街道办事处为主体经常性开展信访排查。

【“治理重复访、化解积案”专项行动】 2022年，扎兰屯市级包案领导与包联领导相结合，建立台账，倒排工期、动态管理，集中力量开展专项工作，做到化解一件核减一件，确保问题解决。中联办开展集中治理重复信访、化解信访积案专项工作中分2批交办的131件次重复信访件均认定化解。

（胡艳军）

机关事务管理

【概况】 2022年，扎兰屯市机关事务服务中心(以下简称市机关事务服务中心)对全市各行政事业单位公务用车的使用、配置、维修、配备及处置等问题进行统一规范管理。加强办公用房的集约节约使用，杜绝出现超标准配备使用办公用房的问题，有序完成相关单位办公用房合理调剂。对党政综合楼、民生大厦办公场所进行维修，对维修工程进行统一预算、招投标、监督，节约维修资金，保障工程质量。加强对电梯、保安监控系统、火灾报警系统等特种设备设施的定期维护，及时发现和处理问题。完成民生大厦消防维保招投标，优化物业日常管理维护。加强会议服务人员的礼仪培训、保密教育和业务培训，规范会议室的管理与使用，配备专职人员对党政大楼视频会议音响设施进行检查维护，将视频会议设备迁移改造至七楼会议室。

【公共机构节能】 2022年，扎兰屯市公共机构人均能耗同比下降6.6%，单位建筑面积能耗同比下降1.49%，人均用水量同比下降5.26%。持续推动节约型公共机构示范单位、公共机构节水型单位创建，全市70%党政机关建成节约型机关。建立公共机构名录库动态管理机

6月16日，市机关事务服务中心在党政办公楼开展全国节能宣传周活动

（市机关事务服务中心 供图）

制，组织开展公共机构能源资源消费数据统计、数据会审和数据质量抽查，提升能源资源利用效率。组织全市各公共机构开展节能宣传周、全国低碳日等系列主题宣传活动，开展垃圾分类、制止餐饮浪费、“光盘行动”等节能节约宣传工作，形成简约适度、绿色低碳的工作和生活方式。

【办公用房管理】 2022年，市机关事务服务中心规范全市办公用房使用，按照《内蒙古自治区党政机关办公用房管理办法》要求，加强办公用房的集约节约使用，杜绝出现超标准配备使用办公用房的问题，完成相关单位办公用房合理调剂。对市纪委监委、武警部队、正阳办事处、民乐社区、市委巡察办、岭东工业园区、就业服务中心等多家办公场所进行维修，对维修工程进行统一预算、招投标，节约维修资金，保障工程质量。

【公务用车管理】 2022年，市机关事务服务中心处置车辆8辆、购置车辆12辆。行政单位138辆车辆均安装北斗并纳入平台集中管理，严格要求各单位按照车辆监管平台操作流程规范用车，杜绝公车私用现象。全市各单位用车申请记录1.78万次，为四大班子及全市重点工作任务提供车辆保障服务950余次。车辆用油管理实行专岗专人负责制度，配备专职加油员，严格控制车辆用油经费支出，降低行政成本，保障公务出行。

（王　雪）

中国人民政治协商会议扎兰屯市委员会

综 述

【概况】 2022年，政协扎兰屯市第十届委员会有界别6个，即中共界，工商联界，民族宗教、工青妇、特邀界，教科文卫体界，农牧林界，经济企业界。政协委员195人，其中，中共界委员31人，工商联界委员28人，民族宗教、工青妇、特邀界委员29人，教科文卫体界委员36人，农牧林界委员43人，经济企业界委员28人。中共党员委员78人，占委员总数的40%；非中共委员117人，占委员总数的60%。妇女委员81人，占委员总数的42%。常务委员29人，在扎兰屯的呼伦贝尔市政协委员20人。

【委员队伍建设】 2022年，市政协组织委员集中学习培训3次，结合界别活动组开展分批次、分领域、分重点的界别组集体学习。加强委员联络服务，健全委员联络服务机制。完善委员履职考核，调整充实委员16人，末位淘汰委员2名，委员履职评价激励机制日臻完善。

【政协制度建设】 2022年，市政协制定完善全体大会、常委会工作规则及通则，健全完善专委会开展调研、视察、督办提案、联系界别等工作机制。制定专委会通则和协商工作规则，用制度规范协商工作。完善《委员履职考评办法》，严格落实《政协常委提交年度履职报告工作办法》，激发委员履职的责任感使命感。逐步完善提案工作制度，提高提案质量和工作效率。

【文史馆建设】 2022年，市政协结合文史馆建设，创新“书香政协”形式，馆藏书籍20类1600册。面向政协机关、全体委员开展“品读好书”推荐10次、全民阅读“金句分享”123次，向界别群众和委员工作室送书2000余册，开展宣讲活动45

1月10日，政协扎兰屯市第十届委员会第一次会议召开全体委员培训会
（市融媒体中心 供图）

场次，参与群众2884人。

重要会议

【政协扎兰屯市第九届常委会第十二次会议】 1月4日，政协扎兰屯市第九届委员会常务委员会第十二次会议召开。会议听取《全市2021年经济运行情况通报》《政协扎兰屯市第九届委员会第五次会议以来委员提案办理情况的通报》；审议并通过《政协扎兰屯市第十届委员会委员人选建议名单(草案)》《政协扎兰屯市第十届委员会第一次会议的决定、议程、日程(草案)》《政协扎兰屯市第九届委员会常务委员会工作报告》《政协扎兰屯市第九届委员会提案工作情况报告》《政协扎兰屯市第十届委员会第一次会议大会秘书长建议名单(草案)》《政协扎兰屯市第九届委员会常务委员会工作报告人名单(草案)》《政协扎兰屯市第九届委员会提案工作报告人名单(草案)》《政协扎兰屯市第十届第一次会议秘书处工作机构(草案)》《政协扎兰屯市第十届第一次会议委员编组办法、各组召集人和委员分组建议名单(草案)》《政协扎兰屯市第十届第一次会议提案审查委员会成员建议名单(草案)》《政协扎兰屯市第十届第一次会议参会人员和列席单位建议名单(草案)》等有关市政协十届一次会议的各项事宜。

【政协扎兰屯市第十届委员会第一次会议】 1月11—12日，政协扎兰屯市第十届委员会第一次会议召开。于萍当选政协扎兰屯市第十届委员会主席，刘士勇、房平、刘仁德、焦健当选政协扎兰屯市第十届委员会副主席，王书江当选政协扎兰屯市第十届委员会秘书长，王红等33人当选常务委员。会议审议通过《政协扎兰屯市第九届委员会常务委员会工作报告的决议》《政协扎兰屯市第十届委员会常务委员会关于十届一次会议提案审查情况的报告》《政协扎兰屯市第十届委员会第一次会议政治决议》《政协扎兰屯市第九届委员会常务委员会工作报告》《政协扎兰屯市第九届委员会常务委员会提案情况工作报告》。

参政议政

【协商议政】 2022年，市政协先后到鄂伦春自治旗、根河市、额尔古纳市学习考察，形成《赴鄂伦春旗等地学习考察文旅产业发展考察报告》，助推文旅产业大会、夏季漂流季和冰雪旅游等文旅产业发展，在推动全市文旅产业提标提效发展中发挥积极作用。实现19个乡镇街道委员工作室全覆盖，创新建设特色委员工作站2个，基层民主协商成果显著，收集社情民意121条，形成建议63件。各专委会通过专题协商、对口协商、提案办理协商等形式开展协商议政52次，履行建言资政职能。围绕“水资源节约集约与利用”，聚焦“‘一网通办’，推进数字政府建设，助力营商环境优化提升”开展协商。围绕重点项目落实、社区矫正、产城融合、优化营商环境、文旅产业发展、玉米全产业链延伸发展、历史文化街区建设等方面开展协商调研，开展视察考察10次、界别活动12次，形成调研报告8篇。

【建言献策】 2022年，市政协围绕铸牢中华民族共同体意识、为困难留守儿童送温暖、中蒙医药产业发展、破解民营企业融资瓶颈、依托果蔬种植产业推进乡村振兴、送科技下乡等主题开展调研，以委员行业优势纾忧解困、建言献策。围绕办好人民满意教育、满足人民群众文化生活需求等民生事项组织开展专项调研。发挥政协反映社情民意渠道畅通的优势，收集社情民意信息121条，编发专报63期、社情民意反映39期，编发政协简报78篇，自治区政协采用7篇，呼伦贝尔市政协采用36篇，核心刊物《同心》采用1篇。

【民主监督】 2022年，市政协深入水库、“一场两站”、商超、学校、企业等重点场所，围绕群众关心的居民饮水安全、环境治理、中央生态环境保护督察落实、爱国卫生运动百日攻坚、教育“双减”等重点工作开展民主监督，推动工作落实。发挥提案在政协民主监督中的作用，实行主席、副主席牵头督办重点提案工作机制，强化政协提案办理，立案提案118件，答复率100%，对5件重点提案进行跟踪督办。经评选12件提案被评为优秀提案，在绩效考核中7家单位被评为优秀承办单位。选派政协委员担任政务公开义务监督员、人民陪审员、人民监督员、信访监督员、行风监督员，为推动各部门工作落实发挥积极作用。市政协两级班子成员支持和参与全市重点工作和重点项目，先后到包联片区和单位责任区进行监督指导和督导调研50余次，有针对性地提出科学合理的意见建议，助推重点工作任务得到落实。

【提案办理】 2022年，市政协全体政协委员、政协参加单位和各专门委员会，提交提案157件，对内容相同相近的提案合并后形成提案146件，经审查，立案118件，立案率81%。经36家承办单位认真办理，全部提案均办复完毕，所提问题已经解决或基本解决的(A类)有34件，占28.8%；正在解决或列入计划逐步解决的(B类)有61件，占51.7%；因条件限制有待今后研究解决或需要向上级请示反映的(C类)有23件，占19.5%。确定重点提案5件，涉及经济、社会、生态等领域。

【凝聚共识】 2022年，市政协利用会议、调研视察、培训等开展思想政治教育，增进政治认同、理论认同、情感认同。为党派团体协商议政搭建平台，在政协各类会议上优先安排各党派团体发言，在开展专题调研、视察监督时邀请各党派团体参与。强化统战职能，增强团结互信，推动铸牢中华民族共同体意识走深走实，维护民族团结，促进宗教和睦。在自治区推广国家通用语言文字工作中，引导委员站稳立场、正面发声。加强与新经济组织、社会组织及社会各阶层代表人士的联系，使各方面意见在政协平台交流融合、增进共识。

（苏金奎）

2022年扎兰屯市优秀政协提案一览表

表7

序号	建议内容	提案人	主办单位	协办单位
1	关于建设扎兰屯市农业科技示范园的建议	胡兴国	农科局	
2	关于壮大村级集体经济，助推乡村振兴战略的建议	李志超	乡村振兴局	农科局
3	关于加快发展扎兰屯市旅游业的建议	孙锁凤	文旅局	
4	关于加强扎兰屯市青少年心理健康教育工作的建议	潘　霞	教育局	
5	关于加强未成年人司法保护的建议	王　朕	司法局	文旅局
6	关于规范设定交通标识的建议	梁长锁	公安局	
7	关于加强城市文明养犬管理的建议	张　忱	公安局	
8	关于在基层医疗卫生机构开展“临终关怀”服务项目的建议	杨　娟	卫健委	
9	关于改善城市环境卫生的建议	王兴佳	综合执法局	住建局
10	关于加强烟花爆竹燃放管理的建议	盛守英	公安局	
11	关于切实加强公共交通管理的建议	冉春辉	交通局	
12	关于清理居民小区楼道堆放物的建议	赵　佳	消防队	各街道

（资料来源：市政协办公室）

中共扎兰屯市纪律检查委员会 扎兰屯市监察委员会

综 述

【概况】 2022年，中共扎兰屯市纪委扎兰屯市监委(以下简称市纪委监委)落实“存量清零、增量随清”工作任务，存量问题线索358件均办结，1—11月接收的新增检举控告件73件均当月办结。处置问题线索218件，立案75件112人，结案110件，给予党纪政务处分144人。印发纪律检查建议书、监察建议书8份，推动问题整改12个，运用监督执纪“四种形态”批评教育和帮助处理566人次。严肃党内政治生活，对全市各级党组织集中治理党内政治生活庸俗化、交易化工作落实情况进行监督检查68次。深化以案促改，印发《纪律检查建议书》6份、《监察建议书》2份，督促整改问题12个，提出整改建议24条。推动廉洁文化建设，印发《扎兰屯市廉政教育阵地建设管理使用方案》，将廉政教育纳入市委党校的主体授课班次中，组织参观廉政教育“一中心五基地”(扎兰屯市党群服务中心、扎兰屯市廉政教育培训基地、扎兰屯市廉政警示教育基地西南分中心、内蒙古扎兰屯监狱警示教育基地、达斡尔民族乡廉政文化广场、卧牛河镇廉政文化长廊)101场次、2300人次。

【政治监督】 2022年，市纪委监委完善政治监督台账，明确重点监督内容30项，推进政治监督具体化、精准化、常态化，保障党的二十大提出的重要思想、重要观点、重大战略、重大举措落到实处。紧盯“关键少数”，加强对“一把手”和领导班子的监督，与下级党组织“一把手”开展监督谈话，全市各级纪检监察机关开展监督847次。做好党风廉政意见回复，回复意见140批3704人次。制定监督检查工作方案、指导手册、突发情况操作方案等，结合疫情发展形势，及时调整监督工作重点，日调度、周总结，实行“监督检查+‘回头看’整改监督”的工作模式，推动问题整改。监督检查重点场所1855次，发现问题535个；向疫情防控指挥部发送工作提示函17份，提出工作建议45条；处理违反疫情防控相关规定问题2件，诫勉谈话3人，谈话提醒1人，通报1期。意识形态领域开展监督检查54次，组织召开意识形态专题工作会议21次，发现并督促整改问题3个。

【队伍建设】 2022年，市纪委监委规范机关内部管理，修订完善和细化制度12项。规范办案程序，每月采取核查文书、现场检查、查看录音录像资料等方式，对谈话安全、监督检查、审查调查措施使用情况进行监管，印发通报7期。以建设“学习型”机关活动为抓手，开展“每周一学”40次、“每月一测”9次。规范选人用人，调入人才18人（含未到岗6人），着力增强干部队伍力量，推进干部队伍正规化。坚持刀刃向内，处置纪检监察干部问题线索7件，组织处理4人，通报批评2人。

重要会议

【中共扎兰屯市第九届纪律检查委员会第二次全体会议第二次会议】 3月30日，中共扎兰屯市第九届纪律检查委员会第二次全体会议第二次会议召开，审议通过市纪委常委会工作报告《坚持守正创新 坚守职责使命 推动纪检监察工作高质量发展 以优异成绩迎接党的二十大胜利召开》《中共扎兰屯市第九届纪律检查委员会第二次全体会议决议（草案）》。

【全市领导干部警示教育大会】 7月22日，扎兰屯市领导干部警示教育大会暨党风廉政建设工作推进会议召开。市委书记出席会议，市委常委、纪委书记、监委主任主持会议，全市处级领导干部，各街道党工委书记、各部门主要负责人，市纪委监委相关干部及相关部门涉及优化营商环境工作的环节干部在主会场参加会议，各乡镇全体干部在分会场参加会议。会议深入贯彻落实呼伦贝尔市警示教育暨党风廉政建设推进会议精神，组织观看警示教育专题片《忘记初心的代价》，通过剖析违纪违法典型案件，用身边事教育身边人，进一步提高各级领导干部廉政意识，筑牢拒腐防变的思想道德防线。同时，会议进行了“从身边事驰而不息纠正‘四风’ 从我们做起坚持不懈传承家风”反腐倡廉讲座。

【全市金融领域警示教育大会】 4月27日，扎兰屯市金融领域警示教育大会召开。市委常委、纪委书记、监委主任主持会议，市人民法院、人民检察院、纪委监委有关负责人，市直有关部门、单位及各金融机构主要负责人参加会议。全体参会人员观看警示教育片《深化金融反腐》，通过办案人员讲述及违法违纪人员现身说法，使参会人员接受深刻的警示教育。

3月30日，中共扎兰屯市第九届纪律检查委员会第二次全体会议第二次会议召开　　（市融媒体中心　供图）

专项整治

【概况】 2022年，市纪委监委根据信访举报、日常监督、审查调查、巡视巡察等发现的群众反映强烈的突出问题，部署开展专项整治6次，对一些普遍发生、反复出现的问题紧盯不放、深化整治，推动解决了一大批群众急难愁盼问题。

【粮食购销领域腐败问题专项治理】 2022年，市纪委监委召开粮食购销领域腐败问题专项整治专项会议5次，督促市发展改革委组织全市粮食承储企业召开协调会，开展自查自纠，对各企业自查自纠情况进行联合监督检查。对市主体责任办公室相关成员单位落实粮食购销领域腐败问题专项整治工作开展及问题整改情况开展监督检查14次，督促主体责任部门完成粮食收购、库存、销售环节、轮换情况、政策执行5个方面存在的32项问题的整改，发送提醒函5份，推动建立健全各类规章制度20项。

【“五个大起底”行动监督】 2022年，市纪委监委印发《关于做好“五个大起底”行动监督工作方案》，将“五个大起底”行动跟进监督，纳入政治监督台账，通过“室组”“室地”联动监督(“室”指纪委监委机关各纪检监察室，“组”指各派驻纪检监察组，“地”指各乡镇、街道纪工委)等方式强化监督。到市发展改革委、财政局、自然资源局、住建局、工信局等43个部门开展监督检查58次，发现并督促解决问题1个。

【供热保障监督】 2022年，市纪委监委成立供热监督检查专班，由纪委副书记、监委副主任任组长，对全市2022—2023年供热保障工作进行监督，将供热监督纳入日常监督工作重点，督促职能部门落实监管责任。采取“室组”联动机制，通过听取汇报、查阅资料、入户调研、电话询问、现场询问当事人等方式，实地走访57个部门，对供热情况、室内温度、安全生产、设备检修、能源合同签订及备料情况、老旧小区改造中供热及“暖心煤”供应质量和价格等相关情况监督检查88次，发现并督促整改问题10个，向相关职能部门印发提示函1份。

【开发区领域专项整治】 2022年，市纪委监委制定《扎兰屯市贯彻落实习近平总书记重要批示精神推进开发区领域腐败问题监督整治工作实施方案》，成立开发区领域腐败问题监督整治协调领导小组，聚集土地出让、项目审批、征地拆迁、国有资本使用、内部管理等重点领域、关键环节跟进监督，严肃惩处党员领导干部利用开发区资源谋取私利的腐败和作风问题。协调召开以案促改监督工作会议1次，向相关责任部门发函3份，督促完成整改问题19个，推动建立完善制度23项。

【中央生态环境保护督察整改监督】 2022年，市纪委监委联合“两办”（市委办、市政府办）组成督查组，通过查阅相关内业资料、实地踏查等方式对2016年中央生态环境保护督察、2018年中央生态环境保护督察涉及的相关部门进行“回头看”，对自治区生态环境保护督察反馈问题整改及历次信访投诉案件办理工作对相关部门开展督查116次，发现并督促整改问题26个，印发通报13期。

【“三务”公开监督】 2022年，市纪委监委印发《关于报送“三务”公开工作开展情况的通知》《关于加强“三务”公开监督检查的通知》，督促全市各乡镇街道、市直部门及时更新“三务”公开公示内容，及时提升“三务”公开实效。通过实地走访、面对面询问、入户访谈、发放调查问卷等方式开展监督检查196次，发现并督促整改问题91个，印发通报5期、监察建议书1份，提出意见建议12条；受理“三务”公开问题线索3件，立案3人，党纪政务处分3人。

党风廉政建设

【概况】 2022年，市纪委监委贯彻落实党的二十大关于反腐败工作的最新要求，启动“清风扎兰”廉政教育品牌创建活动，确定3部分9方面33项工作任务，构建形成“基础夯实、长效固本、一体推进”的廉政教育格局。在市中心繁华路段布展“廉洁文化墙”19块，文化墙内容包含廉洁漫画、廉政格言和廉政书画，以新颖丰富的形式打造浓厚廉洁文化氛围。通过微信群逐级转发方式，在每个工作日向全市所有公职人员发布“纪检监察微课堂”，累计发布216期。加大容错纠错、关爱回访等工作力度，利用容错纠错机制处理案件2件，回访教育受处分党员干部37人。

【作风建设督查】 2022年，市纪委监委受理违反八项规定精神问题线索7件，立案7人，党纪政务处分7人。在元旦、春节等重要节点对作风建设进行重申强调，加强监督检查，强化明察暗访，运用“节前警示＋节中监督＋节后总结”“日常＋专项＋节点”监督模式，印发通知警示5份，监督检查324次，发现问题10个，印发通报3期、提醒函2份。统筹开展优化营商环境监督，开展调研座谈1次，监督检查146次，发现问题8个，督促整改8个；建设E码监督平台1个，设置举报箱2个，受理涉及营商环境问题线索1件，立案1人，党纪处分1人。紧盯乡村振兴领域政策支持力度大、投资密度大、资源集中的项目和环节，累计监督检查106次，发现问题35个，督促完成整改，发出纪检监察建议书2份。

【警示教育】 2022年，市纪委监委制作由本土案例组成的警示教育片2部，面向全市党员领导干部播放，用身边事教育身边人，使警示教育更加具有震慑性。其中，《忘记初心的代价》包含副处级领导干部、乡镇科级干部和教育系统、公安系统干部违纪违法案例，受教育近800人；《斩断伸向农业补贴的黑手》为针对农村基层干部的警示片。制定廉政教育阵地建设管理的工作方案，重点发挥好“一中心五基地”廉洁教育阵地作用，分层级分类别开展廉政教育，打造覆盖市区及东、南、西、北片区乡镇特色鲜明、主题突出、针对性和实用强的廉政教育体系，多层次多角度推动廉政教育走深走实，累计组织参观活动61场次，受教育1670人。

（李　响　沃志颖）

巡　察

【概况】 2022年，中共扎兰屯市委员会巡察工作领导小组办公室（以下简称市委巡察办）投入26万元建设完成110平方米，集标准化设计、安全管理、智能调阅等功能于一体的规范化智能档案室。通过制定《扎兰屯市委巡察机构与审计监督贯通协同工作机制》《扎兰屯市委巡察整改约谈暂行办法》《关于市委书记专题会听取巡察汇报后约谈被巡察党组织“一把手”工作办法》等11项制度，进一步完善制度规则，强化制度执行和权力约束。通过邀请上级巡察机构领导和职能部门负责人授课、与其他旗县巡察机构开展座谈交流、组织召开巡察工作复盘会等形式，为巡察干部增长才干、积累经验提供平台。

【巡察监督】 2022年，市委巡察办按照《关于配合呼伦贝尔市委统筹开展联动巡察有关工作提示》要求，于2月22日接续开展九届市委第一轮巡察，完成对自然资源局等6个党组织、26个村（社区）党组织的常规巡察任务。巡察发现“三个聚焦”（聚焦基层贯彻落实党的路线方针政策和党中央决策部署情况，聚焦群众身边腐败问题和不正之风，聚焦基层党组织软弱涣散、组织力欠缺问题）方面问题67个，督促立行立改事项4项，移交问题线索4件。4月29日至6月14日，市委派出巡察组4个，对市工信局等10个党组织、25个村（社区）党组织开展常规巡察。巡察发现市直部门（乡镇）党组织问题120个，村（社区）党组织问题127个，督促立行立改事项6项。11月1日，市委启动第三轮巡察工作，派出巡察组4个，对市水利局等12个党组织、7个村（社区）党组织开展常规巡察。

【巡察整改】 2022年，市委巡察办通过听取汇报、对账查账、实地走访等方式，对被巡察党

4月13日，九届扎兰屯市委第一轮巡察集中反馈暨巡察整改工作安排部署会召开
（市委巡察办　供图）

组织整改工作落实情况进行督导。创新实施以“集中反馈加个别反馈加整改培训”为主要内容的“1+1+1”反馈模式，压实被巡察党组织的整改主体责任。召开巡察整改约谈会，对整改工作进展缓慢的被巡察党组织主要负责人进行约谈，要求被巡察党组织要持续传导压力、尽快销号清零。

【监督融合】 2022年，市委巡察办调取被巡察单位党建问题清单、审计报告、信访台账、问题线索等重要材料28份。制定《扎兰屯市委巡察机构与人大、政协机关联合监督工作机制》，全面了解群众所忧、所急、所盼的问题与事项，推动解决群众关心的“难点”“堵点”“痛点”问题，推动解决群众急难愁盼问题117件，人民群众的获得感、幸福感、安全感得到提升。

【巡察示范点创建】 2022年，市委巡察办在全市82个市直部门、乡镇街道和173个村（社区）党组织中，按类别选取被巡察党组织，打造巡察宣传和巡察整改示范点，以群众喜闻乐见的展板、漫画、标语等形式，展示巡察成果。打造完成达斡尔民族乡宣传示范点和达斡尔民族乡巴图村巡察整改示范点2处，累计接待党员群众1200余人次。

【巡察宣传】 2022年，市委巡察办宣传稿件被《人民日报》采稿5篇、人民网采稿2篇、“学习强国”学习平台采稿2篇、《经济日报》采稿1篇、中央广播电视总台采稿1篇、内蒙古新闻网采稿3篇、自治区巡视办采稿4篇、《内蒙古经济报》采稿1篇、《内蒙古科技报》采稿1篇、《呼伦贝尔日报》采稿2篇、呼伦贝尔市委巡察办采稿11篇，编制印发《扎兰屯巡察》专刊6期。

（刘万钧）

民主党派·工商联

民革呼伦贝尔市委员会扎兰屯市支部

【概况】 民革呼伦贝尔市委员会扎兰屯市支部(以下简称民革扎兰屯市支部)前身为中国国民党革命委员会内蒙古自治区直属扎兰屯市小组,1991年,经民革内蒙古自治区委员会批准成立。2003年,经民革内蒙古自治区委员会批准,成立民革呼伦贝尔市委员会扎兰屯市支部。2022年,民革扎兰屯市支部有党员16名,均为大学及以上学历。其中,专科4名,占总人数的25%;本科10名,占总人数的62.5%;研究生学历2名,占总人数的12.5%。“80”后党员3名,占总人数的18.8%。发展积极分子2名,均为“85”后优秀年轻干部。

【参政议政】 2022年,民革扎兰屯市支部有呼伦贝尔市政协委员2名、呼伦贝尔市人大代表1名、扎兰屯市人大代表1名、扎兰屯市政协委员2名。年内,围绕食品安全、环境保护、道路安全、医疗卫生、民生保障、三农等工作开展调研,提高参政议政能力水平。民革扎兰屯市支部提交《关于加快推进阿柴景区一体化建设的建议》《关于老旧小区充电桩的安装问题》《关于加强国省干线公路两侧荒山及可利用地绿化美化的建议》等人大建议和政协提案,办结率100%。

【组织建设】 2022年4月,民革扎兰屯市支部按照程序选举产生民革呼伦贝尔市委员会扎兰屯市支部第三届委员会,选举主任委员、副主任委员等领导班子成员5人,其中“70”后3名、“80”后2名。新一届领导班子着重强化思想政治建设和领导力建设,落实民主生活会和民主议事决策等规章制度,打造团结和谐、奋进有为的民革支部。

【思想建设】 2022年,民革扎兰屯市支部按照要求对中共二十大精神、习近平总书记关于多党合作和新时代参政党建设的重要论述、民革十三大及十三届历次全会精神、民革十四大精神进行专题学习,开展“不忘合作初心,继续携手前进”主题教育、铸牢中华民族共同体意识专题教育、中共党史学习教育等活动,组织2名党员参加民革内蒙古区委会参政议政骨干党员培训班,抓好《反分裂国家法》《中国共产党统一战线工作条例》学习宣传,通过线上学和线下学相结合、相促进,夯实思想政治基础。9月,按照民革中央印发的《关于开展“矢志不渝跟党走、携手奋进新时代”政治交接主题教育的通知》要求,组织部分党员参加“矢志不渝跟党走、携手奋进新时代”政治交接主题教育,深入百年机车库红色革命爱国主义教育基地、布苏里爱国主义教育基地开展爱国主义教育。为迎接中共二十大胜利召开，提高党员身体素质，举办“喜迎二十大 迈步新征程”健步走活动。

【社会服务】 2022年，民革扎兰屯市支部以“博爱·暖心工程”为社会服务品牌，开展形式丰富的社会服务活动。春节前夕，全体党员自愿筹资3000余元，到街道社区开展“春节慰问送温暖”活动，慰问疫情期间辛苦付出的社区网格员。

（袁凯明）

扎兰屯市工商业联合会

【概况】 2022年，扎兰屯市工商业联合会(以下简称市工商联)有会员企业193家，常委18人，副主席31人，副会长31人，执委193人。与工商联沟通联系的商会有4家，即女企业家协会、青年企业家商会、企业家商会、茶文化协会。市工商联制定《关于开展扎兰屯市“万企兴万村”行动的实施方案》，组织召开“万企兴万村”行动工作推进会，企业家代表和25家行政村负责人签订了共建协议书。联合市司法局召开服务民营企业交流研讨会，听取民营企业家代表对司法局和工商联各项工作的意见和建议。联合市总工会、市人力资源和社会保障局协调劳动关系三方委员会成员单位共同深入多家企业开展2022年构建和谐劳动关系宣传活动，对已认定和未认定的和谐劳动关系企业开展《中华人民共和国工会法》《中华人民共和国劳动法》《保障农民工工资支付条例》《女职工劳动保护特别规定》等法律法规宣传宣讲。

3月20日，市工商联第十二次代表大会召开 （市融媒体中心 供图）

【市工商联第十二次代表大会】 2022年3月20日，市工商联召开第十二次代表大会。选举产生新一届工商联执委。大会形成今后五年工商联工作的纲领性工作报告。

【非公有制经济人士理想信念教育】 2022年，市工商联组织企业、商会会员100余人参加“蒙商大讲堂”线上学习。推荐41名会员担任市人大代表、政协委员，提高企业家的政治地位，搭建参政议政平台。组织企业、商会会员观看党的二十大开幕会，撰写心得体会58份、专题研讨2份，召开座谈会1次、走访企业3家。组织非公党委“永远跟党走 奋进新征程”非公有制经济人士职工羽毛球赛；组织商会和会员开展“七一”系列活动8次。

【非公企业党建】 2022年，市工商联突出强化政治功能，统筹推进党组织建设和工作覆盖面，完善落实党建规章制度，严肃党的组织生活，引领党组织生活“新常态”。发挥政治引领作用，组织疫情防控志愿者33人，企业党组织履行社会责任，为疫情防控捐资捐物380万元。指导7家非公党支部创建“最强党支部”建设，新成立非公企业党支部2家，走访非公党支部10家，慰问贫困党员6人，走访慰问困难群众157户，发放慰问金20余万元。

【工商联会员教育培训】 2022年，市工商联通过专题培训、主题党日多种方式，组织会员学习党的二十大精神，利用新媒体手段分别在抖音和微信平台及时将有关政策信息和市委、市政府决策部署传达到会员和企业，畅通诉求渠道，协调各相关部门抓好各项扶持政策的贯彻落实。及时在工商联会员微信群发布各部委、金融机构制定的政策措施，对有关部委、金融机构制定的相关政策和信息进行解读。

5 月 15 日，市工商联民营企业法律服务站签约授牌仪式举行

（市工商联　供图）

【中小微企业服务】 2022 年，市工商联为缓解中小微企业融资难、融资贵、融资慢的问题，多次组织与市邮储银行、建行、农行等金融机构召开“优化营商环境 助力中小微企业发展”座谈会，为 13 家企业提供贷款 478 万。开办“扎兰屯市电子商务助企纾困转型升级专题服务”培训班，助力企业创新销售模式。扩大司法单位及劳动保障、知识产权等部门与商会、会员企业的双向交流。5 月 15 日，成立呼伦贝尔市首家民营企业法律服务站。

【民营企业走访调研】 2022 年，市工商联贯彻落实“一线工作法”，开展“主席走访民营企业”活动，学习市委、市政府重要会议精神和工作部署，畅通诉求渠道，协调各相关部门抓好各项扶持政策的落实。走访企业 45 家，梳理共性问题 18 条、“招工难、融资贵”等个性问题 10 条。撰写完成《服务民营经济解决中小微企业融资难》调研报告。

【商会工作】 2022 年，市工商联组织商会开展“四好”（政治引领好、队伍建设好、服务发展好、自律规范好）商会创建活动，推动商会规范化建设。召开 2022 年度商会会长专题工作会议，共商商会未来发展。

（于海礁）

群众团体

扎兰屯市总工会

【概况】 2022年，扎兰屯市总工会（以下简称市总工会）完成基层工会实名制信息采集645家，会员3.2万人。新业态组织12家，会员529人。12个乡镇达标一类工会3家、二类工会9家；7个街道办事处达标一类工会2家、二类工会5家；开发区一类工会1家。全市开展线上、线下劳模宣传宣讲活动21场，辐射职工千余人；组织举办全市职工拔河、乒乓球、排球等系列赛事，各行业代表队75支，参加比赛职工1000余人次。

【劳动和技能竞赛】 2022年，市总工会组织全市企业开展劳动和技能竞赛活动，发挥工人阶级主力军作用。热电厂开展抢发电量和失水治理劳动竞赛，参与职工100余人次，投入资金10万元，助推职工建功立业；呼伦贝尔东北阜丰生物科技有限公司举办职工劳动和技能竞赛及员工技术比武2次，促进一线员工由“工”变“匠”，32名职工通过技能竞赛走上各级管理和专工岗位；大兴安岭浆纸有限责任公司组织劳动竞赛12次，1440人次参加，采纳实施合理化建议36项，奖励53人，奖励金额2.02万元。

【困难职工服务】 2022年，市总工会开展送温暖活动助力解困脱困，慰问困难企事业单位91家、困难职工6400人、困难劳模73人。开展以工作在户外、露天、高温一线职工为主要对象的送清凉活动，投入10.67万元购置雨衣、矿泉水等物资。为新业态劳动者和环卫工人送去价值14.95万元的冬日防护用品。建设户外劳动者服务站5处，其中扎兰屯市早市户外劳动者服务站点被中华全国总工会办公

8月28日，市总工会组织全市职工拔河比赛　（市总工会　供图）

厅评选为2022年“最美工会户外劳动者服务站点”。推进互助医疗保障工作，互助医疗单位111家，参加职工1万余名，赔付324人，理赔金额30.7万元；女性馨康互助参保1624人，赔付1人，理赔金额3.2万元。

【维护职工合法权益】 2022年，市总工会联合市应急管理局组织企业开展安全生产培训20余次，为企业发放安全资料100余份；联合市卫健委在企业开展“安康杯”系列活动7场，开展厂务公开民主管理培训1次。成立快递企业工会联合会和快递企业联合党支部，签订快递企业集体协商合同和工资专项合同5家。组织针对新业态劳动者法律宣传活动2场，发放法律宣传资料180份。

【产业工人队伍建设改革】 2022年，市总工会组织开展调研督查指导20余次，召开阶段性部署会议21次。以5家企业为试点单位，集中打造改革标杆样本。自2021年，下达中央财政现代职业教育质量提升计划资金279万元，已拨付技能提升培训、技能提升创业培训、职业技能培训生活费等三项补贴资金46.65万元，组织9263人次参加各类培训。建成各级高技能人才培训基地5家，推动校企共建各级实习实训基地2个，建成市级产业工人技能培训基地5家。

【构建和谐劳动关系】 2022年，市总工会联合市人社局、工商联共同发布《扎兰屯市关于开展2022年集体协商工作的提示函》，集中开展集体协商“要约行动季”活动，指导企业50余家，发放调查问卷50余份，开展集中普法活动5场，发放宣传资料500余份。举办集体协商指导员和2022年和谐劳动关系培训班，培训130人。开展“尊法守法·携手筑梦”服务农牧民工公益法律服务行动和“送法进基层”活动3场，发放法律宣传资料150份。

（高丽华）

共青团扎兰屯市委员会

【概况】 2022年，共青团扎兰屯市委员会(以下简称团市委)下辖团组织425个，其中团委22个，团工委11个，团总支11个，团支部342个，毕业生团组织39个。团员6575人，新发展团员256人，其中学校领域235名，社会领域21名。团市委与市司法局等部门开展《中华人民共和国未成年人保护法》《中华人民共和国预防未成年人犯罪法》宣传活动，携手“童行·女童保护”团队开展“为花季护航 让青春绽放”性健康教育宣讲会，实施侵害未成年人案件强制报告制度。宣传“12355”青少年服务平台，开通心理咨询热线，开展暑期公益小课堂活动，为学生讲授防溺水小知识，组织亲子志愿服务队开展“同心防溺水 安全筑未来”防溺水宣传活动。

【青少年思想引领】 2022年，团市委围绕“喜迎二十大”“学习宣传贯彻党的二十大精神”和共青团成立100周年，加强青年的理论武装和思想引领，践行青年终身学习的文化理念，开展晨读12期、读书分享2次，形成学习心得4篇。开展植树造林、无偿献血、反诈宣传、节能减排等活动10次。利用共青团线上优势，利用公众号、抖音、微博等新媒体，开设“红领巾心向党”“百年团史天天学”等音频栏目，开展“四史”宣传80次，累计参学3.5万余人次。持续推进“青年大学习”教育活动常态化制度化，累计组织参与“青年大学习”人数5089人次，综合参学率87.59%。

【青少年帮扶活动】 2022年，团市委争取社会企业和爱心人士支持，打造“爱心书屋”6间。联系本市3所学校开展舒肤佳和壹基金发起的2021—2022年度“健康传中国——洗手计划”公益项目，共3589名学生增强卫生意识。

【青少年服务活动】 2022年，团市委成立青年志愿者协会、亲子志愿服务队，发挥青少年服务生态文明建设的生力军和突击队作用，开展青少年文明实践系列活动10次。志愿者在包联地开展环境卫生整治12次，在映山红生态公园开展环境集中清理活动2次，参与城市精细化管理2次。

【青年就业活动】 2022年，团市委利用抖音等新媒体平台，转发扎兰屯市各企业招聘信息10余次，开展春季招聘会1次，对接呼伦贝尔东北阜丰生物科技有限公司提供就业岗位38个，浏览招聘信息人数上千人次。通过线上学习的方式，开展社工培训课程。与公务员考试机构联合开展公益赠书活动，发放公考书籍以及免费网课200余套。推动校企地共建，开展暑期大学生社会实践活动，协调30多家部门单位储备岗位80余个，为74名假期返乡青年提供实习机会。

【青年公益活动】 2022年，团市委与助力乡村振兴青年创业联盟开展“感党恩 守初心 送温暖”春风行动，慰问困难留守儿童21人。与晨曦之光公益协会开展“关爱‘三留守’友情过大年”慰问困难家庭活动。“五四”青年节期间，慰问本市新兴领域快递从业青年，了解一线快递员的工作和生活状况。“六一”儿童节期间，开展“情暖童心 呵护成长”圆梦微心愿活动，帮助139名困难留守儿童完成“微心愿”。举办“青春有约 爱在北疆”100人大型婚恋交友活动。

【基层青年思想建设】 2022年，团市委提高新兴领域团组织覆盖率，关注新兴领域青年的生存和发展，成立扎兰屯市快递企业联合团支部。开展“谱青春华章 展时代风采”“青春心向党 五四青年说”“奋进新征程 建功新时代”青春故事会、五四先进事迹展播、慰问青年等庆祝共青团成立100周年系列活动。打造“团心向党、青春燃动”党建品牌，开展“品读红色书籍、汲取奋进力量”“缅怀革命先烈、传承红色基因”等主题党日活动，以党建为引领，调动党建青春元素，创新党建模式，实现党团工作深度融合、相互促进。

【基层青年帮扶活动】 2022年，团市委联合青年创业孵化园、快递产业园区、森林消防大队，现场开办“青年会客厅”，对青年思想、教育、文化、健康、婚恋、人才培养、权益维护等青年重点关注的领域进行交流。利用“扎兰屯青年”微信公众号向广大青年征求意见，与24个青年联席会议成员单位共同开通“青听”热线，发挥各自领域专业优势，拓宽青年诉求渠道。组织开展线下“青听”活动6场，征集意见建议45条，落实解决30条。

（王鹏然）

扎兰屯市妇女联合会

【概况】 2022年，扎兰屯市妇女联合会（以下简称市妇联）发挥“12338”维权服务热线作用，受理妇女来信来访11件。与市检察院开展“关注困难妇女群体，加强专项司法救助”活动；联合市司法局、检察院开展“反对家庭暴力，共建和谐家园”民法典主题宣传活动；联合市司法局在市党群服务中心法律援助窗口建立“妇女维权站”；开展百名女律师百场法治公益巡讲活动，到社区、学校开展“同心

6月5日，团市委在吊桥公园开展新时代文明实践活动 （团市委 供图）

护未来 送法进万家”未成年人保护主题宣传。全年为乡镇街道妇女群众发放防护口罩8000个，为7个街道发放爱心暖贴900片。年内，扎兰屯市有乡镇、街道妇联19个，村妇联130个，社区妇联43个。

7月5日，市妇联到兴华小学开展“同心护未来·送法进校园”宣传活动
（市妇联　供图）

【家家幸福安康工程】 2022年，市妇联举办“小家大爱筑梦 家家幸福安康”——扎兰屯市2022年“最美家庭”揭晓暨《家庭教育促进法》公益讲座，揭晓自治区级“五好家庭”1户、呼伦贝尔市级“最美家庭”5户、扎兰屯市级“最美家庭”25户。在市幼儿园建立“家庭亲子阅读体验基地”，给予经费2000元，用于开展家庭亲子阅读和家庭活动教育、培训等。成立呼伦贝尔市“爱心妈妈团——扎兰屯分团”，为兴华小学、雅尔根楚学校困境留守儿童购买价值2000余元的儿童文学名著、小学生作文等类别图书；为21名乡镇困境留守儿童购买足篮球、运动服、课外书籍等学习和生活用品。争取全国妇联“恒爱行动”爱心毛线20千克，组织爱心妈妈为困境留守儿童编织爱心毛衣31件；争取呼伦贝尔市妇联99公益日“春蕾计划”助学金1.98万元，救助特殊群体中小学生12名。

【巾帼创业行动】 2022年，市妇联注重基地示范作用发挥和巾帼新农人培育，呼伦贝尔鑫难农副产品有限公司获批“自治区巾帼现代农业科技示范基地”和扶持资金3万元。推荐国家税务总局扎兰屯税务分局申报“全国巾帼文明岗”。组织扎兰屯市女农牧民7人参加呼伦贝尔市优秀女农牧民高素质培育能力提升培训。动员农村牧区妇女参与“美丽家园”创建，命名呼伦贝尔市“美丽庭院”示范户10户，“美丽家园”示范村1个；扎兰屯市“美丽庭院”示范户20户，“美丽家园”示范村2个。举办巾帼家政百人培训班2期，全市各村、社区100余名妇女参加学习。

【巾帼暖心行动】 2022年，市妇联动员女企业家协会会员捐赠大米150袋，慰问贫困妇女、困境留守儿童150人。开展“感党恩 守初心 送温暖”2022年春风行动，慰问低收入妇女、困境儿童及环卫女工173人，累计发放慰问物品大米150袋、保暖被10床、儿童羽绒服13件。联合市妇幼保健计划生育服务中心开展“送医送药送健康”活动，“健康中国 母亲行动”“‘两癌’防治、筛查健康知识到社区、村庄”活动，发放健康体检宣传册370份、医用口罩100包，开展健康知识讲座8场次。开展“北疆巾帼心向党 携手喜迎二十大”我为妇女儿童办实事活动，通过送剪纸技艺、送专题讲座、送关心关爱等多种形式提升妇女儿童的幸福感、获得感。开展“双百”巾帼暖心行动，协调爱心企业家为100名低收入母亲、100名低收入“两癌”患病妇女捐赠总价值2万余元的大米和豆油各200份。为市机关事务服务中心低收入女性保洁员发放“家乡同心包”；为女性社区矫正对象的孩子赠送慰问金、纸尿裤及婴幼儿辅食营养包10盒，协调市红十字会为其发放救助金1000元，扎兰屯市爱心公益协会捐赠慰问金300元。申报2022年“两癌”专项救助80人，争取“两癌”专项救助资金47万元，救助低收入“两癌”患病妇女47人。

【巾帼志愿行动】 2022年，扎兰屯市快递产业园妇委会成立，凝聚新经济、新商圈、新业态中的妇女力量。发布巾帼志愿者招募令，组织巾帼志愿者防疫服务队参与4家隔离宾馆服务返乡大学生接收后勤保障准备工作。将“建家”与服务“一老一小”工作相结合，在扎兰屯市“小桔灯”志愿服务团队推行“行走的妇女之家”建设试点工作，到城乡小学、城市社区面向适龄儿童、妇联干部、机关事业单位、家政服务员等不同群体开展预防儿童性侵家长版、学生版公益讲座。“童行”团队累计进校园48次，参与服务志愿者632人次，其中儿童防性侵公益讲座授课390节，受益儿童1.6万人次，家长版讲座5次，授课9节。

【“两纲”实施】 2022年，市妇联制定《扎兰屯市妇女发展规划(2021—2030年)》《扎兰屯市儿童发展规划(2021—2030年)》，经市政府2022年第六次常务会审议通过，完成印制、发放，有序推进、实施。

（吕莉莉）

扎兰屯市科学技术协会

【概况】 2022年，扎兰屯市科学技术协会(以下简称市科协)有中小学科协基层组织39个，乡镇街道科协基层组织19个，企业科协基层组织10个，科普讲师团52人，注册科普信息员1.5万人。市科协以“走进科技 你我同行”为主题，组织农牧业科技专家到基层帮助解决生产技术难题；围绕“创新争先 自立自强”主题，组织科技工作者走进企业参观科技创新成果并进行座谈。呼伦贝尔申宽生物科技有限公司被中国农村专业技术协会评为大豆科技小院，并获得支持项目资金10万元。

【科学素质提升行动】 2022年，市科协围绕提升青少年科学素质，开展科普资源助推“双减”工作。3月7日，启动2022年“科普大篷车进校园”活动，在14所小学进行巡展。在第三十六届全区青少年科技创新大赛少年儿童科学幻想绘画比赛和青少年科学影像作品展评中，获得一等奖2个、二等奖6个、三等奖5个。在“扎兰屯科普”微信公众号发布《积温带分布与玉米品种选择》科普文章；与市林草局联合开展森林防火、环保“禁限塑”宣传；组织科普讲师团举办种植养殖技术培训班。4月8日，邀请科普讲师团成员开展“百名专家走进盟市旗县科普传播行”春季活动，组织医务工作者开展群众义诊并讲解相关健康知识。

【科普宣传】 2022年，市科协利用科普大篷车和新媒体平台宣传科学防疫知识，累计播放防疫音视频100余小时。“全国科技工作者日”期间，组织科技工作者开展“助力乡村振兴 科普万里行”“崇尚科学 抵制邪教”科普宣传活动。举办“喜迎二十大·科普向未来”全国科普日

5月30日，市科协到河西街道南市社区开展“助力乡村振兴 科普万里行”——全区科普大篷车联合行动 （市科协 供图）

系列活动，发放科普宣传品2万余份、宣传单2万余份、科普图书1万余册。“科普中国”手机APP注册信息员1.5万余人，传播量130余万次，科技志愿服务平台志愿者注册3200余人，上传信息量110余条。为各单位、村(居)订阅《内蒙古科技报》211份，1.5万元。在科协官方抖音、快手以及微信视频号发布视频400余次。与市委组织部、宣传部共建“新时代先锋讲堂”10期、15场，举办科技志愿服务能力提升培训班4期、科普信息员队伍建设培训班1期。

【科普服务】 2022年，市科协开展科技培训、科普讲座、科普活动78次，座谈会12次，现场观摩会11次，农牧业技术交流12次，科普大篷车“四进”(进校园、进企业、进社区、进农村)20次。组织专家调研扎兰屯市秸秆综合利用、中草药及食用菌产业发展情况，形成扎兰屯市特色产业发展调研报告3篇；对各村产业进行调研，形成产业发展调研报告4篇。

（王铁成）

扎兰屯市文学艺术界联合会

【概况】 2022年，扎兰屯市文学艺术界联合会(以下简称市文联)各协会选举产生新一届协会领导机构。所属文艺团体10个，会员500余人。其中文艺协会9个，即作家协会、书法家协会、美术家协会、摄影家协会、音乐家协会、曲艺家协会、戏剧家协会、民间艺术家协会、舞蹈家协会；文艺学会1个，即朗诵学会。市文联组织书法家协会、美术家协会的艺术家们到乡镇办事处的村、社区，开展“迎新春、送春联、送祝福”文艺志愿服务基层活动，到蘑菇气镇、南木鄂伦春民族乡、河西街道、呼伦贝尔东北阜丰生物科技有限公司开展送春联活动。组织音乐家协会、舞蹈家协会、戏剧家协会、曲艺家协会、朗诵学会开展文联专场演出1场。联合呼伦贝尔市根艺美术学会、扎兰屯市美术家协会，开展文艺志愿服务活动，为呼和浩特返乡集中隔离大学生送出文艺书籍300本。

【文艺创作】 2022年，市文联结合二十四节气、十二生肖、传统节日、民族团结、疫情防控、喜迎党的二十大等主题创作完成剪纸作品1批；结合中东铁路历史文化、少数民族民俗、疫情防控等方面创作完成钢笔画作品1批；结合杜鹃花及中草药花盛开时节，开展摄影采风活动。

【文艺服务社会】 2022年，市文联联合市关工委、呼伦贝尔市根艺美术学会、美术家协会，在洼堤乡民族学校举行“喜迎二十大·奋进新征程”传统文化进校园活动，展出“铸牢中华民族共同体意识、社会主义核心价值观、抗击疫情”等题材书法、绘画、根雕作品70余件。开展“喜迎二十大·奋进新征程”扎兰屯市书画摄影综合艺术展，举行网络艺术展览4期。全年持续在成吉思汗机场举行书画摄影综合艺术展示，文艺作品不定期进行更换。

【文艺阵地】 2022年，市文联编辑《布特哈》文学期刊4期，

10月12日，市文联举办“喜迎二十大·奋进新征程”扎兰屯市书画摄影综合艺术展

（市融媒体中心　供图）

主要刊登本市文艺爱好者的优秀作品，推动本市文艺事业的发展繁荣。发挥网络阵地宣传优势，征集抗疫作品，筛选优秀的文学艺术作品在“美篇”APP进行展览，扩大文艺宣传覆盖面。多渠道解决展览场地问题，与呼伦贝尔根艺美术学会密切合作，将根艺展厅作为文艺展览场地。与文化产业办合作，在早市文化大集建设完成室外展棚220平方米。

【文艺交流】 2022年，市文联开展“走出去、请进来”文艺交流活动，到齐齐哈尔市群众艺术馆、书法家协会开展文艺交流座谈。联合莫力达瓦达斡尔族自治旗文旅局、文联举办“闲美岭南 兴安情怀”美术作品展，精选高振海钢笔画和其他美术作品100余幅，在莫旗文化馆展出2个月。邀请齐齐哈尔市龙江县京剧协会到扎兰屯市开展戏剧交流活动，在唱腔、曲目、乐器等多方面进行交流互动。

（程源富）

扎兰屯市残疾人联合会

【概况】 2022年，扎兰屯市有各类持证残疾人1.55万人，其中一、二级重度残疾人5644人，享受残疾人护理补贴4952人（每人每月100元），享受残疾人困难生活补贴7094人（每人每月100元），同时享受两项补贴的残疾人有3116人。扎兰屯市残疾人联合会（以下简称市残联）争取扶残助学补贴，累计资助贫困残疾学生3名，发放助学金4000元，其中专科学生2人、本科学生1人；残疾儿童学前机构补贴学生23名，补贴资金2.3万元；扶持残疾人就业创业，建立残疾人就业扶贫示范基地1个。于5月12日开展助残日系列活动，为残障人士发放小爱音箱、轮椅、药品等物资。

【残疾人公益性岗位招录】 2022年，市残联按照《呼伦贝尔市开发残疾人公益性岗位工作实施方案》要求，研究开发残疾人公益性岗位招录，为残疾人搭建就业平台，引导有劳动就业能力、符合招录条件的具有专科以上学历残疾人参加工作。2月，面向社会公开招聘的6名符合条件的持证残疾人完成笔试、面试和公示等环节正式上岗。

【残疾人康复】 2022年，市残联发挥指导监管作用，依托扎兰屯市残疾儿童康复中心，为27名残疾儿童进行康复训练。开展残疾人精准康复家庭医生签约服务，帮助残疾人足不出户就能享受到健康咨询、巡诊等服务，解决残疾人的生活困难。以中医心身健康技术为引领，开展残疾预防和康复服务。到村、社区，为残疾人及其亲友进行心理疏导和健康调理，帮助他们获得健康心理和阳光心态，推动实现“人人享有康复服务”目标和残疾预防工作的开展。

【残疾人机构托养服务】 2022年，市残联争取“阳光家园”项目，通过“12349”服务平台等托养机构，为154名困难智力、精神和重度肢体残疾人提供基本生活照料和护理服务，为托

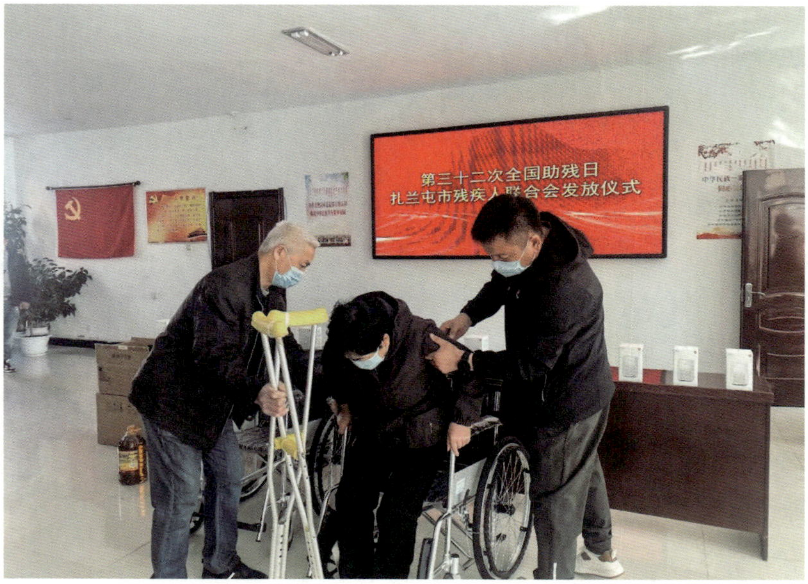

5月12日，市残联为贫困残障人士发放物资　　（市残联　供图）

养机构发放补贴资金每人每年1500元，前期完成140名残疾人托养服务，每人1500元，共21万元，后期完成14名残疾人托养服务，每人1500元，共2.1万元。

【残疾人技能培训】 2022年7月，市残联举办残疾人种植养殖技术培训班，全市9个乡镇街道30名易返贫“边缘户”和17名具有创业意愿的残疾人参加培训。通过“集中培训＋线上教学＋现场指导”的方式完成240余人次的残疾人种植养殖技术培训，全面提升残疾人创业“造血”功能，推进全市残疾人事业可持续发展。

【残疾人无障碍改造项目】 2022年，市残联申请自治区专项资金为扎兰屯市200户残疾人家庭进行无障碍改造。帮助残疾人改善生活环境，从根本上提升贫困残疾人家庭配套设施及出行条件。通过为残疾人家庭出行道路、厨房、卫生间等家庭基础设施安装闪光门铃、扶手等具体措施，改善残疾人生活条件，200户困难重度残疾人家庭无障碍改造工作基本完成。

【残疾人就业】 2022年，市残联争取到“助力乡村振兴、扶持残疾人就业”项目资金30万元，用于残疾人因地制宜发展小型庭院经济。实施项目的30个残疾人家庭利用项目资金购买牛、羊、猪等牲畜。市残联成立项目工作组，入户指导，发展残疾人产业。

【残疾人办证】 2022年，市残联针对精神智力残疾人外出“办证难”的问题，与呼伦贝尔市精神卫生中心沟通，邀请该中心的专家于4月20日、8月3日到扎兰屯市，为410名精神智力残疾人完成残疾人等级评定。与市卫健委、中蒙医院、市医院等相关单位沟通，有效整合资源，共同委托全市24家基层卫生医院，通过上门服务、优化流程等措施，为没有自理能力的残疾人上门办理残疾人证，为全市1030名残疾人解决“办证难”的问题，首次实现全市残疾人等级评定“动态清零”。

11月25日，市残联第八次代表大会召开　（市融媒体中心　供图）

【市残联第八次代表大会】 2022年11月25日，市残联召开第八次代表大会，大会选举产生新一届主席团委员43名，出席呼伦贝尔市残疾人联合会第五次代表大会代表9名；新一届主席团第一次全体会议选举产生市残联第八届主席团主席1名、副主席6名，第八届执行理事会理事长1名、副理事长1名、理事4名。

（倪瑞雪　东文鹏）

扎兰屯市红十字会

【概况】 2022年，扎兰屯市有红十字会基层组织77个，团体会员34个，个人会员8246个。扎兰屯市红十字会(以下简称市红十字会)筹集社会各界捐赠款302万元，募捐物资价值26万元。完成博爱家园爱心洗衣坊、2所自治区级红十字示范校和红十字人道文化传播点创建。建成应急救护点1个、应急救护角2个，投放体外除颤仪2台。举办应急救护培训班17期，培训3460人次。到隔离宾馆为

8批1625名返乡大学生送上“暖心爱心礼包”。开通市红十字会宣传公交车专线，为市区20辆主线路公交车制作红十字文化及应急救护知识图板，并投放急救箱。

【人道主义文化传播体系】 2022年，市红十字会建成文化传播点1个，开展以“生命教育，人道伴行”为主题的“5·8红十字博爱周”系列纪念活动，发放宣传品2500余份，500余人参与宣传活动，发布简报154期，在各级各类媒体发表文章173篇。

【人道主义资源动员体系】 2022年，市红十字会建成扎兰屯职业学院和扎兰屯市第二中学自治区红十字示范校2个，为市第二中学争取自治区红十字博爱校医室1个。年初，召开学校红十字工作现场会和志愿服务工作会议，全年组织疫情防控、无偿献血、社区义诊、爱心送考、红十字主题宣传等志愿服务，参与志愿服务490人次，服务时长3593小时。《博爱路上 一路夏花》——全国红十字志愿者先进典型扎兰屯市红十字会志愿者董天培事迹被网易新闻刊登。

【救援救护救助体系】 2022年，市红十字会储备备灾物资价值44万余元，修订完善《扎兰屯市红十字会自然灾害与突发公共事件应急预案》，发展壮大应急救援队伍，加大救援装备投入。开展应急救护普及性培训4场，受益2800人；开展救护员培训13场，获得救护员培训证书660人。举办红十字生命教育防灾避险知识竞赛，560名学生参加竞赛；组织开展“5·12”全国防灾减灾日线上线下系列活动。建成红十字应急救护点1个、应急救护角2个，投放体外除颤仪2台。开展2022年度“博爱一日捐”筹集款物宣传动员活动，收缴“博爱一日捐”217.55万元，定向筹资78.86万元，物资价值25.88万元。“5·8”人道公益日网络筹资2.02万元，位列呼伦贝尔市红十字系统第一位。携爱心企业捐赠结合“博爱送万家”“春节送温暖”在全市范围内开展以“疫情无情 人间有爱——红十字在行动”为主题的送温暖活动，为受疫情影响特殊困难人群发放救助款物价值71万余元，受益1.6万余人。争取自治区红十字会救灾资金20万元、物资折合人民币8.2万元，用于“7·26”洪涝受灾群众救助和水毁桥涵修缮。为82名贫困大学生发放助学金17.3万元。在19个乡镇街道开展贫困白内障患者“光明行”“爱眼行”活动筛查，筛查705人。

9月1日，市红十字会宣传公交车专线开通　　（市红十字会　供图）

【关爱生命体系】 2022年，市红十字会组织“生命的意义”人体器官捐献缅怀纪念月及2022年人体器官捐献志愿服务月活动，与市卫健委、市中心血库联合印发《关于进一步推进红十字会参与无偿献血工作实施方案》，建立近1000人的无偿献血志愿者群，成立30余人的稀缺血型志愿者库，先后3次宣传动员并开展无偿献血5.7万毫升，完成42名志愿者造血干细胞血样采集，1名志愿者成功捐献，挽救他人生命。

【打造“小桔灯”志愿服务品牌】 2022年，市红十字会“小桔灯”“女童保护”志愿服务团队到各中小学、幼儿园、机关、社区开展“防性侵公益讲座进校园”活动，累计授课333节，受益青少年儿童、家长1.44万人次，为3名未成年性侵受害人提供创伤后心理援助。“相伴·心理健康”团队接待学生心理咨询148人次，开展留守困境儿童、老年关爱等心理服务56次，开展线上线下团体心理辅导（讲座）36次，累计受益3万余人。“小桔灯”先后被新华社新媒体等主流媒体报道。《小桔灯，照亮你——扎兰屯市红十字会“小桔灯”未成年人防性侵护航行动》《呵护心灵 与您相伴——内蒙古扎兰屯市红十字会心理健康志愿服务纪实》2篇文章在《内蒙古实践》杂志社实践快讯上登载。

【博爱家园“爱心洗衣坊”项目】2022年，市红十字会助力社区养老服务，在正阳街道永安社区建成并投入使用博爱家园“爱心洗衣坊”项目。为社区内65名60岁以上独居、失能、空巢、重病残疾和孤寡老人无偿清洗衣物400余件。

【助力乡村振兴】2022年，市红十字会自主投入资金87万元建设红十字桥5座，解决1万余名贫困村屯老百姓出行难、春种秋收难实际问题。为高台子街道五一村蒙东食用菌厂等4家农村合作社和致富带头人发放生计金26万元，带动贫困人口50余人年均增收5000元以上。

（隋建新）

11月1日，市红十字会“小桔灯”“女童保护”儿童防性侵知识讲座进校园活动　（市红十字会　供图）

法　治

政法委与综治

【概况】 2022年，中共扎兰屯市委政法委员会（以下简称市委政法委）召开案件研判会23次、专题部署会7次，受理涉法涉诉信访事项71件，化解62件，化解率87%。整合公检法司等15个部门打造“一站式”矛盾纠纷调处中心，年内接待案件80余件，咨询案件26件，排查解决矛盾纠纷21件。建立各类人民调解委员会196个。加强社会治安管理，常态化开展扫黑除恶斗争。

【维护国家政治安全】 2022年，市委政法委推进反邪教斗争，转化“门徒会”“全能神”人员25人，打击处理邪教人员3人。围绕做好北京冬奥会、冬残奥会、全国两会、党的二十大等重点时间节点安保，组织召开政法工作会议1次、市信访联席会议22次、重点案件分析会议15次，排查整治各种矛盾隐患127个。

【涉法涉诉案件排查化解】 2022年，市委政法委受理涉法涉诉信访事项71件，化解62件，化解率87%。向政法单位发出涉法涉诉信访案件督办函7份，跟踪案件进展和办理结果。办结涉企涉法涉诉案件3起，解决人民群众急难愁盼问题，提高群众满意度。

【社会治理创新】 2022年，市委政法委在健全社会治理体制、完善社会治理方式等方面进行探索，逐步形成以“1+2+N”（即一体组织统筹、两条主线推进、多元融合发展）为重点的社会治理模式，为推进市域社会治理现代化奠定基础。全面推进创建任务，召开工作推进会3次，工作调度会4次。推进市域社会治理体系现代化建设，将创建工作纳入班子年度考核指标，对50余家单位和部门开展

5月18日，中共扎兰屯市政法工作会议暨创建全国市域社会治理现代化试点合格城市工作推进会召开　　（市融媒体中心　供图）

督导3轮次，371项具体任务均得到有效落实。提炼创新工作亮点，以乡村振兴警务为抓手，全力构建“打、防、管、控、服”五位一体的农村警务新机制；推进社区服务精细化，构建社区“一刻钟服务综合圈”，提升人民群众幸福指数；点亮“一室两灯”（青葵未检工作室、小桔灯、小夜灯），护航未成年人健康成长。形成创建工作档案170盒，各创建单位在网络媒体、新媒体等平台上发布信息累计3589篇，自评得分867分，达到验收标准。

【社会治安防控】 2022年，市委政法委成立扎兰屯市“一站式”矛盾纠纷调处中心，制定《关于推动扎兰屯市“一站式”社会矛盾纠纷调处中心规范化运行实施方案》。源头防范化解矛盾风险，建立各类人民调解委员会196个，有人民调解员672人，其中专业性、行业性调委会5个。各级调委会调解纠纷526起，调解成功514起，调解涉及金额914.09万元，调解率100%，调解成功率97.7%。加强社会治安管理，设置公安执勤点，加强社会治安综合治理，提高街面见警率，开展社会治安重点地区排查整治工作23次，破获刑事案件数52起、治安案件数1139起，打击处理904人，社会安定局面持续巩固。常态化开展扫黑除恶专项斗争，制定2022年重点任务分解表，办结“12337”平台举报线索3条，加强重点行业领域整治，落实《中华人民共和国反有组织犯罪法》学习宣传巩固专项斗争成果。加强重点人员管理，对接监所刑满释放人员66名，落实一人一档的工作要求，建立安置帮教档案，加强规范化管理。开展辖区刑满释放人员“拉网式”排查走访活动，走访刑满释放人员487人次。落实严重精神障碍患者“以奖代补”政策，为符合享受条件的严重精神障碍患者45人发放资金11.34万元。

【基层社会治理】 2022年，市委政法委优化网格化服务管理，与市委组织部联合制定《扎兰屯市关于深化党建引领城市基层社会治理工作方案》，划分网格1287个，配备专兼职网格员4226个，建立网格党组织317个，实现网格100%全覆盖。依托辖区内机关企事业单位及物业公司，建立网格党群服务站点291个、网格信息公示栏291个。优化群防群治队伍建设，建立群防群治队伍220支，队员2625人，开展巡逻1497次，安全检查982次，法律宣传362次，便民服务4481次，抢险救灾102次，有效调解社会矛盾563起，为公安机关提供有效线索37条，形成群众参与共建共治共享格局。深化平安创建活动，召开平安扎兰屯建设重点工作推进会1次。按照《关于转发〈2020年平安建设考核评价我区情况的通报〉的通知》要求，制定完成整改措施138条。教育、医疗、应急、文化等部门开展各行业平安创建活动500余次，排查寄递业等新业态93家，186人次。

【经济社会发展服务保障】 2022年，市委政法委常态化开展执法司法监督工作，开展执法检查4次。对上级移交的3起涉企涉法涉诉案件跟踪督办，督促相关单位推进化解，确保政法各单位依法履职、公正执法。全面深化政法改革，制定《扎兰屯市社会治理和司法体制改革专项组2022年工作要点》，召开专项组办公室工作会议2次，建立改革任务清单，从坚决维护社会和谐稳定、加强社会治理改革、加强依法治市建设三个方面承接完成改革任务11项。优化法治化营商环境，成立大讨论活动领导小组，印发工作通知。政法各单位开展学习187次，邀请行业协会代表、涉案企业代表等264人次参与活动，召开座谈会28场次，征集企业群众意见建议并及时回应62项。政法机关领导班子和领导干部撰写检视报告35篇，查找问题171条，提出整改措施163项，形成便民利企长效工作机制27项，构建稳定公平透明、可预期的法治化营商环境。开展打击整治养老诈骗行动，制定《扎兰屯市打击整治养老诈骗违法犯罪专项行动实施方案》，制作涉老反诈短视频3条，开展养老诈骗防诈专题讲座2次。公布举报电话、邮箱，畅通线索举报渠道，查获线索3条，破获养老诈骗案件2起，抓获嫌疑人4人，涉案金额11.6万元。加强法学会建设，会员全年开展法治文化基层行活动51次，发放宣传品2500余份，开展送法进校园、法治报告会等活动32场次，提高法治宣传传播力和引领力。

（于博萍）

法治政府建设

【概况】 2022年，扎兰屯市坚持由市委、市政府主要领导对法治政府建设负总责，结合人事变动调整全面依法治市委员会组成人员，召开会议学习习近平法治思想、法律法规，听取工作汇报，部署“一规划两纲要”贯彻落实、法治乡村建设、行政机关负责人出庭应诉等工作。将法治政府建设纳入年度工作计划和“十四五”规划，制定《扎兰屯市贯彻〈法治政府建设实施纲要（2021—2025年）〉实施方案》《2022年法治政府建设工作计划》，夯实市委、市政府推进法治建设主体责任，明确各责任单位工作任务。严格执行公务员任职培训、在职培训、专项培训等相关制度规定，将习近平法治思想、党的二十大精神、《中华人民共和国宪法》《中华人民共和国公务员法》纳入公务员更新知识培训内容，组织78名新考录公务员开展线下培训1次，并公开进行宪法宣誓活动。

【行政审批改革】 2022年，扎兰屯市政务服务大厅一楼设置医保、社保、不动产、税务4个分领域综合一窗区域，在大厅二楼设置专业综合一窗，实现前台综合受理、后台分类审批、统一窗口出件的工作模式，综窗办件量4.47万件，办结率98.45%。印发《扎兰屯市优化项目审批工作实施方案》，办理行政审批中介服务事项376件、“容缺受理”事项97件、“证照分离”改革事项5254件，其中审批改为备案事项214件、实行告知承诺事项924件、优化服务准入事项4116件。降低市场准入门槛，持续推动电子证照系统对接、签发及工程标准化等工作，全市认领电子证照38个，汇聚电子证照数据34万余条，电子证照签章率99.95%。

【法治督察】 2022年，扎兰屯市将法治政府建设督察纳入全市党政领导班子考核指标，与经济社会发展同部署、同推进。公布行政执法投诉举报监督方式，开展行政执法案卷评查，评查卷宗310本，下达行政执法监督通知书20份，组织相关单位限期整改，形成整改报告。制定《重大行政决策事项目录标准》，严格履行公众参与、专家论证、风险评估等重大行政决策程序，出具合法性审查意见23件，发展公职律师12人，20家单位聘请法律顾问，通过合理调配公职律师、法律顾问等资源，实现全市党政机关全覆盖。编制综合行政执法事项清单，明确综合行政执法机构权力边界和责任范围，统筹配置执法职能和执法资源，向社会公布具有行使行政执法权的组织85家。组织各行政执法单位开展集中培训5次，完成行政执法人员证件审核申报工作，累计审核上报2600余人次。落实证明事项告知承诺制，保留市本级证明事项86项，推行告知承诺制证明事项30项。协调答复市水利局、住建局关于城市建成区内河道清淤职责权限、山水形成的排洪渠管理权限，市林业和草原局林业行政执法工作等方面的执法争议。组织各执法单位在执法监督平台进行信息维护4轮次，审核上报2600余人次。开展涉及民族工作、国家通用语言文字等领域的行政规范性文件清理，并按时上报清理结果。组织开展行政执法集中线上培训4次、线下培训1次，培训500人次。在大河湾镇、中和镇开展行政执法协调监督试点工作，提升执法监督能力和社会影响力。市政府相关部门承办人大代表建议83件、政协委员提案118件，均已办结。完成项目审计24个、领导干部经济责任审计8人。市政府及有关部门召开新闻发布会3场，通过门户网站全面公开各类信息1.1万条，发布政策解读189篇、征集意见7条。

【行政复议与行政应诉】 2022年，扎兰屯市将行政复议经费列入财政预算，19个司法所均建立行政复议受理点，打造“四室分离”（行政复议办公室、接待室、案件审理室、档案室）规范化办案场所，推行网上申请、邮寄申请，建设覆盖市、乡两级的受理窗口。实行立审分离制度，选优配强行政复议工作人员3名，受理行政复议案件40件，审结40件。严格执行行政机关负责人出庭应诉制度，制发出庭应诉提示函31个，行政机关办理行政应诉案件45件，行政机关负责人出庭应诉率100%。

【公共法律服务】 2022年，扎兰屯市建设矛盾纠纷调处中心，开展司法所和公安局派出所“两所联动”工作，联合调解153次，联合摸排145次，信息资源共享310次。发挥党员律师作用，开展送法进农村、进企业“法律巡诊”专项活动，开展民营企业法治体检21次，提供法律咨询、起草文件64次，办理法律援助案件231件。推进信访法治化，贯彻落实《信访工作条例》，接待群众来访820批次4311人次，妥善化解信访事项。

【法治宣传教育】 2022年，扎兰屯市将国家工作人员学法用法工作列入年度考核目标，开展市委、市政府理论学习中心组专题学法2次，组织全市国家工作人员法治培训班2期，举办公职人员任前法律知识考试4次。组织开展“美好生活·民法典相伴”普法夜市和送“典”进万家活动。持续开展百场法治宣传活动，以《民族团结进步条例》实施、民法典颁布纪念日等重要时间点为契机，开展“送法进校园”、法治报告会等活动32场次、“送法进企业”活动12场次，参与宣讲40余人次，发放宣传资料2500余份，发放民法典系列宣传册6000余份、宣传品2000余份。开设《律动扎兰·民法典亮生活》专栏，律师做客演播厅讲解民法典知识，累计播出30期。打造特色普法品牌，组建3支法治乌兰牧骑队伍，累计开展普法宣传活动17场。强化普法阵地建设，在翠屏山杜鹃坡树立普法宣传标牌，推动打造法治“微景观”集群。

（杨 哲）

公 安

【概况】 2022年，扎兰屯市公安局（以下简称市公安局）立刑事案件现案516起，破现案381起，打击处理683人，刑事案件发案数同比降低47.61%，现案破案率提升27.3%。发命案2起，全部告破，抓获犯罪嫌疑人2人，破获命案积案3起，抓获犯罪嫌疑人3人。抓获网上逃犯36人，抓获本地逃犯6人，抓获外省逃犯30人，其中抓获外省上网、在逃20年逃犯1人。发现受理行政治安案件1531起，行政治安案件结案902起。破获贩毒案件1起，抓获贩毒人员1人，破获吸毒案件1起、抓获2人；破获涉黄刑事案件9起，刑事处罚12人，行政案件17起，行政处罚101人；破获涉赌行政案件72起，行政处罚463人；破获经济类案件31起，抓获犯罪嫌疑人35人，涉案金额2915.2万；接收公安部推送“云端”线索59条，立案24起，落地打击嫌疑人26人，线索移交1起；破获非法经营销售烟草案件1起，涉及9个省、14个区县，查获卷烟34.14万支，涉案金额632.57万元，抓获17人。以“昆仑2022”、打击假药劣药专项整治行动、林草专项整治行动等为工作发力点，立案24起、破案25起、抓获34人、刑事拘留16人。按照“百日行动”专项行动工作要求，主动适应夏季社会治安形势需要，抓获现行违法犯罪人员80人，抓获逃犯3人。查处行政案件203起，打击处理317人。扎兰屯市社会大局稳定，未发生危害国家安全和社会稳定的行动性、破坏性活动，未发生造成影响的大规模宣传煽动破坏活动，未发生因社会矛盾引发的个人极端行为。

【打击电信诈骗】 2022年，市公安局采取打防并举的工作方针，发挥反诈中心作用，突出预警研判效能，推广国家反诈APP安装使用，辖区发案数明显下降。电诈案件立案131起，同比下降67.8%；群众损失1147万元，同比下降60%；破案94起，同比上升3%；抓获292人，同比上升1.33倍，实现“两升两降”工作目标。推送反诈预警信息20万余条，全市反诈APP安装使用22万余人，月均发案从2021年34起降为10起，全民反诈新格局初步形成。

【监所安全管理】 2022年，市公安局看守所收押165人，出所104人。治安拘留所拘留182人，司法拘留5人，出所182人。未发生在押人员自杀、自残、脱逃等责任事故。

【户籍管理】 2022年，市公安局持续推进各项便企利民服务措施落地，临时身份证办理权限下放至基层派出所并实现全区通办，身份证办理实现就近办、一次办，首次申领居民身份证实现跨省通办，公安户籍办理实现“互联网+”网上办理预约咨询服务，新生儿户籍办理实现全程网办，户口迁移实现跨省通办。

4月15日，市公安局民警向群众宣传反诈常识　（市公安局　供图）

全年办理身份证1.92万个、全国异地身份证526个、居住证275个、临时身份证1659个。全市常住户16.53万户，同比减少2080户；户籍人口39.38万人，同比减少3134人。其中城镇人口17.44万人、乡村人口21.94万人，出生1648人、死亡3140人、迁入1939人、迁出3581人。

【出入境管理】 2022年，市公安局受理公民因私出国（境）申请116证次、护照56证次、往来港澳通行证件59证次、往来台湾通行证1证次，劝阻1653人非必要出国（境）活动，推进维护正常出入境秩序，防范境外疫情输入。推进“互联网+公安政务服务”，扩大“互联网+”服务范围，深化出入境窗口服务、就近服务、网上服务，实现出入境证件便利化、数字化应用全覆盖。

【扫黑除恶】 2022年，市公安局实行扫黑除恶常态化运行机制，梳理涉黑涉恶线索，以“六清”（线索清仓、逃犯清零、案件清结、伞网清除、黑财清底、行业清源）工作法为原则，将案件线索全部办结。对以往涉案人员进行回访，继续征集涉黑涉恶线索，畅通举报途径。组建30人的猎鹰突击队，保持打击黑恶犯罪高压态势。办结接收部级督办扫黑线索1条；办结接收本地线索3条。

【“放管服”改革】 2022年，市公安局持续提升线上线下服务水平，增强为民服务意识，转变工作作风，建立健全《扎兰屯市公安局户籍窗口单位规范化管理工作机制》《扎兰屯市公安局交通管理大队车辆管理所规范化管理机制》《扎兰屯市公安局服务承诺制》等制度10项，用制度巩固大讨论活动成果。

【网络媒体宣传】 2022年，市公安局突出“高频率报道、高质量策划”的宣传工作要求，形成专属品牌特色，在国家级媒体发稿87篇，自治区媒体发稿54篇，呼伦贝尔市级媒体发稿169篇，官方微信公众号发布原创作品762篇。以反诈、公安乌兰牧骑、违法犯罪打击等重点工作为着手推出原创视频40部，累计播放量65万余次。

【交通安全管理】 2022年，市公安局排查各类交通安全隐患32处，在职权范围内的16处均已整改。受理道路交通事故4089起，未发生重大交通事故。查获酒驾、醉驾87起，查获各类交通违法行为6.53万起。办理驾驶证业务1.21万笔，其中补换业务7163笔，审验业务3540笔。小型汽车落户业务3603笔，摩托车落户78笔。制作牌照3.11万副。

【农村警务新机制构建】 2022年，市公安局构建农村警务新机制，推动乡村振兴警务发展。以地域和警情为纽带，按照各警种“职能融合、警力整合、分工配合、信息汇合”的总体工作思路，打破原有乡镇派出所辖区划分，按照地理位置划分“警”格实行区块式辖区管理。制定《乡镇派出所区域警务协作工作方案》，整合临近乡镇派出所警务资源，成立警务协作片区4个，将乡镇派出所、乡镇交警中队、林业派出所、消防队整合构建多警种参与的立体化治安防控体系。组建社会管控涉疫维稳工作专班，抽调市公安、司法、信访、卫健人员，按照“5+N”联合工作机制暨“2名公安民警+1名卫健人员+1名司法民警+1名信访工作人员+N”（N为乡镇街道、社区、村及其他相关联单位工作人员），分为5个工作组，组成实体化运行机构，协调相关单位、部门，开展和指导全市涉疫及其他各类案事件和矛盾纠纷处置工作。确定辅警员额470人，市政府党组会议通过追加警务辅助人员公积金事宜，严格按程序落实好警务辅助人员公积金待遇，规范和加强警务辅助人员管理。

（林　颖）

12月10日，市公安局交通管理大队民警开展车辆检查　（市公安局　供图）

检　察

【概况】 2022年，扎兰屯市人民检察院（以下简称市人民检察院）办理审查逮捕案件94件114人，办理审查起诉案件315件444人。落实少捕慎诉慎押刑事政策，不批捕50人，不捕率为43.1%；不起诉44人，不诉率为10.9%。贯彻宽严相济刑事司法政策，对392人适用认罪认罚从宽制度，适用率始终保持在98%以上，采纳刑事量刑建议采纳率为97.9%。办理群众来信来访69件88人，办理司法救助案件12件18人，发放司法救助金7.6万元。

【职务犯罪检察】 2022年，市人民检察院坚持依法能动履职，完善监检衔接机制，抓实优质办案，审查起诉职务犯罪5件8人，为国家挽回经济损失2000余万元。

【刑事检察】 2022年，市人民检察院监督侦查机关立案7件、撤案13件、追诉漏犯7人，纠正侦查活动违法70件。强化刑事执行监督，采取“派驻＋巡回”模式，对看守所开展巡回检察，督促整改5类23个问题。开展职务犯罪案件刑事裁判涉财产部分执行检察专项活动，推动执行21万余元上缴国库，及时避免国家损失。

【民事检察】 2022年，市人民检察院办理民事检察监督案件190件，同比上升216.7%。深化虚假诉讼监督，办理民事虚假诉讼监督案件2件，涉案金额90余万元。运用“5+1”（“5”是民事检察办案的五个环节、“1”是在民事检察办案的五个环节中着重突出矛盾化解环节）工作法化解矛盾6件，1起案件化解经验被《检察日报》刊登推广。

【行政检察】 2022年，市人民检察院办理行政检察监督案件66件，同比上升224.8%。对审判程序和执行活动提出纠正意见33件，向行政机关发出检察建议27件。

【公益诉讼检察】 2022年，市人民检察院办理行政公益诉讼案件64件，同比上升204.8%；办理民事公益诉讼案件5件，同比上升400%。发出行政诉前检察建议62件，办理行政公益诉讼案件2件。

【未成年人检察】 2022年，市人民检察院持续抓实“一号检察建议”，全面推开强制报告制度，构建“依法惩戒＋综合保护＋教育预防”未成年人保护工作模式，制发“督促监护令”16份，以司法保护带动家庭保护。深化“检校”共建社会效果，29名检察官兼任法治副校长，发放宣传手册3万余册，覆盖全市中小学及幼儿园学生2万余名。

（王显孟）

8月9日，扎兰屯市召开行政争议实质性化解座谈会 （市人民检察院 供图）

法 院

【概况】 2022年，扎兰屯市人民法院（以下简称市人民法院）受理各类案件9053件（含旧存1105件），同比下降1.86%；审结各类案件8701件，同比上升7.16%，综合结案率达96.11%。

【刑事审判】 2022年，市人民法院刑事审判庭受理各类刑事案件327件，比上年下降25.68%，其中新收283件，比上年下降32.62%，结案315件，结案率96.33%，完成各项绩效考核指标。依法判处犯罪分子428人，比上年下降17.21%。

【民事审判】 2022年，市人民法院受理民事案件5075件（含旧存552件），同比上升10.36%；审结4856件，同比上升11.18%，结案率95.68%，民事案件调撤率49.91%。妥善审理各类涉民营企业案件，审结案件15件，涉案标的金额122万元。

【行政审判】 2022年，市人民法院受理行政案件84件（含旧存13件），审结83件，结案率98.8%。行政庭受理司法救助案件7件，赔偿案件2件。设在行政庭的执行异议合议庭受理审查执行异议案件110件，审结

110 件，结案率 100%。旧存的 108 件案件中，审结 107 件，清积率 99%。3 月，应市政府办公室要求，对政府民生基础项目岭北四队国有集体土地征收事宜为政府及自然资源部门提供指导意见；应市人社局邀请，对社会保险费用的发放和冒领养老保险费如何处理等派员参加会议提供指导意见。与阿荣旗公安局、阿荣旗人社局等部门沟通对接，对工伤认定、劳动保障、治安管理、土地承包等类型的行政案件提供指导意见。

【立案庭(诉讼服务中心)】 2022 年，市人民法院畅通网上立案渠道，网上立案审查 694 件、跨域立案 4 件；率先开展诉前鉴定工作，完成有诉前鉴定 28 件，有效缩短案件审理周期；3 月初，成立金融审判团队，集中审理金融借款合同纠纷 309 件；开展诉源治理工作，成立无讼社区 1 个，无讼村(居)4 个，主动融入市域社会治理体系，与上年同期相比，减少案件增量 4.32%。推进“一窗通办”“一网通办”“一号通办”，“12368” 诉讼服务热线随时待机，接听当事人来电 575 次，接通率 96.96%，当事人满意度 100%。全年度网上交费 2867 件，占立案案件交费比的 74.33%。

【执行工作】 2022 年，市人民法院执行局旧存案件 493 件，新收案件 2854 件，结案 3234 件，未结案件 113 件，结案率 96.62%。快执团队结案 1397 件，结案率 98.8%。自电子送达平台运行以来，市人民法院向 1.22 万名执行案件当事人送达执行通知书、报告财产令等法律文书，减轻案件当事人诉累，践行司法为民宗旨。依托执行指挥中心，在执行立案后 24 小时内启动总对总查控，第一时间查询案件当事人财产情况并及时反馈给各办案团队，一旦发现涉案当事人有可供执行的财产，立即完成线下查询、查封、冻结、扣押。

11 月 5 日，市人民法院到兴华街道迎春社区开展“无讼社区”共建活动
（市人民法院　供图）

【环境资源审判】 2022 年，市人民法院环资合议庭审结受理环境资源类刑事案件 10 件，审结行政公益诉讼案件 2 件，审查新收行政非诉执行案件 4 件。在环资类案件的审理过程中，及时与行政机关沟通，注重生态环境修复治理的生态效果，将生态修复作为量刑参考的重要依据。积极配合市委、市政府关于违法违规破坏草原林地专项整治行动，发挥环境审判职能作用，及时审理环境资源案件，支持行政机关依法打击破坏草原林地的违法行为。

（凌　云）

司法行政

【概况】 2022 年，扎兰屯市司法局(以下简称市司法局)响应上级关于强化法治队伍建设的总体要求，以市委全面依法治市委员会为统筹，开展依法治市工作。实行行政复议网上受理，建设覆盖市乡两级的行政复议受理窗口。制定扎兰屯市“八五”普法规划，加强普法队伍建设，制定《扎兰屯市社区矫正风险隐患排查专项行动实施方案》，对下设 19 个司法所的社区矫正风险隐患排查工作予以部署安排。

【依法治市】 2022 年，市司法

局印发《中共扎兰屯市委全面依法治市委员会贯彻落实〈法治呼伦贝尔建设规划(2021—2025年)〉分工方案》《扎兰屯市贯彻〈法治社会建设实施纲要(2020—2025年)〉实施方案》《扎兰屯市贯彻〈法治政府建设实施纲要(2021—2025年)〉实施方案》。开展全市党政机关领导班子全面依法治市工作年度考核，加大对不履行法院生效判决工作的督促协调，1家未履行生效判决的单位经督促协调制定整改方案，督促相关部门加快办理“蒙企通”民营企业综合服务平台反映问题。撰写法治调研文章5篇，配合上级司法行政机关开展立法征求意见30次。

【基层法律服务】 2022年，市司法局印发《“法律服务进百企”专项活动方案》，开展民营企业法律服务常态化，为38家企业进行“法治体检”，提出法律意见112条。开展法治体检38次，为民营企业提供法律咨询、起草文件64次。举办讲座11场，惠及群众500余人次。受理全市法律援助案件298件，其中刑事案件109件，民事案件189件。见证被告人签署认罪认罚具结书382件。办理妇女案件50人次、老年人案件17人次、残疾人案件5人次、未成年案件29人次、军人军属案件1人次、农民工讨薪案件涉及173人，挽回经济损失135.1万元。

【社区矫正】 2022年，市司法局矫正对象220人，其中暂予监外执行4人，缓刑216人，接收社区矫正对象181人，解除185人，提请收监执行1人，出具拟社区矫正调查评估意见书146例。社区矫正对象全部安装“正行通”手机软件，建立文书档案和电子档案，成立矫正小组，严格落实请销假制度，定期开展集中点验，确保不脱管、不漏管；结合工作实际制定《扎兰屯市社区矫正工作管理规范(试行)》。

【人民调解委员会建设】 2022年，市司法局建立各类人民调解委员会196个，有人民调解员692人，其中专业性、行业性调委会5个。持续在全市范围内组织开展“调解促稳定·喜迎二十大”矛盾纠纷排查化解专项活动，调解纠纷611起，其中调解成功595起。

【司法行政系统信息化“百日会战”活动】 2022年，市司法局开展司法行政系统信息化“百日会战”活动。各部门通过线上、线下不同形式开展各业务系统培训4次，培训63人次。参加上级部门培训12次，组织3名业务系统骨干参加呼伦贝尔市司法局信息化“百日会战”大比武活动。完成对远程会见设备升级改造，完成远程会见对接122次，其中法院开庭6次，公安提审4次，律师会见42次，联合检察院保障疫情期间律师会见1次，群众会见59次，整体会见次数比上年同期翻两番。

【基层普法宣传】 2022年，市司法局吸纳外卖员、快递员等新业态人群加入普法志愿者队伍，开展“外卖、快递送法进万家活动”3批次。在全市173个村(社区)选任“法律明白人”521人，开展培训2批次，组织线上法律知识考试1次，线下《中华人民共和国民法典》知识考试1次。将宪法、习近平法治思想纳入2022年市委党校培训班次计

5月16日，市矛盾纠纷调处中心接待来访群众 （市司法局 供图）

划，举办领导干部、法官、检察官任前法律知识考试5次。紧扣全民国家安全教育日、儿童节、国际禁毒日、宪法宣传日等节点，开展“送法进校园”、法治报告会等活动40余场次。举办开展“喜迎二十大·平安法治伴我行”暨“乡村振兴·法治通行”主题普法惠民演出。结合“三下乡”、妇女维权周、全民国家安全教育日等活动，开展普法活动60余场次，发放宣传资料3万余份。组建普法志愿队，开展民法典进村（居）、进校园、进宾馆、进景区及“美好生活·民法典相伴”普法夜市活动，发放宣传册、宣传品8000余份。

（白　松）

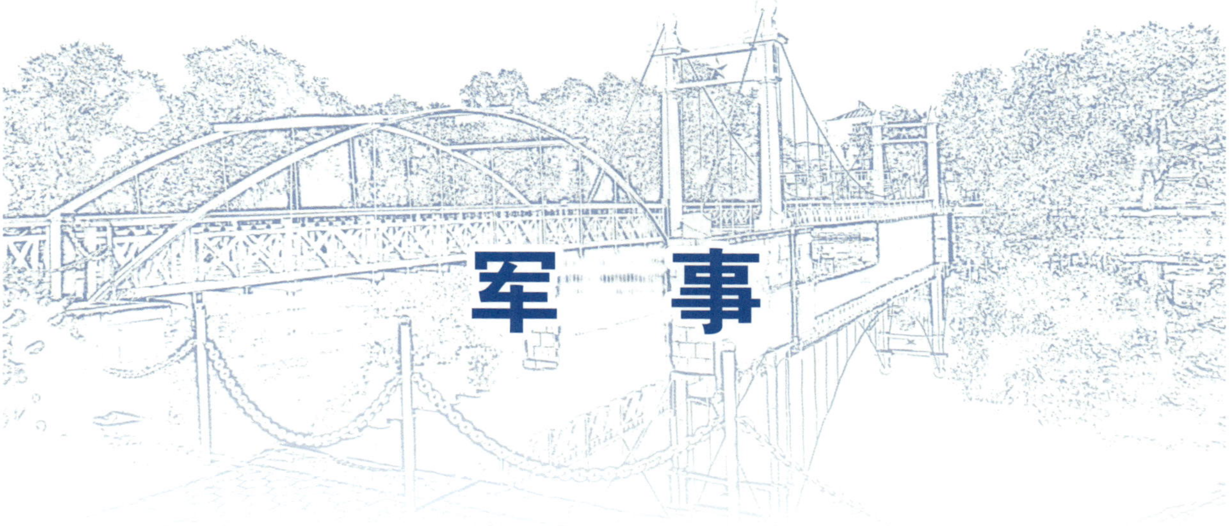

军　事

扎兰屯市人民武装部

【概况】 2022年，扎兰屯市人民武装部(以下简称市人武部)以橱窗展板、展架级电子屏为载体，运用“学习强国”学习平台、“中国民兵”APP、“军职在线”APP、“解放军报”APP等手机平台，不断营造良好学习氛围，掀起学习党的二十大精神热潮。谋划周密部署，将全国两会精神纳入机关政治学习和预定新兵役前思想政治教育重点内容，引导新兵自觉把学习热情转化为练就过硬本领，献身国防使命的强大动力。清明节组织全体官兵到扎兰屯市革命烈士陵园开展“缅怀革命先烈，传承红色基因”主题活动，缅怀先烈丰功伟绩，弘扬爱国主义精神，表达继承先烈遗志、践行初心使命的坚定决心。

【党管武装工作汇报会】 2022年10月29日，呼伦贝尔军分区联合市委组织部组成党管武装绩效考核组，到扎兰屯市开展工作考核，并召开工作汇报会。考核组对扎兰屯市党管武装工作取得的成绩给予肯定，并提出存在的问题与不足，明确下一步工作目标。

【市委议军会议暨全市国防动员工作会议】 2022年12月30日，市委议军会议暨全市国防动员工作会议召开。会议深入贯彻党的二十大精神和习近平强军思想，听取全市武装和国防动员工作情况汇报，总结部署全市国防动员和后备力量建设工作。会议强调，做好新时代党管武装工作，责任重大，使命光荣。要坚持强化政治引领，抓紧把牢党管武装正确政治方向。要突出政治建军，加强理论武装，不断增强兴武装、爱国防的使命感和责任感，牢牢把握党管武装工作主动权。要树牢“一盘棋”思想，共同推动军民融合深度发展。要加强国防教育，推动全社会形成关心支持国防的浓厚氛围，在新征程上奋力开创强军兴武和地方建设协调发展的新局面，为打造岭东地区高质量发展样板作出新的更大的贡献。

【新兵役前教育】 2022年，市人武部注重发挥役前教育训练把关筛查作用，训练全程模拟军营日常生活，严格落实部队一日生活制度，强化服从命令意识养成，同步组织预定新兵腰脑CT检查和复检，确保把身体素质好、思想觉悟高的优质青年选入军营。

【国防教育】 2022年，市人武部注重提升和培养驻地青少年、大学生全方面能力，提出“五个一”活动(观看一次军事训练、接受一次队列训练、体验一次模拟射击、感受一次内务整理、参加一次野营拉练)。联合市退役军人事务局、市兴华小学开展“党建引领聚合力,军地护苗携手行”活动,为11名留守儿童发放慰问品,弘扬雷锋精神,践行社会主义核心价值观。联合市兴华小学走进呼伦贝尔市森林消防支队扎兰屯大队,开展“童心向党、筑梦强军、固我国防”主题研学实践活动。联合扎兰屯职业学院,依托腾讯会议APP平台,面向即将毕业的大学生,组织“好男儿,去当兵”专题线上征兵政策宣讲,600余人参加活动。联合市退役军人事务局、呼伦贝尔市威信公司开展“忠诚迎盛会、奋进新征程”活动,邀请市委党校教师讲授《抗美援朝背后的故事》专题党课。将国防教育与深化党史学习教育相结合,开展新时代爱国强军谱新篇“喜迎二十大·共筑中国梦”,庆祝中国人民解放军建军95周年乌兰牧骑民兵分队走基层文艺演出活动。

【军民共建】 2022年,市人武部发挥军民共建协调职能作用,不断拓宽内容和形式。组织市应急连和街道应急排民兵加入全市爱国卫生运动“百日攻坚”活动,发挥民兵先锋队主力军突击作用。9月,联合驻地向阳村开展“非遗豆画”进军营活动,感受乡村振兴成果。

9月,市人武部选派教官对扎兰屯职业学院学生开展军事训练

(市人武部 供图)

【抗灾救援】 2022年7月26日,扎兰屯市区范围突降大暴雨,降水量达到127.1毫米,市区和周边乡镇多地出现内涝。市人武部接到命令后,迅速启动应急预案,及时与市气象局、应急局等部门取得联络,掌握灾情状况,连夜组织干部、文职人员及民兵参与到救援行动中,参与转移受灾群众130余人,救援困水车辆50余辆。

(尹 楠)

武警呼伦贝尔支队执勤二大队

【概况】 2022年,武警呼伦贝尔支队执勤二大队深入学习贯彻党的二十大精神和习近平强军思想,贯彻落实武警党委、总队党委、支队党委决策部署,完成看押、看守、城市武装巡逻等勤务。大队连续4年被评为“四铁”(铁一般信仰、铁一般信念、铁一般纪律、铁一般担当)先进单位。

【思想政治建设】 2022年,武警呼伦贝尔支队执勤二大队用习近平强军思想武装头脑,建队育人,统筹抓好经常性基础教育,开展“学习二十大精神,我为部队安全做贡献”系列活动。

【安全保卫】 2022,武警呼伦贝尔支队执勤二大队狠抓练兵备战,巩固大队执勤战备值班力量,推动“智慧磐石”在基层日常执勤中发挥助手作用。武警机动一中队完成2期(2021年和2022年)扎兰屯市重大刑事案件抓捕工作;完成全国两会、重要节点扎兰屯市武装巡逻任务;看押、看守中队多次完成武装押解任务。

(武警呼伦贝尔支队执勤二大队供稿)

人民防空

【概况】 2022年,扎兰屯市人民防空办公室(以下简称市人防办)启动修订《扎兰屯市城市人民防空工程规划》《扎兰屯市信息条件下防空袭方案》工作。将指挥系统建设、人口疏散隐蔽、重要经济目标防护和人防队伍建设等列为中心内容，为战时开展防空袭作战及平时承担防灾救灾任务做好统筹指导。推进人防战备建设，完成人防工程综合整治和北斗手持机建设任务，健全完善军用第三代短波电台组网建设。

【人防“2124”工程代建】 2022年，扎兰屯市住建局与市城市基础设施投资开发有限责任公司签订人防“2124”工程代建协议及保密协议，招标代理公司已选定，市城市基础设施投资开发有限责任公司将进行工程施工及监理单位的招标工作。

【人防宣传教育】 2022年，市人防办将社会宣传、机关宣传和校园宣传作为人防宣传的主阵地。逢“九一八事变”纪念日、“5·12”全国防灾减灾日等关键时间节点，在三角地广场开展人防宣传活动，发放人防宣传单3000余张、人防宣传手册500余册。开展“进社区、进企业、进机关、进学校、进媒体、进家庭”等人防阵地宣教活动20次，在市区内多个社区悬挂宣传横幅，制作流动宣传展板8块。与市教育局联合重新修改编写针对中小学生学习的人防知识和国防教育教材，并将教材纳入学校安全教学计划。

（匡　涛）

经济管理

宏观经济调控

【概况】 2022年，扎兰屯市地区生产总值完成200.22亿元，增长2.6%；固定资产投资完成28.01亿元，增长48.3%；一般公共预算收入完成5.19亿元，增长3.1%；一般公共预算支出完成40.21亿元，增长12.1%；城镇常住居民人均可支配收入完成4.18万元，增长3%；农村常住居民人均可支配收入完成2.35万元，增长8%；社会消费品零售总额完成28.78亿元，增长2.2%。

【投资项目审批服务】 2022年，扎兰屯市将企业投资项目核准时间由20个工作日压缩为5个工作日，备案时间由5个工作日压缩为1个工作日。实现投资项目审批“一网告知、一网受理、一网办完、一网公开、一网监管”，政府投资的审批类项目可在3个工作日内办结；企业投资的备案类项目可在1个工作日内获取备案告知书。全年审批政府投资项目21个，总投资13.61亿元；备案企业投资项目38个，总投资6.8亿元。从上级发改渠道争取上级项目资金2.21亿元。

【能源产业项目实施】 2022年，扎兰屯市发展和改革委员会（以下简称市发展改革委）组织实施能源类重点项目5个，总投资36.07亿元，年初计划完成投资11.5亿元，年内完成投资15.64亿元，超额完成4.14亿元，完成率136%，占全市固定资产投资的55.8%。其中新建项目3个，华能蒙东伊穆直流外送岭东100万千瓦风光项目扎兰屯30万千瓦风电主体工程计划投资3亿元，已完成投资5.2亿元，投资完成率173.3%；中核扎兰屯200兆瓦风电项目计划完成投资5亿元，已完成投资6亿元，投资完成率120%；扎兰屯市西郊变12兆瓦分散

8月，华能蒙东伊穆直流外送岭东100万千瓦风光项目扎兰屯30万千瓦风电主体工程建设现场 （市融媒体中心 供图）

式风电项目计划完成投资4000万元，已完成投资5000万元，投资完成率125%。续建项目2个，即中核扎兰屯市49.5兆瓦风电清洁供暖项目、协合扎兰屯市49.5兆瓦风电清洁供暖项目，计划完成投资3亿元，已完成5亿元，投资完成率166.7%。全市有5个项目按照2022年分布式光伏发电项目竞争配置工作方案要求，完成申报文件的编制。申请光伏项目4个，合计117千瓦，总投资49.8万元。建立重大项目用能清单，科学引导“十四五”新增能耗需求，全力推进呼伦贝尔东北阜丰生物科技有限公司三期项目，完成4家重点用能单位与自治区重点用能单位能耗在线监测系统实现数据接入验收。

【“齐海满”客运专线前期规划】 2022年，市发展改革委配合中国铁路建设集团开展“齐海满”（齐齐哈尔、海拉尔、满洲里）客运专线前期工作，提供本市区域经济发展、规划等相关资料。自治区及呼伦贝尔市“齐海满”客运专线调研组先后2次到扎兰屯市实地踏察高铁站线路走向预留位置，对相关工作进行总体部署安排，推进项目前期工作。与哈尔滨铁路局对水泥厂道口平改立项目建设事宜多次进行对接，协调市交通、自然资源等部门配合对接项目前期用地规划选址等相关工作。

【社会信用体系建设】 2022年，市发展改革委成立“扎兰屯市社会诚信体系建设领导小组”，印发《扎兰屯市社会信用体系建设实施方案》《扎兰屯市建立完善守信联合激励和失信联合惩戒制度加快推进社会诚信建设的实施方案》《扎兰屯市信用“红黑名单”发布制度》。上传信用信息平台共享数据双公示信息处罚475条，许可1584条。全市市场主体数量4.37万个企业及个体工商户，年内“蒙企通”民营企业综合服务平台注册5250户，注册率12%，委办局入驻数量25个，政策上传数量15个，诉求数量8个，均在期限内完成回复。

【水库移民和易地扶贫搬迁后续工作】 2022年，市发展改革委加强全市水库农村移民动态管理，完成中央水库移民人口、跨省水库移民人口年度核定。完成2022年度第一批大中型水库移民后期扶持卧牛河镇一心村街巷道路硬化建设项目及2022年度第二批大中型水库移民后期扶持3个工程项目的前期工作，总投资160万元。委托第三方评审机构对实施的21个项目开展决算审计。完成10个易地扶贫搬迁乡镇后续基础设施和公共服务摸底调查。

【招商引资】 2022年，市发展改革委印发《关于进一步完善招商项目库的通知》《招商引资投资计划书（模版）》《重点项目招商手册》，包装项目17个，总投资66.26亿元。对接重点招商企业41家，召开座谈会20次，工作部署会25次，外出招商6次，对接企业16家，举办招商推介会1次，签约项目3个，总投资30.2亿元。1—11月，实施区外招商引资项目16个，到位资金16.35亿元，同比增长90.4%。编制《招商引资指导手册》《招商引资扶持政策汇编》，围绕重点产业完善客商资源库和目标企业清单。制发关于积极参与招商引资的倡议书、招商项目指南，拍摄扎兰屯市招商宣传片，宣传扎兰屯市资源、区位优势，扩大招商推介力度。

居然之家商业综合体项目　总投资10亿元，合作协议经市政府党组会审议通过，项目选址地征拆工作推进中，涉及16户，完成6户。

华能扎兰屯地区30万千瓦风电供暖项目　总投资20亿元，已签订协议。

智慧清洁能源分散供热项目　总投资2000万元，已完成项目建设。

垃圾无害化处理项目　总投资2.8亿元，已完成项目选址。

（彭圣男　梁卓妮）

国有资产监督管理

【概况】 2022年，扎兰屯市纳入扎兰屯市国有资产监督管理委员会(以下简称市国资委)监管的企业18家,分别是扎兰屯市柴河通用机场有限公司、扎兰屯市民用机场建设管理有限责任公司、扎兰屯市扶贫开发投资管理有限责任公司、扎兰屯市蒙森森林食品开发有限责任公司、扎兰屯市雅鲁供水有限责任公司、扎兰屯市城市排水有限责任公司、扎兰屯市塞外客运服务有限公司(原公汽公司)、扎兰屯市智慧农牧科技有限公司(原原种场)、扎兰屯市建安建筑工程质量检测有限责任公司、扎兰屯市现代农业投资开发有限责任公司、呼伦贝尔市岭东林业服务有限责任公司、扎兰屯市城市基础设施投资开发有限责任公司、扎兰屯市文化旅游投资开发有限责任公司、扎兰屯市振兴中小企业服务有限责任公司、呼伦贝尔岭东能源建设发展有限责任公司、扎兰屯市新区建设投资开发有限责任公司、扎兰屯市国有资产经营管理有限公司。资产总额123.81亿元,较2021年增加2.11亿元,同比增长1.73%;净资产85.13亿元,较2021年增加2600万元;资产负债率604.97%,同比增长552.41%;实现营业收入4964万元,同比减少3600万元,同比减亏456.25万元;上缴税费400万元,同比减少33.71%。

【国有企业改革】 2022年,扎兰屯市国有企业(全民)上级下达改制企业8家,即猎民部落、职工疗养中心、自来水公司、公汽公司、职高安顺驾校(已注销,资产并入职业高中)、通源商场(已注销,资产并入自来水公司),改为国有独资公司,改制工作完成;市本级改制企业2家,即原种场、排水公司,由事业单位改为国有企业,改制工作完成;上级下达本市集体企业改制3家,即建材检测中心、铁东办砖厂、河西办事处回民屠宰厂,改制工作完成。

【国有企业党建促发展】 2022年,市国资委推动国企党建责任与生产经营责任统筹联动,互促互融。所属国有企业全面实现“党建入章”,并结合各自实际制定前置研究事项清单,实现决策整体性、方向性与事项自身科学性、可行性的有机统一。企业党务干部和业务干部“双向进入、交叉任职”机制有效落实,促进党建工作与业务工作“一体化”发展。制定完善《扎兰屯市国有企业意识形态工作负面清单》,持续强化正本清源,筑牢国企领域意识形态防线。思想引领氛围浓厚,“联通先锋”“雅鲁涓流”“中邮先锋”“智慧党建”等各系统网络学习教育平台高效便捷,全方位搭建起网络学习矩阵。结合党的二十大学习宣传,各企业开展知识测试、张贴宣传海报及金句桌牌制作、原文诵读暨诗歌朗诵比赛等各具特色活动,成效显著。“四强四优”创建工作扎实推进,“四强”党组织达到40%,“四优”党员达到30%。

【国有资产保护及处置】 2022年,扎兰屯市城市基础设施投资开发有限责任公司按照市政府工作部署,对利亿乳业(原伊利乳业)公司闲置资产进行处置,经市国资委、工信局批准对利亿乳业闲置资产进行出售变现,利亿乳业设备等资产评估价格为56万元,于1月16日通过公开拍卖,最终成交价345万元,为评估价格的6倍,确保国有资产保值增值。

(鞠鸿雷)

财 政

【概况】 2022年,扎兰屯市一般公共预算收入完成5.19亿元,完成年初预算的93.17%,扣除留抵退税因素后增长0.82%,收入总额列呼伦贝尔市第五位。其中税收收入完成3.8亿元,完成预算的85.94%,比上年减少3902万元,下降9.32%;非税收入完成1.40亿元,完成预算的120.73%,同比增加2238万元,增长19.07%。一般公共预算支出完成40.21亿元,完成调整预算的95.26%,同比增加4.35亿元,增长12.14%,支出总额列呼伦贝尔市第一位。全市民生类支出完成32.04亿元,同比增加3.06亿元,占公共预算支出的79.69%,支出总额列呼伦贝尔市第一位。全市政府性基金预算收入完成3.3亿元，完成预算的69.56%，同比增加8889万元，增长36.81%，位列呼伦贝尔市第一位。政府性基金预算支出完成2.22亿元，完成预算的68.06%，同比减少4568万元，下降17.08%。

【财政绩效化管理】 2022年，扎兰屯市财政局（以下简称市财政局）拨款“三公”经费支出1371.5万元，同比减少86.23万元，下降5.92%。评审各项目52个，送审金额5745.41万元，审定金额5117.84万元，核减金额627.57万元，核减率10.92%。联合市审计局、人民银行支行等部门对全市预算单位账户进行核查，核查资金2.86亿元，收缴沉淀资金3278.29万元，核销账户7个。

【重点工作保障】 2022年，扎兰屯市推进脱贫攻坚同乡村振兴战略有效衔接，本级安排衔接预算资金733.5万元，收到上级财政衔接资金1.66亿元，拨付资金1.48亿元。生态环保资金投入2.87亿元，用于支持农村人居环境整治、秸秆综合利用、污水处理等项目及经费支出。

【政府债务管控】 2022年，扎兰屯市化解隐性债务3.52亿元，储备一般债券项目33个，资金需求12.39亿元；专项债券项目13个，资金需求10.88亿元。上级下达新增一般债券项目3个，资金897.6万元；专项债券项目2个，资金4500万元。补发行政事业单位职工及学校教职工工资1.9亿元，支付欠拨中小企业资金近7000万元。

【财政资金管理】 2022年，市财政局推进综合治税体系建设，制定《扎兰屯市综合治税工作方案》，建立综合治税工作联席会议制度，通过加大对异地施工企业纳税信息控制等多种方式提高税款入库率，增加税收收入1000万元左右。新预算一体化系统上线后，全市各部门2021年预算绩效自评等工作均纳入系统，根据2022年绩效监控情况，对进度慢的项目资金在当年预算中予以下调。

（鞠鸿雷）

税　务

【概况】 2022年，国家税务总局扎兰屯市税务局（以下简称市税务局）税费收入累计完成30.9亿元，其中税收收入完成15.3亿元，社会保险基金收入11.57亿元，非税收入完成3.93亿元，其他收入完成1700万元。落实组合式税收优惠支持政策缓、退、减税2.01亿元。深化税费政策效应分析，撰写税收经济分析报告30篇，向地方政府报送分析报告、信息专报等9篇。

【智慧税务】 2022年，市税务局注重对税费数据的分析与应用，引入BI大数据统计分析方法和工具，将税务机关内、外部数据资源进行整合分析，建立征管数据日常监控机制，按照税源日常风险点对税政部门所获取第三方数据进行批量导入、集中储存、自动关联和分类应用，并通过帆软BI进行展示，便于税务人员直观分析判断是否存在涉税风险。

【综合治税】 2022年，市税务局联合多方力量，推进税收工作联动性和便捷化。与市财政局深度合作，每月召开联席会议研究综合治税工作，利用各部门的数据优势、渠道优势和专业优势，推进内外部涉税数据汇聚联通，挖掘涉税信息价值，对欠税情况加大清缴力度。与市自然资源、林草、生态环境、水利等部门通力配合，分15批次取得涉税数据2.5万条，通过比对市自然资源局共享的农用地转用信息，发现14个项目未申报缴纳耕地占用税，完成6个项目补征税款及滞纳金413万元。

【税费协同】 2022年，市税务局成立“税费征管问题处理流转工作群”，建立税费征管问题协同处理工作规程，利用线上税费宣传与问题解决的优势，对纳税人提出的疑难问题进行线上讨论解决，提出指导性意见。接收纳税人咨询税费协同热线电话372次，线上答疑问题13个，涉及前台电子税务局申报、更正、数字化电子发票、政策咨询等多类问题。

【办税服务优化】 2022年,市税务局开展“惠企利民”大走访,针对大走访工作创新性推行“五个一”工作法(开通一条交流渠道、做好一次税收宣传、进行一次实地调查、开展一次意见征询、形成一份走访材料),走访纳税人1567户,及时了解纳税人诉求,让纳税人懂政策、会操作、快享受。简化医保退费流程,将以往4种(12份)退费证明材料缩减为1张“社会保险费退费申请表”,将缴费人自行传递改为税务局、医保局单位之间流转,让缴费人少跑腿、少填表、便捷办。

【税费监督检查】 2022年,市税务局强化党委纪检组的监督责任,成立监督检查工作组,到各税源开展组合式税费支持政策落实、业务流程操作规范、办税服务、纳税人满意度、现金税费征缴风险防控等税费监督检查,发现五类问题34条,下发纪律检查建议书9份,对发现的问题及时进行整改。

【税收宣传】 2022年,市税务局累计在《人民日报》《中国税务报》《内蒙古日报》等各类报刊、媒体发表宣传及科研调研稿件64篇;与扎兰屯市人民广播电台联合打造“减、退、缓、延”系列政策讲解及纳税人满意度专题等5期节目,扩大税收政策知晓覆盖面;搭建“税务+乡镇+村屯”网格微信群,成立税费宣传“轻骑兵”服务队,通过发放传单、张贴海报等宣传方式,宣传讲解各项税费优惠政策及社保费线上缴纳的政策、优势和流程。

(王春芬)

金融监管

【概况】 2022年,扎兰屯市严厉打击非法集资。印发《2022年扎兰屯市防范和处置非法集资宣传工作实施方案的通知》《开展2022年防范非法集资宣传月活动的通知》,组织各乡镇办事处、各成员单位在元旦、春节以及“5·15”“6·15”集中宣传日等重要时间节点,通过线上微信群和线下发放宣传单等多种方式开展大型宣传活动。全年组织大型集中宣传活动7场次,参与群众4300人次;组织“六进”集中宣讲活动998场次,参与群众1.36万人次。打防结合,市财政局联合市场监督管理局和经侦大队通过市场监督管理局系统筛查疑似非法集资线索涉及商铺进行实地检查。为市蒙银村镇银行拨付资金644万元,协助企业完成一季度监管指标,协助扎兰屯市信用联社解决“高风险社”摘帽事宜。

【金融知识普及宣传】 2022年,中国人民银行扎兰屯市支行分别以“3·15”“5·15”“6·14”信用记录关爱日、“普及金融知识守住‘钱袋子’”、金融知识宣传月等主题时间点为契机,组织支行干部职工、青年志愿者及各金融机构到乡镇、市区、社区开展金融知识宣传,累计开展集中宣传6次,发放宣传资料2000余份,制作短视频6部。

【货币发行及反假币】 2022年,中国人民银行扎兰屯市支行调入发行基金5.57亿元,投放发行基金13.5亿元,回笼现金6.89亿元,净投放6.62亿元;回笼各券别残损人民币2.92亿元;投放10元券别及以下小面额人

2月25日,市税务局工作人员到金龙山滑雪场开展冰雪行业专项税费宣传活动

(市税务局 供图)

民币1800万元；收缴假人民币168张，金额1.18万元。

【信用体系建设】 2022年，中国人民银行扎兰屯市支行持续做好征信查询服务，自助查询机查询个人信用报告1.52万笔，二代前置系统查询个人信用报告64笔，查询企业信用报告412笔、司法查询58笔，接收异议处理4笔、信息主体声明2笔。配合呼伦贝尔市中心支行对扎兰屯市农村信用合作联社未取得信息主体授权、未履行不良信息报送告知义务开展现场检查并进行处罚，扎兰屯市农村信用合作联社已缴纳罚金。做好动产和权力担保统一登记平台用户审核，完成1家企业动产和权力担保统一登记平台常用户审核。开展征信服务经费使用管理自查及征信查询收入自查，发现问题1个，并形成工作报告，建立征信服务经费管理实施细则。完成对辖区内2家地方法人征信接入机构、2家地方法人接入机构分支机构年度考核评级，对征信系统接入机构开展非现场监管，报送征信工作情况统计表、征信信息安全情况统计表18份，季度自查自纠报告3份，组织2家地方法人金融机构参加征信管理监测系统数据录入工作。完成“征信修复”乱象专项治理“百日行动”工作，联合市场监督管理局、发展改革委、网信办、公安局成立扎兰屯市“征信修复”乱象专项治理“百日行动”工作领导小组，扎兰屯市辖区内有经营范围涉及“征信”“信用”等字样企业2家，其中1家企业已被列入异常经营范围。6月29日，联合市场监督管理局、发展改革委对辖区内另1家经营范围中包含“企业征信业务”字样的有限责任公司进行排查谈话，谈话后企业已更改经营范围。

（张宏刚）

价格管理

【价格收费管理及监测】 2022年，市发展改革委完成涉案价格认证52起，涉案金额124.5万元。每旬上报肉禽蛋奶蔬菜等65项具体品种，监测36次。针对内蒙古疫情新情况，及时启动价格日监测工作，对全市各大商超生活必需品、蔬菜等农副产品价格进行巡视检查，监测内容涵盖米、面、油、肉、禽、蛋、奶、蔬菜等46个具体品种，进行价格跟踪监测98次。承接上级玉米和大豆2个品类的种植意向、农资购买情况、存粮情况3项专项调查和粮食直报、常规2项调查任务，对产量、产值、成本、补贴情况和净利润进行分析，为国家制定农产品价格政策提供真实的基础数据。

（彭圣男）

【价格执法检查】 2022年，扎兰屯市市场监督管理局（挂知识产权局牌子，以下简称市市场监管局）发布《价格政策提醒告诫书》，引导规范市场经营者严格履行市场主体责任，针对粮油肉蛋奶及蔬菜价格，加大日常检查巡查力度，对市场经营主体价格行为进行有效规范，及时纠正标价不清、公示不全、更新滞后等现象。密切关注市场价格动态，在中秋节、春节重点对正阳市场、批发市场、客流量较大的商超、粮店等经营场所进行巡查整治与即时采价，针对店内销售的蔬菜、肉类、粮油等重要民生商品价格完成动态监测，及时掌握市场供应和价格变化情况，落实专人负责制，汇总分析市场供应和价格走势，为上级决策提供参考依据。加强对药品及防疫用品市场价格的监管，严厉打击药品销售领域囤积居奇、哄抬价格等违法行为，保护消费者的合法权益，开展药品专项检查，出动执法人员56人次，检查药品零售门店189家。开展全市“转供电”价格专项检查，印发《关于重申转供电环节严禁加价告知书》，联合电业局重新核定“转供电”主体，严禁出台排除、限制市场竞争的政策措施。

【农贸市场价格管理专项整治】 2022年，市市场监督管理局为全面整治农贸市场价格管理不规范现象，维护消费者和经营者的合法权益，营造公平竞争，诚信经营的营商环境，于9月开展农贸市场价格管理专项整治行动。专项整治行动以农贸市场经营活动为重点领域，以农贸市场开办主体和各类经营商户为宣传对象，综合运用提醒告诫、行政指导等工作手段，普及规范明码标价规定制度，宣传有关价格法律法规，现场指导经营者规范明码标价，正确使用价签和标价方式，提醒经营商户在优惠促销活动中商品标价的注意事项。整治行动中发放价格法律法规宣传单60份，同时要求农贸市场经营者要根据市场供求状况，以公平、合法和诚实信用的原则合理定价，自觉维护好市场价格秩序。

（边秋莲　苏日娜）

审　计

【概况】 2022年，扎兰屯市审计局（以下简称市审计局）安排审计项目计划37个，完成计划内审计（调查）项目30个，其中2个项目分别被评为呼伦贝尔市优秀审计项目一等奖和三等奖。完成上级临时交办的审计任务4个。

【预算执行审计】 2022年，市审计局组织实施2021年度市本级预算执行和其他财政收支情况审计、岭东开发区管委会财政财务收支情况审计、财政补助资金审计、财政专项支出专项审计调查4个项目。对全市60家一级预算单位的2021年财务数据进行采集上报，发现关联疑点数据3746条，选取10家单位重点进行数据核查。

【经济责任审计】 2022年，市审计局以“权责”为核心，以“发现问题”为导向，有重点地开展审计，完成对市文体旅游广电局、司法局、民族事务委员会、萨马街乡政府、职业高中、就业服务中心、市医院、向阳街道8个部门经济责任审计项目。

【固定资产投资审计】 2022年，市审计局重点对学校、卫生院等民生领域工程项目开展审计，提出合理化意见和建议，规范对工程项目的监督管理，提高财政资金使用效益，提高政府投资绩效。完成中和镇卫生院业务用房及周转宿舍竣工决算审计、哈多河中心幼儿园项目在建工程审计，完成跨年度项目司法局业务用房建设项目竣工决算审计、市公安局交通警察大队交通管理业务技术用房项目竣工决算审计。

【专项审计】 2022年，市审计局以推动国家和地方各项重大政策措施落实、促进扎兰屯经济高质量发展为目标，组织实施2022年第一季度盘活财政存量资金及贯彻中央八项规定及其实施细则精神和落实过“紧日子”要求情况、2019—2021年残疾人就业保障金专项审计、政府专项债券专项审计调查、红十字会2021年捐赠款物接收分配管理使用情况专项审计、呼伦贝尔农垦集团有限公司2016—2020年度财务收支审计、2020年1月至2021年9月困难群众救助补助资金审计共6个项目，重点关注直达资金分配下达、拨付、使用、管理的情况，揭示直达资金在管理方面存在的问题并在审计期间已全部整改完毕。

（王　谦）

统　计

【概况】 2022年，扎兰屯市统计局（以下简称市统计局）组织完成小微企业调查、工业品价格调查、消费品价格调查、畜禽监测调查、2021年畜牧业普查、农畜产品加工企业调查、扎兰屯市粮食产量全面调查、城市年报调查、内蒙古自治区新型城镇化进程统计监测、2022年玉米大豆生产者补贴播种面积核查、农户基本情况调查等12项调查，并按要求完成县域经济统计数据收集、审核、汇总、上报工作任务。撰写统计专报33期，发布统计分析、信息154篇，根据2020年人口普查数据撰写统计调研11篇，每月召开经济运行分析会议1次，每季度形成经济运行分析1篇，印制统计月报，编印《扎兰屯市第七次人口普查公报》《统计指标解释手册》等统计资料手册。

【统计调查】 2022年，市统计局完成旅馆业调查、文化产业调查等统计调查工作，协助市妇联完成妇儿“两纲”监测。按照人口变动抽样调查工作安排，全市划分调查小区153个，涉及14个乡镇街道的29个村、社区。选聘调查指导员24人和调查员57人，开展培训、宣传、入户核查等各环节工作，完成全市2022年人口变动情况抽样调查。

【统计执法】 2022年，市统计局以各专业年报定报培训会和统计开放日为载体，宣传统计法律法规，在部门、乡镇街道、企业统计人员业务培训会上重点传达国家统计局重要会议精神，集中学习统计法律法规，通报国家、自治区查处的重大统计违纪违法案件，做好警示教育工作。7月，同市市场监督管理局共同开展“双随机、一公开”联合执法检查，4家企业均无数据异常。开展统计造假不收手不收敛专项纠治工作，对重点部门专项纠治开展情况和部门统计规范化建设开展抽查，完善统计制度，从源头提高统计数据质量。

【统计造假不收手不收敛专项纠治警示教育会】 2022年，根据国家统计局、自治区统计局关于统计造假不收手不收敛问题专项纠治工作会议精神，市统计局召开统计违纪违法案件警示教育会，深入学习贯彻习近平总书记关于防范和惩治统计造假、弄虚作假重要讲话和指示批示精神，落实国家统计局工作部署和自治区领导关于开展专项纠治工作批示要求，学习国家统计局查处的重大统计违纪违法案件情况的通报以及国家统计督察转交、内蒙古自治区查办的统计违法案件情况通报。

【统计教育培训】 2022年，市统计局各专业对企业和乡镇街道统计人员进行线下培训21次，培训人数339人，实地核查企业近200余次。召开统计联席会议9次，加强部门数据共享和部门统计基础工作，坚持协作联动、形成合力。

【乡镇统计基础建设】 2022年，市统计局对照“八有八化”（八有即有机构、有人员、有制度、有资格、有台账、有经费、有场地、有设备，八化即统计管理制度化、统计人员专业化、统计报表规范化、统计资料档案化、统计手段现代化、统计工作法治化、统计宣传经常化、统计服务优质化）的标准，结合实际，为所有乡镇街道配齐统计工作所需的设备、网络、胸卡及桌牌等，改善乡镇街道统计工作的硬件条件。加强统计法律法规、统计方法制度及数据审核等方面的培训，精心指导乡镇街道填报“乡卡村卡”、名录库维护、农牧业统计报表等工作。规范数据上报流程，做到即录即审，加强异常数据审核。全市19个乡镇街道均被评为Ⅰ类达标乡镇，正阳街道获“自治区统计局统计基础建设‘八有八化’规范化苏木乡镇（街道办事处）”称号，成吉思汗镇、中和镇通过自治区“回头看”验收。

（刘　辉）

国家统计调查

【概况】 2022年，国家统计局扎兰屯调查队各专业强化科学管理，持续巩固机关档案工作自治区一级单位成果，督促指导调查对象、辅助调查员依法建立健

10月11日，全市统计联席会召开　（市统计局　供图）

全原始记录、统计台账、访户记录。居民收支调查建立健全"一本通"基础台账，在日常工作中形成"日记账、周提醒、月访户、季总结"的工作机制，劳动力调查实行台账归档调查员确认制度，农业农村调查建立统计数据库，与市农科、气象、发改等部门互助互补，实现信息共享。对调查单位和调查网点实行网格动态化管理，采用"一对一"的沟通督促工作方法，确保各项调查任务顺利开展。

【服务型统计建设】 2022年，国家统计局扎兰屯调查队建立以青年干部为主的分析信息写作微信群，撰写分析、党建和纪检信息80篇，其中《扎兰屯队"淬炼四字"打好住户样本轮换"开门红"》《扎兰屯调查队"四持续"推进统计调查基层基础建设》等10篇信息被国家统计局内网采用，总队内网采用40篇，《中国信息报》采用6篇。《女性就业能力不断提升 保障女性全面发展的社会环境仍需优化》等统计分析报告被国家统计局内网采用，《呼伦贝尔农村青年人口流失严重，人才振兴成乡村振兴最迫切问题》等5篇统计分析报告被总队内网"精品报告"采用。及时为地方党委政府提供各类经济形势分析材料，参加经济运行形势分析会议，解读全市经济运行中出现的变化和趋势。

【调查数据质量评估】 2022年，国家统计局扎兰屯调查队学习贯彻习近平总书记对统计调查工作的重要指示批示精神和《关于深化统计管理体制改革提高统计数据真实性的意见》《防范和惩治统计造假弄虚作假督察工作规定》《统计违纪违法责任人处分处理建议办法》《防范和惩治统计造假弄虚作假重要文件选编》，围绕数据质量中心，完成居民收支调查工作、遥感测量工作、劳动力调查和专项调查等各项工作任务。各专业依法依规进行调查数据质量评估，确保数据真实准确，上报及时完整。加强与调查网点的联络和沟通，每月20日对各专业调查网点、辅调员、调查对象进行实地走访、入户调查、电话回访，利用各专业微信群督促调查工作。

5月15日，国家统计局扎兰屯调查队工作人员到兴华街道青松社区开展《中华人民共和国统计法》宣传 (国家统计局扎兰屯调查队 供图)

【统计法治建设】 2022年，国家统计局扎兰屯调查队组织统计法律法规"双月"宣传教育活动，联合市委党校开展"统计法律法规进基层"宣讲活动。利用统计开放日、"12·4"宪法日、"12·8"统计法颁布纪念日等重要时点，组织开展"赓续红色血脉 奋进统计未来"等统计法律法规宣传活动。各专业个性化开展普法宣传，制作《统计法二十六不得》宣传卡片，在入户慰问品上印制统计法宣传标语，实现《中华人民共和国统计法》进党校。开展《中华人民共和国统计法》宣传进社区活动，制作党史知识、统计法治展板，组织辅助调查员、调查户在"真实统计 为民调查"条幅上签名活动、利用单位微信公众号进行普法宣传，拓宽统计法治宣传的受众面，提高全社会的统计法治意识。落实统计执法责任制，切实履行执法检查职责。加大对统计违法案件的查处力度，继续开展双随机检查，接受呼伦贝尔调查队统计执法检查。

(潘　超)

市场监督管理

【概况】 2022年，市市场监管局检查食品经营主体1.26万家次，检查药械经营使用单位726家次，开展食品、药品抽检 948 批次，检查特种设备使用单位 134 家，检定计量器具 9890 台。累计查处各类违法案件 289 件，一般程序案件 279 件，简易程序案件 10 件。接到并处理“12345”热线投诉举报 1145 件，接受咨询 178 次，申诉举报案件的办结率为 100%。申请商标 138 件，授权商标 87 件，注册商标总数 1399 件，全市专利拥有量为每万人 2.1 件。打造标准化所 3 个，均通过自治区标准化所建设验收。开展反垄断、反不正当竞争、打击假冒伪劣等重点工作专项整治，精准把握企业和群众办事中的难点和堵点。贯彻落实《企业信息公示暂行条例》，督促企业及时年报，规范执法监督，开展“双随机、一公开”监督检查 1718 家，联合相关部门开展监督检查 208 家，完成率 100%。

【市场主体登记】 2022 年，市市场监管局畅通市场主体登记业务办理渠道，线上全程电子化、全流程“掌上办”。全年受理市场主体申请及咨询 3.2 万人次，审批发放营业执照、食品经营许可 1.1 万件，市场主体保有量同比增长 28.8%，市场主体登记注册同比增长 226.4%。

【食品安全监管】 2022 年，市市场监管局组织召开全市食药安委工作会议及食品安全预警交流会，设立乡级食药安委办、村级协管员，建立市、乡、村三级监管体系。开展食用盐、婴幼儿配方乳粉、保健食品、冷链食品等重点领域专项整治行动，检查食品经营主体 1.26 万家次，抽检食品、药品 948 批次。开展校园食品安全守护行动，1505 家餐饮单位实施“明厨亮灶”，其中 452 家安装调试“互联网 + 明厨亮灶”设备，构建“线上 + 线下”智慧监管新模式。

7 月 15 日，市市场监督管理局开展食品安全执法检察

（市市场监督管理局　供图）

【“两品一械”安全监管】 2022 年，市市场监管局对药品、医疗器械经营使用单位，开展全覆盖日常监督检查，重点检查疫苗、特殊药品、网络销售药品、涉疫医疗器械，检查药品经营使用单位 726 家次。规范化妆品生产经营，重点检查母婴用品、商场超市、美发店等儿童化妆品和特殊化妆品经营单位，整改风险隐患 15 处，保障公众用“妆”安全。

【特种设备安全监管】 2022 年，市市场监管局开展安全生产巩固提升专项整治三年行动，以商场电梯、景区索道、液化气站储气罐和充装设施及企业专用机械车辆为重点，检查各类特种设备 873 台（套），下达特种设备安全监察指令书 11 份，隐患整改 112 个，遏制重特大事故发生。

【工业产品质量安全监管】 2022 年，市市场监管局重点抓好危险化学品及包装物、消防产品、电动自行车等重点产品日常监督检查。组织开展工业品、建筑装潢材料、农资、天然气具等重点产品抽检 130 批次，把好质量安全关。落实《呼伦贝尔市中小企业质量管理水平提升行动实施方案》，推荐 1 家企业加入提升行动服务。

【市场主体监管】 2022 年，市市场监管局及时将未年报市场主体列入经营异常名录，对年报数据和失信企业数据进行分析。对“失联”企业、“僵尸”企业进行清理吊销,将列入异常名录2年以上企业进行实地核查,依程序吊销营业执照。检查网络交易第三方平台36次,督导网络餐饮服务第三方平台落实入网经营者资质审查、信息公示等义务,加强送餐人员管理,要求平台严格落实配送清洁方案,使用食品封签,做好站点和餐箱消毒工作。

【消费者权益保护】 2022年,市市场监管局推进"12315""12345"行政执法体系建设,受理投诉举报1145件,接受咨询178次,案件办结率、群众满意率均达100%。开展"衣食住行"民生领域铁拳行动及养老诈骗、制售假冒伪劣商品专项整治行动,累计查处各类违法案件297件,移送公安机关涉嫌犯罪线索2起。

【知识产权保护】 2022年,市市场监管局开展知识产权行政保护和专利代理机构"蓝天"专项执法行动,查处专利、商标侵权假冒等违法行为。以知识产权宣传周、科普日和知识产权进校园、进企业等活动为载体,宣传《中华人民共和国商标法》《中华人民共和国专利法》等知识产权法律法规。

【扎兰屯黑木耳地理标志证明商标申报】 2022年,市市场监管局重点培育"扎兰屯黑木耳"地理标志品牌,开展"扎兰屯黑木耳"地理标志证明商标申报工作。起草《关于"扎兰屯黑木耳"地理标志商标申报工作实施方案》,成立扎兰屯市地理标志商标申报委员会,推动成立扎兰屯黑木耳协会,与第三方公司签订申报合同,收集、完善"扎兰屯黑木耳"相关申报材料,组织编写《"扎兰屯黑木耳"地理标志证明商标使用管理规则》《"扎兰屯黑木耳"地域环境、人文因素决定说明》,"扎兰屯黑木耳"地理标志证明商标申报工作取得阶段性进展。

链接

扎兰屯黑木耳

扎兰屯地处大兴安岭浅山区,西南部为原始森林和次生林区,野生特产山珍丰富,扎兰屯黑木耳就是其中之一。扎兰屯黑木耳品质优良,外观呈黑褐色,背面浅灰色,有光亮感,呈自然卷曲状,大小均匀一致,朵朵如云。干时肉厚色正,泡开有弹性,富光泽;食用时口感细嫩,风味特殊。1901年中东铁路在扎兰屯地区修筑与通车后,扎兰屯黑木耳也走出山林;民国时期,扎兰屯黑木耳作为土特产品出现在集贸市场上。20世纪60—70年代,扎兰屯黑木耳供不应求,扎兰屯人开始研究段木栽培技术模拟野生栽培方式,不仅使扎兰屯黑木耳从林区走向了田间大地,而且减少了杂菌的污染,提高了产量。随着国家天然林保护工程的实施,扎兰屯黑木耳逐渐开始转变成地栽黑木耳、袋料栽培黑木耳等技术,原料选择于产地范围内柞树等硬杂木,菌种选用品种优良,抗逆性、抗杂菌能力强的扎兰屯黑木耳当地菌种。根据扎兰屯本土资源、气候情况和生产模式确定生产菌包的配方,有利于菌丝快速生长,富集营养,可缩短出耳期,抗逆性强,产量高,品质好。2009年,中华人民共和国农业部批准对"扎兰屯黑木耳"实施农产品地理标志登记保护;2013年,扎兰屯市人民政府制定扎兰屯黑木耳产业扶持政策,连续三年对种植扎兰屯黑木耳的菌农给予补贴,搭建种植户交流合作平台,聘请专家针对扎兰屯黑木耳生产的菌包制作、菌室培养、开口催芽、浇水晾晒等环节进行现场培训指导,组织召开现场观摩会,使扎兰屯黑木耳技术发展不断更新,质量产量逐步提升;2017年,"扎兰屯黑木耳"获得2017年度最受消费者喜爱的中国农产品区域公用品牌;2019年,"扎兰屯黑木耳"入选全国名特优新农产品名录;2021年3月,中国与欧盟签署的《中华人民共和国政府与欧洲联盟地理标志保护与合作协定》正式生效,"扎兰屯黑木耳"入选首批保护清单。

(边秋莲　苏日娜　于　涵)

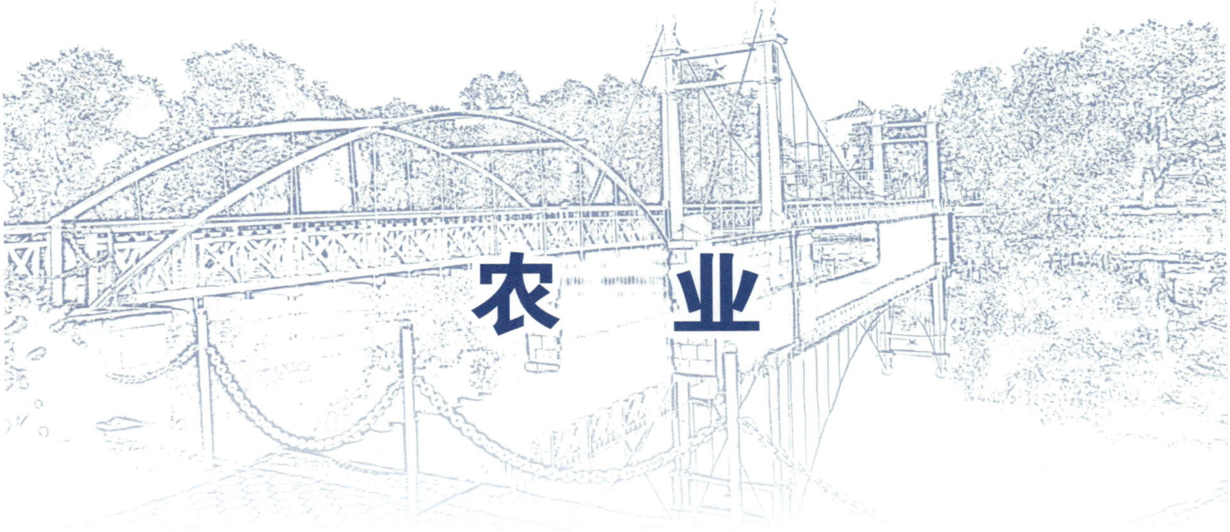

农 业

综 述

【概况】 2022年，扎兰屯市农作物播种面积26.63万公顷，粮食播种面积25.98万公顷，粮食产量稳定在12.5亿千克以上。全市拥有大小规模养殖场（户）1436家，牲畜存栏150万头（只）。动力农用机械总动力99.81万千瓦，机耕水平94.41%，机播水平97.85%，机收水平72.92%，综合机械化水平89%。组织农科系统技术指导员60余人陆续到乡镇村屯开展适用技术培训，累计发放技术手册等资料2.8万余份，培训农牧民1.5万人次，开办农牧民培训班3期，培训农牧民317人。

【专业合作社和家庭农牧场管理】 2022年，扎兰屯市有专业合作社1496个，其中国家级合作社示范社5个，自治区级合作社示范社10个，呼伦贝尔市级合作社示范社18个，扎兰屯市级合作社示范社25个。家庭农牧场1364个，其中自治区级示范家庭农牧场11个，呼伦贝尔市级示范家庭农牧场27个，扎兰屯市级示范家庭农牧场39个。全面开展合作社、家庭农牧场储备库认定和动态管理工作，2022年，储备库纳入农民专业合作社75个、家庭农牧场38个。

【农牧业产业化发展】 2022年，扎兰屯市有呼伦贝尔市级以上龙头企业33家，农牧业产业化示范联合体12家，龙头企业与农民建立利益联结关系的比例达到87%，农产品转化率达到75%，农民人均从产业化得到的纯收入达到4690元，带动农民6.5万户，初步形成“市场牵龙头、龙头带基地、基地连农户”的产业化经营格局。扎兰屯市农牧和科技局（以下简称市农牧和科技局）推进“三品一标”认证工作，打造有影响力的品牌，绿色食品新认证企业2家，产品2个；绿色食品续展企业2家，产品6个；名特优新产品增加3个，即扎兰屯马铃薯、扎兰屯玉米碴、扎兰屯鲤鱼，并入选2022年第二批全国名特优新农产品名录。扎兰屯市作为“内蒙古自治区农畜产品质量安全大数据智慧与服务平台”试点县，承担农畜产品质量安全全程质量控制（黑木耳）试验示范应用项目，重点打造卧牛河镇红旗村森宝基地（50万袋）、达斡尔民族乡满都村盛达生物菌基地（100万袋）、成吉思汗镇大甸子村森通公司基地（50万袋）。

【农牧业综合行政执法】 2022年，市农牧和科技局完成自治区和呼伦贝尔市级监督抽检和例行抽检130个批次170个样品，对商品饲料、“瘦肉精”速测及其他投入品开展抽检4次20余个样品。开展相关业务宣传10次，覆盖屠宰、种植、生鲜乳等生产主体20家，发放安全生产宣传单100份。将市238家农畜产品生产主体中的171家纳入农畜产品质量安全监管平台。对种子、肥料、农药、兽药、畜牧、饲料、农机、渔业的市场和经营主体进行全覆盖行政执法，出动执法人员1100人次，检查经营店面及生产企业650家次，发放宣传单3000份，立案6起，结案2起，罚款金额13万元，未发生行政复议和行政诉讼案件。

【农业保险】 2022年，扎兰屯市种植业保险参加保险面积18.15万公顷，总保险费1.07亿元。牧业承保奶牛9954头，总保费485.86万元。

（张　浩）

2022年农牧业产业化联合体名录表

表8

序　号	单　位	级　别
1	呼伦贝尔东北阜丰玉米产业联合体	自治区级
2	蓬勃中草药产业化联合体	自治区级
3	惠龙农牧业产业化联合体	自治区级
4	扎兰屯市森宝食用菌种植联合体	自治区级
5	金禾公司关门山基层社水稻产业化联合体	呼伦贝尔市级
6	蒙东牧业农牧业产业化联合体	呼伦贝尔市级
7	扎兰屯市蓝林农产品农牧业产业化联合体	呼伦贝尔市级
8	扎兰屯市惠农农牧业产业化联合体	呼伦贝尔市级
9	龙翔现代农业联合体	扎兰屯市级
10	小霞现代农业科技发展联合体	扎兰屯市级
11	扎兰屯市蒙之源农民合作联合体	扎兰屯市级
12	扎兰屯市小东河花卉果蔬种植协会	扎兰屯市级

（资料来源：市农科局）

2022年产业化重点龙头企业名录表

表9

序　号	单　位	级　别
1	呼伦贝尔东北阜丰生物科技有限公司	国家级
2	呼伦贝尔市冰海肉业有限公司	自治区级
3	内蒙古薪璐边境贸易开发有限责任公司	自治区级
4	呼伦贝尔长征饮品有限责任公司	自治区级
5	扎兰屯市蓝林食品有限责任公司	自治区级
6	扎兰屯市天利原农副产品购销有限公司	自治区级
7	呼伦贝尔市金禾粮油贸易有限责任公司	自治区级
8	扎兰屯市蒙东牲畜交易市场有限责任公司	自治区级

续表 9

序 号	单 位	级 别
9	呼伦贝尔市傲林山珍食品有限公司	自治区级
10	呼伦贝尔市惠龙现代农牧业开发有限公司	自治区级
11	呼伦贝尔鑫难农副产品有限责任公司	自治区级
12	呼伦贝尔市泰极粮食购销有限责任公司	自治区级
13	扎兰屯市惠农农业生产资料有限责任公司	自治区级
14	呼伦贝尔市赛优牧业有限公司	呼伦贝尔市级
15	呼伦贝尔哈日嘎海肉业有限公司	呼伦贝尔市级
16	呼伦贝尔满都原生态莱盐渍有限公司	呼伦贝尔市级
17	内蒙古民程种业有限公司	呼伦贝尔市级
18	扎兰屯市丰禾源农畜产品有限责任公司	呼伦贝尔市级
19	内蒙古和丰现代化农业发展有限公司	呼伦贝尔市级
20	呼伦贝尔市满都盛达生物菌有限责任公司	呼伦贝尔市级
21	呼伦贝尔森宝黑木耳种植有限责任公司	呼伦贝尔市级
22	扎兰屯市龙翔现代农业科技发展有限公司	呼伦贝尔市级
23	扎兰屯市森通食品开发有限责任公司	呼伦贝尔市级
24	呼伦贝尔市中林粮食购销有限公司	呼伦贝尔市级
25	呼伦贝尔市木生源林科技有限公司	呼伦贝尔市级
26	扎兰屯市鑫草中蒙药种植有限责任公司	呼伦贝尔市级
27	扎兰屯市满都拉农产品开发有限责任公司	呼伦贝尔市级
28	呼伦贝尔喜润现代农业发展有限公司	呼伦贝尔市级
29	呼伦贝尔松鹿制药有限公司	呼伦贝尔市级
30	呼伦贝尔市百丰润田牧业有限责任公司	呼伦贝尔市级
31	呼伦贝尔市万晟牲畜交易市场有限公司	呼伦贝尔市级
32	扎兰屯市成吉思汗金丝猴乳业有限公司	呼伦贝尔市级
33	呼伦贝尔市古烧酒业有限公司	呼伦贝尔市级

（资料来源：市农科局）

链接

扎兰屯玉米碴

扎兰屯玉米碴外观为黄色颗粒状，大小均匀，具有玉米淡淡的香味，口感酥糯。原料来源于扎兰屯市全国绿色食品原料标准化生产基地。扎兰屯素有“塞外苏杭”“北国江南”的美誉，生态环境良好，扎兰屯市森林覆盖率70.04%，年平均降水量485～540毫米，土壤肥沃，市域空气清新、水质纯净，非常适合绿色玉米种植。2022年，扎兰屯市创建玉米绿色食品原料标准化基地5.4万公顷，有效地为绿色食品生产企业提供原料，形成种植、加工、销售的一条龙模式。扎兰屯玉米碴销往北京市、上海市、杭州市、天津市、深圳市等地，带动农民种植玉米的积极性，为下一步快速推动提升玉米碴的品牌发展夯实了基础。

扎兰屯马铃薯

扎兰屯马铃薯个头均匀，单薯重约200克，外皮颜色为黄色，外观新鲜，成熟度好，薯形好；蒸熟后，薯香浓郁，口感沙甜而滑润。扎兰屯市年平均降水量485～540毫米，土壤肥沃，市域空气清新、水质纯净，昼夜温差大，有利于马铃薯淀粉积累，非常适合马铃薯种植。2022年，扎兰屯市创建马铃薯原料标准化基地5.86万公顷，为马铃薯淀粉和手拍粉条加工企业生产提供原料，形成种植、加工、销售的一条龙模式。马铃薯高淀粉品种的不断引进和加工工艺的改进，带动马铃薯加工业的快速发展。扎兰屯手拍粉销售全国各地，供不应求，带动农民种植马铃薯的积极性，为下一步快速推动提升扎兰屯马铃薯及其手拍粉品牌发展打下坚实基础。

扎兰屯鲤鱼

扎兰屯鲤鱼个体重约2.2千克，其肉质紧实，有弹性，鱼鳞颜色为金色，鳞片紧密，有光泽。清炖后肉质鲜嫩，纹理清晰，味道鲜美。鱼塘占地面积20多公顷，位于卧牛河镇北部三道桥村一四组中间，两山夹一沟，周围无任何加工厂和污染源，鱼塘水源源于凉水湾，水质清澈见底。扎兰屯鲤鱼养殖业已成为扎兰屯市支柱产业和农民脱贫致富产业之一，休闲渔业是渔业与旅游、休闲业紧密结合的新兴产业，打破渔业生产的单一性，形成集养殖、垂钓、餐饮、旅游度假于一体的新型经营形式。

（链接来源：市农科局）

种植业

【概况】 2022年，扎兰屯市实施黑土地保护性耕作5.86万公顷、耕地轮作1.29万公顷、玉米大豆带状复合种植366.67公顷，实施黑土地保护利用项目6933公顷，高标准农田任务1.13万公顷。建设优质、高效增粮示范区2个。调运春耕所需优良种子1.14万吨、化肥11.18万吨、农药506吨、柴油8945吨，投放涉农贷款8.2亿元。扎兰屯市被列入第三次全国土壤普查试点县，在区、市、县“三级联动”下，组建野外调查采样队21个，组织开展耕地土壤墒情监测12次、病虫监测调查46次、田间定点监测21次。

【粮食种植】 2022年，扎兰屯市粮食生产任务实际落实面积25.82万公顷，完成任务的100%；大豆种植任务实际完成7.49万公顷，完成任务的103.2%；粮食产量达到14亿千克。作为粮油绿色高质高效行动示范市，聚焦玉米作物，重点打造20个玉米千亩方和5个玉米万亩方。

【蔬菜种植】 2022年，扎兰屯市蔬菜种植面积1687公顷(其中设施蔬菜40公顷)，品类有芹菜、油菜、菠菜、大白菜、结球甘蓝、白萝卜、胡萝卜、黄瓜、南瓜、冬瓜、豆角、茄子、辣椒、西红柿、大葱、大蒜等，总产量8.51万吨。

【绿色食品标准化生产基地建设】 2022年，扎兰屯市完成13.16万公顷全国绿色食品原料(玉米、大豆、葵花籽、马铃薯、白瓜子、沙果、水稻)标准化生产基地的建设管理、生产指导和技术培训工作。

【高标准农田建设】 2022年，扎兰屯市高标准农田建设任务1.13万公顷，实施项目8个，总投资2.44亿元，其中中央资金2.21亿元，地方配套600万元，项目区筹资投劳1700万元，工程已完工并通过检验。截至2022年末，全市共建成高标准农田1.51万公顷，占全市耕地总面积的1/3，亩均增产50千克。同步实施农田基础设施建设，累计修建水源井228眼、田间路425千米、桥涵163座，治理山洪沟、侵蚀沟197条。

（张　浩）

畜牧业

【概况】 2022年，扎兰屯市有标准化规模养殖场(户)1436家，牲畜存栏148.57万头(只)，下降1.7%。其中大牲畜存栏25.65万头(只)，增长17.77%；奶牛存栏1.5万头，每月交售鲜奶4200吨左右；羊存栏113.97万只，减少5.14%；生猪存栏8.95万头，减少2.93%。发放液氮1.07万升，肉牛冻精1.5万剂，改良肉牛1万头，获得上级奶牛布病疫苗补贴1.02万支。完成2021年粮改饲项目验收16.66万吨，计划补贴资金833.12万元。春季动物防疫工作于3月15日开始，4月30日结束，应免密度达到100%；秋季动物防疫工作于9月25日开始，11月11日结束，全年没有发生重大动物疫情。

10月20日，扎兰屯市农牧场有限公司标准化农田进行大豆机械化收割

（市农科局　供图）

【规模化畜牧业养殖】 2022年，扎兰屯市畜牧业规模养殖在“扩规模、提技术、重质量、稳生产”等方面不断突破，按照规模养殖标准统计，全市有规模化养殖场1436家。其中，扎兰屯市蒙东牲畜交易市场有限责任公司的肉牛存栏量达到1.5万头，是呼伦贝尔市最大的肉牛养殖场；呼伦贝尔市赛优牧业有限公司存栏奶牛5300头；呼伦贝尔市人和农牧科技有限公司存栏奶牛3500余头；呼伦贝尔天佐牧业有限公司存栏猪1万头，是呼伦贝尔市规模最大的种猪场；呼伦贝尔扎兰屯市牧恒牧业科技有限公司、扎兰屯市兴伟畜禽养殖厂等肉羊规模养殖场存栏羊均在2000只以上；扎兰屯市蘑菇气镇忠海养鸡农民专业合作社、扎兰屯市高台子街道办事处盛鼎畜禽养殖农民专业合作社、扎兰屯市高台子街道办事处天成农民养殖专业合作社、扎兰屯市高台子街道办事处晟实农民养殖专业合作社蛋鸡存栏均在5万羽以上。规模奶牛养殖场采用规范养殖设施及全自动封闭式挤奶设备进行规范生产，所产生鲜乳质量达到国家乳品

质量标准；肉牛、肉羊养殖场采用封闭和半封闭牛羊圈舍进行饲养，用TMR供料设施进行拌料饲喂，采用铲车及刮粪板清粪，部分肉羊采取网床饲养，提高舒适度；生猪养殖采用网床饲养，部分生猪采用供料线定量供料；蛋鸡采用智能供料和供水，清粪、集蛋均采用传输带进行操作。各类养殖场圈舍内的小环境均采取自动或半自动的控温、控湿、控浊气措施，为畜禽创造良好的生存环境，提高畜禽的生产性能。奶牛品种统一饲养高产的荷斯坦奶牛品种；肉牛以西门塔尔牛为主体；肉羊以产肉为主的杜波羊、德国肉用美利奴羊与产羔率高的小尾寒羊、湖羊进行杂交繁育，提高羊只的繁殖速度和产肉量；生猪以长白猪、约克夏猪、杜洛克猪为主，进行大三元杂交繁育，提供三元杂交育肥猪；蛋鸡主要是饲养海兰褐蛋鸡和京红蛋鸡。在规模养殖生产中对畜禽的饲料质量要求严格控制，定期或不定期对违禁添加剂进行检测，严密控制畜禽的停药期，保证畜禽肉蛋质量。

【肉羊养殖产业发展】 2022年，扎兰屯市羊存栏113.97万只，占总牲畜存栏比例的76.7%，肉羊规模养殖场存栏均在3000只以内，暂无大型肉羊养殖场。肉羊养殖有3种，即舍饲、半舍饲、散养，其中柴河镇、浩饶山镇、洼堤、萨马街民族乡、南木鄂伦春民族乡、根多河林场、济沁河林场、庙尔山林场主要以放牧散养为主，其他地区均向舍饲、半舍饲方向发展。肉羊养殖企业以牧农细毛羊种羊场为引领，年生产优质细毛羊种公羊150只，肉羊品种主要有呼伦贝尔细毛羊、德肉美羊或小尾寒羊与本地羊杂交的后代。全市农作物秸秆资源比较丰富，除草场资源比较好的柴河、萨马街等地秋季打贮草喂羊以外，大部分地区主要以玉米秸秆、大豆秸秆粉碎作为饲料饲喂。全市运行的羊定点屠宰场有4家，其中A类屠宰企业2家，即呼伦贝尔冰海肉业有限公司，设计屠宰量20万只，全年实际屠宰量5万只；扎兰屯市冰鑫冷链物流有限责任公司，设计年屠宰量20万只，全年实际年屠宰量5万只。B类屠宰企业2家，即扎兰屯市海业畜禽屠宰加工有限责任公司，位于蘑菇气镇，设计年屠宰量3万只，全年实际屠宰量1.2万只；扎兰屯市东雷肉业有限公司，位于哈多河镇，设计年屠宰量3万只，全年实际屠宰量1万只。

【蒙东牲畜交易市场】 扎兰屯市蒙东牲畜交易市场于2003年10月成立，2014年8月创建呼伦贝尔粮食储备有限公司，2015年1月重新组建呼伦贝尔市蒙东酒业有限公司，2021年7月创建呼伦贝尔蒙东生物科技有限公司，2022年4月，创建扎兰屯市蒙一农牧专业合作社。2022年12月，引进并安装国际先进的“肉牛饲喂数字化管理系统”，聘请加拿大肉牛养殖专家到公司现场传授经验，开始迈向“数字化、精准化、智慧化”的牧业发展之路。公司占地面积120万平方米，建筑面积42.3万平方米，总投资9.1亿元人民币，固定资产6.5个亿，是呼伦贝尔最大的牲畜交易市场和育肥牛基地。蒙东酒业具备年产玉米白酒2000吨、酒糟4000吨的生产能力，为肉牛育肥提供酒糟糖化饲料，是育肥牛产

5月25日，高台子街道近郊村养殖园区鑫村养殖合作社标准化羊舍
（市农牧局　供图）

业的上游企业。投资3500万元建设有机肥厂，生产能力可达到25万吨，可加工处理6万头肉牛的粪便，解决肉牛业发展的粪污环保问题，是育肥牛产业的下游企业，实现粪污肥料化、燃料化。养殖场通过“公司＋经纪人＋合作社＋农户＋基地”的运营模式，与周边农民签订2000公顷青贮玉米种植订单，指导带动周边200多户农民开展肉牛养殖。2022年，有繁育牛舍、仓储库房等建筑物110栋、42.3万平方米（其中牛舍、库房66栋，27.7万平方米；粮食仓储库25栋，11万平方米；白酒厂房7栋，9000平方米；有机肥生产车间库房6栋，2.5万平方米；办公用房7栋，2000平方米）。有青贮窖3座，可存青贮12万吨，满足育肥牛存栏2万头需求。

【畜禽粪污资源化利用整县推进项目】 扎兰屯市畜禽粪污资源化利用整县推进项目于2019年得到自治区农牧厅批复，申报总投资1.24亿元（变更后为1.26亿元，含工程建设其他费250万元），其中国家投资6000万元，其余为企业自筹，确定104个项目建设主体。2022年，项目建设主体全部完工并通过验收。项目重点支持第三方社会化服务企业与中小型规模养殖场，第三方社会化服务企业主要负责其覆盖范围内的中小养殖场粪污的资源化利用，中小型养殖场负责完成配套粪污储存设施的建设，达到全市规模养殖场粪污设施配套率100%，全市畜禽粪污综合利用率为90%以上。

（张　浩）

动物疫病防控

【概况】 2022年，扎兰屯市动物疫病预防控制中心（以下简称市动物疫病防控中心）坚持“安全第一、预防为主、综合治理”的方针，深入开展重大动物疫病防控工作，确保无重大动物疫情及畜产品质量安全事件发生。印制《扎兰屯市2022年动物疫病监测与流行病学调查方案》，春防结束后在全市抽检免疫畜禽血样进行抗体监测，免疫抗体合格率均达到70%以上。兽医实验室采购PCR仪、过氧化氢消毒机等仪器设备，投入经费51.64万元，提升疫病检测能力，为科学防控动物疫情发生提供技术保障。春秋两季，利用宣传车、标语、广播电视、宣传栏和发放动物防疫宣传手册、动物疫病防治光盘等多种方式宣传动物疫病防控知识，累计发放各类宣传材料3.82万份。

【动物疫病免疫】 2022年，市动物疫病防控中心制印《扎兰屯市2022年动物疫病免疫计划》，适时开展春季集中免疫及月月补免工作，重大动物疫病应免密度均达到100%，免疫抗体水平达到70%以上。春季集中免疫工作于3月15日开始，4月30日结束，口蹄疫免疫牛28.81万头、羊112.2万只、猪11.69万头；禽流感免疫120.1万羽；鸡新城疫免疫110.41万羽；猪瘟免疫11.69万头；猪蓝耳病免疫11.69万头；小反刍兽疫免疫羊23.87万只，应免密度均达到100%。秋季集中免疫工作于9月20开始，11月15日结束，口蹄疫免疫牛28.89万头、羊124.42万只、猪12.38万头；禽流感免疫119.73万羽；鸡新城疫免疫109.69万羽；猪瘟免疫12.38万头；猪蓝耳病免疫12.38万头；小反刍兽疫免疫羊14.63万只；布病免疫牛28.89万头、羊124.42万只；牛结节性皮肤病免疫牛28.89万头，应免密度均达到100%。根据本地区实际情况组织开展计划免疫工作，开展猪丹毒免疫1.05万头；猪肺疫免疫1.05万头；仔猪副伤寒免疫1.05万头；针对新生羔羊开展羊三联免疫16.91万只；气肿疽免疫牛5.86万头。按照重大动物疫病免疫程序，实行每月1次集中补免工作，并向养殖户发放免疫程序卡及法律告知书，累计完成口蹄疫补免牛3.53万头次、羊21.74万只次、猪6100头次；禽流感补免禽15.28万羽次；猪瘟补免6100头次；猪蓝耳病补免6100头次。

【非洲猪瘟防控】 2022年，市动物疫病防控中心分别对全市所有动物防疫人员、生猪养殖人员、屠宰场从业人员、生猪贩运人员进行培训，宣传非洲猪瘟防控策略，签订责任状、告知书、承诺函等，明确各类相关人员主体责任，由282名基层动物防疫员对辖区存栏生猪进行全天候监控，并严格执行日报告制度。按照国家、自治区及呼伦贝尔市相关文件要求，依据属地管理、部门监管、从业人员主体责任的工作原则，要求各地全面开展无害化处理情况梳理，进一步明确从事畜禽养殖、屠宰、经营、运输的单位和个人是病死畜禽无害化处理的第一责任人，完善责任体系和责任追究制，对病死牲畜按要求进行无害化处理，并严格执行月报告制度，全市未发生非洲猪瘟疫情。

【牛结节性皮肤病防控】 2022年，结合春秋集中免疫工作，分派4组业务人员深入各乡镇，开展排查、宣传等防控工作。重点排查自2022年从扎兰屯市外、呼伦贝尔市外、自治区外调入活牛信息。养殖户、牧业合作社、活畜交易市场等重点场所的调入，查明来源、去向和运输车辆、货主(养殖者)、联络人等详细情况，及时消除隐患。各乡镇也自行组成防控排查组对所管辖区域开展拉网式排查，并启动周报告制度，安排专人，按时上报。全市未发现牛结节性皮肤病。

【棘球蚴病防控】 2022年，市动物疫病防控中心将棘球蚴病防控作为工作重点之一，在春秋两季举办大规模宣讲培训会科普棘球蚴病相关知识，提高群防群控能力，印发棘球蚴病防控彩色宣传单8000份。采用“犬犬驱虫、月月投药”的成虫期前驱虫控制策略，对所有存栏登记犬进行5次驱虫。

【炭疽病防控】 2022年7—8月，扎兰屯市周边地区发生炭疽病疫情，并伴有人员感染发病死亡，市动物疫病防控中心立即采取综合防控措施，在全国炭疽疫苗紧缺的情况下，第一时间与新疆天康畜牧生物技术股份有限公司协调紧急调运疫苗，全市动物防疫人员克服高温及暴雨恶劣天气，长期在深山野外开展防治工作，完成防控任务。

【奶牛“两病”防控】 2022年，市动物疫病防控中心为巩固全市奶牛布病、结核病防控成果，继续对奶牛规模养殖场及重点地区奶牛开展“两病”检测，检测奶牛5629头，均无阳性牛出现。全市奶牛养殖户及乳品收购加工人员未发生新感染病例。

【布病溯源灭点】 2022年，市动物疫病防控中心围绕人间网报病例及出现流产现象牛羊所涉及畜群认真开展流调工作，查找疑似畜群，对人间新发病例周围所涉及的羊只进行采血检测，对2021年布病疫点进行10%回访检测，对所有种公羊及流产母羊进行100%检测。全市完成布病采血检测11.59万只，检出布病阳性羊12只，对疫点进行彻底消毒，处理疫点3个。

【产地检疫、屠宰检疫】 2022年，市动物疫病防控中心认真开展产地检疫工作，进一步规范乡镇产地检疫工作，完善各项检疫制度，检疫猪2.47万头、牛2457头、羊6.61万只。市区有生猪屠宰场1个，牛羊屠宰场2个。每个屠宰场配备专职检疫员于凌晨三点上岗。检疫员严格根据屠宰检疫规程开展工作，进出场检疫率100%、无害化处理率100%，定期完备消毒记录及档案。11月1日，与农牧业综合行政执法大队、市场监管行政执法大队联合对全市屠宰企业安全生产、证章管理、企业自检等工作进行检查，现场查验内业档案，提出整改意见。全年屠宰生猪2.47万头，产品3800吨；屠宰牛945头，产品519吨；屠宰羊6.61万只，产品1044吨；无害化处理“三腺”10.6吨。

（张　浩）

林　业

【概况】 2022年，扎兰屯市林业和草原局(以下简称市林业和草原局)辖成吉思汗、庙尔山、根多河、济沁河、伊其罕、新立屯、哈多河、杨树沟8个林场，设有成吉思汗国有苗圃、林服公司、蒙森公司3个企业。施业区总面积85.59万公顷，其中林地面积57.2万公顷，草地面积28.2万公顷，森林覆盖率55.09%，草原植被覆盖度84%。

【林业产业化】 2022年，扎兰屯市组建榛子、中草药、食用菌等各类林业专业合作社21个，入社会员达400余人，把农民散户种植组织起来，引导农民与市场接轨，服务互助、风险共担、利益共享，使一家一户小生产与千变万化的大市场实现有效对接，持续带动农民经济增收。申请自治区林业和草原局林业产业化补助专项扶持资金，改善农民林业专业合作社技术装备和设施条件，完善各类服务体系；实施长远发展牵动性项目资金补贴，重点扶持林业产业开发与产能，已初步形成产、加、销一条龙，规模化基地化发展态势。

链接

扎兰屯市众兴榛子种植农民专业合作社

扎兰屯市大河湾镇众兴榛子种植农民专业合作社成立于2015年3月，入社社员发展到300余户，通过为社员开展全方位、系列化的服务，有力促进当地榛子产业的发展。利用国家地理标志“扎兰屯榛子”网络推广销售榛子炒货到全国各地，提高社员的组织化水平和经济收入，产品供不应求，成为富裕一方的支柱产业。2022年7月，众兴榛子加工生产基地扩建项目完工，完成总投资95万元。榛子加工生产线日加工坚果2吨，日产坚果1.6吨，年加工时间为3个月（按90天计算），年加工榛子300吨，年产熟榛子160吨，每千克售价按40元计算，年销售收入可突破640万元。合作社组织榛农实施榛子“带状节约化管理模式”，帮助种植户搞好产前、产中、产后服务，把农户的风险降到最低限度。统一模式推广品种，统一基地建设标准，统一进行虫害防治，统一管护方法，统一进行培育管理、技术培训、产品包装及产品销售。以与农户签订保护价订单合同的形式，辐射带动项目区榛子基地1333公顷，按每户管护20亩计算，带动榛农100户，户均增加收入4000元。间接带动季节性务工人员2000人，人均年增加收入2000元。

2022年，扎兰屯市把林下产业作为推动经济发展的重要抓手，壮大特色林果产业。图为8月20日，大河湾镇众兴榛子合作社榛子林

（市融媒体中心　供图）

【林下经济发展】 2022年，市林业和草原局发展榛子、沙果等林下经济，全市优质天然榛子林在2.67万公顷基础上继续增长，榛子总产量4000吨，产值1.6亿元；有沙果基地1万公顷，实现年产量保持在10万吨以上，年产值2亿元；年采集野生食用菌1800余吨，实现产值3900余万元。

【黑木耳产业孵化基地】 2022年，扎兰屯市推动黑木耳产业实现高质量发展，做精、做优、做强黑木耳产业。市乡村振兴局实施黑木耳产业孵化基地项目，占地7.27公顷，投入资金626万元，建设400平方米标准化黑木耳吊袋大棚55栋，以及供水供电、蓄水池、管护房、排水边沟、道路硬化等附属设施。基地每年种植挂袋黑木耳110万袋，地摆黑木耳50万袋，年产黑木耳 9.6 万千克，年产值 672 万元。基地生产期间长期务工人员 170 人以上，每年吸纳务工群众 1.05 万人次，提供务工收入 157.5 万元，促进就业增收。

（张　浩）

农业机械化

【概况】 2022 年，扎兰屯市拖拉机、联合收割机累计注册登记 3.35 万台，其中拖拉机新增注册 1763 辆、联合收割机新增注册 105 辆；驾驶员在册人数为 1.79 万人，新增驾驶员 810 人。

【农机科技推广】 2022 年，扎兰屯市农牧和科技局（以下简称市农科局）完成黑土地保护性耕作面积 5.86 万公顷，建立县级高标准应用基地 1 个，乡级高标准基地 4 个。使用农机购置补贴资金 2700.45 万元。签订农机补贴确认书 1673 份，受益户 1548 户，补贴农机具 1686 台。

【农机社会化服务】 2022 年，扎兰屯市注册登记的农机服务组织 134 个，其中从事农机社会化服务组织 53 个，2022 年下达农业生产社会化服务项目资金 600 万元。

【农机安全】 2022 年，市农科局开展农机安全检查 195 次，检查农机 560 台（套），查处纠正农机无证驾驶、无牌行驶、违法载人等违法行为 101 起；检查农机合作社、农机配件商店、农机修理网点 164 家；组织开展农机安全生产事故救援演练 1 次、农机安全生产警示教育宣传活动 2 次，全年没有农机安全生产事故发生。

（张　浩）

2022 年，市现代农业产业园全力打造大豆全产业链发展模式。图为蘑菇气镇野马河村大豆品种良种繁育创新实验区　（市现代农业产业园　供图）

现代农业产业园

【概况】 2022 年 4 月 27 日，农业农村部办公厅、财政部办公厅《关于公布 2022 年农业产业融合发展项目创建名单的通知》批准创建扎兰屯市国家现代农业产业园。2022 年 8 月 17 日，扎兰屯市委编委会批复组建扎兰屯市现代农业产业园管理办公室，成立扎兰屯市现代农业产业园服务中心（以下简称市现代农业产业园），核定事业编制 20 个。市现代农业产业园主导产业为大豆全产业链发展，创建期为 3 年（2022—2024 年），涉及乡镇 9 个、农场 2 个、林场 1 个、街道 1 个，即卧牛河镇、达斡尔民族乡、大河湾镇、成吉思汗镇、中和镇、蘑菇气镇、哈多河镇、浩饶山镇、洼堤乡、大河湾农场、绰尔河农场、柴河林场和高台子街道，总面积约 80 万公顷，占市域总面积的 47.26%，覆盖耕地 21.7 万公顷。市现代农业产业园突出“五区”（高蛋白大豆绿色生产功能区、大豆品种良种繁育创新试验区、大豆智能化数字化生产引领示范区、现代化大豆生产集成技术试验示范区、大豆产业融合发展示范区）同构功能定位，规划“一核四区”（大豆融合创新发展核心、大豆农机农艺深度融合发展示范区、大豆绿色高产稳产模式示范区、大豆数字化生产试验示范区、大豆良种“育繁推”一体化示范区）总体布局，重点实施现代要素集聚提升、大豆良种良法技术集成示范、全产业链精深加工改造提升、绿色生态环境保护治理 4 大工程、20 个项目。

【园区业务拓展】 2022年，市现代农业产业园对接中国科学院入驻产业园，设立中国科学院智能农业机械装备工程实验室扎兰屯中心、农业农村部农机作业监测与大数据应用重点实验室扎兰屯中心；与呼伦贝尔农垦集团（中国科学院“黑土粮仓”项目大河湾农牧场指挥中心）对接，结合呼伦贝尔农垦集团发展路径，达成数据共享意向；与中国科学院东北地理与农业生态研究所、呼伦贝尔市农牧科学研究所、扎兰屯职业学院、呼伦贝尔申宽生物技术研究所、扎兰屯市电子商务发展中心对接，在园区整体规划、种业研发和大豆精深加工等方面进行探索和研究；对接农行、农发行、工行、建行、蒙银村镇银行、信用合作联社等金融部门，为下一步企业入园、项目实施奠定金融保障基础。

10月21日，中国科学院与扎兰屯市现代农业产业园合作发展汇报会召开
（市现代农业产业园　供图）

【项目实施】 2022年，市现代农业产业园实施项目9个，即园区综合管理服务中心项目、产业园专家工作站项目、产业园大数据中心项目、高素质职业农民培训及创业基地项目、大豆区域公共品牌及农产品建设项目、大豆新品种培育研发示范项目、大豆种植社会化服务组织推广项目、生态肥料基地改造提升项目和黑土地地力保护提升项目。

扎兰屯市国家现代农业产业园主要建设项目及建设规模情况表

表10

工程名称	建设项目	单位	规模/数量
现代要素集聚提升工程	园区综合管理服务中心建设项目	个	1
	产业园专家工作站建设项目	个	1
	产业园大数据中心建设项目（科技创新和智慧平台建设）	个	1
	高素质职业农民培训及创业基地建设项目	个	1
	大豆区域公共品牌及农产品建设项目	个	1
	产业融合发展项目	个	1
大豆良种良法技术集成示范工程	大豆新品种培育研发示范项目	亩	4955
	大豆种植机械化改造提升项目	—	—
	大豆智能化种植基地示范项目	亩	20000
	“大豆—玉米”高产高效示范项目	亩	100000
	大豆玉米带状复合种植试验示范项目	亩	30000

续表 10

工程名称	建设项目	单位	规模 / 数量
全产业链精深加工改造提升工程	大豆精深加工基地建设项目	个	1
	大豆加工基地改造提升项目	—	—
	大豆生物科技加工基地建设项目	个	1
	龙头企业入园公共设施建设项目	—	—
	园区智能化仓储物流体系建设项目	—	—
	大豆种植社会化服务组织推广项目	个	30
绿色生态环境保护治理工程	黑土地地力保护提升项目	个	20
	区域标准化配肥站建设项目	个	5
	生态肥料基地改造提升项目	个	1

（资料来源：市现代农业产业园）

【项目招商】 2022 年，市现代农业产业园规划储备大豆区域公共品牌及农产品建设、大豆精深加工基地建设、大豆加工基地改造提升建设、大豆生物科技加工基地建设、龙头企业入园公共设施建设、园区智能化仓储物流体系建设等招商项目 6 个，利用抖音、微信等平台发布招商信息，制作招商宣传手册 5000 份。

（张万军）

现代化农牧场

【概况】 2022 年，扎兰屯市域内有现代化农牧场 3 家，即呼伦贝尔农垦扎兰屯农牧场有限公司、呼伦贝尔农垦大河湾农牧场有限公司、呼伦贝尔农垦绰尔河农牧场有限公司。

【呼伦贝尔农垦扎兰屯农牧场有限公司】 2022 年，呼伦贝尔农垦扎兰屯农牧场有限公司（以下简称扎兰屯农牧场）坚持“生态优先，绿色发展”理念，精准施策，加强农业供给侧结构性改革，实现由传统种植向高值高效农业转变，由传统农牧业向现代农牧业转变，体制机制由农场向现代企业转变，在调整种植结构、推动产业发展、打造品牌建设等方面精准发力，加强地企联动、场队联合、企企结合共同发展，在“农牧场企业化”改革中实现提质增效。年内，公司总户数 2354 户，5130 人，在册原农场职员工 1027 人，在职员工 84 人。在职员工人均年收入 9.8 万元，农场人均年收入 2.9 万元。

农业 2022 年，扎兰屯农牧场完成播种面积 7787 公顷，其中玉米面积 3353 公顷，大豆面积 4153 公顷，水稻面积 240 公顷，中草药面积 41.33 公顷，实现粮豆总产 2506.1 万千克。推广应用优良品种和实用技术，线

10 月 20 日，扎兰屯农牧场进行机械化收割水稻 （韩 冷 摄）

上培训职工136人。按照集团公司统一种植管理要求，在七队、八队统种大豆1020公顷，在四队、六队统种水稻240公顷。通过集团公司统一招投标采购化肥499.55吨、农药11吨、场院机械9台，在集团系统内采购大豆华疆2号种子10万千克，外购大豆北豆36号种子5000千克。投入资金76.3万元对水毁的农田基础设施进行修复，修复涵洞22处、田间路70千米、挖排水沟9615米、堤坝560米、排水沟224米、水渠300米、河道护坡712米、疏通河道200米、水渠清淤4500米。依托四队独特旅游、交通区位优势，将设施农业与军垦民俗文化特色和旅游业有机融合，形成"一棚一品、四季有瓜摘、日日有果采"的现代农业与旅游融合发展新格局，全年接待游客1万余人次，实现销售收入24.6万元。

畜牧业 2022年，扎兰屯农牧场牧业存栏1.7万头（羽、只），其中牛3832头，羊1.13万只，猪1874头，禽类6271羽。牛口蹄疫免疫3832头，羊口蹄疫、布病、羊痘免疫1.13万只，猪口蹄疫免疫1874头，禽流感免疫6271羽，防疫率100%。

项目建设 2022年，扎兰屯农牧场实施项目2项，均为续建项目。

2021年扎兰屯农牧场有限公司笨猪示范养殖项目 建设彩钢结构猪舍144平方米、简易彩钢值班房20平方米。配套建设水井1眼、供水管路30米、供电线路100米（电线杆2根）、电表1块、粉碎机2台、水箱1个、引风机1台、自动料槽6个、养殖隔断间6个及养殖床和污水罐若干。

2017年呼伦贝尔市海拉尔农牧场管理局扎兰屯马场高标准农田建设项目 新建机电井13眼；灌溉渠道46条，长33.31千米；清淤排水沟17条，长10.31千米；衬砌渠道20条，长25.02千米；建筑物48座；土地平整626.67公顷。根据《扎兰屯市林业局清理整顿非法侵占国有林地专项行动实施方案》文件要求，该项目区有退耕还林还草地160公顷，不能完成的建设任务为626.67公顷，已向上级主管部门提出设计变更申请。

（郎需辰）

3月25日，游客在扎兰屯农牧场设施农业产业园采摘草莓（韩　冷　摄）

【呼伦贝尔农垦大河湾农牧场有限公司】 呼伦贝尔农垦大河湾农牧场有限公司（以下简称大河湾农牧场）距扎兰屯市东南23千米，地处森林草原过渡地带，属丘陵漫岗，土质瘠薄，年均降水量为360～420毫米，有效积温2350℃～2400℃。东、西、北分别与大河湾镇、成吉思汗镇、达斡尔民族乡毗邻，东北与阿荣旗三道沟镇相连，南与黑龙江省绿色林场、甘南县中兴乡以金界壕为界，场境跨越扎兰屯、阿荣旗2旗市。土地插花，与周边乡镇村民或近邻或混聚居。公司占地总面积132.34平方千米，现有耕地1.08万公顷，全场所辖连队8个，户籍人口4016人。2022年，经营利润指标3012万元，实际完成3021万元。

农业 2022年，大河湾农牧场总播种面积1.07万公顷，其中统一播种面积4987公顷。种植大豆6000公顷，其中原有场配额市场田全部落实种植大豆任务3500公顷，统一种植大豆2500公顷，职工种植的市场田，由公司提供现代农服代耕代管服务。大豆、玉米带状复合种植面积实现66.67公顷，其中第二连队9号地玉米带种植4行，大豆带种植6行。根据公司区域优势，优化农业产业结构，发展多元化特色种植，促进农业经济发展，引领职工群众共同致富。实验推广高粱、谷子、向日葵、中草药等，利用特色种植达到对黑土地的保护和减肥、减药不减效益的目的。

8月15日，游客在大河湾农牧场向日葵种植基地观赏拍照　（韩　冷　摄）

畜牧业　2022年，大河湾农牧场把发展规模化、标准化养殖作为突破口，实现牛存栏459头，其中肉牛存栏329头，完成指标109%；奶牛存栏130头；肉羊存栏633只，完成指标104%。及时进行动物疾病免疫、消毒及春防秋防工作，免疫率100%。

重点项目　2022年，大河湾农牧场实施项目4个。

中国科学院"黑土粮仓"一期农业信息中心建设项目　建设面积2667平方米，投入资金2600万元，已投入使用。

中国科学院"黑土粮仓"二期科教培训中心项目　建设面积5231平方米，总投资4384万元，8月7日开工建设，10月18日完成主体结构封顶。

2022年旱作高标准农田建设项目　实施面积1667公顷，总投资3250万元，已完工。

大河湾农牧场有限公司2022年欠发达国有农场巩固任务提升资金农业基础设施建设项目　6月30日开工，已完工。

农机社会化服务　2022年，大河湾农牧场为本场职工实施农机社会化服务368.53公顷，涉及生产队2个，服务161户。为扎兰屯农牧场播种640公顷，牙克石农牧场收获小麦506.67公顷，那吉屯农牧场收获青贮133.33公顷，合计收益133万元。农机社会化服务投入机械19台（大型拖拉机4辆、自走式喷药机4台、播种机4台、整地机械4台，迪尔760收割机2辆、迪尔870青贮机1辆），耙地1040公顷，起垄2040公顷，镇压2040公顷，播种366.67公顷，中耕133.33公顷，植保1100公顷，收获1040公顷，机械作业8726公顷次。

保护性耕作　2022年，大河湾农牧场完成玉米秸秆全量覆盖播种面积2447公顷，在二队15号地建立县级长期监测点1处，以农作物秸秆覆盖还田、免耕播种为主要耕作技术体系，减轻土壤风蚀，增加土壤肥力和保墒抗旱能力，提高农业生态和经济效益。4月末种植燕麦草，6月末收割，燕麦草每亩产500千克，每千克1.6元、亩收益800元。7月初种植油菜，9月中旬翻压还田，绿肥翻压能够减缓土壤板结，在田间发酵腐熟能够增加土壤通透性，增加土壤养分，提高农作物产量。播种前抛撒农家肥，减少化肥使用量，改良土

4月23日，大河湾农牧场进行春耕备耕作业　（市融媒体中心　供图）

壤理性结构性状，使土壤耕性变好，提高土壤蓄水、保墒、抗旱防涝能力。

（李　鑫）

【呼伦贝尔农垦绰尔河农牧场有限公司】 2022年，呼伦贝尔农垦绰尔河农牧场有限公司（以下简称绰尔河农牧场）总资产1.37亿元，负债5014万元，所有者权益8727万元，资产负债率36.48%。按销售实现制，营业总收入4774万元，营业总成本6008万元，其他收益3054万元，净利润1775万元，职工人均年收入11万元，企业综合实力进一步增强。

农业 2022年，绰尔河农牧场播种面积6546.33公顷，其中统一耕种5813公顷（大豆4160公顷、小麦1267公顷、玉米383.6公顷、药材2.4公顷），小户种植733.33公顷。实现粮油总产1490万千克，其中小麦362.5万千克，大豆860.5万千克，玉米267万千克。完成轮作项目4893公顷，保护性耕作1067公顷。投资26万元购入大疆T40无人机4台，精准高效开展田间防虫除草、灭菌防病工作。统筹推进秸秆“变废为宝”工作，对小麦、大豆、玉米等作物秸秆进行网上挂牌竞价销售，为企业增收88万元。

畜牧业 2022年，绰尔河农牧场实现畜牧业总产值3054万元，畜牧业纯收入971.1万元。牲畜存栏1.22万头（匹、只、羽），其中肉牛存栏6590头，同比增长15%；肉羊存栏4306只，同比增长19%；马存栏802匹，同比增长10%；禽类存栏521羽，同比下降16%；肉类总产量284.7吨。尝试人工改良肉牛30头，重大疫病防疫密度100%，全年无重大疫情发生。

10月18日，绰尔河农牧场第一连（队）13号地进行机械化收割大豆

（市融媒体中心　供图）

旅游业 2022年，绰尔河农牧场有宾馆、山庄、客栈、旅店各1家，从业人员33人，接待游客5794人次，实现营业收入47.47万元。

项目建设 2022年，绰尔河农牧场基本建设项目5个，即一队、五队高标准农田建设项目，八队载重汽车地衡建设项目，临时储油罐环保设施改造项目，危废间改建项目，总投资1526.18万元。

绿色食品及商标注册 2022年，绰尔河农牧场申请注册“绰尔人”“绰尔缘”商标，涉及动物食品、植物食品、餐饮住宿、动物养殖、企业管理、农业服务、蔬菜、运输和旅行7个类别，均通过国家知识产权局审核并受理。完成2000公顷大豆、1000公顷小麦、333.33公顷玉米的绿色食品申报认证。

（刘卜潼）

工　业

综　述

【概况】 2022年，扎兰屯市11户规模以上工业企业总产值累计完成140.69亿元，同比增长20%。其中呼伦贝尔东北阜丰生物科技有限公司完成产值96.82亿元，同比增长27.91%。规模以上工业总产值位列呼伦贝尔市第一方阵。扎兰屯车站外运车3.21万辆，同比增长24%；外运量139.04万吨，同比增长3.6%。工业用电量9.9亿千瓦时(其中企业自发电量8.9亿千瓦时)，同比增长14.32%。重点工业企业煤炭需求量约472万吨，通过签订长期协议和少部分的市场调解，生产用煤已得到足额保障。为民生供热企业签订煤炭长期协议33.1万吨(扎兰屯热电厂用煤由华能集团内部解决)，有效降低供热企业的运营成本，满足民生供热正常需求。

【重点工业项目建设】 2022年，扎兰屯市工贸系统重点项目开复工19个，固定资产投资完成3.43亿元，同比增长56.4%。其中呼伦贝尔市级重点项目开复工5个，完成投资1.93亿元；扎兰屯市级重点项目开复工14个，完成投资1.5亿元。

【工业领域安全生产监督管理】 2022年，扎兰屯市工业和信息化局(以下简称市工信局)贯彻落实行业管理要求，按照民用爆炸物品行业技术进步指导意见的要求，提高民爆企业生产线自动化水平，组织检查12次，排查出安全隐患27项，对事故隐患实行闭环管理，整改合格率为100%。做好进口非冷链物品防控，对全市各进口非冷链物品经营市场主体，落实进货查验记录，建立购销台账，全市进口非冷链货物累计铁路运输291车、汽车运输3车，计4361.68吨4816.03立方米。各成员单位派出执法人员1935人次，检查2986家次(其中食品加工小作坊479家次、商超2236家次、

8月16日，绿能公司13兆瓦分散式风电工程项目在惠风川开展吊装作业
（英奇传媒　供图）

物流企业195家次、工业企业76家次），均未发现违规经营进口非冷链物品现象。做好重点人群应检尽检，指派专人对重点人群、重点行业从业人员底数进行摸排，扎兰屯市有农批市场1家、农贸市场1家、大型超市4家，从业人员1567人，按照应检尽检工作要求，农贸、农批市场检疫周期为2天，每轮检疫1567人。

【煤炭供应保障】 2022年，协调完成全市511万吨煤炭保供工作，其中工业企业472万吨、供热企业33万吨、农牧民冬季取暖用煤6万吨。农牧民用煤低于市场价格每吨200余元，为农牧民节省用煤开支1200万元。

【生活必需品市场供应】 2022年，市工信局采取保供企业日监测制度，密切关注粮油肉蛋菜奶及方便食品等重要生活必需品销售和库存情况，协助保供企业完成异地产销对接工作，畅通北京市、山东省寿光市、沈阳市、大庆市、齐齐哈尔市等地区采购渠道，加大商品的采购力度，发现异常波动及时预警处置并上报，有效保障市场供应。

【企业服务】 2022年，市工信局加大服务力度，全力支持中小企业发展，为呼伦贝尔松鹿制药有限公司等企业申报自治区级2022年内贸流通服务业发展专项资金，拟争取资金额度275万元；为呼伦贝尔东北阜丰生物科技有限公司、大兴安岭浆纸有限责任公司申报自治区级2022年重点产业发展专项资金，拟争取资金额度1599万元。按照自治区、呼伦贝尔市清欠工作要求，需偿还欠款8134.46万元，已拨付7676.69万元。

【扎兰屯市2家企业被评为“2022年内蒙古民营企业100强”】 2022年12月29日，自治区工商联和发展改革委联合发布2022内蒙古民营企业100强榜单。呼伦贝尔东北阜丰生物科技有限公司和扎兰屯市国森矿业有限责任公司榜上有名，分列32位和92位。2022年，呼伦贝尔东北阜丰生物科技有限公司实现工业总产值96.82亿元，缴纳税费5.72亿元，出口创汇3.85亿美元；扎兰屯市国森矿业有限责任公司完成产值21.09亿元，实现营业收入20.93亿元，缴纳税费8.19亿元。

（刘　芳）

农畜林产品加工

【概况】 2022年，扎兰屯市有农畜林产品加工业规模以上企业5家，行业产值同比增长27.8%。从主要产品产量上看，味精产量同比增长19%；工业包装纸产量同比下降4%；食用酒精产量同比增长44%；人造板产量同比增长8%。从主要工业产品价格上看，呼伦贝尔东北阜丰生物科技有限公司（以下简称阜丰公司）10种产品，味精价格同比下降3%，苏氨酸价格同比下降14%，肥料价格同比增长17%，蛋白粉价格同比增长13%，胚芽价格同比下降2%，玉米皮价格同比下降27%，菌体蛋白价格同比下降14%，葡萄糖价格同比下降24%，外卖烘干麸酸价格同比增长7%，精品谷氨酸渣价格同比增长15%；大兴安岭浆纸有限责任公司（以下简称浆纸公司）工业包装纸价格同比增长3%；扎兰屯市百业成酒精制造有限责任公司（以下简称百业成酒精公司）2种产品，食用酒精价格同比持平，饲料价格同比增长37%；扎兰屯同德木业有限责任公司（以下简称同德木业公司）主要产品4种，电工层压板价格同比上涨14%，圆木棒价格同比下降5%，螺杆价格同比下降31%，成压木成型件价格同比持平；呼伦贝尔市淳江油脂有限责任公司（以下简称淳江油脂公司）2种产品，大豆油价格同比持平，大豆粕价格同比持平。

【企业经济运行情况】 呼伦贝尔东北阜丰生物科技有限公司2022年，阜丰公司实现产值96.82亿元，同比增长27.91%；产品产量41.81万吨，同比增长19%；实现利润18.83亿元，同比增长329.93%；实现税金4.47亿元，同比增长213.52%。实现销售收入106亿元，出口创汇3.85亿美元，占呼伦贝尔市出口创汇的95%以上。年内，味精车间通过升级改造，完成五条全自动包装生产线的安装改造，提高生产效率、增加产能，实现每天生产产品1100吨。2022年4月，阜丰公司发酵氨化剂车间喜获“全国工人先锋号”荣誉称号。

大兴安岭浆纸有限责任公司　2022年，浆纸公司实现产值2.88亿元，同比下降0.93%；产品产量4.9万吨，同比下降4%。生产纸产品4.9万吨，销售纸产品3.7万吨。制浆车间安装1台RF26型盘磨，将木质纤维进一步打碎，提高产品质量；敷设管线，将蒸煮锅当作过滤器进行改造，有效提升工艺水平。

扎兰屯市百业成酒精制造有限责任公司　2022年，百业成酒精公司工业总产值10.12亿元，营业收入9.93亿元，税金及附加440万元。生产普级酒精11.8万吨，销售11.5万吨；生产无水酒精1万吨，销售1万吨；生产DDGS饲料11.3万吨，销售11.3万吨；生产加工消耗玉米数量42万吨。主要生产原材料玉米均在本地采购，减少农户卖粮的运输成本，累计购进43万吨，累计加工42.3万吨。自有铁路专用线1条，累计购进煤炭18万吨，消耗煤炭18万吨。投资500万元进行真空闪蒸膜式塔吸收节能装置技术改造项目，全年节约1.02万吨标煤，获得工业绿色化改造项目补贴资金200万元。

扎兰屯同德木业有限责任公司　2022年，同德木业公司实现产值6220万元，同比增长15.52%；实现利润1834万元，同比增长43.66%；实现税金641万元，同比增长1.75%。完成主产量1.67万立方米，同比增长8%。生产层压木板5388吨，销售层压木板5473吨。

【阜丰公司年产50万吨氨基酸及其配套项目】　2022年，阜丰公司筹备投资建设“年产50万吨氨基酸及其配套项目”，推进产业链迈向中高端，全力打造世界级玉米精深加工航母。项目主要建设内容包括年产80万吨玉米淀粉、50万吨氨基酸产品、30万吨合成氨、30万吨小苏打、5万吨蛋白饲料、20万吨肥料、10万吨纤维饲料生产线及相应规模的动力、水处理设施及铁路专用线扩容改造，全部采用最新的工艺技术路线，技术先进性、能耗水平和清洁生产在同行业均处于领先地位。项目总占地面积100公顷，计划投资95亿元，于2025年底前全部完工。其中，氨基酸车间占地面积17.67公顷，生产工艺为最新获得自治区科技进步一等奖的高效生产关键技术，生产线采用六效蒸发器、永磁电机、无水空气冷却系统等先进装备，生产用能与排放在同行业大幅领先；谷氨酸钠车间占地面积9.67公顷，采用最先进的连续结晶、连续脱色再生工艺和先进、节能设备，既实现了节能，又提高了产品提取收率，最大限度减少了废液的排放；合成氨车间占地面积15.4公顷，采用清华大学研发的国内先进水煤浆气化炉——晋华炉，较传统恩德炉节约用煤15%以上，节约用电60%以上，废水实现零排放，空分、变换、净化及合成等工艺均采用国内先进成熟工艺，实现高效、节能、减排；小苏打车间占地面积8.53公顷，采用行业一流技术专利，国内最先进的外冷式碳化塔工艺，配套

6月22日，浆纸公司生产车间　　（浆纸公司　供图）

顶级节能设备，每年碳中和直接减少18万吨二氧化碳排放；环保处理车间占地面积10.4公顷，在采用自主知识产权的ASND处理工艺的基础上，利用企业最新研发成果，通过对高浓度废水分离菌体后进行高倍浓缩分离和低温硫化干燥，生产出硫酸铵和饲料产品，既有效地解决气味治理难题，又提高了产品附加值。项目建成投产后，公司玉米精深加工生产能力达到350万吨，工业总产值突破150亿元，上缴税金近10亿元，出口创汇6亿美元，创造直接就业岗位近万个。

【浆纸公司绿色循环经济建设】2022年，浆纸公司加强技术改造，推动企业绿色循环经济建设。投资2000万元的污水处理提质增效项目投入运行，实现污水环保达标排放和节约用水，该项目获得自治区工业绿色化改造政府财政奖励补贴资金500万元。投资200万元的化学车间凉水塔投入使用，蒸发温水、污水回用水得到再利用，减少水温过高给污水处理系统带来的影响。实施系列设备设施改造，进行气浮去落差浓缩机白水槽管线改造，实现白水回收再利用。落实环保整改问题，热电车间3号炉废弃烟囱全部拆除。

【同德木业获得中国船级社CCS证书】2022年，同德木业进行技术改造，年产1000吨LNG、LPG船用层压木板生产线技改项目通过扎兰屯市工信局备案。为适应船用层压木板（LNG、LPG）市场的发展，企业于2021年7月向中国船级社发出认证申请，于2022年2月通过中国船级社实地考察与验收，获得中国船级社颁发的中国船级社CCS证书。

（高俊海　李联坤　王晓明）

矿产开发

【概况】2022年，扎兰屯市有矿产开发企业1家，行业产值同比下降7.9%。从主要产品产量上看，锌精粉产量同比下降15%，铅精粉产量同比下降9%。从主要工业产品价格上看，锌精粉价格同比下降7%，铅精粉价格同比增长1%，银价格同比增长15%。

【企业经济运行情况】2022年，国森矿业公司实现产值21.09亿元，同比下降7.87%；实现利润13.71亿元，同比增长6.08%；实现税金8.04亿元，同比下降16.49%。超额完成全年生产任务，创造选矿处理量自建矿最高纪录，达到163.12万吨。加强特种设备使用管理，全年检测压力表105块，安全阀27个。各项环保投入3274万元，完成治理面积3.22万平方米，植树5万余棵，氧化矿水处理系统投入试运行。

【矿业生产技术创新】2022年，国森矿业公司加强生产技术改造，通过管理创新和科技创新增效3.74亿元。其中坚持以市场为导向，在市场价格高位运行时精准分区、分采、分选与精细配矿，创效3.27亿元；强化技术创新和协同管理，锌回收率同比提高1.21%，增效2066万元，锌精矿提质降杂创效1505万元，综合回收铜创效1089万元；通过技改延长球磨机筒体衬板使用周期，年降低衬板费用33万元。2022年，国森矿业公司铅锌多金属矿采选工程研究开发中心被自治区科技厅认定为“内蒙古自治区企业研究开发中心”。

（于守强）

医药制造

【概况】2022年，扎兰屯市有医药制造企业1家，行业产值同比增长49.3%。成品药产量同比增长43%，主要产品价格同比持平。

【企业经济运行情况】2022年，松鹿制药公司资产总额2.31亿元，实现产值9907万元，同比增长49.31%；生产中成药317.33吨，同比增长43%；实现利润481万元，同比增长21.53%；实现税金386万元，同比增长1.85%。企业电商部2022年进入4个B

端平台，销售实现零的突破。

【制药项目建设】 2022年，松鹿制药公司积极申报项目，继续实施“养阴清肺口服液创新成果产业化扩能改造项目”建设。完成“创新型中小企业项目”申报，获得政府奖补资金20万元；完成“老字号奖补项目”申报，获得奖补资金10万元；完成国家科技型中小企业申报并通过；完成自治区级农牧业产业化重点龙头企业申报；完成2022年知识产权贯标并通过认证。

（郭红梅）

化工工业

【概况】 2022年，扎兰屯市有规模以上化工企业2家，行业产值同比增长19.2%。从主要产品产量上看，粉状乳化炸药产量同比下降12%；合成氨产量同比增长33%。从主要工业产品价格上看，吉安化工产品粉状乳化炸药价格同比增长8%；翔丰公司主要产品合成氨价格同比增长10%。

【企业经济运行情况】 内蒙古翔丰化工有限公司 2022年，翔丰化工公司实现产值3.97亿元，同比增长4.28%；实现利润2139.85万元，同比增长30.61%；实现税金2080.45万元，同比增长7.76%，产量达到12万吨液氨。

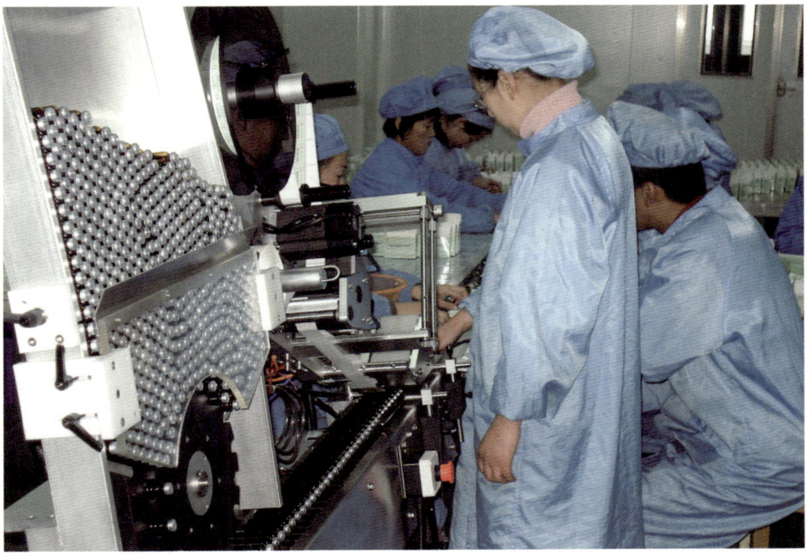

10月20日，松鹿制药公司工人在包装车间进行成品药包装

（松鹿制药公司 供图）

公司通过大修和日常对设备设施的维护保养，对煤炭发热量、恩德炉有效气体成分、变换炉气体转换量等进行分析，第一时间调整各生产工艺参数指标，使产品产量稳步提升。

呼伦贝尔吉安化工有限责任公司 2022年，吉安化工公司资产总额1.38亿元，实现产值9918万元，同比增长18.69%；生产炸药1.08万吨，同比下降12%，完成任务指标的90%，产能得到有效释放，实现净利润2550万元，上缴税金1338万元。

（朱新竹 赵国庆）

【翔丰化工公司安全生产管理】 2022年，翔丰化工公司加强特种设备使用管理，全年检测压力容器56台、压力管道114条、桥式起重机6辆、安全阀168个（高压安全阀21个、低压安全阀147个）、压力表934块，以及3台锅炉内检和外检。加强隐患排查和整改，完成合成装置4#循环氢氮压缩机与中控室间距不足整改，完成二期氨站9#罐与消防泵房间距不足整改，完成球罐生产运行，对数字化平台建设和运行工作进行风险分级管控和隐患排查治理双重预防机制，全年安全费用实际使用432.69万元，保证公司安全生产运行。2022年，内蒙古翔丰化工有限公司获得“全国工人先锋号”荣誉称号。

【吉安化工公司安全生产标准化认定】 吉安化工公司位于扎兰屯市区东北角的天拜山下，海拔626米，距市区约4千米，占地面积234万平方米，分为生产、辅助、办公、仓储4个区域，有厂际防护电网4138延米。主要产品为岩石粉状乳化炸药，生产许可能力1.2万吨/年。2022年，公司有各类专业技术人员33人，占比33%，其中高级爆破工程师1人，注册安全工程师2人，高级职称1人，中级职称5人，国家专利2项。通过ISO9001质量管理体系、ISO14001环境管理体系、OHSAS18001职业健康安全管理体系三标体系认证，通过民爆行业二级安全生产标准化认定。

（赵国庆）

建材工业

【概况】 2022年，扎兰屯市有规模以上建材工业1家，行业产值同比下降5.8%。水泥产量同比增加6%，水泥价格同比下降29%。

【企业经济运行情况】 2022年6月，扎兰屯市龙北水泥有限公司（以下简称龙北水泥公司）吸收合并牙克石龙北水泥有限公司，注册资金增至8016万元，北方水泥有限公司100%控股。公司主机设备拥有Φ4×60米新型干法旋转窑生产线1个、HRM3400生料立磨粉末系统1个、Φ3.2×13米水泥磨生产系统1个、4500千瓦汽轮机组余热发电系统1个，水泥日产2200吨、熟料日产2900吨、熟料产能80万吨/年。2022年，龙北水泥公司生产熟料21.35万吨，水泥产量12.75万吨，其中M32.5水泥2.27万吨、普通硅酸盐42.5水泥10.48万吨。水泥价格393元/吨，同比下降29%，实现产值1.35亿元，收入1.4亿元，税金1098.1万元，同比增长32.55%。

（卢金鑫）

开发区

【概况】 2022年，呼伦贝尔岭东农畜林产品开发区扎兰屯产业园（以下简称扎兰屯产业园）入驻企业27家，实现工业总产值114.99亿元，工业固定资产投资2.97亿元，税收4.9亿元。

【以案促改】 2022年，扎兰屯产业园围绕5个方面11个突出问题推进自查、核查、集中整改和制度建设等各项工作，按期完成整改事项销号任务。

【闲置资源要素大起底】 2022年，扎兰屯产业园对待批项目、约束性指标等6项内容梳理排查，完成需要开展的待批项目大起底和约束性指标2项工作内容，亩均投资、产值、税收、工业增加值和容积率等各项约束性指标在政府网站公告程序，为扎兰屯产业园“标准地”出让提供依据。

【区域优化整合】 2022年，扎兰屯产业园将原有两区块9.6平方千米调整为一区块11.16平方千米，已将扎兰屯产业园调整优化、整合扩区材料上报自治区自然资源厅审核。待审核批复后，即可开展扎兰屯产业园总体规划、产业规划、规划环评和控制性详细规划等系列规划和区域评估修编工作，为扎兰屯产业园科学规划、建设和管理提供依据。

【智慧园区项目建设】 2022年，扎兰屯产业园积极推进智慧园区项目建设，已完成立项审批、招投标程序和项目主体工程建设，初步具备验收条件。

【化工集中区申报】 2022年，扎兰屯产业园根据内蒙古工信厅要求组织开展第二批化工集中区申报工作。已按照自治区工信厅《关于加快化工园区整改提升的函》要求制定“软硬件”整改提升方案。

【安全生产专项整治三年行动】 2022年，扎兰屯产业园开展安全生产专项整治三年行动，涉及专题任务21项，已完成6项。联合相关部门对辖区内企业开展专项检查5次，发现12项问题均整改完毕。协调组织第三方开展污水处理厂能够接纳工业废水可行性评估和化工园区生态环境应急预案编制，可行性评估工作已完成编制和专家评审，市工信、生态环境、住建等部门分别出具初审意见，由市政府出具请示函，相关材料已报至呼伦贝尔市工信局。

（吕仲勋）

商贸服务业

综　述

【概况】 2022年，扎兰屯市服务业在巩固传统的商贸流通、餐饮服务业的同时，加快发展电子商务、信息服务业等新兴产业，服务业重点项目成为拉动服务业经济增长的重要抓手和有效载体。全市消费品市场平稳运行，社会消费品零售总额实现28.78亿元，同比增长1.5%；城镇消费品零售额22.29亿元，下降3.1%；乡村消费品零售额6.49亿元，增长21.4%。外贸出口实现4亿美元，同比增长10%，位居呼伦贝尔市(不包含满洲里市)首位。餐饮收入3.91亿元，下降11.7%；电子商务交易额达到14亿元，增长17.6%。全市有货运业从业者30户，货运车辆3156辆，物流企业2家(恒远物流、四通物流)，货运量748万吨，货物周转量14.22亿吨千米。扎兰屯市被列入2022年度自治区首批县域商业体系建设示范县，获得中央服务业发展资金1178万元。

【服务业结构】 2022年，扎兰屯市第一产业增加值完成70.07亿元，增长5.6%；第二产业增加值完成73.89亿元，下降2.4%；第三产业增加值完成56.26亿元，增长4.1%。三次产业结构为35.0∶36.9∶28.1，三次产业结构呈现逐步高度化、合理化的发展势头。随着居民生活水平的提高和消费理念的转变，对时尚潮流、品质居住、智能便捷的消费需求不断提高，服装鞋帽、电子出版物、建筑及装潢材料等升级类商品增长速度较快。

【扎兰屯市企业家商会】 2022年，扎兰屯市企业家商会(以下简称市企业家商会)有会员单位170家，有25名非公有制经济人士担任自治区、呼伦贝尔市、扎兰屯市级人大代表及政协委员，发挥参政议政作用。市企业家商会坚持抗疫捐赠、万企兴万家、博爱一日捐、脱贫攻坚、乡村振兴等公益项目，累计组织助学(贫困学子)计划、助养(助力孤寡老人)计划志愿者活动700余场，服务社会2000小时，参与会员900人次，服务里程2000千米。市企业家商会获得2021—2022年度全国“四好”商会称号，获评呼伦贝尔市工商联抗击疫情先进单位，工作案例《用服务打造有温度商会》被评选为2022年度“创新中国”商会工作最佳案例。

物流业

【概况】 2022年，扎兰屯市有货运业从业者30户，货运车辆3156辆，物流企业2家。市交通局在物流企业设立驻企工作组，建立路警联动、区域协调的物流保通保畅工作机制，及时解决货运物流保通保畅工作中出现的问题，确保交通物流畅通有序。充分发挥“12345”“12328”热线作用，对货车司乘人员的合理诉求及时答复解决。

【快递服务】 2022年，扎兰屯市有快递企业8家，即中通快递、申通快递、极兔速递、韵达快递、圆通速递、顺丰速运、邮政公司、京东物流。快递物流吞吐总量完成1647万件，同比增长11.81%，其中上行171万件，同比下降10.92%；下行1476万件，同比增长14.32%；总收入1161.12万元，同比增长52.8%。依托“邮快合作”模式，提升辖区快递业服务质量，规范市场秩序，维护寄递渠道安全畅通，实现全市130个建制村直接通邮，为农产品打开“家门口的销售渠道”。

【物流企业建设】 2022年，扎兰屯市加快培育物流市场，发展第三方物流企业，不断提高物流设施现代化水平，引导传统货运企业向现代物流经营转型升级。全市有大型物流企业2家，即扎兰屯市恒远物流中心、扎兰屯四通物流有限责任公司。扎兰屯市恒远物流中心总占地面积6.1万平方米，总建筑规模2.7万平方米，分区设立快递产业园，主要从事园区化货运市场经营，提供综合型物流服务，包括物流快递、零担运输、货运代办、信息配载等业务。2022年，有速递企业6家、专线零担物流企业20家、机动车维修企业27家、物流信息配载企业9家入驻经营。日进出货运车辆60～80辆，日货物吞吐量约1800吨，经营收入194.55万元，利税11.82万元。扎兰屯市四通物流有限责任公司占地面积7.4万平方米，建筑面积3.4万平方米，仓储面积1.8万平方米，主营货物运输、仓储服务信息配载、停车场、国内货物运输代理等业务，以每年60%的增长速度发展壮大业务。2022年，有配货站6家、修理部38家入驻经营，经营收入86万元，利税9万元。

（孙宇刚　郭富贵）

供销合作

【概况】 2022年，扎兰屯市有基层供销合作社16个，其中乡镇14个，村级2个。注册成立农民专业合作社1486个，推进联合社和规范社建设，培育农民专业合作社规范社107个，组建联合社11个。对未实际运营的专业合作社进行清理，注销停用专业合作社81个。推进综合服务社改造提升，按照综合服务社改造提升的要求，依托原村级便民连锁超市，改造提升综合服务功能。

【农业社会化服务】 2022年，扎兰屯市供销合作社联合社（以下简称市供销社）成立供销社农资保供工作领导小组，建立农资统计报送工作机制。卧牛河镇基层社通过开展农业社会化服务提高化肥使用效率，对资金不足的农户开展一定额度的赊销供应。

【县域流通服务网络建设】 2022年，市供销社与市扶贫消费生活馆合作，构建适合当地发展的日用消费品下行、农产品上行的服务网络。通过消费品配送公司流通服务网络建设，配送服务网络覆盖全市所有村屯，130个行政村均建有便民连锁超市，12个乡镇及中心地区恢复建设基层社14个。全市644个农民专业合作社纳入全国供销合作总社网上直报统计系统。

【基层供销系统食品安全专项整治】 2022年，市供销社开展食品安全专项整治排查整改工作。将基层社、合作企业全部纳入排查整改工作中，开展专项排查和规范经营行动，把好进货关和质量关，杜绝危害食品安全行为的发生。按照自治区《“十四五”塑料污染治理行动方案》要求，制定印发工作方案，成立专项工作组，结合乡村振兴，到各乡镇开展宣传14次，印发宣传材料80余册。

【新型经营主体基层调研】 2022年，市供销社到卧牛河镇、蘑菇气镇调研，通过羊肚菌试种成功、万寿菊种植加工，建成有机种植基地34公顷，向集智慧农业、休闲农业、文化、旅游、康养等服务于一体的综合性现代休闲农业示范园区和集农业生产生活服务、绿色康养、生态休闲旅游度假、文创于一体的综合性为农服务体方向发展。

（李光亚）

粮油购销

【概况】 2022年，扎兰屯市收购商品粮188.05万吨，其中玉米181.95万吨，大豆5.48万吨，稻谷6200吨。市发展改革委按照《粮食流通管理条例》要求，确立粮食收购备案管理制度，建立粮食经营者信用档案，审核备案39家满足粮食收购资格的企业，实施粮食产业后续服务项目2个，并按期完成。完成上报2022年度社会粮食、食用植物油及油料供需平衡调查，粮食企业仓储设施统计调查，粮食行业人事统计调查，粮食企业粮食流通基础设施建设投资统计调查。组织呼伦贝尔市金禾粮油贸易有限责任公司、扎兰屯市满都拉农产品开发有限责任公司、呼伦贝尔市淳江油脂有限责任公司等多家粮食加工企业人员走进三角地广场、社区、学校、军营、农村等地，开展以“科技兴粮兴储 创新有你有我”为主题的粮食科技周宣传活动。

【粮食重点项目建设】 2022年，扎兰屯市粮食重点项目开工2个，项目总投资638万元，其中由企业自筹319万元，申请财政补助资金319万元。

中谷成吉思汗扎兰屯市粮食有限公司重点项目

粮食质量追溯提升行动：购置智能检验设备1套，每套包含筛分单元、水分仪、谷物霉变分析仪、自动称重装置、自动上料输送单元、在线解冻单元、电器控制单元、除尘单元、废料回收单元、人工留样单元、空压机、设备安装支架管道连接、化验系统电脑及操作台、化验系统软件等设备设施。

粮食机械装备提升行动：购置规格LTZN-5.0全智能扦样设备1套，每套含全智能扦样机、风机、沙克龙、控制台、视觉识别系统、摄像机等配件设备；购置数字化粮库设备1套，含自主服务终端、汽车衡重系统、工业手持终端、LED屏幕、耗材施工等配件设备；购置年产2.5万吨大豆清选设备1套，含螺旋塔1座、提升机11台、平板输送机5台、去石机1台、比重机1台、分粒机2台、磁选机1台、打包称1个、钢结构暂存仓5个等设备设施。

中国华粮物流集团扎兰屯市粮食储备库有限公司重点项目

粮食绿色仓储提升行动：购置粮食数量在线监测系统2套，每套含便携式数量检测仪1部、视频监控1台及其他辅助设备。

粮食质量追溯提升行动：购置智能检验设备1套，每套含谷物霉变分析仪、筛分单元、水分仪、在线解冻单元、电器控制单元、空压机、化验系统软件。

粮食机械装备提升行动：购置全智能扦样设备1套、数字化粮库设施设备1套、螺旋式绞龙机4台；烘干塔提升改造，含更换换热器、锅炉维修、脱硫脱硝环保改造、废气回收、提升机更换皮带、畚斗等。

【政策性粮食储存】 2022年，扎兰屯市承储政策性储备粮企业4家，即呼伦贝尔市银丰经贸有限公司、扎兰屯市腾达粮贸有限责任公司、扎兰屯市兴盛粮贸有限责任公司、呼伦贝尔市淳江油脂有限责任公司。其中，呼伦贝尔市银丰经贸有限公司承储盟市级储备粮玉米1.15万吨，扎兰屯市兴盛粮贸有限责任公司承储盟市级储备粮玉米1.5万吨，扎兰屯市腾达粮贸有限责任公司承储自治区级储备粮玉米5000吨、稻谷1.1万吨，呼伦贝尔市淳江油脂有限责任公司承储自治区级储备油1000吨。

【地方储备粮管理】 2022年，扎兰屯市承储自治区级储备粮油1.7万吨，盟市级储备粮2.65万吨。市发展改革委按照上级下达的地方储备粮轮换文件内容，配合自治区粮食和物资储备局、呼伦贝尔市粮食和物资储备局对扎兰屯市的自治区级储备玉米5000吨、储备稻谷1.1万吨、储备油1000吨，呼伦贝尔市级储备玉米2.65万吨的轮换工作进行部署和检查验收，组织企业在轮空期内以新顶旧，常储常新，保障地方储备粮数量和质量符合国家要求。每季度开展检查，确保地方储备粮的数量真实，质量完好，储存安全。

【粮食质量检验监测】 2022年，市发展改革委配合自治区粮食局质检中心和呼伦贝尔市、通辽市粮食质检中心对全市政策性粮食经营企业所保管的政策性粮油进行春、秋两季粮油质量抽样检验，并对2022年全市生产的玉米开展包括重金属污染在内的质量监测工作，确保粮食质量安全。

【粮食收购市场监管】 2022年，市发展改革委按照粮食安全市长责任制的要求，切实加强对收购监督检查工作的组织领导，主要领导亲自抓，分管领导具体抓，层层抓落实，开展执法检查，加大监管力度，确保收购顺利进行。周密制定检查方案，畅通举报渠道，细化对策措施，增强监督检查工作的针对性和实效性，履行收购监督检查职责，开展2022年秋粮收购专项监督检查4次，检查企业68家次，出动138人次。

【安全储粮】 2022年，市发展改革委落实安全生产责任制、检查主体责任，坚持企业主要负责人为自查行动的第一责任人，建立企业风险隐患排查整治责任制度，按照“谁检查、谁签字、谁负责”的要求，全面排查安全储粮和安全生产。与21家粮食企业签订安全生产责任状，把安全生产工作纳入日常工作议事日程。开展“粮食安全隐患回头看”检查，对安全生产和安全储粮工作进行部署，每个季度派出工作组到收储企业检查安全储粮和安全生产工作。对12个粮食企业进行3次安全大检查，出动检查人员80人次。督促企业做到“安全投入到位、安全培训到位、基础管理到位”，夯实安全生产基础，组织粮食系统做好安全生产培训工作，增强全市粮食系统安全意识。

（孟祥臣）

专项经营

【烟草专卖】 2022年，扎兰屯市烟草专卖局推进诚信小组建设，通过“标杆户”点到“精品街”线到“终端户”的全面建设，为行业高质量发展奠定终端渠道基础。明确市场监管主体，聚焦市场检查，严厉打击卷烟违法行为，查获卷烟违法案件151起。强化规范经营管理，筑牢“防外流”防线，专卖、内管、营销联合治理，做到事前、事中、事后监管到位，坚持惩治与处罚相结合方针，主动作为、扎实推进，以加大对真烟异常流动重点客户和卷烟敏感品牌监管为突破口，提高监管的科学性和精准性，有效遏制真烟异常流动情况发生，遏制真烟外流。

（李文士）

【盐业销售】 2022年，内蒙古呼伦贝尔市盐业有限公司扎兰屯市配送中心实施蒙盐集团品牌、服务、价格一体化推进战略，着力调整品种结构。到农村、社区开展科学用盐宣传，新设立食盐专柜30个，设堆头20个，丰富和引领地区群众食盐品种和消费品质，使中高端盐品销售占比提升。走访企事业单位，以团购等形式创新营销，从而进行品种结构调整。利用七色米软件建立健全终端客户资料，通过前期市场摸底，建立客户档案576家，根据客户购销情况，对客户实行A、B、C三级归类管理，根据客户类别确定配送周期。全年购进盐品3120.66吨，销售3273.69吨，其中小包装食盐销量849.42吨，牧业盐销量1996.73吨，工业盐销量427.54吨。

（梁迦南）

【成品油经销】 2022年，扎兰屯市有成品油经营企业55家，其中3家企业通过呼伦贝尔市商务局验收并取得《成品油零售经营许可证》。销售成品油4.9万吨，其中，汽油销售2.13万吨，柴油销售2.78万吨。其中，中国石油天然气股份有限公司扎兰屯销售分公司油品销量4.2万吨(汽油销售1.8万吨,柴油销售2.4万吨),非油销售691万元。下设有油库1个、加油站12个,其中市区6个、乡镇6个。

(孙修博)

邮　政

【概况】 2022年,扎兰屯市邮政分公司市区投递线路22条,农村投递线路62条,城区投递线路周长约500千米,农村投递线路约3100千米。投递频次每日1班,投递交通工具为汽车和电动车,全市乡镇、村、组全部通邮。全市有汽车邮运线路3条,即扎兰屯—成吉思汗—大河湾—达斡尔、扎兰屯—柴河、扎兰屯—南木。

【邮政普遍业务】 2022年,扎兰屯市邮政分公司经营收入规模实现3112万元。其中金融收入实现2168.56万元,完成全年计划2131.8万元的101.72%;寄递业务实现收入563.38万元;梁道平台、集邮文传2项业务均超额完成预算目标。

【县乡村三级物流体系建设】 2022年,扎兰屯市邮政分公司推进农村电商建设工作扎实开展。使三级物流体系建设同普服网点达标、建制村通邮、农村电商等工作实现协同、有效、持续运营。提高农村物流效率,降低运行成本,促进工业品下乡、农产品进城,在农村与城市之间建立健全完善的县、乡、村三级物流体系,打通农村与城市双向的物流通道,实现城乡物资双向的高效、顺畅流动。持续推进与韵达、中通、极兔、申通、圆通五大快递公司保持合作,全年运输县乡邮件290.1万件,为民营快递公司投递进村邮件64.1万件。

(杨丽霞)

电子商务

【概况】 2022年,扎兰屯市电子商务发展中心(以下简称市电子商务发展中心)启动电商产业园直播基地等项目建设,发展壮大电商产业,加强电商人才培育,助企纾困、助农增收,招商引资、促进消费,推动供应链、服务链深度融合。全市电子商务交易额14亿元,同比增长17.6%,农产品上行交易额1.57亿元,同比增长4.6%。

【电商助农助企活动】 2022年,市电子商务发展中心组织电商企业、知名网红参加"呼伦贝尔·礼'上网'来"消费促进活动,通过线上平台直播、线下门店促销,宣传推介扎兰屯本地优质农林产品,累计销售32万元。邀请7名关注量达1000万的"网络红人"参加鹿鸣山庄雅鲁河漂流季活动,助力旅游产品宣传。举办"庆丰收 迎盛会·扎兰屯黑木耳双品网购直播节",邀请5名实力主播现场带货,累计销售5000单。

【电商产业项目】 2022年,扎兰屯市投入250万元实施农村电商助力革命老区乡村振兴项目。新建扎兰屯市电商产业园直播基地1755平方米,引进上海专业直播运营公司,携人才、资金、团队共同打造集直播运营、企业

9月21日,市电子商务发展中心举办"庆丰收 迎盛会·扎兰屯黑木耳双品网购直播节"

(市电子商务会展中心　供图)

办公、产品营销、电商培训于一体的新媒体营销示范园区，促进新兴产业集约集聚发展。创建农村电商试点工程“大兴电商示范村”，升级建设“村长大姐合作社”“大月的小日子”2个助农网红直播基地，挖掘红色资源强化带动效应，推动“网红经济”和“红色经济”协同发展。

【电商助力乡村振兴】 2022年，市电子商务发展中心举办电子商务短视频培训班5期，参训255人，其中贫困户50人。搭建村级“直播窗口”5个，实现直播间乡镇覆盖率67%，通过直播带动农户增收，促进庭院经济发展。助农典型与14个村签订农产品购销合同，提供就业岗位80个，帮助500户农户销售农特产品，年销售额600万元。转型电商企业平台开设线上直营店5家，通过线上推广增加发货快递单量10万单，开拓农特产品合作商50家。

【电子商务公共服务】 2022年，市电子商务发展中心抖音、快手官方账号营销平台完成作品拍摄120部，获得好评2.9万次，帮助全市15家农特产品生产加工企业营销推广。本土电商平台“智惠网”销售农机、生活物资8.4万余件，实现交易金额超6000万元，授信“E农贷”1.5亿元，服务农民5000余户。为本市7款地标产品设计产品包装，制定“塞外扎兰”区域公共品牌视觉形象设计、品牌推广传播方案，构建授权产品标准体系，抓特色、树品牌，集合7种地标产品进行优势叠加，线上、线下整体营销推广。联合市工商联、妇联举办“扎兰屯市电子商务助企纾困实体经济转型升级”培训班2期，参加培训60人，10家传统企业成功转型。

（张　晶）

居民服务业

【住宿餐饮业】 2022年，扎兰屯市有餐饮单位1558家，餐饮收入3.91亿元，下降11.7%；旅馆业总数238家，入住人数62.11万人次。

（林　颖）

【家政服务业】 2022年，为提升全市家政从业人员的职业素质和技能水平，扎兰屯市举办家政培训班2期，分别为扎兰屯市妇联组织参加的呼伦贝尔市“巾帼家政百人培训班”、中和镇举办的母婴护理（月嫂）专项技能培训班，主要讲授职业道德、老年人护理、孕产妇及新生儿护理、婴儿早期教育等理论知识和技能操作，累计培训学员100人。

（年编）

【养老服务业】 2022年，扎兰屯市有公办养老机构1家，民办养老机构22家，居家和社区养老服务中心7个，居家和社区养老服务站24个。养老床位总数为3668张，占老年人口的45.8‰。7个乡镇建有25处446户幸福院，入住贫困老年人，留守、空巢老年人467人。全方位构建养老服务体系，投入112万元在蘑菇气镇敬老院打造失能特困人员照护单元，对126户困难老年人家庭进行适老化改造；在繁荣街道小溪社区探索“社区+初心食堂”服务模式，解决辖区空巢、失独家庭、鳏寡孤独老人的就餐难题；在河西街道创建“物质+精神+文化”模式，精准对接老年人需求；在向阳街道打造“家门口就是养老院”模式，为老年人提供家政服务、生活照料、文化娱乐、精神慰藉服务。7个街道24个社区均建成养老服务中心，形成“15分钟生活圈”。

（钱　坤）

【理发沐浴美容服务业】 2022年，扎兰屯市有洗浴从业户数35家，从业人员175人；美发从业户数341家，从业人员82人；美容从业户数96家，从业人员192人。

（边秋莲）

中介服务业

【公证服务】 2022年，市公证处办理公证案件2322件，其中国内2143件，涉外176件，涉港澳台3件。建立“最多跑一次”公证事项清单，办理“最多跑一次”公证事项462件，为企业预约服务76件，专项服务61件，上门服务14件，代为调查服务920件，“一站式”服务178件，组建涉企公证服务团队主动服务企业5次(其中办理公证3件)。从服务群众出发，开展代办、代开证明、绿色继承、代为邮寄、助老行动、为困难群众提供法律援助等服务。构建公证+司法辅助新格局，在司法辅助工作中参与案件调解1612件，调解成功270件。录刻音视频数量1377件，参与市区及乡镇调查取证924人次，参与保全案件6件，发挥公证机关在矛盾纠纷多元化解机制中的积极作用。开展公证宣传进乡村、学习《内蒙古自治区公证条例》等宣传活动，向群众发放《中华人民共和国公证法》《中华人民共和国民法典》《内蒙古自治区公证条例》等宣传彩页1000份，宣传品500份。

【律师服务】 2022年，扎兰屯市有公职律师13名，聘请法律顾问单位20家。市司法局健全法律顾问和公职律师制度，推进党委政府法律顾问制度和村(居)法律顾问制度建设，实现全市173个村(居)法律顾问全覆盖。结合乡村振兴，联合“万名律师进乡村”活动，对全市村(居)开展适时的法律巡诊上门服务137次，解答群众咨询700人次，发放农村法律知识手册、民法典婚姻家庭编节选等普法宣传资料3000余份，惠及群众1000人次。组织律师事务所与工商联及所属商会建立联系合作机制，搭建律师服务民营企业新平台，对已聘请法律顾问的企业实现“法治体检”全覆盖。

【广告业】 2022年，扎兰屯市有广告经营主体345户，其中企业273户，个体户72户，从业人员1443人。市市场监督管理局组织开展整治借重大活动从事违法违规商业广告宣传行动、校外培训广告管控、打击整治养老欺诈专项行动、“护苗助老”专项行动、“三品一械”广告监督检查工作，查办广告案件9件，罚没款4.26万元。

(白　松)

旅游业

综　述

【概况】 2022年，扎兰屯市坚持践行“绿水青山就是金山银山，冰天雪地也是金山银山”理念，坚持全域全季全业发展理念，全力打造岭东文旅产业高质量发展样板城市，争创全国知名的文化旅游、生态休闲度假目的地。融入“乌阿海满”（乌兰浩特、阿尔山、海拉尔、满洲里）旅游圈，推动阿柴景区一体化，逐步破解制约旅游开发的体制机制；推进省道308公路改造、柴河通用机场等项目建设，加强与兴安盟、黑龙江省、吉林省、辽宁省等地旅游合作，拓展中远端客源市场；申报文博小镇，争创国家历史文化名城；依托优越的生态环境、厚重的历史文化、立体的区位交通，探索开发文博体验、康养度假、低空飞行等新产品，推进文旅、体旅、航旅、农旅等深度融合发展。2022年，扎兰屯市接待旅游人数218.9万人次，同比增长10%，收入19.2亿元，同比增长8.5%。2021年至2022年雪季，金龙山休闲度假旅游区接待游客4.5万人次。扎兰屯滑雪旅游度假地入选首批国家级滑雪旅游度假地。

【旅游文体产业融合发展】 2022年，扎兰屯市推动“旅游+多产业”融合发展，打造以翠屏山映山红生态公园、金龙山四季运动主题乐园、扬旗山水上乐园、庙儿山国家森林公园、柴河景区为重点的“四山一河”全域旅游圈，推出精品旅游线路4条，制作宣传片3个，设计旅游地图，编制旅游资源包、旅游攻略及解说词，利用线下+线上传播媒介，创新市场引客活动，释放扎兰屯文旅魅力磁场。联动乡村旅游优势资源，举办雅鲁河夏日漂流季、金秋采摘季活动，以“冰雪嘉年华”活动为主线，开展文旅商品展、冬捕、冬令营、冬季采摘等群众性文体活动，举办扎兰屯市雅鲁河冬泳赛、扎兰屯市“吊桥杯”冰球赛等群众性体育赛事，利用“十四冬”比赛场地及新建成单板滑雪坡面障碍技巧、单板滑雪大跳台场地，举办、承办各级竞技体育赛事及群众性滑雪赛事，激发群众参与体育健身的热情，让更多的体育爱好者融入全民健身中来。

【重点旅游项目建设】 2022年，扎兰屯市开展国家级风景名胜区优化整合工作，将扎兰屯风景名胜区与柴河自然保护区重叠的月亮天池景区单独划入扎兰屯风景名胜区规划范围，将柴河镇区未来发展用地和污水处理厂项目用地178公顷调整出地质公园规划区，将扬旗山水库全域909公顷面积划入扎兰屯风景名胜区规划范围。依托阿尔山柴河国家AAAAA级旅游景区，提升柴河月亮天池、同心天池基础设施。依托金龙山滑雪场国家队单板、双板U型场地，自由式滑雪空中技巧、自由式滑雪雪上技巧、坡面障碍、大跳台六项运动训练基地，盘活现有休闲运动设施，打造金龙山四季运动主题乐园。开展秀水国家湿地公园优化整合工作，将翠屏山映山红生态公园建设用地9.21公顷、扬旗山水库周边耕地3.46公顷调整出秀水国家湿地公园规划区，其中扬旗山水库周边耕地3.46公顷调整已通过国家审批。完成翠屏山映山红生态公园内部道路、木栈道、荷花池、杏花谷、绿化等配套设施并投入使用。

【旅游规划编制】 2022年，扎兰屯市编制《全域旅游发展总规》《柴河景区控制性详细发展规划》《柴河月亮小镇规划》《历史文化名城规划》《文旅产业提标提效发展行动方案》，实施规划体系提升工程，坚持全视野布局、全要素组合、全链条协作、全产业联动，对文旅资源进行全面整合，一体规划、一体建设、一体发展，构建“一核两极、一廊两带”的全域旅游发展空间布局(一核两极指构建市区综合服务核、金龙山体育旅游融合增长极、柴河月亮小镇生态休闲度假极，一廊两带指蘑菇气镇—柴河生态景观最美自驾长廊、雅鲁河风情带、绰尔河风光带)。

链接

精品旅游线路

2022年，扎兰屯市实施融合发展提升工程，结合文旅产业发展实际，围绕“春赏杜鹃、夏漂流、金秋采摘、冬滑雪”四季旅游品牌，串点成线、连线成网、经纬分明，重点推进生态游、乡村游、民俗游、文博游、康养游和红色游，打造4条精品旅游线路。

春赏杜鹃：扎兰屯市春赏杜鹃一日游　翠屏山映山红生态公园(登山赏花、摄影采风，游览时间：2小时)➞卧牛河镇采摘园(草莓、樱桃采摘，品尝东北特色农家菜)➞吊桥公园(红色景区，有百年吊桥、烈士纪念碑、一柱亭、动物园、垦石园等，游览时间：1小时)➞内蒙古中东铁路博物馆(全国第一座以中东铁路历史为题材的专题博物馆，感受中东铁路的百年沧桑史，游览时间：1小时)➞六国饭店(欣赏古朴的俄罗斯建筑，品尝正宗俄式西餐)

夏漂流：扎兰屯市夏季休闲自驾民俗三日游　第一天：吊桥公园(欣赏百年吊桥、一柱亭、动物园、垦石园等，游览时间：1小时)➞内蒙古中东铁路历史博物馆(全国第一座以中东铁路历史为题材的专题博物馆，感受中东铁路的百年沧桑史，游览时间：1小时)➞金龙山滑雪场(露营、烧烤，设有小火车、射箭、水上乐园等娱乐项目，游览时间：4小时)➞南木鄂伦春民族乡漂流景区(品尝鄂伦春民族风味美食，参加鄂伦春民族篝火晚会)(住宿：南木鄂伦春民族乡鹿鸣山庄)；第二天：南木鄂伦春民族乡(体验北国第一漂、漂流时欣赏两岸自然风光，游览时间：2小时)➞柴河风景区(沿途欣赏高山湿地、原始森林景观，游览山水岩壁画，路程时间：3小时，游览时间：1小时)(住宿：柴河蓝水湾度假山庄，五星级乡村旅游接待户，山庄内中欧式结合建筑风格，设有餐饮区、别墅区、采摘区、游览观光区，游客可以采摘绿色蔬菜、品尝农家风味美食)；第三天：柴河风景区(游览月亮天池、同心天池、火山熊岩、十大湾等景区，品尝林区风味美食，游览时间：1天)

金秋采摘：扎兰屯市观光采摘康养游线路　第一天：吊桥公园(有百年吊桥、烈士纪念碑、一柱亭、动物园、垦石园等，游览时间：1小时)➞六国饭店(俄罗斯风情建筑，环境优雅，品尝正宗俄式西餐)➞内蒙古中东铁路博物馆(全国第一座以中东铁路历史为题材的专题博物馆，感受中东铁路的百年沧桑史，游览时间：1小时)➞乡村采摘园(老渔头休闲山庄、卧牛河镇马场采摘园、大河湾万亩沙果基地、成吉思汗镇采摘园等，让孩子亲手采摘沙果、香瓜、葡萄等绿色果蔬，游览时间：2小时)➞柴河月亮小镇(沿途欣赏高山湿地、原始森林景观画，路程时间:3 小时)(住宿:蓝水湾度假山庄,五星级乡村旅游接待户,山庄内中欧式结合建筑风格,设有餐饮区、别墅区、采摘区、游览观光区,游客可以采摘绿色蔬菜、品尝农家风味美食);第二天:柴河月亮小镇(观赏山水岩壁画、同心天池、月亮天池、火山熊岩、沿途欣赏林区风光,游览时间:1 天)

冬滑雪:扎兰屯市激情冰雪二日游 第一天:金龙山滑雪场(体验初级、中级、高级雪道滑雪,儿童娱雪乐园、雪地摩托等娱乐项目,游览时间:4 小时—全天)➞卧牛河镇五星村(品尝农家菜,了解关东农耕文化)(住宿:入住关东民宿,睡火炕五星村农家乐);第二天:卧牛河镇采摘园(采摘草莓、圣女果等绿色果蔬,游览时间:2 小时)➞吊桥公园(有百年吊桥、烈士纪念碑、一柱亭、动物园、垦石园等,感受百年前西方文化对扎兰屯市的影响,游览时间:1 小时)➞内蒙古中东铁路博物馆(全国第一座以中东铁路历史为题材的专题博物馆,感受中东铁路的百年沧桑史,游览时间:1 小时)➞六国饭店(欣赏俄罗斯风情建筑,品尝正宗俄式西餐)

(吕　莹)

旅游节庆活动

【概况】 2022 年,扎兰屯市坚持以游客需求、群众满意为导向,围绕“春赏杜鹃、夏漂流、金秋采摘、冬滑雪”四季旅游品牌,递进式开展杜鹃赏花季、雅鲁河漂流季、金秋采摘季、金龙山冰雪季系列活动。

4 月末,扎兰屯市中和大架子山杜鹃花竞相开放　(市融媒体中心　供图)

【云赏杜鹃】 杜鹃花俗称达达香、映山红,是呼伦贝尔市花,每年 4 月下旬至 5 月上旬,漫山遍野杜鹃花竞相开放,扎兰屯市杜鹃花不仅面积广、色彩艳丽、持续时间长,而且是呼伦贝尔地区春季开花最早的植物,深受游客的喜爱和青睐。2022 年,扎兰屯市因翠屏山杜鹃坡等赏花基地提档升级改造,未对游客开放,为使游客足不出户欣赏美丽的“兴安第一支”,推出“云赏杜鹃”模式,邀请域内外旅游爱好者跟随市融媒体镜头欣赏“杜鹃盛宴”。同时,众多自媒体人利用抖音 APP、微信公众号等新媒体大量转发“云赏杜鹃”短视频,提升了扎兰屯杜鹃赏花季品牌效应。

【雅鲁河夏日漂流季】 7 月 22 日,由扎兰屯市文体旅游广电局(以下简称市文旅广电局)主办的 2022 年扎兰屯市雅鲁河夏日

7 月 22 日,扎兰屯市雅鲁河夏日漂流季开幕　(市融媒体中心　供图)

漂流季在南木鄂伦春民族乡鹿鸣山庄开幕。漂流季通过游客漂流体验、家庭亲子游戏、邀请网红现场直播、篝火晚会、露营大会、地方特色小吃集市、文化大集等一系列活动，展示文旅产业提标提效行动成果，扩大扎兰屯市旅游品牌影响力，让游客沉浸式体验“观生态美景、玩刺激漂流”的乐趣，花式解锁山水风情的户外漂流体验，感受夏日亲水运动的乐趣。活动期间，累计吸引域内外游客3万余人次。

9月11日，游客在金秋采摘季活动中体验户外采摘　（市文体旅游广电局　供图）

【金秋采摘季】 9月11日，由市文旅广电局主办的2022年扎兰屯市金秋采摘季开幕。扎兰屯市围绕度假休闲、观光体验、民俗风情三大系列产品开发，依托全国休闲农业与乡村旅游示范县品牌，推进农家游、林场游、农业观光游。金秋送爽、水果飘香，红彤彤的沙果挂满枝头，正是采摘好时节。活动中游客纷纷走进果园，体验户外采摘，享受秋日的田园风情，品尝新鲜瓜果。采摘季还融入休闲体验、体育竞技、户外康体等一系列活动，扩大参与层次、增强体验感受，提升乡村旅游的内涵和品牌影响力。采摘活动吸引城内外游客1万余人次。

【呼伦贝尔冰雪文化运动旅游季暨扎兰屯市冰雪嘉年华】 12月15日，由中共扎兰屯市委员会、扎兰屯市人民政府主办、扎兰屯市文体旅游广电局承办的呼伦贝尔冰雪文化运动旅游季暨扎兰屯市冰雪嘉年华启动仪式举行。启动仪式上，市乌兰牧骑进行“相约银色扎兰，火热冰天雪地”文艺演出。以“冰雪嘉年华”活动为主线，推出青少年高山滑雪赛、雪地足球赛、儿童雪上趣味赛、大众雪地徒步、年猪菜体验等活动，依托国家级滑雪旅游度假地，联动开展红色研学游、冰雪研学游，推出“海拉尔—扎兰屯冰雪体验3日游”“大庆、齐齐哈尔—扎兰屯2日游”“北京、天津—扎兰屯5日游”三条冰雪旅游精品线路，让域内外冰雪旅游爱好者尽情感受扎兰屯深厚的冰雪文化、独特的冬季魅力和蓬勃的发展活力，体会多姿多彩的民俗风情。

（年编）

12月15日，呼伦贝尔冰雪文化运动旅游季暨扎兰屯市冰雪嘉年华启动仪式在金龙山滑雪场举行　（韩　冷　摄）

景区建设

【概况】 2022年，扎兰屯风景名胜区管理局（以下简称景区管理局）从提高综合服务水平入手，强化精细化管理和人性化服务，不断完善配套设施，提升管理水平和景区品质，满足游客多方面的需求。实施项目6个，总投资1140万元。通过自治区专项支持，在秀水景区新建木栈道550米，在湿地公园新建木栈道281米，维修粉刷木栈道1080米，维修翻新秀水景区三老亭，新建揽胜亭、彩虹桥景观亭，新建生态停车场1000平方米、休闲广场1500平方米，打造湿地微景观10处，安装景观灯107盏、监控设施40处，投放垃圾箱65个，建成室外卫生间2处、湿地和景区指挥室各1个、吊桥公园宣传屏1块。

8月，秀水景区彩虹桥凉亭进行维修翻新　　（景区管理局　供图）

【景区精细化管理服务】 2022年，景区管理局以开展景区环境综合整治提升百日攻坚活动和秋季集中整治活动为支点，按照管理网格化、标准精细化、维护常态化的要求，推进景区管理服务精细化，不断提升景区“美洁亮”形象。粉刷金龙山观景台，清理杂草1200平方米，种植花秧2000株，安装休闲实木凳4个；在断桥景区设置围封720米，平整场地5500平方米并播撒花籽，设立固定生态保护宣传标语2处；在七中道口观光路设立湿地公园大门2个，铺设生态砖400平方米，设置艺术休闲靠椅11处；针对景区原有服务设施陈旧、标志标牌设置不全、内容不规范等问题，清理失效指引牌和破旧警示牌15块，重新设计制作标志标牌50个。各类标志牌严格按照规范要求进行专业设计，标注所在地的区位图、导览图，配有中英文对照，确保风格统一并凸显景区特色，做到统一、美观、醒目、易读。

【景区安全隐患排查】 2022年，景区管理局开展安全生产大排查大整治大督查工作，先后2次对柴河景区、秀水景区内21座疑似无审批手续自建房、危险房屋进行排查，对存在安全隐患的原种子站房屋和3处放牧用房送达限期搬离通知书，并移交社区实施动态监管，筑牢景区安全防线。设置林长牌10个，重视景区森林防火工作，完善联防联控机制，加大对重点区域、重要地段的巡察值守力度，及时排查并消除火险隐患，确保景区森林防火安全。

【生态保护宣传培训】 2022年，景区管理局采取走进社区、单位、学校和家庭，通过快手、抖音等平台，开展“世界湿地日”“爱鸟周”“文化和自然遗产日”和《中华人民共和国湿地保护法》等主题宣教活动，先后出动车辆10辆次、发放宣传单5000张，有效提升群众对生态保护的参与意识。新华社客户端对柴河景区、秀水景区进行专题报道，网上浏览量均过百万。组织湿地业务培训班，围绕湿地资源管理、湿地保护与利用、湿地修复、监督检查、法律责任等多个方面开展培训，有效提升湿地管护能力和水平。加强湿地有害生物防治工作，举办外来入侵物种调查培训班，组织力量开展外来物种调查工作，为防控工作提供科学依据。

【景区生态保护与修复项目申报】 2022年，景区管理局成立项目工作专班，申报2023年中央财政湿地生态保护项目（湿地保护与恢复项目）资金400万元和国家级风景名胜区保护资金200万元。编制项目建议书，重点争取景区智慧旅游智能化项目，通过3年时间在国家级风景名胜区、秀水国家湿地公园全域内实现无人机巡航、地面监控联网、指挥中心实时调度的智慧化景区管理新模式。探索校地合作新途径，与扎兰屯职业学院联手争取生态保护和修复项目，计划在秀水景区三老亭北侧的18万平方米的风景区内，建成大兴安岭珍贵树木与药材培育观赏基地，实现研学与旅游休闲一体化目标。

9月16日，景区管理局数字化管理中心对景区进行实时调度

（景区管理局　供图）

【景区执法】 2022年，景区管理局制定景区安全管理制度、自然保护地生态资源保护制度和安全管理应急预案。开办“景区大讲堂”，打造法治教育培训品牌，完成全局48名执法人员的换证工作。开展景区、湿地公园挖沙取土、违禁放牧等破坏生态环境行为专项整治行动，处置违法放牧58起，制止露天烧烤326起、挖沙取土28起、乱砍盗伐75起，拆除破旧网围栏6处500米、失效指引牌和破旧警示牌15块、私搭乱建9起、湿地公园内违建牛马圈舍2处、大鹅管理窝棚1处，查处河道种植蔬菜2起。印发严禁在景区内从事破坏生态环境活动的通告，执法人员采用错时执法、定点值守、机动巡察的方式，全天候对断桥、彩虹桥、五中大桥、雅鲁河两岸等地进行巡护检查，对野炊烧烤、湿地越野等行为及时劝阻，对攀折花木、破坏植被等行为及时教育警告。完成景区数字化指挥中心建设，创新实现“地面巡逻＋无人机巡航＋空中监控”全天候全覆盖监管新模式。

（沈立杰　卢秉欣）

旅游景区选介

【吊桥公园景区】 吊桥公园位于市区北部，占地68万平方米，修建于1905年。吊桥即悬索桥，两根巨大的铁索高悬于空中，黝黑的锁链从四尊高大的汉白玉柱顶端孔口穿过，牢系在深插于地下的铁环上。铁索自高而下，中部呈一弧形，上面系有42根细铁索，将1座乳白色雕花栏杆木板桥吊悬于碧波上空，造型极为壮观。与吊桥紧密相连的，是1座由12根钢筋吊起的拱桥桁

2022年秋季，吊桥公园俯瞰　（韩　冷　摄）

桥。吊桥公园既有北方的豪放粗犷，又有江南水乡的精巧细腻。除吊桥等建筑外，吊桥公园还具有浓厚的文化色彩，先后有党和国家领导人到此观光游览，众多的文人墨客驻足流连，留下大量充满激情的诗句墨宝。著名作家老舍先生的《内蒙东部纪游·扎兰屯》："诗情未尽在苏杭，幽绝扎兰天一方。深浅翠屏山四面，回环碧水柳千行。牛羊点点悠然去，凤蝶双双自在忙。处处泉林看不厌，绿城徐入绿村庄。"

吊桥公园初建时，只有悬索桥和桁桥。悬索桥桥头两柱之间曾横置铁纱1块，上书"日光浴场"4个字。桥北侧是露天游泳场，附近竖1米多高的日晷1块，半径约50厘米，供游人掌握时间，现已不复存在。吊桥公园连年修缮，形成一柱亭（原望湖亭）、三角亭、环心湖、月形拱桥、九曲桥、动物区、花卉区、儿童游乐场、花鸟鱼馆、垦石园、晨练场等多样化景区格局。

苏联红军烈士纪念碑　1945年8月8日，苏联政府对日本帝国主义宣战，苏联红军出兵东北，打击日军。日本关东军驻大兴安岭部队凭借大兴安岭天然屏障，负隅顽抗。8月13日，苏联红军先头部队通过扎兰屯继续向南进军，其后续部队在大兴安岭岭顶和岭东同日军发生激战，先后解除驻守博克图和扎兰屯两地的日伪军武装。在这2场战斗中，有5名苏联红军官兵壮烈牺牲。8月16日，苏联红军第7军第202师进驻扎兰屯，接管扎兰屯地区的日伪政权，建立城防卫戍司令部，维持地方社会安全。1945年10月，进驻扎兰屯的苏联红军将在扎兰屯、博克图两地战斗牺牲的5位苏联红军官兵尸骨进行安葬。安葬地点在扎兰屯火车站门前广场的苍松翠柏之下，同时修建纪念碑1座。纪念碑为钢筋水泥砌成，宽3米，高2米，正面镌刻有俄文碑文，碑文写着"这里安葬着在同日本帝国主义者战斗中牺牲的红军战士"。1957年夏，布特哈旗人民政府决定将火车站广场的苏联红军烈士纪念碑移到吊桥公园，重建纪念碑。重建后的纪念碑位于吊桥公园东侧，通高15米。东侧碑文写的是"这里安葬的是在同日本帝国主义者战斗中牺牲的苏联红军战士"，西侧碑文写的是"中国人民将以你们的名字——解放战士的名字感到光荣"，南面的碑文写的是"光荣，属于为我们苏维埃祖国而牺牲的英雄"，北侧则镌刻着牺牲者的姓名、职务、出生时间、牺牲时间。整个纪念碑被挺拔苍翠的青松掩映，庄严而肃穆。每到清明节和重大节日，当地各族人民群众都到此扫墓祭奠，并举行各种凭吊纪念活动。

【柴河风景区】　柴河风景区是扎兰屯市国家级名胜风景区的核心景区，距扎兰屯市区西南175千米，距兴安盟阿尔山市170千米，位于呼伦贝尔—阿尔山—黑龙江旅游区中部，是内蒙古阿尔山—柴河风景区重要组成部分。柴河风光气势博大，雄浑壮观。火山喷发造成典型的玄武岩河谷，沿河两岸多处山麓被切割成悬崖峭壁，汹涌的绰尔河以及济沁河、柴河、哈布气河等众多河流沿山奔流，青山叠翠，草木葱茏。大自然的造化，形成多处自然景观，构成雄伟、瑰丽的自然景象。柴河景区内以天然森林、火山、天池为主，其中河流、湖泊丰富，野生动植物种类繁多。这里拥有世界罕见的高山天池群、原始森林、高山湿地、火山峡谷等神奇地貌。境内分布有15座火山口，其中7座海拔在千米以上的火山口形成7处高山天池。这7处高山天池的分布与天上的北斗七星相对应，满月姿容的月亮天池，形似同心的卧牛天池，这一心一月一星，诠释出柴河小镇独特的月亮文化。柴河风景区通过对柴河景观资源的梳理和整合，将人、自然、小镇、月亮、心等元素有机结合起来，依托独一无二的火山天池群和月亮文化元素集成，打造以休闲度假和健身养生为主题的世界级旅游目的地，打造最具有国际兼容性、开放式的月亮文化体验的"月亮小镇"。

月亮天池（基尔果天池）　月亮天池即基尔果天池，位于柴河镇区以西37千米的基尔果山山顶。月亮天池为一火山湖，其形状如一轮满月，因此得名月亮天池，当地人称月亮湖。海拔1278米，水深7米，水面直径约200米，面积3万余平方米，为高山火山湖天池，喷发于百万年前的早更新世。这里丛林茂密，沼泉如织，车不能行，人迹罕见，长年为鹿、獐、狍所拥有。中央电视台曾将柴河火山湖作为大兴安岭奇观播出，中国社会科学院数位专家曾对月亮湖进行过科学考察。

2022年夏季，月亮天池航拍全貌 （市融媒体中心 供图）

同心天池（卧牛天池、卧牛湖） 同心天池即卧牛天池，卧牛天池也称卧牛湖，学名鄂内湖，由于其形态恰似一卧牛，故当地人称之为卧牛泡。又因为它的形状犹如人的心脏，“心月相映，天人合一”，因此专家们又赋予它“同心天池”的美称。卧牛天池位于柴河镇北1.5千米处，湖水深不可测，水面180公顷，一侧略大而圆，一侧略窄而长，湖面呈心脏形。这里群峦环翠，奇峰竞秀，怪石嶙峋，古木参天，宽阔的水面犹如一面巨大的镜子平卧在群山之中。湖内盛产鱼类，以本地鲫鱼、白鱼、鲇鱼为主，并引进达赉湖鲤鱼、南方草鲢、白鲢等，游人可垂钓并遍尝鱼宴。湖东有一泉，味道怪异，当地人称“硫黄泉”。

驼峰岭天池 驼峰岭天池距柴河镇区72千米，距扎兰屯市与兴安盟边界仅700余米，同兴安盟阿尔山风景区相接壤，因位于海拔1314米的驼峰岭上，故得名驼峰岭天池，为典型火山湖天池。驼峰岭为中国内陆典型的高山玛珥湖，也就是高山上的海。火山口呈北西走向，长条状分布，长约800米，面积约30万平方米，为柴河风景区天池群中湖水面积最大也是湖水最深的天池。池水中植物茂盛，隐约可见成片的水下森林，景色奇特而神秘。从高山俯瞰，驼峰岭天池犹如人类的一只左脚形状，静静地俯卧在高山绝顶，为“北斗七星”湖中一颗璀璨的明珠。

布特哈天池 布特哈天池位于柴河镇区以西72千米九龙泉景点南侧，为“北斗七星”最北部的一颗星，也是海拔最低的火山天池，因位于布特哈旗林业外站以西4千米而得名。布特哈天池为典型火山湖，呈不规则圆形，海拔1278米，长约400米，宽约300米，面积约12万平方米。布特哈天池被群山所环抱，森林茂密，草木葱茏，池水清澈，水色呈青绿色，犹如一颗青绿色的橄榄果镶嵌在高山上。

杜鹃天池（兴安杜鹃天池） 杜鹃天池即兴安杜鹃天池，位于柴河镇区以西驼峰岭天池南侧，与双沟天池遥遥相对，为“北斗七星”最南侧的一颗星，距阿尔山景区著名的景点达尔滨湖3千米。杜鹃天池海拔1472米，湖面略呈圆形，直径约100米，面积约9万平方米，被原始森林环抱，人迹罕见，常有驼鹿出没。天池周围植被茂盛，湖岸遍布杜鹃花，每到春夏之际，杜鹃花和各种野花竞相绽放，因此得名杜鹃天池。

火山熊岩（熊瞎子洞） 火山熊岩，当地人称熊瞎子洞。火山熊岩群位于柴河镇区西南去往水帘洞景点途中，为火山岩自然堆砌而成，距月亮小镇柴河镇区20千米。洞口呈椭圆形，高约3米，宽1.2米，略可进入。洞深4米，宽5米许，顶高丈余，上有气孔如泉。洞口出入处圆润平滑，酷似熊瞎子进出摩擦而成。洞穴周围堆满嶙峋怪石，或似飞鹰，或如恶犬，各具情态，栩栩如生，为火山熔岩自然堆砌而成。

柴河大峡谷 柴河大峡谷也称基尔果山大峡谷，位于柴河镇区西南50千米处的原始森林中，由南向北呈W形，长约11千米。峡谷底宽30～150米，谷深

30～130 米，每千米落差 20 米。大峡谷主体为火山岩断裂带，峡谷两侧原始森林密布，两岸是更新世火山喷发形成的玄武岩流石堆。这里人迹罕见，原始生态保存完好，泉水在峡谷中流淌，谷底长长的溪水分为 2 种不同的颜色，上游水呈蓝色，清澈见底，中游以下溪水却呈褐红色，因此又被称为“红河谷”。火山大峡谷有着重要的科考价值和旅游探险价值，中国科学院的专家曾在这里进行科学考察。

山水岩壁画　山水岩壁画位于柴河镇区以南 1.5 千米，为火山岩喷发后自然形成的一处独特而极富魅力的神奇景观。高约 70 米，宽约 300 米的悬崖峭壁处，岩壁整体呈紫褐色，各种岩画自然天成，有的形如豺狼虎豹，有的如自然山水泼墨天成，有的如人岩相依，有的如万箭冲天，图案各异，栩栩如生，神秘莫测，令人叹绝。

2022 年夏季，柴河风景区山水岩壁画前游人络绎不绝　（市融媒体中心　供图）

【秀水国家湿地公园景区】 2015 年，国家林业和草原局批复扎兰屯秀水湿地公园为国家级湿地公园试点。2021 年，扎兰屯秀水国家湿地公园通过国家湿地公园试点验收。

扎兰屯秀水国家湿地公园地理坐标为北纬 47° 40′ 15″～48 ° 05 ′ 59 ″，东经 122 ° 40 ′ 20″～122° 50′ 37″，东至雅鲁河东侧防洪大堤、南至扎兰屯市行政区边界、西至雅鲁河西侧防洪大堤、北至扬旗山水库北部山体第一道山脊线，其范围涵盖扎兰屯市行政管辖范围内的雅鲁河、卧牛河、扬旗山水库和吊桥公园，总面积 1 万公顷，其中各类型湿地面积 8079 公顷，湿地率 80.48%。湿地公园内湿地资源分为河流湿地和人工湿地两个湿地类，包含永久性河流、洪泛平原湿地、库塘 3 个湿地型。根据湿地公园资源特征和分布情况，将湿地公园划分为生态保育区、恢复重建区、宣教展示区、合理利用区和管理服务区五个功能区。秀水国家湿地公园生态系统完整，湿地景观优美奇特，具有较高的美学及科普价值。湿地公园内野生动植物资源丰富。拥有植物 67 科 186 属 366 种，动物 28 目 55 科 179 种，包括国家二级重点保护植物野大豆，国家二级保护动物鸳鸯、大天鹅、红脚隼、花尾榛鸡、黑琴鸡、灰鹤等。

【扎兰屯金龙山滑雪场景区】 扎兰屯金龙山滑雪场位于扎兰屯市区西北 8 千米，卧牛河镇五星村境内金龙山上，由扎兰屯市人民政府和南木林业局共同投资 5000 万元人民币建成，由芬兰贝利集团按照冰雪运动和休闲

2022 年夏季，扎兰屯秀水国家湿地公园景区绿意盎然　（市融媒体中心　供图）

度假两大主题规划设计，占地面积100公顷。距扎兰屯成吉思汗民航机场25千米，山体海拔582米，冬季平均气温零下12℃，存雪期5个月以上，有效滑雪期130天。经过一期、二期建设，总投资3.5亿元，雪场内设有2万平方米的大型停车场、5700平方米的游客接待中心、丰富多彩的冰雪娱乐区，建成国际标准的U型场地、自由式滑雪空中技巧场地及雪上技巧场地，有滑雪道18条，总长度16千米，设置4条与滑雪道相匹配的索道和2条魔毯。2010年，国内最大的国际标准单板滑雪U型场地建成后，包括单板滑雪世界杯总冠军、世锦赛冠军刘佳宇，世界杯总冠军孙志峰和蔡雪桐在内的来自国家单板滑雪队和各省单板滑雪队一流滑雪运动员在此集训，被确立为“国家单板滑雪队训练基地”，连续8年成功举办全国自由式与单板滑雪U型场地冠军赛和全国自由式滑雪雪上技巧冠军赛等国家级滑雪赛事。2011年，获评呼伦贝尔市十佳旅游景区；在2012年全国单板滑雪U型场地锦标赛中，被国家体育总局和国家旅游局评为中国体育旅游精品项目。2013年，被国家体育总局评为“单板滑雪U型场地国家队训练基地”“自由式滑雪雪上技巧国家队训练基地”“自由式滑雪空中技巧国家队训练基地”。2022年1月25日，扎兰屯滑雪旅游度假地入选首批国家级滑雪旅游度假地。

2022年冬季，游客在金龙山滑雪场滑雪　（韩　冷　摄）

【翠屏山映山红生态公园景区】 翠屏山映山红生态公园位于扎兰屯市河西新区南侧，东临雅鲁河，西邻河西第二热源，属于南北狭长地带，南北长2000米，东西宽650米，海拔高度500米，杜鹃花占地11万平方米，周长1.6千米，密度较大。每年4月中旬至5月中旬的“北面杜鹃坡、南面杏花谷”次第开放，是摄影采风、登山赏花的绝佳去处。2018年，修建木栈道和观景平台，使市民和游客登山赏花更加方便和安全。2022年，完成内部道路、木栈道、荷花池、杏花谷、绿化等配套设施并投入使用。

【雅鲁河漂流景区】 雅鲁河漂流位于扎兰屯市南木鄂伦春民族乡境内。扎(扎兰屯)博(博克图)公路直通景区，距离扎兰屯市40千米。流经这里的雅鲁河海拔1000余米，相对落差400米，流域面积2万平方千米。雅鲁河漂流的景点分别为鹿鸣山庄、白桦猎村、石板(石佛)山庄、泓森度假庄园4个地点。雅鲁河漂流起点在鹿鸣山庄，终点

2022年5月，翠屏山映山红生态主题公园杜鹃花盛开　（市融媒体中心　供图）

在石板山庄，全长7千米。雅鲁河漂流现已成为集餐饮、住宿、娱乐、购物于一体的综合旅游项目，年均接待国内外游客10余万人。美国、日本、澳大利亚、加拿大等国的国际友人纷至沓来，黑龙江省、辽宁省、吉林省以及北京市、上海市等几十个城市和地区的游客成为常客，雅鲁河漂流成为本市旅游业发展的“黄金带”。

7月22日，游客在雅鲁河漂流景区体验漂流　（市融媒体中心　供图）

【中东铁路博物馆】 扎兰屯市中东铁路博物馆位于市区北部火车站西侧1000米，建筑始于1905年，属俄罗斯建筑风格，又称沙俄石头房。原为中东铁路沙俄护路军队兵营，1949年后为扎兰屯市铁路中学学生宿舍。2007年博物馆筹建，2008年施工并在年末建成。博物馆占地面积1000平方米，展览面积800平方米，陈列文物1000多件。馆藏文物分东省铁路时期、南满铁路和中东铁路时期、伪满铁路时期、中长铁路时期四部分，展厅内设计造型为整体火车车厢式，以3个不同历史时期的铁轨铺成铁道，供人们参观。两侧陈列实物、模型和图片，并通过现代化灯光显示不同的主题色调，给人以踏着铁轨，穿越时空感受历史的感觉。厅内火车铁道与馆藏文物浑然一体，布展设计形式最有自身特点的历史博物馆，再现中东铁路从始建到回归的历史进程。扎兰屯中东铁路建筑群是中东铁路沿线保存最为完整、最集中、数量较多、最能体现俄罗斯民族建筑特征的建筑群，有百年历史，属自治区级文物保护单位，具有重要的历史、艺术、文化价值和纪念意义。

【金界壕景区】 金界壕景区位于扎兰屯市成吉思汗镇南部，距市区37千米，碾扎博（碾子山—扎兰屯—博克图）公路从景区穿过。景区面积2平方千米，在著名的国家级重点文物保护单位——金长城（金界壕）北侧，与黑龙江省龙江县相毗邻。景区内建有地标柱、13座敖包群、呼伦贝尔版图、环形线路等旅游基础设施。可开展骑马、摔跤、射箭等民族体育项目，并可结合优美的自然风光开展生态旅游观光活动。

【呼伦贝尔地标广场（金长城遗址处）】 金长城遗址处位于扎兰屯市区南37千米的成吉思汗镇境内，是呼伦贝尔的南大门。广场南侧是横贯东西的金长城遗址，是内蒙古自治区与黑龙江省分界线，2001年6月25日，国务院将包括扎兰屯市区段在内的金长城全线列为国家级重点文物保护单位。广场上竖有

2022年，中东铁路博物馆内部展厅　（市博物馆　供图）

呼伦贝尔地标界碑，西侧山顶是成吉思汗敖包群。金长城全长5000多千米，在扎兰屯市境内全长140千米，均为单墙单壕，现城墙绝大多数湮没在沙草之中，残址一般高2米，高处有8米左右，墙外15～20米处为壕堑，高2～6米，深3～4米，墙内每隔10千米设有1个戍堡，为夯土筑成，周边长180米，呈正方形状，似城廓模样。扎兰屯市境内的金长城保存较好，规模轮廓依稀可见，曾出土金代陶片、箭等文物。

（年编）

旅游管理

【旅行社】 2022年，扎兰屯市有旅行社7家，即呼伦贝尔圆梦旅行社有限责任公司、扎兰屯市铭泽旅行社有限公司、扎兰屯市万游假期旅行社有限责任公司、扎兰屯市柴河之旅旅行社有限责任公司、黑龙江省全景国际旅行社有限公司扎兰屯市分公司、飞扬旅游有限公司扎兰屯分公司、盈科美辰国际旅行社有限公司呼伦贝尔分公司。1—6月，接待10人次，营业收入2万元。

【星级旅游酒店】 2022年，扎兰屯市有三星级旅游酒店2家，即金百灵大酒店、扎兰屯市鑫港大酒店。1—6月，金百灵大酒店接待3.26万人次，营业收入355.06万元；扎兰屯市鑫港大酒店接待1.16万人次，营业收入79.12万元。

【旅游市场管理】 2022年，扎兰屯市有文化、旅游、体育市场经营场所合计352家，其中市区299家、乡镇53家。市文化市场综合行政执法局检查文化、旅游、体育经营场所1万家次，出动执法人员2.01万余人次。排查旅游景点、旅行社的经营档案、经营范围、收费情况及旅游企业“不合理低价游”，排查以艺术品经营为名实施诈骗及以会员费、理财产品等为名实施诱骗行为。实行远程监控管理，通过移动客户端监察经营场所经营情况，提高执法检查力度和效率，成为呼伦贝尔文旅系统亮点工作，被推荐在各旗市文化市场综合行政执法局推广使用。

（吕　莹）

交通　通信

铁　路

【概况】 齐齐哈尔车务段扎兰屯站(以下简称扎兰屯站)位于滨洲线415千米371米处,车站中心里程为415千米371米。按技术作业性质为二等中间站,按业务性质为客货运站,主要办理接发列车、列车会让、货物运输及装卸、旅客运输、行包到发业务及货物列车编解、取送车等技术作业,承担扎兰屯市以及周边的旅客、货物运输任务。车站职工280人,设客运、货运、运转、食堂、阿荣旗、高台子6个班组。

【行车设备】 2022年,扎兰屯站行车设备为计算机联锁设备CTC2.0,设有STP设备。车站有道岔77组,其中集中联锁道岔70组,手动道岔5组。有正线4条、到发线3条,调车线3条、货物线3条、牵出线2条、安全线1条。专用线21条,手动道岔29组,分别是老砂线、家居线、石油线、粮食种子站线、新煤建线、中百线、钢铁线、电厂线、土产线、泰达线、粮食储备库线、煤建线、阿荣旗煤建线、扎兰屯制油厂线、纸浆线、冷库沥背线、槽厂线、烟酒线、生资线、团结沙场线、棉织厂线。

【车站运营】 2022年,扎兰屯站深化安全管理,强化客货营销和疫情防控,实现安全生产1.16万天。通过作业计划准确保证效率,车站从优化计划编制入手,对现在车的分布、装卸车进度严格把关,停时完成33.6小时。强化货源组织,确保增运增收,发吨完成140.91万吨,装车完成2.81万车,货运收入完成1.88亿元。强化服务意识,稳定客流增加收入,发人完成22.9万人次,客运收入完成2085.28万元。

(刘　辉)

公　路

【概况】 2022年,扎兰屯市交通运输局(以下简称市交通局)建设实施重点项目5个,完成投资7800万元。续建项目、新建项目均开工建设,谋划推进重点项目2个。实现全市16个乡镇(涉农街道),130个行政村通硬化路、通客车目标,20户以上自然村通硬化路744个,通畅率94.4%。全市有县级客运站1家(二级临时场站),乡镇客运站3家,客运量18.5万人次,客运周转量2035万人千米。1月25日,G5511集阿高速公路阿扎段扎兰屯站开通。

【重点公路工程建设】 续建项目　阿扎高速公路补充工程(阜丰段改造)项目,总投资1.33亿元,建设改造阜丰辅路0.9千米,南出口拓宽工程、阜丰辅路建设、2处收费站改造按计划完工;

新建扎兰屯、扎兰屯西2个高速收费所，并顺利实现通车；在建1座公铁立交桥(高台子立交桥)。国有林场道路硬化项目，完成3条林业路共100千米建设任务。扎兰屯市县乡道安防工程，完成9条县乡道共106千米安全防护任务。

新建项目　扎兰屯市岭北四队互通工程，房屋征拆均完成，土地征拆完成26户，土建施工完成D、E匝道路面基层，完成投资2030万元。扎兰屯市2022年撤并建制村通硬化路项目，7条共48.4千米，总投资2600万元，4个施工标段，已完成路面10千米，完成投资560万元。

谋划推进前期项目　G232线紫沟至大兴一级公路，扎兰屯市境内段长33.93千米，另设卧牛河连接线长3.89千米，扎兰屯境内段预算投资约10亿元，签订土地征收协议302户、房屋征收协议8户，拨款2320万元。S308线黑龙江其林三屯(蘑菇气)—阿尔山界公路养护大中修工程，计划改造全长189千米，估算投资2.5亿元，完成初步设计。

1月25日，G5511集阿高速公路阿扎段扎兰屯西站开通　(市交通局　供图)

【交通运输审批服务优化】　2022年，市交通局优化提升政务服务大厅“一站式”功能，推进“互联网+”服务方式，有41项行政审批事项进驻政务服务大厅，精简及缩短办理环节，精简率达100%。涉及涉企经营许可事项6项，完成审批改为备案、实行告知承诺和优化审批服务改革，制作《交通运输行政审批告知单》，取消《工程建设项目招标事项核准表》。开展双随机抽查8次，抽查企业46家，“12345”平台接收工单467个，“12328”接收投诉举报273件，响应率及办结率100%。

【交通运输法治建设】　2022年，市交通局出动执法人员5059人次、执法车辆2125辆次，查处违规经营及非法营运车辆20辆，严厉打击交通运输违规行为。6月16日，组织“安全生产月”咨询日活动，在“4·15”全民国家安全教育日、“12·4”国家宪法日、“五一”等重要时段和节点开展交通法规知识宣传活动。开展“打非治违”整治，严厉打击无证营运、出租车拒载等违法行为，查处案件26起，受理各类信访案件27件，均结案。

【综合运输服务网络建设】　2022年，市交通局构建完成县、乡、村三级农村公路养护管理机构148个，配备县、乡、村管护人员854人，农村公路列养率100%。建成县级一级客运站1个，乡

6月16日，市交通局组织“安全生产月”咨询日活动　(市交通局　供图)

镇客运站6个；有长途客运(包车)企业4家，开通客运班线43条，营运客车108辆；有物流企业2家，营运货车3786辆，出租车1091辆，均纳入综合运输服务网络，实现行政村通客运(货)率100%。聘请长安大学设计院编制《城乡公交发展规划》，开通城乡、城市公交线16条，有城乡公交56辆。

【公路养护】 2022年，市交通局日常养护巡察累计巡察里程2.75万余千米，修补坑槽1.23万平方米，整修路肩294千米。维修加固桥梁中墩1座，疏通泄水孔17座，修复桥梁、涵洞八字墙护坡13个。强化公路“保畅保通”，累计清雪27次，处理涎流冰7次，汛期抢通水毁路段、桥梁12处，对历史文物卧牛河秀水铁桥进行整修。

【交通运输安全隐患排查】 2022年，市交通局客运驻站办严格落实道路客运实名制管理规定，利用GPS对客运车辆实行全程定位安全监控，开展安全生产隐患排查及检查468次。加大对扎兰屯市国森矿业有限责任公司、呼伦贝尔东北阜丰生物科技有限公司、龙北水泥公司运输车辆源头治超，落实企业治超主体责任。

【能耗“双控”】 2022年，市交通局加快推进“节约型机关”建设，推行车辆报废制度，报废淘汰排放不达标自卸养护翻斗车5辆、燃油公交车9辆。推进新能源公交站场建设和公交车引进工作，场站建设已完成设计阶段，新购置的6辆新能源公交车已完成生产。

（宋连冬　宋佳明）

民用航空

【概况】 2022年，扎兰屯市民航旅客吞吐量6.93万人次，同比下降54.6%；货邮吞吐量完成19.5吨，同比下降45.2%。中航通用油料公司全年保障航班732架次，航班销售量2467吨。

【机场及航线运营管理】 2022年，扎兰屯市成吉思汗机场实现安全稳定运营。积极应对疫情，及时协调相关航司对“北京大兴—扎兰屯”“呼和浩特—扎兰屯—海拉尔”“天津—扎兰屯”航线航班进行调整优化，确保疫情防控、经济社会发展两不误。争取自治区通用航空发展专项资金1000万元，国内客运航班运行财政补贴资金164万元，民航中小机场补贴资金1248万元。将“呼和浩特—扎兰屯—海拉尔”航线补贴由月平均单班限额3.8万元降至3.6万元，“天津—扎兰屯”航线补贴由月平均单班限额6.8万元降至6.4万元，“北京大兴—扎兰屯”航线补贴单班往返由7.5万元降至7万元，调整后年可核减补贴额290余万元。完成防雷接地系统升级改造和供热锅炉升级改造项目，实现机场清洁能源供暖。

【临空产业发展】 2022年，扎兰屯市以成吉思汗支线机场为载体，支持内蒙古飞行学院和杰普逊国际飞行学院做大做强，构建临空产业发展新体系。杰普逊国际飞行学院有在飞训练机31架、模拟训练器4台，组织飞行训练268日，完成飞行训练2.09万小时，同比增长15.3%，起落3.46万架次。实现收入3429.01万元，同比增长17.68%，上缴税收269.76万元，同比增长40.13%。国航公司培训专属基地自2020年10月至2022年12月，累计102名学员完成入训前培训课程，其中注册开飞学员61名，已毕业国航学员11名。3月，天然林资源保护中心组织进行UTC无人驾驶航空器系统操作手培训，参加培训人员48人，均通过考试。中国民航飞行员协会授权的民用无人机系统应用合格证培训考试中心和中国航空器拥有者及驾驶员协会授权的培训中心均落户扎兰屯，成为内蒙古自治区设立的第二家考试中心。

【通航产业重点项目建设】

临空产业园飞行板块提升项目　项目总投资1.1亿元，主要建设内容为购置26架飞行训练机及2台飞行模拟训练器，建设年限为2020—2022年。2022

年上半年完成6架训练机的交付并投入使用，11月完成剩余8架训练机的交付，项目完成。

临空产业园1号维修机库项目　项目总投资1300万元，建筑面积3300平方米，可停放钻石DA40D(DA40NG)训练机25架，4月28日开工，年内完成投资830万元，主体工程基本完工。

柴河通用机场建设项目　项目计划总投资1.2亿元，主要建设内容为建设A1类通用机场，本期飞行区等级为2B，采用目视飞行，跑道长1200米、宽23米。拟建年限为2023—2024年，为重点推进前期项目。2022年4月，项目被纳入内蒙古自治区第一批统筹建设通用机场项目清单，扎兰屯市人民政府与内蒙古民航机场建设投资集团有限公司签订政企合作协议，呼伦贝尔市政府出具对军地协议的确认函。

（何　琪）

8月21日，杰普逊公司扎兰屯基地进行飞机设备检修作业

（市民航事业发展中心　供图）

通　信

【概况】　2022年，扎兰屯市有4G基站746座，网络覆盖率100%；5G基站271座，基本实现核心城区、重点区域全覆盖。82家单位接入政务外网，均完成政务外网备案。

【中国移动通信集团内蒙古有限公司扎兰屯市分公司】　2022年，中国移动通信集团内蒙古有限公司扎兰屯市分公司设市场综合支撑组和网络支撑组，市场综合支撑组下设自有营业厅1个、网格8个，其中城区网格3个、乡镇网格5个。主要经营移动话音、数据、IP电话、信息点播、集团产品、宽带业务等，开通网号134、135、136、137、138、139、150、151、152、157、158、159、178、182、183、184、187、188、197、198。全年在网用户23.18万户，市场份额66.99%，宽带用户2.4万户，营业厅客户满意度99.34%。

（徐　姚）

【中国联合网络通信有限公司扎兰屯市分公司】　2022年，中国联合网络通信有限公司扎兰屯市分公司辖城区综合网格4个、乡镇分支机构13个，有移动用户12.5万户、宽带用户5万户、固定电话用户1.5万户，业务收入7500万元。扎兰屯市区、乡镇、行政村宽带网络100%通达，自然村覆盖率97%以上；扎兰屯市区4G网络全覆盖，完成5G基站建设147个，城区5G网络基本全覆盖，乡镇镇区包括行政村4G网络全覆盖，自然村4G网络覆盖率95%以上，镇区5G网络基本全覆盖；市区宽带及无线网络已经达到3000兆。建成以光缆为主、数字微波和卫星通信为辅的大容量、高速率的传输网络。

（顾庆彤）

【中国电信股份有限公司扎兰屯分公司】　2022年，中国电信股份有限公司扎兰屯分公司围绕电信“光网城市”“光网无忧”活动，开展小区网络建设、补点建设、5G网络覆盖等工程，加大光纤宽带接入能力。为广大市民免费提速，为全市老用户更换老旧坏光猫，为电信老用户做“终端巡检”，免费为用户检查光猫的使用情况，累计为用户更换老旧光猫近400户。智能不忘适老，为提升优质服务，解决老年人运用5G智能手机难、办理业务难等问题。扎兰屯电信分公司在自营厅、社区店等营业场所增设老年人服务专岗“爱心专席”，每个专席配备爱心专员，优先处理老年人的咨询和业务处理，为老年人提供方便、快捷、有温度的服务。全年电信固定电话60户，互联网接入用户110户，移动网用户2.03万户，宽带用户2206户。

（海　亮）

【中国广电内蒙古网络有限公司扎兰屯市分公司】 2022年，中国广电内蒙古网络有限公司扎兰屯市分公司建成市区、乡镇贯通的光缆干线，总里程279千米，建设各类型光传输基站3个，覆盖全市4乡、8镇、44个行政村、290个自然村，并与周边阿荣旗、海拉尔区、兴安盟实现互联互通，网络承载能力显著增强。全年总营业收入1400万元。与天泽网络、明锐达网络科技、枫皓家电、苡茜商贸、北京小米科技有限公司、南京物联传感科技有限公司等多家品牌企业进行产业合作，推行多元化经营，形成多渠道、多领域、多广角的商业运行格局。其中与北京小米科技有限公司合作销售小米全系产品。推动农网发展，强化维护管理，在南木鄂伦春民族乡、柴河镇等乡镇进行发展与维护。完成10个小区的接入网、管道、皮线光缆敷设和支干线建设。完成扎兰屯新一代信息基础设施完善工程6段支干线，工程覆盖涉及8个乡镇的村组。完成重要节目安全传输和保障防范。按照机房维护管理制度要求，日常两基站所有设备安全运行，保障业务正常传输。扎兰屯机房被定为标准化改造机房，按照高标准、高定位的工艺设计标准，建设标准化播控平台和传输核心机房，监控大屏幕、机柜布线、安防设备、操控平台、动环监控等都采用行业先进设备和材料建设。聘请第三方（扎兰屯市气象灾害防御中心）测试两基站的接地电阻，均符合规范要求，并取得检测报告。组织全体值机员进行各项安全教育及应急演练，确保重要播出期安全传输。

（沈　岩）

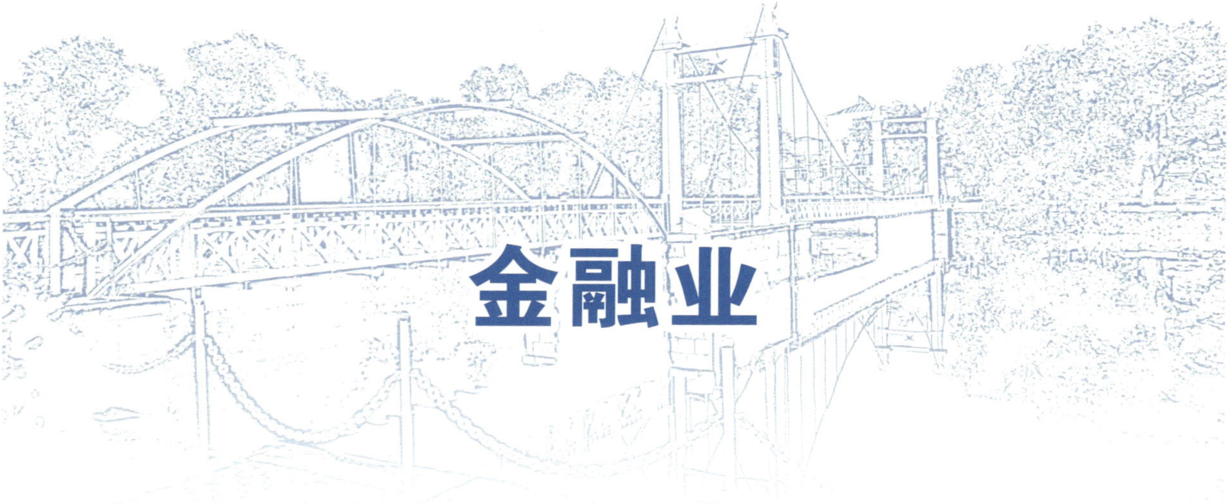

金融业

综　述

【概况】 2022年，扎兰屯市存贷款实现双增。各项存款余额209.82亿元，比上年增长15.8%，全年新增28.63亿元，比上年多增18.24亿元；各项贷款余额143.53亿元，比上年增长7%，全年新增9.38亿元，比上年多增4.77亿元。

【金融服务实体经济】 2022年，市财政局推动金融服务实体经济成效明显。统计全市重点项目及民营企业的融资需求，汇总编制《2022年扎兰屯市中小微企业融资需求储备库》，其中中小微企业20家、融资需求3.18亿元，有4家商户、企业达成合作，争取融资208万元。搭建政金企对接平台，分区域、分领域、多主题组织召开政银企对接活动及金融工作会议，加大对中小微企业及个体工商户等薄弱领域的金融支持，为企业与金融机构搭建良好沟通对接平台，帮助中小企业破解融资难题。建立“扎兰财政—国资—金融”公众号，宣传信贷政策。全年信贷投放中小微企业165笔，累计投放16.57亿元；投放个体工商户4745笔，累计投放2.71亿元，共计投放19.28亿元。

【信贷投放】 2022年，中国人民银行扎兰屯市支行按期收回委托蒙银村镇银行发放支小再贷款520万元，人民银行以2.25%利率贷给村镇银行，村镇银行以5.55%利率贷给2家受疫情影响的生产经营企业，做到贷得出、收得回。按照《中国人民银行关于做好部分地区金融支持工作的通知》（银发〔2021〕63号）要求，督导辖区法人金融机构发放符合再贷款要求贷款。截至4月末，为扎兰屯市农村信用联社发放符合支农再贷款要求贷款909笔，金额6005万元，期限1年，贷

4月8日，扎兰屯市金融机构支持中小微企业发展座谈会召开

（市财政局　供图）

款利率为5.22%；9月末，为扎兰屯蒙银村镇银行发放支农再贷款150万元。贯彻落实“内蒙古自治区重点产业链‘1+N’金融服务工作”“金融服务乡村振兴‘一县一业、一村一品’专项行动”“金融支持稳增长和稳企纾困专项行动”“金融‘贷’动绿色发展”等政策，组织带领金融机构到乡村、企业，探索发展模式，对接资金需求，推广信贷产品。

（李锡祯）

银行业

【概况】 2022年，扎兰屯市有银行机构10家，其中法人机构2家，即扎兰屯市农村信用合作联社、扎兰屯蒙银村镇银行股份有限公司；非法人机构8家，即中国人民银行扎兰屯支行、中国农业银行股份有限公司扎兰屯支行、中国工商银行股份有限公司扎兰屯支行、中国建设银行股份有限公司扎兰屯支行、中国农业发展银行股份有限公司扎兰屯支行、中国邮政储蓄银行股份有限公司扎兰屯市支行、内蒙古银行股份有限公司扎兰屯支行、蒙商银行股份有限公司扎兰屯支行。

【中国农业发展银行股份有限公司扎兰屯支行】 2022年，中国农业发展银行股份有限公司扎兰屯市支行实现各项业务收入2.18亿元，各项支出2.24亿元，实现FTP利润4000万元。各项存款余额2.04亿元，其中企业单位存款余额1.91亿元，财政存款余额1300万元。存款日均余额2.78亿元，其中企业单位存款日均余额2.28亿元，财政存款日均余额5000万元。各项贷款余额56.09亿元，其中购销储贷款7.49亿元、挂账类贷款35.47亿元、中长期贷款12.98亿元、农业企业贷款1500万元。投放支农支牧贷款7.42亿元，年末贷款余额56.09亿元。做好粮油收购信贷支持，投放各类粮食收购贷款6.01亿元，支持收购粮食21.12万吨，夯实“粮食银行”品牌形象。加大已批未放贷款投放力度，协调到位已批未放棚改贷款项目资本金3500万元，将剩余棚改贷款1.26亿元全部投放，该笔贷款近年累计支持安置补偿棚改住户2054户6162人。支持民营小微企业，新申请贷款民营小微企业2户，投放贷款1000万元。加大存款营销力度，新开户企业35家，存款1.22亿元，其中通过资金归集业务，归集资金1301笔，金额7800万元。

（卢志超）

【中国工商银行股份有限公司扎兰屯支行】 2022年，中国工商银行股份有限公司扎兰屯支行设二级支行2个，即吊桥支行、兰云大厦支行。系统内储蓄存款全口径时点增量5.25亿元，任务4.95亿元，任务完成率106.1%；系统内储蓄存款全口径日均增量3.76亿元，任务3.36亿元，任务完成率111.9%。存款时点余额1.63亿元，日均余额1.6亿元，机构存款时点余额1.88亿元，日均余额2.75亿元。个人贷款余额3.39亿元，较年初增加2209万元，投放9097万元，收回6488万元。其中个人住房贷款余额3.04亿元，较年初增加726万元，投放4628万元；非个人住房贷款余额3435万元，较年初增加1483万元，投放4469万元，贷款不良率0.04%。对公贷款余额11.55亿元，较年初新增4.75亿元。实现营业收入7331万元，中间业务收入976万元，净利润628万元。外拓营销106次，对市住建局、房地产开发企业、房地产中介等机构进行走访调研50余次，对接房地产开发商、二手房中介，从多渠道获取政府拍卖地块信息，及时掌握当地房地产市场开发情况、项目销售情况及二手房市场经营动向，灵活制定营销方案。年内，合作按揭机构13个、按揭项目20个、二手房中介机构3家，完成幸福家园小区、泊润水岸项目合作机构和按揭项目独家准入。

（耿兆明）

【中国农业银行股份有限公司扎兰屯市支行】 2022年，中国农业银行股份有限公司扎兰屯市支行设市区网点7个、乡镇网点2个、离行自助银行2个(柴河镇1个,南木鄂伦春民族乡1个)。各项存款余额52.84亿元,较年初增加10.65亿元;各项贷款余额18.75亿元,较年初增加2.69亿元。将强化运营、信贷基础管理、防控操作风险和安保风险作为工作重点,为业务经营发展提供有效基础保障。对全行存量个贷及农户贷款进行集中时间逐笔排查,摸清风险底数,及时消除风险隐患。定期召开风险例会,指出日常发现的问题并要求限时整改,对即将到期或即将进入不良的贷款给予及时提示。配合人民银行征信宣传,组织征信风险大排查工作,严格规范征信查询流程和异议处理程序,降低征信查询和个人信息泄露风险。对接重点项目,加大对地方实体经济特别是中小微企业的支持力度,助力企业发展壮大,先后对呼伦贝尔市重点项目、重大项目及重点企业、农牧业产业化重点龙头企业进行对接营销,投放公司类贷款4.99亿元。做好小微客户营销管理,全面提升金融服务能力,将普惠法人业务工作重点放在线上产品,投放小微企业贷款和个体工商户贷款9858万元。"三农"服务覆盖130个行政村,发放农户贷款4.31亿元。开展"服务升温工程"活动,打造有温度、人性化的客户体验,为网点配备轮椅、花镜、手机充电站、饮水机、应急服务箱等爱心服务设施,落实"爱心敬老"、服务弱势人群活动,为行动不便及偏远山区农民客户提供上门服务168次。

(王子平)

【中国建设银行股份有限公司扎兰屯支行】 2022年,中国建设银行股份有限公司扎兰屯支行一般性存款余额30.89亿元,其中对公存款余额4.35亿元,个人存款余额26.54亿元;各项贷款余额22.05亿元,其中公司类贷款余额12.72亿元,个人贷款余额9.33亿元。贷款余额中一手房贷款余额3.56亿元,二手房贷款余额3.06亿元。小微企业及个体工商户贷款授信214户,贷款余额6072万元。实现中间业务净收入242万元(含信用卡),实现利润6411万元。建成自助设备总量19台,离行式自助银行12个,物理网点内布放智慧柜员机11台,其中现金版智慧柜员机2台,综合版3台,标准版6台,"裕农通"服务点实现全市所有行政村全覆盖,实现柜面业务的有效迁移,拓宽支付渠道。落实反洗钱相关监管要求,按照"风险为本"原则,完善各项洗钱风险管理机制,加强对客户身份识别、洗钱风险评估和可疑交易监测管理,提升反洗钱管理的合规性和有效性。按照上级行要求构建合规管理长效机制,加强合规检查、业务督导检查、业务自查以提升规章制度执行能力,加大违规处置力度,强化警示教育,震慑违规行为,强化合规培训。加大对实体经济支持及中小微企业的信贷投放,进一步满足中小微企业的融资需求,破解"融资难、融资贵"难题,推出"商户云贷"银联版、"抵押快贷"等系列产品。

(孙　伟)

【中国邮政储蓄银行股份有限公司扎兰屯市支行】 2022年,中国邮政储蓄银行股份有限公司扎兰屯市支行"三农"贷款结余4.64亿元,小企业贷款结余4989万元。储蓄存款余额4.06亿元,单位存款5104万元。全年完成业务收入3170万元,其中个金业务720万元,信用卡收入371万元,网络金融业务收入28万元,公司业务收入210万元;个人经营性贷款收入1319万元,消费贷款收入334万元,小企业贷款收入147万元;交易银行收入5万元。快捷支付绑卡2496户,手机银行新增激活2180户,信用卡全年进件3103张,新增发卡1390张,理财保有量3.27亿元,信托资管销量5367万元,与10个乡镇5个街道办事处达成合作发卡事宜。发放退役军人优待证2895张。为乡村致富带头人、种植养殖大户、乡村能人、创业人员给予资金支持。加大金融科技赋能,为满足"三农"小微客户"短、频、急"的金融需求特点,引导客户通过手机银行申办贷款,推广极速贷、E捷贷、网贷通等线上贷款产品，大幅提升信贷资金投放效率。小额贷款整体投放4.23亿元，农贷通贷款投放1.13亿元。建信用村82个，评定信用户1136户，投放线上信用户贷款5578万元，投放线上极速贷2.27亿元，投放再就业担保贷款465万元。

（姚青川）

【扎兰屯蒙银村镇银行股份有限公司】 2022年，扎兰屯蒙银村镇银行股份有限公司实现资产总额12.1亿元，各项贷款余额7.26亿元，负债总额10.8亿元，各项存款余额10.3亿元，所有者权益12.93亿元。成立绿色金融专业委员会，制定《绿色信贷管理办法》，有序推进绿色金融各项业务。截至2022年末，农户和小微企业贷款余额占各项贷款余额比例76.05%，其中农户贷款余额1.43亿元，占各项贷款余额比例19.71%，户均贷款余额27.97万元。整合信贷产品，构建全新的授信客户评级体系，开发多样化信贷品种，有19种全新的信贷品种上线，为农户、社区居民和小微企业提供差异化、特色化的金融服务，满足不同客户的资金需求。与扎兰屯市就业服务中心签订创业担保贷款合作协议，促进创业带动就业，加大对小微企业和个体工商户等创业主体的融资支持力度。创新授信业务担保方式，通过与监管、保险、公证等机构多方合作，为供应链金融上下游企业开发办理存货质押贷款。年内，新增授信业务户数398户，金额8144万元。响应“万企兴万村”行动，到高台子街道鲜光村与各民营企业及种植合作社代表召开座谈会，了解鲜光村各民营企业及种植合作社的经营状况和资金需求，探讨发挥本地农牧业产业产品优势新路径。到南木鄂伦春民族乡、哈多河镇、浩饶山镇、成吉思汗镇等地开展走访慰问活动，为困难贷款户送大米、食用油等慰问物资，讲解金融政策及对贫困贷款户的帮扶措施。

（陈　晨）

【扎兰屯市农村信用合作联社】 2022年，扎兰屯市农村信用合作联社有营业网点20个（市区5个，乡镇15个），其中营业部1个，信用社13个，信用分社6个。辖内布放ATM、CRS自助存取款机29台，自助柜员机22台，便携设备2台，发展POS机商户318家，聚合支付商户3062家，建立助农金融服务点121个。资产总额58.47亿元，同比增加6.7亿元，增幅12.94%；负债总额57.02亿元，同比增加6.65亿元，增幅13.21%。各项存款余额53.57亿元，各项贷款余额18.16亿元，不良贷款余额7025万元，同比下降1411万元，不良率3.87%，拨备覆盖率155.93%。各项收入2.31亿元，上缴入库税款1574.13万元，投放涉农类贷款19.27亿元，投放小微企业贷款20.41亿元；延期还本、展期、无还本续贷6844万元，同时为小微企业让利130万元，减免评估费5.73万元。坚持审慎经营理念，完善内部控制组织架构，明确理事会、监事会、管理层及相关部门在风险管理方面的职责。强化风险管理，理事会下设风险管理委员会、关联交易控制委员会，定期听取风险管理情况报告，及时调整风险管理和内部控制措施。通过合规监督检查及风险预警监测平台应用，对信用风险、流动性风险、操作风险进行持续监控。

（皇甫雷）

保险业

【概况】 2022年，扎兰屯市有保险公司17家，其中财产保险公司10家，即中国人民财产保险股份有限公司扎兰屯支公司、中国平安财产保险股份有限公司扎兰屯支公司、紫金财产保险股份有限公司扎兰屯支公司、中国太平洋财产保险股份有限公司扎兰屯支公司、阳光财产保险股份有限公司呼伦贝尔中心支公司、中国人寿财险扎兰屯支公司、中国大地财产保险股份有限公司扎兰屯支公司、中华联合财产保险股份有限公司扎兰屯支公司、永安财产保险股份有限公司扎兰屯支公司、安华农业保险股份有限公司内蒙古分公司呼伦贝尔市扎兰屯支公司;人寿保险公司7家,即中国人民人寿保险股份有限公司扎兰屯市支公司、华夏人寿保险股份有限公司呼伦贝尔中心支公司扎兰屯支公司、中国平安人寿保险股份有限公司呼伦贝尔中心支公司扎兰屯营销服务部、泰康人寿保险有限责任公司内蒙古呼伦贝尔扎兰屯支公司、中国人寿保险股份有限公司扎兰屯市支公司、新华人寿保险股份有限公司内蒙古分公司扎兰屯支公司、富德生命人寿保险股份有限公司呼伦贝尔中心支公司扎兰屯支公司。

【中国人寿保险股份有限公司扎兰屯支公司】 2022年,中国人寿保险股份有限公司扎兰屯市支公司标保任务指标533万元,完成276万元,完成任务指标的51.78%;三年期任务指标550万元,完成304万元,完成任务的55.27%;十年期任务指标588万元,完成436万元,完成任务指标的74.15%;短险任务指标277万元,完成128万元,完成任务指标的46.21%;团体业务任务指标305万元,完成183.37万元,完成任务指标的60.12%。其中计划生育家庭保险完成31.37万元,学生险130万元,分散型业务及员福业务完成22万元。银行保险任务指标169万元,完成61万元,完成任务指标的36.09%。全年受理理赔案件1935件,理赔款总额1563万元,收到客户锦旗5面。营销员117人,为全市解决下岗再就业5449人次。

(翟贵斌)

【中国人民财产保险股份有限公司扎兰屯支公司】 2022年,中国人民财产保险股份有限公司扎兰屯支公司全险种保费收入5251.29万元,其中车险保费收入2726.97万元、个非保费收入526万元、商团保费收入564.22万元、森林险保费收入1109.1万元、政策性农险保费收入325万元,净利润1072万元。

(张　鑫)

【中国平安人寿保险股份有限公司呼伦贝尔中心支公司扎兰屯营销服务部】 2022年,中国平安人寿保险股份有限公司呼伦贝尔中心支公司扎兰屯营销服务部总保费收入1278万元,其中年金保险保费304.5万元,重疾保险保费184.8万元,两全保险保费261.7万元,医疗保险保费411.5万元,其他保险保费115万元。理赔案件1972件,赔付金额2739.6万元,豁免保费615.8万元,其中意外医疗赔付1164件,赔付金额280万元;疾病医疗赔付538件,赔付金额247.3万元;重大疾病赔付177件,赔付金额1217.8万元;身故或残疾赔付93件,赔付金额994.4万元。

(王铭强)

证券业

【概况】 2022年,扎兰屯市有证券营业部1家,即恒泰证券股份有限公司扎兰屯繁荣街证券营业部。

【恒泰证券股份有限公司扎兰屯繁荣街证券营业部】 恒泰证券股份有限公司扎兰屯繁荣街证券营业部成立于2007年9月19日,前身为海拉尔营业部扎兰屯服务部。2009年12月,经中国证券监督管理委员会许可,成立恒泰证券股份有限公司扎兰屯中央路证券营业部。2020年9月8日,营业部迁址到扎兰屯市繁荣街,更名为恒泰证券股份有限公司扎兰屯繁荣街证券营业部。2022年,营业部业务涵盖证券经纪、证券投资咨询、证券交易、融资融券、代销金融产品、代销证券投资基金及与证券投资活动有关的财务顾问。

(恒泰证券股份有限公司扎兰屯繁荣街证券营业部供稿)

其他非银行金融机构

【概况】 2022年,扎兰屯市有经市金融办备案正式运营的小额贷款公司2家,即扎兰屯市融汇小额贷款有限责任公司、扎兰屯市民意小额贷款有限责任公司,注册资金均为2000万元。

【扎兰屯市融汇小额贷款有限责任公司】 扎兰屯市融汇小额贷款有限责任公司成立于2010年3月8日，注册资金2000万元。2022年，投放贷款2708万元，收回2629万元。其中农户贷款917万元，个体工商户贷款2360万元，小企业贷款155万元。营业收入222.91万元，营业支出85.5万元，其中营业税金及附加1000元，业务及管理费84.61万元，贷款损失准备7900元。营业利润137.41万元，所得税9100元，净利润136.5万元。贷款余额3432万元，利息收回率100%，信贷资金实现良性循环，经营效益较为平稳可观，无不良贷款。

（冯静茹）

【扎兰屯市民意小额贷款有限责任公司】 扎兰屯市民意小额贷款有限责任公司成立于2012年1月16日，注册资本金2000万元。按业务性质设置管理、信贷、财务、法规4个部门，全部业务均按《内蒙古自治区小额贷款公司试点管理暂行办法》《小额贷款公司业务管理系统》进行管理和操作，依法合规经营。2022年，发放贷户40家，贷款金额2603万元。其中农牧民及涉农个体户贷款、涉农小微企业小额贷款9家571万元，个体户及一般企业小额贷款31家2032万元。发放贷款9笔，发放金额288万元。

（裴　坤）

城乡规划建设与管理

综　述

【概况】 2022年，扎兰屯市围绕国家森林城市、全国文明城市创建及中国天然氧吧城市复查工作，加快“绿色扎兰”建设，助力城市发展结构性变革，全面优化城乡人居环境品质，实现城乡建设高质量发展。启动争创全国文明城市提名资格三年行动，实施城市更新，加快推进老旧小区和城市管网改造，组织开展爱国卫生百日攻坚、精细化管理攻坚年等系列行动，打通振兴“断头路”、修好四中“民心桥”，升级葛根“老旧街”、畅通排水“循环网”，实施公共空间“微改造”，全面推行“网格化”“路长制”，推出“红黑榜”“曝光台”监管新模式。扎兰屯市住房和城乡建设局（以下简称市住建局）承接市两级重点项目7个，总投资20.68亿元，计划完成投资3.5亿元，完成投资3.61亿元，超额完成1100万元。着力抓好建筑业管理，促进房地产市场健康有序发展，持续推进11个小区竣工验收，完成投资2.98亿元。

2022年，扎兰屯市推进城市干道两侧绿化带建设。图为河西绿林街两侧绿化带建设　（市融媒体中心　供图）

【海绵城市申报】 2022年，市住建局编制完成《扎兰屯市系统化全域推进海绵城市建设实施方案》《扎兰屯市内涝治理系统化实施方案》，扎兰屯市申报2022年度自治区海绵城市建设示范城市的请示及相关文件已报送至上级单位。对市区内的97条主次干道、40座桥涵及附属物设施实行地毯式排查和维修养护，维护排水设施495套，更换排水设施169套，清掏水篦子、雨水井317座，新建雨水井9座，新建排水管网600米，清除河道、排洪渠淤泥1.2万立方米，市区33个易涝点均治理完成。

【城市基础设施投资开发】 2022年，扎兰屯市城市基础设施投资开发有限责任公司开复工项目3个。

内蒙古飞行学院1号机库项目开工建设 中国民航大学内蒙古飞行学院通用机坪、机库、联络道及附属设施（扎兰屯市临空产业园内）项目1号机库项目建设规模3300平方米，总投资约1300万元，主要用于满足飞行学院训练机停放及维修功能。完成项目基础、箱式钢挂、室外管网、墙板安装、风机烟道等主体工程。

柴河代木能源集中供热项目复工 柴河代木能源集中供热项目总投资4916万元，主要建设内容包括建设热源厂1座，安装2台14兆瓦热水锅炉及配套设备。项目于5月末复工建设，完成供电工程，实现供电；完成锅炉、引风机、循环泵等设备生产；完成锅炉房主体施工、消防水池浇筑、排污降温池浇筑、烟筒砌筑，投资总额3205万元。

河西新区加油站项目 拟在河西新区建设加油站1座，完善城市基础设施建设，增加公司运营收入。已取得呼伦贝尔市商务局《关于拟建加油站规划选址确认的通知》，推进项目用地、规划、环评等立项审批手续。

（徐　宁）

11月，柴河代木项目施工现场　　（市城投公司　供图）

城乡规划与国土资源管理

【概况】 2022年，扎兰屯市自然资源局（以下简称市自然资源局）坚持“出让一批、收储一批、谋划一批”的工作思路，多措并举做大做强土地储备管理，加大土地资源整合，提升土地利用效益。全市耕地26.36万公顷，永久基本农田21万公顷，实现“总量不减少、质量有提升”。国有建设用地供应宗地总数164宗，供应总面积57.41公顷，土地出让金收入2.9亿元。

【全民所有自然资源资产清查】 2022年，市自然资源局按照自治区自然资源厅工作要求，依据扎兰屯市自然资源分布情况及富集程度，开展全民所有自然资源清查价格体系建设基础资料收集，将数据填报到价格信号采集系统，收集到的资料全部提交全民所有自然资源清查价格信号采集系统，为推进全民自然资源资产清查工作夯实基础。

【自然资源行政执法】 2022年，市自然资源局制定《扎兰屯市违法建设治理专项工作实施方案》，建立自然资源违法违规问题“源头防控”体制机制。开展执法巡察421次，查处各类自然资源违法案件141件，罚没款276.85万元；处理“12345”违法线索案件313件；开展历史遗留违法问题专项整改“清零行动”,处理违法土地违法建筑物案件10宗,强制拆除违法建筑20余处,引导违法当事人自行拆除违法建筑物30余处,制止违规建设行为40余起,清理违建“小菜园”17处、违建自行车停放点9个;完成违法用地“回头看”整改图斑92个,自治区挂账9个,完成率94.58%。

【不动产登记历史遗留问题整改】 2022年,市自然资源局将不动产抵押登记业务通过系统衔接和网上申请等方式延伸至银行、公积金中心,在银行、公积金中心设置不动产抵押登记代办点,实现不动产抵押登记“全程网办”,群众、银行“零跑腿”,一般登记3个工作日内办结。完成“互联网+不动产登记”与政务外网互联互通,涉及18项不动产登记业务事项实现网上办理。依据《扎兰屯市解决住宅楼不动产登记历史遗留问题实施方案》,全市62个小区不动产登记历史遗留“办证难”问题首次登记全部解决,不动产转移登记问题基本解决。

【国土空间规划编制】 2022年6月,扎兰屯市国土空间规划完成“三区三线”第一次成果上报,8月,完成“三区三线”第二次成果上报,10月21日,通过自然资源部关于“三区三线”成果审核批复,“三区三线”批复成果作为报批项目用地依据。9月至12月,扎兰屯市国土空间规划形成初步方案公示稿进行公示,完成规划委员会征求意见,根据相关意见完善成果向市委书记、市长进行专题会汇报及规划委员会成果汇报,并报市人大审议通过。

【国土空间规划成果】 2022年,扎兰屯市划定生态保护红线面积8164.09平方千米,占全市总面积48.58%。完成开发边界划定,全市集中建设区和弹性发展区划定65.29平方千米,城镇开发边界划定98.55平方千米。完成“三区三线”永久基本农田划定,“三区三线”划定后扎兰屯市永久基本农田面积为21万公顷。依据第三次国土调查数据,全市基本农田保护任务在上轮规划任务18.95万公顷基础上增加2.04万公顷,基本农田保护率90%。

【第三次全国国土调查】 2022年,市自然资源局遵照“求真、归真、保真”的原则,完成对全市所辖4个乡、8个镇、7个街道办事处、2个农场、1个监狱的内业图斑矢量化及外业实地调查工作,矢量化图斑数41.12万个,外业举证图斑数7181个。编制完成县级土地利用挂图、城镇土地利用现状图、图幅理论面积与控制面积接合图表等各种图件,所有成果均完成并通过市政府审批。8月5日,自治区第三次国土调查办公室组织专家组对扎兰屯市第三次国土调查工作组织实施、外业调查工作底图制作、文件报告、图件制作、数据库管理系统建设进行检查验收。

（李　岩）

住房和城乡建设

【概况】 2022年,扎兰屯市实施城区道路、排水防涝、城市绿化等市政项目20个,新建供水管网11千米,改造老旧小区17个。推进爱国卫生、城市精细化管理“攻坚行动”,清除垃圾12万吨,打非治违1.6万平方米,改造升级路灯3300盏,平整公共空间20万平方米。

【市政道路建设】 2022年,市住建局实施市政基础设施道路建设4条(振兴路、葛根街、望亭街、益民重教道路畅通项目),计划总投资3400万元,建设道路总长4598米。其中振兴路北侧路段实现通车,葛根街完成260米沥青混凝土路面摊铺,望亭街完成机动车道中粒式沥青混凝土路面摊铺,益民重教道路畅通项目完成东侧小桥建设和东侧道路水泥混凝土路面浇筑。

【土地征收储备】 2022年,市住建局有土地征收项目5个,其中新征项目3个,即新征河东水厂项目、伊利乳业项目、国道232线大兴—紫沟项目;结转项目2个，即2017年棚改收尾项目、2018年棚改收尾项目。按照市委、市政府工作部署，重点推进河西新区预出让地块、居然之家、振兴路、乌兰牧骑周边、南互通、二广高速、河西幼儿园周边等征收工作，完成棚改收尾区域内7个政府亟欲出让地块及南互通、二广高速、乌兰牧骑周边区域、河西幼儿园周边征收任务。

【城市照明调试检修】 2022年，市住建局推进市区照明设施节能调试和检修，维修维护路灯、广场灯2188盏，各类被损坏灯杆209处，变压器1台，排除安全隐患165处，节能改造路灯673盏，建100瓦LED节能照明设施31基47盏，在保障城市夜间照明的同时兼顾节能环保，实现市区主次干道亮灯率98%。

【历史文化名城申报】 2022年，扎兰屯市街区城市设计方案初稿编制及方案汇报完成，《扎兰屯市历史文化名城保护规划》初稿编制完成。扎兰屯市自治区历史文化名城申报材料编制完成，待呼伦贝尔住建局、文物局论证审核后，上报自治区申请批复。

【农村房屋安全隐患排查】 2022年，市住建局排查农村房屋5.29万户，疑似存在安全隐患房屋288户（均为非经营性自建房），其中A级3户、B级19户、C级24户、D级242户，存在安全隐患房屋C、D级266户，均完成整治。

（高　枫）

城乡水利

【水利重点项目】 2022年，扎兰屯市水利局（以下简称市水利局）实施项目6个，其中续建项目1个，新建项目5个。项目总投资1.84亿元，完成投资1.45亿元。

2021年侵蚀沟治理项目　项目总投资875万元，已完工。

2022年侵蚀沟治理工程　项目总投资9375万元，完成投资9000万元。

2022年农村饮水安全工程　项目总投资1027万元，完成投资673万元。

惠风川河治理工程　项目总投资2621.13万元，完成投资2061万元。

二道桥河治理工程　项目总投资2966.96万元，完成投资2246万元。

济沁河中型灌区续建配套与节水改造项目　项目总投资3373.74万元，完成投资2478万元。

【防汛抗旱】 2022年，市水利局编制和指导水旱灾害防御、水库、乡镇街道山洪灾害防御等预案的修订、批复、备案。制作水库保坝措施和水库防御洪水流程图、应急抢险演练方案，建立防汛工作制度、值班流程，与市应急部门联合制定防汛抗旱联席会商制度。迎接水利部、自治区水利厅、呼伦贝尔市水利局汛前督查检查8批22人，接待上级调研24批次120人次。完成山洪监测预警平台运维，组建164人山洪灾害防御微信工作群，完善水库水雨情和大坝安全监测设施，安装摄像头。争取山洪灾害防治维修养护经费5万元、呼伦贝尔市防汛救灾资金50万元、抗旱救灾资金135万元，其中包含奖励资金30万元。启动水利局洪水防御四级响应2次，发布水雨情公告112期、水旱灾害防御信息15期。严格落实防汛值班制度，成立由10人组成的水利防汛抢险技术专家组、5个水库盯防组和1个市区堤防灌区盯防组。组织对险工段抢修、清淤疏浚，实现2022年安全度过汛期。

【取水行政许可审批服务】 2022年，市水利局派业务骨干到政务大厅工作，主动提前介入项目审批，在编制报告的同时给予技术指导，22项行政审批和15项公共服务事项全部进驻政务服务中心，并向社会公开，办结时限缩减至原办结时限的50%，取水许可完成证照电子化。办理行政审批87件，其中水土保持方案审批41个，取水许可46个，为全市经济建设提供技术支持出动专家52人次。

【水利法治建设】 2022年，市水利局推进依法行政，违法案件及时移交市自然资源综合行政执法大队依法查处，重大行政处罚案件审核后向市司法局及时备案，规范执法自由裁量权。承办局行政应诉4起，组织查处重大涉水违法案件8起，采砂监督检查9次，对2016—2021年立案查处违法采砂案件进行梳理。开展"3·22"世界水日、"中国水周"等法制宣传、培训和教育活动，出动工作人员12人次，悬挂宣传横幅2幅、宣传展板3块，发放宣传单、册180份，完成市域社会治理现代化试点工作。

【农村饮水安全】 2022年，市水利局建设供水千人以上集中式饮用水水源地9处，制定巡查制度，对供水人口不足千人的水源地定期开展检查。制定《扎兰屯市农村饮水安全工程运行管理办法》，修复集中式饮水工程114处，建设饮水安全巩固提升项目3处，争取维修养护项目资金135.28万元，维修养护饮水工程45处，设立饮水工程公示牌106块。完成集中式饮水工程水质检测，全部合格。

【农田水利项目"半拉子"工程排查】 2022年，市水利局起底"半拉子"工程，排查出扎兰屯市2018年小型农田高效节水灌溉项目，工程总投资2501万元，完成投资2000万元。现仅部分电力线路工程未完成及部分喷灌设备未到位，已与柴河林业局和相关乡镇协调办理临时占地手续，正在进行电力报装，工程计划于2023年5月下旬完工。对市水利局"十二五"以来已建成和正在建设的高标准农田项目开展排查，排查项目16个，建立排查项目台账88份，其中正常运行项目2个，需列入提质改造项目13个，在建项目1个。

【农业水价改革】 2022年，市水利局完成农业水价改革任务4.9万公顷，其中水田5900公顷，旱田4.31万公顷。完成3个中型灌区水价成本核算，制定全市农业灌溉水田供水价格为34.12元/亩，达到运行维护成本水平。井灌区农业供水价格实行协商定价制度，由各乡镇场、村自行协商定价。通过"以电折水"协商定出基础电价，将成本水费折成对等的基础电费，通过收取基础电费达到收取成本水费的目的，确保工程正常运行。在大河湾镇东升村进行"以电折水"试点测算，确定协商定价电价上限不超过1.22元/度，发电机组上限不超过9.15元/小时。全市井灌区农业水价改革面积4.31万公顷，涉及11个乡镇1个办事处119个项目区，全部完成"以电折水"协商定价，完成率100%。

（鲍文娟）

公用事业

供　电

【概况】 2022年，国网扎兰屯市供电公司售电量6.96亿千瓦时，同比增幅15.27%，销售收入3.69亿元，同比增幅20.46%。综合线损率4.43%，同比下降1.19个百分点，电费回收率100%。完成党的二十大及疫情防控等重大保电任务，实现安全生产1.22万天。

【电网基建项目】 2022年，国网扎兰屯市供电公司完成蒙东呼伦贝尔扎兰屯清洁供暖项目220千伏送出工程的征林征地工作及蒙东呼伦贝尔扎兰屯30万千瓦风电项目220千伏送出工程项目前期手续办理。完成"十四五"电网规划项目涉及"三区三线"（根据城镇空间、农业空间、生态空间三种类型的空间，分别对应划定的城镇开发边界、永久基本农田保护红线、生态保护红线三条控制线）基本农田调整，将2023年电网基建项目纳入地方重点项目清单。农网工程在组立电杆6257基，架设10千伏线路89.91千米，0.4千伏线路147.69千米，安装配电变压器7台，按照里程碑计划稳步推进。

【配网运维管理】 2022年，国网扎兰屯市供电公司强化设备主人制，刚性执行巡视计划，梳理电网运行安全隐患。开展高故障线路治理，采取“分组巡视 + 集中消缺”模式，巡检线路11条，排查隐患缺陷1548处，消缺1223处。轮换重过载变压器119台，减轻电取暖负荷大量接入对电网的影响。对高危及重要用户开展专项用电检查，发现隐患299处，下达整改通知书256份。发布特殊天气预警59次，开展线路特巡98次，未发生线路隐患引发的森林草原火灾，电网安全度夏、平稳度冬。

3月16日，国网扎兰屯市供电公司工作人员检查养鸡合作社用电安全
（国网扎兰屯市供电公司　供图）

【电力安全生产】 2022年，国网扎兰屯市供电公司编制安全责任清单，压实安全责任，安全意识不断提升。开展反违章自查自纠，督查作业现场443处，查处违章83起。安全培训成效明显，1人在国网蒙东电力安规调考中取得配电专业满分成绩，1人在呼伦贝尔公司新入职员工安规调考中取得配电专业第1名。开展消防、大面积停电、触电伤亡等应急演练30人次，提升应急处置能力。

【供电服务优化】 2022年，国网扎兰屯市供电公司服务受益户数1.01万，节约客户办电成本2540万元，客户线上办电率99.95%，实现客户“接电快、停电少、电价低、花钱少”服务目标。开展“进百家门、知百家情”活动，走访用户约9000户，线上线下发放供电服务卡片8.6万张，微信服务群客户推广覆盖面95%，打造“零距离”沟通服务新模式，有效压降“95598”各类工单数量。全量工单2565件，同比压降24.4%；其中意见工单270件，同比压降48.6%。完成34个年初蒙东存量高损台区治理任务，合格率100%，反窃查违成效41.54万元，超额完成年度目标。开展不停电作业347次，减少电量损失71.01万千瓦时，减少停电户数2.37万。克服疫情影响，按期完成全年电费追缴，追缴率100%。举办2022年用能推介会，接入扎兰屯市龙北水泥有限公司生产线负荷1.49万千瓦，年度电能替代电量2539万千瓦时，完成全年目标值167%。

12月5日，国网扎兰屯市供电公司工作人员带电作业现场
（国网扎兰屯市供电公司　供图）

供　热

【概况】 2022年，扎兰屯市有供电企业2家，即扎兰屯热电厂和扎兰屯市新城集中供热有限责任公司。市住建局大力推进集中供热管网改造工程，完成项目施工许可证，向自治区财政厅、住建厅申请2022年新型城镇化管网（含二级、三级）补助资金750万元。结合“入百户、问冷暖”活动，保养维护换热站170座、供热机组176套，完成供热管网检修58千米。10月1日，城乡全部供热，供热运行平稳，供热效果较往年同期提升明显。

【扎兰屯热电厂】 2022年，扎兰屯热电厂有12兆瓦汽轮发电机组2台，75吨/小时循环流化床锅炉3台，29兆瓦热水炉1台，58兆瓦热水炉1台。截至2022年末，供热面积310万平方米，其中居民面积201万平方米，非居民面积109万平方米，新增供热面积51万平方米。扎兰屯热电厂贯彻落实地方政府及上级公司关于安全工作的有关要求，深化全员安全生产责任落实，修订制度20个，制发安全生产管理体系文件80个，组织开展“春查”“秋查”“安全月”“安全生产专项整治三年行动巩固提升年”“党的二十大专项保障”活动，规范外包工程管理及危险作业监督管理，年发电1亿余千瓦时，实现安全生产1.07万天。

10月22日，扎兰屯热电厂热网监控中心对全市供热管网进行实时监控　（扎兰屯热电厂　供图）

开展设备问题治理，结合4号、5号机组检修，实施空气预热器管、烟道补偿器更换等漏风治理项目，锅炉漏风率下降3.1%。通过自主检修完成5号发电机转子绕组匝间短路绝缘修复，严控检修工艺标准。强化脱硫、脱硝、除尘等环保设施运行维护，确保大气污染物达标排放。转变传统供热运行理念，坚持“小流量大温差”运行方式，严控生产消耗，综合厂用电率同比下降0.82%。通过管网打压查找失水、老旧小区改造、强化热网调节等手段进行热网失水治理，供热管网失水较同期下降约50吨/小时。规范物资管理，通过盘库理清合理调整库存。加大废旧物资处置力度，合规处置废旧物资58项、闲置物资65项。推进三级管网改造，完成9个老旧小区三级网改造，协调市政府，动员用户完成52栋老旧楼房改造，有效降低供热能耗，改善供热质量。推进热价调整，开展供热价格调研，启动热价调整程序，完成供热成本监审，价格调整方案通过扎兰屯市政府常务会议。开展“冬病夏治”，新铺设供热管网1.8千米，清理除污器3台、服务器4台，更换部分腐蚀严重的管道，查找并治理管道漏点141处，提升供热质量和服务水平。组织热力运检、客服人员开展礼仪培训，强化供热服务管理，提升服务意识。推进企业低碳绿色发展和转型升级，协调市政府召开项目对接会2次，签订框架协议，推进30万千瓦风电供暖项目前期工作。完成项目场址区域颠覆性因素排查、项目可行性研究报告编制，持续开展测风工作，跟进自治区能源局新能源开发政策。开展科技创新，健全机制，修订完善《职工创新工作室管理办法》《科技创新管理实施细则》，召开技术攻关和专业研讨会，梳理安全生产疑难问题和减轻职工劳动强度的科技项目。完成科技创新项目36项，其中发明专利授权2项、受理10项，实用新型专利授权15项、受理9项，完成年度计划的221%。

（苗天瑀）

【扎兰屯市新城集中供热有限责任公司】 2022年，扎兰屯市新城集中供热有限责任公司有58兆瓦热水炉3台、116兆瓦热水炉1台、换热站77所、机组114套及相应附属设施。供热管网累计74.68千米（一级管网43.59千米、二级管网31.09千米），累计供热面积442.8万平方米，其中居民供暖面积占总供暖面积的59.68%。实现安全生产12个采暖季。敷设供热管网1916米，其中一次网612米、二次网1304米。为新增小区红毛柳、百业优品二期及供电局、检车线完成联网供暖。对热源厂、换热站、调度中心、稽查客服等部门检修计划进行整理并审核，对检修后的质量、管道保温进行验收及入网面积核查。对项目管理按照基本建设程序审核完善工程资料，以确保供热工作安全稳定运行。开通线上缴费功能，为用户提供多种形式的缴费方式，方便用户供暖费的缴纳，供暖费收缴完成率90.78%，比上年提高0.75个百分点。全年排查堵漏17处，爆管抢修45起，违章查处安泵、放水50起，面积普查冷阳台用热、私增面积3109平方米，完善73套换热机组和附属设施重做保温层及维护工作。完成扎兰屯市河东老城区向阳街新建171平方米换热站项目可行性研究报告及前期要件审批，项目包括改造换热站6座，建设供热管网47.78千米（开沟长度23.89千米）及附属设施建设，总投资5778.88万元，计划2023年5月底开工建设。

（李　倩）

6月12日，市新城集中供热有限公司换热站技术人员清洗换热机组
（市住建局　供图）

供　水

【概况】 2022年，扎兰屯市有水厂1座，占地约4.2万平方米，城市供水管网长度145千米，日供水能力4万吨，实际日供水2.8万吨，负责全市7.5万户供水任务。水厂内设水质检测中心1座，4000吨清水池2座，日净化水能力2万吨净水车间2座，日处理水能力4万吨加药间1座。水源地保护区68万多平方米，保护区内建有辐射井4座。

【城市给排水建设】 2022年，市住建局推进城市棚户区改造小区外排水配套基础设施项目，开展中水回用管网工程和污泥处理工程等水环境综合整治项目，达到水环境系统综合治理目标。实施河东区供水管网扩建及改造工程、河西水厂扩建工程，完成河西新区集中式饮用水水源地保护建设工程整改，提升城市供水能力，满足全市生产生活用水需求。

（高　枫）

污水和垃圾处理

【农村生活垃圾治理】 2022年，市住建局采购配备垃圾收集桶4.03万个、垃圾转运车49辆、930装载机（铲车）33辆、拖式清除机84辆、闪蒸矿化处理设备28台，建成垃圾处理站和垃圾转运站17座并投入使用。全市

130个建制村均建立保洁员制度，拥有保洁员500余人，初步建立“户收集分类、村转运到终端处理”的农村生活垃圾收运处理体系。在达斡尔乡建成400平方米的粪污资源化利用车间1座，示范带动规模养殖场逐步实现粪污资源化利用。

5月5日，市垃圾填埋场渗滤液应急处理设施投入运行　（市住建局　供图）

【生活垃圾卫生填埋场改扩建工程】 2022年，市住建局实施扎兰屯市生活垃圾卫生填埋场改扩建工程——渗滤液处理工程，总投资2550万元，已完成投资1990万元。新建污泥处理厂1座，采用太阳能热干化（辅以污水源热泵）工艺，完成投资3900万元，1～3号温棚均完成，4～6号温棚土建、钢结构玻璃幕墙完成，进入试运行。

【建制镇污水治理厂建设】 2022年，扎兰屯市有建制镇8个，污水处理项目5个。其中，柴河镇污水管网铺设完成，办理污水处理厂建设前期工作；蘑菇气镇立项，办理用地转换手续；哈多河镇、浩饶山镇由于选址问题，项目推进未实施。

（高　枫）

城市管理

【概况】 2022年，扎兰屯市城市管理综合行政执法局（以下简称市城管执法局）以创建文明城市和城市精细化管理为契机，贯彻落实爱国卫生运动“百日攻坚”行动、争创全国文明城市提名资格行动、秋季环境卫生整治行动等重点工作总体部署要求，推进“环卫＋园林＋执法”城市管护一体化模式。制定《城市管理综合管护执法一体化工作机制和考核机制》，实现城管系统信息共享，制作市容监督员袖标800个，发放给环卫工人兼任城市市容监督员。实现环卫园林吹哨、城管执法报到的工作联动机制，不断推进城市管理科学化、精细化。

【市容市貌整治】 2022年，市城管执法局加大对占道经营、乱堆乱放、乱拉乱挂、张贴“牛皮癣”小广告等行为的规范和监管。新增便民广告栏4处，清理破损条幅、门窗贴字、对联、灯笼、葫芦、小广告1.36万处，处理流动商贩沿街叫卖9620次，清理高音叫卖喇叭2130次、占道摆放6881次，整治流动商贩占道经营7272人次，整改户外广告、牌匾96个，整治门前乱摆乱放7213家，整治长期占道制作牌匾广告商铺等室外加工和

8月7日，市城管执法局工作人员安装城管便民广告栏
（市城管执法局　供图）

修理102户次。与5684家沿街商户签订门前五包责任书。排查523家餐饮经营户油烟净化设施安装、使用、清洗维护等措施落实情况，整改油烟净化设备133家。新施划非机动车停放区域1000处，设置提示牌95个，规范非机动车停车3800次，规范机动车停放165辆，清理僵尸车86辆，整治二手车、小吃车、农业机械和工程机械车辆乱停乱放135起，清理路锥597个。联合执法现场整治机动车辆1700辆，处罚20辆，整治非机动车2500辆。清理整治私自圈地搭棚种菜160处，整治违规围挡28块。规范门头牌匾广告135块，没收立式灯箱71个，拆除牌匾27个。

【城市综合执法】 2022年，市城管执法局建立市区“路长制”执法队员全覆盖管理模式，保证街面全天有执法队员在管理，周六日、节假日不间断巡查。抽调9个部门14名执法队员组成扎兰屯市城市管理领域联合执法大队，对非机动车摆放、占道经营等进行联合整治，清理流动商贩62次，规范店外经营72处，拆除小区内乱搭乱建1处，拆除违法建筑2处。联合市场监督管理局、卫健委整治大市场活禽买卖宰杀，联合生态环境局排查油烟净化器160家，整治室外晾晒20家，整治店外加工50处，联合交警处理违规车辆180辆，协助市场监督管理局取缔非法经营2处，整治中央南路占道大型工程车辆50辆，配合综合执法一大队拆除小区业主私设地锁31个，配合综合执法五大队拆除小区物业私设限高杆2个，配合综合执法二大队规范辖区道路两侧电动车摆放7家。完成“12345”工单办理438件，接收举报电话案件314件，案件办结率100%。

【城市环境卫生整治】 2022年，市住建局推动城市环境综合整治，清理各办事处卫生死角172处、卫生盲区79个，铺垫黄沙135车，清理各类垃圾8200吨，清运量近20万吨，清抽污水粪便2.2万吨。平整“口袋公园”、拆迁区绿化大型场地12处，78.5万平方米，清运建筑垃圾、土方14.5万立方米。完成居民住户卫生费收缴134.2万元，临街门市卫生费收缴110.7万元。对市区二道河河道、大堤两侧、高速路两侧垃圾进行集中清理，出动人员6900人次、机械车辆800辆次。清理大堤、高速路、河西新区拆迁区域等卫生死角93处，清理建筑垃圾、废弃物3800吨。在市区增设465个垃圾箱并对市区930个损毁的垃圾箱进行喷漆处理，对市区24个社区加大巡回检查力度，重点加强卫生死角管理，社区环境卫生管理全年清运积雪、垃圾杂物4万吨。投资60万元新建水冲式公厕1座，投资13万元在向阳办事处东方红社区新建旱式公厕1座，投资40万元维修旱厕6座。新建灰池子15个，翻建污水井15眼，制作污水井圈50个、污水井帘子300个、垃圾箱100个、垃圾转运间10个。

【园林绿化养护】 2022年，园林管理处实施绿林街拆墙透绿、黎明山路绿化、新桥西街绿化等城区重点绿化项目10个，新增绿地面积16.6万平方米，建设桥头便民“口袋公园”2个，

8月2日，市城管执法局工作人员清理建筑垃圾 （市城管执法局 供图）

新增公园绿地面积1.3万平方米。在一百三角地、北岗红绿灯西北角、新发绿地种植花卉2000株，在布特哈大桥、吊桥公园门前、天拜山广场摆放垂吊牵牛花170余盆，对市区广场、绿地、街路行道树集中修剪6次。4月及10月组织人员进行春灌和冬灌工作。对染病树木集中喷洒杀虫剂3次，控制病虫害大面积蔓延。对市区及河西新区道路两旁因风雨倒伏、折断行道树木和危枝进行修剪清理456株。花卉室培育串红、牵牛、孔雀草等20个品种约30万株，主要用于市区各街道、广场及河西新区以及公园内绿化美化。筛土筛肥约200立方米，灌装营养杯约50万个。

（李春来）

2022年，扎兰屯市实施“口袋公园”建设。图为正在建设中的南市大桥两侧“口袋公园”（市融媒体中心　供图）

乡村建设

【概况】2022年，扎兰屯市乡村振兴局(以下简称市乡村振兴局)按照“守成果、抓衔接、促振兴”工作思路，制定《党建引领乡村振兴“千名干部进百村入万户”为民服务办实事活动实施方案》，拟定《扎兰屯市2023—2025年巩固脱贫成果同乡村振兴有效衔接实施方案》，坚决守住不发生规模性返贫底线。印发《扎兰屯市健全防止返贫动态监测和帮扶机制实施方案》《扎兰屯市2022年防止返贫致贫监测帮扶集中排查工作方案》，开展大排查3轮，对没有劳动能力的重度残疾人、老年人、重病慢性病患者等“15类重点人群”进行重点排查，纳入监测户187户409人，未消除风险的监测对象78户170人，均落实帮扶措施。

【脱贫攻坚成果巩固】2022年，市乡村振兴局把全市脱贫人口和收入较低且不稳定的一般农户均纳入防贫参保范围，4家承保公司理赔率50%，做到随时发生随时理赔。组织举办全市防返贫监测专题培训班2期，各驻村干部、村两委、乡镇分管副职和工作人员430人参加培训。坚持做好“三保障”，统筹推进义务教育、基本医疗、住房安全等保障措施。2022年，投入资金200万元用于教育保障，持续落实教育救助政策，确保已脱贫家庭孩子不发生失辍学；发放“雨露计划”补助47.4万元，316名困难家庭学生得到补助；投入430万元用于基本医疗，坚持落实大病集中救治、慢性病签约管理、重病兜底保障“三个一批”政策，给予医疗保险补助；投入资金100万元用于住房安全保障，动态开展危房排查，及时实施改造。落实脱贫户小额信贷，针对已脱贫户、边缘户资金需求，继续实施金融小额信贷扶持，发放小额贷款565.4万元。引导就业务工，全市有6633名脱贫人口、边缘易致贫人口外出务工就业，对2176名跨省务工脱贫人口给予交通补助每人300元。巩固乡村产业增收，2021年157个项目均在2022年实施，项目金额1.87亿元，资金拨付率98.17%。2022年实施项目94个，金额1.53亿元，已拨付资金1.29亿元，资金拨付率84.68%。连续3年针对717户整户无劳动力脱贫户给予每户分红补助3000元，发放补助资金645.3万元。与市人社局联合对各乡镇帮扶车间进行认定筛查，对带动效果好的7个就业帮扶车间，实施每带动1名脱贫人口给予补贴1000元，并落实帮扶车间就业补贴。做好易地扶贫搬迁后续扶持，加强就业培训和扶持，320户搬迁家庭均实现就业。

【乡村振兴重点项目谋划】 2022年，扎兰屯市乡村振兴重点项目计划2023年入库96个，资金2.7亿元。其中2023年计划实施项目19个，资金需求1.83亿元。

产业发展项目 计划安排项目14个，拟申请衔接资金1.13亿元，产业占比61.94%。其中，扎兰屯市蒙东牲畜肉牛屠宰生产线计划投入4000万元新建厂房、保鲜库及冷库6000平方米、待宰圈500平方米。购置屠宰、分割、加工、包装设备，保险冷藏设备、质量检测和产品溯源设备，项目建成后，按日可屠宰100头，库存量800吨；秸秆加工综合利用项目2个，资金680万元，即太平沟村玉米秸秆加工基地建设项目400万元、中和镇水甸沟村秸秆综合再利用项目280万元；中草药种植项目2个，资金1040万元，即成吉思汗镇中草药种植示范基地项目840万元、惠风川村中草药种植基地示范项目200万元；种植项目2个，资金220万元；养殖类项目2个，资金525万元；“农机＋服务”项目1个，资金1277万元；到户类庭院经济项目1个，资金2200万元；电商发展项目1个，资金550万元；其他加工服务类项目2个，资金830万元。以上项目均建立联农带农机制，主要用于促进脱贫人口持续增收，巩固拓展脱贫成果。

基础设施项目 拟申请衔接资金6264.66万元，包括农村道路建设（通村路、通户路、小型桥梁等）、护坡、路边沟等其他基础设施项目，主要用于补齐村级基础设施短板，改善农村人居环境，为乡村振兴奠定基础。

综合保障防贫保险项目 拟申请衔接资金300万元。

就业帮扶跨省务工交通补助项目 拟申请衔接资金80万元。

教育扶贫“雨露计划”项目 拟申请衔接资金130万元。

项目管理费 拟申请衔接资金180万元。

【项目管理规范化】 2022年，市乡村振兴局聘请第三方机构完成2020年以前各年度总额9655.51万元的项目财政投资评审。启动2021—2022年完工项目需财政投资评审的项目申报，及时跟进项目推进和资金拨付，抓好2021年和2022年项目推进。组织完成2023年项目库前期申报。邀请自治区智库专家开展文旅产业调研并进行专题讲座。健全完善资产管理制度、收益分配制度，严格规范资产处置程序。

【户厕建设】 2022年，市乡村振兴局制定《扎兰屯市2022年户厕改建工作实施方案（试行）》，印发《2022年厕改现场监管日志》，与各乡镇办签订目标责任状，下达任务1818个（其中水厕977个，旱厕841个），旱厕完成841个，水厕完成601个（均为农户自建）。

【人居环境整治提升五年行动】 2022年，市乡村振兴局制定《扎兰屯市农村环境人居整治提升行动方案（试行）》《扎兰屯市农村人居环境整治提升工作协调机制》，推进农村生活垃圾、污水、厕所“三大革命”。统计2019—2022年对全市各乡镇下拨投入的垃圾箱、垃圾转运车等设备，为下一步打造人居环境试点乡村做好铺垫。11月，在达斡尔民族乡召开人居环境观摩

8月17日，扎兰屯市农村户厕排查整改工作调度会召开 （市乡村振兴局 供图）

会，组织各乡镇对乡村治理、乡村建设、乡村发展模式进行学习借鉴，使其全面推开。

【乡村振兴示范村建设】 2022年，市乡村振兴局根据乡村发展现状、区位条件、资源禀赋、产业基础分类，在全市选取8个村实施乡村振兴示范村建设。与市委组织部共同申报野马河村红色美丽乡村建设项目，落实资金180万元。向呼伦贝尔市申报2个乡镇（成吉思汗镇、达斡尔民族乡）、4个村（满都村、岭航村、大兴村、野马河村）国家级乡村振兴示范乡村。

【帮扶产业风险抽样监测】 2022年，扎兰屯市被国家乡村振兴局抽取为帮扶产业风险抽样监测县，主要监测产业项目生产经营状况和联农带农情况。全市2012—2020年产业类已确权资产686个，帮扶产业项目风险情况均录入完成。存在问题项目36个，其中停产闲置项目2个、生产经营遇到困难项目34个。未发挥联农带农的项目19个。

（金洪姬）

房地产业管理

【房地产开发项目】 2022年，扎兰屯市房地产开发项目建设小区11个，即红毛柳一期、红毛柳二期、百业优品、泊润水岸、紫金佳园、翰林苑一期、水岸名苑三期、明佳花园、美誉新城、祥云东苑二期、幸福家园小区，均为续建项目，总建筑面积40.41万平方米，总投资15.66亿元。

【物业管理服务】 2022年，扎兰屯市对物业服务企业服务项目开展检查4次，涉及27家物业企业服务的55个项目，下发现场整改告知书80份，发现问题207件，整改完成190件。针对私拉（接）电线向电瓶车充电、侵占消防通道、乱堆乱放、私搭乱建、侵绿毁绿等违法违规行为，依据《内蒙古自治区物业管理条例》，责成物业服务企业向相关执法部门进行上报。全年开展联合执法行动2次，抽查企业5家、服务项目6个，切断违规电动自行车充电线500条，清理楼道内电动自行车300辆。印发《扎兰屯市物业管理工作实施方案》《关于做好选举业主委员会、老旧小区改造及选聘物业服务人等相关工作的通知》，明确相关单位在物业管理方面的工作职责，要求物业属地化管理，乡镇人民政府、街道办事处要指导小区业主成立业主大会及选举业主委员会，由业主委员会监督检查物业企业日常服务。要求物业服务企业要严格执行有限空间作业相关规定，健全完善有限空间作业安全责任制，法定代表人要负总责，严格填写《物业服务公司有限空间作业报批申请单》，确保作业人员操作程序规范化、作业标准化。4月15日，开展物业法律法规、政策宣传活动，发放宣传单200张，宣传内蒙古自治区2021年11月16日新修订的《物业管理条例》《住宅专项维修资金管理办法》。

【住房公积金管理】 2022年，呼伦贝尔市住房公积金中心扎兰屯市业务部归集住房公积金3.01亿元，累计归集29.72亿元，余额12.31亿元。新增缴存单位13户，新增缴存职工4013人，职工提取住房公积金1.9亿元，占归集额的63.1%，累计提取17.39亿元。发放个人住房贷款1.01亿元，帮助282户家庭解决住房问题，累计发放7897笔，发放贷款总额16.26亿元，余额8.41亿元，回收资金1.21亿元。超额为148户职工提租房资金29.6万元，新开国有企业3户400人，大型私营企业1户3276人。业务部大厅新增设VTM自助柜员机1台，可办理现有柜面大部分高频业务，有效引导人员分流，为办事职工节省大量时间和空间成本。启动“好差评”系统，提高业务窗口工作人员的办事效率和服务质量，主动接受服务对象监督，实现业务事项“一事一评”。与不动产登记部门联网，实现全市范围内住房公积金现房抵押贷款业务“一次办”，职工在住房公积金窗口贷款申请、银行票据签收、不动产抵押、贷款发放全流程“即可办”，实现“数据多跑路、职工少跑腿”。与住建部电子营业执照接口系统对接，实现企业办理公积金开户手续所需营业执照内容免填写、纸质材料免提交，为企业提供优质便捷高效服务。与蒙商银行率先实现提取偿还贷款数据系统互联对接，打通银行商贷数据和住房公积金系统最后一道壁垒。印发《关于对违规提取住房公积金未退回的缴存职工向其所在单位通报的通知》，对仍未将违规提取公积金退回的缴存职工，向其所在单位通报，年内共追回骗提资金6万元，通报单位2个。

（乔春莲）

建筑业管理

【概况】 2022年，扎兰屯市有建筑业企业11家，其中规模以上建筑企业4家，具有资质等级的建筑业企业6家，共完成年产值4.16亿元，同比下降29.8%。

【建筑工程领域行业监管】 2022年，市住建局持续对建筑施工工地建筑安全和消防安全进行综合检查，下达质量安全整改通知书15份、安全整改通知书18份、停工整改通知书2份，均整改完成。针对经营性自建房安全专项整治、市政工程安全生产专项整治行动，相继制定《扎兰屯市自建房安全专项整治工作实施方案》《扎兰屯市经营性自建房安全专项整治“百日行动”方案》《扎兰屯市住房和城乡建设领域安全生产治理暨房屋市政工程安全生产专项整治行动实施方案》等，完成排查经营性自建房3409户，初判存在安全隐患7户，安全鉴定结果均为B级。

【建筑工程企业复工复产服务】 2022年，市住建局主动对接，靠前服务，召开复工复产主动对接服务会2次、重点项目主动服务对接推进会8次、“优化营商环境”推进房屋建筑和市政工程复工复产工作主动服务会1次，利用工改系统核发施工许可证35件，办理竣工验收15件。

【建筑工程领域“待审批项目大起底”行动】 2022年，市住建局依据待审批项目大起底领导小组要求，涉及待审批项目14个，其中9个项目不再实施，5个项目手续已办结。

【建设工地环境管理】 2022年，市城管执法局对建设工地工程质量、建设秩序、安全施工、环境污染等事项进行综合监管，对施工现场围挡进行管理。对施工工地出入口硬化、施工物料堆放、工地施工车辆撒漏扬尘污染等方面进行不定期检查，促进施工现场标准化管理。运输车辆必须加盖篷布，实行封闭运输，严禁运输车辆带泥出入城区，遗撒渣土，污染城市道路。引导运输车辆按照规定路线、时间、地点运输、处置建筑垃圾，严禁随意倾倒建筑垃圾，严禁在道路上堆放建筑垃圾。清理沙堆、土堆72处，对未苫盖车辆进行整改44辆，查处乱卸建筑垃圾57起。

（高　枫）

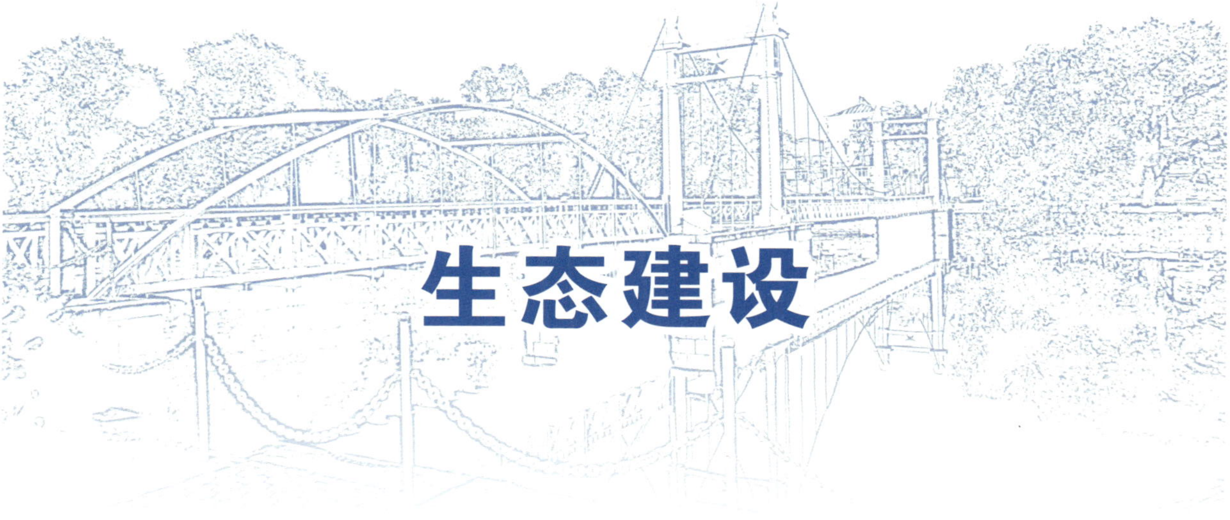

生态建设

生态环境保护

【概况】 2022年，扎兰屯市牢固树立"绿水青山就是金山银山"理念，全方位、全地域、全过程加强生态建设，统筹推进山水林田湖草沙一体化保护和系统治理，全面落实河湖长制、林草长制。推进音河扎兰屯段水生态综合整治工程，加强水源地保护，常态化开展"清四乱"，完成侵蚀沟治理250条。开展破坏草原林地违法违规专项整治，实施人工造林866.67公顷、封育666.67公顷、草原禁牧8466.67公顷，草原植被综合盖度达到80%，连续24年未发生重大森林草原火灾。打好污染防治攻坚战，动真碰硬抓好中央生态环境保护督察反馈意见整改，完成7项任务销号，其余任务均达序时进度，群众信访件全部办结。加强环保基础设施建设，补齐短板不足，生活垃圾填埋场、乡镇污水处理厂等项目建设稳步推进。主动融入呼伦贝尔全国生态文明建设示范市创建工作，严格落实绿色发展考核指标和生态环境保护责任清单，绿色低碳生产生活方式逐步形成。扎兰屯市通过2022年"中国天然氧吧"复查，荣获"自治区森林城市"称号。

【中央、自治区环保督察问题整改】 2022年，呼伦贝尔市生态环境局扎兰屯市分局配合做好第二轮中央生态环境保护督察。督察期间，接到群众举报信访案件47件，均办结并销号，办结率100%。根据《呼伦贝尔市贯彻落实第二轮中央生态环境保护督察报告整改方案》，扎兰屯市认领2022年第二轮中央生态环境保护督察反馈问题15项，各责任部门主动对接、密切协作，建立台账，明确责任和整改时限，各项问题整改工作按序时进度推进。统筹抓好自治区生态环境保护督察整改，自治区生态环境保护督察期间交办扎兰屯市的46件信访案件，均办结，并建立完善相关整改档案；自治区生态环境保护督察反馈扎兰屯市21项整改任务，完成18项，剩余3项任务均达序时进度。

【项目环评服务】 2022年，呼伦贝尔市生态环境局扎兰屯市分局做好重点项目服务，主动加强与项目建设单位的沟通衔接，帮助企业开展选址布局、环评编制、环保验收等工作，通过简化程序、加快技术评估等方式，加快办理手续，推动项目落地。扎兰屯市列入2022年呼伦贝尔市重点项目26个，完成项目环保手续办理25个，呼伦贝尔东北阜丰生物科技公司50万吨氨基酸及其配套附属设施项目进入编制环评报告阶段。扎兰屯市级重点项目26个，其中不涉及环保手续办理项目18个，剩余浆纸公司污水技改等8个项目全部完成环保手续办理。把好项目环评审批关，审批建设项目21个，建设项目环境影响登记表备案系统自行备案项目95个。

【环境质量监管】 2022年，呼伦贝尔市生态环境局扎兰屯市分局强化监管，打击环境违法行为，下达处罚决定3件，处罚金额9万元。开展打击危险废物环境违法犯罪行为专项整治，排查重点危险废物产生单位10家。定期开展重点排污单位自行监测检查，重点污染源累计发布监测数据1.87万项次，公开率98%。应检尽检，完成2022年道路交通21个点位、城市区域100个点位的声环境质量监测，8个点位功能区声环境质量昼夜监测。

空气环境质量 全市$PM_{2.5}$平均浓度12微克/米^3，空气质量优333天，环境质量优、良天数比例达到98.7%。

水环境质量 雅鲁河成吉思汗、根多河林场、济沁河、绰尔河扎兰屯市断面水质均值达到《地表水环境质量标准》（GB 3838—2002）Ⅱ类水体标准；音河水库断面水质均值达到《地表水环境质量标准》（GB 3838—2002）Ⅲ类水体标准。

土壤环境质量 全市土壤环境质量总体保持稳定，无违规开发利用地块。

环境安全状况 无重大环境应急事件及重大环境污染事故发生，工业固体废物、危险废物（含医疗废物）严格落实全过程管理。

【环境执法】 2022年，呼伦贝尔市生态环境局扎兰屯市分局推进排污许可证证后执法监管。对呼伦贝尔市淳江油脂有限责任公司、扎兰屯市哈多河镇达宇热力有限责任公司、扎兰屯市嘉禾粮油贸易有限责任公司、扎兰屯市腾达粮贸有限责任公司、扎兰屯市强泰粮贸有限责任公司5家公司下达整改通知。严格执行"双随机"制度，全年双随机移动执法系统随机抽派执法任务187件，重点企业87家，一般污染源企业100家，出动执法人员120人次，执法人员均严格按照双随机执法要求，在规定时间内完成执法任务。依法开展规模化畜禽养殖场、秸秆禁烧、矿山企业、商砼行业、固体废物等专项执法检查，下达处罚决定3件，处罚金额9万元。开展打击危险废物环境违法犯罪行为专项整治，排查重点危险废物产生单位10家，派出90余人次，通过对3家危废经营单位规范化管理指标抽查，综合评估均达标。定期开展重点排污单位自行监测检查，扎兰屯市管理的自治区污染源监测数据管理与信息共享平台57家，其中重点污染源企业19家，一般污染源企业38家，企业均按照排污许可证自行监测要求编制自行监测方案，重点污染源企业发布监测数据1.87万项次，公开率98%。

【大气污染防治】 2022年，呼伦贝尔市生态环境局扎兰屯市分局加强秸秆禁烧管控，召开专题会议安排部署，明确责任，印发通告，迅速开展排查，不留死角，通报发生火点地区，彻底消除秸秆焚烧隐患。组织开展建成区内10蒸吨/小时及以下燃煤锅炉淘汰工作复查，对建成区内拆改完成的洗浴锅炉开展排查复查，入户核查已拆改完成的锅炉实际情况，完成拆改锅炉的

11月4日，呼伦贝尔市生态环境局扎兰屯市分局出动无人机巡查各乡镇秸秆禁烧情况 （市生态环境局 供图）

补贴发放。组织开展滨洲铁路沿线隐患排查，重点对滨洲铁路沿线企业排放粉尘、烟尘及腐蚀性气体等违法行为开展现场检查，予以行政指导，消除环境隐患。定期调度工业窑炉整治、VOCs 治理、无组织排放等大气污染防治重点工作完成情况。完成扎兰屯市火电机组超低排放改造情况基础调查。

【水污染防治】 2022 年，呼伦贝尔市生态环境局扎兰屯市分局推进嫩江流域音河（扎兰屯段）主要支流水生态综合整治工程项目，总投资 3504.08 万元，其中上级专项资金 2700 万元，自筹资金 804.08 万元，项目于 8 月 31 日完成工程招标，9 月 20 日开始施工。开展入河排污口清查，扎兰屯市有入河排污口 2 个，即排水公司污水处理厂、呼伦贝尔东北阜丰生物科技有限责任公司，完成 2 个排污口的基本信息调查。做好季节性监管，要求涉水企业总结以往汛期水污染防治经验，主要检查污水治理设施的运转和达标排放情况，杜绝任何企业和个人擅自停运水污染治理设施，确保水污染治理设施稳定高效运行。

【土壤污染防治】 2022 年，呼伦贝尔市生态环境局扎兰屯市分局委托第三方机构对扎兰屯市国辉工贸管控地块土壤污染状况进行调查。加快推进农村

7 月 15 日，市环境监测中心站工作人员在污水处理厂开展水质采样检测 （市环境监测中心站　供图）

生活污水治理项目，扎兰屯市南木鄂伦春民族乡大兴村污水处理工程开工建设。按照自治区生态环境保护专项资金项目储备库入库要求，申请“榆树林、广安新村”片区地下水调查项目纳入储备库，为下一步管控、治理做好项目储备。

【排污许可证管理】 2022 年，呼伦贝尔市生态环境局扎兰屯市分局重视排污许可证的核发，明确工作职责、审核时限，细化排污许可证审核程序，责任到人，规范审核制度，为排污许可证核发和监管工作构建组织保障。利用 QQ、微信平台等方式宣传排污许可证申请。组织工作人员参加国家、自治区组织的业务培训，提升其业务能力和专业知识水平。指导企业填报排污许可证申请表，细化申请流程和填报细节，建立排污许可微信工作群，及时解决企业在申报中遇到的困难。完成扎兰屯市蒙东牲畜交易市场、扎兰屯市祥龙废旧机油收购有限公司等 30 余家企业排污许可初审。

【环境保护宣传】 2022 年，呼伦贝尔市生态环境局扎兰屯市分局以环境日为契机，组织党员、环保志愿者走进扎兰屯市垃圾无害化处理厂，开展环保设施公众开放日活动，参观垃圾填埋全过程。开展垃圾分类宣传，走进社区通过组织群众观看垃圾处理厂公众开放日宣传片，向参与活动的社区居民宣传低碳环保、垃圾分类知识，发放环保购物袋 200 个。开展“居民生态环境与健康素养提升行动”呼伦贝尔站科普宣传活动，在浩饶山镇设立宣传点，解答百姓的热点难点问题，发放《中国公民生态环境与健康素养》宣传册 100 份。

（董　叶）

林业和草原资源保护

【概况】 2022年，扎兰屯市完成造林1567公顷，其中完成三北防护林工程133.33公顷，大小兴安岭森林生态保育工程180公顷，退化林修复133.33公顷，封山育林666.67公顷，义务植树425公顷；完成种草任务2000公顷；完成森林抚育666.67公顷；完成乡村绿化美化达标村14个。扎兰屯市荣获“自治区森林城市”称号。

【林业有害生物防治】 2022年，扎兰屯市林业和草原局(以下简称市林业和草原局)严格执行外来林木种苗“两证一签”审批制度，通过抽查全市30家生产、经营单位，苗批质量均达到合格标准，林木种苗质量检测项目全部合格，平均合格率96.5%。严格落实苗木检疫各项要求，完成调运检疫苗木102.37万株，产地检疫308公顷，检疫木材1332.3立方米。防治各类林业有害生物3060公顷。全市无成灾面积，成灾率为零。

【森林管护】 2022年，市林业和草原局8个国有林场现有管护人员1220人，设立管护站76个，对2022年下达的国家级公益林森林生态效益补偿任务20.78万公顷、地方级公益林森林生态效益补偿任务4.05万公顷、非天保工程区停伐天然商品林管护任务14万公顷开展全面管护。严格采伐许可审批程序，按照不得突破采伐限额标准的前提，受理并办结发放林木采伐许可证169张，批准采伐面积865.33公顷，采伐蓄积1.28万立方米。办理征占用林地手续项目17个，办理征占用草原手续项目8个。累计救助野生动物17只，其中国家二级保护动物14只，国家三级保护动物3只。

【草原管理】 2022年，市林业和草原局全面落实国家第三轮草原生态保护补助奖励政策，科学合理划定草原补奖禁牧区，核准扎兰屯市第三轮草原补奖禁牧区面积8487公顷。建立三级草原管护网络，全市有三级草原管护员61名，加大禁牧区监督管理。完成自治区下达扎兰屯市一年生人工种草任务2000公顷，开展草原围栏现状摸底调查工作，草原围栏调查落实面积2400公顷。

【生态护林员专项扶贫补助】 2022年，市林业和草原局使用财政专项扶贫资金122.08万元，在全市有劳动能力的建档立卡脱贫户中，分两批聘用生态护林员545人，参与生态保护、森林防火等日常巡护预警工作，享受生态扶贫补助政策，每人每年增收800元。

【林长制组织体系建立】 2022年，扎兰屯市设各级林长582人，建立市、乡镇、村三级林长组织体系，形成党政同责、属地负责、部门协同、源头治理、全域覆盖的长效机制。

（张　旭）

水资源保护

【概况】 2022年，呼伦贝尔市下达扎兰屯市水土流失综合治理任务指标1.65万公顷，实际完成治理面积1.67万公顷。河流治理项目完成下达资金100%。用水总量考核目标用水总量小于1.37亿立方米，完成1.02亿立方米；万元工业增加值用水量考核目标值较2020年不变价计算下降6%，万元工业增加值用水量同比下降10.41%；万元GDP用水量较2020年不变价计算下降4.8%，万元GDP用水量同比下降6.26%；农田灌溉水有效利用系数考核目标0.58，经测算达到0.58。

【水资源管理】 2022年，市水利局完成中央第二轮生态环境保护督察整改任务，2016—2022年环保类问题全部完成整改并销号。对118个单位和12个用水大户下达用水计划，禁止高耗水工业项目使用地下水，开展取水许可审批自查自纠和闲置水处置及取用水管理大起底，基本完成取水口整改提升和违规取水专项整改行动。

【水土保持】 2022年，市水利局完成五一小流域监测数据整编和上报,完成水土保持生态建设任务。2020—2021 年度侵蚀沟治理项目通过呼伦贝尔市水利局验收,2022 年侵蚀沟治理项目通过自治区水利厅质量考核,配合水利部水土保持工作调研。配合税务部门做好水土保持补偿费征收,完成生产建设项目违规航片整改 33 个,完成率 100%。完成 2022 年度水土保持目标责任考核工作。

【河湖长制工作】 2022 年,市水利局发布总河长令,落实河湖长动态调整,完成 120 块公示牌维修、更新。各级河湖长全年使用“河长通”APP 巡河 7939 次,开展河湖清理及“春季”“秋季”行动。完成水利部推送的 121 个遥感疑似问题图斑现场复核及转办工作,完成 4 个认领的妨碍河道行洪突出问题整改,上级驳回图斑 72 个,完成补充复核工作及呼伦贝尔市暗访发现 10 个问题整改。清理河道垃圾 1988 吨,拆除违法建筑 5 处,排查出砂坑 18 处、砂堆 7 处。

(鲍文娟)

土地矿产资源保护

【概况】 2022 年,市自然资源局组织专业技术单位编制《扎兰屯市国土空间总体规划(2021—2035 年)》,盘活存量,确保土地节约集约利用。推进土地综合整治,开展批而未供和闲置土地专项处置行动,消化批而未供土地 37.46 公顷,完成率 151.91%;闲置土地已处置完成通过审核 37.81 公顷,完成率 169%。探索城市低效土地“再开发促增值”模式,对市本级城镇低效工业用地现状和改造开发潜力开展摸底调查,推动储备土地从“净地”向“优地”转变。按区位优势、规划用地性质和开发利用价值编制《扎兰屯市 2022 年度土地储备计划》,新增入库储备土地 6 宗,面积 26.8 万平方米,完成围封地块 5 宗。聚焦高质量发展,全力保矿产供应,编制《扎兰屯市矿产资源总体规划(2021—2025 年)》,对审批发证的矿产资源勘查开发利用和保护做出全面安排,合理划定市域内矿业权的勘查或开采规划区块,上报新增投放砂石类采矿权 2 批次,为全市产业发展提供充足的后备资源保障。

【矿山地质环境恢复治理】 2022 年,市自然资源局坚持节约优先、保护优先、自然恢复为主的方案,做好矿山地质环境恢复治理。编制《扎兰屯市卧牛河镇南东历史遗留采坑矿山地质环境治理项目设计书》,申报中央重点生态保护修复治理项目(废弃露天采场)55 处,协调相关部门将矿山矿坑生态修复治理项目争取列入新开发银行贷款项目。扎兰屯市二道河银铅锌矿完成治理面积 3.22 公顷,按计划完成恢复治理任务。

【地质灾害防治】 2022 年,市自然资源局组织专业技术单位编制《地质灾害防治规划》,发放《塌陷、滑坡、泥石流等地质灾害防灾避险明白卡》《塌陷、滑坡、泥石流等地质灾害防灾工作明白卡》《地质灾害危险点防御案表》《地质灾害防治知识》宣传单各 3000 份,开展巡查 97 次,出动 40 人次。

【设施农业用地管理】 2022 年,市自然资源局规范设施农业用地管理,开展设施农业上图入库工作,完成上图入库 320 宗地,实现设施农业用地管理信息化。印发扎兰屯市《关于进一步完善设施农业用地备案管理有关事项的通知》,对设施农业备案时限、农牧民房前屋后自建设施农业项目备案管理作出规定,简化办事程序,为农牧民办实事。将设施农业用地使用情况纳入日常动态巡查范围,掌握全市设施农用地使用情况,不定期组织开展专项检查,严禁改变设施农业用途。严格控制耕地转为林地、园地等其他类型农用地,坚决遏制耕地“非农化”,防止“非粮化”。

(李　岩)

科学技术

综　述

【概况】 2022年，扎兰屯市规模以上企业科技研发投入资金2.68亿元。组织企业申报国家、自治区和呼伦贝尔市级科技计划项目14项，通过审核并下达项目资金预算11项，下达专项资金381.6万元。2021年9月—2022年9月，自治区选派“三区人才”18名到扎兰屯市开展科技服务，服务期1年，指导服务1112人次，与农民专业合作社和涉农公司签订技术合作协议书47份。

【大数据应用及产业发展】 2022年，扎兰屯市有82家单位接入政务外网，有4G基站788座，网络覆盖率100%。市区有5G基站181座，实现核心城区、重点区域全覆盖。开展企业“上云上平台”，通过工业上云上平台，加速“5G+工业互联网”的有效应用，有67家企业完成“上云”平台注册，其中规模以上工业企业11家，中小企业56家。

【4家企业被认定自治区科技型中小企业】 2022年，扎兰屯市4家企业被认定自治区科技型中小企业，即呼伦贝尔松鹿制药有限公司、扎兰屯市同德木业有限责任公司、呼伦贝尔长征饮品有限责任公司、内蒙古亿宸创科信息技术有限公司。

【阜丰公司获自治区数字化车间示范点称号】 2022年，呼伦贝尔东北阜丰生物科技有限公司推进氨基酸生产全过程自动化控制，建设氨基酸数字化生产车间，实现“设备自动化、人员高效化、管理信息化”。该技术实现了氨基酸生产自动化建设、数据自动化采集和监测，控制系统具有自动防错和预警功能，生产工艺数据自动采集率90%以上，自控投用率95%以上，降低资源能源和发酵染菌率，提高发酵产酸率和转化率，使物料运转及投入和使用产出相平衡。

科技活动

【科技项目申报】 2022年，市农牧和科技局组织企业申报国家、自治区和呼伦贝尔市级科技计划项目。组织科技型企业申报中央引导地方科技发展资金项目、自治区科技创新奖补项目、自治区“十四五”社会公益领域重点研发和成果转化计划项目、2022年度自治区重点研发和成果转化计划(科技支撑东北振兴)项目、科技创新引导奖励资金项目，通过自治区审核并下达科技专项资金预算通知8项，下达专项资金321.6万元。组织申报呼伦贝尔市科技计划项目、应用技术与研发项目、科技创新奖补项目，通过呼伦贝尔市审核并下达科技专项资金预算通知3项，下达专项资金60万元，其中，扎兰屯市9家企业13项符合科技创新项目奖补条件。组织企业申报2023年自治区重点研发和成果转化计划（科技支撑东北振兴）项目、重点研发和成果转化计划（军民融合、乡村振兴、数字经济和文化科技融合）项目以及“十四五”社会公益类项目。

【高新技术企业、科技型中小企业培育】 2022年，扎兰屯市鼓励支持企业开展国家高新技术企业、自治区科技型中小企业创建，提升自主创新能力建设。遴选自主创新能力强、市场前景好的科技型企业重点培育，在自主知识产权管理体系建设、研发费用辅助账设置、科技政策咨询服务等方面给予精准指导服务。2022年，扎兰屯市有国家高新技术企业2家，即呼伦贝尔东北阜丰生物科技有限公司和呼伦贝尔松鹿制药有限公司。

【政院企合作】 9月20日，扎兰屯市人民政府、中国科学院、呼伦贝尔农垦集团签署“政院企”三方框架合作协议，以水发集团有限公司集中流转土地、呼伦贝尔农垦集团大河湾农场提供农业社会化服务合作、中国科学院“黑土粮仓”专家团队对企业提供土地流转勘界、测土配方、大数据等方面技术服务的方式，形成紧密的政、院、企、农利益联结机制，共促扎兰屯农牧业绿色高质量发展。

【科技特派员工作开展】 2022年，扎兰屯市有科技特派员100名，在12个乡镇采取分散驻村和组团服务等灵活形式开展服务。集中调配科技特派员，采用“线上＋线下”培训相结合的方式，有针对性组织科技特派员下乡开展培训，覆盖全市各涉农乡镇、街道。线下培训主要在蘑菇气镇、成吉思汗镇、中和镇等乡镇展开，采取“小班制”，单次培训不超过50人次，通过面授和互动答疑方式讲解农业科技相关知识并发放技术指导手册，培训29期，培训1410人次。线上培训通过自治区“12396”农牧业科技服务平台和腾讯会议系统，以视频会议的形式对各乡镇、街道的行政村开展网络直播培训3期，培训1657人次。

【科技活动周】 2022年，市科协举办以“走进科技、你我同行”为主题的2022年“科技活动周暨全市第二十七届科普活动宣传周”系列活动。5月19日，组织农牧业领域专家、乡镇政府相关部门领导、合作社代表、家庭农场代表、农业种植大户等50余人到呼伦贝尔农牧科学研究所育种基地、成吉思汗繁荣中药材种植基地、高台子近郊村湖羊规模化养殖基地、高台子五一村蒙东食用菌生产基地，了解各基地生产技术现状，解决各基地工作人员针对培育、种植、农机使用、湖羊种质资源保护过程中遇到的技术难题，推动全社会讲科学、爱科学、学科学、用科学良好氛围形成。5月27日，市科协到河西街道南市社区开展“助力乡村振兴 科普万里行”科普大篷车进社区义诊活动，以实际行动关爱居民健康，发放宣传环保袋100个、健康知识手册200本，受益群众近100人。同时开展“崇尚科学 抵制邪教”宣传活动，发放抵制邪教宣传单300份、环保袋100个，增强广大群众防邪、反邪思想意识，提高自觉抵御邪教侵蚀的能力。

5月19日，市科协组织农牧业科技专家到成吉思汗镇繁荣中药材种植基地开展实地指导

（市科协　供图）

【科技培训】 2022年，市农牧和科技局组织高等院校、科研院所、企业参加科技培训15次。针对高新技术企业认定条件、优惠政策、申报程序及审核工作要求等内容进行培训并现场答疑；组织企业参加呼伦贝尔市科技局“博士讲堂”3期，其中中国科学院计算技术研究所张玉成博士围绕黑土地保护与利用技术及农业产业化发展讲授黑土地的国家战略及国内外黑土地先进保护经验，中国科学院沈阳应用生态研究所古健博士围绕蒙东地区土壤侵蚀引起土壤退化问题讲授现有土地侵蚀退化治理技术方法及模式，陈海华博士以实例分析讲授如何以数字经济思维设计现代农业；组织企业相关工作人员参加企业研发费用加计扣除鉴定办法、研发投入后补助、内蒙古自治区本级财政科技专项资金管理与使用政策解读、科技计划项目申报与管理及标准化、肉羊饲养管理技术等培训。

（张　浩）

气象服务

【概况】 2022年，扎兰屯市灾害性天气频发，扎兰屯市气象局（以下简称市气象局）及时做好强降水跟踪服务，多次参与全市防汛联合会商，分析研判降水形势，汛期值班员24小时值守。发布预警信号106期，重要天气报告9期，发布春播、秋收专题服务34期，为应急处置决策提供有力依据，发挥防灾减灾第一道防线作用。7月26日07时至27日07时，全市受强对流天气影响形成强降雨，24小时降雨量127.1毫米，市区最大小时雨强出现在26日20时至21时，达到75.0毫米/小时，超过历史极值。工作人员和带班领导24小时应急值守，与呼伦贝尔市气象局会商，密切监测雨情信息，先后发布雷电黄色预警2期、临近天气预报3期、暴雨黄色预警和暴雨红色预警各1期，并分别联合市水利局、自然资源局发布中小河流洪水黄色预警、山洪气象风险黄色预警各1期。

【农业气象服务】 2022年，市气象局与呼伦贝尔市气象灾害防御中心联合开展“农业气象服务和大豆实验基地交流”活动，针对气象为农服务、大豆基地建设、大豆科研试验等进行交流。将呼伦贝尔农垦大河湾农牧场有限公司无偿提供的2公顷试验田土地20年使用权用于大田试验，与呼伦贝尔市气象灾害防御中心合作，在大河湾大豆试验基地开展中国气象局气候变化专项子项目“气候变化对内蒙古大豆适宜性的影响研究”分期播种试验和田间试验观测，确定大豆优质丰产的气象指标，建立优质丰产气象适宜评价方法。根据呼伦贝尔农垦大河湾农牧场有限公司的服务需求，在大河湾大豆试验基地开展“黑河-43”和“蒙豆-1137”2个品种的分期播种试验。承接霜冻试验观测任务，参与自治区生态与农业气象中心科研项目，开展盆栽与大田试验相结合的霜冻观测试验，初步建立大豆灌浆期霜冻指标。

【气象现代化服务】 2022年，市气象局与市农科局、农业技术推广中心联合对全市代表性乡镇进行土壤墒情普查6次，开展服务需求调研2次。向新型农业经营主体与直通用户发布农用天气预报9期、土壤墒情监测报告6期。依托智慧农业气象服务平台，按照农户需求制作精

2022年，市气象局开展大豆分期播种试验。图为大河湾大豆试验基地

（市气象局　供图）

细化农业气象服务产品30期。开展大豆5个主栽品种、5个播期、75个试验小区的播种试验。2021年乡村振兴气象服务专项通过自治区气象局验收。

【气象灾害监测预警】 2022年，市气象局完成气象灾害防御重点单位责任人信息更新纳入国家突发事件预警信息发布系统504人，与市教育局联合印发《扎兰屯市极端灾害天气学校停课指南》，完善面向学校的气象灾害预报预警服务机制和以预警信号为先导的停课机制。推进气象灾害风险普查工作，完成普查报告的撰写和10种气象灾害风险区划图制作。新建四要素区域站9个，六要素区域站2个，农田站4个，升级建设称重雨量站7个，加密全市气象灾害监测站网。成立X波段雷达建设工作领导小组，编制选址报告和项目实施方案，逐步完成雷达拟选站址、雷达设备采购招标、旧雷达设备拆除以及防雷工程、配套设备建设和改造。

【国家基本站迁建】 2022年，扎兰屯国家基本气象站迁址河西护林站南侧，占地面积2.25万平方米，其中业务值班室建筑面积180平方米，平房1层，框架结构，高度符合探测环境要求。4月，完成国有土地划拨申请开工建设；8月，完成建设施工，通过规划验收并办理不动产权证书。市政府批复同意将新址的探测环境保护规划纳入《扎兰屯市国土空间总体规划（2021—2035年）》，拟定2023年1月1日新站正式运行。

【人工影响天气】 2022年，市气象局联合阿荣旗、莫力达瓦达斡尔族自治旗气象局对辖区内相关单位开展区域协同执法监督检查，完成全年73家防雷重点单位执法检查全覆盖。完成辖区4部人工增雨火箭架年检，购置人工增雨火箭弹15箱，抓住有利条件开展人工增雨作业2次。

【中国天然氧吧复检】 2022年，市气象局牵头相关单位开展中国天然氧吧三年复检工作，加强负氧离子监测点规范建设，建柴河负氧离子站1个。全市监测站负氧离子浓度、森林覆盖率、优良天数等指标均符合“中国天然氧吧”评价指标并通过质询验收。

【“百年老站”申报】 内蒙古自治区扎兰屯国家基本气象站位于大兴安岭山脚下，地处中国北大门咽喉地带，自1909年起有气象观测记录至今已114年。2022年，市气象局成立专班，由专人负责收集整理历史气象资料，对建立年限、累计中断观测时间、历史元数据、区域代表性、气象探测环境保护承诺函等重要认定条件补充完善。12月22日，内蒙古自治区扎兰屯国家基本气象站入选第三批“中国百年气象站”名录。

【气象防灾减灾科普宣传】 2022年，市气象局利用“3·23”世界气象日分别与扎兰屯机场气象台、消防大队联合举办气象科普宣传活动。利用“5·12”防灾减灾日开展气象防灾减灾知识科普宣传，提高公众防灾减灾基本技能。5月，联合市委宣传部举办气象知识公益讲座暨礼遇榜样活动，对公众进行气象知识科普宣传。参加自治区气象局开展秋收助农专题——精细化农业气象服务网络直播。

（缪丽颖）

5月13日，市气象局举办气象知识公益讲座暨礼遇榜样活动 （市气象局 供图）

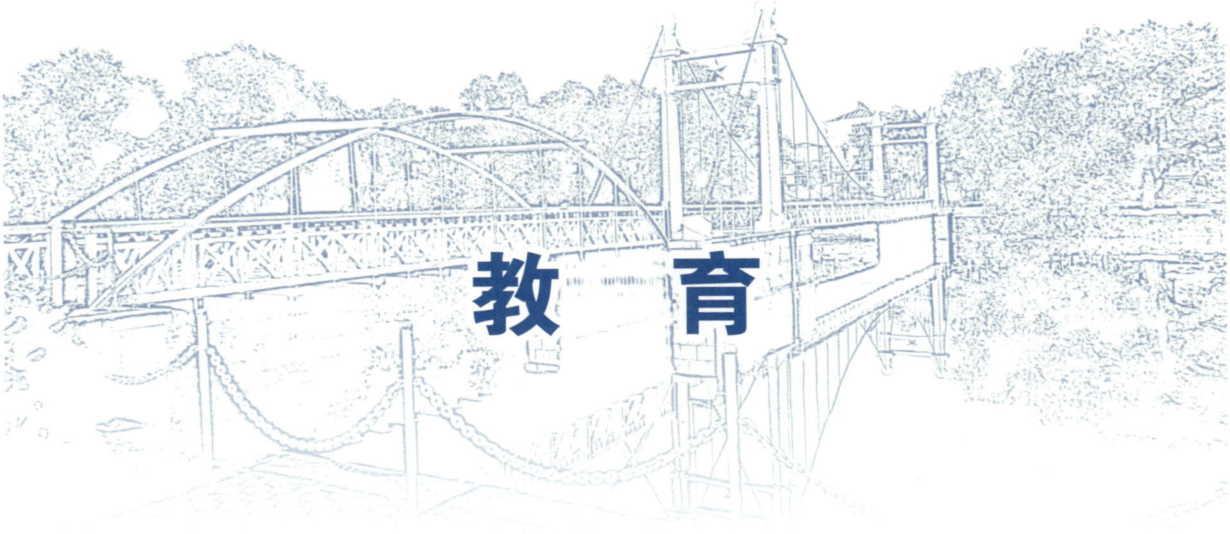

教　育

综　述

【概况】 2022年，扎兰屯市在校中小学生3.07万人，其中小学1.62万人（市区7514人，乡镇8710人），初中8823人（市区4193人，乡镇4630人），普通高中4431人，职业高中1071人，特殊教育学校186人（含送教上门63人）。全市有留守儿童514人，进城务工随迁子女157人。3～5周岁在园幼儿6245人，其中公办在园幼儿3842人，民办在园幼儿243人。普惠性幼儿园覆盖率88.02%，适龄儿童入学率100%，九年义务教育辍学率为零、巩固率100%，公办高中录取率59.3%。全市正式在编教职工2890人，其中高中447人，义务教育阶段学校2362人，教育事业发展中心、呼伦贝尔市示范性综合实践基地、教育招生考试中心、市幼儿园、市第二幼儿园共计81人。

【学前教育】 2022年，扎兰屯市新建幼儿园5所，改扩建3所，新增公办园学位1530个，学前三年毛入园率94.44%，普惠性幼儿园覆盖率88.02%，公办园在园幼儿占比62.42%，各级示范性优质学前教育资源覆盖率（市级示范园以上在园幼儿数占在园幼儿总数的比例）50%。幼儿教师学历合格率、继续教育培训率均达到100%。同时推动学前教育内涵发展，实践和推广安吉游戏，将幼小衔接纳入年度教育教学计划。开展5常（常组织、常整顿、常清洁、常规范、常自律）6T（是指在实行日常管理后6个天天要做到的工作例行任务，即天天处理、天天整合、天天清扫、天天规范、天天检查、天天改进）厨房管理模式。11月，与市市场监督管理局、电信公司联合为全市民办幼儿园厨房加装视频在线摄像头，做到食品安全全程监管。

【特殊教育】 2022年，扎兰屯市本着“普特融合”“医教结合”的理念，建成学前教育、保障义务教育、着重发展职业教育相融合的特殊教育体系，学前三年适龄残疾儿童入园率66.67%，义务教育阶段残疾儿童入学率100%，15～18周岁残疾少年入学率75.86%。成立特殊教育指导中心、特殊教育资源中心、残疾人教育专家委员会，普特教联合办学开展职业教育。新建2所资源教室投入使用，扎兰屯市建设使用的资源教室增加到4所。

【义务教育】 2022年，扎兰屯市录取普通高中学生1708人，公办高中录取率59.3%；招收初中七年级学生3054人，小学一年级学生2294人，适龄儿童入学率100%。推进“双减”工作，全面提升中小学校学生课后服务水平，完善课后服务实施方案，使之更加科学、规范、合理，保证课后服务时间，丰富课后服务内容，义务教育学生课后服务接受率达到99.78%。

【高中教育】 2022年，扎兰屯市教育局（以下简称市教育局）通过调整学校布局和实施高中阶段攻坚三年规划，使普通高中布局更加合理，办学条件改善，普通教室、专用教室、运动场馆等基本满足教育教学需求。2所普通高中尝试教学改革，基于生源情况在普文、普理学生中开展适当的分层教学，均收到较好效果，高考质量稳步提升。扎兰屯市第一中学一本上线202人，上线率25%；二本上线737人，上线率82%。扎兰屯市第二中学一本上线7人，二本上线97人，艺体生本科上线33人，本科各批次合计上线137人，本科上线率41.9%。

【职业教育】 2022年，扎兰屯市职业高中获得自治区遴选活动优质中职学校建设单位B档和优质中职专业建设单位B档"双优"，正式挂牌成立呼伦贝尔市首家国家民航局无人机驾驶员培训基地，建立无人机驾驶执照考试站。职教高考升学稳步提升，区内单招考试的215名学生，全部被内蒙古机电、建筑、交通、电子信息等5所职业技术学院录取，54名学生参加6月全国高考，本科上线7人，专科上线率100%。扎兰屯市职业高中作为呼伦贝尔市职业技能大赛承办单位之一，完成6个赛项的比赛任务，71名学生参加呼伦贝尔市中职技能大赛17个赛项比赛，65名学生获奖，其中个人一等奖3名，个人二等奖8名，个人三等奖7名，团体一等奖5个，团体二等奖6个，团体三等奖9个。

7月1日，市教育系统开展"传承红色基因 勇担初心使命"主题实践活动 （市教育局 供图）

【素质教育】 2022年，市教育局推进中小学思政课一体化建设，"思政小剧场"成为思政品牌活动，演绎剧目760部，参与师生1万人次。连续三年开展冰雪嘉年华特色体育活动，累计参与师生6万人次。代表呼伦贝尔市参加"2022年全国校园足球夏令营"内蒙古自治区选拔活动，12人入选最佳阵容，并于8月20日代表内蒙古参加各自组别的全国夏令营比赛。4幅学生绘画作品被呼伦贝尔市推荐参加东北亚地区青少年国际绘画作品展，教师合唱作品

8月15日，呼伦贝尔市"市长杯"校园足球联赛小学组比赛在扎兰屯开赛 （市教育局 供图）

《把一切献给党》在自治区“中华民族一家亲 同心共筑中国梦”比赛中获得二等奖。扎兰屯市关门山学校被推荐为劳动教育实验校，呼伦贝尔市示范性综合实践基地被内蒙古自治区教育厅认定为内蒙古自治区首批大中小学劳动实践教育基地，基地已开发实践课程50种，开展研学活动50期，每年参与劳动教育社会实践活动的青少年4万人。

【学校建设】 2022年，市教育局对标义务教育优质均衡发展指标，优化学校布局，完善基础设施建设，重点加强乡镇百人左右教学点和寄宿制薄弱学校设施建设。市二中迁址原市一中，市五中迁址原市二中，市文化小学迁址原市五中。市教育局本级年初财政预算项目39个，预算项目金额8412.15万元，新建新区小学、新区幼儿园，续建道东小学幼儿园、哈多河幼儿园、中和幼儿园等5个重点项目。新区小学、新区幼儿园处于建设阶段。

【教育督导】 2022年，市教育局会同有关部门调查处理内蒙古自治区人民政府教育督导委员会办公室督办函4件次，电话督办1件次，涉及疫情防控、食品安全、交通安全、作息时间、课后服务、校外住宿、作业量等问题。4月，选派督学会同市场监管、公安、卫健等部门组建专项督导评估组对全市50所民办幼儿园的办园条件、安全管理、财务管理、教育教学、师德师风及无证园治理等工作进行专项督导评估，撤并2家办园条件较低、效益较差的民办幼儿园。持续关注、督导各级各类学校校务管理和制度执行，校风、教风、学风建设，校园及周边安全，食堂、食品、饮水及宿舍卫生等情况，下达相关督导意见书264份。

【考试工作】 2022年，扎兰屯市教育招生考试中心完成2.49万人次的8次考试报名、4次大型考试、2次面试、1次国家教育质量监测，包括普通高考、中考、学业水平、初二生地结业、教心学、特岗教师等报名、考试。贯彻执行各级教育考试政策和要求，不断改进完善考试组织设计，以建立从严从实的考试机制为核心，重点在考试宣传、组织协调、制止高考移民、把好施考关口等方面进行研究和探索，初步形成较为适宜的教育考试组织机制。

【安全工作】 2022年，市教育局建立应急指挥、联动处置、新闻宣传、舆论引导一体化安全机制，累计投入资金3000万元。对全市14所学校产生的过期化学试剂连同包装物1333.33千克回收处置，排除废弃危化品安全隐患。有专用校车44辆、原客运班车9辆，为24所寄宿制学校学生提供出行服务。联合相关部门对全市校园食宿安全、饮用水安全、交通安全、消防安全、护校安园、校园欺凌和校园及周边环境等进行有针对性专项检查、定期检查与不定期抽查。市教育系统“4D厨房”（整理到位、责任到位、培训到位、执行到位）建设、废弃危险化学品处置清零、民办幼儿园视频监控联网和“互联网＋明厨亮灶”工作走在呼伦贝尔前列，尤其是第四中学的“4D厨房”管理体系在呼伦贝尔市和兴安盟两盟市的食品安全现场会上做经验分享和实地观摩。

6月8日，市第一中学高考考点考生有序进入考场　（韩　冷　摄）

【教育政务公开】 2022年，市教育局建立健全重大行政决策事项目录公开发布机制，对照法律法规梳理本机关依法行使行政权力和依法承担公共服务职责，并将权责清单按要求予以公开。在政府网站主动发布信息285条，公开文件3份，发布政策解读信息4条，办理答复人大代表建议、政协委员提案11篇。通过“扎兰屯教育在线”微信公众号发布信息980条，订阅人数6436人，信息报送量、采用量位列扎兰屯市第二。严格落实行政处罚、行政许可“双公示”制度，公开行政许可527条，无行政处罚。制作“扎兰屯市学校信息查询”模块，接入高频公共服务“蒙速办”APP，方便群众线上学区查询。建立健全本单位政府信息公开申请登记、审核、办理、答复、归档等相关工作制度，规范工作流程，对通过邮寄、传真等线下提交的申请及时处理。成立市教育局“12345”政务服务热线领导小组，明确具体分管领导和承办人员，制定印发办理工作制度和考核实施细则，确保流程规范、及时响应。年内，受理解答群众热线工单256条，响应率和办结率均为100%。

【校外培训机构治理】 2022年，市教育局贯彻落实“双减”政策，全市学科类校外培训机构全部退出市场，移交文体旅游广电局主管，市教育局与市场监督管理局、民政局、公安局等部门联动，不定期对培训机构开展摸排检查，主要排查各非学科类培训机构是否存在违反国家“双减”政策要求开展学科培训活动，联合执法10次，出动执法人员58人次。完善校外培训机构平台信息管理，12家非学科类校外培训机构信息全部收录平台。

（陈如月）

教育教学研究培训

【概况】 2022年，扎兰屯市教育事业发展中心（以下简称市教育事业发展中心）开展全市2所公办幼儿园、14所小学、7所初中和12所一贯制学校的学科类教学研究、教育科学研究、教育教学改革与督导、教育决策咨询、心理健康教育咨询、教育信息技术、实验装备配备及实验教学、中小学教师继续教育培训、学生资助工作的推进，突出严谨务实、精益求精的专业特点，在增效提质的前提下全面完成目标任务。

【教育教学研究】 2022年，市教育事业发展中心中小学教研员听评课1000节，教研讲座18场次，检查教师教案450本，检查学生作业、检测试卷700本，形成反馈意见15份。开展常规质量监测工作，中小学13个学科共命制试卷35套，完成九年级统一阅卷工作。对四、五、七基础年级进行专项监测，10个学科命制13套监测试卷、6套模拟练习卷。召开中考研讨会，初中语文、数学等10个学科415名教师参与线下培训与研讨，教研员专题讲座10人次，教师出示展示课21节，评课研讨12场次，经验交流21人次。召开全市义务教育阶段教学质量研讨会，170人参加会议。“学习共同体”与“小班化”教学开展活动8次，参加学校70校次，听评课178节，参加教师684人次。小学语文、数学、英语、劳动教育，

11月11日，扎兰屯市义务教育教学质量研讨会召开　（市教育事业发展中心　供图）

初中语文、英语、物理学科教研员参与学共体课改活动、读书活动20人次，到领航校听课50节，组织领航教师撰写教学设计并指导150人次，交流研讨15次。开展中小学教师22个学科教学技能评比活动48科次，参与教师1800人次，评选扎兰屯市级教学能手97人，推荐参赛呼伦贝尔市级教学能手13人。举办全市中小学班主任技能大赛初赛和复赛活动，小学、初中、高中各学段共30名教师参赛。

【师资培训】 2022年，市教育事业发展中心举办中小学教师继续教育培训。以线上学习线下研修形式完成1525名中小学教师72学时/年培训任务；完成全市中小学、幼儿园72名心理学科专兼职教师40学时/人的培训任务；完成125名中小学新入职教师岗前培训任务；举办中小学共14个学科17场次教师教学技能培训，参训教师1200人次；举办中小学教师教育信息技术培训，参训教师632人次；完成中小学幼儿园、特殊教育学校教师各类培训4586人次。

【教育科学研究】 2022年，市教育事业发展中心申报呼伦贝尔市级教育科学规划课题34项。申报自治区"铸魂工程"课题4项、"双减"专项课题13项、教育科学规划课题34项。立项呼伦贝尔市级课题17项、扎兰屯市级课题54项。

【教育信息技术】 2022年，市教育事业发展中心教育信息化工作完成45条同频互动、在线视讯视频联网数据专用网络建设，实现全市中小学、幼儿园、特教学校、教学点适用校园网建网率100%。建成同频互动课堂接收教室46个、录播教室41个，实现同频互动全覆盖。利用同频互动平台开展录播课、互动、共同体、直播、送教下乡、名师工作坊、观摩课、网络研修活动、讲座、校本培训活动等"三个课堂"常态化按需应用101节。完成10所学校可管可控的无线校园网建设，6所学校建成创客教室，开展无人机、VR教室、3D打印、机器人、航模等创客应用。实施中小学教师信息技术应用能力提升工程2.0，推荐4所学校申报自治区整校推进信息技术示范学校建设，已完成实施方案，通过典型性和代表性学校示范基地打造，推广成功经验，引领其他学校实施能力提升工程2.0。印发《网络学习空间应用普及活动实施方案》，开展"网络学习空间优秀学校"评选。促进网络学习空间与教育教学的深度融合与创新应用，明确"整体推进网络学习空间建设和使用"任务，实现"一人一空间，人人用空间"目标。接受"国家义务教育质量监测"，组建技术支持团队，细化国家义务教育质量监测技术支持说明，督查21所学校网络、计算机、一体机、测试环境、测试系统客户端等硬件条件，解决存在的共性问题。征集12个国家中小学智慧教育平台使用案例上报呼伦贝尔市教育事业发展中心，在呼伦贝尔市信息化云端讲坛分享。组织中小学生参加教育部教育技术与资源发展中心（中央电化教育馆）第二届中小学"传承红色基因，争做强国少年"阅读活动。全市8所学校26件作品参加第

11月21日，全市中小学班主任技能大赛说课环节　（市教育事业发展中心　供图）

四届内蒙古自治区中小学学生信息素养提升实践活动，3所学校3件作品获得奖项。扎兰屯市获得自治区“互联网+教育”示范区称号。

【教育督导】 2022年，市教育事业发展中心对基层学校规章制度和教学计划执行情况，教师教学行为、授课能力、质量进行监督并实行考核制。落实校长、副校长抓教育教学工作责任制，实行教学工作岗位责任制和目标管理责任制，建立有利于推进实施素质教育、促进教育教学质量全面提高的评价制度。秋季开学初，到全市36所中小学督导，形成反馈意见36份。

【学生资助】 2022年，教育事业发展中心落实各项学生资助资金1987.53万元，资助学生1.59万人次。其中义务教育阶段家庭经济困难学生资助476.01万元，受助学生1.02万人次；普通高中助学金260.9万元，受助学生2609人次；职业高中奖、助学金108.12万元，受助学生1295人次；学前幼儿资助资金53.7万元，受助学生394人；滋惠计划入学资助资金3万元，受助学生39人；普通高校入学资助资金611.8万元，受助学生735人；春季“雨露计划”资金47.4万元，受助学生315人。2022年办理生源地助学贷款有效合同381笔，贷款金额427.80万元。本年度应回收贷款本金774笔，实回收774笔，本金合计金额188.98万元。落实财政部、教育部、人民银行、银保监会联合印发《关于做好2022年国家助学贷款免息及本金延期偿还工作的通知》（财教〔2022〕110号）文件，对有办理过生源地助学贷款且未结清贷款的毕业生375人，应免共免利息金额22.08万元。优化并调整贫困生救助基金使用方案，取消“一杯奶”补助（每人每年500元），保留教育临时救助。“励耕计划”提出资助申请教师31人，审核评议通过15人，受助金额17万元，已发放至受助教师。

（李　平）

学校选介

扎兰屯市第一中学

【概况】 2022年，扎兰屯市第一中学（以下简称市第一中学）上半学年有教学班58个，在校学生2478人，下半学年有教学班60个，在校学生3137人。校区位于河西新区黎明山路40号，占地11万平方米，校舍建筑面积4.7万平方米。市第一中学是财政全额拨款的正科级事业单位，隶属于市教育局，是全日制非义务教育的普通高级中学，实行高中免费教育。是全市唯一重点高中，是呼伦贝尔市级示范性普通高中、内蒙古自治区级示范性普通高中、国家级校园足球特色学校、内蒙古自治区排球项目特色学校、呼伦贝尔市传统体育项目学校。

【师资队伍】 2022年，市第一中学在岗教师中，中学正高级教师3人，中学高级教师（副高级）70人，中学一级教师（中级）77人，高、中级以上教师职称人数占任课教师数的72.7%。任课教师中硕士学位22人（其中全日制硕士研究生毕业20人，在职读研获硕士学位2人），双学士学位4人，本科学历177人，本科以上学历人数占任课教师数的100%。自治区级学科带头人1人，呼伦贝尔市级学科带头人5人，扎兰屯市级学科带头人5人；自治区级教学能手2人，呼伦贝尔市级教学能手9人，扎兰屯市级教学能手34人；呼伦贝尔市级骨干教师40人，扎兰屯市级骨干教师24人；呼伦贝尔市级名师3人，扎兰屯市级名师5人；扎兰屯市级教书育人楷模1人，呼伦贝尔市教育研修学院特聘高中试题组成员2人。

【高考成绩】 2022年，市第一中学一本文科上线36人，理科上线161人，合计197人（不含艺体特长生和体育单招生），比2021年增加111人。一本上线率24.96%，比2021年提高13.18%；二本以上上线730人，上线率80.93%，比2021年提高13.94%。其中二本以上文科上线174人，理科上线497人，合计671人(不含艺体特长生和体育单招生),比2021年二本以上增加182人,上线率85.04%;艺术、体育单招生上线59人,上线率74.68%。

【德育教育】 2022年,市第一中学确立总的育人目标为“立德树人,全面发展,培扎兰精英,育国家栋梁”,分目标为高一年级“讲规矩、知礼仪,立志报国”,高二年级“强意志、严律己,筑梦校园”,高三年级“尽己责、勇担当,圆梦扎兰”。高一年级部重视开展爱国主义、集体主义、前途理想、健康安全、遵规守法等各方面的教育,开展内容丰富的主题班会和主题教育。9月,邀请市公安局,消防队到校园进行防止网络诈骗、加强消防安全、禁止校园暴力等宣传解读。坚持“育人为本,德育为先”原则,组织学生观看励志电影,对学生进行公民素养教育、价值观教育,推荐学生必看书籍、必看电影、必练项目、必做实践,培养学生的学习积极性和主动性,学会做人,使学生形成良好的道德品质,推动教育教学质量提高和学生素质和谐发展。

【教学】 2022年,市第一中学坚持教育教学理论学习,参加各项教研活动和探索课堂教学新模式,不断完善和改进教学方法,提高教师专业素养。继续坚持以学校工作意见和计划为指导,营造“教学即研究”科研氛围,改革创新、狠抓落实,推进课堂教学改革、教学常规落实、高考备考等多方面工作。抓好常规教学,强化管理工作的科学化、实效性,坚持领导巡课制度,每天值班领导将巡课结果在教职工群中总结公示。重视考风考纪和考试分析,组织高一高二月考、高三一模,考场安排、监考安排、试卷批阅等考务工作科学高效,公正严明,同时开展成绩分析和试卷分析,组织任课教师分析会和任课教师联席会给学生鼓劲并介绍复习方法和注意事项。组织学生职业生涯规划,为高一、高二年级全体学生举办线上职业生涯规划讲座1次,为高三学生举办全体心理辅导和职业生涯规划讲座1次。严抓线上教学,制定详细的线上教学安排,线上授课教师日总结规范创新,各年级组织领导巡课,阶段性召开总结暨网课推进会,组织高一线上考试、网上赛课、培优生阶段考试等,从课前、课中、课后,多角度、多方面帮助教师提升课堂教学质量和管理质量,提高线上教学效率。

4月5日,市第一中学组织学生到吊桥公园烈士陵园开展清明节祭奠先烈活动 （市第一中学 供图）

5月20日,市第一中学图书馆内学生进行课外阅读 （韩 冷 摄）

【体卫融合】 2022年，市第一中学利用课间活动和课外集体体育锻炼时间开展体育活动，保证学生每天锻炼1小时。加强大课间、广播操管理，由专业老师带领学生学习广播操和民族民间广场舞。完善公共卫生管理制度，规范学生晨午检、班级通风工作，规范学校疫情报告工作。做好教学楼、食堂、隔离室等公共场所消毒通风，做好师生因病缺课（勤）跟踪制度。校医监督各班、各寝室的通风消毒工作，做好检查登记。

（王晓红）

扎兰屯市第二中学

【概况】 扎兰屯市第二中学（以下简称市第二中学）于2022年2月27日整体搬迁至扎兰屯市铁东北路6号，校园占地面积6.72万平方米，校舍建筑面积3.1万平方米，是财政全额拨款的正科级事业单位，隶属于扎兰屯市教育局，为全日制非义务教育普通高级中学。2022年，有教学班27个，上半学年在校生1251人，下半学年在校生1297人。

【师资队伍】 2022年，市第二中学在岗教师中高级教师39人，一级教师48人，二级教师23人，新招录教师6人。专任教师中硕士学位6人（其中全日制硕士研究生毕业1人，在职读研获硕士学位5人），本科学历103人，本科以上学历人数占任课教师数的100%。呼伦贝尔市级学科带头人1人，扎兰屯市级学科带头人2人，呼伦贝尔市级模范教师1人，扎兰屯市级教学能手23人，呼伦贝尔市级骨干教师11人，呼伦贝尔市级优秀教师8人，扎兰屯市级优秀教师30人。

【德育管理】 2022年，市第二中学印制《二中德育管理手册》《德育校本课程》，完善《扎兰屯市第二中学教育惩戒实施方案（暂行）》，把德育工作重点放在班级的常规管理上，使学校德育制度落到实处，形成良好班风和学风。课间设置学生会轮岗值日，维护课间纪律，严抓厕所吸烟等。继续实施普通高中学生综合素质评价工作，开展合格公民教育。加强年轻班主任培养工作，开展班主任技能大赛和班主任师徒结对活动。

【教学】 2022年，市第二中学立足教学常规，精细过程管理。坚持抓好教学流程各个环节，规范教师教育教学行为，提升教师业务水平。抓好备、讲、批、辅、考等教学常规管理检查工作，及时检查反馈、监督到位。打造高效课堂，9月，开展9个学科以“如何提高学生课堂学习积极性”为主题示范课和研究课活动，教师听课350人次。抓实集体备课，以备课组为单位，通过研做高考题（有抓手），反向研究课标，制定学习目标。通过微测、专题讲座等多种措施开展备考复习，做好质量分析会。继续实行“一考带四会”，即每次阶段考试后通过召开质量分析会、尖子生动员会、班科任交流会、成绩优异表彰会，师生从教与学方面全方位分析班级整体及重点学生在学习上存在的问题，及时纠正。对高一学生在新高考改革方面结合学校实际情况选课指导，通过两次模拟选课意愿调查表，由学生结合自己学科优势及未来职业规划对学科组合初步选择，推出6个组合供学生选择，即“物化生”“物政生”“物化政”“物化地”“史政地”“史政生”。

【高考成绩】 2022年，市第二中学327名学生参加高考，本科上线人数137人，文科最高分498分，理科最高分466分。普通文科一本上线2人，二本上线35人。普通理科一本上线5人，二本上线62人。艺术及体育本科上线33人，其中体育12人、美术13人、其他艺术8人。

【体育艺术】 2022年，市第二中学利用大课活动营造校园艺体活动氛围。开展男子3VS篮球比赛和3男3女混合排球比赛，根据学生体质健康标准要求，有针对性开展单项比赛，结合学生兴趣组织拔河比赛、跳大绳比赛。5月30日，组织学生参加“沐浴阳光、梦想飞扬”2022年扎兰屯市中小学师生书画展；6月，完成2022年艺体特长生测试工作，并举办高三毕业典礼暨第七届国学经典演出；7月，完成美术、田径、足球艺体特长生招录工作，并组织学生到阿荣旗一中参加呼伦贝尔市高中阶段“市长杯”足球比赛；9月15日，组织高一、高二年级学生举办以“说普通话、写规范字”为主题现场硬笔书法大赛。

【校址搬迁】 2022年，市第二中学完成校址搬迁，实现新老校区有序平稳过渡。2月13日，印发《扎兰屯市第二中学搬迁新校区工作方案》，启动校区搬迁工作。坚持搬迁不停学原则，分三个阶段组织实施，第一阶段于2月16日前完成学校各处室、学科组、功能库室所有办公和档案材料搬运；第二阶段于2月20日实现高三全体学生和全体教职工，利用1天时间过渡到新校区学习工作；第三阶段于2月27日实现基础年级全体学生过渡到新校区学习生活。新校区总占地面积6.72万平方米，有教学楼、办公楼、综合楼、宿舍楼和学生食堂5座功能楼投入使用，可容纳1800余名学生日常学习生活，宿舍和食堂可容纳700余名住宿生住宿及用餐。

【校区环境改造】 2022年，市第二中学投入资金70余万元，改善办学条件和校区环境。完成校区大门维修升级改造，重新规划完成校门口机动车、电动车停放区域，提升校区校容校貌水平。购置安装窗帘和窗口防坠护栏，配备电话、打印机、公用开水器等设备，为师生提供必要后勤保障。

（王　巍）

扎兰屯市职业高中

【概况】 扎兰屯市职业高中（以下简称市职业高中）位于布特哈北路73号，占地面积1万平方米，建筑面积8750平方米，学校设有建筑设计、电工电子、财务电算化、学前教育、美工设计、计算机、旅游、现代农艺技术、畜牧兽医、无人机10个专业，在编教师111人，外聘教师50人。2022年度招收全日制新生395人，在校生1071人。下设卧牛河分校、呼伦贝尔岭东安全培训中心。

【提质培优建设】 2022年，市职业高中根据《国家职业教育改革实施方案》《职业教育提质培优行动计划（2020—2023年）》要求，组织开展建设工作。健全领导机构，各部门通力合作，丰富办学内涵，聚焦育人目标，为广大师生创建可持续发展的平台。学校被评为自治区42所优质中职学校建设单位B档。

【特色专业建设】 2022年，市职业高中坚持以特色专业建设为切入点，购置机电专业空调制冷综合实训装置升级包等信息化教学软件。建设智慧校园管理服务平台，实现数字校园建设的整体需求，为学校发展决策提供有力的动态数据支撑，承办呼伦贝尔市中等职业学校技能大赛中建筑、机电、财会3个专业7项赛事。6月，完成国家民航局无人机驾驶员培训基地挂牌工作；7月，“1+X”建成幼儿照护、宠物护理与美容、业财一体信息化应用、建筑工程识图、家

2022年，市第二中学完成校址搬迁。图为新校区塑胶操场

（市第二中学　供图）

6月5日，市职业高中学生在工业机器人专业课堂上进行操作训练
（市职业高中　供图）

庭农场畜禽养殖5个专业考核站点;8月,学校建筑工程施工、制冷和空调设备运行与维护、畜禽生产技术3个专业被评为自治区126个优质中职专业建设B档;9月,对30名中国民用航空局CAAC民用无人机驾驶员考试学员培训;11月,完成"1+X"幼儿照护、家庭农场畜禽养殖、建筑工程识图和业财一体信息化140名学员,4个职业技能等级证书的考试任务。全年实现社会职业培训796人。

【师资队伍建设】 2022年,市职业高中新招录教师17名,派出16名教师到包头市、哈尔滨市等地学习,培训投入2.34万元。4月,组织4个专业12名教师参加呼伦贝尔市教师教学能力大赛中职组比赛,其中艺术设计与制作、作物生产技术2个专业5位参赛教师获得呼伦贝尔中等职业学校教师能力大赛专业技能课程二组二等奖,会计事务专业3位参赛教师获得专业技能课程一组二等奖。2022年参加高考学生54名,本科上线7人,专科上线率100%。

【校园安全】 2022年,市职业高中始终坚持教育、安全两手抓,高度重视食品卫生、住宿环境、消防安全等工作,加强总校、四中、卧牛河分校食堂食材质量、卫生环境、操作规程、消防设施的检查力度,通过市市场监督管理局、教育局等部门检查验收,不断完善突发事件应急预案。及时排查消除校园内各类安全隐患,督促教官队伍加强日常管理,组织开展防校园欺凌、防校园性侵、防暴力、防溺水、防触电、消防安全等校园安全宣传教育活动和应急演练,全年学校未发生安全事故,校园安全持续得到有效保障。

【教学设施建设】 2022年,市职业高中以教育教学基础设施建设为抓手,本着"勤俭节约、高效利用"原则,修缮平房会议室。完成总校、四中宿舍的水暖设施维修,建成画室彩钢房并投入使用。购置智慧黑板、LED显示屏等设备,打造智慧引领、设施完善、整洁优美的育人环境。

（高越武）

扎兰屯职业学院

【概况】 2022年,扎兰屯职业学院高职录取1757人,中职录取475人。在编教师437人,在校学生6934人,其中高职4833人,中职2101人。高职毕业生1860人,就业率89.1%。

【教育教学】 2022年,扎兰屯职业学院开展专业优化与调整,打造特色专业。增设汽车检测与维修技术专业,完成林业技术、绿色食品生产技术、畜牧兽医专业、学前教育、护理、大数据与会计、临床医学等10个专业的自评工作,其中学前教育、林业技术2个专业获得自治区首批特色专业立项。规范教学标准体系建设,完成高职20个专业、132门核心课程的课程标准制定(修订)工作。把劳动教育、学校安全教育、国家安全教育纳入公共必修课,落实美育提升行动,完善美育课程设置。制定《课程思政建设实施方案》,成立习近平新时代中国特色社会主义思想概论课教研室,推进思想政治理论课建设。加强对中青年教师的培训培养，通过“请进来、走出去”等形式不断提高教师队伍的职业素养和业务能力水平。组织各系申报并获批幼儿照护、器乐艺术指导、药物制剂生产、老年照护、电动汽车高压系统评测与维修、数字创意建模、无人机操作应用、家庭农场畜禽养殖、网络设备安装与维护、业财一体信息化应用 10 个职业技能等级证书实施工作，完成 X 证书（职业技能等级证书）学生培训 510 人次，完成证书师资培训 35 人，完成 X 证书考核 340 人次。推进教学信息技术应用建设，加强虚拟仿真设施建设，年度新增具有虚拟仿真教学功能的实训室 4 个，继续深化推动理实一体化向理虚实一体化的教学模式改革，实现虚拟仿真向实际操作的递进式培养。

【科研及科研成果转化】 2022 年，扎兰屯职业学院组织教师申报自治区“十四五”教育规划课题 12 项、2022 年度呼伦贝尔市应用技术研究与发展资金项目 3 项、“自治区 2022 年度教育考试招生研究专项”1 项、学院课题 22 项，并对院级课题立项评审。组织 5 项自治区课题上报结题材料，其中 4 项课题通过自治区教育厅审核结题。10 名教师被确定为全区职业教育专业（课程）建设指导委员会成员，其中包括 1 名主任委员、1 名秘书长。1 名教师入选全区高校铸牢中华民族共同体意识课程“示范种子教师”。

【师德师风建设】 2022 年，扎兰屯职业学院开展专题培训，加强思想引领，邀请专家开展教师思想政治和师德师风方面的培训教育，累计培训 1378 人次。通过教育培训，引导教师进一步坚定政治方向、自觉爱国守法，积极践行社会主义核心价值观和学习传播中华优秀文化，树牢“四个意识”，坚定“四个自信”，铸牢中华民族共同体意识；不断提升自身修养和职业道德水平，努力引导广大教师争做党和人民满意好老师，以正确政治方向和价值导向引领学生健康成长和发展。

【大学生创新创业】 2022 年，扎兰屯职业学院成立创新创业教研室，将《大学生创新创业》列为高职必修课全面开设并分专业小班授课。举办扎兰屯职业学院第五届“互联网 +”大学生创新创业大赛，全院 196 个项目参赛，经系部初赛推选出 50 个项目进入校赛，经过校外专家和校内优秀指导教师网评，最终选出一等奖 5 名，二等奖 10 名，三等奖 15 名。组织学生参加第十三届“挑战杯”全区大中学生创业计划竞赛，获特等奖 2 名、一等奖 1 名、二等奖 3 名、三等奖 34 名。参加第八届内蒙古自治区“互联网 +”大学生创新创业大赛、第五届“中国创翼”创业创新大赛内蒙古赛区选拔赛暨第六届“创业科尔沁杯”创业创新大赛呼伦贝尔初赛，学院获优秀组织奖，参赛学生获优秀奖。

【学生管理】 2022 年，扎兰屯职业学院在引领学生发展中把“党建 + 全员育人”作为重点打造的育人特色品牌，通过党建引领，助推全员育人管理模式。从学业发展、思想品德与行为养成、专业技能与创新创业、社会实践与志愿服务、文体艺术与身

4 月 12 日，扎兰屯职业学院汽车工程系教师进行直播课堂教学

（扎兰屯职业学院　供图）

心发展和个性发展方面创造条件，统筹考虑不同年级、不同层次学生特点搭建学习交流平台。组建11支重点团队，开展推普助力乡村振兴、理论普及宣讲、党史学习教育等2022年暑期“三下乡”和“返家乡”志愿服务社会实践活动，鼓励团员青年走进乡村、社区，在社会大课堂中受教育、长才干、作贡献。心理健康教育中心结合线上与线下形式，在“5·25”心理健康活动月期间，开展大手拉小手、“你笑起来真好看”摄影比赛、心理健康知识竞赛、“家润心 国圆梦”活动、“我爱我，给心灵一片晴空”主题班会、2022年度“阳光形象大使”评选等系列活动。

12月12日，扎兰屯职业学院首个乡村振兴实践基地在蘑菇气镇惠风川村举行揭牌仪式

（扎兰屯职业学院　供图）

【成人继续教育和技能培训】 2022年，扎兰屯职业学院有“三区人才”支持计划科技服务人员9人，科技特派员16人，定期开展乡镇、企业、合作社及农牧民技术指导，累计下乡196天，培训、指导农牧民近4000人次。获批中国农技协“科技小院”1个，致力于服务科技经济深度融合，带动和支撑农技协组织建设，提升农技协组织发展活力，提升农民科学素质和促进农业高质量发展。在做好疫情防控前提下，坚持培养与培训相结合道路，开展全区基层农技人员培训、农牧民致富带头人培训、京蒙扶贫协作项目培训、“三区人才”培训、社区培训、幼儿骨干教师培训、旅游从业人员培训、普通话培训等。

【对外合作交流】 2022年，扎兰屯职业学院首个乡村振兴实践基地在蘑菇气镇惠风川村举行揭牌仪式，通过院地联动、合作共建，打造乡村振兴实践新模式。学院教师受呼伦贝尔市林业和草原事业发展中心邀请参加呼伦贝尔市林草种质资源普查工作；与内蒙古巴林雅鲁河国家湿地公园党支部签订党的建设共建协议；与呼伦贝尔农垦集团有限责任公司、呼伦贝尔市林业集团、北京轻工技师学院签订战略合作框架协议；与呼伦贝尔市林业和草原局、扎兰屯市委组织部、人社局、就业服务中心对接，初步达成合作意向。其中，与呼伦贝尔农垦集团、呼伦贝尔林业集团、幼乐美（北京）教育科技有限公司实现校企双方共同制定人才培养方案，确定教学模式，灵活安排授课时间，招录16个教学班516名学员，已有235名学员毕业并工作在农林工作战线。8个专业系部在132个单位建成校外实训基地，通过校企合作交流，推进经济转型升级、培育经济发展新动能，为地方经济社会发展和产业转型升级提供源源不断的人才，激发职业教育活力。与莫力达瓦达斡尔族自治旗中等职业技术学校、扎兰屯职业高中、鄂温克职业学校等区域内中职学校签署联合办学协议，实现中高职贯通人才培养，构建高质量发展的呼伦贝尔市现代职业教育体系。

（李　越）

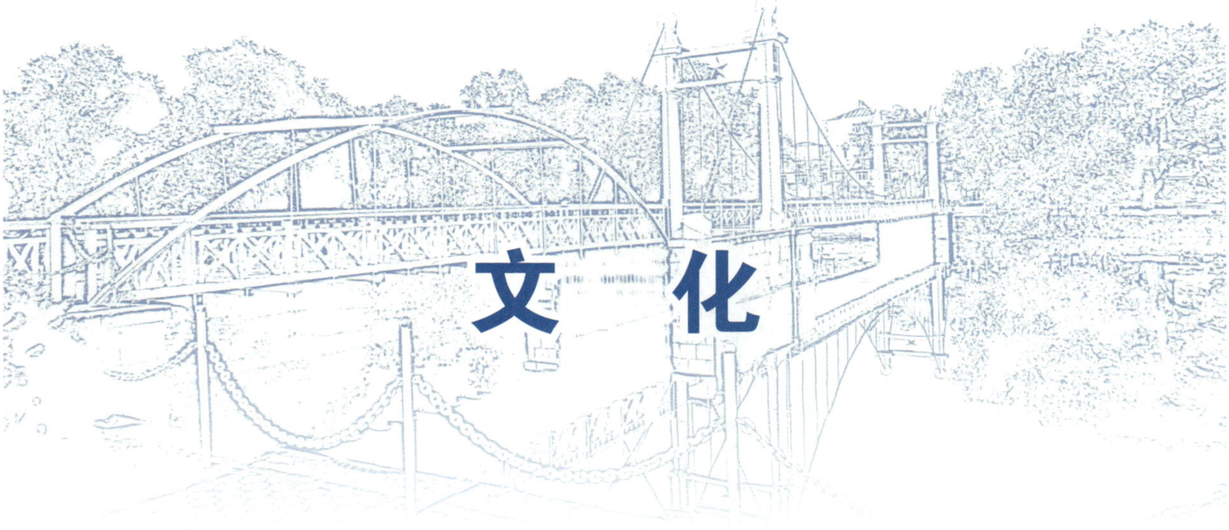

文化

综　述

【概况】 2022年，扎兰屯市有文化馆1个，图书馆1个，新华书店1个，公共博物馆4个，乌兰牧骑馆1个，乌兰牧骑队伍1支。统筹规划文化、文物重大项目和重点设施建设，映山红生态公园、金龙山滑雪场雪道改造、中东铁路建筑群维修、乌兰牧骑馆4个文旅产业重点项目落地。卧牛河镇被评为2021—2023年度“全区民间文化艺术之乡”（民间书画类），卧牛河镇黄义林、王有利获得“2022年全区农村牧区文化示范户”称号，自治区级非遗代表性传承人都叶梅获得“2022年度乡村文化和旅游带头人”称号。

【文化创意产业】 2022年，扎兰屯市文化产业围绕“共护塞外诗画扎兰屯，同筑百年乡村振兴梦”，实施“一乡一品”“一村一策”。全市有工笔画、羽毛画、钢笔画、麦秆画、豆画、固彩沙画、银版画、树皮画、烫画、根艺、石艺、硬笔书法、剪纸、篆刻、雕塑、民族服装、摄影、油画水彩、书画装裱、演艺、影视等文化企业。在金龙山滑雪场大厅内设立“文旅产业精品商品展销大厅”。民间剪纸、草编、钢笔画、豆画分别参加2022年呼伦贝尔草原文化节、天堂草原莫日格勒河景区文创产品展、额尔古纳白桦林景区文创产品展、2022年南木漂流季展销。与呼伦贝尔旅游号专列洽谈麦秆画、剪纸、草编合作项目，组织全市文创爱好者参加由农业农村部、人力资源和社会保障部、国家乡村振兴局、全国妇联等单位组织的全国农民技能大赛。

【“庆祝党的二十大召开”系列群众文化活动】 2022年，扎兰屯市开展庆祝党的二十大胜利召开系列群众文化活动21场。其中第十五届雅鲁河群众文化艺术展演专场文艺演出13场，非遗项目及书法、绘画、摄影线

7月7日，扎兰屯市在天拜山广场举办第十五届雅鲁河群众文化艺术展演专场文艺演出
（市文化馆　供图）

上展览4场、扎兰好声音歌手大赛1场、全市广场舞大赛1场，进社区宣传文艺巡演2场，受益2万人次。

（吕　莹　艾书才）

文化市场管理

【概况】 2022年，扎兰屯市有文化、旅游、体育市场经营场所352家(其中市区299家、乡镇53家)。扎兰屯市文化市场综合行政执法局(以下简称市文化市场综合执法局)检查文化、旅游、体育市场经营场所1万家次，出动执法人员2.01万人次。投入5万元为市域内90家歌厅、网吧、游戏厅安装远程监控摄像头，将日常现场巡查和不间断移动设备监督相结合，全面提升工作效率。开展地面卫星接收设施整治和境外卫星电视整治行动，排查宾馆、酒店、洗浴中心300家次。

【文化市场综合执法】 2022年，市文化市场综合执法局建立诚信信用档案，包括经营场所基本情况及安全生产责任状等相关制度。当经营场所出现安全生产隐患时，首次进行约谈，要求立行立改，再次出现给予警告及相应行政处罚，并记录在诚信信用档案。通过多种方式组织文化市场经营场所经营者开展学习《中华人民共和国安全生产法》活动，召开经营场所经营者见面会，宣讲《安全生产法》，增强经营户法律观念，提高安全生产实效。各执法队在日常执法检查过程中对安全工作逢检必查，与市消防大队等相关部门联合执法并开展消防演练，隐患排查理论结合实践，在互动中提高安全生产技能。重点巡查网吧、游戏厅等场所接纳未成年人、浏览违禁内容、存在禁播歌曲及“港独”“台独”宣传等违法行为。

【文化市场“扫黄打非”】 2022年，市文化市场综合执法局开展“扫黄打非”及各类专项整治工作办结案5起，没收非法出版物2000册，罚款3.2万元，吊销营业执照1家。按照自治区“扫黄打非”工作领导小组办公室《涉党史领域境外有害出版物及信息专项整治实施方案》要求，开展涉党史领域境外有害出版物及信息专项整治排查工作，坚决打击敌对势力利用出版、传播渠道，歪曲、诋毁中国共产党历史，鼓噪、否定在党的领导下内蒙古革命史等有害活动。

【“护苗2022”专项检查】 2022年，市文化市场综合执法局开展“护苗2022”专项检查，为广大学生开启“绿色守护”，重点检查是否销售违禁、恐怖、色情、暴力、封建迷信等危害青少年身心健康的非法出版物、音像制品和盗版书刊，是否售卖带有“新课标”字样或教育部指定书目字样的教辅书籍，网吧是否接纳未成年人等情况。开展“扫黄打非·护苗”专项行动及以“护助少年儿童健康成长、拒绝有害出版物及信息”为主题的“绿书签行动”系列宣传活动，严格把关出版物进货渠道，严禁销售非法出版物和盗版书籍。

【养老诈骗专项整治】 2022年，市文化市场综合执法局开展“防范养老诈骗，守护幸福晚年”主题宣传活动，发放《打击整治养老诈骗行为》《防范养老诈骗，守护幸福晚年》宣传折页、海报1000份。对旅游企业“不合理低价游”、以艺术品经营为名实施诈骗、以会员费、理财产品等形式诱骗、对营业性演出市场虚假宣传及“假彩票”诚信缺失等突出问题进行摸底排查。

（吕　莹）

公共文化

【文化馆】 2022年，扎兰屯市文化馆举办第十五届扎兰屯市雅鲁河群众文化艺术展演、第六届“扎兰好声音”全市歌手大赛、第五届扎兰屯市广场舞大赛、第五届扎兰屯市农民文艺会演及各类美术、书法、摄影展览等群众文艺(节庆)活动42场次，非遗宣传展示传承建设活动6场次，线上网络宣传展览9场次；派出舞蹈、声乐、美术教师到各街道社区开展基层辅导、培训服务18次，馆内各艺术培训班免费开放阵地辅导316班次，服务人群5万人次。在吊桥公园东侧开展文化大集50场次，展销工笔画、根石艺等产品，吸引众多域内外文创企业参加，销售额110万元。

【图书馆】 2022年，扎兰屯市图书馆接待读者5.24万人次，其中外借处、参考咨询室借阅图书2873人次，综合阅览室接待读者1.73万人次，儿童阅览室接待1.11万人次，自学室接待2.11万人次，借阅图书1.14万册次。基层服务网点更换新书1500册，阅览8600人次。利用重大节日、寒暑假等举办各类图片展32次，开展读者活动、少儿活动、线上活动55次，参与人数1万人次。“4·23”世界读书日组织社区群众、在校学生（留守儿童）、机关单位党员、读者100余人参加“奋进新征程 阅读再出发”阅读分享会活动，培养市民养成爱读书、会读书、好读书、读好书的良好习惯，感受图书文化的魅力。“图书馆服务宣传周”期间，举办“兰精灵公益讲堂——庆六一·迎端午”手工制作、影音阅读推广、“开心转一转”读者有奖答题等系列活动，发挥图书馆公共文化服务的社会职能，深入推动全民阅读。对全市12个乡镇148个草原书屋图书进行整合，使用一个图书系统管理，与总馆数据互联，实现总分馆制建设。市党群服务中心红色书吧设有纸质图书及期刊阅览区、办公学习区、红色党建声音馆等区域，有藏书6600册，其中，党员教育类红色书籍1500册、党政理论类书籍1200册、社会科学类书籍1300册、文学艺术类书籍1000册、政治法律类书籍500册、少儿科普类书籍500册、地方文献类书籍100册、其他类书籍500册。开设电子图书阅览区，使用超星歌德机为读者提供电子图书借阅服务，与市图书馆开展通借通还服务。

8月3日，市文化馆举办文创产品文化大集展销　　（市文化馆　供图）

【博物馆】 2022年，扎兰屯市有公共博物馆4个，即扎兰屯博物馆、达斡尔民俗博物馆、鄂伦春民俗博物馆、成吉思汗镇东德胜村史陈列馆。扎兰屯博物馆举办《扎兰屯市革命老区历史文物图片展》展览1个、乡村振兴文化产业作品展1次，举办社会教育活动35次，免费接待参观4.3万人次，义务讲解122场次。完成《呼伦贝尔民族文物考古大系·扎兰屯卷》初稿撰写工作。扎兰屯市达斡尔民俗博物馆举办社会教育活动2次，免费接待参观5000人次。鄂伦

扎兰屯博物馆内景　　（市博物馆　供图）

春民俗博物馆开展社会教育活动3次，免费接待参观1万人次。成吉思汗镇东德胜村史陈列馆免费接待参观2000人次。

鄂伦春民俗博物馆内景　（鄂伦春民俗博物馆　供图）

【乌兰牧骑】 2022年，扎兰屯市乌兰牧骑发挥创作优势，立足铸牢中华民族共同体意识、“奋斗新时代 奋进新征程”等选题，新创作品21部，复排戏曲4部。其中歌曲8首、舞蹈6支、快板小品5个、器乐2个。包括红色精神题材歌曲《领航》《百年》《红色梦想》《我在草原为党放歌》、歌唱家乡题材歌曲《塞外苏杭美扎兰》、革命精神题材舞蹈《旭日初升》、传统文化题材舞蹈《斗彩》、民族融合题材舞蹈《青山绿水》、抗疫精神题材舞蹈《春暖花开》、生态保护题材舞蹈《松趣儿》、民族非遗题材舞蹈《野猪舞》、器乐合奏《多情的雅鲁河》《穿越山林》。复排传统戏曲《小姑贤》《打店》《三岔口》《狮子楼》。拍摄民族团结、安全生产等题材文艺小短片，利用“三微一端”（微博、微信、微视频和客户端）等新媒体宣传。开设网上乌兰牧骑“线上文艺教学小课堂”，首支舞蹈教学视频2天内点击量1万次。开展基层文艺演出117场，其中线下80场，线上37场，服务观众18万人次。扎兰屯市乌兰牧骑获得“自治区第十届民族团结进步模范集体”称号；话剧《不灭的火焰》被自治区《党史题材戏剧小戏小品创作入选剧本汇编》收录；原创乐舞诗《忆·百年》列入呼伦贝尔市第三届特色党课；歌曲《因为有你》《重启芬芳》获得呼伦贝尔市冰雪文旅十佳原创歌曲。9月，扎兰屯市乌兰牧骑馆建成，建筑面积6080平方米，总投资3000万元，功能区包括观众厅、演出厅、会议厅、业务用房、停车场等。设有进口6个，出口6个，观众席数量670座，达到乙等剧场标准。剧场功能以满足中、小型文艺演出及政务性会议为要求，舞台机械、灯光、音视频设备采用国内主流设备。

【新华书店】 2022年，扎兰屯市新华书店重新装修，从硬件、软件等方面加大窗口建设力度，设立读者休闲阅读区，利用店堂面积，调整图书陈列，加强图书品种管理，为读者提供优雅、舒适的购阅环境。积极参加全市“扫黄打非·护苗2022”专项行动暨“绿书签行动”宣传活动，开展线上线下“绿书签·优秀少儿读物推介”，在图书卖场设立“绿书签”少儿图书专区，进行集中展示与推介，推出凭借“绿书签”购书8折优惠活动，营造“爱读书、读好书、善读书”良好社会氛围。配合市委宣传部开展“草原书屋”阅读活动，到130个行政村进行书籍

6月17日，市乌兰牧骑到达斡尔民族乡开展文艺演出　（市融媒体中心　供图）

配送，激发读者和青少年儿童参与热情，使读书成为一种乐趣，从中获得文化滋养，实现知识和自我增值。全年，完成销售收入2000万元，教材到货件数1.53万，为扎兰屯市41所学校完成“课前到书，人手一册”工作任务，完成大中专教材发行，成功中标扎兰屯职业学院春秋两季教材采购项目。

（吕 莹 艾书才 齐振洲）

文物遗产保护

【概况】 2022年，扎兰屯市有文物保护单位124处，其中全国重点文物保护单位2处，自治区级文物保护单位6处，扎兰屯市级文物保护单位116处。

【文物保护】 2022年，扎兰屯市认真落实文物保护规划，争取文物保护项目，开展文物安全保护巡查。将扎兰屯市辽代九村古城、中东铁路阳光浴场办公旧址等4处8个遗址点向上级申报为第六批自治区文物保护单位，以中东铁路建筑群为主要内容申报第二批国家文物保护利用示范区。完成中东铁路水塔、沙俄仓库、沙俄管理人员住宅21～24号、乌兰夫工作旧址修缮项目申报；完成沙俄管理人员住宅1～8号修缮计划、方案申报和立项；配合市住建局完成中国文化历史名城创建资料、档案整理工作；完成两条历史街区中东铁路建筑群房屋面积、未征拆面积调查、统计工作，安排专职工作人员24小时对站前两条历史街区开展消防、安防、防事故管理和巡查；完成对国保单位中东铁路建筑群——扎兰屯高级职工住宅9～20号修缮计划，申报修缮方案，争取国家文物保护项目资金906.73万元，项目已进入招标阶段；完成市保单位中东铁路员工住宅1～2号修缮计划，申报修缮方案，争取自治区文物保护项目资金167万元，项目已进入招标阶段；完成乌兰夫工作旧址、沙俄小学、沙俄黄房、马厩、沙俄仓库消防工程项目计划；完成金界壕国家文化公园项目申报；完成自治区督查项目“中东铁路建筑群扎兰屯段沙俄小学旧址抢险加固工程”。完成金长城扎兰屯段巡查工作和金长城大河湾段保护维修工程。与6个乡镇签订文物保护责任状。

【非遗传承与保护】 2022年，扎兰屯市在“文化和自然遗产日”期间开展非遗进景区宣传展览活动1场次，非遗项目展演活动1场次，涵盖非物质文化遗产保护名录项目展览、非遗作品宣传展览、非遗代表性传承人现场传承技艺、非遗代表性传承人非遗项目现场展演、发放非遗知识宣传单开展宣传等内容。组织自治区级非遗代表性传承人、呼伦贝尔市级非遗代表性传承人集中学习贯彻《呼伦贝尔市非物质文化遗产代表性传承人保护管理条例》等相关内容。组织自治区级非遗扎兰屯剪纸项目代表性传承人都叶梅、呼伦贝尔市级代表性传承人丛艺林到市兴华小学、市幼儿园等地开展剪纸技艺传承活动30余次，受益人数600余人次。同时创作庆祝党的二十大胜利召开、抗击疫情、铸牢中华民族共同体意识、两个打造、抗联三进呼伦贝尔、革命精神等主题剪纸作品85幅，开展主题网络宣传展览6场次。呼伦贝尔市级《桦树皮制作技艺》项目代表性传承人敖美娜在南木鄂伦春民族乡建有工作室，开展桦树皮制作技艺传承。

【非遗代表性项目及代表性传承人】 2022年，扎兰屯市有自治区级非遗项目名录2项，即《扎兰屯剪纸》《野猪舞》项目；呼伦贝尔市级非遗项目名录8项(包括自治区级项目)，即《扎兰屯剪纸》《野猪舞》《蛇伤疗法》《布特哈元宵节灯会》《桦树皮制作技艺》《根艺》《羽毛画制作技艺》《山东快书》项目；扎兰屯市级非遗代表性项目名录116项。有自治区级非遗代表性传承人2人，即《扎兰屯剪纸》项目传承人都叶梅、《野猪舞》项目传承人卜金江；呼伦贝尔市级非遗项目代表性传承人8人，即《扎兰屯剪纸》项目传承人丛艺林、《野猪舞》项目传承人卜伟东、《山东快书》项目传承人沙军忠、《手拍粉条》项目传承人刘长海、《蛇伤疗法》项目传承人吴景胜、《羽毛画制作技艺》项目传承人陈秀云、《根艺》项目传承人高振海、马长德。剪纸项目《传承中华文化 弘扬剪纸艺术》成功申报文化和旅游部2022年度乡村文化和旅游带头人支持项目并获批。

【非遗与旅游融合发展】 2022年，扎兰屯市积极拓宽创新思维，将非遗传统工艺技艺与旅游产品相结合，突出体验性、群众性、观赏性，探索“非遗＋旅游”融合发展新模式。利用节假日在吊桥景区开展非遗作品、文创产品展览宣传活动。将《扎兰屯剪纸》非遗项目与舞蹈相结合，创编舞蹈《剪窗花》，将非遗项目鄂温克族传统舞蹈《野猪舞》、达斡尔族传统舞蹈《鲁日格勒》、鄂伦春族《斗熊舞》等舞蹈搬上群众文化演出舞台。利用扎兰屯市文化大集，展览展销《剪纸》《羽毛画》《根艺》等非遗技艺作品。在博物馆展厅内建非遗项目作品展厅，面向游客开放，扩大非遗项目宣传覆盖面。

（华春利）

媒体宣传

【概况】 2022年，扎兰屯市融媒体中心（以下简称市融媒体中心）开设有关重点项目建设、城市精细化管理、环境整治等方面的主题宣传专栏25个，制作短视频210个。广播、电视分别播发新闻980条，制作各类型融媒体产品498个，“扎兰融媒”客户端推送各类资讯3万余条，微信公众号“扎兰发布”推送各类资讯2670条。“扎兰融媒”抖音粉丝68万，获赞933万。实现网络直播22场次，其中本地直播16场，连线央视新闻、新华社直播6场，总浏览量1410万余次。

【党的二十大精神宣传】 2022年，市融媒体中心在广播电视及新媒体各平台不同阶段开设“喜迎党的二十大”“奋进新征程 建功新时代”“非凡十年”“学习贯彻落实党的二十大精神”等多个专栏，推出短视频，综合运用多种宣传手段全方位开展喜迎二十大、庆祝党的二十大、学习宣传贯彻党的二十大精神的系列报道，刊播各种稿件240篇。在各媒体平台的主要时段、首页主要位置刊播党的二十大标语口号900次，播出反映党的十八大以来党和国家事业取得的历史性成就、发生的历史性变革专题片及其他公益短片15部。

【对外宣传】 2022年，市融媒体中心在中央级媒体刊播各类新闻135条（其中电视4条，报纸33条，新媒体98条），在自治区级媒体刊播299条（其中广播15条，电视74条，报纸30条，新媒体180条），在呼伦贝尔市级媒体刊播714条（其中广播230条，电视256条，报纸90条，新媒体138条）。

【媒体服务】 2022年，市融媒体中心探索“新闻＋政务＋服务”运营模式，对接党政各综合部门，直接面向群众提供服务，通过融媒体“扎兰融媒”APP公开网上政务信息，实现网上政务公开和政务服务。为各类商户

6月16日，市融媒体中心“云游呼伦贝尔 呼伦贝尔大草原——夏之约”直播扎兰屯市风景画面

（市融媒体中心 供图）

提供免费服务，满足群众衣食住行娱游教等方面服务需求。

（于海波）

党史编研

【概况】 2022年，扎兰屯市档案史志馆（以下简称市档案史志馆）认真学习贯彻习近平总书记关于党史和文献工作的重要论述精神，围绕市委、市政府中心工作部署，运用扎兰屯市丰富的党史资源优势，深入挖掘馆藏红色档案，完成党史编研任务，深化党史研究，完善党史展厅，注重党史宣教，爱国主义教育基地接待参观者310人次。

【党史编研成果】 2022年，市档案史志馆发挥党史工作总结党的历史经验职能，利用馆藏档案资料编辑专题汇编。编研完成《扎兰屯市（布特哈旗）历届政府工作报告汇编（1950—2022年）》，收录1950—2022年政府工作报告19篇27万余字，9篇报告为首次公布，其中1950—1953年报告为布特哈旗各界人民代表会议上的政府工作报告，1954—1983年报告为布特哈旗政府工作报告，1984—2022年报告为扎兰屯市政府工作报告。编研过程中，除对所收录较早年代报告按国家出版物有关法规要求对层次题目、公元纪年、数字等作规范更改，其他未作改动，最大限度保持报告原貌，旨在通过阅读、学习和总结历史，借鉴和运用历史经验，更好地为党的建设和党委决策提供历史借鉴。

【党史宣传教育】 2022年，市档案史志馆以深入贯彻落实党的二十大精神为主线，强化宣传教育，传承红色文化和中华优秀传统文化。为迎接和服务党的二十大胜利召开，制作《中国共产党扎兰屯市（布特哈旗）历次代表大会工作报告汇编》电子书，通过“扎兰传媒”“扎兰屯市档案史志馆”等微信公众号发布，阅读量达1000次。《追寻先烈足迹》系列红色档案纪录片通过扎兰屯市电视台、“扎兰传媒”微信公众号等媒体播放，并被呼伦贝尔市档案馆推荐参加自治区百家档案馆百部红色档案视频展播活动，观看量2万次。以馆藏历史档案为内容编研制作的“喜迎二十大 档案颂辉煌”扎兰屯市历史文献图片展在“6·9”国际档案日活动现场展出，受众群众200人。

【党史资料征集】 2022年，市档案史志馆为深入挖掘扎兰屯市红色资源，讲好党的故事，更好地收集、保护散存于社会具有保存价值的党史资料，通过发布征集公告、深入社会调查、重要线索电话联系及登门拜访等多种方式，征集能够反映中国共产党成立以来扎兰屯各个时期发展脉络的党史资料，各历

《中国共产党扎兰屯市（布特哈旗）历次代表大会工作报告汇编》

（市档案史志馆 供图）

史时期对扎兰屯市建设和发展有重大影响的事件、举措、活动的照片、文字资料，重要党史人物、革命烈士、老革命家形成的手稿、书信及革命战争过程中的军服、肩章、证书等实物。全年征集资料文献100册（件）、实物50件、照片200张。

（张艳晶）

档 案

【概况】 2022年，扎兰屯市坚持党对档案工作的领导，牢记“为党管档、为国守史、为民服务”宗旨，履行档案服务大局和服务社会的当代责任，贯彻实施《中华人民共和国档案法》，依法管理档案，完善档案工作机制，推进档案资源、安全、利用体系建设，确保档案完整、安全、保密。馆藏全宗128个，档案总量25.4万卷件，史志资料7542册。

【档案监督指导】 2022年，市档案史志馆对市纪委监委、南木林业局、萨马街乡政府等20家单位的档案室建设、档案整理、档案晋级等方面进行实地业务指导30次。6月9日，在吊桥公园开展“喜迎二十大·档案颂辉煌”档案知识、档案法律法规宣传活动，工作人员现场发放档案法宣传品500份，讲解档案法律法规，扩大档案宣传覆盖面，提升档案工作的公众知晓度和社会影响力。于8月及12月分别举办全市建设项目档案培训班和全市档案业务线上培训班，培训各单位档案工作人员150余人。

【档案服务利用】 2022年，市档案史志馆开展档案开放鉴定，制定《扎兰屯市档案馆档案开放鉴定暂行办法》，完成文件级档案开放鉴定1.32万条，形成开放档案目录。对历史定期档案保管期限重新鉴定，定期转永久191件。提升档案利用服务能力，简化优化查档流程，推出电话查档、预约查询服务，全年接待档案查阅人员1200余人，调卷2067卷次，出具证明604份。在第十五个“6·9”国际档案日期间，开展“档案馆开放日”活动，接待扎兰屯成吉思汗监狱民警、大学生等50余名参观者实地走进实物档案陈列室、档案查阅大厅、档案数字化工作室，近距离接触档案、了解档案工作、认识档案价值，切身感受档案所蕴含的文化魅力和历史积淀。

6月9日，市档案史志馆工作人员到吊桥公园开展“6·9”国际档案日宣传活动　（市档案史志馆　供图）

【档案征集接收】 2022年，市档案史志馆制定《扎兰屯市档案馆接收办法及要求》《扎兰屯市档案馆档案接收计划》，接收市委办公室、蘑菇气镇政府、市民政局、风景名胜区管理局等15家单位的各类档案1453卷3022件，数字化副本54.34GB、光盘42张，政务公开文件14家单位257件。在重大活动结束后，主动对接、加强指导，接收党史学习教育、市第九次党代会、第二次地名普查等重大活动档案进馆。制定《扎兰屯市档案馆档案征集范围及方式》，征集档案及资料357件。

【档案数字化】 2022年，市档案史志馆完善数字化基础设施，建设数字化工作室和数字化机房，配备专用验收、存储计算

6月10日，市档案史志馆开放日接待扎兰屯监狱民警参观　（市档案史志馆　供图）

机及数字化存储服务器，实现三网（互联网、局域网、政务外网）物理隔离，加强档案服务外包管理，严格审核服务供方业务资质，强化外包服务人员管理、场所管理、设备管理和介质管理，对数字化工作室监控进行周备份，严把保密安全关。全年完成馆藏档案数字化2.7万卷、3.21万件、70万页。以档案科技项目为工作抓手，积极开拓新思路，撰写课题“综合档案馆档案管理工作数字化转型”“扎兰屯市档案史志馆红色档案数字资源云展馆”，申报自治区档案科技项目和国家重点档案专题保护开发项目，发挥档案科技的技术支撑作用。

【档案安全管理】 2022年，市档案史志馆全面落实档案安全整改，按照《内蒙古自治区贯彻落实国家档案局档案工作综合检查反馈意见整改方案》中对档案安全工作整改要求，对档案库房安全进行全面排查整改。于取暖期前拆除1至3层档案库房区域暖气管道，排除档案安全隐患；为档案库房购置空调、恒湿净化一体机、人脸指纹双重门禁、光盘柜等档案安全设施设备，保障档案保管条件符合规范标准。建立健全档案安全管理制度，完善档案安全管理制度和档案工作制度36项，完善应急预案2个，责任落实到人。

（张艳晶）

地方志

【概况】 2022年，市档案史志馆贯彻《全国地方志事业发展规划纲要》及内蒙古自治区关于地方志工作部署，探索地方志事业发展新途径。以“追求一流 打造精品”为目标，以《中国年鉴精品工程实施方案（修订版）》要求为标准，积极参与国家及自治区“精品年鉴品读季”活动，组织编辑人员开展学习交流5次。《扎兰屯年鉴（2022）》出版发行，《扎兰屯市大事记（2021）》合订本印刷发放，推动《扎兰屯市革命老区发展史》出版发行，建立年鉴全文数据库，收录2012—2022年年鉴图文。为野马河村红色乡情记忆馆建设、呼伦贝尔市文化旅游资源普查等工作提供地情、志鉴资料查阅30次。

【年鉴编纂】 2022年，市档案史志馆高质量完成一年一鉴、公开出版任务，整体进度居呼伦贝尔市首位。年内由市委、市政府向各供稿单位印发《关于开展〈扎兰屯年鉴（2022）〉撰稿工作的通知》，明确《扎兰屯年鉴（2022）》资料征集的时限、范围及要求。同时优化创新《扎兰屯年鉴（2022）》篇目设计，突出地域特色、时代特色和年度特色，全面、系统反映2021年度扎

《扎兰屯年鉴（2022）》 （市档案史志馆 供图）

兰屯市经济社会发展情况。全书53万字，收录图片180幅、表格20张，编有主题索引、表格索引、内页图片索引，采用4色全彩印刷，具有较强资料性、知识性和可读性，发挥独特存史、资政、育人功能。按照《内蒙古年鉴》《呼伦贝尔年鉴》供稿要求，收集资料，安排专人认真组织编写，规范编撰，高质量完成供稿工作。

【年鉴数据库建设】 2022年，市档案史志馆适应新形势下地方志工作新要求，丰富地方志载体，积极探索建立年鉴全文数据库，将历年年鉴图文导入数据库，创建地方志图文数据检索，以满足社会阅览需要，为群众提供便捷、方便的使用手段，为实现地方志丛书电子阅览做好各项准备工作。

【基层志书编纂】 2022年，市档案史志馆将精品意识贯穿基层志书编纂出版工作全过程，认真仔细对志稿进行审核与校对。根据《扎兰屯市第一批乡镇(村)志编纂工作实施方案》，对《南木鄂伦春志》编纂进行督促指导，及时协调解决修志业务中遇到的实际困难和问题，完成初稿审校，约20万字。加大专门志编纂工作指导力度，促进各单位专门志启动，提高编纂质量，推动《扎兰屯市革命老区发展史》公开出版，《扎兰屯市教育志》完成资料收集。按照自治区、呼伦贝尔供稿要求，完成《内蒙古自治区疫情防控志》供稿。

【大事记编纂】 2022年，市档案史志馆完成《扎兰屯市大事记(2021)》合订本编纂印刷，约4.3万字。每月及时向各单位征集资料，选取大事、要事，完成大事记月册编印，发放至市各主要部门，同时在扎兰屯市人民政府网站登载，服务经济社会发展，发挥大事记留史、资政、育人的作用。印发《关于编辑〈乡镇、街道大事记〉的通知》，推进各乡镇、街道大事记上报工作，加强2022年乡镇、街道大事记整理、编辑工作。

【史志资料收集利用】 2022年，市档案史志馆紧紧围绕扎兰屯市经济社会发展，不断增强服务意识，注重史志文献资料收集利用工作，组织专人与各地史志部门进行志书交流。史志文献室存有各类资料7542册，均按图书分类法进行排列贴签管理，全部录入目录，进行电子检索，对各单位及市民开放，为全市史志编研、地情研究等工作提供服务。

（张艳晶）

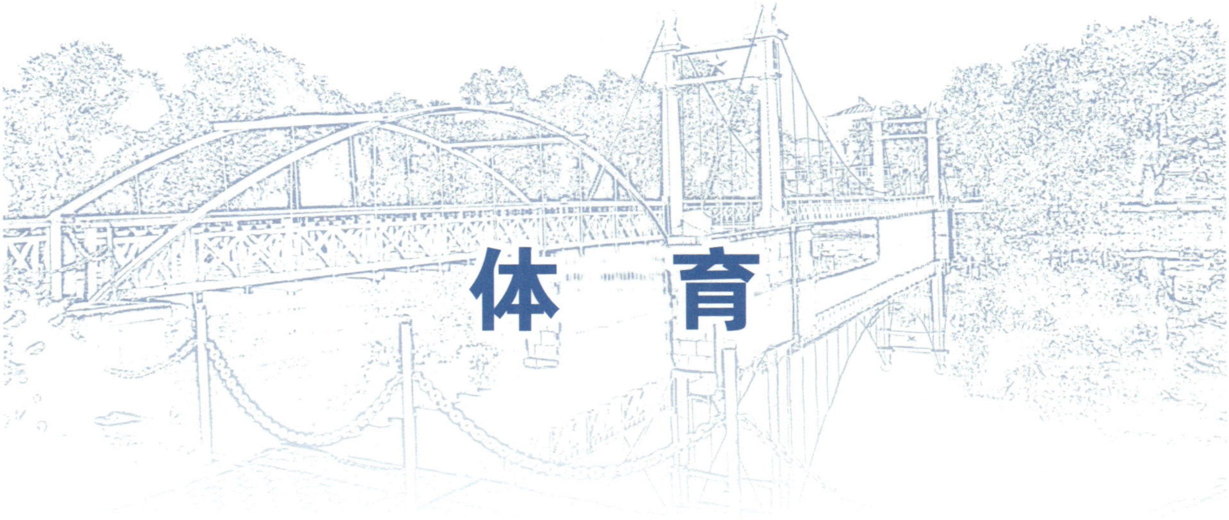

体　育

综　述

【概况】 2022年，扎兰屯市注重发挥体育总会职能作用，鼓励各单项体育协会承办各级各类群众体育赛事。举办“迎奥运”青少年高山滑雪赛、大众速度滑冰、大众冰球、大众冬泳等群众体育赛事；开展羽毛球赛、象棋赛、网球赛、足球赛，举办大众徒步登山活动、全国全民健身日广场舞展示活动。选送5名选手参加呼伦贝尔市优秀竞技体育后备人才“未来之星”选拔。举办“奔跑吧·少年”足球精英赛、冰雪嘉年华青少年雪地足球赛等赛事。

【体育社团】 2022年，扎兰屯市有单项注册体育协会12个，自发群众体育活动组织17个，注册社会体育指导员830人，基本覆盖社区、行政村、健身站点，初步形成“体育总会+单项体育协会+群众自发体育组织”全民健身组织网络。

【公共体育设施】 2022年，扎兰屯市行政村健身路径覆盖率为76.9%，市域内新建体育公园、全民健身中心、翠屏山生态公园步行栈道、笼式足球场等群众身边的体育活动场地31处。其中，全民健身中心建筑面积3099.81平方米，室内设施有网球场（套用羽毛球场地4片）、健身室、力量房、蹦床室、乒乓球室、国民体质监测室；市体育场建筑面积2.57万平方米，固定座位8000个，基础设施有400米标准塑胶跑道田径场、标准足球场，网球场1片、排球场1片，轮滑场、笼式足球场地2处、室外智能健身区2处、功能训练区1处。全市公共体育设施逐年增加，15分钟健身圈全覆盖，人均体育用地面积达到2.6平方米。

【业余体校】 2022年，扎兰屯市业余体校有队员112人，其中滑雪项目23人、田径项目24人、

2022年夏季，新建市体育场对公众开放　　（市业余体校　供图）

足球项目65人，累计向各级训练组织输送优秀体育后备人才110人，其中国家滑雪项目队7人、内蒙古自治区专业队16人、内蒙古体育运动职业技术学院23人、呼伦贝尔市体育运动职业技术学院64人。2名队员通过选拔抽调到北京冬奥会和冬残奥会担任单板自由式项目国内技术官员，1名队员入选国家单板U型场地滑雪队，1名队员入选国家自由式大跳台和坡面障碍技巧滑雪队，4名队员入选内蒙古自治区滑雪专业队，1名队员输送到呼伦贝尔市体育运动学校。扎兰屯市业余体校被授予“内蒙古自治区竞技体育后备人才基地”“呼伦贝尔市竞技体育后备人才基地”。

【全国“十四冬”运动会呼伦贝尔扎兰屯赛区筹备任务重启】 2022年，全国“十四冬”运动会呼伦贝尔扎兰屯赛区筹备任务重启后，将在扎兰屯金龙山滑雪场的U型场地、空中技巧、大跳台、坡面障碍、雪上技巧5个专业比赛场地进行自由式滑雪、单板滑雪2个分项，公开组和青年组2个组别、30个小项的滑雪赛事。

（巍　平）

竞技体育

【全市职工乒乓球赛】 8月27日，由扎兰屯市总工会主办，扎兰屯市乒乓球协会承办的全市职工乒乓球比赛在第四中学开赛。全市31支代表队，100名职工参加比赛。设男单、女单和团体赛3个项目，赛程2天，进行了108场比拼，王贺、李伟分别获得男子、女子单打冠军，海峰影视、金冠乒乓球俱乐部代表队分别获得男女团体冠军。

8月27日，全市职工乒乓球比赛现场　　（市总工会　供图）

【非公有制经济人士职工羽毛球赛】 9月2日，由市工商联和市总工会主办，市新城集中供热有限责任公司承办的“永远跟党走 奋进新征程”2022年非公有制经济人士职工羽毛球比赛开赛。比赛有12支队伍参赛，旨在贯彻自治区工商联第十三次代表大会精神，更好地把民营经济人士团结凝聚在党的周围，凝聚向上奋进力量，将运动场上的斗志转化为助推民营企业高质量发展的坚定信心。

【冰雪嘉年华青少年雪地足球赛】 12月1日，由中共扎兰屯市委员会、扎兰屯市人民政府、呼伦贝尔市文化旅游广电局主办，扎兰屯市文体旅游广电局承办，扎兰屯市文化旅游投资开发有限责任公司、扎兰屯市足球协会协办的2022年扎兰屯市冰雪嘉年华青少年雪地足球比赛在扎兰屯金龙山滑雪场开赛。比赛采用淘汰制，采用“大手拉小手”方法，促进少年儿童足球提高竞技水平，让少年儿童享受冰雪运动带来的快乐。

（王艳玲）

群众体育

【“迎奥运”大众高山滑雪赛】 12月1—2日，由扎兰屯市文体旅游广电局主办，扎兰屯市滑雪协会承办，扎兰屯金龙山滑雪场协办的2022年扎兰屯市大众、青少年高山滑雪赛开赛。比赛设置青少年儿童初级道自由滑雪、中高级以上水平滑雪运动员高山滑雪比赛项目，市各群众组织、业余体校滑雪训练队的大众、青少年滑雪爱好者100余人参加比赛。

【大众速度滑冰赛】 12月23日，由扎兰屯市委、市政府主办，文体旅游广电局承办，市速滑协会协办的扎兰屯市冰雪嘉年华系列活动之一的速度滑冰赛开赛。来自市滑冰协会的50名滑冰爱好者齐聚河西玉河湾滑冰场，进行集体滑，男子500米、1000米、1500米、3000米速滑，男女冰上接力赛等比赛项目。比赛全力推广普及群众体育活动，丰富群众业余文化生活。

【全市职工拔河比赛】 8月19日，由市总工会主办的全市职工拔河比赛在呼伦贝尔东北阜丰生物科技有限公司开赛。全市23支代表队，345名职工参加比赛。经过23场比拼，教育系统、公安局、第一中学、第四中学分别获得机关事业组拔河比赛的前四名；浆纸公司、阜丰公司、热电厂、排球协会分别获得企业组拔河比赛的前四名。

【第五届广场舞大赛】 7月12日，由扎兰屯市委宣传部、扎兰屯市文体旅游广电局主办，扎兰屯市文化馆承办的“喜迎二十大·永远跟党走·奋进新征程”扎兰屯市第五届广场舞大赛在天拜山广场举行。大赛有16支广场舞代表队参赛，其中市区组12支、乡镇组4支，各参赛舞蹈队按照抽签顺序进行。评选出市区组一等奖1名、二等奖5名、三等奖6名；乡镇组一等奖1名、二等奖1名、三等奖2名；广场舞优秀辅导员16名。

（魏　平　王艳玲）

7月12日，扎兰屯市第五届广场舞大赛在天拜山广场举行　（市文化馆　供图）

卫生健康

综　述

【概况】 2022年，扎兰屯市有各类医疗卫生机构250个，编制床位数1967个，实有床位数2128个。在岗职工3498人，其中卫生专业技术人员2890人。个体诊所65个，门诊部11个，村卫生室132个，村医252人。有价值100万元以上的医疗设备128台（件），万元以上的医疗设备2788台（件），救护车10辆。

【医院建设项目】 2022年，完成南木鄂伦春民族乡卫生院建设项目，已投入使用；完成市人民医院传染病房建设项目，建筑面积3200平方米，已投入使用；完成市中蒙医院新区病房楼建设项目，建筑面积1.16万平方米，已投入使用。

【公立医院综合改革】 2022年，扎兰屯市卫生健康委员会（以下简称市卫健委）研究制定《扎兰屯市深化医药卫生体制改革领导小组2022年度工作安排》，修订并完善领导小组办公室议事规则。完成2022年度公立医院综合改革补助资金分配，巩固公立医院综合改革成果，优化整合医疗卫生服务体系。启动实施"讲医改、见行动、出成效"专项活动，围绕医改重点工作任务，协调联络市医改领导小组成员单位按期完成医改任务，组织完成全市医改工作宣传、调研、协调、督办和信息统计等有关事项。

【医疗服务】 2022年，市卫健委组织召开"优化诊疗流程，提高服务质量"工作部署会，印发《关于统筹做好常态化疫情防控和医疗救治工作的通知》《关于当前基层医疗卫生机构如何接诊发热病人的通知》，优化就诊流程，提高医疗服务水平。处理医疗纠纷5个、投诉50个。对于大型医疗纠纷，均成立专项调查组，展开全面细致调查，一方面安抚家属情绪，另一方面积极促进问题解决。

【中医药工作】 2022年，市卫健委制定印发振兴中医药（蒙医药）行动任务实施方案，与25家医疗机构签订目标责任状，建立振兴目标台账。为基层医疗卫生机构争取并获批2个西学中临床人才培养和2个中医全科医师培养名额，完成11名中医师承人员资料审核上报备案工作。制定《扎兰屯市创建全国基层中医药工作示范县实施方案》《扎兰屯市基层医疗卫生机构中医馆（蒙医馆）提档升级工作方案》，打造繁荣社区卫生服务中心及卧牛河卫生院示范型中医馆，推进惠风川、达斡尔卫生院基础型中医馆建设。组织开展"中国国医节"《中华人民共和国中医药法》实施五周年系列活动，受益人群1.93万人次。协助中蒙医院完成3项呼伦贝尔市中医（蒙医）特色优势重点专科申报工作，完成全市中（蒙）医药专业技术人员继续教育工作，完成30家中医诊所年度现场校验和换证工作。

【公共卫生服务】 2022年，市卫健委印发《扎兰屯市卫健委关于调整基本公共卫生服务项目协调工作组和专业技术指导组人员及职责的通知》《关于调整扎兰屯市卫生健康委员会促进基本公共卫生服务均等化工作领导小组组成人员的通知》，健全公共卫生服务项目工作机制和服务体系。组建家庭医生签约服务团队96个，年内签约21.49万人，签约率67.36%。接受自治区国家基本公共卫生服务项目及相关工作年度考核验收工作，获得自治区第二名。

【疾控应急处理】 2022年，市卫健委审核传染病969例，处理传染病预警信息24起，监测到学校和托幼机构呼吸道传染病散发病例35例，疫情调查处理率100%。开展阶梯式布病防治知识培训473人，完成行为干预1.76万人，开展面对公众宣传教育3次，乡镇、乡村宣传教育覆盖率100%。发放艾滋病、性病预防知识宣传折页484份、干预包360个。开展鼠疫防控培训1次，知晓率100%。举办资质认定培训及考试，规范预防接种工作，发放宣传资料4000份，现场解答咨询500人。居民电子健康档案建档34.18万份，其中高血压患者档案3.04万人，随访管理2.99万人，糖尿病患者档案7901人，随访管理7673人。

【健康扶贫】 2022年，市卫健委落实30种大病集中救治政策，实现患有大病的贫困患者住院费用实际报销比例达90%，对重特大疾病贫困患者住院医疗费用在自付基本医保起付线的基础上，剩余实际费用报销比例达90%，对非重特大疾病贫困患者住院医疗费用予以合理保障。贫困人口在县域内定点医疗机构住院不交押金，出院结算时，实行基本医保、大病保险、医疗救助等政策“一站式”综合结算，贫困人口只需缴纳个人自付费用。县域外住院治疗的贫困人口，回参保地便民服务大厅“一站式”结算窗口结算。

【爱国卫生运动】 2022年，市卫健委深入开展爱国卫生运动“百日攻坚”活动，出动监督检查120次，印发活动通报15期，形成环境卫生问题整改闭环式管理机制。以“第34个爱国卫生月”活动为契机，出动人员1.17万人次，机械车辆600辆次，清理垃圾1.07万吨。创建健康村6家，卫生先进单位5家，无烟家庭347家。

【“一老一小”照护服务】 2022年，市卫健委落实三孩生育政策，鼓励按政策生育，完善生育登记服务制度和支持生育措施，按月进行出生监测核查，人口出生率为4.11‰（同比下降0.47‰），自然增长率为–1.98‰（同比下降0.45‰）。审核确认2022年奖扶3114人（国家奖扶2300人、呼伦贝尔市扩面奖扶806人、晚婚晚育提前奖扶8人）、特扶694人、独生子女伤残死亡一次性补助89人（53户）、独生子女父母奖励费3495户。建有0~3岁托育机构5家，托位数585位，实际收托婴幼儿217人。在市人民医院（10平方米）、市中蒙医院（18平方米）、成吉思汗机场（19.4平方米）母婴室内按要求配备相关设施。

【老龄健康管理】 2022年，市卫健委针对全市60岁及以上老年人口7.3万人（占现居住总人口的22.57%）需要生活照料、健康护理的实际，在市区以民营仁爱医养院为依托，探索“以养为主、医养结合”的养老服务模式，在市中蒙医院创建安宁疗护试点，全市24家基层医疗卫生机构均与辖区养老机构（23家）签订医养合作协议，为老年人提供及时便捷的诊治、康复、护理、照护服务。实施卫生健康系统打击整治养老诈骗涉医专项行动，发放宣传单8371份，现场解答老年人咨询644人次。完成国家老龄健康统计调查工作，建立全国老龄健康信息管理系统，为2217位60岁及以上失能老人提供健康评估和服务。

【医务人才培养】 2022年，市卫健委派出三级医疗卫生机构3人参加上级医院进修学习。通过组织查房、手术示教、疑难病例讨论等各种临床带教形式培训基层卫生院医务人员64人，接收实习人员42人，进修人员5人。完成2022年自治区专业必修课学习1860人，上报全科医师转岗培训计划6人，组织医务人员业务培训60次，参加考试6300人次，合格率98%。市人民医院继续巩固卒中中心建设成果，召开质量会议44次，完善卒中绿色通道建设；推进神经血管介入诊疗技术，开展介入手术125例；创伤中心收治创伤患者299人。市中蒙医院2个自治区级重点专科项目（骨伤科、针灸推拿科）已通过自治区重点专科验收，心血管内一科、脑病科为第三批自治区重点专科建设项目。

【医疗服务信息化建设】 2022年，市卫健委加快信息化建设工作。市人民医院、市中蒙医院通过手机APP、微信公众号网络预约8.52万人次、缴费7.67万次、住院缴费9397次、报告查询87.52万次、电子发票2305次、住院账单查询4899次。全年发布信息92篇，利用美篇等方式宣传防控相关知识189篇，宣传阅读量9.37万次。印发鼠疫防控知识、健康科普知识、全民营养周、中国学生营养日、相信科学科普小知识等宣传单7000张，阅读量9200次。利用电子屏播放宣传标语266条，悬挂条幅97条，宣传栏宣传健康知识和预防知识302条。

【卫生健康政务服务优化】 2022年，市卫健委接受企业、群众电话咨询700人次，现场咨询1300人次，开出一次性告知书141份。受理、办结各类行政审批及公共服务事项835件，办结率100%。实施告知承诺制，一次性告知申请人许可条件和所需材料，对申请人自愿承诺符合许可条件并按要求提交材料的，当场作出许可决定，将审批时限由法定20日缩短至当场办结，全年实施告知承诺公共场所卫生许可110家。梳理一体化平台政务服务事项81项，根据《盟市政务信息资源目录认领操作手册》，梳理编制本部门数据目录清单，认领编制政务数据目录3项。完成一体化平台综窗受理测试事项59项，推进涉企便民事项在全区一体化政务服务平台全程网办，使用综窗网上办件521件。认领电子证照11项，签发出生医学证明、护士执业证书等电子证照1537份。根据呼伦贝尔市两级行政许可事项清单认真梳理本部门行政许可事项，对清单以内的各项内容逐项核对，认领本部门行政许可事项15项。推行生育登记、义诊活动备案、护士执业注册3项政务服务事项“跨盟市办理”。签收呼伦贝尔市“12345”政务服务便民热线派发的工单168件，办结率100%。

【卫生健康系统安全生产】 2022年，扎兰屯市卫生健康系统安全生产形势稳定，未有安全生产事故发生。全年开展安全生产督导检查32次，排查系统内安全隐患问题76项，下达安全生产限期整改指令书9份，督导并要求整改一般隐患问题18项，均整改到位。组织开展系统内安全生产宣传教育5次，受教育人数2076人次。

（李丹丹）

疾病防控

【概况】 2022年，扎兰屯市疾病预防控制中心（以下简称市疾控中心）加强传染病疫情监测报告及处理，24小时专人负责传染病系统疫情监测和接听受理疫情电话。对重点传染病实行日监测周报告制。审核传染病1148例，及时处理传染病预警信息65起，监测到学校和托幼机构呼吸道传染病散发病例61例，疫情调查处理率100%。

【艾滋病与性病防控】 2022年，市疾控中心发放艾滋病、性病预防知识宣传折页、干预包2480份。监管场所HIV筛查检测207人次，检测HIV抗体均为阴性。4个VCT点检测咨询421人次，确证检测率100%。完成自愿咨询检测421人份，暗娼干预75人次。对艾滋病病人及感染者全部纳入管理，接受免费抗病毒治疗。

【布病防控】 2022年，市疾控中心完成布病行为干预1.76万人，发放宣传折页、消毒液5.56万份。对1299名高危职业人员进行防护用品使用情况摸底调查，对2016人进行防护知识问卷调查，使用率和知晓率均超过95%。布病病例建档率100%，随访率96.92%，规范治疗率96.92%，治愈率96.58%，慢性化率3.41%。

【鼠疫防控】 2022年，市疾控中心设置发热门诊28家、鼠疫定点医院1家、出入境体温检测点21个，排查272.3万人次，其中体温高于37.5℃的1477人，经流行病学接触史等条件研判，均排除其患鼠疫可能性。对各医疗卫生单位负责人及防保工作人员开展鼠疫知识培训2期479人，开展鼠疫防控演练1次。

【结核病防控】 2022年，市疾控中心转诊、推荐报告、追踪疑似结核病患者169例，接诊可疑结核病患者1084人，确诊126例。对68例艾滋病感染者和207名羁押人员进行结核病筛查，均未查出结核病新患者。肺结核接受免费筛查的可疑症状者数量达到人口的3.4‰以上。报告肺结核患者和疑似肺结核患者的总体到位率97.6%，病原学检查阳性肺结核患者的密切接触者筛查率100%，肺结核患者病原学阳性率67%，耐多药肺结核高危人群耐药筛查率95%，肺结核患者成功治疗率90.4%。处置中国疾病预防控制中心预警信息23例。

【卫生应急能力建设】 2022年，市疾控中心修订《扎兰屯市疾控中心突发公共卫生事件应急预案》，完善组织机构，建立防控梯队。举办并参与突发鼠疫疫情应急演练。

【公共卫生与卫生检验】 2022年，市疾控中心完成12个乡镇和城区66份水质监测水样采集。对交通运输、快递物流等群体进行14次600人消毒培训。食源性疾病视频培训1次，27家哨点医院100人参加，食源性疾病审核上报480例。开展鼠疫和新冠病毒消毒演练各1次，学生营养周宣传1次，对高考考场消毒近万平方米。开展生活饮用水水质安全监测83份，布病筛查检测样本2104份，采集初筛HIV722人份，采集检测风疹麻疹样本13人份、疑似食物中毒样本27份，采集或接收检测核酸样本58.93万份。年初通过盐碘、水碘的盲样考核任务。

【免疫规划】 2022年，市疾控

6月6日，市疾控中心工作人员为高考考场消毒　（市疾控中心　供图）

中心规范疫苗运输、储存和管理，配送一类疫苗4.11万支，二类疫苗4.21万支，紧急使用预防新型冠状病毒疫苗14.12万支。发放国家免疫规划政策宣传资料4000份，解答咨询500人次。完成全市34所小学和96所幼儿园接种证查验，查验覆盖率100%。免疫疫苗接种率均达90%以上。

【慢性非传染性疾病防控】 2022年，市疾控中心指导基层医疗机构建立居民电子健康档案，高血压随访管理3.15万人，糖尿病随访管理8157人，65岁以上老年人管理4.16万人，报告死亡病例2936例，报告肿瘤发病病例694例，在管严重精神障碍疾病患者1685人，报告患病率5.51‰，心脑血管事件网络报告235例。开展全民健康生活方式行动宣传和公众咨询2000人次。

【地方病防控】 2022年，市疾控中心对大河湾镇、蘑菇气镇、成吉思汗镇、卧牛河镇和向阳街道的200名住宿生和100名孕妇进行尿碘、碘盐监测，碘盐合格率92.7%。7~12岁儿童大骨节病监测1.38万人，无阳性病例，12岁以上成人大骨节病监测2516人，X线诊断阳性227人。完成克山病现症病人39人治疗工作任务。

（焦义杰）

妇幼保健

【概况】 2022年，扎兰屯市妇幼保健计划生育服务中心（以下简称市妇幼保健服务中心）有万元以上医疗设备62台，其中10万元以下的设备31台，10万~50万元的设备26台，50万~100万元的设备1台，100万元以上设备4台。全年孕产保健门诊量4280人次，儿童保健门诊6298人次，妇女保健门诊4259人次，计划生育技术服务部2.28万人次，中医康复科5000人次。总收入1918万元，总支出1921万元。

【妇女保健管理】 2022年，市妇幼保健服务中心以《母子健康手册》规范使用为媒介，强化产科医生、妇幼医生和村医在高危孕产妇分级管理方面各项职责。制定《产前检查和高危孕产妇日报告和反馈制度》《高危孕产妇月通报制度》《剖宫产率实名医生月通报制度》《孕产妇死亡责任追究制》《高危孕产妇分级管理制度》，监督各级医疗机构日常工作，提高保健工作质量。定期组织相关技术人员，对全市各医疗机构的母婴安全工作进行督导检查，对发现的问题及时上报市卫健委，并制定可行性整改措施。全年孕妇产前

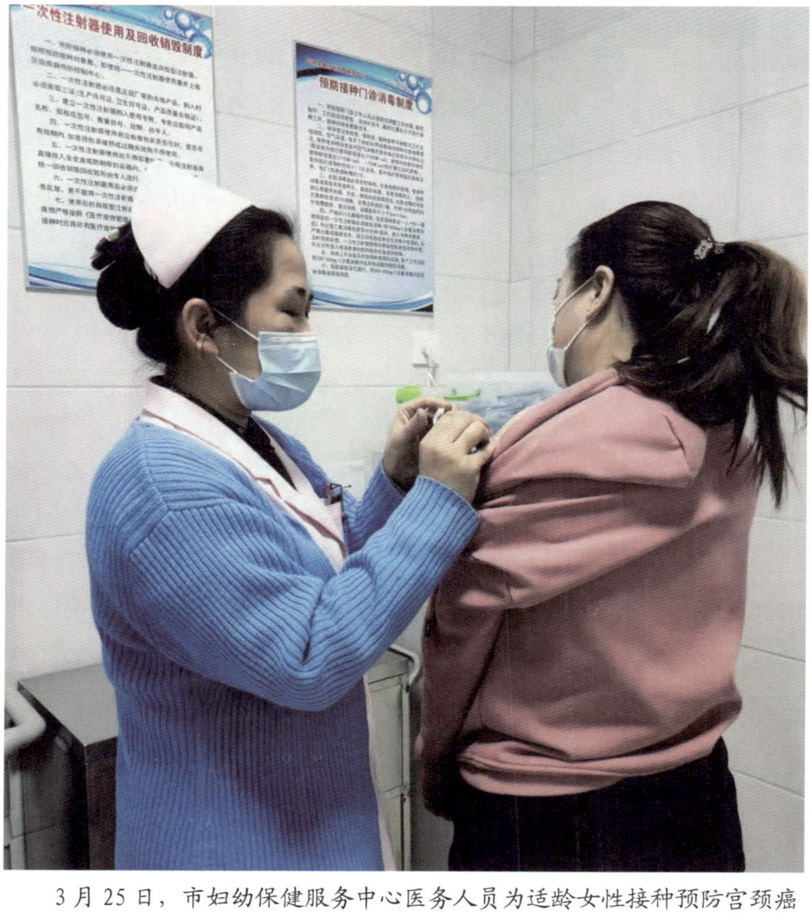

3月25日，市妇幼保健服务中心医务人员为适龄女性接种预防宫颈癌疫苗

（市妇幼保健服务中心　供图）

筛查率86.49%，产前检查覆盖率99.25%，早孕建册率98.4%，产妇产后访视率98.79%，孕产妇系统化管理率96.76%，高危孕产妇分级分类管理率100%，剖宫产率69.33%。宫颈癌筛查8500人，乳腺癌筛查8500人。孕产妇艾滋病检测率100%，梅毒检测率100%，乙肝检测率100%。

【儿童保健管理】 2022年，扎兰屯市筛查1318名新生儿，筛查率99.32%。其中甲状腺功能减退症0例，苯丙酮尿症2例。市妇幼保健服务中心印发《高危儿监测管理手册》，设专人负责监测各医疗机构的落实情况。对全市托幼机构、早教机构进行卫生保健督导检查和评估，培训全市园长和保育员824人（包括乡镇托幼机构）。儿童保健服务工作队对在园儿童生长发育骨强度检查63人，龋齿防治64人，弱视筛查3011人，贫血筛查3011人，听力筛查3011人，微量元素六项检测74人，骨龄检测1人，传染病快筛116人，乙肝五项5人，形成在园儿童体检反馈单3011份。7岁以下儿童保健覆盖率95.47%，3岁以下儿童系统化管理率95.88%，新生儿访视率99.47%，5岁以下儿童血红蛋白检测率57.79%、贫血患病率3.88%，新生儿、婴幼儿和5岁以下儿童死亡率分别为2.26‰、3.77‰、5.28‰，均控制在目标要求内。

【出生证明管理】 2022年5月，市卫健委妇幼科带领妇幼保健服务中心相关人员对市医院、中蒙医院、呼伦贝尔市传染病医院出生医学证明管理进行督导检查，对发现问题进行梳理上报。每月市妇幼保健服务中心派专人对各助产机构医学证明签发进行网络监控，对存在问题进行规范。全年签发出生医学证明1426张，其中首次签发1335张，签发率达97%，废证0张。

【妇幼卫生项目及重大公共卫生项目】 增补叶酸预防出生缺陷项目 2022年，全市投服叶酸率98.9%，依从率56.9%，知晓率95.6%。

宫颈癌免费筛查项目 2022年，筛查8500人，阴道镜213人，病理88人，其中宫颈癌癌前病变21人，宫颈癌1人，宫颈癌患病率11.76/10万。

乳腺癌免费筛查项目 2022年，筛查8502人，需做钼靶88人，检查乳腺癌8例，乳腺癌早诊率75%。

消除艾滋病、梅毒和乙肝母婴传播项目 2022年，孕产妇艾滋病检测率100%，其中阳性率0%；梅毒检测率100%，其中阳性率0.59%；乙肝检测率100%，其中阳性率3.92%。对发现患病的孕产妇和儿童进行及时干预，新生儿乙肝免疫球蛋白接种率100%。梅毒孕妇治疗率100%，新生儿治疗率100%。

孕前优生健康检查项目 2022年，完成孕前优生健康检查任务数842对，完成任务数83.7%，达标后保持。

儿童营养包免费发放项目 2022年，对全市6～36个月儿童免费发放营养餐包、免费开展生长发育评估和体检，领取1894人，发放4323盒，营养包发放率86.5%，有效服用率88.3%，接受咨询指导率100%。8月，组织召开全市医疗机构营养包项目培训会议，从目标、发放对象、营养指导、随访、检测监督、信息统计上报等方面进行详细培训，培训35人。

【专科特色服务】 2022年，市妇幼保健服务中心选派业务骨干到山东省聊城市进修学习，提高中医诊疗水平。开展送中医药服务进学校、进社区；在妇女“两癌”（宫颈癌、乳腺癌）筛查期间，与市妇联、红十字会等单位联合，开展“献礼二十大，北疆巾帼心向党”“情暖五月天，感恩母亲节”送中医药服务进乡村、进万家活动，为贫困家庭提供免费煎煮中药服务。提供中医义诊6次，健康讲座10次，发放宣传资料1万份，获益群众超过1万人次。服务人群覆盖扎兰屯市全域及呼伦贝尔其他旗市，通过网上诊疗，为其他省市患者代煎代寄中药服务，通过快递寄往全国各地的中药超过500剂次；通过网络预约为2573名适龄女性接种宫颈癌疫苗4774针次。

（高　鑫）

卫生健康监督

【概况】 2022年，扎兰屯市卫生健康综合行政执法大队（以下简称市卫生健康综合执法大队）按照“监管与指导结合，指导为主”的原则，牢记“以人为本”的服务宗旨，监管与服务相结合，处罚与教育相结合，正确处理严格执法和为经营者指导服务的关系，在加强监督管理的同时，维护经营者的合法权益。

【卫生健康行政处罚】 2022年，市卫生健康综合执法大队立案40起，结案34起，罚款41.73万元，上缴国库30万元。同时，监督员对处罚后经营单位进行回访、教育，提高其守法经营的自觉性。

【卫生健康“双随机、一公开”监督抽查】 2022年，市卫生健康综合执法大队完成“双随机”任务174份，其中1家洗浴停业整顿，其他173家均符合行业卫生规范。与市劳动监察大队、市教育局、市疾控中心、市市场监督管理局、市公安局、市消防大队等部门联合开展住宿场所、游泳场所“双随机”监督检查7次，加强各行业部门工作的有效衔接，进一步规范各机构、单位经营行为，排除卫生安全隐患。

【卫生健康日常监督执法】 2022年，市卫生健康综合执法大队监督检查医疗机构450家次，公共场所经营单位1500家次，出动监督执法人员2700人次，车辆900辆次，下达监督意见书1450份、检查表600份。食源性疾病上报408例，无零报告医疗机构。

【卫生健康监督专项行动】 2022年，市卫生健康综合执法大队开展各类卫生健康监督专项行动，成效显著。6月1—27日，监督检查高考、中考考场周边住宿场所113户次，对检查中发现的不符合卫生要求的单位下达指导性意见书，保障高考、中考期间考生的住宿卫生安全。对各类医疗卫生机构、学校、饮用水供水单位、使用抗（抑）菌制剂单位进行专项监督检查，出动监督人员1500人次，监督车辆300辆次，监督检查单位630户次，下达指导性意见书1080份、卫生监督意见书360份。

9月1日，市卫生健康综合执法大队开展卫生健康监督执法检查
（市卫健委　供图）

【卫生健康监督执法能力建设】 2022年，市卫生健康综合执法大队多措并举提升队伍执法能力。为8名无执法证人员办理卫生监督协管证，实行老执法队员培养带动年轻执法队员和协管队员传帮带工作机制，调动各类人员进入一线执法岗位，尽最大能力克服人员极度短缺、年龄结构老化短板，加强执法队伍建设，促进严格执法、公正执法、文明执法贯彻落实。

（杨　鸿）

医院选介

扎兰屯市人民医院

【概况】 2022年，扎兰屯市人民医院（以下简称市人民医院）是集医疗、预防保健、教学科研于一体的国家三级综合医院、国家级“爱婴医院”、国家PCCM规范化建设项目三级医院达标单位。建设有“五大中心”，即国家级“卒中防治中心”“胸痛中心”“危重孕产妇救治中心”“危重新生儿救治中心”“创伤中心”。医院占地面积3.4万平方米，建筑面积5.4万平方米。

2022年，市人民医院门诊患者量28.56万人次，增长9.9%；急诊患者量2.8万人次，增长17.7%；出院患者量1.73万人次，增长9.2%；手术患者5543例，增长3.65%。设置床位575张，实际开放575张，床位使用率60.8%，下降0.5%；平均住院日7.4天，下降0.7天。

【新业务新技术】 2022年，市人民医院申请新技术、新业务项目11项，即腹腔镜下乙状结肠癌根治术(NOSES)、单孔腹腔镜、显微根管治疗术、超声引导下颈源性头痛神经阻滞治疗、经鼻高流量氧疗在ICU(重症监护室)低氧血症患者中的应用、人工晶体悬吊术等。神经外科介入团队完成首例颅内动脉瘤介入栓塞术；普外科、肿瘤外科团队成功完成高难度肝门胆管癌根治术1例。

【业务能力建设】 2022年，市人民医院坚持以等级评审为契机推动整体发展，采取强化科室质量管理、追踪检查、数据分析、人员访谈、明查暗访等举措，促进医院医疗质量规范化管理，改善医疗服务水准，控制医疗费用增长，保障医疗安全。完善三级公立医院医疗质量评价和绩效考核机制。医院加速推进“五大中心”建设升级化步伐，在新冠感染医疗救治保障中，“五大中心”多学科联动、快速反应、系统化治疗等优势更加凸显，提高危重病患的收治能力和救治成功率，为中心建设升级化积累宝贵经验。依托“五大中心”完成介入手术921例，收治脑梗塞患者1668例，其中急性脑梗塞患者426例，溶栓119例，DNT（静脉溶栓）平均45分钟；高危因素孕产妇治愈率100%，新生儿窒息、巨大儿、糖母儿、早产儿治愈率98%；收治创伤患者373人，复合伤患者242人，治愈率92.3%。

【中心血库】 2022年，市人民医院受疫情影响，献血者数量减少，临床用血量与上年同期持平，临床用血严重偏型，血液多次出现预警告急。中心血库加大宣传力度，把步行街外采由原来的不固定日期调整为每周二固定外采1次，基本保障临床用血。全市采集全血人数3397人次，同比增加8.5%；采血量6376U，同比增加9.7%；提供临床医疗用血红细胞类5940.5U，同比增加5.6%。无偿献血占临床用血比例达100%，外采血53次，同比增加20.5%；采血1195人次，同比增加48.4%；采血量2371U，同比增加59.6%。开展新项目病毒灭活血浆投入临床使用，临床无不良反应。

【“120”急救中心】 2022年，市人民医院“120”急救中心调度出诊9694次，其中日常出诊5394次，按照患者意愿送往其他医院383次，疫苗保健472次，保健用车191次，核酸采集1829次，指派用车512次，接送隔离、密接患者272人次，长途

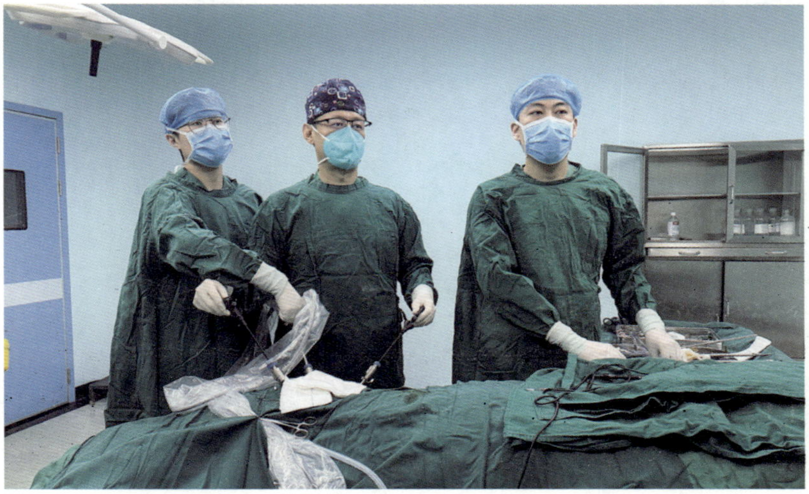

5月25日，市人民医院完成1例高难度肝门胆管癌根治术

（市人民医院　供图）

转诊61次，空跑580次。本年度核酸采集及疫苗保健、其他工作保健增幅较大，常规出诊比上年增长16.2%，空跑率增长8%。运行创伤中心，为创伤患者救治减少处置时间、优化处置流程，做到院前—急诊—院内无缝连接及疫情防控与紧急救治工作两者兼顾。

【附属医院教学】 2022年，市人民医院接收扎兰屯职业学院临床医学实习生19名，接收护理学实习生59人。依据扎兰屯职业学院教学大纲进行临床科室轮转学习及带教工作。定期检查实习生在岗情况，督促科室做好出勤统计与上报，每科实习、进修结束，带教老师书写考核手册。

（姜　微　孙焕玲）

扎兰屯市中蒙医院

【概　况】 2022年，扎兰屯市中蒙医院（以下简称市中蒙医院）总诊疗37.17万人次（上年37.67万人次），其中门诊33.39万人次（上年34.17万人次），急诊3.78万人次（上年3.5万人次），入院人数1.73万人次（上年1.54万人次）。病床使用率74.67%，病床周转率33.44%，平均住院日8.08天。住院病人手术4995人次，急诊手术690人次。门诊处方总数31.18万个，其中中蒙药处方合计9.54万个，中医治未病病人1310人次。与10家乡镇卫生院和社区卫生服务中心签订医共体协议，完成下转1352例，其中门诊12例，住院1340例，占出院患者的7.78%。承担扎兰屯市远程影像中心、远程心电诊断中心工作，远程DR（数字化X摄影）诊断712例，远程心电1141例；承担基层医疗机构无法开展的检验、检查项目6.99万例。

【医保工作】 2022年，市中蒙医院完成1.35亿元的医保核算额。职工医保住院4049人，比上年增加911人，收入2568.75万元，人均住院费用为6344.15元，同比减少1700.69元。职工医保刷卡10.93万人次，同比增加1.15万人次，收入2336.26万元，同比减少93.28万元。职工医保异地住院结算59人次，收入43.96万元。职工医保异地门诊结算76人次，收入6236.73元。城乡居民医保住院1.12万人，比上年增加1840人，收入6589.12万元，人均住院费用为5863.25元，同比减少1457.10元。居民医保门诊就医3.89万人次，收入1350.82万元。健康扶贫1018人次，同比增加61人次，扶贫支付407.71万元。医疗救助9371人次，同比增加5244人次。铁路医保住院503人次，增加121人次，收入331.49万元，人均费用6590.29元，减少1079.46元；铁路门诊刷卡8980人次，收入185.18万元。医保普通慢性病申报1765人次，特殊慢性病570人次。

【人才培养】 2022年，市中蒙医院申报人才培养项目，建设“名医工作室”，制定任务书，逐步开展建设工作。通过2021年扎兰屯市事业单位公开招聘卫生专业技术人员8人，已完成入编手续；通过2021年扎兰屯市事业单位绿色通道引进专业人才11人。派出医生外出进修学习2人次，短期培训20余人次，接收进修人员3人，实习人员23人。借助网络平台采取远程直播、录播回放形式，同时邀请上级医院专家到院实地讲座，开展临床指南、专家共识及常见病、多发病诊疗新进展等相关知识培训，远程培训13次，培训211人次，实地讲座7次，培训301人次，师承培训6次，培训34人次。为提高基层医疗机构医疗卫生服务能力和水平，根据市卫健委要求，完成基层卫生人才能力提升培训22人。通过华医网进行在线学习585人，申报自治区级继续教育项目7项。为保障公立医院绩效考核数据达标，对参加年度医师资格考试的轮转人员加强管理，采取分组分专业到临床科室学习和自学相结合方式，提高学习主动性和积极性，组织定期考核，1人通过医师资格考试。

【新技术新项目】 2022年，市中蒙医院经科室申请，院内审核、论证、评估，开展新技术、新项目4个，即心内二科的“肾动脉造影术＋肾动脉支架植入术”、骨伤科的“单踝人工膝关节置换术”、普外科的“腹腔镜下胃大部切除术”“腹腔镜下无张力疝修补术”。

【中医中药】 2022年，市中蒙医院发挥中医药特色优势，提升中医药临床服务能力。开展院内培训7次，其中中医经典病案分享讲座1次，参加培训311人次；远程培训13次，参加培训211人次；开展中医查房207次，住院中医药参与治疗率84.14%，住院中医非药物治疗率72.85%，中药饮片处方比例6.4%。对中医类别执业医师开具中药饮片处方采取“一日一方”量化管理，每月统计开具情况，平均完成率达47.67%。发挥中医药在新冠诊疗中优势作用，选派中医医生加入方舱医疗队伍，为方舱患者开展中医诊疗，中医参与治疗率100%。为加快推进中医药振兴发展，落实中医药传承发展各项工作任务实施，根据振兴中医药2022年重点任务推进工作安排，逐一逐条开展振兴行动，细化任务台账，责任到科，责任到人，每月按时汇总上报振兴任务台账及佐证材料，完成28项任务。

【医疗服务项目价格规范】 2022年，市中蒙医院铁路医保系统通过黑龙江省医保与国家医保平台同步对接，开展门诊、住院各项业务。3月1日，执行《内蒙古自治区医疗服务项目规范与价格(2021版)》，更改收费价格74项，删除收费项目18项，新增收费项目10项。自查院内收费内容，纠正收费21项，按时修改医疗服务项目价格11项，医疗服务项目成本核算6项，医疗服务项目价格检测2次。

（赵　娜）

呼伦贝尔市传染病医院

【概况】 2022年，呼伦贝尔市传染病医院拥有美国GE1.5T核磁共振、GE64排CT、驰影A30移动核磁诊疗车、3D腹腔镜、KLS能量平台、EMS超声气压弹道碎石清石系统、日本东芝彩色多普勒超声诊断仪、美国巴德安珂乳房活检与旋切系统、德国莱凯尿动力分析仪、日本奥林巴斯H290肠镜、贝克曼AU5800全自动生化分析仪、日机装及费森尤斯血液透析机等先进医疗设备100余台。年内，门诊总诊疗量30万人次(其中核酸检测17万人次)，出院1.13万人次，手术8200例次。

【医疗质量与安全管理】 2022年，呼伦贝尔市传染病医院落实核心制度18项，严格落实病历书写基本规范，强化三级质量控制，每月进行质控分析，形成质控月报，促进科室不断改善医疗活动，提高诊疗水平。组织各临床科室签订2022年抗菌药物责任状、医疗安全责任状，逐级落实医疗安全责任；制定医疗核心制度督查表、病历管理制度督查表，建立和完善医疗质量和医疗安全长效机制；加强护理理论、技术操作培训，开展培训52次，理论与实操考试6次，不断提高护理队伍综合素质。做好传染

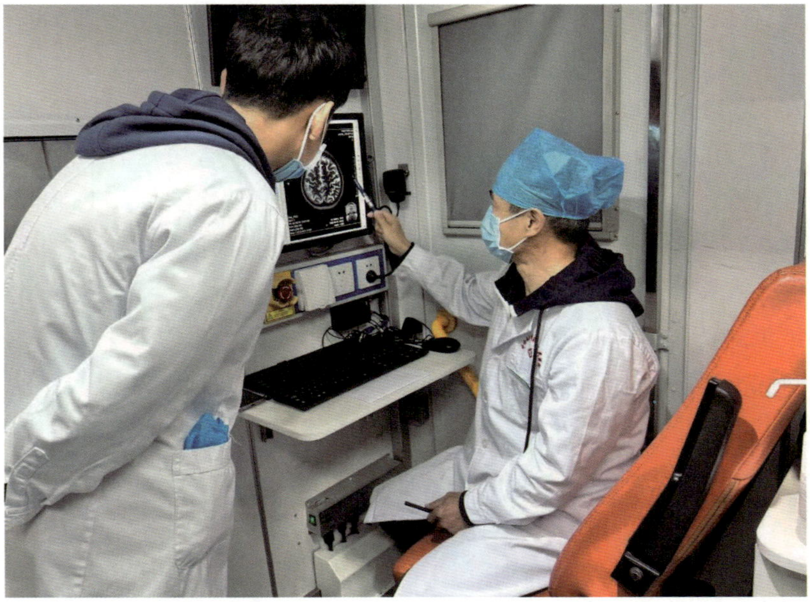

9月23日，呼伦贝尔市传染病医院启用移动核磁诊疗车到中和镇为群众义诊

（市卫健委　供图）

病例、死亡病例、肿瘤病例、食源性疾病等网络报卡管理，及时修订和完善医院感染管理相关制度、预案、流程和措施，印发《进一步规范常态化疫情防控工作指引》，开展新冠肺炎诊疗与防控相关知识培训及实战演练30余次，杜绝院感发生。严格落实安全生产主体责任，定期召开安全生产调度会，开展“安全生产月”“安全生产三年整治”活动，提高治安防范和消防治理能力，新增安检系统和电子闸机，全年无安全生产责任事故发生。

【公立医院改革】 2022年，呼伦贝尔市传染病医院深化公立医院改革，不断探索医疗服务新模式。开展14个专业115个病种的临床路径和单病种管理，规范检查和治疗行为。开展DIP付费相关工作，强化院内医保部门的日常监管，每月定期分析。新增城乡居民智能监控平台、异地结算和异地对账系统，强化对医保资金的管理。开展三级公立医院绩效考核，确保57个一级指标、283个子指标数据准确与真实。持续开展临床药学工作，加强抗菌药物、辅助药物管理，抗菌药物使用强度呈下降趋势，辅助用药占比控制在合理范围内。不断完善信息化体系，加强网络安全管理，完成全国电子病历应用水平四级复审，通过国家网络安全三级等保备案，建设完成医护技电子签名系统、院感实时监测系统、病案示踪系统等，推进智慧医疗。完善医院预算、成本、内控、绩效等制度体系建设，科学编制年度预算，严控预算外支出。做好药品耗材集中带量采购，加强内部控制，定期组织对物资采购、基础建设、设备维护等进行审计，强化内部监督。贯彻医院经济管理年和政府采购三年专项治理，规范医院经济运行。加强专项资金使用绩效考核，确保资金使用效能。

【服务体系优化】 2022年，呼伦贝尔市传染病医院推行责任制整体护理和专科特色护理服务模式，营造人性化、创新性的优质护理服务；组织传染病、慢性病防治宣传活动7次，健康教育培训8期，提高群众疾病预防意识；定期征集门诊患者、住院患者意见，主动接受群众监督；开展出院患者健康随访，持续改进服务质量；推进医联体工作，与8家基层卫生院签订医联体协议，在学科建设、人才队伍等方面给予指导，派出核磁诊疗车到百姓家门口义诊，义诊1545人次，发放健康宣传资料1900份；落实分级诊疗，开展双向转诊176人次。

【人才队伍建设】 2022年，呼伦贝尔市传染病医院完成PCCM（呼吸与危重症医学科）建设，通过国家验收。改造标准化重症监护病房(ICU)，提升急危重症救治能力，开展肺结节术前精准定位技术，利用64排CT开展冠状动脉、主动脉、肺动脉及四肢动脉CTA等新技术均取得良好效果。获批继续医学教育项目76项，开展新技术、新项目5项，发表论文30篇，其中SCI论文4篇，核心期刊论文3篇。有国家级常委1人，委员及专业学组成员5人；自治区级副组委及副理事长2人，常委4人，委员43人；呼伦贝尔市级委员2人；新增各类学术任职31人。强化带教实习管理，做好住院医师规范化培训协同基地教学任务和扎兰屯职业学院医学生带教工作，不断提升教学能力。

（毕　然）

社会民生

社会救助

【概况】 2022年，扎兰屯市发放低保、特困等困难群众基本生活保障资金1.6亿元，动态调整基本生活救助标准。全市纳入城乡低保体系1.88万户、2.25万人，发放低保救助金1.33亿元；纳入特困供养体系2115人，发放特困供养金2473.31万元。为2083人次发放临时救助资金276.91万元，向困难群众2.57万人次增发一次性生活补贴256.82万元。为133名孤儿及事实无人抚养儿童发放生活补助金162.96万元，一次性生活补贴7600元，为4名孤儿发放助学金4万元。为7055名80周岁以上老年人发放高龄津贴804万元，为4895名经济困难老年人发放生活补助金261万元。为7081名困难残疾人发放生活补贴776.79万元；为4942名重度残疾人发放护理补贴506.96万元。

【专项社会救助】 2022年，扎兰屯市民政局(以下简称市民政局)科学界定低收入人口范围，确定低保边缘家庭461户、747人，已录入低收入系统，新纳入城乡低保保障范围人员994户、1194人。巩固脱贫攻坚成果，将符合社会救助条件的人员纳入兜底保障范围，防止“脱保”“漏保”现象发生，将建档立卡贫困户纳入农村低保73户、99人，纳入特困供养18人。调整优化低保渐退期政策，全市994人纳入渐退期管理。落实特困人员救助供养政策，对有集中供养需求的分散供养特困人员开展摸排工作，使有集中供养需求的失能和半失能特困人员集中供养率达到100%。将城乡低保、特困供养的审核审批权下放至各乡镇办，在173个村(居)选任173名社会救助协理员，协助做好社会救助对象相关工作。制定《扎兰屯市“物质+服务”社会救助工作试点实施方案》，通过政府购买社会救助服务，对试点单位中生活不能自理且无人照顾的低保、特困人员，低收入家庭中生活不能自理的残疾人、老年人，困境儿童、留守儿童168人开展居家照料、个人护理、心理疏导等个性化定制的“物质+服务+精神”救助。联合市残联、卫健委、呼伦贝尔市精神卫生中心等部门，为全市300余名困难残疾人上门开展残疾证评定工作，并将符合两项补贴条件的残疾人及时纳入补贴范围；发放自治区配发的康复辅具轮椅36件、护理床1套。

【临时救助】 2022年，市民政局建立临时救助备用金制度，各乡镇办临时救助资金审批额度由1000元以下提高至3000元，预拨临时救助备用资金138.5万元。按照审批程序采取“跟进救助”“一次审批、分阶段救助”等方式，化解群众遭遇的各类急难问题，对1689人发放临时救助资金188.16万元。对于情况紧急、需立即采取措施以防止造成无法挽回的损失或无法改变的严重后果的，开展“先行救助”，全年实施“先行救助”9人，发放资金3.9万元。按照“自愿求助 无偿救助”原则，对符合救助条件的15名流浪乞讨人员进行救助，实现流浪乞讨、临时救助和低保、特困常规救助政策无缝衔接。

【流浪乞讨人员救助】 2022年，市民政局加强流浪乞讨人员救助管理。对火车站、客运站、闹市区等重点区域进行巡查38次，发现流浪乞讨人员7人，接收呼伦贝尔市综合服务中心转交流浪乞讨人员15人，均已妥善劝返家中或安置。

【留守、困境儿童关爱】 2022年，市民政局为276名留守、困境儿童送去慰问金1.99万元，慰问品价值10.5万元。对事实无人抚养儿童114人、留守儿童440人、困境残疾儿童207人进行摸底调查，建立信息台账及探访制度，实施动态管理。通过市政府购买服务对260名留守、困境儿童开展关爱服务83次。开展“添翼计划”项目，筛查365名困境先天性心脏病患儿，对25名患儿实施手术治疗。联合企业为3名困难孤儿、事实无人抚养儿童每人资助金额500元。

【社会救助智能化】 2022年，市民政局补齐民生办事服务短板，开展社会救助智能化管理，在全市开展无纸化办公系统。通过安装“智能申报一体机”、手机端下载“定期报告”APP，开展智能认证系统，办理生存认证12期，办件总量20余万件。开展跨省信息核对工作8次，完善人户分离申请社会救助准确认定。

【慈善事业】 2022年，市民政局稳步推进慈善事业。挖掘和利用社区慈善资源，组织135名志愿者参与疫情防控及乡村振兴工作；开展“关心关爱残障人士 入户慰问温暖人心”国际志愿者日志愿服务活动；为91名60周岁以上患白内障和翼状胬肉患者进行手术。加大社会工作人员队伍建设，组织130余人参加免费社工考前培训，通过考试持证社工70人，对在社区工作持证社工人员每月工资提高100～300元。

社会事务

【养老服务管理】 2022年，市民政局全方位构建养老服务体系，打造社区养老服务平台，在有条件的党群服务中心建立社区综合为老服务中心，提供食堂、日间照料室、健身理疗室、活动室等功能区域，服务辖区老年人，繁荣街道小溪社区养老服务中心已投入使用。建立社区养老服务队伍，联合物业、爱心组织，为空巢、独居、失能老年人提供保洁、理发、维修等家政服务；组织社区志愿者、社区工作者、社区网格员，开展结对帮扶、走访慰问活动；联合社区卫生服务中心，提供疾病预防、体检等保健养生方面服务。

【婚姻登记管理】 2022年，市民政局办理结婚登记1802对，离婚625对，补证915对，受理离婚申请1393对，为公检法等部门出具协查函240余份，群众

3月12日，繁荣街道小溪社区养老服务中心老人就餐 （市民政局 供图）

满意率100%。对自治区返回问题数据15.53万条开展历史数据补充清洗，清洗完成11.17万条，无法清洗数据4.35万条。制作使用婚姻登记电子签章，累计电子签章17.15万条，扫描电子档案1800份。

【殡葬管理】 2022年，市民政局加强节地生态安葬宣传力度，累计发放《致逝者家属一封信》300份，推进移风易俗，倡导文明节俭殡葬新风尚。在五里山公墓建造花坛葬224座、格位壁葬303个，建造公益性墓地466座，进行撒灰式水葬2人次。整治可视范围内违建墓地284座，整治可视范围外违建墓地50座，将成吉思汗镇繁荣村历史性集中埋葬点通过围栏、绿植、建设附属设施等方式进行分阶段整治，作为农村公益性安葬（放）设施规划建设试点区。实时更新全国通用版殡葬管理服务信息平台，累计录入火化数据3.26万条、公墓数据8150条、寄存数据2247条。

【基层治理】 2022年，市民政局创新社区党建，下拨资金60万元，建设城乡社区治理体系综合服务场所。制定印发《扎兰屯市全面推进村（居）务公开工作的实施方案》、村务公开目录，建立村（居）务公开工作台账，开展检查指导。将社会主义核心价值观融入村规民约，发挥“红色物业”精神，为18名离任村（居）干部发放补贴资金16.5万元。完成社区综合服务设施建设任务，每百户城镇居民拥有社区综合服务设施面积达到45.86平方米。完成社区工作者薪酬套改，发放社区工作者工资1104万元。面向社会公开招聘社区专职工作人员93人，达到社区干部总量配置。

【社会组织管理】 2022年，市民政局加强社会组织党组织建设，发展预备党员2名，积极分子12名。为老党员订阅报纸6份，赠送教育宣传和书籍26本（册）。建成扎兰屯市社区社会组织孵化中心，10家社会组织进驻孵化。建立《扎兰屯市社会组织管理工作局际联席会议制度》，开展行业协会商会收费清理整治2次，对11家行业协会商会收费情况及6家社会服务机构进行抽查。办理新增登记行政许可15件，办理注销登记事项29件，其中“僵尸型”社会组织9家。办理法人、业务范围变更登记12件，按期完成161家社会组织年检工作。家园老年公寓党支部获得“呼伦贝尔市‘六个好’党组织”荣誉称号，扎兰屯企业家商会获得“全国‘四好’商会”荣誉称号。

【区划地名管理】 2022年，市民政局完成2800条地名数据审核上报。组织开展新修订《地名管理条例》学习宣传活动，完成与其他行政区域界线联合检查，归纳总结乡级行政区域界线基本情况，推进《扎兰屯地名志》初稿信息采集和编纂工作。下发《关于协助民政局对市区院、楼门牌进行验收的函》，召开楼门牌验收协调会，全面完成整体验收和漏装门牌安装工作。

（钱　坤）

1月15日，扎兰屯市违建墓地长效治理工作调度会召开　（市民政局　供图）

社会保险

【概况】 2022年，扎兰屯市不断扩大社会保险覆盖面，针对不同类型单位和群体精准施策，突出经办服务，聚焦风险防控，采取多项措施全面推进社会保障各项目标任务有序开展。在市民生大厦业务大厅设置业务窗口23个,其中综合柜员制窗口10个,实现社会保障服务“一窗受理、一站服务、一次办结、一网通办”,线上受理业务2.96万件,完结业务2.86万件,在办业务741件,中止业务221件,退回业务7件,办结率97%。推进失业保险稳岗返还和留工补助“免申即享”,通过降低失业、工伤保险费率,缓缴基本养老、失业、工伤3项社会保险费,为企业减负269家、8541人,发放补贴445.32万元。为2112名机关事业退休人员发放职业年金1930.76万元,发放社会保障卡26.31万张,社会保险基金总收入6.74亿元,总支出19.23亿元,基金运行总体平稳。

【养老保险】 2022年,扎兰屯市参加基本养老保险27.34万人,城镇职工基本养老保险10.1万人,全民参保计划基本养老保险专项行动扩面新增1.02万人。其中城乡居民养老保险参保6944人、征缴3419万元,企业职工养老保险参保3077人、征缴4.16亿元,机关事业养老保险参保207人、征缴1.62亿元。城乡居民养老保险新增待遇3485人,享受待遇4.38万人,发放养老保险待遇8215.94万元,企业职工养老保险待遇发放13.75亿元,机关事业养老保险待遇发放4.56亿元。开展社保基金管理提升行动,发现违规领取养老保险待遇225人,已追回213人、143.8万元。其中城乡居民养老保险基金追缴涉及185人、追缴金额20.7万元;机关事业单位养老保险基金追缴涉及4人、追缴金额3.8万元;企业职工养老保险基金涉及24人、追缴金额119.3万元。养老保险关系跨省转入人员194人,转移金额合计582.03万元,养老保险转移重复缴费退费29人、金额7.56万元,养老保险关系跨省转出及企业转机关事业单位转出246人、金额1030.86万元。

【医疗保险】 2022年,扎兰屯市医疗保险参保人数33.25万人,其中职工医疗保险参保人数5.27万人,城乡居民医疗保险参保人数27.97万人,常住人口参保率95%以上,特殊人群参保率100%。职工基本医疗保险基金收入2.36亿元,大病基金收入958万元,公务员基金收入461万元,城乡居民基金收入1.99亿元,城乡医疗救助基金收入746万元;职工基本医疗保险基金支出1.42亿元,大病基金支出467万元,城乡居民基金支出1.44亿元,城乡医疗救助基金支出1496万元。

【工伤保险】 2022年,扎兰屯市参加工伤保险2.95万人,完成年度责任目标2.95万人的100%;新开工工程建设项目工伤保险参保率100%,高于95%的年度责任目标。征缴工伤保险基金796万元,工伤保险待遇发放1006万元。向用人单位发放《关于做好安全生产工作预防工伤事故的提示函》,引导企业强化安全生产,减少和防范工伤事故发生,注重保护劳动者身体健康及生命安全。受理工伤认定申请117起,作出认定决定106起(工亡或视同工亡4起),不予受理6起,不予认定5起。

【生育保险】 2022年,扎兰屯市根据《关于调整扎兰屯市职工医疗保险有关政策的意见》(呼医保发〔2022〕1号)要求,将职工生育医疗费按照职工基本医疗保险住院待遇进行支付,取消职工生育医疗费定额支付方式,实行网上直接结算。将产前检查费用纳入职工生育保险支付范围,政策范围内医疗费用支付比例为80%,年度孕次支付限额为1000元。全市生育保险参保5.1万人,生育保险基金征缴收入188.41万元。享受职工生育保险待遇支付914人次,支付出生育保险基金470万元。其中支付男津贴待遇人数218人,基金支出63万元;女生育及津贴待遇人数696人,基金支出407万元。

【失业保险】 2022年,扎兰屯市参加失业保险2.03万人,完成年度责任目标2万人的101.6%;发放一次性留工补贴158户7628人,381.4万元;发放一次性扩岗补贴每户每人1500元，为企业减负2721.41万元。

（谷　典　姚喜英）

就业创业

【概况】 2022年，扎兰屯市城镇劳动力新增就业1521人，失业人员再就业620人，困难人员就业520人，分别完成年度责任目标的101.4%、155%、104%；城镇登记失业率为4.1%，低于4.5%目标值；农牧民转移就业人数2.56万人，完成年度责任目标的105.6%（其中转移就业6个月以上的1.86万人，完成年度责任目标的108.1%）。农牧区转移就业技能培训1022人，城镇就业技能培训335人，企业职工培训780人，创业培训153人，发放创业小额担保贷款56笔、875万元。

【劳动监察维权】 2022年，扎兰屯市人力资源和社会保障局（以下简称市人社局）开展常态化监督检查用工单位496家，下发责令整改意见书30份。审查企业集体合同61份，涉及职工7258人；工资专项集体合同61份，涉及职工7258人；女职工保护专项集体合同2份，涉及职工159人。立案受理劳动争议案件96起，结案96起，其中49起为调解结案，47起为裁决结案。各乡镇、街道基层调解组织调解案件65起，完成劳动人事争议仲裁结案率90%以上、劳动人事争议调解成功率60%以上的工作目标。受理欠薪投诉案件225起，涉及548人，为劳动者讨薪950余万元，人数同比降低30%，数额同比降低41%；根治欠薪线索平台接收线索161条，在规定时限内全部化解，线索核处率100%。政府、国企投资项目欠薪案件全部清零，其他渠道欠薪案件全部化解，劳动保障监察举报投诉案件按期结案率100%。保障农民工工资支付工作总体平稳，解决拖欠农民工工资问题取得明显成效。

6月2日，市人社局就业服务中心举办首期SIYB（创办你的企业）创业培训班

（市人社局　供图）

【职业能力建设】 2022年，市人社局发放以工代训补贴116.04万元，涉及企业16家，职工1934人，发放企业新型学徒培训补贴246.9万元。审批民办培训机构2家，开展职业技能培训学校年检1次，组织开展职业技能等级鉴定报名83人。

【“三支一扶”人才服务】 2022年，市人社局“三支一扶”（毕业生基层落实政策，指大学生在毕业后到农村基层从事支农、支教、支医和扶贫工作）、社区民生志愿者和人才储备期满高校毕业生74人，按规定及时办理期满高校毕业生的期满证书、失业保险发放。

【专业技术人员管理】 2022年，扎兰屯市完成政府序列事业单位30名正股级干部的任免。事业单位引进专业人才和“鸿雁计划”回引人才拟录取考生56名，其中事业单位引进综合性岗位专业人才17名、卫健系统专业人才15名、教育系统专业人才6名，“鸿雁计划”回引综合性岗位人才11名、卫健系统人才1名、教育系统人才6名。完成2021年卫生系统公开招聘35人，2021年教育系统校医岗位公开招聘17人，2021年多元化岗位公开招聘4人,完成2022年度安置退役士兵、定向医学生5人。市人社局受理专业技术资格申报210人,其中社会化正高级11人,社会化副高级65人;基层正高级2人,基层副高级15人;受理中级37人,初级80人。新批复享受特殊岗位政府补贴待遇32人,累计享受特殊岗位政府补贴待遇95人,年补贴金额45万余元。按照管理权限完成扎兰屯市1986—2009年职称评审历史数据采集,累计采集1.35万人,完成上传1.29万人(其中初级8133人,中级4741人),排查死亡数据674人。完成全市222家单位岗位设置,182家政府序列单位5562人岗位聘用,19家单位83人管理岗位职员十级晋升九级。

【机关事业单位工资补助管理】 2022年,市人社局为6531名2021年度考核合格的事业单位工作人员办理正常增加薪级工资,为1051名事业单位岗位聘任人员办理工资变动手续,为219名机关事业单位工作人员办理转正定级手续,为2824名乡镇工作人员办理乡镇工作补贴手续,为190名机关事业单位符合退休条件的工作人员办理退休手续。完成2021年度全市机关事业单位工资统计汇总分析上报,为124名机关事业单位已故职工办理丧葬费、抚恤金及遗属补助审批,为496名机关事业单位已故职工遗属办理增加遗属补助。

(谷　典)

医疗保障

【概况】 2022年,扎兰屯市医疗保障局(以下简称市医保局)核查定点药店147家,定点医疗机构51家,抽查病例830份,其中新定点个体诊所4家、零售药店8家。动态维护平台信息,维护定点医疗机构信息85条、定点零售药店信息201条、医保医师信息958条、医保护士信息1166条、医保药师信息213条。加强《医疗保障基金使用监督管理条例》宣传和培训,开展以“织密基金监管网 共筑医保防护线”为主题的集中宣传月活动,发放宣传单、折页200份,解答群众咨询50人次。

【医保延伸服务示范点建设】 2022年,市医保局探索形成基层医疗保障服务点建设工作法,在各乡镇、街道办事处、村、社区建立医疗保障基层服务示范点192个。开展参保缴费、转院备案、报销信息查询、政策宣传咨询等15项帮办、代办业务,办理各项业务7654笔,接待群众咨询业务2万人次。

【医保综合窗口服务】 2022年,市医保局简化完善工作流程,改进窗口服务方式,整合业务股室。设置综合窗口4个(一窗通办)、综合服务窗口2个(业务咨询、帮办代办、绿色通道)、备用窗口2个。

【医保办事流程简化】 2022年,市医保局简化慢性病审核认定流程,确定全市三家三级医院为慢性病申请受理审核定点医疗机构,患者持有效病历、诊断书等相关医疗资料随时申请,简化认定流程,取消体检环节,推进“一站式”服务模式。全年办理

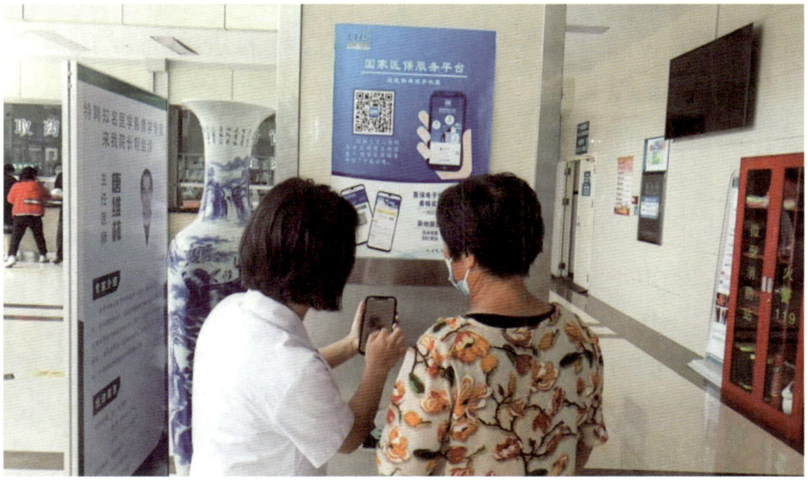

7月10日,市医保局工作人员推广医保电子凭证APP　(市医保局　供图)

“两病”（高血压、糖尿病）1.93万人，慢性病4455人次，城镇职工2002人次，城乡居民2453人次。

【“两病”门诊用药】 2022年，市医保局提升“两病”门诊用药保障和经办服务能力，减轻患者门诊用药负担。认定“两病”患者1.73万人，其中高血压1.57万人，糖尿病1562人，“两病”并发1381人。“两病”门诊用药享受待遇8602人，较2021年增加7617人。

【跨省异地就医直接结算】 2022年，市医保局建立定点医院接入异地就医结算系统台账，市人民医院、市中蒙医院、呼伦贝尔市传染病医院已接入全国异地就医直接结算系统。精简异地就医备案管理，取消诊断书、检查报告单、会诊记录等各项资料，参保患者只需提供医保电子凭证或社保卡或有效身份证件，填写个人承诺书，备案后可在异地医院享受出院直接结算。拓宽跨省异地就医备案渠道，采取窗口服务、网络备案、手机APP备案等方式，参保人“最多跑一次”，提升群众满意度。

【集中药采】 2022年，扎兰屯市27家医疗机构参加国家药品集中采购工作，采购7批次，结合“省级联采”4个批次采购药品近500个品种。各公立医疗机构采购药品1.2亿元，入库药品1.2亿元，采购药品种类4301种，入库率99%。各公立医疗机构采购医用耗材2.17亿元，入库耗材2.16亿元，采购品规1.8万种，入库率99%。

（杨　洋）

民族宗教事务

【概况】 2022年，扎兰屯市全面加强统一战线工作，市委履行加强和改进民族、宗教工作主体责任，召开4次常委会专题研究部署统战工作，市政府召开党组会议、常务会议学习研究民族、宗教工作3次。扎兰屯市民族事务委员会（以下简称市民委）构建“把牢一条主线、强化两个渠道、推动三方联动、建设四个重点、打造六个示范、宣传创建八进”“123468”工作体系，制印《扎兰屯市关于以铸牢中华民族共同体意识为主线推进新时代党的民族工作高质量发展的实施方案》《扎兰屯市民族团结进步创建发展规划（2021—2025年）》，明确工作责任，形成工作合力，推进民族团结进步创建工作创新发展。市委统战部认真贯彻落实全国、自治区宗教工作会议精神，将《中国共产党统一战线工作条例》《宗教事务条例》《内蒙古自治区宗教事务条例》《互联网宗教信息服务管理办法》等相关内容纳入全年学习计划，多形式、多层次组织全市干部、宗教界人士、信教群众参加学习培训教育。

【民族团结进步创建】 2022年，市民委联合市委宣传部制定《2022年全市民族政策宣传月工作方案》《2022年全市民族团结进步活动月实施方案》，开展专题学习、主题活动210次，发放“铸牢中华民族共同体意识”教育宣传资料3.2万份。选树培育民族团结进步模范集体1个、民族团结进步示范单位5个，发挥先进典型的示范引导作用。组建宣讲队，组织开展“我身边的民族团结模范典型事迹”巡回宣讲活动2场次，以“身边人、身边事”教育、影响和带动广大干部群众。联合相关部门开展社区“石榴籽家园”试点，

5月26日，扎兰屯市民委委员全体会议召开　（市融媒体中心　供图）

制定印发实施方案，确定“石榴籽家园”试点2个。组织实施2022年民族团结进步创建“双百示范工程”，通过开展“共有精神家园”“幸福美好家园”“守望相助好家园”等主题活动，建设升级民族团结进步示范点项目4个。组织民委委员单位、社区开展专题学习25次、讲党课12次、座谈交流4次、政策宣讲6场、编发资料6000份，以闭卷、笔试答题形式开展民族理论政策应知应会测试5次。

6月20日，扎兰屯市宗教工作会议召开　（市融媒体中心　供图）

【少数民族发展任务项目】 2022年，国家和自治区下达衔接推进乡村振兴(少数民族发展任务)补助资金959万元，备案项目10个。其中，实施民生项目4个，投入资金431.75万元，用于硬化道路、建设桥涵、改造排水设施、提升人居环境，助力民族地区经济社会高质量发展；实施产业项目5个，投入资金347.25万元，用于提升种植技术、购置农机设备、带动群众就业等特色产业领域，为村民增收创收提供良好平台；实施文旅项目1个，投入资金180万元开发民族文化旅游，在成吉思汗镇建设金界壕旅游区配套基础设施改造项目，带动乡村旅游和民俗旅游发展。

【国家通用语言文字宣传】 2022年，市民委推进国家通用语言文字宣传贯彻和思想引导工作，组织扎兰屯市第二十五届全国推广普通话宣传周活动，向各族群众发放推广普通话宣传周倡议书5000余份。指导学校、乡镇街道利用广播、宣传栏、黑板报等宣传媒介，向各族群众和师生宣传《中华人民共和国国家通用语言文字法》《内蒙古自治区实施〈中华人民共和国国家通用语言文字法〉办法》及相关的推广普通话知识。结合“写汉字，读经典”活动，要求党员干部参与推广普通话活动，在工作中自觉使用普通话和规范字，真正起到率先垂范的作用。

【规范清真市场运营】 2022年，市民委多次协同各相关部门对扎兰屯市的清真饭店、超市及清真食品经营单位销售清真食品有效经营资质、从业人员有效健康证明、经营的商品外包装“清真”标识规范使用情况以及有无清真食品与非清真食品混放、销售假冒伪劣清真食品等违法违规经营行为定期进行监督检查。开展清真食品市场专项检查4次，排查清真食品经营主体18家，其中大型超市4家、清真类肉店9家、清真饭店5家。

【宗教事务管理】 2022年，市委统战部积极组织全体干部学习上三级宗教工作会议精神，采取集中学和自学方式，进一步提高统战干部理论水平和工作能力。向各乡镇、街道、宗教场所、宣传网信、公安网监等部门发放《互联网宗教信息服务管理办法》500册，《宗教工作手册》200册，增进宗教干部及宗教人士学习氛围。向市区宗教场所发放“铸牢中华民族共同体意识”学习展板摆架20副，让宗教场所成为民族团结宣传阵地，使宗教界人士成为民族团结宣传员和模范践行者。联合市消防、卫健、市场监管、公安等部门对全市各宗教活动场所进行检查，及时有效化解安全隐患。组织动员宗教界开展“扫黄打非”自查行动，集中销毁非正规出版宗教书籍。深化互联网宗教管理，开展全市范围内宗教团体、宗教活动场所和教职人员互联网涉宗教信息调查，完成全市各宗教活动场所教职人员备案，与市公安、网信部门建立网络舆情协调机制，加强涉宗教网络舆情日常监管。

（于开媛）

6月28日，扎兰屯市委退役军人事务工作领导小组暨双拥工作领导小组2022年第一次全体会议召开 （市融媒体中心 供图）

退役军人事务

【概况】 2022年，扎兰屯市围绕加快推进退役军人服务保障体系建设总体部署，构建市、乡（镇）、村（社区）三级退役军人服务保障体系，全市建成市级中心1个、乡镇（街道）服务站19个、村（社区）服务站63个。乡镇（街道）服务站依托党群服务中心建设设立退役军人服务窗口，全市300人以上的村（社区）有服务站4个。

【安置就业】 2022年，扎兰屯市退役军人事务局（以下简称市退役军人事务局）发放义务兵家属优待金、优抚对象补助金、消防兵入职金、地方补助金1521.79万元。建立扎兰屯市退役士兵就业创业指导专家库，开展退役士兵就业创业培训2期、招聘会6场。9月，浆纸公司、雪狼拓展训练公司、汇晟测绘公司等9家企业针对退役士兵特点提供就业岗位130多个，28名退役士兵与企业达成就业意向。按照“阳光安置”原则，将2021年度下达计划安置转业军官1名到市委办公室工作；将2022年度符合政府安排工作条件退役士兵5名安置到央企及事业单位工作。

【褒扬纪念】 2022年，市退役军人事务局为75名立功受奖现役军人家庭送去喜报，发放奖金3.05万元。维护修缮扎兰屯市烈士纪念碑及21座零散烈士墓等烈士纪念设施。开展退役军人和其他优抚对象建档立卡及优待证发放申领工作，发放优待证3039张。

【慰问优待】 2022年春节期间，市委、市政府走访慰问市人武部，送去训练鞋、迷彩服、水果等慰问品，为32668部队送去保温杯、洗漱套装等生活用品，为武警部队提供图书及书架，价值6万元，为重点优抚对象、军队离退休老干部、复员干部、自主择业军转干部及困难退役军人等发放慰问品，价值11.1万元。“八一”期间，走访慰问市人武部、武警二大队、32668部队，送去图书、跑步机、日用品等，价值5.5万元；为全市重点优抚对象、自主择业军转干部、军休干部、复员干部、立功人员、困难退役军人送去米面等物资，价值11.5万元。

（田东顺）

应急管理

防灾减灾

【概况】 2022年，扎兰屯市切实做好防灾减灾各项工作，建立健全各项工作机制。定期召开专题会议研究部署防灾减灾工作，认真贯彻落实《关于深入贯彻落实习近平总书记防灾减灾救灾重要论述的意见》《关于推进防灾减灾救灾体制机制改革的意见》，提升监测质量，增加监测手段，加大预警项目建设。重新修订《扎兰屯市地震应急预案》，通过自治区内网地震编目系统、呼伦贝尔市手持对讲系统网络及“三网一员”宏观观测工作群开展建立灾情预警预报机制、信息共享、会商工作，不断提高地震监测预报工作水平。

【防汛抗旱】 2022年，扎兰屯市应急管理局（以下简称市应急管理局）修订完善《扎兰屯市2022年防汛抗旱应急预案》，进行防汛物资储备，保障物资调度。投入防汛物资采购资金223万元，拨发编织袋10.16万条、铅丝笼1.33万片、铁丝3.25吨。初步搭建完成综合性应急处置队伍，按照相关预案要求，确定武警、消防救援、森林消防队伍为主体的扎兰屯市防汛应急队伍，建立地质灾害预警队伍，各乡镇、村（居）以网格为单位，建立灾害隐患点监测人员队伍。针对突发自然灾害等情况，各乡镇街道、村屯社区均成立应急抢险处置队伍，推动公共安全风险联防联测联处。7月26日，扎兰屯市区突降大暴雨，短时降雨量达到125.7毫米，城区和部分乡镇严重积水内涝。市防汛抗旱指挥部迅速集结抢险救援队伍600人，调集铲车、钩机、运输车、消防车等各种参与救援机械车辆89辆，转移受灾群众260人，未造成人员伤亡。

【防灾减灾救灾】 2022年，市应急管理局制定救灾物资储备计划，及时报送自然灾害灾情信息。举办全国防灾减灾日宣传活动，发放宣传品2000份，出动宣传车8辆。及时发布自然灾害预警信息，安排部署各乡镇、街道做好防范措施及应急救援准备工作；及时向国家自然灾害报送系统上报本市自然灾害灾情指标、灾情图片及灾情报告等相关信息。全年发生自然灾害5次，受灾人口1602人，农作物受灾面积1752.35公顷，经济损失427万元。开展受灾困难群众冬春需救助统计工作，为受灾困难群众发放救灾资金和米、面、油等生活物资。

【应急物资储备】 2022年，扎兰屯市新建救灾物资储备库1个，总投资500万元，占地面积5000平方米，建筑面积800平方米，包括库房、生产辅助用房、管理用房、附属用房，建设年限2022—2023年。确立粮食储运企业3个、应急加工企业3个、应急供成网点19户，签订应急加工供应保障协议，增强市场调控能力，保证及时应对市场异常波动。采购入库编织袋7.2万条、铅丝笼1.07万片、自吸式汽油水泵10台、分体式雨衣180套、雨靴380双，及时发放，确保全市安全度汛。

【第一次全国自然灾害综合风险普查】 2022年，市应急管理局继续开展第一次全国自然灾害综合风险普查。组织200名乡镇街道、村（居）灾害信息员参加全国灾害风险隐患信息报送和自然灾害灾情报送工作线上培训3次。减灾能力调查完成1374项，其中政府涉灾部门调查55个、乡镇与社区减灾能力调查219个、家庭减灾能力调查1100份。历史灾害调查完成整理和灾情信息上报709项，其中重大历史自然灾害3项。

【地震监测预报】 2022年，扎兰屯市有4种观测系统对全市及周边地区的地震活动进行宏微观实时监测。即扎兰屯市地震监测站（实时监测），位于河西郑家沟，承担对全市及周边地区地震发生情况实时监测，并进行地震“三要素”速报任务；扎兰屯市地下水位流体监测站（前兆观测），位于河西郑家沟，承担全市常年地下水位、温度、气压的日月年变化情况，并进行对比分析处理工作；扎兰屯市高精度痕量氢前兆监测站（前兆分析），位于南木大石门林场区域，承担全市地震前后地下氢气浓度变化情况，并进行日月年对比分析处理工作；扎兰屯市成吉思汗地震监测站（地震动—加速度型观测），位于成吉思汗中心校区内，对全市及周边地区进行烈度预警。2022年，市地震中心监测到近震（震中距大于100千米并小于1000千米70次）（扎兰屯市范围内地震41次），三级以上地震2次（1月30日23时41分，北纬50.99°、东经124.63°，黑龙江省大兴安岭地区松岭区附近3.2级地震；6月11日19时29分，北纬48.74°、东经129.8°，黑龙江省伊春市嘉荫县附近3.6级地震），以上地震本市均无震感。发布震情简报57期、震情周报26期。

【地震应急演练】 2022年，市地震中心以“5·12”防灾减灾活动周为契机，组织指导扎兰屯职业学院、兴华小学师生开展地震应急疏散演练，提升社会公众防震减灾法律意识和防震减灾知识，增强地震灾害中自救互救能力。

【震害预防能力建设】 2022年，市地震中心努力做好建筑物抗震设防要求监管，对重大工程、生命线工程施工前做好地震安全性评价。制定值班值守工作制度，进行24小时不间断监测，保证仪器年运行率99.5%以上，及时准确地为上级地震部门和本市提供震情信息，避免地震谣言发生和扩散，防止引发群众恐慌心理。对扬旗山水库、污水处理厂、成吉思汗机场、产业园区完成地震安全性评价，按照GB18086地震动参数区划图七度抗震标准进行设防；对学校、医院、大型商场等公共服务设施提高抗震设防标准；完成对呼伦贝尔岭东农畜林产品开发区扎兰屯产业园区域地震安全性评价。

【应急避难场所与维护】 2022年，扎兰屯市设立避难场所6处，避难场所总占地面积84.1万平方米，可同时容纳4.3万人紧急避难。其中天拜山广场2.93万平方米，雀园广场1.2万平方米，一百三角地广场3645平方米，知青广场1.56万平方米，吊桥公园68万平方米，布特哈公园10.01万平方米。印发《关于推进各乡镇建设农村牧区应急避难场所的通知》《扎兰屯市推进各乡镇建设农村牧区应急避难场所方案》，加强地震应急避难场所日常监管，更换应急避难场所警示牌和应急功能警示标识。

【防震减灾科普宣传】 2022年，市地震中心采取传统与现代、线下与线上、集中与分散相结合方式，发放科普宣传资料，开展防灾减灾科普知识讲座、紧急伤口处理演示、地震逃生演练，创新宣传手段，多措并举开展防灾减灾科普宣传活动。通过市地震中心微信公众号开展为期4天的地震科普知识答题活动，通过抖音平台发布防震减灾科普视频20条，对扎兰屯市“三网一员”（三网即地震宏观测报网、地震灾情速报网、地震知识宣传网；一员即防震减灾助理员）工作人员开展防震减灾日常科普及培训。制定《扎兰屯市地震中心“5·12”防灾减灾科普宣传活动方案》，围绕“防范灾害风险 护航高质量发展”主题开展防灾减灾科普宣传活动。活动期间，开办以地震科普知识、地震疏散演练为主要内容的知识讲座7期，观看800人次，发放地震科普知识宣传资料2000份（册），通过地震中心微信平台开展自媒体宣传3次。

（王心卓）

安全生产

【概况】 2022年，市应急管理局完善《生产安全事故灾难应急预案》《陆上石油储运应急救援预案》《危险化学品事故应急预案》《矿山事故灾难应急预案》，组织全市110家企事业单位进行应急预案演练，参与演练3800人次。围绕重点时段及专项整治三年行动集中攻坚任务，常态化开展全市安全生产大排查、大起底、大整治、大提升集中攻坚行动，提高安全生产、应急管理和灾害治理能力，严格落实各项安全防范措施，确保全市安全生产形势持续稳定。

【安全生产专项整治三年行动】 2022年，市应急管理局组织召开全市安全生产工作会议3次，组织城镇天然气、危险化学品、道路交通专项整治三年行动及重点时段安全生产调度会议14次。制定扎兰屯市安全生产工作考核办法、通报办法、警示办法、约谈办法等制度，修订《扎兰屯市委、市政府领导班子成员安全生产责任清单》《扎兰屯市安全生产委员会成员单位安全生产工作职责分工》，印发《扎兰屯市2022年安全生产工作要点》，开展第二十一个安全生产月活动。针对自治区53条及呼伦贝尔市55条安全生产具体举措，创新提出扎兰屯65条具体落实措施。专项整治三年行动成立督查组45个，开展督查122次，督查企业221家次，督导问题654个，均解决；排查企业1608家次、隐患1662项，均为一般隐患，均完成整改；行政处罚26家，罚款62.82万元；出台制度措施1项。全市安全生产大检查成立督查检查组1773个，开展检查2257批次，督查检查企业6887家次，督导解决问题1109个，排查治理隐患2832个，责令停产停业4家，关闭取缔2家。完成自治区及呼伦贝尔市督查反馈意见整改工作36项。

【危险化学品监管】 2022年，市应急管理局组织危险化学品企业安全评估和隐患排查检查。由呼伦贝尔市应急管理局通过政府购买服务的方式，聘请山东鸿运工程设计有限公司对内蒙古翔丰化工有限公司开展安全风险评估分级和隐患排查，评估得分75.2分，安全等级为黄色，存在问题37项。由市本级聘请危化专家，对内蒙古百业成酒精制造有限责任公司开展安全风险评估分级和隐患排查，评估得分82.9分，安全等级

9月29日，市应急管理局对重点企业开展消防安全检查

（市应急管理局　供图）

为黄色，存在问题25项。对照《危险化学品企业安全风险隐患排查治理导则》，排查安全隐患，建立隐患问题台账，跟踪督促整改销号，做到闭环管理。出具现场检查记录166份，下达责令限期整改指令书82份，发现隐患问题405条，完成整改405条。

【烟花爆竹监管】 2022年，市应急管理局按照区域覆盖的原则，逐步整合压减烟花爆竹零售企业数量，从根源上控制和减少烟花爆竹风险点。在烟花爆竹销售旺季、高温天气、汛期、党的二十大召开期间等时间节点开展专项检查，发现安全隐患107条，行政处罚1家，罚款2000元。开展危险化学品、烟花爆竹企业专项检查71家次，排查隐患167项，下达整改54份，行政处罚7家，处罚金额8.1万元。

【非煤矿山监管】 2022年，市应急管理局组织检查矿山企业9家次，出动检查人数36人次，出动车辆12辆次，下达《安全生产行政执法文书现场检查记录》12份、《责令限期改正》5份。对扎兰屯市国森矿业有限责任公司进行每月1次执法检查，下达整改5份，排查隐患12条，行政处罚2次，罚款19.9万元。打击非法采矿出动车辆7次、巡察人员17人次，报送扎兰屯市“洗洞”盗采金矿专项整治行动工作进展报告，未发现非法采矿行为。

【工贸企业监管】 2022年，市应急管理局工贸重点监管企业21家，一般监管企业20家，其中规模以上企业12家。开展粉尘涉爆企业专项执法检查企业61家次，下达责令整改28份，排查隐患207项，均完成整改。开展有限空间作业专项执法检查，重点对市污水处理厂、浆纸公司、供热企业和粮食仓储企业等存在有限空间作业的工贸企业开展执法检查，排查整治安全隐患，规范有限空间作业安全管理。开展粮食仓储系统有限空间作业专项检查21家次，下达责令整改5份，排查隐患11项，均完成整改，行政处罚1家，罚款5000元。开展涉氨制冷企业专项执法检查，重点监管设计氨储量5000千克及以上企业，全市有涉氨制冷企业5家，停产1家，其他季节性停产阶段，检查企业4家次，排查隐患21项，均完成整改。

【恶劣天气交通安全应急管理】 2022年，市交通管理大队坚持在恶劣天气交通高峰期投入大量警力，提高疏导工作成效，严管非机动车和行人不文明交通行为，减少因交通拥堵而造成的道路交通事故。7月26日夜间，全市迎来大暴雨恶劣天气，市交通管理大队立即启动扎兰屯市公安局交通管理大队大雨天气应急处置工作预案，出动140余名警力开展应急处置工作，救援求助群众41名。11月19日至12月22日，全市迎来三次大规模降雪天气，市交通管理大队启动扎兰屯市公安局交通管理大队大雪天气应急处置工作预案，扎实开展疏导、救援工作，未发生较大以上道路交通事故、未发生长距离、长时间交通拥堵。

（王心卓　林　颖）

消防救援

【概况】 2022年，扎兰屯市消防救援大队（以下简称市消防大队）有指挥员9名，消防员27名，政府专职消防人员3名。有消防车辆9辆，其中城市主战消防车1辆，消防水罐车4辆，登高平台消防车1辆，抢险救援车1辆。全市12个乡镇中2个乡镇成立政府专职消防队，10个乡镇成立志愿消防队，对志愿者进行消防工作培训，使其对监督检查、火灾调查等方面了解、熟悉、掌握。依托“一队一中心”开展工作，12个乡镇、7个街道办均成立消防安全服务中心。成立企业专职队伍3支，即东北阜丰生物科技有限公司、内蒙古扎兰屯民航机场有限责任公司、内蒙古大兴安岭浆纸有限责任公司企业专职队。全年，接警253起，其中火灾扑救175起，抢险救援46起，社会救助20起，公务执勤12起，出动队伍264队次，出动车辆467辆次，出动人员2273人次，死亡0人，受伤1人，重伤0人，轻伤1人，直接财产损失 229.05 万元，过火面积 8575.3 平方米，受灾户数 162 户，受灾人数 221 人。

【森林草原防灭火】 2022 年，市应急管理局加强火源管控，消除安全隐患，严禁野外用火行为发生，对重点时段、重点部位、重点人群加强管控，重点时段出动执勤巡护人员 9588 人次，出动车辆 1773 辆次，携带灭火机具 1120 台，临时增设检查点 221 个，发放防火宣传单 1.41 万份，受教育人群 1.45 万人次。加强宣传教育，提高全民防火意识，制作发放宣传单 8 万张、防火戒严通告 1000 份、“虎威威”宣传旗 3000 面、宣传条幅 1200 条、宣传手册 800 本、发送短信 6.6 万条，出动宣传人员 1200 人次，出动宣传车 290 辆次，播放宣传音频 1300 小时。同时，市林业和草原局制定《扎兰屯市森林草原火灾处置应急预案》，开发森林草原防火网格化地理信息系统，采取“点、线、面”相结合的管控方式，发挥网络及网格优势，实行网格化精细管理，分层次建立“大、中、小、网底”四级管理网格，开展宣传动员、巡护管护。全市森林火灾受害率控制在 1‰以内，草原火灾受害率控制在 3‰以内，连续 24 年无重特大森林草原火灾。

【消防安全监管】 2022 年，市消防大队发动成员单位落实监管责任，做好消防工作，开展“双随机、一公开”检查，严格按照单位第一责任人全程参与执法的原则，对检查发现的问题隐患予以确认并组织整改。在消防安全专项整治三年行动巩固提升阶段，严格实行项目式管理、挂账式推进，13 项内容中 12 项已取得阶段性成效。检查单位 660 家，发现火灾隐患及违法行为 498 处，督促整改火灾隐患及违法行为 481 处，下发责令改正通知书 294 份，受理投诉举报案件 35 起，下发临时查封决定书 4 份，下发公众聚集场所投入使用、营业前消防安全检查合格证 41 份，下发行政处罚决定书 26 份，罚款 14.36 万元。

【自建房消防安全排查整治】 2022 年，市消防救援大队联合市住建局、各乡镇办组成检查组到辖区实地走访排查辖区自建房。全市有生产经营租住村（居）民自建房 10～30 人的 19 栋，30 人以上的 7 栋。大队协调 19 个乡镇（街道）开展消防安全宣传 10 次，利用微信群发布提示和典型火灾案例 20 次，指导派出所、社区志愿者对 100 余名孤寡老人、残疾人等弱势群体开展“精准宣传”，普及消防安全知识，提升居民消防安全能力。

【高层建筑消防安全综合整治】 2022 年，市消防大队发动街道、公安派出所、住建部门及居民委员会等对高层建筑逐个区域、逐栋建筑开展专项联合检查 4 次，走访排查高层住宅小区 13 个，查出隐患 24 处，针对隐患问题建立明细台账，对发现的隐患建立问题隐患清单和整改责任清单，对部分难以整治的，督促隐患整改，确保专项治理工作落到实处。

【煤化工企业消防安全监管】 2022 年，市消防救援大队要求内蒙古翔丰化工有限公司开展消防安全风险评估工作。要求对消防安全工作中出现的意外有害因素严格控制，制定风险控制措施，规避因措施不到位等原因而出现火警甚至火灾以及有毒有害、易燃易爆介质泄漏着火等恶性事故。根据评价辨识结果，及时采取针对性、可操作性较强的预防性控制措施，避免对人身安全和设备造成危害。

【仓储物流消防安全监管】 2022 年，市消防大队对全市物流园区和物流仓储企业负责人进行集中约谈，联合多部门对辖区物流仓储企业开展隐患整治行动。通报全市物流园区和物流仓储企业消防安全现状，要求各单位负责人高度重视消防安全工作，加强对重点区域巡查、检查，及时消除火灾隐患，确保消防安全。有针对性开展灭火疏散演练活动，切实预防各类火灾事故发生。

【电动车消防安全监管】 2022 年，市消防大队制定《关于进一步加强扎兰屯市电动自行车全链条管控的实施方案》，建立加强市场流通管控、加强电动自行车使用管理、加强安全监督管理、强化支撑保障等治理新模式，确保各项管理措施落到实处。组织专项检查5次，发现隐患5条，整改隐患5条，建设集中充电、停放场所23个，23个居民住宅区落实电动自行车集中管理要求及措施。

【打通"生命通道"集中整治行动】 2022年，市消防大队在全市范围内开展打通"生命通道"集中整治行动。完成消防车通道标志线标施划单位182家，完成消防车通道标志线标施划新建小区6个，清理占堵消防车通道障碍物10个、占道车辆3辆，集中检查行动3次。制定"一城一策""一区一策"方案1个，完成治理老旧小区12个，新建停车场、停车设施1个，在建停车场、停车设施1个。

【消防宣传教育】 2022年，市消防大队协调美团外卖小哥变身"消防宣传员"，每周四开放消防站，邀请辖区学生、员工、居民到站内参观培训，受众人次达2万人。制作原创短视频20条，开展"消防宣传五进"活动200次，消防讲座10次，"北疆蓝焰"志愿活动28次，大屏幕播放消防动画短视频1000条次，市电视台播放消防短视频200条次，联合通信公司发放宣传提示短信2万条，社区网格员、志愿者发放消防常识传单2万份。

（于春雪）

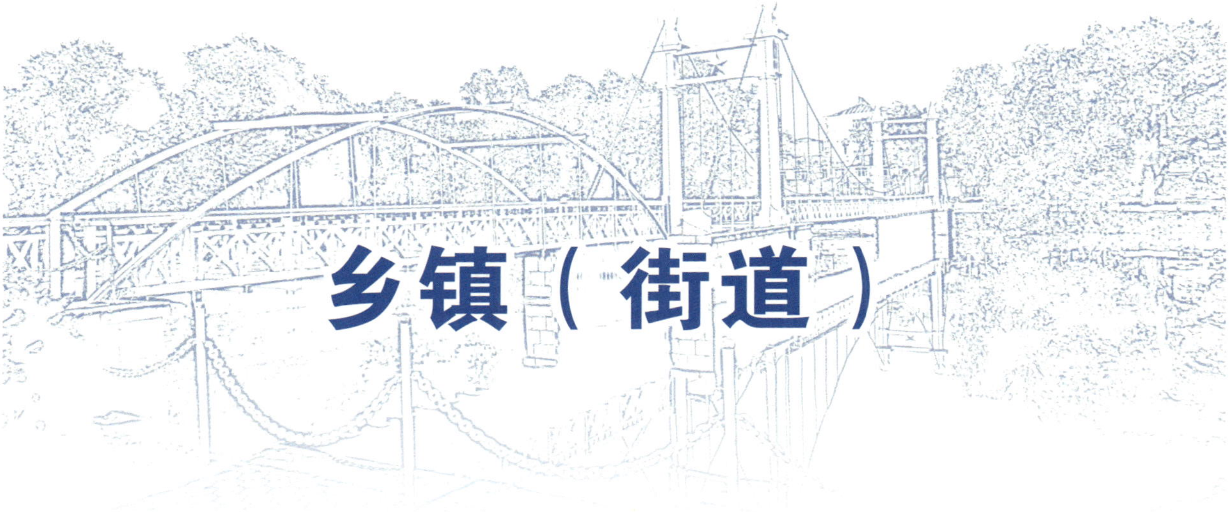

乡镇（街道）

兴华街道

【概况】 兴华街道位于扎兰屯市中心城区，南与正阳街道相连，西与河西街道为邻，东与达斡尔民族乡毗邻，北与卧牛河镇接壤。下辖青松、铁路、绿林、迎春、秀水5个社区，面积40平方千米。2022年末，所辖小区58个，楼宇180栋，生产经营单位和个体工商户563家，总户数1万户，总人口2.26万人。

【民生保障】 2022年，兴华街道对低保困难群众做到应保尽保，为586户757名低保户发放低保资金607.9万元；为57户困难群众申请临时救助金7.51万元；实名制动态管理，新增低保18户21人，停发低保63户96人。为47名特困人员每月发放补助1008元。为801名80岁以上的老人发放高龄津贴96.99万元。为辖区4594名育龄妇女进行B超三查检查。对计划生育家庭奖扶28人和特别扶助116人进行政策宣传。落实残疾人两项补贴，有重度残疾256人，其中一级残疾63人，二级残疾193人；困难残疾261人，其中一级25人，二级79人，三级93人，四级64人。全年发放重度残疾人护理补贴资金26.89万元，困难残疾人生活补贴资金28.92万元。

【政务服务】 2022年，兴华街道按照“公共服务场所最大化、办公场所最小化、社会效益最大化”的思路，融合服务功能18项，重点突出党群服务中心政治引领、文明实践、为民服务、基层治理功能发挥作用，科学合理设置日常办公、党群活动、综合服务、宣传教育等区域，提供党员服务、社会救助、退役军人、医疗养老、预约代办、咨询投诉等服务项目。全年为群众办结各项党群服务事项180件，提供各类党群服务450次。对标识进行统一，优化服务窗口，设置综合一窗、退役军人服务、医保服务、暖心党建、新时代文明实践、帮办代办帮缴费代缴服务窗口6个，承接市政府下放行政权力事项9个，规范办事流程22项。编制标准化的办事指南，推行首问负责制、一次性告知制、AB岗工作制、服务承诺制等制度，设有意见簿、举报箱和监督电话。累计认领公共服务事项11个，各类审批事项4个，均录入自治区政务服务平台，实现“一网可查、一网可办”。优化《兴华街道“12345”便民服务热线实施方案》，明确职责，强化业务水平，拓宽视野，增强服务意识。收集各类常见问题42条，均按自治区要求录入数据库。承接“12345”工单66个，响应率、满意率、解决率均为100%，逾期率为零。发挥各社区科技图书室的资源优势，图书室每天向居民开放，居民可以自由免费阅览，各社区有科普类图书500册左右、科技类图书3000册。

【安全生产】 2022年，兴华街道组织开展安全隐患排查7次，对辖区内40家重点企业单位和人员密集场所进行4次安全生产联合检查，对辖区学校附近的20家“小餐桌”托管机构定期走访检查。针对辖区天然气、有毒有害和易燃易爆气体、有限空间作业、维修等特殊领域和行业开展专项安全生产检查，排查隐患7处，完成整改7处。开展防火宣传工作5次，发放宣传品200份，悬挂宣传条幅15幅。全年开展安全生产应急演练7次。普及新冠疫苗接种科普知识150条，受益3300人，发放各类宣传手册、宣传海报、宣传单1800余份。下载“科普中国”APP 42人，传播量1.4万次，通过线上转发普法视频1500条。

【人居环境治理】 2022年，兴华街道动员辖区老旧小区业主，开展老旧小区改造入户征求意见3次。防汛抗旱排查辖区兴华渠30次，修建渗水井5个，清掏渗水井、涵管、排水沟20次，清理垃圾100车。排查供暖入户7000户，解决辖区私搭乱建36处，清理整治辖区私种小菜园和平房区占道经营55处、卫生死角及建筑垃圾3处500吨、野外垃圾场4处，清理乱堆乱放70处、流动摊贩40多人次。发放食品药品安全宣传单1000张，开展宣传教育知识讲座20次，排查辖区内“小餐桌”30家，发现问题8个，均整改。利用爱国卫生月、“百日攻坚”活动开展集中整治，组织包联单位、物业公司和41个网格的17支志愿者服务队开展集中清理整治活动100次，参与党员、干部职工、志愿者5500人次，发动居民群众4050人次，清理小广告1500处，出动铲车、拖拉机750次，清运生活垃圾230吨，设置禁止倒垃圾警示牌30块。在辖区内开展以灭鼠为重点的除“四害”活动，发放灭鼠药90箱、灭蟑螂药30箱，灭蚊蝇、灭跳蚤药物8箱。

4月3日，兴华街道对志愿者进行普法宣传培训　（兴华街道　供图）

【生态环境保护】 2022年，兴华街道各级河长登录“河长通”APP按时开展巡河。社区发动辖区志愿者组建河道巡逻队12支，每天对河道进行维护1次，发现问题及时上报。清理河道垃圾100立方米，清理时限为320小时，社区党员及志愿者参与河道整治120人。按照属地管理、分级负责的原则，建立街道、社区二级林长体系。根据本区域实际，制定《兴华街道林长制工作方案》，各社区结合自身特点制定工作方案并组织落实。开展林长制常态巡查，街道级林长或副林长、社区级林长对责任区每月巡查不得少于1次；在森林防火期等重点时段，对重点林区加大巡查频次。

【“逢四说事”志愿服务项目】 2022年，兴华街道积极构建社区事务治理新格局，在绿林社区推行“逢四说事”工作机制，解决服务居民群众“最后一米”。每月逢4、14、24日或星期四，社区定期召开说事会，依托人大代表、共建单位、街道包居领导、普法宣传队、司法所、派出所、社区律师开展“百姓说事，群众说理，逢四说事”工作机制，成立由老干部、老党员、居民代表组成的居民议事会，真正让老百姓参与到社区事务管理中，实现民事民议、民事民办、民事民管。以网格为依托，建立居民说事服务点、说事点，开展民情民意收集、普法宣传、法律咨询、矛盾纠纷排查化解等服务，以解决各族群众的难事、烦心事为出发点，以为群众办实事、暖心事为着力点。2022年，"逢四说事"志愿服务项目被呼伦贝尔精神文明建设委员会办公室评为呼伦贝尔市"我帮你"新时代文明实践优秀志愿服务项目。

（唐 军）

正阳街道

【概况】 正阳街道位于扎兰屯市中心地带，东以滨洲铁路为界与铁东街道为邻，南以向阳街为界与繁荣街道接壤，西以雅鲁河为界与河西街道隔河相望，北以雅鲁街为界与兴华街道相连，是扎兰屯市商贸、金融、医疗中心，辖区总面积2.5平方千米，7条主要街道构成纵横交织的交通网络。2022年末，辖区总人口2.96万人。辖社区4个，即红旗社区、沿河社区、永安社区、民乐社区，辖区内党政机关及企事业单位30家，生产经营单位2900家(包括个体工商户)，学校2所，二级甲等医院1家，金融机构4家。

【民生保障】 2022年，正阳街道按照《扎兰屯市城乡低保对象重新认定工作实施方案》，规范街道低保申请受理审核程序，做到街道100%入户，实现应保尽保、应退尽退。全年在享低保640户，806人，发放低保金605万元；申请并审批临时救助60户，发放救助资金12.7万元；在享长寿金老人686名，发放长寿资金84.6万元；实有特困人员41名，其中护理补贴22人，发放补贴资金69.5万元；及时兑现退役士兵生活补助和义务兵优待金，发放资金93.48万元；实有事实无人抚养儿童4人，发放补贴资金5.4万元；实有城市经济困难老年人29名，发放补贴1.7万元；实有困难残疾人292名，重度残疾人272名，发放补贴67.7万元。加大居民小区业主委员会组建力度，指导沿河社区滨河雅居小区、民乐社区民乐一期三号楼小区、红旗社区地税局小区、卫校家属楼成立业主委员会。打造正阳群体活动品牌，组建"正阳象棋俱乐部"，购置30套象棋桌椅和棋具投放到居民小区，举办俱乐部公开竞赛活动1次。

5月15日，正阳街道指导卫校家属楼成立业主委员会 （正阳街道 供图）

【政务服务】 2022年，正阳街道完善党群服务中心功能，搭建"情暖十大行动"载体，打造"10分钟城市社区党群服务圈"，推行以"马上办、网上办、就近办、一次办"为标准的"一站式服务"。在街道49个网格内设置党小组49个，整合网格内人力资源，形成横向到边、纵向到底、条块结合的基层党建工作网络。在网格内全面推行亮身份制度，将"八小时内办"变成"抓落实马上办"，做到"电话叫，网格员到"。聚焦取暖季辖区居民供暖等急难愁盼实际问题，开展"入百户、问冷暖"行动，联系热力企业上门排查住宅楼及小区38个，整改、解决26个。

【安全生产】 2022年，正阳街道定期对辖区内各类生产经营场所、"小餐桌"等具有安全隐患的地点和场所进行排查。排查、整改存在高空坠落隐患地点14处，修复危墙3处。排查窨井盖破损、缺失、下沉、倾斜90

处和路面破损7处，使用自治区“街道社区党组织建设专项资金”进行修复，对辖区内3处危墙推倒重建，消除安全隐患。

【人居环境治理】 2022年，正阳街道结合“爱国卫生百日攻坚行动”，制定《正阳街道办事处环境卫生综合整治工作方案》，重点对步行街、正阳市场、辖区楼院、河道沿等存在卫生盲点、死角问题的地点进行拉网式排查3次；集中开展环境卫生大型整治活动8次，出动人力4000人次；清除各类垃圾200车，清理小菜园10处、僵尸自行车400辆、僵尸汽车9辆；整治居民楼164栋、单元455个，清除乱堆乱放187处、乱贴乱画410张；排查、整治破损、缺失窨井盖90处，电线、网线杂乱小区103个，私搭乱建违章建筑小区59个，辖区环境面貌大幅改善。依托社区“七彩服务驿站”“五彩连心”“光荣先锋”志愿服务队及新时代文明实践志愿者开展垃圾分类宣传、助老爱老志愿活动、文艺会演、环境卫生整治等志愿活动80次。

【无物管小区综合治理】 2022年，正阳街道针对辖区老旧小区较多，且众多老旧小区无物业管理实际情况，创新工作思路，构建治理新格局，推出无物管小区综合治理新机制。在无法引进物业公司情况下，引进保洁公司，列出服务项目“菜单”，由小区居民自行“点菜”。保洁员由保洁公司统一管理、统一派遣、统一调配，定期进入小区服务，其工作质量由保洁公司进行监督。试点小区的服务项目包括楼道保洁、院内保洁、绿地养护、冬季清雪、楼道换灯泡。保洁公司同时为入住小区提供免费服务4项，即免费安装升降杆、免费安装电动自行车充电桩、免费安装小区视频监控、协助为小区内小面积破损路面修复。有效节约人力成本、降低服务价格、减少居民物业费负担，保证服务质量。

（李元睿）

繁荣街道

【概况】 繁荣街道位于扎兰屯市布特哈路3号，辖区总面积2.48平方千米。2022年末，有居民1.07万户，2.64万人，辖社区4个，即胜利社区、新风社区、光明社区、小溪社区。其中，胜利社区面积0.73平方千米，居民2649户，6738人；新风社区面积0.38平方千米，居民2856户，7110人；光明社区面积0.65平方千米，居民3561户，8688人；小溪社区面积0.72平方千米，居民1614户，3875人。

【民生保障】 2022年，繁荣街道设置党群服务中心工作区域，办理审批服务事项1591件，开展各类活动172次，服务群众3452人次。全年发放临时救助金3.5万元，有930人享受城市最低生活保障金，395人享受“困难残疾人生活补贴”，323人享受“重度残疾人护理补贴”，“三无”供养人员29人，享受护理补贴人员17人。对所有享受民政救助政策人员进行核查比对，核查408人次，查出违规享受政策人员1人次，已停发低保1人，追缴违规资金600元。年内新增奖扶14人，特扶9人。办理发放退役

10月8日，繁荣街道居民在新建南市大桥两侧“口袋公园”扭秧歌
（繁荣街道 供图）

军人优待证560人，发放光荣牌9个，为4名60周岁农村籍退伍兵发放抚恤补助金1.05万元；为9名伤残军人、警察发放伤残抚恤补助金25.97万元；为9名退伍士兵发放一次性安置补助金68.18万元；为4名因病住院治疗的伤残军人发放优抚对象医疗补助金4343元；为9名困难退役军人发放补助金1.8万元；为3名现役军人家属送上立功受奖的喜报和慰问金900元。

【新时代文明实践所、站、点建设】 2022年，繁荣街道建设新时代文明实践所1个、新时代文明实践站4个、文明实践点5个，阵地建设覆盖率100%。建设“村村响·文明实践广播站”4个，与党群服务中心场所共建共享，配备“理论氧吧”“时代影院”“志愿者之家”“红色书吧”等功能室并向群众开放。依托便民服务大厅为群众办实事100件，依托8支志愿服务队伍开展志愿服务活动50次，开展学习交流、教育培训、红色影片展播等活动30场次。

【安全生产】 2022年，繁荣街道加强汛期巡查，街道河长每月巡河1次，社区河长每月巡河4次，组织清理建筑垃圾20处，租赁装载车、挖掘机清运建筑垃圾30车，组织开展河道卫生整治活动18次，设置河道警示牌4个。对重点行业、重点企业、人员密集场所等进行安全生产检查25次，累计组织检查62次，印发宣传单1.2万份，开展防火防汛应急演练4次。

【人居环境治理】 2022年，繁荣街道对街道商户严格实行门前“五包”，将辖区划分为41个片区，每个片区建立起由“1名党员干部、1名社区干部、1名网格员、1个共建单位、1名义务监督员”组成的共建包联制度，实现从根本上改善辖区人居环境。对辖区居民院落、大街小巷、公路沿线、河道、五中大桥两侧的各类垃圾进行地毯式清理，出动4100人次，铲车、钩机、翻斗车、四轮车600车次，清理垃圾约1.5万立方米，整治各类大小不等卫生死角700处。栽植乔木2100株、灌木4800株，提升和改善辖区整体环境卫生质量。

【“初心”养老服务驿站】 2022年，繁荣街道科学应对传统居家养老问题，探索、汲取经验，推出新的服务理念，完善养老服务体系，于6月22日在小溪社区建立“初心”养老服务驿站。“初心”养老服务驿站以老年人服务需求为导向，以初心食堂、中医药健康文化知识角为依托，以志愿服务活动为载体，拓宽服务内容，为辖区老人提供巡视探访100余次300余人、个人清洁10余次、养老顾问20余次、免费送餐30余次600余人，对养老服务对象的困难和需求及时响应，全方位地为老年人提供服务，真正实现“老有所养、老有所乐、老有所得”。

（于　平　罗国梁）

向阳街道

【概况】 向阳街道东与铁东街道相连，西与河西街道、成吉思汗镇为邻，南与高台子街道接壤，北与繁荣街道毗邻。辖区滨洲铁路、302省道连接线贯穿其中，交通便利。2022年末，总人口1.88万人，同比减少303人；辖区出生人数为46人，同比减少14人；人口出生率为2.45‰，同比下降1.96‰。行政区域面积19.1平方千米，其中耕地面积713.33公顷，林地面积180公顷。向阳街道有社区4个，即东方红社区、金星社区、纸浆社区、星光社区；建制村1个，即向阳村。

【乡村振兴战略实施】 2022年，向阳街道坚持脱贫攻坚成果同乡村振兴有效衔接，争取项目资金300万元，增加贫困户收入，肉羊养殖项目一、二期均按期完工。争取扶持资金100万元，为圆梦屯申请2千米水泥混凝土路面，项目已完工。对向阳村22处供水井房设备进行维修更换，保障村民吃水供应和饮水安全。向阳村文化产业车间以“文化产业”为支撑，发挥独厚的资源优势，以“培训+代购材料+线上线下销售”模式，积极推行“产供销”一条龙模式，让弱势群众足不出户就能“接单”赚收入，车间运行已形成专业化、规模化、产业化；开展文化产业培训班6期，200人参加，开展文化大集5次。

【民生保障】 2022年，向阳街道在享城市低保784户，991人，在享农村低保397户，521人，在享特困分散供养人员34人；享受80周岁以上长寿补贴521人，享受重度残疾人护理补贴350人，享受困难残疾人生活补贴494人；救助66人，救助资金7.85万元。争取市残联残疾人无障碍改造项目，帮助62名残疾人改善生活环境，提高生活质量。争取民政部门养老服务中心和养老服务站项目并完成建设任务。召开供暖工作会议8次，辖区供暖户3401户，排查存在问题305户，协调市住建部门、热力企业解决129户，发放农民平价煤647户。

【政务服务】 2022年，向阳街道建立街道党群服务中心1个、社区党群服务中心4个、村党群服务中心1个，其中4个区域11个功能室（综合服务区、党群活动区、宣传教育区、共治理事区，党群服务大厅、组织生活馆、红色影院、红色书吧、新时代文明实践站、群团之家、代表委员工作室、党群综合活动室、党群培训中心、入党宣誓厅、综治工作中心）实现“12345”便民服务热线、退役军人服务站、政务服务平台等多项便民服务。新时代文明实践所坚守基层意识形态工作阵地，开展“我是共产党员·我帮你”“我是共青团员·我帮你”等志愿服务活动116次，参加志愿服务志愿者1315人次，累计服务时长1255小时，窗口为群众办实事150人次。

6月3日，向阳街道金星社区新时代文明站开展端午节活动

（向阳街道 供图）

【安全生产】 2022年，向阳街道召开安全生产工作会议12次，专题会议6次，投入各类防汛资金25万元，排查汛期隐患10次，平整居民巷道3条，清理雅鲁河向阳街道段河道垃圾900余吨，加固危险段河道200米，新修渗水井12口，清掏渗水井100口，主汛期未发生防汛安全事故。在“7·26”汛情时，组织应急防汛队伍12支210人到岗在位开展防汛工作，协调相关单位出动冲锋舟2艘、大巴车2辆、铲车2辆，转移受困群众136人。完成经营性自建房排查、城市低保家庭住房情况普查等工作。

【人居环境治理】 2022年，向阳街道开展爱国卫生运动百日攻坚行动，多次与包联单位研究制定治理方案，投入经费20万元，修建垃圾池10座，出动党员志愿者、雇工1400人次，清理大型垃圾点45处、小型垃圾点60处，清运垃圾700吨。

【全市首个快递企业联合党支部在向阳街道快递产业园成立】 2022年4月21日，中共扎兰屯市快递企业联合支部（以下简称快递企业联合党支部）在向阳街道星光社区快递产业园成立。快递企业联合党支部由韵达、京东、申通三家快递企业联合成立，是全市首个由多家快递企业通过联建的方式成立的非公快递企业联合党支部。快递企业联合党支部的成立宗旨是全面加强党对快递等新业态的全面领导，激发快递企业党建工作活力，推动快递企业党建向纵深发展，让快递员更好地发挥所长、遵纪守法、诚信派送。

【扎兰屯市向阳义工和志愿者协会志愿服务品牌入选内蒙古自治区文明办《新时代文明实践中心建设工作案例选编》】 2015年6月，扎兰屯市向阳街道成立全市首家向阳义工和志愿者协会。在向阳街道新时代文明实践所的指导下，向阳义工和志愿者协会发挥党建引领“引擎”作用，以创建“服务型党组织”为目标，运用“党支部携手志愿者”服务民生的创新模式，建立党员志愿者服务队、巾帼志愿者服务队、青年志愿者服务队三支志愿者服务队和帮扶慰问安心组、护理咨询义诊组、关心下一代教师组、义工艺术团文化组、生态环保宣传组、理发清洁服务组6个志愿服务小组，服务对象1000人次。构建新时代文明实践全域覆盖工作体系，实现群众在哪里，文明实践就延伸到哪里。2022年6月，扎兰屯市向阳街道向阳义工和志愿者协会志愿服务品牌成功入选内蒙古自治区文明办《新时代文明实践中心建设工作案例选编》，同时也是扎兰屯市新时代文明实践站唯一入选案例。

（文　明）

高台子街道

【概况】 高台子街道是以农村农业建设发展为主、兼顾城市社区建设发展类型的涉农街道，辖区与岭东农畜林产品开发区规划区交会叠加，滨洲铁路高台子货运火车站、成吉思汗机场位于辖区，集阿高速、省道302线穿境而过，有呼伦贝尔东北阜丰生物科技有限公司、同德木业有限责任公司等生产加工企业20家，蒙东牲畜交易市场等大规模养殖企业、合作社40家，特色种植和设施农业类业态丰富，交通优势、资源优势突出。下辖城郊村4个，即高台子村、近郊村、鲜光村、五一村，社区2个，即糖厂社区、建设社区。2022年末，总人口2.44万人，其中城市人口7000人，农村人口1.74万人，辖区耕地4267公顷。

【农牧业发展】 2022年，高台子街道完成春播任务4250.28公顷，其中种植玉米3893.33公顷，水稻75.15公顷，大豆281.8公顷。春季实施有机肥还田项目1000公顷，已完成有机肥抛撒782公顷，配合市农科局完成验收。牛羊规模以上养殖户发展至150户，食用菌规模种植户4家。五一村肉牛养殖园区带动周边村民入企务工120人，人均年收入4万元。东山牧业园区养殖户增至11家，其中蛋鸡标准化养殖园区现有蛋鸡6万羽，年产蛋量达222万枚，拥有在本市及阿荣旗等周边旗县定价权。

【乡村振兴战略实施】 2022年，高台子街道建好用好“党建引领下的1个产业振兴核心，省道302、集阿高速周边2条特色产业带，培育和壮大食用菌、蔬菜种植、苗木培育3大基地，商贸就业、乡村旅游、肉牛养殖、近郊东山牧业园区4大园区，发展小笨鸡、大鹅、沙果、蔬菜、旅游5大产业”。新建肉羊改良点1个、畜禽无害化处理点1个、环保防渗漏储粪棚8个，引进有机肥生产企业1家，带动露地蔬菜、设施农业种植规模增长至153.33公顷，秸秆还田回收利用2400公顷。承接呼伦贝尔东北阜丰生物科技有限公司、中国储备粮管理集团有限公司等大型企业社会服务职能，拓宽进厂务工渠道，辖区居民进厂务工650人，人均年收入5.5万元。发展鲜光村朝鲜族民俗旅游，三圣寺、金刚寺宗教特色游，大棚果蔬采摘亲子游。逐步形成规模养殖、粪肥制造、循环利用、种养互补、绿色发展循环发展的产业格局。申请中央组织部壮大村集体经济资金125万元，在高台子村建设村集体控股的生产叉车托板企业，预计年盈利30万元。实施高台子村道路硬化项目4个，均投入使用。近郊村冷库项目建设完成，高台子村屯植树绿化项目完成设计和栽种。完成残疾人对口帮扶项目3户，户均增收4500元。新谋划乡村振兴项目6个，均完成项目入库。

【民生保障】 2022年，高台子街道开展劳动技能培训5期，鼓励居民进厂务工，录入农牧区劳动力就业信息2445人，就业转移416人，城乡居民收入稳定增长。新增农村低保34人、城镇低保4人，通过动态管理模式，做到应保尽保、公开公正。审批临时救助款4.8万元，救助特困群众73人，高龄补贴、低收入补贴、残疾人两项补贴及时发放。全面落实三孩政策，生育水平保持稳定，确认2022年国家奖扶83人，奖扶金全部通过“一卡通”足额发放。完善街道及社区养老服务中心建设，建立街道未成年人保护工作站。

【政务服务】 2022年，高台子街道强化项目准入评审和履约监管，加强与岭东农畜林产品开发区深度合作，承接产业转移，开放型经济不断发展。推进“数字政府”建设，推广注册使用“蒙速办”“蒙企通”APP，优化“网上办事大厅”功能，实现群众少跑腿、数据多跑路。全年接收办理人大代表提案5件、政协委员提案7件，解决“12345”反馈工单83件。

【人居环境治理】 2022年，高台子街道累计排查房屋2855座，聘请专业第三方鉴定，通过市危改办末期竣工验收，4户D级危房群众喜迎新居。配合市住建局开展经营性自建房安全隐患排查“回头看”2轮，排查出经营性自建房屋80栋。持续推进农村牧区户厕问题摸排整改，19户水厕、10户旱厕全部整改完毕。针对主次干道、群众反响强烈区域问题，实施硬化道路2条，列入城市桥梁改造计划1座。完成“四好农村路”里程前期核对，降雨季节、秋收时节修缮铺垫居民区胡同、田间路68条，城郊地区路网日趋完善。发动党员干部职工4300人次，群众5200人次，发放环保倡议书等宣传资料8700份，出动铲车、翻斗车90辆班，清理沟渠河道11处，整治卫生死角700处，整治非正规垃圾点5个、私搭乱建95处。新修建花坛2处，完成绿化树木种植1000棵，打造街巷里“口袋公园”。加大饮用水源地保护力度，加强水源水质动态监测，及时改造老旧受损供水管网，让老百姓喝上优质水、放心水。开展打击破坏野生动植物资源、破坏草原林地违法违规等专项行动，核查疑似破坏林地草原图斑40个。开展农业污染面源排查，土壤环境总体稳定。

6月13日，高台子街道糖厂社区开展“关爱老年人身体健康，义务测量血压血糖”活动 （高台子街道　供图）

【公共文化服务体系建设】 2022年，高台子街道公共文化服务体系不断完善，“草原书屋”“文化进万家”等文化惠民活动深入实施，全民健身和文体活动蓬勃开展。举办文艺会演、拔河比赛、厨艺大赛等群众性文化惠民活动6场次，评选“诚信村”1个、“诚信户”777户、“十星家庭”4户。

（王那日格勒）

铁东街道

【概况】 铁东街道东与阿荣旗音河达斡尔鄂温克民族乡相连，

西与正阳街道为邻，南与向阳街道接壤，北与兴华街道毗邻。辖区滨洲铁路、阿扎铁路、111省道连接线贯穿其中，交通便利。行政区域面积45.2平方千米，其中耕地面积1253公顷，林地面积446.67公顷。2022年末，居民3912户，总人口6111人，有汉族、蒙古族、达斡尔族、满族、回族、俄罗斯族等民族7个。铁东街道有社区2个，即天拜山社区、五里社区；行政村1个，即铁东村。

【乡村振兴战略实施】 2022年，铁东街道铁东村建档立卡脱贫（享受政策户）140户，332人，因死亡、婚嫁等原因自然减少8人。巩固脱贫成果和防返贫监测动态管理排查工作，“两不愁三保障”达到标准，收入人均达到6600元以上，无新识别防返贫致贫监测户。落实建档立卡学生“一杯奶”补助19人，“雨露计划”补助4人，教育临时救助2人，补贴资金2.55万元，确保无因家庭贫困辍学现象发生。全年脱贫户省内务工109人，外地跨省务工人员24人，享受跨省务工交通补贴300元/人，总计7200元。开展建档立卡脱贫户家政培训班1期，参与培训30人次。加强村基础设施建设，2022年度自治区级第二批衔接资金16万元，用于铁东街道铁东村排洪渠建设项目；2022年财政衔接推进乡村振兴补助资金30万元，用于铁东街道铁东村圆井东沟北沟500米道路硬化项目。

【民生保障】 2022年，铁东街道关注弱势群体生活，及时发放各项补助。按照工作程序严格把关审批，规范资金发放管理，审批临时救助112人。排查低保、特困、高龄津贴人员、残疾人、易返贫致贫人口，主动救助，实行动态管理，全年纳入低收入家庭动态监测户19户，44人。新增低保86户，100人，新增特困8人，通过核算对不符合兜底保障人群进行核减，停发低保52人，切实保障困难群体应保尽保、应减尽减。联系社会福利院和民政福利养老院收容安置，安置到福利院流浪乞讨1人，并落实特困兜底。新增残疾人办证85人，落实残疾人两项补贴58人。联合市就业服务中心、劳动保障平台开展退役军人技能培训，为退役军人优抚对象服务，申报享受待遇工作，建立退役军人信访领导轮班接待日制度，各村、社区建立健全退役军人服务站，并设有专人专职负责，建立工作台账，完成退役军人的信息录入，为退役军人办理优待证，发放光荣牌。

【政务服务】 2022年，铁东街道提升网上服务能力，实行综窗办理业务，可通过综窗办理的事项11个，办件量56件，办件占比率3.75%。接收“12345”便民服务平台工单37件，办结36件，挂单1件，完成率97.3%。组织广大村（居）民下载注册“蒙速办”APP，街道常住人口5177人，已完成注册5031人，注册率97.2%。上传“12345”知识库数量50条，维护知识库5次，知识库的内容全面、准确，无重复内容，且符合自治区知识库模板要求，上传及时有效。平台开展调查失业人员280人，农村劳动力系统维护信息379人，为67名“4050”灵活就业人员办理社保补贴手续，社保退休生存认证

9月12日，铁东街道涵洞改造工程竣工　　（铁东街道　供图）

717 人，上门服务 32 人。

【安全生产】 2022 年，铁东街道牢固树立安全意识，多管齐下确保社会稳定和社会秩序良好，着力建设“平安铁东”。组织街道派出所、市综合执法局、司法所加强对辖区重点场所进行安全检查，并跟踪落实隐患整改情况。组织街道、村（居）干部开展安全生产专题培训 3 次，每月召开安全生产专题会议部署安全生产工作，对辖区 1 家学校、5 家餐饮场所的天然气使用情况开展排查，发现问题责令业主立行立改，检查辖区单位 300 家次。针对辖区街道老旧平房居多、密度较大、出租屋较多这一实际情况，建立街道、村（社区）和基层网格员三级治安网络，制定《铁东街道联防联治工作方案》，集中开展防火隐患和治安排查。到道东小学开展法律宣传和讲座 3 次，有效预防青少年违法犯罪。

【人居环境治理】 2022 年，铁东街道协调 31 个包联单位对所负责的责任区内垃圾进行定期清扫、转运，确保辖区生活垃圾随时得到清理。发动群众 1501 人次，包联单位出动 1260 人次，出动钩机 54 辆次、铲车 112 辆次，清理垃圾 2251 吨，清理乱堆乱放 137 处、小菜园 42 处。加大环境卫生资金投入，组建保洁队伍，2 个社区投入“为民办实事”资金 4 万元，保证保洁队伍运转。由扎兰屯市铁东村安东建筑劳务服务有限公司组建保洁队伍，实行网格化管理，对铁东辖区不在环卫处保洁范围内的路段、背街小巷，负责每周 2 次清运垃圾工作。全力解决城乡环境脏、乱、差问题，城乡居民垃圾乱扔乱放、污水乱泼乱倒现象明显减少，杂物堆放整齐，房前屋后干净整洁，街容街貌明显提升，文明村规民约普遍形成，长效清洁机制逐步建立，为群众创造良好居住环境。

【项目建设】 2022 年，铁东街道实施重点基础设施项目 5 个，其中续建项目 3 个，即扎兰屯市铁东街道铁东村大圆井至泥石流源头水泥硬化项目（总投资 26.4 万）、扎兰屯市铁东街道铁东村新发截洪沟项目（总投资 178.66 万）、“一事一议”扎兰屯市铁东街道铁东村排洪沟治理项目（总投资 174.21 万元）；新建项目 2 个，即铁东街道圆井东沟北沟 500 米道路硬化项目（总投资 30 万）和铁东街道排洪渠项目（总投资 16 万），涉及资金 425.27 万元。

（周英男）

河西街道

【概况】 河西街道位于扎兰屯市区西部，东临雅鲁河，西与成吉思汗镇务大哈气社区为邻，南至兴安桥，北至红光风景区，交通发达，辖区内由 3 座跨河大桥与市区相连。其中 2011 年 9 月开工的布特哈大桥为钢筋混凝土自锚式悬索桥，是呼伦贝尔市境内第一座悬索桥。行政总区域面积 67.5 平方千米，辖居社区 3 个，即振兴社区、南市社区、新城社区，行政村 1 个，即回民村。2022 年末，总人口 2.41 万人。

【乡村振兴战略实施】 2022 年，河西街道开展技能培训活动，邀请种植养殖专家对农户进行技能培训，举办种植养殖技术培训班 2 期，参训人数 100 人次。引导回民村进一步优化产业结构，培育特色产业，扩大杂粮、黑木耳、设施蔬菜种植面积。继续紧盯“两不愁三保障”目标，严格落实“四个不摘”要求，坚持思想不松、责任不变、队伍不散、力度不减，不折不扣落实各项惠民利民政策，确保脱贫户收入持续增加、生产生活条件持续改善，为乡村全面振兴筑牢群众基础。

【民生保障】 2022 年，河西街道加大宣传力度，提升自身业务能力，规范档案管理等各项措施，保障辖区居民的基本社会福利，实现应保尽保。累计发放低保金 729.4 万元，残疾人两项补贴 57 万元，临时救助 4 万元，长寿补贴 32.9 万元，优抚抚恤补助 66.3 万元。完成企业退休人员生存认证 585 人，对行动不便退休人员 17 人完成入户认证。农牧区劳动力转移就业人数485人。

【政务服务】2022年，河西街道打造街道和新城社区党群服务中心，有科技展览馆、音乐舞蹈排练厅、瑜伽室、乒乓球馆、棋牌室、养老服务中心、儿童之家、红色影院、组织生活馆、新时代文明实践所(站)10个功能室，全天对外开放，党群服务站日接待党员群众100人次。根据群众需求，引进扎兰屯市“爱心”公益协会志愿者队伍400人，组建政策宣讲、文化文艺服务等8支志愿小队，开展活动100场次，受益群众1万人。

【安全生产】2022年，河西街道到辖区各重点企业、重点部位开展排查12次，下达整改建议20条，预防辖区内安全生产事故发生。严格落实党工委班子成员、村(居)书记两级领导包案制度，在重要节庆、重大时间节点组织各村(居)兜底式排查可能引发群体性事件的重大隐患和突出问题，逐个建立台账，落实管控措施和包案领导，切实防止因排查疏漏、化解不力而造成严重后果。组织集中排查4次，成功化解矛盾纠纷13起，未出现越级访事件。扎实推进森林草原防灭火工作，抽调30名机关干部和社区“两委”干部，在清明节期间设立4个临时检查站，从早5时至晚17时不间断值守，严控野外火源。

【人居环境治理】2022年，河西街道积极开展水患治理，针对回民村二组汛期水患问题，联合市水利局多次现场勘查，制定上堵、下疏治理方案，投资25万元，出动多辆铲车、钩机、翻斗车等大型机械，抢在汛期前完成挖掘2400平方米蓄洪池1个，修建涵洞2个，疏通排洪沟1000延米，彻底解决困扰回民村20年的汛期水患问题。针对南市社区绿色食品园区地势低洼造成的积水问题，街道及南市社区组织附近企业和住户实地查看，召开座谈会，结合实际情况由街道和企业共同出资3.3万元，修建渗水井10个，组织人员定期清理河道，切实解决困扰绿色食品园区居民和企业多年汛期出行难问题。4月3日，联合市水利局等部门开展回民村第二热源东侧2005年违建鱼塘清拆行动，出动30人，调用钩机1辆、铲车1辆和翻斗车多辆，拆除鱼塘周边硬化地面400平方米，围栏20延米，对翠屏山栈道东沙堆、玉河湾滑冰场搭建临时铁皮围栏等违建设施进行清理，有效保护生态环境。

【岭北四队互通工程用地征拆】2022年，河西街道推进岭北四队互通工程用地征拆工作。多次召开专题会议，制定实施方案，压实工作责任，组建由市委组织部班子成员、河西街道班子成员、包联单位干部及回民村“两委”成员共同负责的包联小组，完善一户一策措施，了解掌握农户的新诉求和新情况，多方联动精准找到协谈最佳利益结合点，促进有效和谈。该项目涉及征地农户39户，已签约26户，其中通过河西街道工作组沟通协调签约办议19户，河西街道现承担6户土地征收工作任务。

9月21日，河西街道南市社区进行辖区卫生治理　（河西街道　供图）

【回民村肉牛养殖项目】 2022年，河西街道打造回民村集体经济示范点，确定回民村肉牛养殖项目为2022年度中央重点扶持发展壮大村集体经济项目，向市民政局申请项目资金50万元，购买肉牛45头。对河西街道回民村秸秆进行回收用于肉牛养殖，减少秸秆焚烧导致的大气污染，带动村民增收。辐射带动周围群众发展养殖业，传授成功的养殖经验和技术，推动产业多元化发展。截至2022年末，河西街道回民村肉牛养殖场占地1.8万平方米，建有现代化牛棚1375平方米、活动场地5400平方米，牛存栏69头。安置回民村建档立卡贫困户固定就业1人，临时就业8人。

（敖　雷）

蘑菇气镇

【概况】 蘑菇气镇位于扎兰屯市区西南75千米处，东与黑龙江省龙江县相连，南与兴安盟扎赉特旗接壤，西与洼堤乡为邻，北与萨马街鄂温克民族乡、中和镇毗邻，地处蒙黑、呼兴交界，界域点多、线长、面广，镇区地势平坦，交通便捷，111国道、集阿高速公路、蘑柴公路、碾蘑公路、关浩公路在境内交会贯通，是呼伦贝尔市的南大门，为扎兰屯市西南片区重要的交通枢纽和商贸物流集散地。蘑菇气镇行政区域面积704平方千米，其中耕地面积2.65万公顷，林地面积3.67万公顷，草场面积4133公顷，森林覆盖率39.66%，草原综合覆盖度80%，城镇建设用地面积2580公顷。蘑菇气镇下辖行政村19个，即蘑菇气村、兴隆沟村、三合村、凤凰窝村、爱国村、南平村、北安村、东风村、惠风川村、太平沟村、先锋村、杨树沟村、中宁村、苇莲河村、宫家街村、野马河村、湾龙沟村、炕沿山村、东明村；社区3个，即利民社区、团结社区、关门山社区；居民小组16个；村民小组167个；自然屯158个。2022年末，常住人口2.93万人，其中城镇人口6039人，涉农涉牧人口2.32万人；由汉族、蒙古族、满族、朝鲜族、回族等9个民族构成，其中汉族人口2.06万人，少数民族8684人。

【农牧业发展】 2022年，蘑菇气镇农作物总播面积2.65万公顷，其中种植玉米2.13万公顷，水稻866.67公顷，大豆4253公顷，超额完成大豆扩种任务。粮食产量7.75亿千克，经济作物产量587万千克。推进6个村、521.33公顷黑土地保护利用项目。完成8个村、5600公顷高标准农田项目区勘测和图纸绘制工作，其中提质改造1133.33公顷，新建4467公顷。全镇农业保险投保面积1.97万公顷。对符合标准的新型主体统计上报储备库15家，其中合作社10家，家庭农牧场5家。全年免疫牲畜34.37万头（只），禽流感免疫57.62万羽，犬驱虫1.69万条，免疫密度达到100%。

【乡村振兴战略实施】 2022年，蘑菇气镇投入资金1553万元建成5个村集体产业项目，其中肉牛养殖项目2个，中草药加工项目1个，蛋鸡养殖场项目1个，秸秆加工综合利用项目1个。镇级产业发展基金

2022年，蘑菇气镇依托苇莲河得天独厚地理优势，积极发展绿色产业。图为蘑菇气镇关门山社区金禾米业公司绿标水稻基地　（蘑菇气镇　供图）

及9个村集体产业发展资金1297.5万元，重点用于投入扶持本地种植养殖产业发展，全镇19个村集体经济均达到10万元以上目标。争取上级财政专项衔接资金1883万元，实施基础设施建设项目11个，其中投资1741.58万元完成入户路改造37千米，投资141.42万元完成边沟建设4千米。配合完成全市重点项目华能蒙东伊穆直流外送岭东100万千瓦风光项目前期征地工作；推进野马河村红色美丽乡村建设综合示范项目，打造乡村红色旅游新模式。统计上报光伏受益户115户、省外务工补贴567人，为贫困户协调办理贴息小额信贷48户，为一般户办理防贫保195户527人。落实本年度“雨露计划”学生60名，发放补贴9万元。全镇纳入防止返贫动态监测和帮扶户13户。

【民生保障】 2022年，蘑菇气镇新增享受困难残疾人补贴93人，特困分散供养人员232人，落实补贴资金13.88万元，落实7人“三无”人员补贴资金6500元。完成注册镇村两级退役军人服务站4处，享受各类补助抚恤77人，完成低保、特困退役军人抗癌专属保险办理24人，完成困难退役军人临时救助4户。实施危房改造13户，解决历史遗留不动产问题25个，分批次新办及补办农村房屋不动产权证832户，落实旱厕改造任务690个。

【政务服务】 2022年，蘑菇气镇便民服务大厅制定完善各类制度29项，入驻服务事项38项，各窗口接待905人次，办结政务服务事项603件；同步推进网上便民服务，注册“蒙速办”1.8万人，群众网上办件98件，办结率和群众满意率均100%。设立帮办代办服务事项24项，办件量396件。“12345”便民服务热线平台回复解决124件，群众满意度100%。

【安全生产】 2022年，蘑菇气镇开展安全生产检查22次，检查120家，排查隐患5处，整改率100%。开展应急演练29次，开展天然气领域、高空坠物专项检查各1次，完成辖区363栋经营性自建房隐患排查工作，排查济沁河中型灌区险工险段6处。镇区20家种子化肥经销店信息全部录入自治区农畜产品安全管理平台。农机检车810辆，办理驾驶证58人，办理行驶证115辆。全镇无安全生产事故发生。

【生态环境保护】 2022年，蘑菇气镇落实河湖长制，开展清理河道周边垃圾大规模行动7次，7名镇级河长巡河82次，18名村级河长巡河817次；麒麟河治理工程和济沁河西永灌区渠首工程全面实施。落实和执行保护发展森林资源目标责任制，启动林长制，设立镇级林长7人，村级林长19人，设立林长制公示牌20个、宣传牌2个、宣传条幅30条。开展破坏草原林地违规违法行为专项整治行动，完成“双权一制”草原图斑核查整治640公顷，使草原生态得到恢复。核查审计署下发林地草地变耕地图斑780个，上级下发森林、草原督查图斑点129个，其中8个违法图斑已报案，其余均核查整改完成。全镇林地保有量3.6万公顷、森林保有量2.79万公顷，森林蓄积量55.46万立方米，森林覆盖率39.66%，义务植树6.5万株，无森林草原火灾发生。

【野马河村红色美丽乡村建设综合示范项目】 2022年4月20日，根据《关于试点实施“红色美丽乡村建设综合示范项目”的通知》要求，蘑菇气镇野马河村红色美丽乡村建设综合示范项目申报成功。项目总投资预算300万元，其中农业农村部产业发展专项支持资金100万元，用于发展特色产业，购买农机设备，壮大村集体经济，已投入使用；乡村振兴衔接资金200万元，用于改造和新建红色展陈设施及附属工程建设。红色乡情记忆馆已动工，通过红色展陈设施的打造，使蘑菇气镇野马河村红色美丽村庄基础设施不断完善，村容村貌更加亮丽，乡村旅游提档升级，生态环境日益向好，精神文明丰富多彩，实现脱贫攻坚成果同乡村振兴战略有效衔接，建设好集红色宣教、乡村旅游、便民服务于一体的高品位红色村庄。

（张万军）

卧牛河镇

【概况】 卧牛河镇地处扎兰屯市区北10千米处，东邻达斡尔民族乡，南与扎兰屯市区相连，西与南木鄂伦春民族乡接壤，北与牙克石市巴林镇相邻。滨洲铁路、扎博公路从镇区穿过，辖区面积1580平方千米，属农牧林结合区。下辖行政村13个，即长发村、靠山村、大坝村、五星村、四道桥村、三道桥村、红石村、红旗村、红卫村、一心村、新立村、富裕村、扬旗山村；社区1个，即卧北社区。2022年末，常住人口1.76万人，由汉族、蒙古族、满族、达斡尔族、鄂温克族、鄂伦春族、回族、朝鲜族8个民族构成。辖区内驻有32668部队、扎兰屯农牧场有限公司2个县团级单位及市林业局所属庙尔山林场，是扎兰屯市重要的商品粮基地和农副产品集散地。境内拥有国家级风景名胜区秀水景区、冬季旅游胜地金龙山滑雪场、昂勒小镇、靠山水库、扬旗山水库等旅游景点。

【农牧业发展】 2022年，卧牛河镇粮食产量稳定在9000万千克左右。依托扎兰屯市现代农业产业园大豆种植产业特色优势，完成玉米种植1.45万公顷，大豆种植1.03万公顷，大豆种植面积同比增长92.5%。完成玉米、大豆、小麦农业参保1.72万公顷，承保户次3755户。坚持“稳牛稳猪增羊”战略，肉牛肉羊存栏10.9万头（只），同比增长9.3%，生猪存栏1.05万头，免疫覆盖率100%。实施产业项目7个，总投资1296万元，包括红旗村豆业收储一二期、四道桥村菌类培育种植基地、红石村基础母牛养殖、红卫村秸秆加工、扬旗山村玉米农机配套设备、新立村秸秆打捆农机具项目等。其中红旗村豆业收储项目总投资830万元，年收储大豆2～3万吨，预计年收益35万元，可为本镇及南木鄂伦春民族乡、庙尔山林场、绰尔河农场、牙克石市博克图镇等周边大豆种植户提供收储服务。

【乡村振兴战略实施】 2022年，卧牛河镇巩固脱贫攻坚成果同乡村振兴有效衔接。享受“雨露计划”项目补助28人，脱贫户家庭适龄子女均接受义务教育，脱贫人口和边缘易致贫人口外出务工就业352人，向市农科局推荐有意愿贷款脱贫户13户，申请贷款金额61万元。发展优势特色主导产业，培育母牛养殖、秸秆转化利用、大豆收储、食用菌种植等特色产业10个。利用衔接资金加强项目库建设和谋划，申报衔接资金1073万元，谋划项目33个。落实上报土地轮作倒茬项目266.67公顷，实施黑土地保护性耕作项目1600公顷，流转土地2000公顷。邀请市电子商务发展中心开设电子商务普及培训班1期，开辟农产品线上销售新模式。

【民生保障】 2022年，卧牛河镇发放城乡低保资金736.86万元，发放特困供养补助款111.16万元，发放临时救助款17.4万元，发放困难残疾人生活补贴款83.51万元，发放各类优抚资金71.51万元，办理退役军人优待证。城乡居民医疗保险征缴完

10月8日，卧牛河镇村民在党群服务中心办理业务　（卧牛河镇　供图）

成参保率98.13%。开展生命健康宣传活动5次，咨询服务42场，服务群众2199人次，完成老年体检2551人。

【政务服务】 2022年，卧牛河镇通过对扎兰屯市权责清单逐项梳理，党群服务中心将原来的8个窗口整合为党员服务、社会保障、综合服务、自然资源、民政综合、帮办代办6个窗口，接待办理各类事项1200件，群众满意度100%。“12345”政务服务热线收到政务热线工单157件，解决率100%，满意率91.4%。

【安全生产】 2022年，卧牛河镇开展各项安全生产大检查17次，整改安全问题21个；开展防灾、防火、防汛等应急演练3次，发放应急物资编织袋2000条、铅丝笼1750片；开展列车运行安全专项行动和反邪教宣传月活动，进行反金融诈骗宣传、网格员规范化培训及各类法律法规宣传活动，累计发放各类宣传单2000份。组织党员干部、村（居）“两委”、群众870人次，出动机械车辆480辆次，清理各类垃圾2700吨，清理河道50千米，公路沿线100千米。完成农村危房改造2户，厕所改造254户。结合推进小城镇建设，加快完善市政基础设施，实施基础设施项目12个，总投资1696.2万元；涉及道路硬化、排水边沟、桥涵等，其中重修镇区公铁立交桥至长发村四组水泥路1350延米，投入资金134.6万元；维修镇区南出口路7960平方米，投入资金118万元；新建镇区排水边沟4080延米，投入资金367.1万元；新建大坝村排水边沟1522延米，投入资金172.3万元。维修镇区路灯200盏，购置垃圾箱10个，上级配发吸污车3辆。整治河道内堆放农作物秸秆等违规违法行为6起，调查举报问题，调解民众纠纷5起。

【生态环境保护】 2022年，卧牛河镇排查核查审计署反馈2016—2019年草原变耕地图斑1941个，总面积63.96公顷，完成破坏草原林地违规违法行为专项整治行动，54个草原问题图斑全部完成销号工作。落实河长林长制，34名河长累计巡河358次，清理河道垃圾150立方米，水利遥感4个问题图斑完成整改销号。制定《卧牛河镇林长制巡查工作方案》，确定镇级林长1名，副林长5名；村级林长13名，副林长61名；配置生态护林员26名。完成富裕村乡村绿化美化造林工程，栽植树木1200株，完成历年1327公顷造林工程验收。

4月19日，自治区级非物质文化遗产剪纸项目传承人都叶梅现场教授剪纸 （卧牛河镇 供图）

【文化产业发展】 2022年，卧牛河镇坚持以文化人，多措并举从文化层面接续推进脱贫攻坚同乡村振兴有效衔接。发挥“国家级文化艺术之乡”影响力，聘请自治区级非物质文化遗产剪纸项目传承人都叶梅、工笔画教师王秀华开设剪纸、工笔画文化产业培训班，招收全镇建档立卡户、困难家庭等低收入人群学员300人，创作庆祝党的二十大、十四冬、生肖等系列剪纸、工笔画作品，人均增收1000元。

（孟凡蕊）

成吉思汗镇

【概况】 成吉思汗镇位于扎兰屯市南28千米处，地处北纬47° 45'，东经122° 49'，东与大河湾镇接壤，西与蘑菇气镇相连，南以金界壕为界与黑龙江省甘南县、华安区相连，北与高台子办事处毗邻。政府驻地位于镇区中心，辖区总面积1176平方千米（耕地面积3.1万公顷，其中粮食播种面积3.01万公顷，土壤肥沃，多为基带地壤黑土，主要种植玉米、水稻、大豆等农作物；林地面积1.33万公顷；草场面积1.07万公顷，适宜农牧林等产业发展）。辖行政村22个，即东德胜、西德胜、大甸子、新民、和平、红升、灯塔、立新、新站、繁荣、红光、古里金、朝阳岗、光明、马家、奋斗、河口、建设、大旗、长青、石桥、岭航村；社区3个，即益民、友谊、永平社区。2022年末，户籍人口4.56万人。

【农牧业发展】 2022年，成吉思汗镇种植玉米2.18万公顷、大豆7347公顷、水稻953.33公顷，完成保护性耕作免耕播种1.22万公顷。畜禽存栏31.63万头（只、羽），畜禽出栏12.66万头（只、羽）。采取“合作社引领+农户”的模式，重点发展肉牛重点村5个、养牛专业合作社3个，实现肉牛存栏1.93万头，肉牛养殖初具规模。依托成吉思汗小东河现代农业示范园区、成吉思汗林业园区及临空产业园区的显著优势，以“一村一品”为发力点，发展特色产业，中草药种植面积1000公顷，加快中药材交易市场等项目建设。岭航村中草药种植项目、成吉思汗镇中草药种植示范基地（成吉思汗片区）及成吉思汗镇中草药种植示范基地（务大哈气片区）投入衔接资金580万元，种植中草药53.33公顷，采购完成东德胜村秸秆打包项目。

10月14日，成吉思汗镇天源中草药种植基地机械收割中草药
（成吉思汗镇　供图）

【乡村振兴战略实施】 2022年，成吉思汗镇建档立卡脱贫户2813户7463人，监测对象35户88人，其中未消除风险18户37人。围绕中央办公厅督查，国家、自治区及盟市成效考核等10次巡视考核反馈意见整改要求，认领52个方面106个具体问题，研究制定整改措施157项，均整改完毕且达到销号标准。实施项目11个，其中产业项目5个，基础设施建设项目6个，均完工，经村、镇、监理单位初验合格，等待第三方评审。

【民生保障】 2022年，成吉思汗镇享受农村最低生活保障3342人，享受城镇低保238人，享受农村特困供养254人，发放低保资金1784.4万元、特困资金227.9万元。为278名残疾群众办理残疾证，发放残疾人两项补贴197.88万元。为7名精神疾病患者办理兜底保障并送入精神病院接受长期治疗。发放临时救助金22.67万元，救助困难家庭154户。办理事实无人抚养儿童3人，有孤儿及事实无人抚养儿童9人，发放孤儿抚养金16万元。为80周岁以上高龄人员593人办理长寿补贴，发放长寿补贴金71.16万元。享受独生子女费对象761人，发放7.97万元；享受奖励扶助对象637人，发放61.15万元；享受特别奖励扶助对象45人，发放35.55万元；享受特别扶助一次性补助对象4户，发放31.72万元。退役军人建档立卡录入400人，为37名低保、特困退役军人免费申请防癌抗癌保险；发放退役军人安置费6人、47.34

万元，义务兵家属优待金14人、56.97万元。

【政务服务】 2022年，成吉思汗镇党群服务中心设立独立的便民服务(政务服务)大厅，设置业务窗口11个，平均每天办件15件，全年办理公共服务事项6537件，其中帮办代办2220件。党群服务中心公共服务事项36项纳入政务服务一体化平台统一办理，"12345"便民热线接件办结工单202份，办结率100%。制定《成吉思汗镇深化"放管服"改革优化营商环境工作方案》，梳理优化便民利企职能事项25项，制定便民举措30条，开通"阳光成吉思汗"便民公众号、服务邮箱，扎实推进政务服务便民化、利民化。

【人居环境治理】 2022年，成吉思汗镇对2019—2020年度832户农村户厕进行4轮次验收，抽调专人成立改厕办，做到定人、定点、定责抓整改，存在的问题均整改完毕。维护检修路灯206盏，重新修缮、粉刷厕所3座，维修镇区各主干道垃圾池9处，新挖渗水井1口，制作垃圾池防护网12个，建立闪蒸矿化处理站1座。与各商铺签订"门前三包"承诺书120份，清理街面小广告30处，清理垃圾481处925吨。新时代文明实践站开展慰问困难群众、文艺会演、理论宣讲等志愿服务活动620次，服务时长2690小时，参与志愿者6030人次。

【生态环境保护】 2022年，成吉思汗镇开展禁止野外焚烧秸秆工作，实现打捆打包离田1.27万公顷，粉碎覆盖还田1000公顷，基料栽培食用菌56.73公顷，杜绝焚烧秸秆污染，实现资源再利用。持续做好绿化工作，完成义务植树6.5万株。严格落实河湖长制，镇村两级河长巡河1230次。办理涉及非法倾倒垃圾、柴草粪便，非法取水和非法堆放物料等各类行政处罚案件8件，罚没款总金额2.86万元。与多部门联合解决河道内阻碍行洪问题4件；配合扎兰屯市监狱农场开展草原禁牧执法工作1次；完成综合保障和技术推广中心移送的31件关于破坏林草违法图斑案件的现场核查和调查取证工作，并与当事人签订退耕承诺书。

【"中草药小镇"特色产业发展品牌打造】 2022年，成吉思汗镇以增加农民收入为切入点，积极推进"中草药小镇"特色产业发展品牌建设。建成中草药专业种植合作社6家，即天原中草药农种植农民专业合作社、天利中草药种植农民专业合作社、惠利中草药种植农民专业合作社、天丰中草药种植农民专业合作社、亚南中草药种植农民专业合作社、草根家庭农场，主要种植苍术、赤芍、白鲜皮、金莲花、防风、生麻等12个品种，种植面积达600公顷。2022年，申请自治区财政衔接推进乡村振兴补助资金580万元，其中岭航村中草药种植项目投入160万元、成吉思汗镇中草药种植示范基地(成吉思汗片区)投入210万元、成吉思汗镇中草药种植示范基地(务大哈气片区)投入210万元。岭航村中草药种植年限是5年8个月，预计年收益率13.5%，平均村集体年收益21.6万元以上；成吉思汗镇中草药种植示范基地(成吉思汗片区)种植年限是4年8个月，预计年

4月29日，成吉思汗镇开展爱国卫生运动百日攻坚大会战活动
（成吉思汗镇 供图）

收益率9.94%，平均村集体年收益20.8万元以上；成吉思汗镇中草药种植示范基地（务大哈气片区）种植年限是4年8个月，预计年收益率9.94%，平均村集体年收益20.8万元以上。以扎兰屯市天利原农副产品购销有限责任公司为主导，带动成吉思汗镇区域内岭航、大甸子、西德胜、新民、东德胜、古里金、长青村、石桥村、马家村、河口村、光明村等11个村进行合作，集中流转土地53.33公顷，种植苍术46.67公顷、白鲜皮6.67公顷，带动2万余人次务工。

（翁新阳）

大河湾镇

【概况】 大河湾镇位于内蒙古扎兰屯市的东南端，背依扎兰屯市区，面向黑龙江省的甘南县，被称为扎兰屯市的“东南大门”。距离扎兰屯市区37千米，辖区面积581.1平方千米，现辖行政村14个，即大河湾村、大水泉村、明星村、红光村、幸福之路村、东升村、暖泉村、火车头村、前进村、金星村、永丰村、永兴村、沙里沟村、尖山子村；社区2个，即大兴社区、大农社区。镇区经济以农牧业为主，主要农产品是玉米、大豆、杂粮等。

【农牧业发展】 2022年，大河湾镇种植农作物3.05万公顷，其中种植玉米2.56万公顷，大豆4933公顷，水稻46.67公顷；完成全镇耕地轮作项目186.76公顷，免耕机作业面积近1.47万公顷，比上年增长73.41%；秸秆全量覆盖1.07万公顷，较上年增加4667公顷；农业投保总面积超2.33万公顷，投保保费约300万元。完成动物防疫牛9224头、羊15.02万只、猪1.2万头、禽10.7万羽免疫疫苗注射，防疫注射密度达100%。完成重点区域绿化6.67公顷，义务植树6.5万株。

【乡村振兴战略实施】 2022年，大河湾镇实施的重点项目15个，项目资金2194.1万元，已拨付资金1683.15万元，全部完工。其中基础设施类项目13个，项目资金1441.6万元，已拨付资金1181.15万元；产业类项目2个，项目资金752.5万元，已拨付资金502万元。按季度开展防返贫监测和帮扶，新识别监测对象2户。每月定期开展脱贫人口务工情况排查，大河湾镇全年脱贫人口外出务工809人，其中省外务工257人，省内县外务工54人，县内务工498人（公益岗257人），超额4%完成目标任务进度。派驻村工作队开展驻村帮扶。开展“防贫保”工作，一般农牧户189户，419人缴纳2022年防贫保险，申请理赔21人。

【民生保障】 2022年，大河湾镇动态管理享受农村低保716人，发放临时救助资金46人3.41万元，享受高龄补贴369人。新增城乡居民养老保险149人，到龄人员享受待遇申报316人，申请丧葬费补助122人，为重点人群520人代缴保费7.2万元，处理死亡多发退费30人2.25万元。发放各类救助金199.42万元，其中临时救助金5.52万元，五保供养费用79.5万元，孤儿补助2.47万，高龄补贴43.92万元，残疾人生活困难救助金31.53万元，重度残疾人护理补贴34.23万元，“三无”人员供养费用2.22万元。全镇劳

4月5日，大河湾镇农机具免耕机安装远程监控系统　（大河湾镇　供图）

动力转移人员2809人，开展残疾人帮扶活动走访151人，享受政策118人，帮助服务对象6人实现就业，推动实现“就业一人、致富一户”目标。

【政务服务】 2022年，大河湾镇深化“放管服”改革，推进政务服务，坚持把简政放权、放管结合落实到优化服务上，打造“一站式办理、一次性办好”便民服务平台，累计办理线上线下业务2200次。“12345”政务服务便民热线接收派发工单99件，其中已办结99件，完成率100%，解决率93%，群众满意率96%。开展“蒙速办”APP、“国家反诈中心”APP及激活电子医保凭证的宣传推广，利用微信公众号、微信工作群等宣传引导群众下载使用，提高为民办事效率。

【安全生产】 2022年，大河湾镇印发《大河湾镇突发公共事件总体应急预案》等预案6项，组织安全生产工作培训12次，开展常态化安全生产联合检查90次。成立防火、防汛应急抢险队18支，开展险工险段安全隐患排查60次、河道清淤2800米、排洪沟清淤3.5万米、治理险工险段26处。编印《法律法规制度汇编》等工具书12种，开展理论学习13次，制定行政执法公示等制度21项，深入集市维持文明经商秩序40次，受理各类执法案件49起。

【生态环境保护】 2022年，大河湾镇持续推动植林护林工作，从脱贫户中选聘生态防火护林员28名。完成重点区域绿化6.67公顷，义务植树6.5万株。对2013—2020年重点区域的376.67公顷林地和518公顷三北防护林进行验收；对全镇退耕地625.4公顷进行逐户核查。持续开展破坏草原林地违规违法专项整治行动，完成上年度下发的107个图斑整改工作任务及审计署下发1051个草原图斑、308个林业图斑外业核查工作。对2018—2022年231个森林督查点进行现地核实，对达不到造林标准的林地下达补植补造通知书，要求其限期恢复，确保整改工作落到实处。坚持县级河长每季度巡河不少于1次、镇级河长每月巡河不少于1次、村级河长每月不少于4次的河道巡查制度，及时教育并制止倾倒垃圾、河道种植等不文明行为，沿线“四乱”现象明显减少。开展爱国卫生运动专项整治行动10次，投工投劳2000人次、清理生活垃圾和粪污农牧业废弃物2900吨；排查户厕改建467户，整改完成问题厕所26户，新建粪污处理设施储粪棚3座。

【万亩沙果基地建设】 2022年，大河湾镇依托本地自然资源优势，以绿色发展为切入点，因地制宜发展休闲度假旅游观光、农产品采摘体验等特色旅游产业，瞄准果业市场前景，积极谋划幸福之路万亩沙果基地采摘林下游等乡村特色旅游，筹划建设大河湾镇万亩沙果基地幸福采摘园。基地位于329县道暖泉村和幸福之路村路段两侧，面积746.7公顷，种植沙果树42万株，将现代农业与农村生态观光旅游相结合，让荒山增绿、荒地改良、农民受益。该基地水、电、路等基础设施配套齐全，实行节水灌溉，实现沙果年产量1万吨，年销售收入1200万元，年利润超过300万元，年接待游客

6月，大河湾镇防汛突击队开展防汛工作　　（大河湾镇　供图）

4000人次。发挥产业扶贫带动作用，秋收时节雇用周边贫困户1000人，每人可增收1000元。经过十年发展建设，曾经的荒山和退耕还林的坡耕地，如今已被打造成为呼伦贝尔最大的集中连片沙果基地。

（刘弘颖）

浩饶山镇

【概况】 浩饶山镇地处扎兰屯市西南170千米处，东与哈多河镇接壤，南与兴安盟扎赉特旗毗邻，西接阿尔山市，北与柴河镇相连。浩饶山镇总面积631平方千米，镇域资源丰富。耕地面积8933公顷，人均达到1.73公顷，主要种植玉米、大豆等农作物；林地面积1.8万公顷；草场面积1.33万公顷。牲畜存栏10.7万头（只），其中牛9000头，羊9.8万只，是典型的农牧结合乡镇。辖行政村3个，即浩饶山村、东平台村、西平台村，社区1个，即浩饶河社区。2022年末，户籍人口1919户5008人，常住人口1374户3198人。

【农牧业发展】 2022年，浩饶山镇落实粮食生产目标任务8960公顷，其中大豆种植目标任务2320公顷，实际完成大豆播种面积2700公顷。农业保险落实投保面积7820公顷。农民实际粮食作物种植一次性补贴落实8947公顷。落实生产者补贴面积8947公顷，其中种植玉米6227公顷，种植大豆2720公顷。流转土地286户3267公顷，合作社种植大户代耕代管1户2333公顷。村集体经济年收入53.4万元，均超过10万元。特色种植主要以中草药为主，种植苍术20.47公顷。养殖业坚持“稳羊增牛”方针，建设规模化养殖场3个，投入使用2个，规模养殖户18户，牲畜存栏达8.85万头（只）。

【乡村振兴战略实施】 2022年，浩饶山镇组织村“两委”、乡镇干部、帮扶责任人及第一书记开展业务培训9次，参加培训280人次。全镇建档立卡户、监测户、特殊群体医疗保险参保率100%。发放春季义务教育家庭经济困难学生生活费补助17人9750元。“雨露计划”补助9人1.35万元、普通高校家庭经济困难学生资助1人1万元。科学设置公益性岗位11个，符合条件跨省就业一次性交通补助101人。采取“扶贫车间＋企业＋建档立卡户”就业模式，带动9户实现月均增收3688元。实施乡村振兴项目20个，各村集体经济年均收入53.4万元，均超过10万元。

【民生保障】 2022年，浩饶山镇农村低保新增4人，死亡9人。共有农村低保200户，247人；城镇低保6户，6人。建立网格16个，有网格员98名，党员志愿者100名。积极发挥工会、共青团、妇联等群团组织作用，帮助2名低收入妇女申请“两癌”救助专项资金。按规定完成低保减退人员走访及收入情况核算，做到应保尽保，应退则退。农村“五保”人员22人，新增1人，死亡2人。申请临时救助62人，累计发放资金4.78万元。有享受高龄补贴80

6月20日，浩饶山镇党群服务中心工作人员为群众办理代办业务

（大河湾镇　供图）

岁以上老人51人，新增5人，死亡7人。有各类残疾人243人，占全镇人口总数的4%，办理各类残疾人新证、换发第二代残疾人证15人，享受重度残疾人护理补贴71人、困难残疾人生活补贴80人。为符合条件的视力重度残疾人发放小爱PLAY智能音箱2台。

【政务服务】 2022年，浩饶山镇成立“12345”便民服务热线工作领导小组，统筹协调推进便民服务工作。由镇党群服务中心主任及分管领导任组长，热线工作人员及镇政府各站(办、所)负责人任组员的组织机构，确保每个交办件有专业人员对接处理。受理各类“12345”便民服务热线工单22件次(含退回重办工单)，承办工单均按时办结。按照自治区“12345”知识库上传规范完善知识库内容，对已录入知识库的信息进行审核，逐条梳理，着力推动知识库建设层次化、结构化、有序化，录入知识库80条内容，对其中40条内容进行全面梳理整改。

【安全生产】 2022年，浩饶山镇坚持党管武装，推进正规化建设，采购灭火机10台、2号工具60把。组织民兵点验，学习习近平强军思想，民兵常识以及《中华人民共和国兵役法》《中华人民共和国国防法》等法律法规，参与防火防汛演练2次，参与人员50人次。

【生态环境保护】 2022年，浩饶山镇坚持绿水青山就是金山银山的绿色发展理念。集中整治违法占用河道养殖行为1起，清理清运养殖粪污1800立方米；集中开展河湖“四乱”(乱占、乱采、乱堆、乱建)清理专项行动，出动铲车36辆次、翻斗车98辆次、四轮车30辆次，投入人力80人次、清理垃圾6000立方米。738个涉草图斑按照要求完成现地核查、问题上报、档案制作等规定动作。以爱国卫生运动“百日攻坚活动”为契机，开展人居环境整治“百人会战”“净化家园”等系列活动，签订门前“三包”协议书230份，清理垃圾200吨，组织各村结合实际情况，雇用保洁队伍4支11人。争取资金32.5万元改造镇区太阳能路灯100盏；与农户、商户签订卫生保洁承诺书。

【特色农牧产业合作社打造】 2022年，浩饶山镇依托区位优势，积极打造特色农牧产业合作社，累计培育专业合作社205家。其中浩饶山镇锦耀农机服务专业合作社固定资产投资1000万元，占地面积1万平方米，建筑面积3000平方米，包含农机库、维修车间、粮食存储库、配件库、办公室，拥有大型配套机械设备13类，动力机械总功率达到1120马力，年经营性收入200万元，经理郭景亮被评为“全区粮食生产先进个人”。扎兰屯市丰隆畜牧业专业合作社引进繁育母牛460头，淘汰部分繁育率较低、牙齿采食能力弱等指标不合格母牛，繁育母牛289头、小公牛16头，积极带动周边养殖户发展肉牛养殖业，为浩饶山村农牧户提供部分就业岗位，饲料、青贮等优先考虑从本镇农牧户购买，发挥辐射带动作用，增加本地农牧户收入，带动增收100万元，打造成“繁育+育肥+销售”繁养加销售一体化新模式。

（宋铠东）

柴河镇

【概况】 柴河镇距扎兰屯市区175千米，东与萨马街鄂温克民族乡相连，西与兴安盟阿尔山市和鄂温克族自治旗为邻，南与浩饶山镇接壤，北与牙克石市毗邻，交通发达。行政区域面积5688平方千米，其中耕地面积4200公顷，林地面积44.32万公顷，草场面积10.16万公顷，城镇建设用地面积766.67公顷，河流湖泊面积2727公顷，其他面积59.33公顷。柴河镇辖社区3个，即振兴社区、石桥社区、绰尔社区。2022年末，户籍人口6794人，常住人口4631人，常住户数1827户，由汉族、蒙古族、满族、朝鲜族、回族、达斡尔族、鄂伦春族、鄂温克族等11个民族构成，其中汉族户籍人口4976人，少数民族户籍人口1818人。

【农牧业发展】2022年，柴河镇完成粮食播种总面积2487公顷，其中大豆播种面积2400公顷，超额完成666.67公顷大豆播种任务。扎实推进土地轮作项目和玉米大豆生产者补贴、耕地地力保护补贴、种粮补贴和农业保险费核查发放工作。存栏牛216万头，年出栏1.51万头；马9870匹，年出栏7896匹；羊3.07万只，年出栏2.15万只；生猪2022头，年出栏2000头；大鹅1247羽。召开春季、秋季重大动物疫病防控工作部署会议推进动物防疫工作，完成牛口蹄疫、羊口蹄疫、小反刍兽疫、猪口蹄疫、猪瘟、蓝耳病、禽流感、新城疫免疫和犬驱虫等春秋季疫病防控工作。

【乡村振兴战略实施】2022年，柴河镇创新探索社区集体经济增收新思路、新模式，投入732万元实施肉牛养殖园区项目，新建包括养殖圈舍、仓储设施、管护房等在内的养殖单元28套，配套建设活动场1044.9平方米。实施肉牛养殖园区连接路面硬化项目，新建2千米水泥路，已完成基础换填。制作肉牛养殖园入驻宣传单，对外发布招募公告，吸引养殖大户承包或入驻养殖园，召开养殖户入驻事宜座谈会，宣传引导养殖户入园饲养，发挥扶贫资金使用效益，带动贫困户增产增收。开展防返贫监测和帮扶摸底排查工作，动员130名帮扶干部和工作人员通过入户走访、电话摸排的方式开展排查，基础信息已录入全国防返贫监测信息系统，经过入户走访、数据分析、综合研判，无新识别监测对象、致贫返贫风险对象。落实各项帮扶措施和政策，巩固“两不愁三保障”成果，申报“雨露计划”学生6人，教育临时救助19人，实施危房改造1户；对13户38人家庭人均年收入低于9200元的脱贫户办理防贫保理赔，赔偿6万元；聘用监测户为公益岗保洁员，每月增加收入500～1300元。

【民生保障】2022年，柴河镇退役军人建档立卡及优待证申领274人，优待证领取195人，办理中79人。重点优抚对象退役军人13名，其中60周岁以上农村籍退役军人7名，因公、因病致残退役军人6名，以上13人均享受相关优抚政策。年内发放各类优抚金82.32万元，其中消防入职优待金64.25万元。每月10日前做好到龄人员待遇享受工作，确保到龄人员及时享受待遇，并对辖区内184名低保、重残、“三无”“五保”特殊群体人员进行未参保核查上报。城镇居民医疗保险缴费3895人，其中柴河镇建档立卡贫困户均参保。农牧民冬季保障煤发放554吨，惠及227户。

【政务服务】2022年，柴河镇依托党群服务中心优势，打造党群服务站点7个，组建新时代文明实践志愿者服务队10个，开展志愿服务35次，志愿者参加272人次，其中打造“一乡一品”特色品牌服务项目1个（在山水岩壁画、同心天池栈道和镇区内设立流动志愿服务点），做到“群众有诉，党员服务”。加强监督检查和明察暗访，对乡村振兴、城镇建设、安全生产、食品药品安全、教育、医疗、养老等与群众切身利益息息相关领域进行监督检查60次。

【安全生产】2022年，柴河镇有各类商店超市24家，旅店、饭店、药店等经营单位52家，加油站2家，重点企业1家，其他经营单位30家。全年组织召开安全生产部署会议4次、防火工作会议1次，安排部署安全生产工作。联合柴河林业局、森林消防大队成功处置“4·23”森林火情。围绕安全生产、防汛抗旱、天然气安全、疫情防控等重点工作，对辖区内学校、幼儿园、各类营业场所开展排查130次，监督检查65次，发现问题隐患20处，要求责令整改20次。实施柴河镇护坡及水患治理项目，解决东外环山体滑坡地质灾害隐患；实施柴河镇小型基础设施受灾修复、水患治理、排洪沟水利建设、排水边沟等项目，修建排水沟渠管道2624延米，解决镇区内涝和道路积水问题。

【生态环境保护】2022年，柴河镇森林覆盖率保持在90%以上，绰尔河断面水质、土壤环境总体稳定。推进河（湖）长制，强化日常监管，突出重点防控，全镇36条河1个湖，无新发生“四乱”问题，连续36年无重大森林草原火灾发生。集中综合执法力量对景区、镇区开展私搭乱建、乱占耕地建房开展清查整治行动，严厉惩治打击毁林开荒、乱砍滥伐、大棚房、违建别墅等行为。印发《柴河镇镇区环境常态化综合管理实施方案》，将镇区划分片区11个，聘用环卫保洁员45人，增设垃圾桶240个，日产日清垃圾20吨。以山水岩壁画、同心天池等景区景点及社区卫生死角为重点，出动干部职工560人次，发动群众270人次，动用机械设备150台次，清运垃圾700吨。以明月街、月亮路等主要路线清理沿街商铺乱搭乱建、乱摆乱放，整治占道经营行为，清理S204、S308等公路沿线固体垃圾、白色垃圾，营造整洁交通环境。同心天池及镇区栽植串红2100平方米，红牵牛573平方米。绰尔社区安装太阳能路灯74盏，路灯杆悬挂国旗60面。粉刷镇区主干路木栅栏2030平方米，安装铁艺栏杆213平方米。

2022年，柴河镇全面提高旅游特色小镇质量和效益。图为柴河镇全貌（柴河镇 供图）

【柴河景区策划规划】 2022年，柴河镇对标国家AAAAA级旅游景区标准，在进一步明确柴河景区发展定位、功能布局、品牌塑造基础上，对各类规划进行精准化设计提升，启动《扎兰屯国家级风景名胜区柴河景区总体发展战略》《扎兰屯国家级风景名胜区柴河景区核心区控制性详细规划》《扎兰屯市柴河镇控制性详细规划》等编制和《扎兰屯市柴河镇总体规划（2011—2030年）》修编。通过公开招投标，北京绿维文旅科技发展有限公司中标，中标价777万元，正在编制过程中。

【柴河特色小镇建设】 2017年7月，柴河镇被认定为第二批全国特色小镇；2018年，改称全国特色小城镇。2022年，柴河镇坚持走“特色、精品、高端”产业发展道路，聚焦打造高端品牌、完善基础设施、找准旅游定位、旅游宣传推广等方面，努力构建“旅游为要、多业互动”的特色小城镇发展体系。坚持规划引领，科学修订完善《扎兰屯国家级风景名胜区核心区（柴河景区）控制性详细规划》《柴河特色小镇城镇设计》等系列规划，从严实行规划管控，以规划为依据完善交通等旅游基础设施，坚决做到先规划后建设、无规划不建设。培育主导产业，把旅游业作为主引擎、主战场，培育新业态，激活产业链，积极培育旅游服务市场主体，全镇涉旅业户310家，总床位3000张。打造美丽环境，按照“镇区建设景区化”思路，实施集中供热、自来水、道路硬化、管网铺设等工程，启动广场绿化、美化亮化、河道治理等市政工程，增加居民与游客共享的休闲健身活动场所，使镇区成为旅游者集聚、居民休闲生活的重要景区。

【重点基础设施项目建设】 2022年，柴河镇实施重点基础设施建设项目4个。其中建成项目1个，即总投资1384万元水源地保护及自来水厂项目，采用国内最先进的紫外线消毒处理工艺，日供水能力2400立方米。针对乡镇自来水厂运营，与市文旅投公司洽谈，于1月初市文旅投公司正式进驻新建自来水厂，实现乡镇自来水国企运营模式。在建项目3个，即总投资3250万元的

7月20日，新修建的柴河景区栈道　（柴河镇　供图）

供热、给水、污水“三网合一”市政管网一期项目，引入智慧灯杆新基建理念，实现弱电管线全部入地，道路摊铺黑色沥青路面改造升级，设置消防设施兼顾旅游城镇景观功能，铺设供热管线3387米、给水管线3445米、污水管线2451米、通信光纤4100米，安装路灯65盏，恢复路缘石5733米，铺设人行道1.26万平方米，恢复沥青路面2.44万平方米，项目基本完工；总投资1136万元同心天池综合治理项目，2029平方米游客接待中心主体工程完工，2016平方米木栈道建成并免费开放，有序推进业务用房维护，主要建设石桥社区党群服务中心、景区及镇区执法办公场所、多功能会议室、党政展厅、旅游展厅、特产展厅；总投资2397万元的城投公司实施代木能源集中供热项目，供热面积40万平方米，完成锅炉等设备采购，主体已完工。配合推动柴河通用机场建设。

（赫英平）

中和镇

【概况】 中和镇距扎兰屯市区37千米，东北部与成吉思汗镇相连，南与黑龙江省龙江县接壤，西与蘑菇气镇、萨马街鄂温克民族乡相连。镇区地势平坦，交通便利，省际大通道和集阿高速公路贯穿全境，是扎兰屯市西南大镇，呼伦贝尔市级文明村镇。中和镇行政区域面积1047.3平方千米，其中耕地面积3.09万公顷，林地面积5.46万公顷，草场面积1.32万公顷，城镇建设用地面积2527公顷，水域及水利设施面积1987公顷，园地面积113.3公顷。辖行政村20个，即幸福村、头道沟村、光荣村、福泉村、福兴村、红星村、兴隆村、库堤河村、新林村、架子山村、龙头村、前进村、水甸沟村、新建村、黎明村、三道沟村、四道沟村、五道沟村、集体村、明星村；社区3个，即振兴社区、新华社区、新河社区。2022年末，户籍人口4.46万人，由汉族、蒙古族、满族、回族、达斡尔族、鄂温克族等11个民族构成，其中汉族人口3.78万人，少数民族6793人。常住人口2.35万人，其中城镇人口2739人，涉农涉牧人口2.08万人。

【农牧业发展】 2022年，中和镇完成粮食作物播种任务3.09万公顷，申报并发放种粮农民一次性补贴面积3.07万公顷，完成政策性农业保险承保面积2.47万公顷。完成免耕播种7200公顷、黑土地保护有机肥积造及使用166.67公顷。配合扎兰屯市农牧业技术推广中心完成第三次全国土壤普查320个点位。全镇农业机械化覆盖率达到90%以上。推进春秋动物防疫及消毒工作，牲畜存栏量达到39.4万头(只)，辖区内牛羊强免密度达到100%。

【乡村振兴战略实施】 2022年，中和镇坚持和完善驻村帮扶工作机制，组织各村学习《中华人民共和国乡村振兴促进法》。落实“四个不摘”要求，持续加强监测预警和动态帮扶，防止规模性返贫和新的致贫。争取乡村振兴衔接资金项目30个，道路交通、桥涵沟渠等基础设施得到完善。加速推进重点产业发展，华能扎兰屯30万千瓦风电项目涉及永久征地风机点位29个，均完成征地工作。临时征地包含风机施工平台、运输道路和电缆铺设用地，风机施工平台和运输道路征地完成95%。全镇1600公顷高标准农田建设项目竣工并完成验收。总投资近256万元的3个“一事一议”项目完工。深入各村调研产业现状、土地资源、基础设施短板等信息，谋划2023年乡村振兴产业项目3个，基础设施项目7个，财政奖补项目7个。

【民生保障】 2022年，中和镇推进城乡居民医疗保险工作，参保人数3.54万人。落实推进城乡居民养老保险参保、续费工作，参保人数2.71万人。强化城乡低保动态管理机制，做到精准落实、精准救助。落实劳动就业保障各项政策，实现农村劳动力资源转移就业1022人。对4200平方米老旧小区进行主管道维修更换，实现如期供暖，发放暖心煤7100吨。落实退伍军人优抚优待，及时发放各项优抚金补助。2022年，镇人代会票决的3个民生实事项目均完工并投入使用。强化妇幼健康计生服务和优生优育指导，独生子女、“两项补贴”等各类奖励、扶助资金按时足额发放到位。

【政务服务】 2022年，中和镇不断优化营商环境，整合公共服务和行政审批职责，将包括卫生健康、民政等服务部门在内的53项事项服务下沉，实现便民服务工作标准化、专业化。运用“12345”热线，优化办事大厅服务窗口，拓宽服务渠道、提升办事效率，累计受理业务2237宗，办结率100%，办结“12345”投诉平台工单147单。发挥志愿服务作用，累计开展“我帮你”志愿服务活动800次。

【安全生产】 2022年，中和镇探索数字化治理新路径，以数字化撬动镇域治理现代化，在全市率先建设“数字乡镇”。与各村（社区）签订安全生产责任状，建立健全安全生产责任网络。党的二十大召开前夕，组织开展为期1个月的平安建设“大排查大整治”集中攻坚行动，检查各类生产经营591家，整改问题29个。全年常态化开展联合安全生产检查活动28次。落实防火、防汛、防灾应急管理工作，加强值班值守和预警预报，加强物资储备和抢险队伍建设和演练，及时有效处置突发情况。

【生态环境保护】 2022年，中和镇开展造林绿化、植树造林活动，完成义务植树6.5万株、新造林5.33公顷。落实“双权一制”（草牧场的所有权、使用权和承包责任制）草场核实工作，第三轮407.9公顷草原奖补金发放到位。完成核查林业督查图斑80个，破坏草原林地违规违法行为专项整治图斑销号50个。落实河湖长制工作，依法加强采沙、私建违建等监管工作，维护河道管理良好秩序，安装河道警示牌3个，清理河道内乱堆垃圾30吨。落实林长巡山制度，加大对秸秆焚烧行为的打击力度，维护良好生态环境。完成改

11月5日，中和镇红星村旺隆农牧业有限责任公司秸秆加工厂进行玉米秸秆加工处理作业
（中和镇　供图）

厕 100 户。建设完成红星村、福泉村垃圾处理站，福泉村污水处理厂项目。

（张凯博）

哈多河镇

【概况】哈多河镇位于扎兰屯市西南 130 千米处，东与洼堤乡接壤，南与扎赉特旗金边壕为界，西与浩饶山镇相连，北与柴河镇毗邻。行政区域面积 564 平方千米，辖行政村 6 个，即哈多河村、罕达罕村、边北村、大阳坡村、泥沙河村、合兴村；社区 1 个，即幸福社区。2022 年末，常住人口 8093 人。

【农牧业发展】2022 年，哈多河镇优化以玉米为主体的种植结构，鼓励大豆、青贮、杂粮等农作物种植，粮食种植面积稳定在 1.26 万公顷，粮食产量稳定在 6 万吨。落实 2022 年耕地轮作项目 646.67 公顷，黑土地保护利用项目有机肥积造及使用 213.3 公顷，打造高产玉米千亩示范田 1 个，完成秸秆综合利用项目打包打捆 1520 公顷，农业保险全镇投保面积 1.01 万公顷。完善“以牧养木”绿色经济体系，坚决走好以“生态优先、绿色发展”为导向的高质量发展新路子，加快畜牧业产业发展，肉牛、肉羊、蛋鸡等规模养殖达 89 户，肉牛存栏 2.2 万头，肉羊存栏 16.5 万只，蛋鸡养殖 6.9 万羽。建立健全动物免疫档案，免疫密度 100%。

【乡村振兴战略实施】2022 年，哈多河镇以不发生规模性返贫为底线，不断排查重点人群，做到应纳尽纳。召开防返贫动态监测专题工作会 4 次，开展培训 3 次，开展“重点十类人群”排查 3 次，排查常住农牧户 2068 户。通过春秋两季“雨露计划”发放补助金 1.5 万元；“一杯奶”政策发放补助金 14.8 万元；为镇区已脱贫残疾人争取残疾人肉羊养殖产业发展资金 2 万元；为脱贫户申报跨省外出务工补贴 7.59 万元；六村一居差异化分红 19.5 万元。以产业项目建设作为乡村振兴发展的重要支撑，逐步打造多元发展产业新格局。实施产业类项目 4 个，总投资金额 760 万元，其中罕达罕村养殖场完工；边北村、合兴村农机合作社项目增收稳定，壮大村集体经济实现增收 31 万元；边北村秸秆颗粒循环再利用项目与科尔沁右翼中旗布日德种植养殖专业合作社达成合作，增加村集体收入 4 万元。

【民生保障】2022 年，哈多河镇新增低保 28 户，28 人，通过“一卡通”发放低保、特困生活供养等各类社会保障资金 374.2 万元；为 60 岁以上农村籍退伍老兵发放补助金 4.2 万元；参保医疗保险 9932 人次，参保率 98.81%。抓好社会保障“兜底”救助，对全镇贫困户中的 8 户 8 人进行兜底保障。推动农镇危房改造 17 户，做好建房档案资料的收集整理。全年实施基础设施建设项目 23 个，总投资金额 1413 万元，已全部完工。

【政务服务】2022 年，哈多河镇推进政务服务，可办理行政许可 10 项、行政确认 2 项、行政给付 4 项、其他权利审批 12 项及帮办代办、各项咨询、投诉受理等便民公共服务事项 23 项。接待办理各种事项 350 余件，群众满意度 100%。依托党群服务中心建立镇级新时代文明实践所

1 月 15 日，哈多河镇新时代文明实践所开展“为百姓写春联”志愿活动

（哈多河镇　供图）

1个、村级新时代文明实践站7个，在便民服务大厅设立新时代文明志愿服务窗口，由专人负责收集整理群众需求，根据群众需求组织各新时代文明实践站所积极开展志愿服务活动，开展志愿服务活动270次，参与志愿者1840人次，志愿服务时长2960小时。

【人居环境治理】 2022年，哈多河镇开展重点领域安全检查及常态化督查10次，涵盖个体工商户、企事业单位240家，发现存在一般隐患23处，均已整改。制定食品生产经营主体包保台账、食品经营主体责任清单，开展常态化检查11次、专项检查5次，责令停业小作坊2家，停业整顿商户4家，处理无证经营1家，依法劝离街面售货车1处，食品安全事故零发生。加强对辖区内主要道路及重点村落的环境秩序治理，与商户签订“门前五包责任书”60份，发放环境整治管理通告告知书120份，处理影响镇容行为6次，处理居民乱倒垃圾、污水案件10起。走访重点场所144处，填写检查单734份。规范集市市场管理秩序，对占用人行道和马路、堵塞交通的行为进行劝导。年内，受理各类行政执法案件8起，已办结7起。

【生态环境保护】 2022年，哈多河镇严格落实河湖长制工作，履行周巡河制度，雨季前清理垃圾60立方米，疏通排水沟1200米，保障各条主河道排洪畅通。保护耕地环境，严禁私自开垦耕地，打击非法开垦耕地行为2起。治理全镇4处侵蚀沟1300米。严格落实秸秆禁烧工作举措，出动巡查人员200人次。选聘生态护林员7人，防护林工程按要求验收完成；完成村屯绿化面积0.47公顷；整改销号2021年专项整治行动问题图斑3个，核查2022年审计署下发林草图斑782个。持续推进爱国卫生运动，完善“门前五包”街面治理工作机制，张贴宣传标语21条，设置固定宣传栏1处，组织环境整治活动32次，出动机动车辆360辆次，发动干部群众1850人次，清除垃圾2100吨。

【合兴村“电力爱心超市”建设】 2022年，哈多河镇合兴村“电力爱心超市”由国网呼伦贝尔供电公司乡村振兴办公室和驻村工作队、村“两委”共同建设与运营管理，“电力爱心超市”组织开展各类帮扶活动和乡村文化活动，定期统计农户参与情况并进行积分评价，定期检查核对超市物品、各类台账等。累计向参与农户及贫困户发放价值5.2万元的奖励物资，慰问贫困户130户。合兴村“电力爱心超市”的运营为推动哈多河镇合兴村的乡村民俗文化活动，助力打造文明乡风、良好家风、淳朴民风起到积极作用。

（刘宝军）

达斡尔民族乡

【概况】 达斡尔民族乡位于扎兰屯市区东21千米处，东和阿荣旗毗邻，西和卧牛河镇接壤，南同大河湾镇为邻，南北狭长呈芭蕉叶状。行政区域面积417平方千米，辖行政村7个，即海力堤村、白音村、中心村、满都村、九村、巴图村、诺彦托布村；村民小组53个；自然屯44个。耕地面积1.24万公顷，草地面积1867公顷，森林面积2.14万公顷。2022年末，户籍人口4751户，1.1万人。

【农牧业发展】 2022年，达斡尔民族乡投入农业生产资金7564万元，粮食播种面积1420公顷，粮食产量1.05亿千克。建设高标准农田4620公顷，全面加强耕地保护宣传，坚决遏制耕地“非农化”“非粮化”。畜牧业比例不断增加，牲畜存栏5.99万头（只），投资300万元实施诺彦托布村肉牛养殖场扩建项目，巴图村肉牛养殖基地项目前期工作进展顺利，笨鸡、大鹅等禽类养殖规模进一步扩大。因地制宜发展特色产业，中草药种植规模213.07公顷，黑木耳摆袋15万袋，精种太空果蔬2公顷，引进甜瓜和叶菜类太空果蔬16种，扶持扎兰屯市满都拉农产品开发有限责任公司等企业提质增效，提升“满都拉大米”“盛达黑木耳”等品牌影响力。

【乡村振兴战略实施】 2022年，达斡尔民族乡开展防致贫返贫监测和帮扶摸底排查2次，各项政策保持总体稳定。以产业振兴为重点，投入2021—2022年乡村振兴项目资金2867万元，其他实施产业项目5个，投资1140万元；小型基础设施项目20个，投资1727万元。乡实施村集体经济项目4个，其中巴图村1000平方米金针菇菌基培育项目投入使用，满都村酒业、大豆油加工厂等项目开工建设，各村集体经济收入均达10万元以上。落实科技特派员制度，举办科技培训活动4次，培训致富带头人及农民300人，流转土地1467公顷，实施九村农机采购项目，全乡农业机械化率达到95%。推进“三产融合”，探索“直播电商+村站+基地+农户”农产品上行模式，建立村级直播窗口2个，农产品上行交易额20万元以上。

【民生保障】 2022年，达斡尔民族乡开展农民劳动技能培训4次，支持高校毕业生、农民工、退役军人等群体返乡创业，新增创业25人次，农村劳动力转移50人次。组织开展“就业援助活动月”和残疾人帮扶行动，为有就业意愿的人员提供就业服务平台。开展养老保险宣传普查工作，扩大基本养老保险和医疗保险覆盖面，城乡合作医疗参保率提高到95%，为253名特殊群体人员代缴养老保险。全年发放各类保障救助资金210万元，为1446户发放“暖心煤”2816吨。

【政务服务】 2022年，达斡尔民族乡建立完善党群服务中心五大类服务清单，强化“按清单办事、按需求服务”，为企业和群众解难题办实事600件。办理退役军人优待证，发放退役军人优抚对象生活补贴，保障退役军人合法权益。依托新时代文明实践所，开展“爱眼行”视力筛查、关心关爱留守儿童等公益活动；依托党群培训中心、廉政文化广场等平台，举办“喜迎二十大、庆祝建党101周年”歌咏比赛暨文艺会演、乌兰牧骑“送欢乐、送文明”下基层慰问演出等活动，提高群众文体娱乐生活质量。

【人居环境治理】 2022年，达斡尔民族乡继续推进垃圾分类处理，投放分类垃圾箱200个；开展禽畜粪污综合化利用，建成禽畜粪污综合化利用车间400平方米；推进户厕问题整改工作，整改完成问题厕所152户。组织开展“广告清零”、车辆乱停乱放集中整治、物品摆放专项治理等行动，每周五定为“爱国卫生活动日”，动员全乡党员干部群众投入爱国卫生运动“百日攻坚”活动，重点整治白色垃圾、牲畜粪便、沟渠淤泥、柴草杂物等，消灭卫生死角，有效转变村民卫生习惯。

【生态环境保护】 2022年，达斡尔民族乡完成全民义务植树4.6万株、重点区域绿化20公顷，开展破坏草原林地违规违法行为专项整治行动，保障林草资源安全，未发生较大森林草原火灾。提升河湖长制工作成果，开展排查11次，出动各类机械设

2022年，达斡尔民族乡推进宜居宜业和美乡村建设。图为达斡尔民族乡俯瞰图　（达斡尔民族乡　供图）

备清理疏通河道19处，清理中小河流沿线垃圾7.8吨；总长12千米的嫩江流域音河（扎兰屯段）主要水生态治理工程海力堤新北五组至一组段开工建设。

【宜居宜业和美乡村建设】 2022年，达斡尔民族乡推进宜居宜业和美乡村建设，加大农村生活垃圾污资源化利用车间等基础设施建设，鼓励社会力量参与，与本乡专业合作社签订人居环境卫生承包合同，实施“市场化运作、物业化管理、公司化经营”模式，协同推进农村人居环境综合整治；探索运行举措，成立保洁办公室，结合公益性岗成立保洁员队伍，建立保洁制度和微信群，强化统筹调度和统一监管，拓宽经费保障渠道，强化村民自我约束，通过户代表会议形式将村民缴纳卫生费纳入村规民约，统筹开展上级给一点、集体掏一点、企业捐一点、群众收一点模式，有效解决人居环境整治资金问题；建立长效机制，通过将人居环境整治、移风易俗等纳入村规民约管理，建立“文明团结超市”，实施“垃圾换积分、积分换商品”。实行环境卫生“党员责任区”管理，建立厕所维修、咨询及监督便民联系卡，通过“美丽庭院”“文明家庭”评选及人居环境卫生“红灰黑”榜等措施，引导村民从乡村治理“旁观者”转变为“主人翁”。

（张瀚文）

南木鄂伦春民族乡

【概况】 南木鄂伦春民族乡位于扎兰屯西北部，四面环山，雅鲁河绕乡而过，山清水秀，景色宜人。地理坐标为北纬47°48′，东经121°26′。东与卧牛河镇相连，南与萨马街鄂温克民族乡接壤，西与绰尔河林业局施业区为邻，北与牙克石巴林镇毗邻。距扎兰屯市区42千米。辖区面积2160平方千米，其中耕地面积1万公顷，林地面积17.07万公顷，草场面积2.59万公顷。南木林业局及所属5个林场、扎兰屯市林业局济沁河林场、扎兰屯农牧场二连在辖区内驻扎。全乡辖行政村8个，即南木村、猎民村、大兴村、双北村、道南村、东窑村、毕家店村、济沁河村；社区2个，即黎明社区、莫多兰社区。由汉族、鄂伦春族、鄂温克族、达斡尔族、蒙古族等11个民族构成。2022年末，常住人口1.46万人，其中农业人口7341人。少数民族人口2034人，其中鄂伦春族人口97人。

【农牧业发展】 2022年，南木鄂伦春民族乡稳定粮食播种面积9200公顷，粮食总产量2715.5万千克，其中大豆种植面积4667公顷，完成上级任务的135%，牲畜存栏1.86万头（只）。落实耕地保护制度，完成160公顷黑土地保护性耕作项目验收，申请2022年黑土地保护性耕作项目316公顷。对甜玉米种植、车厘子种植、马鹿大鹅特色养殖、蘑菇榛子林下产品开发、黑木耳地标产品生产、民俗旅游产品打造、蜂蜜绿色食品加工等进行巩固提升。全乡鹿饲养规模突破200头，年孵化大鹅100万羽，黑木耳菌类、白芍、赤芍等中草药种植面积不断增加，车厘子、大棚蔬菜等种植庭院经济起步发展，禹兴肉鸽、远大蜂业、卧鑫鹅业等一批绿色食品加工企业产销两旺。

【乡村振兴战略实施】 2022年，南木鄂伦春民族乡分类优化调整现有帮扶政策，健全防止返贫动态监测和帮扶机制，重点监测收入水平变化和“两不愁三保障”巩固情况，高质量巩固脱贫攻坚成效。加大力度宣传小额信贷，确保贷款资金安全情况下应贷尽贷，全年申请小额信贷105万元。集中开展逐户逐人逐项入户排查2次，了解重点人群、“三保障”和饮水安全情况，精准采集脱贫人口信息数据，摸底排查脱贫群众490户，监测对象7户。落实重点项目攻坚责任，13个重点项目财政投资5959.2万元，其中新建产业项目5个，项目投资867.25万元，新建基础设施项目6个，项目投资1401万元，均已完工；续建项目2个，总投资3690.95万元，投资2711.98万元的大北沟扶贫产业园主体工程已完成，投资978.97

万元的民族文化馆项目通过验收。投资540万元的南木林业局职工活动中心通过验收。支持呼伦贝尔柏林康养休闲服务公司引进康养战略投资，与四川富源国泰集团和湖北楚钦控股有限公司达成投资意向6500万元，签订项目合作意向书。全年接待游客5万人次，实现旅游收入500万元。

【民生保障】 2022年，南木鄂伦春民族乡累计发放低保金575.38万元，发放高龄补贴32.2万元，发放各类生活、优抚补贴55.93万元。推动创业就业，新增转移就业1347人。做好农牧民冬季取暖保障工作，完成3010吨“暖心煤”发放，解决1520户农牧民冬季取暖问题。

【政务服务】 2022年，南木鄂伦春民族乡统一党群服务中心机构职责、制度流程、场所标志和人员着装，建立完善一次性告知、限时办结等21项工作制度。通过LED大屏幕公示承接服务事项87项，受理各类事项1079件，均妥善处理。呼伦贝尔“12345”平台工单受理83件，响应率100%，解决率100%，逾期率为零，群众满意率100%。内蒙古政务服务平台事项30项，权力事项即办件率50%，公共服务事项即办件率100%，网办占比100%。新时代文明实践所开展志愿服务活动31次，志愿参与人数100余名。

【安全生产】 2022年，南木鄂伦春民族乡聚焦建筑工地、消防、食品、交通和天然气安全等重点领域，开展安全生产专项检查36次，督促整改重点隐患8项。抓好防溺水安全教育，加强对灾害性天气监测、预警工作，严格落实24小时应急值班值守和领导带班制度，强化灾情信息员、应急联络员、安全监管员“三员”队伍建设，做好应急物资、应急通信设备及应急救援机械储备保障工作，开展汛期应急演练活动，提高应急处置能力，全年未发生安全生产事故。配合市政府推进国道232征拆工作，完成征拆任务90%，发放补偿款1.54亿元。

【生态环境保护】 2022年，南木鄂伦春民族乡完成雅克河湿地公园建设，推进那仁木湿地公园建设。落实每周五爱国卫生日制度，实行“门前三包”工作机制，持续做好垃圾清运工作，累计清理垃圾1100吨，农村生活垃圾收集率、清运率和处理率均达90%。扎实做好清退违规占用林地草地恢复植被工作，完成1550个草原违法图斑核查工作，恢复草原植被31.27公顷，完成201.07公顷退耕还林验收，办结2起中央环保督察组督办问题。投资384万元，完成大兴村污水处理厂项目主体建设。完成70户改厕任务。

（张晶石）

10月18日，南木鄂伦春民族乡开展农牧民冬季取暖用煤保障供应工作

（南木鄂伦春民族乡　供图）

萨马街鄂温克民族乡

【概况】 萨马街鄂温克民族乡距离扎兰屯市区90千米，东连中和镇，南与蘑菇气镇为邻，西与洼堤乡接壤，北与柴河镇和南木鄂伦春民族乡毗邻。全乡面积2596平方千米，其中林地面积1817平方千米，草场面积720平方千米，耕地面积1.67

万公顷。萨马街鄂温克民族乡辖行政村6个，即团结村、猎民村、红炮台新村、哈拉口子村、护林村、马龙沟村，村民小组38个，市属国有林场2个和个体农场14个。2022年末，全乡总人口8276人，其中鄂温克族人口408人，少数民族总人口2641人。

【农牧业发展】 2022年，萨马街鄂温克民族乡坚持绿色发展理念，不断夯实现代农牧业基础，建设高标准农田733.33公顷，2000公顷农田列入2023年基本农田提质增效项目，1.6万公顷农田列入2023年基本农田新建项目。落实轮作耕种面积640公顷、大豆玉米带状复合种植72公顷，完成免耕播种6840公顷，玉米全量秸秆分类3367公顷，申报千亩示范田1户，粮食总产量达到7800万千克。哈拉口子村投资240万元兴牧养殖场投入使用，红炮台新村投资300万元新晟养殖场建设完成，带动养殖户实行规模养殖，规模养殖场数量达到38家；全乡牲畜存栏达14.9万头（只），其中牛存栏2.68万头，羊存栏6万只。

【乡村振兴战略实施】 2022年，萨马街鄂温克民族乡完成各级衔接资金总投资869万元。其中，马龙沟村肉牛养殖项目投资60万元；新建马龙沟村七组、八组、九组，护林村大岭硬化道路7.28千米，投资407万元；新建哈拉口子村二组、三组、猎民村二组、马龙沟村七组桥梁4座，投资165万元；新建马龙沟村边沟1000米、团结村一组边沟及挡水墙545米、哈拉口子村二组、三组排洪沟880米，投资177万元；新建团结村防洪大坝237米、护坡135米，投资60万元。扶贫车间“秋姐冷库”收储加工山野产品260吨，营业额近1000万元，带动就业100人。帐辉源黑木耳种植合作社培育滑子菇、球盖菇、元蘑等菌种，生产黑木耳菌包10万袋，蘑菇菌包23万袋，带动26名村民就业，支付村民工资12万元，年收入19万元。老干部活动中心投入使用，《野猪舞》多次参加扎兰屯市活动展演，太阳花民族手工艺品销售收入持续增长，抢枢运动得到进一步传承发展。

【民生保障】 2022年，萨马街鄂温克民族乡投资4980万元对全乡输变电设施进行升级改造，惠及2864户，完成危房改造。按照程序评定纳新低保户并对超出标准的低保户进行清退，新评定低保26人，清退特困13人，社会临时救助24人，救助资金3.25万元。推进医疗保险应保尽保，参保率超过96%；低保、残疾等特殊群体参保率100%。办理发放残疾证38人，审批重度残疾人护理补贴6人、困难残疾人生活补贴6人；为残疾监测户刘凤元申请助残补贴。

【政务服务】 2022年，萨马街鄂温克民族乡处置各类矛盾62起，其中化解土地纠纷40起、林草纠纷3起、邻里界线纠纷19起。处置群众来信来电来人信访15件，接收呼伦贝尔市“12345”便民服务热线工单37件，处置率、满意率均达100%。解决养老保险等具体问题11件。开展“民族团结一家亲”、铸牢中华民族共同体意识和民族政策宣讲25次，走访慰问28次。

8月15日，萨马街鄂温克民族乡太阳花手工艺品制作工作室学员在赶制订单产品
（萨马街鄂温克民族乡 供图）

【生态环境保护】 2022年，萨马街鄂温克民族乡营造防护林32公顷，责令补植2013年以来不合格防护林工程233公顷。核实森林督查图斑23个、林草变耕地图斑1317个，破坏草原林地行为得到有效遏制。全面落实河湖长制和林长制，保护河流林地草原意识不断增强。新建卫生厕所391户，推进垃圾无害化处理与资源化利用，2座闪蒸矿化垃圾处站投入试运行，生活污水处理厂建设项目列入国土空间规划。垃圾清运车3辆、吸污车3辆、垃圾清运铲车3辆均配置到位并投入使用。

（董铁民）

洼堤乡

【概况】 洼堤乡地处扎兰屯市区南部110千米处，东、东北与中和镇、蘑菇气镇毗邻，南与兴安盟扎赉特旗新林镇交界，北、西北同哈多河镇、柴河镇相连，北与萨马街鄂温克民族乡接壤，总面积738平方千米，有耕地1.02万公顷，草牧场116.67公顷。辖行政村5个，即色吉拉呼村、孤山子村、青山村、德格吉热呼村、铁矿村；村民小组36个。2022年末，户籍人口3718户9525人，有汉族、蒙古族、满族、达斡尔族、鄂伦春族、锡伯族等7个民族，其中蒙古族人口3123人，是呼伦贝尔岭东地区唯一的蒙古族民族聚集乡。蒙元文化源远流长，“蒙医特色小镇”“内蒙古射箭传统项目学校”已成为地区发展的“金字招牌”。

【农牧业发展】 2022年，洼堤乡稳定玉米种植面积9063公顷，大豆3477公顷，青贮、杂粮等农作物种植面积150.67公顷，粮食总产量稳步提升。大豆平均亩产150千克，比上年增产30千克，亩产增收80元；玉米平均亩产500千克，比上年增产50千克，亩产增收55元。农牧业机械化高效发展，综合机械化水平达到85%。完成免耕作业播种4039公顷，推进秸秆综合利用项目，实现秸秆碎混还田800公顷，打包打捆2333公顷，翻压还田200公顷，农作物秸秆综合利用率达到71%。牲畜存栏15万头（只、匹、口），家禽存栏4.3万羽，培育规模养殖户216户，形成具有一定规模和产业特色的家庭牧场54个，各类农民专业合作社20个。

【乡村振兴战略实施】 2022年，洼堤乡完成2021—2022年乡村振兴产业项目9个，总投资820万元，谋划2023年项目27个，总投资4595万元。50公顷梅花鹿生态养殖基地、26.67公顷沙果基地建设初见成效，蒙古马、梅花鹿、生态果园等特色种植养殖基地建设水平得以提升，发展冷链物流和农机服务等产业，推进脱贫攻坚同乡村振兴有效衔接。完成2020年1527公顷色吉拉呼村高标准农田建设项目，2021年1800公顷青山村、德格吉热呼村黑土地保护项目呼伦贝尔市级竣工验收工作。新建2022年720公顷青山村、德格吉热呼村和孤山子村高标准农田项目，完成项目投资680.9万元。新建砂石路10千米、护岸635米、过水路面830米、方涵15座、水井12座、农桥2座，

3月18日，洼堤乡开展现代化农机具操作培训　（洼堤乡　供图）

道路交通、桥涵沟渠等基础设施得到完善。

【民生保障】 2022年，洼堤乡坚持以人民为中心的发展思想，保障和改善民生，贫困、低保、特困、重残人口医疗保险100%参保，各类惠农补贴按时足额发放。坚持把教育放在优先发展地位，民族学校硬件设施、办学条件全面提升，围绕打造民族射箭特色之乡目标，推动标准化民族射箭馆建设。乡卫生院与呼伦贝尔市蒙医院建立医联体对口支援单位，争取洼堤卫生院新建项目，提升医疗服务环境和水平。实施危房改造2户，住房安全得到保障。

【安全生产】 2022年，洼堤乡成立乡级安委会，严格落实“党政同责”“一岗双责”责任制，对加油站、鞭炮店、液化气站等重点部门开展安全生产大检查16次，确保消除各类重大安全隐患。联合市场监督、公安、卫健等部门开展食品药品安全大检查行动，对全乡饭店、菜店、商店、药店等重点行业进行检查，对食品药品安全严格把关，发现问题立即进行整顿，对流动大篷车进行严格检查，对手续不全、卫生不合格大篷车坚决取缔。

【生态环境保护】 2022年，洼堤乡完成重点区域绿化，义务植树13.33公顷，完成森林督查点自查、核查工作。联合哈多河林场开展防灭火应急演练和扑火安全技能培训3次，提高快速扑救能力，全年未发生火险火情。与哈多河林场共同加强石门沟草场监管，逐步撤出国有林地畜牧养殖点，逐渐达到草畜平衡。开展破坏草原林地违规违法行为专项整治行动，2021年3个草原图斑已销号，1个林业案件等待自治区审核销号，其他49个图斑均整改到位；257个图斑988个点位（其中草原点位945个，林业点位43个）用14天完成外业调查工作。严格落实乡村两级林长巡林制度，开展巡林90次。

（张立伟）

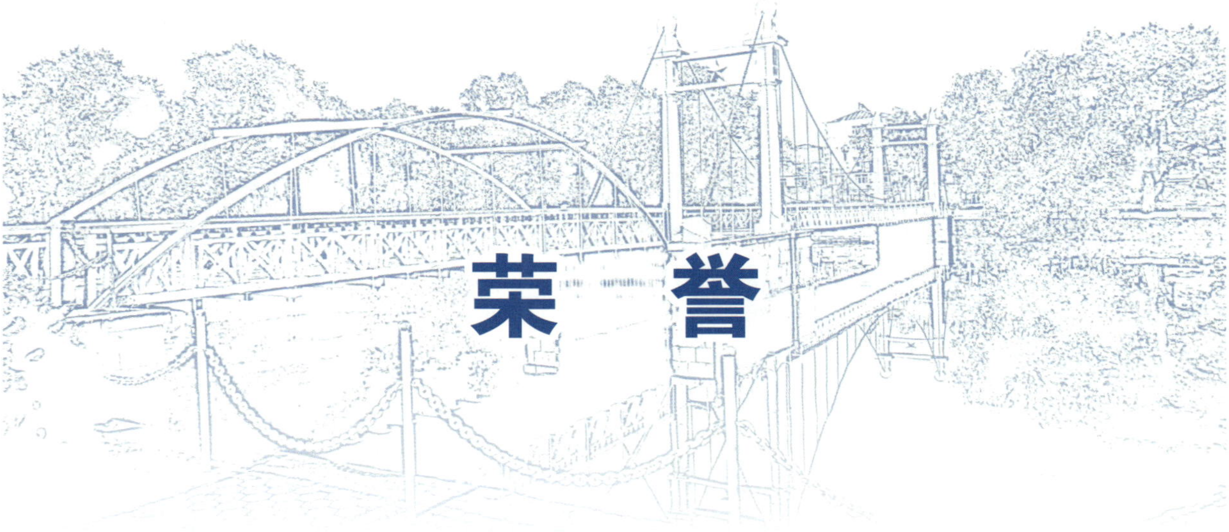

荣 誉

先进个人

2022年国家部门、单位授予的先进个人荣誉称号一览表

表11

姓　名	所在单位	授予部门	荣誉称号
李岩岭	扎兰屯市公安局	公安部五局	2021年度刑事案件现场勘查工作成绩突出区县公安局局长通报表扬
王岩岭	扎兰屯市公安局	公安部五局	2021年度刑事案件现场勘查工作成绩突出勘查民警通报表扬
冯立军	扎兰屯市公安局	公安部	全国优秀人民警察
韩　冷	扎兰屯市融媒体中心	《中国农垦》杂志社	“‘首农杯’喜迎党的二十大摄影大赛”铜奖
韩　冷	扎兰屯市融媒体中心	全国扶贫宣传教育中心	“巩固拓展脱贫成果，全面推进乡村振兴”主题作品征集展示活动二类作品奖
赵彩虹	扎兰屯市第二幼儿园	国家体育总局青少司	国家级幼儿体育专家
许佳楠	呼伦贝尔市传染病医院	中国药师协会	2022年药学服务技能大赛内蒙古第一名
郑春梅	呼伦贝尔市传染病医院	中国药师协会	2022年药学服务技能大赛内蒙古第一名
李静怡	扎兰屯市第四中学	中国红十字会总会	中国红十字会“会员之星”
王　欢	扎兰屯市人民检察院	最高人民检察院第五检察厅	2021年度检察机关执检条线优秀办案检察官
李春华	扎兰屯市发展和改革委员会	国家发展和改革委员会	全国农产品成本调查工作先进个人
付晓明	扎兰屯市农牧和科技局	农业农村部信息中心	全国县域农业农村信息化发展水平评价工作先进个人

2022年自治区及部门、单位授予的先进个人荣誉称号一览表

表12

姓　名	所在单位	授予单位	荣誉称号
王有利	扎兰屯市卧牛河镇	内蒙古自治区文化和旅游厅	农村牧区文化示范户
黄义林	扎兰屯市卧牛河镇	内蒙古自治区文化和旅游厅	农村牧区文化示范户
都叶梅	扎兰屯市卧牛河镇	内蒙古自治区文化和旅游厅	乡村文化和旅游带头人
陈丽丽	中国邮政集团有限公司内蒙古自治区扎兰屯市分公司	中国邮政集团有限公司内蒙古分公司	全区优秀共产党员
刘昊迪	扎兰屯市纸浆街小学	共青团内蒙古自治区委员会	优秀共青团干部
杜玉红	呼伦贝尔市传染病医院	内蒙古自治区护理学会	内蒙古自治区优秀护理工作者
窦　智	扎兰屯市人民法院卧牛河人民法庭	内蒙古自治区高级人民法院	“蒙马奔腾”专项行动先进个人
郗　超	扎兰屯市人民法院司法警察大队	内蒙古自治区高级人民法院	全区法院司法警察训练标兵
富　豪	扎兰屯市人民法院立案庭	内蒙古自治区高级人民法院	全区法院担当作为好干警
王双喜	扎兰屯市公安局	内蒙古自治区人民政府	全区优秀人民警察
付　欣	扎兰屯市公安局	内蒙古自治区公安厅	北京“两奥”、全国两会安保工作战时表彰个人嘉奖
王　超	扎兰屯市公安局	内蒙古自治区公安厅	北京“两奥”、全国两会安保工作战时表彰二级辅警先进个人
曾　皓	扎兰屯市公安局	内蒙古自治区公安厅	疫情防控工作战时表彰个人二等功
陈秀东	扎兰屯市公安局	内蒙古自治区公安厅	疫情防控工作战时表彰个人三等功
邢鑫地	扎兰屯市公安局	内蒙古自治区公安厅	疫情防控工作战时表彰个人嘉奖
牟　微	扎兰屯市公安局	内蒙古自治区公安厅	疫情防控工作战时表彰辅警嘉奖
陈　晨	扎兰屯市公安局	内蒙古自治区公安厅	三级辅警先进个人
桂　玉	扎兰屯市公安局	内蒙古自治区公安厅	对中联办交办信访事项化解专项工作表彰个人嘉奖
刘　涛	扎兰屯市公安局	内蒙古自治区公安厅	“枫桥式公安派出所”优秀个人
程　锐	扎兰屯市公安局	内蒙古自治区公安厅	全区刑事技术“双十计划”公关创新比赛二等奖
张　宏	扎兰屯市公安局	内蒙古自治区公安厅	个人二等功
王临光	扎兰屯市公安局	内蒙古自治区公安厅	个人嘉奖
郭　扬	扎兰屯市公安局	内蒙古自治区公安厅	二级辅警先进个人
柏慧斯	扎兰屯市公安局	内蒙古自治区公安厅	三级辅警先进个人

续表 12

姓　名	所在单位	授予单位	荣誉称号
宋思进	扎兰屯市公安局	内蒙古自治区公安厅	辅警嘉奖
时启雨	扎兰屯市公安局	内蒙古自治区公安厅	辅警嘉奖
曹伟东	扎兰屯市公安局	内蒙古自治区公安厅监所管理总队	全区公安监管系统“每月一星”通报表扬
白雪波	扎兰屯市公安局	内蒙古自治区公安厅	“好家庭好家风”老公安好党员
李晓帆	扎兰屯市公安局	内蒙古自治区公安厅	“好家庭好家风”老公安好党员
任建忠	扎兰屯市公安局	内蒙古自治区公安厅	全区优秀通讯员
刘　灿	扎兰屯职业学院	内蒙古自治区教育厅	最美高校辅导员
王雅芳	扎兰屯职业学院	内蒙古自治区教育厅	内蒙古自治区级教学名师
郭立平	扎兰屯职业学院	内蒙古自治区教育厅	内蒙古自治区级教坛新秀
金英子	扎兰屯职业学院	内蒙古自治区教育厅	全区高校铸牢中华民族共同体意识课程“示范性种子教师”
胡　怡	扎兰屯职业学院	内蒙古自治区教育厅	内蒙古自治区高校铸牢中华民族共同体意识课程精品示范微课二等奖
王　虹	扎兰屯职业学院	内蒙古自治区教育厅	内蒙古自治区高校铸牢中华民族共同体意识课程优秀实践教学方案二等奖
王萨仁图雅	扎兰屯职业学院	内蒙古自治区教育厅	第十二届内蒙古自治区高等院校青年教师教学技能比赛蒙语教学专项组三等奖
高虹敏	扎兰屯职业学院	内蒙古自治区教育厅	第十二届内蒙古自治区高等院校青年教师教学技能比赛文科教学专项组三等奖
李丹萍	扎兰屯职业学院	内蒙古自治区教育厅	第十二届内蒙古自治区高等院校青年教师教学技能比赛思政教学专项组三等奖
于龙丰	扎兰屯职业学院	内蒙古自治区教育厅	内蒙古自治区职业院校教师业务能力比赛三等奖
邹玉梅	扎兰屯职业学院	内蒙古自治区教育厅	内蒙古自治区职业院校教师业务能力比赛三等奖
荣　蕾	扎兰屯职业学院	内蒙古自治区教育厅	内蒙古自治区职业院校教师业务能力比赛三等奖
李　珊	扎兰屯职业学院	内蒙古自治区教育厅	内蒙古自治区职业院校教师业务能力比赛三等奖
王凯坤	扎兰屯职业学院	内蒙古自治区教育厅	内蒙古自治区职业院校教师业务能力比赛三等奖
李　丹	扎兰屯职业学院	内蒙古自治区教育厅	内蒙古自治区职业院校教师业务能力比赛三等奖
齐秀娟	扎兰屯职业学院	内蒙古自治区教育厅	内蒙古自治区职业院校教师业务能力比赛三等奖

续表 12

姓　名	所在单位	授予单位	荣誉称号
路志伟	扎兰屯职业学院	内蒙古自治区教育厅	内蒙古自治区职业院校教师业务能力比赛三等奖
石薇琢	扎兰屯职业学院	内蒙古自治区教育厅	内蒙古自治区职业院校教师业务能力比赛三等奖
高　柏	扎兰屯职业学院	内蒙古自治区教育厅	内蒙古自治区职业院校教师业务能力比赛三等奖
金鹏帅	扎兰屯职业学院	内蒙古自治区教育厅	内蒙古自治区职业院校教师业务能力比赛三等奖
孟祥丽	扎兰屯职业学院	内蒙古自治区教育厅	内蒙古自治区职业院校教师业务能力比赛三等奖
白玉红	扎兰屯职业学院	内蒙古自治区教育厅	内蒙古自治区高职课程思政教学能力大赛三等奖
田玉芬	扎兰屯职业学院	内蒙古自治区教育厅	内蒙古自治区高职课程思政教学能力大赛三等奖
许　艳	扎兰屯职业学院	内蒙古自治区教育厅	内蒙古自治区高职课程思政教学能力大赛三等奖
韩小兰	扎兰屯职业学院	内蒙古自治区教育厅	内蒙古自治区高职课程思政教学能力大赛三等奖
沈凤玲	扎兰屯职业学院	内蒙古自治区教育厅	内蒙古自治区高职课程思政教学能力大赛三等奖
韩小兰	扎兰屯职业学院	共青团内蒙古自治区委员会、内蒙古自治区教育厅	第十三届“挑战杯”全区大中学生创业计划竞赛“优秀工作者”
刘　佳	扎兰屯职业学院	共青团内蒙古自治区委员会、内蒙古自治区教育厅	第十三届“挑战杯”全区大中学生创业计划竞赛“优秀工作者”
张慧慧	扎兰屯职业学院	共青团内蒙古自治区委员会、内蒙古自治区教育厅	第十三届“挑战杯”全区大中学生创业计划竞赛“三等奖”指导教师
陈以尧	扎兰屯职业学院	共青团内蒙古自治区委员会、内蒙古自治区教育厅	第十三届“挑战杯”全区大中学生创业计划竞赛“三等奖”指导教师
常　廓	扎兰屯职业学院	共青团内蒙古自治区委员会、内蒙古自治区教育厅	2022 年全区大中专学生志愿者暑期文化科技卫生“三下乡”社会实践活动优秀工作者
张东东	扎兰屯市农牧和科技局	内蒙古自治区第七次全国人口普查领导小组办公室、内蒙古自治区人力资源和社会保障厅、内蒙古自治区统计局	内蒙古自治区第七次全国人口普查先进个人
封慧戎	扎兰屯市农牧和科技局	内蒙古自治区农牧厅	内蒙古自治区粮食生产先进工作者
李　晨	扎兰屯人民检察院	内蒙古自治区党委政法委员会	2020—2021 年度全区政法优秀新闻作品三等奖
李　晨	扎兰屯市人民检察院	内蒙古自治区法制报社	优秀通讯员
王晓颖	扎兰屯市人民医院	内蒙古自治区护理学会	优秀护理工作者
张媛奕	扎兰屯市文化市场综合行政执法局	内蒙古自治区“扫黄打非”工作领导小组办公室	2021 年度全区“扫黄打非先进个人”

先进集体

2022 年国家部门、单位授予的先进集体荣誉称号一览表

表13

单位名称	授予部门	授予荣誉
扎兰屯滑雪旅游度假地	中华人民共和国文化和旅游部 国家体育总局	首批国家级滑雪旅游度假地
扎兰屯国家基本气象站	中国气象局	中国百年气象站
扎兰屯市蘑菇气镇人民政府	全国爱国卫生运动委员会	国家卫生镇
扎兰屯市文化市场综合行政执法局	中央宣传部、文化和旅游部、国家广播电视总局	第九届全国服务农民，服务基层文化市场综合执法队伍先进集体
呼伦贝尔农垦绰尔河农牧场有限公司	农民日报	优秀通联单位
扎兰屯市实验小学	中华全国集邮联合会	国家级先进基层集邮组织
扎兰屯市工商联	中华全国工商业联合会	全国“五好”标杆县级工商联
扎兰屯市第四中学	中国红十字会总会	探索人道法项目师资微课大赛二等奖
“小桔灯”人文关怀志愿服务组织	中国红十字会总会	全国红十字模范单位
扎兰屯市人民检察院	中央精神文明建设指导委员会	全国文明单位
扎兰屯市科学技术协会	中国科协	表现突出的科普中国信息员组织单位
扎兰屯市企业家商会	中华全国集邮联合会	全国“四好”商会

2022 年自治区及部门、单位授予的先进集体荣誉称号一览表

表14

单位名称	授予部门	授予荣誉
扎兰屯市人民政府	内蒙古自治区绿化委员会办公室、内蒙古自治区林业和草原局	内蒙古自治区森林城市
扎兰屯市吊桥公园	内蒙古自治区住房和城乡建设厅	内蒙古最美公园
扎兰屯市文化市场综合行政执法局	内蒙古自治区“扫黄打非”工作领导小组办公室	2021 年度全区“扫黄打非优秀领导班子”
扎兰屯市正阳街道办事处	内蒙古自治区统计局	全区第五批统计基层基础建设“八有八化”规范化街道办事处
扎兰屯市乌兰牧骑	内蒙古自治区民族团结进步模范评选表彰工作领导小组	第十次民族团结进步模范单位
扎兰屯市发展和改革委员会	内蒙古自治区发展和改革委员会	全区农产品成本调查工作先进单位

续表 14

单位名称	授予部门	授予荣誉
扎兰屯市市场监督管理局	内蒙古自治区市场监督管理局	2021 年度先进集体
扎兰屯市反邪教协会	内蒙古自治区反邪教协会	全区先进反邪教协会
呼伦贝尔市示范性综合实践基地	内蒙古自治区教育厅	全区首批大中小学劳动教育实践基地
扎兰屯市职业高中	内蒙古自治区教育厅	全区优质中职学校建设单位 B 档
扎兰屯市工商联	内蒙古自治区工商联	“五好”标杆县级工商联
呼伦贝尔市传染病医院团委	共青团内蒙古自治区委员会 内蒙古自治区青年志愿者协会	第七届青年志愿服务项目大赛铜奖
扎兰屯市南木鄂伦春民族乡	内蒙古自治区统计局	统计工作“八有八化”优秀苏木乡镇
扎兰屯市人民法院执行局	内蒙古法制报社	2021 年度内蒙古法制报社法制宣传先进单位
扎兰屯职业学院	内蒙古自治区红十字会 内蒙古自治区教育厅	全区红十字示范学校
扎兰屯职业学院	内蒙古自治区教育厅 共青团内蒙古自治区委员会	第十三届“挑战杯”全区大中学生创业计划竞赛专科组“优胜杯”
扎兰屯职业学院	内蒙古自治区教育厅	全区职业院校教师能力大赛优秀组织奖
扎兰屯职业学院	中共内蒙古自治区委员会宣传部、内蒙古自治区精神文明建设委员会办公室、内蒙古自治区教育厅、共青团内蒙古自治区委员会、内蒙古自治区学生联合会	全区大中专学生志愿者暑期文化科技卫生“三下乡”社会实践活动“优秀组织奖”
呼伦贝尔东北阜丰生物科技有限公司	内蒙古自治区政府办公厅	2019—2021 年度“博爱一日捐”活动优秀组织单位
扎兰屯市司法局	内蒙古自治区司法厅	司法行政系统集体二等功
扎兰屯市公证处	内蒙古自治区司法厅	自治区优秀公证处
国家统计局扎兰屯调查队	内蒙古自治区精神文明建设指导委员会	先进集体
扎兰屯市人民检察院“青葵”未检办案团队	内蒙古自治区人民检察院	全区检察院机关“双先”表彰先进集体
扎兰屯市人民检察院	内蒙古自治区人民检察院	2021 年度全区检察机关最具影响力新媒体
扎兰屯市人民检察院	内蒙古自治区财政厅	2022 上半年全区预算执行优秀单位
扎兰屯市人民检察院	内蒙古自治区财政厅	2021 年度全区部门决算先进单位二等奖

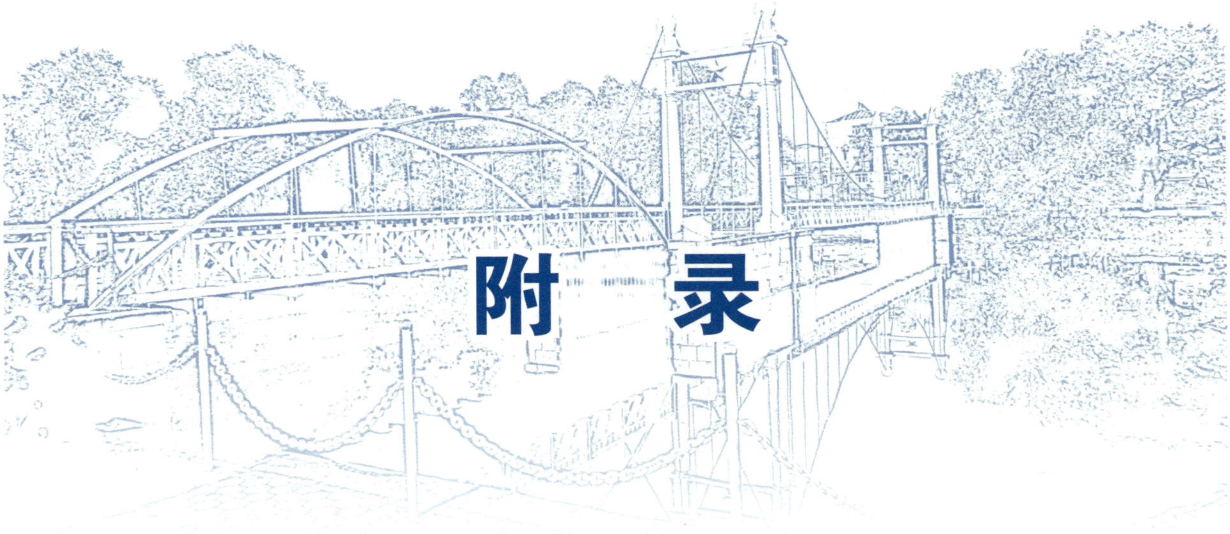

附 录

组织机构及负责人名录

（2022 年 1 月 1 日—12 月 31 日）

一、中国共产党扎兰屯市委员会

书　　记　岳国栋（2 月免）
　　　　　白志军（2 月任，蒙古族）
副 书 记　王　波
　　　　　张卫军（3 月免）
　　　　　张立军（4 月任）
常　　委　岳国栋（2 月免）
　　　　　白志军（2 月任，蒙古族）
　　　　　王　波
　　　　　张卫军（3 月免）
　　　　　张立军（4 月任）
　　　　　姜　湖（11 月免）
　　　　　刘红芝（女）
　　　　　吴忱东
　　　　　杨积春（满族）
　　　　　刘国华
　　　　　闫志刚（蒙古族）
　　　　　李东方
　　　　　姜君勇
　　　　　高华兵（11 月任）
办 公 室
主　　任　姜君勇

中国共产党扎兰屯市纪律检查委员会、扎兰屯市监察委员会

书　　记（主任）
　　　　　刘红芝（女）
副 书 记（副主任）
　　　　　孙宇昆（鄂温克族）
　　　　　尹贻斌
纪委常委　孙大东（6 月免）
　　　　　周宝贵（1 月任）
　　　　　冯立伟
　　　　　崔国栋
　　　　　陈慧敏（女）
监委委员　孙大东（6 月免）
　　　　　崔国栋
　　　　　李永国（9 月免）
　　　　　孙彤玉（女）
办公室主任
　　　　　李永国（9 月免）
　　　　　陈慧敏（女,12月任）
组织部（纪检监察干部监督室）
部　长（主任）
　　　　　李　军（女,12月免）
　　　　　王　超（女，达斡尔族，12 月任）
宣传部
部　长　　江　洪（女,蒙古族，12 月免）
　　　　　佘　娇（女,12月任）

党风政风监督室
主　　任　李　军（女，12月任）
信访室
主　　任　刘景华（女）
案件监督管理室（中共扎兰屯市委员会反腐败协调小组办公室）
主　　任　陈慧敏（女）
第一纪检监察室
主　　任　赵云龙
第二纪检监察室
主　　任　王　浩
第三纪检监察室
主　　任　孙彤玉（女）
第四纪检监察室
主　　任　王元昊
第五纪检监察室
主　　任　孙　璐（女，满族，12月免）
第六纪检监察室
主　　任　王福军（12月免）
第七纪检监察室
主　　任　周　岩（女，蒙古族）
审理室
主　　任　宫慧丽（女，达斡尔族）

市纪委派驻纪检监察组

驻市委办公室
组　　长　李　伟
驻市人大常委会机关
组　　长　王效平
驻市政府办公室
组　　长　于　颖（女，蒙古族）
驻市政协机关
组　　长　李彩霞（女）
驻市委组织部
组　　长　蔡　成（蒙古族）
驻市委宣传部
组　　长　王　超（女，达斡尔族，12月免）
　　　　　王福军（12月任）
驻市委政法委员会
组　　长　宋厚刚
驻市农牧和科技局
组　　长　乌　恩（蒙古族）
驻市民政局
组　　长　张　健
驻市林业和草原局
组　　长　池　任（蒙古族）
驻市教育局
组　　长　邢学锋
驻市卫生健康委员会
组　　长　姜婷婷（女）
驻市住房和城乡建设局
组　　长　赵　华（女）
驻市财政局
组　　长　李　静（女，蒙古族）
驻市交通运输局
组　　长　于　密

市委工作机构

市委办公室

主　　任　姜君勇
常务副主任
　　　　　张　翔（蒙古族）
副 主 任　姜维忠
　　　　　刘　婷（女，满族，9月免）
　　　　　刘国柱
　　　　　王彦鑫（蒙古族，挂职，9月任）

市委组织部

部　　长　闫志刚（蒙古族）
常务副部长
　　　　　马凤宝
副 部 长　夏桂琴（女，12月免）
　　　　　吴金锁（11月免）
　　　　　宋玉玉（女）
　　　　　刘轶群（女）
市委直属机关工作委员会
书　　记　闫志刚（蒙古族）
市委老干部局
局　　长　闫志刚（蒙古族）
市公务员局
局　　长　闫志刚（蒙古族）
市非公有制经济组织和社会组织工作委员会
书　　记　夏桂琴（女，12月免）
市党员教育与人才中心
主　　任　闫　雪（女，满族，11月免）
市老年大学（市老干部活动中心、市关心下一代事业发展中心）
校　　长（主任）　孙大伟

市委宣传部

部　　长　刘国华
副 部 长　戴萌萌（女，3月任）
　　　　　佟海峰（蒙古族，12月免）
　　　　　曹　辉
　　　　　张洪洋
市网络安全应急指挥中心
主　　任　刘　晶（女）
市新时代文明实践服务中心
主　　任　汪永刚

市委统一战线工作部

部　　长　李东方
常务副部长
　　　　　夏桂琴（女，12月任）

副 部 长　何彦明（3月免）
刘长庚
刘　洋（3月任）
孟昭源

市委政法委员会

书　　记　张卫军（3月免）
张立军（4月任）
副 书 记　房仁国
刘殿杰
王　宇（蒙古族）

市委政策研究室

主　　任　尹富华
副 主 任　崔丽媛（女）
珊　颖（女,蒙古族）

市委机构编制委员会办公室(扎兰屯市事业单位登记管理局)

主　　任　高文彬（蒙古族）
副 主 任　宋振宇（6月免）
周　莹（女）
富玉琳（女，满族，6月任）

市事业单位登记服务中心

主　　任　张永莉（女,11月免）
闫　雪（女，满族，11月任）

市委巡察工作领导小组办公室

主　　任　周宝贵
副 主 任　王　晶（女，满族）
邱　昱（女）

市委巡察一组

组　　长　张晓娟（女）
副 组 长　韩志丽（女，鄂温克族,12月免）
窦　建（12月任）

市委巡察二组

组　　长　李晓琪（女,6月免）
王德伦（满族，6月任）
副 组 长　王清鹏

市委保密机要局

局　　长　孔凡军
副 局 长　王国林

市委直属事业单位

市委党校

校　　长　闫志刚（蒙古族）
常务副校长
朱　英（9月免）
刘　婷（9月任）
副 校 长　刘忠星
宋柏玲（女）

扎兰屯市融媒体中心

主　　任　杜　强（女，鄂温克族）
副 主 任　郭　珩（9月免）
姜富彬（9月免）
王伟红（女）
于海波
王　梓（9月任）
刘美萱（女,9月任）

扎兰屯市档案史志馆

馆　　长　丁玉静（女）
副 馆 长　张海燕（女，鄂温克族）
张永莉（女,11月任）

二、扎兰屯市人大常委会

主　　任　李淑艳（女,1月免）
孙修非
副 主 任　李　娟（女,1月免）
仲　立（1月免）
宋　辉（1月任，满族）
张传福
魏洪春（12月免）
陈　辉（1月任）
刘洪彬（12月任）

市人大常委会办公室

主　　任　王　砺
副 主 任　胡凯鑫（12月任）

市人大常委会财经工作委员会

主　　任　杨洪元
副 主 任　刘惠杰

市人大常委会教科文卫工作委员会

主　　任　张文靖
副 主 任　朱　启

市人大常委会法制工作委员会

主　　任　王继国

市人大常委会农业工作委员会

主　　任　王瑞华

市人大常委会民族宗教工作委员会

主　　任　刘子彬

市人大常委会选举任免联络工作委员会

主　　任　马晨光
副 主 任　张　鹏

三、扎兰屯市人民政府

市　　长　王　波
副 市 长　吴忧东
杨积春（满族）
李岩岭
孟　刚（达斡尔族）

卢亚光
鲁　垚（女,蒙古族,12月免）
韩志立（1月任）
苏　文（挂职，达斡尔族，6月任）
尹晓辉（女,12月任）
徐　坤（满族，3月被双开）

市政府工作部门

扎兰屯市人民政府办公室

主　　任　任玺庆（3月免）
　　　　　王柏奎（3月任）
副 主 任　陈　山（9月免）
　　　　　武洪望（9月免）
　　　　　李　伟
　　　　　李林潮
　　　　　张景瑞（9月任）
　　　　　刘兴旺
　　　　　李成龙（9月任）

扎兰屯市发展和改革委员会

主　　任　曲作文
副 主 任　万爱玲（女）
　　　　　王宏阳（蒙古族，9月任）
　　　　　白雪莹（女，满族，9月任）

扎兰屯市教育局

局　　长　张涌生
书　　记　张涌生
副 局 长　李冰瑶（女,蒙古族,12月免）
　　　　　佟海峰（12月任）
　　　　　于艳红（女,蒙古族）
　　　　　赵　丹（满族）

市教育事业发展中心
主　　任　刘英华
副 主 任　明　哲
　　　　　肖　坤（女）
　　　　　肖　冰（女）

市职业高中
校　　长　王海涛
副 校 长　王丽艳（女,9月免）
　　　　　谢提友
　　　　　葛延旭
　　　　　卜　佳（女，鄂温克族,9月任）

市第一中学
校　　长　关成玉（9月免）
　　　　　王晓红（女,9月任）
副 校 长　吴　涛（女,9月免）
　　　　　葛新华（9月免）
　　　　　赵　亮
　　　　　王　岭（9月任）
　　　　　李国城（9月任）
　　　　　杨洪良（9月任）

市第二中学
校　　长　杨金柱
副 校 长　李　海（9月免）
　　　　　常葆华（9月任）
　　　　　徐学波（女）
　　　　　赵士杰

市第三中学
校　　长　张丽萍（女，满族）

市第四中学
校　　长　乔立长（9月免）
　　　　　由国军（9月任）

市第五中学
校　　长　李　刚

市第六中学
校　　长　杜运奇

市民族中学
校　　长　王晓红（女,9月免）
　　　　　乔立长（9月任）

扎兰屯市工业和信息化局

局　　长　李　韦
副 局 长　蒋树伟（6月免）
　　　　　单丙哲
　　　　　李　莹（6月任）
　　　　　李恩杰（6月任）

大数据中心
主　　任　王长岁

扎兰屯市民族事务委员会

主　　任　刘　洋（女,3月任）
副 主 任　郑淑兰（女）
　　　　　丁　旭（满族）

扎兰屯市公安局

局　　长　李岩岭
政　　委　王胜春
副 局 长　刘　帅（6月免）
　　　　　刘凤杰（蒙古族）
　　　　　刘国忠（6月免）
　　　　　郭晓东（满族）
　　　　　冯立军（9月任）
　　　　　麻志鹏
　　　　　李亚楠（女,蒙古族,9月任）

扎兰屯市民政局

局　　长　韩　霖（女）
副 局 长　王洪波（蒙古族）
　　　　　赵　越

市社会福利中心
主　　任　王力新

扎兰屯市司法局

局　　长　邵永鹏
副 局 长　刘春娟（女）
　　　　　王　冰（女,6月免）

市公证处

主　　任　裴建军

扎兰屯市财政局（国有资产监督管理委员会）

局　　长　王柏奎（3月免）
　　　　　李德明（3月任）
副 局 长　金丽军（女,9月免）
　　　　　张凤娟（女,6月免）
　　　　　于铭扬（9月任）
　　　　　路明辉
　　　　　王　然（女,9月任）

市国有资产监督管理委员会

主　　任　王柏奎（3月免）
　　　　　李德明（3月任）

扎兰屯市人力资源和社会保障局

局　　长　陈志林（蒙古族）
副 局 长　都业隆
　　　　　戴泽涛
　　　　　许　松（蒙古族）

市社会保险事业服务中心

主　　任　张宏岩

市就业服务中心

主　　任　李淑娟（女）

市人社综合行政执法大队

主　　任　宋文刚（6月免）

扎兰屯市自然资源局

局　　长　朱瑞军
副 局 长　王　琨（12月免）
　　　　　宫凤达（12月免）
　　　　　包　赜（蒙古族，12月免）
　　　　　张成波（12月任）
　　　　　包殿明（12月任）
　　　　　周　秀（12月任）
　　　　　魏光妍（12月任）

市自然资源保护和发展中心

主　　任　沈　鹏

市不动产调查登记中心

主　　任　邓德尧

市自然资源综合行政执法大队

队　　长　赵井龙（12月任）

扎兰屯市住房和城乡建设局

副 局 长　曹德泉（9月免）
　　　　　朱桎铻（9月任，蒙古族）
　　　　　张成波（12月免）
　　　　　单海冰

市环境卫生管理处

主　　任　陈　鑫

市政管理处

主　　任　宋艳杰

扎兰屯市城市基础设施投资开发有限责任公司

董 事 长　温福田
副 经 理　张　旭
　　　　　冉春辉（挂职，9月免）

扎兰屯市交通运输局

局　　长　佟荣伟（蒙古族）
副 局 长　王维学
　　　　　袁凯明

扎兰屯市水利局

党组书记、局长
　　　　　刘仁德（3月免）
　　　　　尹晓辉（女,12月免）
党组成员、副局长
　　　　　王其乐（3月任）
　　　　　郑龙学（朝鲜族，4月免）
　　　　　邹殿春（6月免）
党组成员　张廷军（10月免）

市水利工程建设运行中心

主　　任　王树国（6月免）

扎兰屯市农牧和科技局

党组书记、局长
　　　　　梁　旭
副 局 长　王继刚
　　　　　王成志（6月任）
　　　　　叶　强（6月任）
　　　　　张东东（12月任）
　　　　　陈希国（6月免）
　　　　　吕厚强（2月任，挂职）
　　　　　陈海燕（女,6月任，挂职）
　　　　　徐　凯（12月免）
党组成员　马纯朴

市农牧业技术推广中心

主　　任　王成志（6月免）
　　　　　王洪胜（12月任）

市农村经营服务中心

主　　任　李瑞生

市农牧业综合行政执法大队

队　　长　袁玉峰（6月免）
　　　　　汪敬海（9月任）

市绿色产业发展中心

主　　任　张金锁（蒙古族）

市动物疫病预防控制中心

主　　任　张荣贵

市科技事业发展中心

主　　任　刘勇鑫（1月任）

市现代农业产业园服务中心
主　　任　张净溪（达斡尔族，8月任）

扎兰屯市文体旅游广电（文物）局
局　　长　钱海军
副 局 长　连永平
　　　　　王明志
　　　　　张　淇（女，蒙古族）
市文化馆
馆　　长　李　静（女）
市文化市场综合行政执法局
局　　长　张媛奕（女）
市乌兰牧骑
团　　长　郝明飞
市业余体校
校　　长　王艳玲（女）

扎兰屯市卫生健康委员会
主　　任　王　舰
副 主 任　马晨阳（女）
　　　　　孙立国（女，达斡尔族）
　　　　　崔志辉
市人民医院
书　　记　付　野
院　　长　褚志宝
副 院 长　郑向文（11月免）
　　　　　姜　波（11月任）
　　　　　杨成艳（女）
　　　　　高玉林（满族）
　　　　　薛大鹏（蒙古族）
市中蒙医院
书　　记　刘　洋
院　　长　刘士勇（10月免）
　　　　　姜　波（11月免）
　　　　　郑向文（11月任）
副 院 长　朱明龙
　　　　　谢宝禄
　　　　　翟永生
工会主席
　　　　　孙爱春（女，达斡尔族）
市疾病预防控制中心
主　　任　贾长亮（蒙古族）
副 主 任　马海旭
　　　　　李英杰（女）

扎兰屯市退役军人事务局
局　　长　盖向东
副 局 长　栓　柱（蒙古族）
　　　　　刘　刚（蒙古族）
党组成员　潘鸿荔（女）

扎兰屯市应急管理局
局　　长　李希春（9月免）
　　　　　陈　山（9月任）
副 局 长　李　峰（1月免）
　　　　　敖卫理（达斡尔族）
　　　　　张　兵（满族，6月任）
　　　　　徐福奎
市应急管理综合行政执法大队
队　　长　李志刚

扎兰屯市消防救援大队
大 队 长　汤　沸
教 导 员　魏艳宇
副大队长　马　飞
专业技术职务
　　　　　夏显明（蒙古族）
　　　　　张　浩（达斡尔族）
市消防救援站
指 导 员　吴　思
站　　长　陈佳欣
副 站 长　孔祥东

扎兰屯市审计局
局　　长　李洪常
副 局 长　陈　辉（3月免）
　　　　　张　民
　　　　　肖　月（女，6月任）
总审计师　王春杰（女，12月任）

扎兰屯市市场监督管理局
党组书记、局长
　　　　　房　平（女，3月免）
　　　　　何彦明（鄂温克族，3月任）
党组成员、副局长
　　　　　左立友
　　　　　刘艳春（女，6月免）
　　　　　姜昕妍（女，12月免）
　　　　　赵　乐（女，11月任）
党组成员　白全宝（蒙古族，6月任）
副 局 长　张　通（6月任）

扎兰屯市统计局
党组书记　滕艳飞（女，3月任）
局　　长　李德明（3月免）
　　　　　杨　絮（女，3月任）
副 局 长　张凤娟（女，6月任）
　　　　　祁雪松（蒙古族，11月任）
　　　　　杨　絮（女，3月免）
市统计中心
主　　任　郝　旭

扎兰屯市气象局
局　　长　张　昉（3月免）
副 局 长　金　淼（满族）
　　　　　雍末华（女）

扎兰屯市林业和草原局

党组书记、局长
张　兵（6月免）
关成国（满族）
党组成员、副局长
李志勇（鄂伦春族）
李彦辉（6月任）
张永喜（蒙古族，6月任）
党组成员　王照斌
市林业草原事业发展中心
主　　任　张　奇

扎兰屯市乡村振兴局

局　　长　李海龙（3月免）
刘贵宝（3月任）
副 局 长　齐　颖（女）
唐乃红（女）
党组成员　王兰仲

扎兰屯市医疗保障局

党组书记、局长
秦英慧（3月任）
副 局 长　罗江川
吴焕文（达斡尔族）
市医疗保险服务中心
主　任　韩翠玲（女，蒙古族）

扎兰屯市信访局

局　　长　王世峰
副 局 长　李克峰
何　琦

扎兰屯市政务服务局

局　　长　尹晓辉（女,3月免）
曹丽莉（女,3月任）
副 局 长　吕仲勋（满族，9月免）
梁　颖（女,3月任）
市公共资源交易中心
主　　任　陈　飞

扎兰屯市机关事务服务中心

主　　任　祁国君
副 主 任　宁晓光（9月免）
高　森（9月任）
杨晓宇

扎兰屯市供销合作联合社

主　　任　李　剑
副 主 任　李志超
仇景卓（女,9月免）

扎兰屯市综合执法局

局　　长　王艳艳（女,6月免）
宋文刚（6月任）
副 局 长　邹志欣
邱大勇
姜雨杭

呼伦贝尔岭东农畜林产品开发区管理委员会

书　　记　徐　宁（蒙古族，3月免）
郭　平（3月任）
主　　任　宋　辉（满族，3月免）
郭　平（3月任）
副 书 记　梁长锁（6月任）
纪工委书记
孙大东（6月任）
副 主 任　梁长锁
张兴国（6月任）
周存柱（6月任）
开发区综合办公室
主　　任　吕仲勋（9月任）
开发区党群工作部
部　　长　张绍峰（蒙古族，9月任）
开发区经济发展局
局　　长　武洪望（9月任）
开发区建设管理局
局　　长　王　琨（9月任）
开发区财政局
局　　长　李永国（9月任）

扎兰屯风景名胜区管理局

局　　长　夏连昱（5月任）
副 局 长　王福庆
李寒颖（女）
办公室主任
王艳艳（女,6月任）
资源管理科
科　　长　于　博（女）
副 科 长　李国兴（1月任）
规划发展科
科　　长　樊东杰（9月任）
副 科 长　富　源（1月任）
秀水湿地公园管理中心
主　　任　崔延涛（12月任）

扎兰屯风景名胜区综合执法局

局　　长　孙大力
副 局 长　孟建华
李冰星（女）

呼伦贝尔市住房公积金中心扎兰屯市业务部

主　　任　乔春莲（女）
副 主 任　白淑梅（女，满族）

扎兰屯市民航事业发展管理中心

主　　任　周　烨（女,蒙古族，9月任）

副 主 任　教传宇
　　　　　何　琪（9月任）

扎兰屯市发展研究中心

主　　任　杨丹丹（女）
副 主 任　陈江辉
　　　　　李宏伟（1月任）

扎兰屯市电子商务发展中心

主　　任　王　瑞（女）
副 主 任　孟宪涌（女,11月免）
　　　　　纪百成
　　　　　王海龙（11月任）

四、中国人民政治协商会议扎兰屯市委员会

主　　席　于　萍（女）
副 主 席　房　平（女,1月任）
　　　　　刘仁德（1月任）
　　　　　焦　健（1月任）
　　　　　包　颖（女,蒙古族,1月免）
　　　　　刘士勇（满族,9月免）
　　　　　刘恩成（1月免）
　　　　　申迎春（女,1月免）
秘 书 长　王书江（9月免）

市政协文史委

主　　任　李　佳

市政协民宗委

主　　任　白全宝（蒙古族,6月免）
　　　　　卜伟东（鄂温克族,9月任）

市政协联络委

主　　任　辛财强（2月任）

市政协提案委

主　　任　张桂杰（女）

市政协经科委

主　　任　魏　佳（女,6月任）

市政协经科委

主　　任　焦　健（1月免）

五、民主党派·工商联

民革呼伦贝尔市委员会扎兰屯市支部

主任委员　刘宝洪（4月免）
　　　　　王春艳（4月任）
副主任委员
　　　　　王春艳（4月免）
　　　　　冉春辉
　　　　　袁凯明（4月任）
组织委员　赵　帆（4月免）
　　　　　张鸿玉（4月任）
宣传委员　张鸿玉（4月免）
　　　　　杨　姝（4月任）

扎兰屯市工商业联合会

主　　席　李　静（女,3月免）
　　　　　陈　辉（女,3月任）
书　　记　刘长庚（3月任）
副 主 席　霍灿柱（3月任）

六、群众团体

扎兰屯市总工会

主　　席　李　娟（女,3月免）
　　　　　刘仁德（3月任）
副 主 席　任玺庆（3月任）
　　　　　苏金奎（3月免）
　　　　　王巨业（达斡尔族,6月免）
　　　　　张志文（女,6月任）

共产主义青年团扎兰屯市委员会

书　　记　崔丽红（女）
副 书 记　张修治
　　　　　平　帅（回族）

扎兰屯市妇女联合会

主　　席　曲安红（女）
副 主 席　张志文（女,6月免）

扎兰屯市科学技术协会

主　　席　辛财强（2月免）
　　　　　林　丽（女,2月任）
副 主 席　王巨业（6月任）
　　　　　王　鑫（女,6月免）

扎兰屯市文学艺术界联合会

主　　席　姜　辉
副 主 席　程源富

扎兰屯市残疾人联合会

理 事 长　刘凤宏（1月任）
副理事长　张　敏（女）

扎兰屯市红十字会

会　　长　杜明燕（女,3月免）
　　　　　鲁　垚（女,蒙古族,3月任）
常务副会长
　　　　　刘艳伟（女）
副 会 长　刘　晨
专职副监事长
　　　　　王景成（9月免）
　　　　　王晓荣（女,9月任）

七、法院、检察院

扎兰屯市人民法院

党组书记、院长

高福良（1月任）
党组副书记、副院长
郑　权
党组成员、副院长
姜振顺
党组成员　张奎臣（4月免）
党组成员　武长河（4月免）
党组成员、综合审判庭庭长、审判委员会
专职委员　叶晓刚
党组成员、政治部主任
闫景宇

扎兰屯市人民检察院
党组书记、检察长
孟和吉日嘎拉(1月任)
党组副书记、常务副检察长
刘　波
党组成员、副检察长
赵大鸣
党组成员、政治部主任
陈宝新
检委会专职委员
王　欢（女）
党组成员、后勤服务中心
主　　任　张伟旗
党组成员、第二检察部主任
李晓光（女）

八、乡镇（街道）

兴华街道办事处
书　　记　朱瑞军（12月免）
姜人和（12月任）
主　　任
张天龙（满族，12月任）
人大工委
主　　任　梁　晶（女,6月任）
副 书 记　周姗姗（女,12月任）
副 主 任　解恒起
纪 工 委
书　　记　姜　波（满族）
党群服务中心
副 主 任　乔加奇（蒙古族）

正阳街道办事处
书　　记　边喜臣（12月任）
主　　任　李春会
人大工委
主　　任　刘淑敏（女,6月任）
副 书 记　刘凤宏（1月免）
李春会
康　健（女,6月任）
王那娜（蒙古族,女,4月任，挂职）
纪 工 委
书　　记　牛文学
武装部部长
王振宇
党群服务中心
副 主 任　石烁玮（女，达斡尔族）

繁荣街道办事处
书　　记　李　明（蒙古族）
主　　任　于光生
人大工委
主　　任　王大刚（6月任）
副 书 记　郭翔宇
副 主 任　滕艳飞（女,3月免）
薛　冰（女,12月任）
孟繁强（3月任）
纪 工 委
书　　记　王显刚
党群服务中心
副 主 任　吕东旭

向阳街道办事处
书　　记　董俊庆
主　　任　姜日杰（女）
人大工委
主　　任　刘艳春（女,6月任）
副 书 记　姜日杰（女）
李　昕
副 主 任　霍晓峰（蒙古族）
纪 工 委
书　　记　金立华
武 装 部
部　　长　霍晓峰（蒙古族）
党群服务中心
副 主 任　（空缺）

高台子街道办事处
书　　记　冯旭娟（女,蒙古族，9月免）
边喜臣（12月任）
主　　任　王俊杰
人大工委
主　　任　于贵勇（11月任）
副 书 记　刘淑敏（女,6月免）
宋振宇（6月任）
副 主 任　李成龙（武装部部长,9月免）
刁树桐（武装部长，11月任）
纪 工 委
书　　记　单亦君（12月免）
迟丽丽（女,12月任）
党群服务中心
副 主 任　（空缺）

铁东街道办事处

书　　记　战彦军
主　　任　李绍军
人大工委
主　　任　刘　雷
副 书 记　李彦辉（6月免）
　　　　　李绍军
　　　　　袁玉峰（6月任）
副 主 任　李兴红（1月任）
纪 工 委
书　　记　孙丽娜（女）
党群服务中心
副 主 任　李　发
街道综合行政执法局
局　　长　丛　霖

河西街道办事处

书　　记　孙德伟（蒙古族，6月免）
　　　　　冯旭娟（女，蒙古族，9月任）
主　　任　吴文军（满族，9月免）
　　　　　李　峰（9月任）
副 书 记　吴文军（满族，9月免）
　　　　　李　峰（9月任）
　　　　　康　健（女，6月免）
　　　　　闫培华（11月任）
副 主 任　闫培华（12月免）
　　　　　刘　东（12月任）
纪 工 委
书　　记　张　洋（女，11月免）
　　　　　李姝敏（女，12月任）
党群服务中心
副 主 任　陈海燕（女，蒙古族）
街道综合行政执法局
局　　长　王永权

蘑菇气镇

书　　记　孙盛传
镇　　长　李永强
人大主席　邓新生
副 书 记　李永强
　　　　　陈岚斌
副 镇 长　马　财
　　　　　赵亚军
　　　　　刘　涛
　　　　　李春雨（女）
纪委书记　包殿明（蒙古族）
组织委员　邓　靓（女）
宣传委员　赵利英（女）
武 装 部
部　　长　王海龙

卧牛河镇

书　　记　敖锦生（达斡尔族，11月任）
镇　　长　李振华
人大主席　宋文浩（女，蒙古族）
副 书 记　李振华
　　　　　唐军功（蒙古族）
副 镇 长　武　强
　　　　　王焕仁
　　　　　李　琳（女，达斡尔族）
　　　　　赵锦涛（挂职）
　　　　　赵天奇（挂职，3月免）
　　　　　孙　璐（挂职，4月任）
纪委书记　张晓智（女，12月免）
　　　　　孙　璐（女，满族，12月任）
组织委员　赵　静（女）
宣传委员　邵　玉（女，朝鲜族）
武 装 部
部　　长　彭向春（蒙古族）
党群服务中心
副 主 任　宗　婷（女，满族）
综合保障和技术推广中心
主　　任　杨　韬（达斡尔族）
综合行政执法局
局　　长　朱　博

成吉思汗镇

书　　记　李　强（11月任）
镇　　长　接　鹏（11月任）
人大主席　李　鑫（蒙古族）
副 书 记　王新宇（11月任）
副 镇 长　肖雨竹（4月免）
　　　　　褚永秋（11月免）
　　　　　张　洋（11月任）
　　　　　杨国友（蒙古族）
　　　　　段岩峰
　　　　　张　政（11月任）
纪委书记　武建平
组织委员　唐　琪（女，达斡尔族）
宣传委员　张景印
武 装 部
部　　长　李玉宝（满族）
党群服务中心
副 主 任　李　宏
综合保障和技术推广中心
主　　任　曲永波
综合行政执法局
局　　长　辛芃伯

大河湾镇

书　　记　刘洪彬
镇　　长　张立国（11月免）
　　　　　陈良田
人大主席　周建军

副 书 记　张立国（11月免）
　　　　　陈良田
副 镇 长　于铭扬（9月免）
　　　　　张景瑞（9月免）
　　　　　杨　波（达斡尔族，11月任）
　　　　　王建辉
　　　　　刘　畅（女，蒙古族）
　　　　　龙振平（11月任）
纪委书记　杨　波（11月免）
　　　　　孙丽莉（女，12月任）
组织委员　张晓庆（11月免）
　　　　　丛新宇（女，11月任）
宣传委员　王晓丹（女）
武 装 部
部　　长　刘元利
党群服务中心
副 主 任　白雪皓
综合保障和技术推广中心
主　　任　闫艳军
综合行政执法局
局　　长　李明军

浩饶山镇

书　　记　金浩强
镇　　长　郭　威
人大主席　谢宝金
副 书 记　解政付
副 镇 长　何　薇（女，鄂温克族）
　　　　　杨虎锋
　　　　　西腾飞
　　　　　乌兰若琳（女，达斡尔族）
纪委书记　孔维维（女）
宣传委员　王　昕
武 装 部
部　　长　宋立元
党群服务中心
副 主 任　何　琪（9月免）
综合保障和技术推广中心
主　　任　王伟忠（11月任）
综合行政执法局
局　　长　（空缺）

柴河镇

书　　记　杨积春（满族）
镇　　长　袁吉庆
人大主席　刘连忠
副 书 记　刘奉廷
　　　　　杨　坤（鄂伦春族）
　　　　　姜达志
　　　　　曹艳云（女）
副 镇 长　吴德格吉乐胡（蒙古族）
纪委书记　徐洪波
宣传委员　张东东
武 装 部
部　　长　石传家
党群服务中心
副 主 任　吕树强
综合保障和技术推广中心
主　　任　王　焱
综合行政执法局
局　　长　桑　亮

中和镇

书　　记　姜君勇（9月免）
　　　　　敖日格乐（蒙古族，9月任）
镇　　长　杜兵莉（女）
人大主席　马宝峰（满族）
副 书 记　杜兵莉（女）
　　　　　张连青
副 镇 长　迟晓明
　　　　　李　维
　　　　　杨英铭
　　　　　张佳慧（女）
纪委书记　何　楠
组织委员　周姗姗（女，12月免）
宣传委员　刘　洋（女）
武 装 部
部　　长　郑军明
党群服务中心
副 主 任　金显辉
综合保障和技术推广中心
主　　任　闫宝文
综合行政执法局
局　　长　王焕龙

哈多河镇

书　　记　韩志立（11月免）
　　　　　张立国（11月任）
镇　　长　赵　越（达斡尔族）
人大主席　白彦军
副 书 记　赵　越
　　　　　于贵勇（蒙古族，11月免）
副 镇 长　张海超
　　　　　周　忠
　　　　　张新颖（女）
　　　　　韩　镇（蒙古族）
纪委书记　戴萌萌（女，3月免）
　　　　　房殿军（蒙古族）
组织委员　李嘉坤（鄂温克族，11月任）
宣传委员　刘瑛莹（女）
武 装 部
部　　长　塔米拉（鄂温克族）
党群服务中心
副 主 任　李福生
综合保障和技术推广中心
主　　任　林志坤

综合行政执法局
局　　长　（空缺）

达斡尔民族乡

书　　记　王乃梁
乡　　长　敖锦生（达斡尔族，11月免）
　　　　　吴金锁（达斡尔族，11月任）
人大主席　尹茂海（达斡尔族）
副 书 记　敖锦生（达斡尔族，11月免）
　　　　　吴金锁（达斡尔族，11月任）
　　　　　凯　楠（蒙古族，9月免）
　　　　　张晓庆（女,11月任）
副 乡 长　张永泉
　　　　　杨　捷
　　　　　王彦鑫（蒙古族）
　　　　　李　冰（女）
纪委书记　张天龙（满族，12月免）
　　　　　江　洪（女,12月任）
组织委员　施　璐（女）
宣传委员　包丽娜（女，满族）
武 装 部
部　　长　祁雪松（蒙古族，11月免）
党群服务中心
副 主 任　姜　典
综合保障和技术推广中心
主　　任　（空缺）
综合行政执法局
局　　长　张　杨

南木鄂伦春民族乡

书　　记　刘晓伟
乡　　长　白晓勇（鄂伦春族）
人大主席　康　伟（达斡尔族）
副 书 记　白晓勇（鄂伦春族）
　　　　　刘贵宝（3月免）
副 乡 长　朱桎铻（蒙古族，9月免）
　　　　　曹　露（女）
　　　　　李　健
　　　　　杜　威（女，达斡尔族）
　　　　　哈斯木仁（挂职，蒙古族，4月免）
纪委书记　白桂华（女,蒙古族）
组织委员　迟丽丽（女,蒙古族）
宣传委员　贾雪薇（女）
武 装 部
部　　长　李占华（满族）
党群服务中心
副 主 任　周景鹏
综合保障和技术推广中心
主　　任　杨国辉
综合行政执法局
局　　长　赵　涛

萨马街鄂温克民族乡

书　　记　周　勇
乡　　长　卜伟东（鄂温克族，9月免）
　　　　　韩志丽（鄂温克族，9月任）
人大主席　董铁民
副 书 记　卜伟东（9月免）
　　　　　董铁民
副 乡 长　李文宝（蒙古族）
　　　　　蔡江林（满族）
　　　　　翟贵韬
　　　　　闫鲁朋
纪委书记　王丽丽（满族）
组织委员　常　健（蒙古族）
宣传委员　席薇娜（蒙古族）
武 装 部
部　　长　李　飞
党群服务中心
副 主 任　崔　潇
综合保障和技术推广中心
主　　任　卢　茜
综合行政执法局
局　　长　宋继武

洼堤乡

书　　记　夏连昱（12月免）
　　　　　崔丽红（女,12月任）
乡　　长　敖日格乐（蒙古族，9月免）
　　　　　凯　楠（蒙古族，9月任）
人大主席　王　铁
副 书 记　敖日格乐（蒙古族，9月免）
　　　　　凯　楠（蒙古族，9月任）
　　　　　程可心（满族）
副 乡 长　王　成
　　　　　曹　爽
　　　　　刘　鹏（达斡尔族）
　　　　　宋　洋
纪委书记　吴美丽（女）
组织委员　于　溪（女）
宣传委员　胡　靖（女,蒙古族，12月免）
　　　　　张立伟（达斡尔族，12月任）
武 装 部
部　　长　孟庆山

党群服务中心
副 主 任　杨忠麟
综合保障和技术推广中心
主　　任　刘　峰
综合行政执法局
局　　长　邓长柱（12月免）

九、专业系统

齐齐哈尔车务段扎兰屯站
站　　长　王怀宇（12月免）
　　　　　王长明（12月任）
副 站 长　张成江
　　　　　云大勇
书　　记　郭成双（6月任）
副 书 记　孙隆华
工会主席　高东升

扎兰屯市邮政分公司
总 经 理　周春涛
副 经 理　刘　伟

扎兰屯市烟草专卖局（卷烟营销部）
局长（经理）
　　　　　王永旭（3月免）
　　　　　张　宇（3月任）
副 局 长　杜佰军
副 经 理　赵晓宁

内蒙古呼伦贝尔市盐业有限公司扎兰屯市配送中心
经　　理　张红玉

中国石油天然气股份有限公司扎兰屯销售分公司
总 经 理　揭承刚
副总经理　吴刚毅（工会主席）
　　　　　孙晓宏（油库主任）
　　　　　穆永峰（油库副主任）

内蒙古广播电视网络集团有限公司扎兰屯分公司
经　　理　赵维海
组织委员　沈　岩
纪检委员　曲玉斌

扎兰屯市移动通讯分公司
总 经 理　王庆良（6月免）
　　　　　赖景超（女,7月任）
副总经理　康兴北
　　　　　张凤伟（女）

中国联通扎兰屯市分公司
总 经 理　王颖（女）
副总经理　高顺峰
　　　　　齐　环（女,4月任）
　　　　　于　翔

中国电信扎兰屯市分公司
经　　理　陈洪生
经理助理　蒋国源

中国人民银行扎兰屯市支行
行　　长　陈　健
副 行 长　李希宏
　　　　　彭秀丽（女）
纪检组长　宋淑云（女）

中国建设银行股份有限公司扎兰屯支行
行　　长　张剑锋
副 行 长　祝天成（12月免）

中国工商银行股份有限公司扎兰屯支行
行　　长　杨晓亮（女,4月免）
　　　　　王亚荣（女,4月任）
副 行 长　于　飞
　　　　　韩　阳（女）
专职纪检委员
　　　　　陈斌杰

中国农业银行股份有限公司扎兰屯市支行
行　　长　宁健军
副 行 长　高鹏鸣（4月免）
　　　　　徐凤君（4月任，纪委书记）
　　　　　周　玄（女）
　　　　　王桂芬（女）

中国农业发展银行扎兰屯市支行
行　　长　褚　东（蒙古族）
副 行 长　张　宁
　　　　　金叶鹏（回族）

中国邮政储蓄银行股份有限公司扎兰屯市支行
行　　长　苗春雨（1月任）
副 行 长　李圣勖

扎兰屯蒙银村镇银行股份有限公司
董 事 长　李歌声（6月免）
　　　　　程　威（6月任）
行　　长　田春发（6月免）
　　　　　贺光明（6月任）
副 行 长　郑印杰
　　　　　李　欣
　　　　　王　健

扎兰屯市农村信用合作联社

理 事 长　王　森
主　　任　贾　磊（俄罗斯族）
监 事 长　王　颖（女）
副 主 任　李晓君
　　　　　李景鹏
　　　　　李国林
　　　　　吕厚强
专职党委副书记
　　　　　张修治（挂职）

中国人寿保险股份有限公司扎兰屯市支公司

经　　理　孙　健
副 经 理　王怀鹏
见习经理　徐　环（2月任）

中国人民财产保险股份有限公司扎兰屯支公司

经　　理　王　刚
副 经 理　高庆国
　　　　　于　朋

中国平安人寿保险股份有限公司呼伦贝尔中心支公司扎兰屯营销服务部

经　　理　邵大伟

十、直属单位

呼伦贝尔市生态环境局扎兰屯市分局

局　　长　王　运
副 局 长　尉铁柱
生态环境监测中心
站　　长　李　焱（女）
生态环境综合行政执法大队
队　　长　于绍辉

国家税务总局扎兰屯市税务局

局　　长　冯东勇（7月任）
副 局 长　李瑞东（女,蒙古族,7月免）
　　　　　高　山（7月免）
　　　　　陈宝江（7月免）
　　　　　刘秀梅（8月免）
　　　　　庞宪勇（8月免）
　　　　　侯　刚（8月任）
　　　　　张立鹏（11月任）
　　　　　栗秀山（满族，11月任）
　　　　　张金良（满族，11月任）

国家统计局扎兰屯调查队

队　　长　栗升琳
副 队 长　赵宏鸽（女）
纪 检 员　谢　川（女）

扎兰屯职业学院

书　　记　铁　岭（鄂温克族，5月免）
　　　　　张国栋（8月任）
院　　长　于风雨
副 书 记　于风雨
　　　　　任林宏（9月免）
　　　　　唐荣伟（满族，12月任）
副 院 长　白宝刚（蒙古族）
　　　　　陈培强
　　　　　张　娟（女，达斡尔族，12月任）
纪委书记　金培南（12月任）

呼伦贝尔农垦绰尔河农牧场有限公司

党委书记　宋延臣
董 事 长　宋延臣
总 经 理　张其文
副 书 记　张其文
　　　　　张增友（4月任）
副总经理　张增友（4月免）
　　　　　王笑天（4月任）
纪委书记　张英杰
工会主席　李光明
政工部部长　李光明
董　　事　张其文
　　　　　李光明（6月任）
职工董事　刘永建（7月任）
监　　事　魏　巍
职工监事　刘卜潼

呼伦贝尔农垦扎兰屯农牧场有限公司

书记、董事长
　　　　　武奎斌（8月免）
副书记、总经理
　　　　　胡秀君
副总经理　冯　鹏（满族）
　　　　　王　成（5月任）
工会主席　董旭光（政工部部长）
纪委书记　董海峰

呼伦贝尔农垦大河湾农牧场有限公司

书　　记、董事长
　　　　　张宝君
副书记、总经理
　　　　　庄树生
副书记、副总经理
　　　　　刘大鹏

副总经理
于智横
曲臻凯
纪委书记　王竞华
政工部长　刘继文（工会主席）

呼伦贝尔市传染病医院（呼伦贝尔市第二人民医院）

书　　记　张颖哲（女）
副 院 长　张松旺（副书记）
齐　伟（蒙古族）

十一、企业

国网扎兰屯市供电公司

总 经 理　于开文
党委书记　付国生
副总经理　李　磊（10月免）
辛财友
王利鑫（9月任）
刘　辉
工会主席　张悉正

扎兰屯热电厂

厂　　长　田晓龙
副 厂 长　刘永森
温光辉
赵力德（5月免）
纪委书记　于　澍
工会主席　刘永森

扎兰屯市新城集中供热有限责任公司

董 事 长　牛金才
总 经 理　史焕臣（9月任）
副 经 理　史焕臣（9月免）
臧志越
吕玉博
李瑞山（9月任）
监 事 会
主　　席　周洪林

呼伦贝尔东北阜丰生物科技有限公司

总 经 理　赵兰坤（2月免）
李广玉（2月任）
副总经理　王　峰
孙钦波

内蒙古大兴安岭浆纸有限责任公司

书　　记　韩印芳
总 经 理　韩印芳
副总经理　缪迎春
田长青
张志刚
宋旭峰
副总经济师
刘志斌
副总会计师
乔　德
纪委书记　任锋锐

呼伦贝尔松鹿制药有限公司

总 经 理　马玉珠
常务副总经理
王延辉
副总经理　孙继春
关献民
副总经理　田　杰（工会主席）
总经理助理
阎星如（女）

扎兰屯市国森矿业有限责任公司

总 经 理　刘福兴
董事总经理
寇元林
常务副总经理
周长银
副总经理　杨心平
赵凤鸣
段祥胜

呼伦贝尔吉安化工有限责任公司

总 经 理　高业伟
副总经理　冯志超（纪委书记）
办公室主任
赵国庆
生产科长　刘志彬
财务科长　崔佳玉
销售科长　曲建明

扎兰屯市龙北水泥公司

总 经 理　姜良知
副总经理　卢金鑫

扎兰屯同德木业有限责任公司

党委书记　郑洪庆
总 经 理　宋春恩
李培欣

内蒙古百业成酒精制造有限责任公司

总 经 理　陈斌成
副总经理　陈桂华
赵　强
李福权

内蒙古翔丰化工有限公司

总 经 理　朱新竹
副总经理　曹国庆
总经理助理
赵吉鑫
安全总监　路洪财

报告选编

稳字当头 砥砺奋进 全力开创“三地三镇一中心”建设新局面

——在市委九届二次全会暨全市经济工作会议上的报告

（2022年1月11日）

一、2021 年主要工作情况

2021 年是党的百年华诞，是意义非凡的一年。这一年，面对疫情冲击和经济下行压力，市委带领全市上下迎难而上、奋楫笃行，各项工作稳中有进、稳中向好，实现了“十四五”良好开局。

一年来，我们讲政治、把方向，发展思路更加清晰。深入贯彻习近平总书记系列重要讲话重要指示批示精神，全面落实党中央、自治区党委、呼伦贝尔市委决策部署，召开第九次党代会，描绘“绿色崛起、富民强市、共享繁荣”奋斗目标，确立“三地三镇一中心”（内蒙古东部重要的绿色农畜林产品生产加工输出基地、度假休闲旅游目的地、商贸物流集散地、中国北方航空特色小镇、文博风情小镇、生态康养小镇、呼伦贝尔副中心城市）发展定位，坚定不移走以“生态优先、绿色发展”为导向的高质量发展新路子，始终沿着正确政治方向前进。

一年来，我们稳预期、促发展，经济运行稳中向好。地区生产总值完成 179.31 亿元，增长 4.8%；一般公共预算收入完成 5.36 亿元，增长 10.9%；城乡常住居民人均可支配收入分别完成 4 万元和 2.19 万元，增长 6.4% 和 8.8%；社会消费品零售总额完成 28.35 亿元，增长 7.2% 以上。综合实力稳居呼伦贝尔第一方阵。

一年来，我们抓转型、促融合，产业发展提质增效。绿色农牧业稳步发展，粮食总产量 14.15 亿千克，再创新高，牲畜存栏达到 151 万头(只)。循环工业有序推进，规上企业总产值预计实现 115 亿元，增长 8%。商贸旅游逆势增长，机场旅客吞吐量突破 15 万人次，货邮吞吐量 35.6 吨，分别增长 27.5% 和 122.5%；电商交易额实现 12 亿元，增长 43%；全年接待游客 200 万人次，实现收入 17 亿元，分别增长 18% 和 10%。

一年来，我们补短板、增内涵，城乡建设协同并进。基础保障能力不断增强，一批市政、交通、水利等项目落地实施。乡村振兴扎实推进，脱贫成果进一步巩固。深入实施乡村建设行动，人居环境进一步改善。加强精神文明建设，通过自治区文明城市复查测评。申报自治区首家“博物馆之城”，“文博风情小镇”建设列入自治区文博事业发展“十四五”规划。

一年来，我们守红线、强治理，生态文明持续巩固。完成矿山恢复治理 194.3 公顷，天拜山恢复治理实现破题。深入开展破坏草原林地违规违法专项整治，建立三级林长制，连续 23 年未发生重大森林草原火灾。深化推进河湖长制工作，市水利局获得“全国推行河湖长制先进集体”称号。加强能耗“双控”，深入推进污染防治，巩固生态环保督察整改成果，环境质量持续向好。

一年来，我们强改革、促创新，发展活力不断增强。深化“放管服”等重点领域改革，审批办理时间压减65%，营商环境进一步优化。国企改革三年行动有序推进，事业单位改革全面完成。深入落实“科技兴蒙”战略，创建自治区科技型企业2家。坚持对外开放，外贸出口实现3.6亿美元，增长39%。

一年来，我们惠民生、增福祉，群众幸福感持续提升。始终把人民群众安危冷暖放在第一位，民生支出28.22亿元。新增城镇就业3100人、农村劳动力转移就业2.45万人。实施“健康扎兰屯”行动，蒙中医、妇女儿童健康工作切实加强，基层卫生条件进一步改善，市妇幼保健中心获得“全国巾帼文明岗”称号。全面落实教育“双减”政策，教育事业健康发展。安全生产专项整治三年行动扎实推进，未发生重大安全生产和食品药品安全事故。文体事业繁荣活跃，扎兰屯市成为首批国家级滑雪旅游度假地，乌兰牧骑晋升为自治区一类乌兰牧骑。

一年来，我们勇担当、打硬仗，疫情防控坚决有力。坚持人民至上、生命至上，始终绷紧常态化疫情防控这根弦，以最果断、最严格、最有力的防控措施，持续巩固扎兰屯市防疫成果。面对满洲里突发疫情，全市上下闻令即动、全民参战，党员干部冲锋在前，克服一切困难支援满洲里抗疫，圆满完成转运人员隔离任务，用扎兰屯人的大爱担当谱写了一首激荡人心的抗疫同心曲。

一年来，我们抓党建，强引领，党的建设不断强化。深入推进党史学习教育，广大党员干部深受思想淬炼和精神洗礼。铸牢中华民族共同体意识，严格落实意识形态工作责任制，意识形态领域积极健康向上。完成市乡村三级党组织换届任务，稳步推进市乡两级人大、政府和市政协换届工作，干部队伍结构全面优化。践行总体国家安全观，深入开展政法队伍教育整顿，推进扫黑除恶常态化，社会大局和谐稳定。坚定不移正风肃纪反腐，政治生态持续净化。推进全面依法治市，支持人大、政府、政协、法检两院履职尽责，全面做好武装、群团、审计、统计、档案史志、老干部、关心下一代等工作，《扎兰屯年鉴(2020)》获得全国优秀年鉴一等奖，市工商联获得“全国‘五好’县级工商联”称号、“全区‘五好’县级工商联”称号，青松社区获得“全国红十字模范单位”称号。

“十四五”开局之年，九届市委顶住了压力，扛起了责任，理清了思路，提升了干劲儿，稳住了基本盘，树立了“善作为、重实干、敢担当”的新风气，引领全市形成了“想干事、能干事、干成事”的新气象，为在现代化新征程上谱写高质量发展新篇章奠定了坚实基础。这是习近平新时代中国特色社会主义思想科学引领的结果，是上级党委、政府正确领导的结果，是市四大班子团结协作的结果，是全市各级党组织和各族干部群众攻坚克难、顽强拼搏的结果。

二、正确认识和看待当前经济形势

在看到成绩的同时，我们也要正确认识和看待当前面临的形势。从外部环境看，国际国内形势依然严峻复杂，需求收缩、供给冲击、预期转弱的“三重压力”以及疫情冲击给我们带来了巨大挑战。但我们面临的机遇和利好政策也在不断增多，全国经济韧性强、长期向好的基本面没有变，中央经济工作会议提出“七大政策”，自治区支持蒙东地区发展，呼伦贝尔对扎兰屯副中心城市的定位，为我们提供了良好的宏观环境。从自身因素看，虽然扎兰屯市发展不足、发展不快、发展不优的短板仍然存在，但市第九次党代会召开后，通过积极向上争跑对接，部分项目、资金已得到自治区、呼伦贝尔支持；同时，大力开展招商对接活动，坚定了呼伦贝尔东北阜丰生物科技有限公司等企业投资信心，一大批项目有望在今年落地开工，为我们推动高质量发展提供了有力支撑。只要我们保持战略定力，抢抓机遇、认清目标、瞄准方向，心往一处想、劲往一处使，一步一个脚印向前扎实推进，就难不住、压不垮，必将在新征程中大有可为、大有作为，重拾扎兰辉煌的愿望就一定能够实现。

三、扎实做好2022年经济社会发展重点工作

2022年，我们党将要召开二十大，做好今年工作具有特殊重要意义。今年经济工作的总体要求是：以习近平新时代中国特色社会主义思想为指导，全面贯彻落实党的十九大和十九届历次全会精神，深入贯彻落实习近平总书记对内蒙古重要讲话重要指示批示精神，认真贯彻落实自治区党委十一届二次全会暨全区经济工作会议、呼伦贝尔市委五届二次全会暨全市经济工作会议精神和市第九次党代会精神，弘扬伟大建党精神，坚持稳中求进工作总基调，完整、准确、全面贯彻新发展理念，积极服务和融入新发展格局，全面深化改革开放，坚持创新驱动发展，坚持以供给侧结构性改革为主线，统筹经济社会发展，统筹发展和安全，坚持绿色崛起、富民强市、共享繁荣，坚持三产融合、文旅融合、产城融合，坚定不移走以“生态优先、绿色发展”为导向的高质量发展新路子，全力推动“三地三镇一中心”建设，做好“六稳、六保”工作，着力保障改善民生，保持经济运行在合理区间，保持社会大局稳定，以优异成绩迎接党的二十大胜利召开。

今年的主要预期目标是：地区生产总值增长3.5%左右；一般公共预算收入增长4%左右；社会消费品零售总额增长4%左右；城乡常住居民人均可支配收入分别增长3%和6%左右；登记失业率控制在4.5%以内；固定资产投资达到27亿元；保障性民生支出稳定增长；绿色发展指标和约束性指标达到上级要求。

做好今年经济工作，必须突出稳字当头，把稳增长放在更加突出位置；必须坚持主题主线，紧扣高质量发展主题和供给侧结构性改革主线；必须强化创新驱动，以科技创新催发新发展动能；必须统筹发展和安全，积极应对各种风险挑战；必须扎实推动共同富裕，让老百姓共享高质量发展成果；必须强化实干担当，推动“三地三镇一中心”建设有新起色、新气象。

（一）打好四场硬仗，努力在提升经济总量上实现新突破。一要打好扩大有效投资总体仗。投资稳，经济就稳，社会就稳，人心就稳。要乘势发展，研究吃透“七大政策”和上级配套政策精神，加大资金争取力度，努力让更多项目纳入上级规划盘子。要借力发展，积极引进社会资本，强化与金融机构合作，积极争跑专项债支持。要精细发展，发挥好财政资金“四两拨千斤”作用，努力形成财政有保障、金融有支持、社会有投入的多元化投资格局。二要打好项目建设翻身仗。受疫情等多因素影响，去年扎兰屯市项目建设和固定资产投资不理想，今年一定要打一个翻身仗，千方百计确保重点项目落地开工、投产达效。要结合政策资金走向，在“十四五”和今年项目基础上，再谋划一批项目，进一步丰富项目库。扎实做好项目前期，全力推进项目落地，加快建设进度，确保招一个、成一个，落地一个、见效一个。三要打好“双招双引”攻坚仗。围绕“三地三镇一中心”建设，以商招商、以企招商、以产业链招商、精准招商，真正把优质项目引进来。通过各种途径吸引人才、感召人才、集聚人才，不拘一格使用人才，打造人才集聚高地。四要打好优化营商环境主动仗。坚决清除制约发展的“思想坚冰”和“作风病毒”，统筹各领域深化改革，优化营商环境，深化“放管服”改革，加快推进“一网通办”“一网统管”，完善“一个项目、一个方案、一套专班、一抓到底”工作机制，最大限度减环节、优流程、压时限、提效率，激发市场主体活力，提升“北国江南”发展温度。

（二）深化三个融合，努力在产业转型升级上实现新突破。一是在推动绿色农畜林产品生产加工输出基地建设上，要稳住农业基本盘，坚持“稳粮优经扩饲”，坚持“稳牛稳猪增羊”，确保粮食产量和重要农畜产品供应，守住粮食安全底线。严格落

实耕地保护责任，保质保量完成高标准农田建设任务。支持良种攻关，推进种业振兴。鼓励农业适度规模化经营和畜禽规模化集约化养殖，推进产业化发展。大力发展特色农牧业，推动精深加工和产业链延伸。加强市场体系建设，实施品牌提升行动，做强黑木耳品牌，建设呼伦贝尔黑木耳交易市场，打造内蒙古黑木耳之乡；制定肉羊产业发展规划，引入现代肉羊养殖项目，建设屠宰生产线，逐步打响“岭东羊”品牌。大力发展中草药种植。推动秸秆综合利用。二是在推动度假休闲旅游目的地建设上，要深入推进全域全季旅游，积极融入“乌阿海满”一体化，尽快完成旅游发展总体规划编制。积极吸引社会资本，全力打造庙尔山国家森林公园、金龙山四季运动主题乐园、扬旗山水上乐园，加快推进翠屏山映山红生态公园建设，确保五一前投入使用，推动“全域风景线”尽快成形变样。大力发展乡村旅游，选择一批旅游资源好、基础条件优的镇、村进行重点打造升级，做强休闲农业与乡村旅游示范县品牌。加大旅游基础设施投入力度，加强市场营销，积极开发旅游新业态，打响“塞外苏杭”的旅游品牌。三是在推动商贸物流集散地建设上，要大力推进岭东商贸园和专业市场建设，改造升级蒙东系列交易市场，推动形成区域汽车、农机贸易商圈。建设中药材专业市场，推动岭东道地药材集散中心建设。积极推动高台子站改，加快岭东铁路物流园前期工作，建设冷链物流区域分拨中心。打造城市核心商圈、壮大现有商圈、优化便民服务圈，全力推进居然之家商业综合体、四星级康养主题宾馆项目建设，用商贸物流业的繁荣激活城市活力。发展壮大电商产业，加强电商人才培育，建设直播基地、电商产业园等项目，推动供应链、服务链深度融合。四是在推动航空特色小镇建设上，要积极推动内蒙古飞行学院飞行板块提升、教学基地和实训基地扩建等项目，不断扩大训练规模、提升训练水平。做大做强机务人员维修执照、飞行员私照等培训业务，积极对接浙江万丰公司，全力推进钻石系列飞机发动机维修厂建设。积极开展无人机培训、考试等业务，逐步打造无人机产学研开放创新平台。吸引有实力的航食企业，开发绿色有机特色航空饮食产品，全力推介舌尖上的扎兰。加快推进柴河通用机场前期工作，力争年内开工。五是在推动文博风情小镇建设上，要重点推进中东铁路博物馆三号馆建设，逐步打造集中东铁路博物馆、水稻公园、火车餐厅、农业嘉年华等于一体的文博风情园。改建历史博物馆，新建教育、工业、中草药等博物馆，争创博物馆之城。完成大型情景剧初步编演，讲好世纪扎兰屯故事，丰富高品质文化旅游产品供给。加快推进两条历史街区项目，启动一批文物保护单位修缮项目，积极构建“产、城、人、文”四位一体发展格局，打造历史文化名城。六是在推动生态康养小镇建设上，要挖掘特色优势，完善养老公共服务体系，大力发展银发经济，启动生态康养小镇建设发展规划编制，积极对接东方惠乐、南京易发等集团，吸引优秀社会资本投资兴业。推动医养结合、旅养结合、居养结合，探索发展康养地产、康养基地、养老健康综合体，努力形成多元化、多层次、全链条的大康养产业，打造“年轻人养身、中年人养心、老年人养老”的生态康养胜地。七是在推动循环工业发展上，要强化载体建设，做好岭东农畜林产品开发区整合工作，促进企业向园区集聚、要素向园区集中、产业集群化发展。围绕玉米全产业链，加大引培力度，推动玉米精深加工上下游项目落地实施。培育壮大新兴产业，加快推进中核风电、华能风电等新能源项目建设。加大科技创新力度，推动扎兰屯市国森矿业有限责任公司氧化矿、浆纸公司环保技改等项目投产达效。

（三）强化修复治理，在生态文明建设上实现新突破。一要全面加强生态建设。深入贯彻习近平生态文明思想，统筹山水林田湖草沙系统治理。加大矿山修复治理力度，坚决恢复好、治理好天拜山。压实河湖长制，加强水土流失和侵蚀沟治理。全面落实林长制，深化破坏草原林地违规违法专项整治成果，实施林草治理工程，提高防灭火能力，争创自治区森林城市。二要深入推进污染防治。以改善生态环境质量为核心，推动减污、降碳协同增效。加强大气污染防治，统筹散煤治理，加强秸秆禁烧管控和采暖燃煤污染治理。加强水污染防治，巩固水体治理成效，强化水源地保护，确保污水排放稳定达标。加强土壤污染防治，强化面源污染防治和固废处理，不断提升环境质量。三要全力推动绿色转型升级。认真落实绿色发展指标体系，有序做好碳达峰、碳中和工作，把准政策方向，确保民生和重点企业能耗需求。严格落实“三线一单”要求，用好国土三调成果。推动产业生态化、生态产业化，持续倡导简约适度、绿色低碳的生活方式，推进新能源产品消费，让节约优先、节能降耗成为全市新风尚。

（四）坚持协调发展，在推动城乡建设上实现新突破。一要加快乡村振兴步伐。持续巩固拓展脱贫攻坚成果同乡村振兴有效衔接，严格落实“四不摘”要求，发展壮大村集体经济，坚决防止返贫致贫。继续实施农村人居环境整治五年行动，深入推进农村生活垃圾、污水、厕所“三大革命”，巩固“四好农村路”创建成果，持续改善村容村貌。提升农村教育、医疗、养老等服务供给水平，提高农民科技文化素质，加强乡土人才、致富带头人和村“两委”班子队伍建设，创新乡村治理模式，夯实乡村振兴基础。二要加大城市建设力度。深入实施城市更新行动，促进房地产市场健康发展。实施河西新区道路、中央南路等路网工程，改造城市供热、给排水、垃圾处理等设施，推动老旧小区改造，加强城市精细化管理。量力而行推动城市景观建设，加快实施雅鲁河景观、秀水湿地公园等项目，打造河西新区生态地标建筑。积极推进5G、数据中心等新型基础设施建设，加快扬旗山供水管线等重大项目前期工作，全力推进G232线大兴至紫沟、阿扎公路阜丰段、岭北四队互通、S308线蘑菇气镇至阿尔山等公路项目，全面改善出行环境。三要提升城市建设品质。努力提升城市风貌，深入挖掘城市内涵，精心提炼城市精神，制作城市形象宣传片，建设一批具有扎兰屯特色、风格、历史底蕴的建筑物，让城市风格统起来、品位高起来。全方位多角度开展城市形象宣传推介，全面展示扎兰屯独特的魅力风采，精心讲述扎兰人生生不息的动人故事，让“灵山秀水、世纪扎兰”的城市品牌形象深入人心、深得人心。

（五）聚焦共享繁荣，在提升群众幸福感上实现新突破。要兜住兜牢民生底线，统筹发展社会事业。强化就业优先导向，抓好重点群体就业。优化城乡社会救助体系，实现基本养老、基本医疗保险应保尽保。完善“一老一小”工作推进机制，健全残疾人关爱服务体系和设施，支持慈善事业发展，保障妇女儿童、残疾人和退役军人合法权益。深入推进“健康扎兰屯”行动，加快推进公共医疗卫生体系建设，培育名医名科名院，促进中、蒙医药传承创新发展，巩固岭东区域医疗卫生中心地位。推进新区小学、幼儿园和职高新校区等建设，尽快提升教育教学质量。大力发展体育事业，突出抓好冰雪运动，做大国家级滑雪旅游度假地品牌。发展乌兰牧骑事业，确保乌兰牧骑馆投入使用。传承优秀传统文化，建设非物质文化遗产示范基地。促进消费持续恢复、增量扩容。统筹抓好武装、群团、审计、统计、气象、老龄、档案史志、关心下一代等工作，推动各项事业全面发展。

（六）树牢底线思维，在营造稳定发展环境上实现新突破。要全力为党的二十大胜利召开创造平稳健康的经济环境、国泰民安的社会环境和风清气正的政治环境。深入贯彻总体国家安全观，坚决铸牢中华民族共同体意识，全面消除各领域风险隐患。慎终如始抓好常态化疫情防控，全面落实“外防输入、内防反弹”的总体防控策略，守好呼伦贝尔南大门。全力防范化解金融风险，加快化解和遏制政府隐性债务，全力保工资、保运转、保基本民生，党政机关要带头过紧日子，继续压缩一般性支出，切实减轻财政负担。全力维护社会和谐稳定。深入推进全国市域社会治理现代化试点工作，全面开展“八五”普法，推动扫黑除恶常态化。健全矛盾纠纷多元化化解协调机制，强化综合防灾减灾应急指挥体系，从严落实安全生产、食品安全责任制，完善公共安全隐患排查和预防控制体系，保障人民群众生命财产安全。

四、全面加强党的建设

要始终坚持党的领导，全面加强党的建设，把党的政治优势和组织优势转化为推动“三地三镇一中心”建设的坚强保障。一要加强政治建设。深入学习贯彻党的十九届六中全会精神，巩固拓展党史学习教育成果，坚持用党的创新理论武装头脑，指导实践，不断提高政治判断力、政治领悟力、政治执行力。二要加强和改善党对经济工作的领导。把学懂弄通做实习近平经济思想作为看家本领，强化系统思维，慎重决策、慎重用权，确保经济工作始终沿着正确方向前进。三要加强基层组织建设。深入贯彻新时代党的组织路线，深入落实“五化协同、大抓基层”，大力推进“最强党支部”建设，全力推进社区工作者职业体系建设，管好用好各级党群服务中心，确保各级党组织全面进步、全面过硬。四要抓好干部队伍建设。要注重在一线考察识别干部，树立正确用人导向，为真抓实干的干部提供舞台，激励干部担当作为。各级领导干部要全身心地投入“三地三镇一中心”建设当中，切实当好领头雁、排头兵。五要持之以恒正风肃纪反腐。从严从细落实“两个责任”，深入贯彻中央八项规定及其实施细则精神，强力推进专项治理，抓好巡察工作，坚决纠治“四风”问题，全力营造风清气正政治生态。

同志们，“三地三镇一中心”建设凝聚着全市人民的热切期盼，我们唯有踔厉奋发、笃行不怠，方能不负历史、不负时代、不负人民。让我们在以习近平同志为核心的党中央坚强领导下，在自治区党委、呼伦贝尔市委的正确领导下，更加信心满怀、奋发有为地走好赶考路，奋战新征程，一起向未来，以优异成绩向党的二十大献礼！

政府工作报告

——在扎兰屯市第十届人民代表大会第一次会议第一次全体会议上

（2022年1月12日）

一、过去五年工作回顾

过去的五年，我们坚持以习近平新时代中国特色社会主义思想为指导，深入贯彻落实党中央、国务院决策部署和自治区、呼伦贝尔市工作要求，在市委的坚强领导下，紧密团结和依靠全市各族人民，攻坚克难、砥砺奋进，如期全面建成小康社会，各项事业取得新突破，经济社会发展迈上新台阶。

——综合实力显著增强。我们坚持新发展理念，地区生产总值由呼伦贝尔市第四位升至第二位，达到179.31亿元；一般公共预算收入达到5.36亿元、社会消费品零售总额达到28.35亿元、五年固定资产投资完成154.15亿元，城乡居民人均可支配收入年均增长6.4%和8.8%，各项经济指标均保持呼伦贝尔市前列；农牧业产业化龙头企业销售收入达到86亿元，规模以上工业总产值达到117.2亿元，均居呼伦贝尔市首位，综合实力保持在呼伦贝尔市第一方阵。

——脱贫攻坚全面胜利。我们坚持精准施策，投入扶贫资金12.28亿元，在实现“两不愁三保障”基础上，农村基础设施、产业发展、公共服务、村容村貌、生态环境等大幅改善，70个贫困村全部出列，1.47万户4.09万名贫困人口全部脱贫，贫困县顺利摘帽，农村绝对贫困全面消除。严格落实“四个不摘”要求，建立健全防返贫监测和帮扶机制，未发生返贫和新的致贫。市扶贫办获得“全国脱贫攻坚先进集体”荣誉称号。

——产业发展提质增效。我们坚持绿色发展，现代农牧业基础不断夯实，建设高标准农田6000公顷，创建全国绿色食品原料标准化生产基地12.89万公顷，粮食年产量突破14亿千克，获得“中国好粮油示范县”称号；规模养殖场数量增长近50%，达到1436家，牲畜存栏由130万头（只）增至151万头（只）。“三品一标”（无公害农产品、绿色食品、有机农产品和农产品地理标志）认证总数达到90个，黑木耳入选中欧首批互认清单。产业链体系不断攀向中高端，全市玉米年加工能力达到300万吨，成为全球最大的谷氨酸生产加工基地，扎兰屯市国森矿业有限责任公司年采选能力达到150万吨。中国民航大学内蒙古飞行学院、杰普逊国际飞行学院和国航公司飞行培训专属基地落户扎兰屯市，成为自治区绿色发展、高质量发展的典范。电商交易额累计实现36.6亿元，扎兰屯市成为全国电子商务示范县。柴河阿尔山旅游区整体晋升为国家AAAAA级旅游景区，扎兰屯市被评为首批国家滑雪旅游度假地。

——生态环境持续改善。我们坚持生态优先，实施造林绿化2200公顷，恢复矿山治理239.3公顷，破坏草原林地行为得到有效遏制。坚决打好污染防治攻坚战，能耗总量、强度实现“双绿”，空气质量优良天数均值保持在98%以上，雅鲁河水质达到Ⅱ类水体标准，土壤环境保持稳定。扎兰屯市获得“国家生态市”“中国天然氧吧”“国家全面推行河湖长制工作先进集体”等称号，秀水湿地公园成功晋升为国家级湿地公园，呼伦贝尔东北阜丰生物科技有限公司获得“国家级绿色工厂”称号，扎兰屯市国森矿业有限责任公司获得“自治区级绿色矿山企业”称号。

——城乡面貌全面提升。

我们坚持城乡融合，新建小区36个，改造老旧小区97个，实施棚改6300户，升级改造中央路、布特哈南路等市政道路21条。农村人居环境整治成效显著，改造农村危房5714户、户厕1.39万座，解决了6.6万人饮水安全问题；新建乡镇垃圾处理场15座、垃圾转运站2座，扎兰屯市获得“全国村庄清洁行动先进县”称号，蘑菇气镇、柴河镇获得“全国卫生乡镇”称号。开通5G基站30座，滨洲铁路电气化改造完成，成吉思汗机场增加北京、天津航线，旅客吞吐量突破15万人次。新改建农村公路912千米，改造危桥38座，G5511新林北—扎兰屯—阿荣旗高速公路全线通车，通过自治区“四好农村路”初审，公路、铁路、民航“三位一体”的综合交通网络初具规模，城乡综合服务功能大幅提升。

——**发展活力充分释放。**我们坚持改革创新，完成重点领域改革任务151项，持续深化“放管服”改革，下放行政权力92项，压缩审批时限65%，减税降费惠企27亿元，营商环境全面优化。招商引资完成26.55亿元，外贸出口额实现13.67亿美元。实施呼伦贝尔市级以上科技项目61项，呼伦贝尔东北阜丰生物科技有限公司获得“国家级知识产权示范企业”称号，呼伦贝尔松鹿制药有限公司、呼伦贝尔长征饮料有限责任公司成功创建自治区科技型企业，扎兰屯市成为国家知识产权强县工程试点、全国农村创业创新典型县。

——**民生福祉更加殷实。**我们坚持人民至上，民生支出完成160.8亿元，占财政总支出的81.1%。五年新增城镇就业2.3万人，农村劳动力转移就业12.2万人次。健全城乡社会保障体系，养老及医疗保险基本实现全覆盖，各项救助标准持续提高，养老服务体系加快完善。教学条件明显改善，新招录教师668名，增加公办幼儿园学位1331个，实施义务教育标准化项目45个，顺利通过国家义务教育基本均衡县验收，“双减政策”全面落实。岭东区域医疗中心地位更加凸显，市人民医院和中蒙医院晋升为三级综合医院和三级甲等中医医院，扎兰屯市成为全国基层中医药工作先进单位。文体事业繁荣活跃，成功承办全国自由式滑雪冠军赛等高级别赛事，市文体旅游广电局获得“全国群众体育先进单位”称号。完成央视农民春晚外景拍摄任务，歌曲《放歌大草原》入选国家艺术基金资助项目，情景剧目《八女投江》《不灭的火焰》分获自治区优秀剧目、艺术精品工程剧目，市乌兰牧骑晋升为自治区一类乌兰牧骑。

——**社会大局和谐稳定。**我们坚持底线思维，政府债务化解23.2亿元，信访积案逐年递减，扫黑除恶深入开展，安全生产形势稳定。铸牢中华民族共同体意识，推进各民族共同发展，达斡尔民族乡巴图村获得“全国民族团结进步模范集体”称号。“四经普”“七人普”“七五”普法、自然灾害综合普查等工作高质量完成。国防动员、退役军人、民兵预备役建设工作扎实推进，审计、统计、外事、气象、供销合作、防震减灾、机关事务等工作均取得新成绩，各群众团体作用得到发挥，《扎兰屯年鉴(2020)》获得全国优秀年鉴一等奖，兴华街道青松社区获得“全国红十字模范单位”称号。

——**政府建设全面加强。**我们坚持党的领导，坚决扛起政府系统全面从严治党主体责任，深入学习习近平新时代中国特色社会主义思想，扎实开展“两学一做”“不忘初心、牢记使命”主题教育和党史学习教育，切实增强“四个意识”，坚定“四个自信”，做到“两个维护”。始终坚持依法行政，成为全区法治政府建设示范市。自觉接受人大法律监督、政协民主监督、社会舆论监督，办理人大代表和政协委员建议、提案744件。严格执行中央八项规定及其实施细则精神，“三公”经费年均下降8%，作风建设成效显著。

各位代表！五年风雨兼程，五年春华秋实。过去五年，在脱贫攻坚、债务化解、污染防治等诸多急难险重任务面前，全市各族干部群众百折不挠、一往无前，啃下了一块又一块硬骨头，打赢了一场又一场攻坚战。特别是面对突如其来的新冠疫情，全市上下闻令而动、众志成城，坚决守护了一方平安。在满洲里疫情危急时刻，我们展现大爱与担当，迅速响应、全力驰援，圆满完成了700人转运隔离管控任务，与呼伦贝尔各旗市区凝聚起共同抗疫的硬核力量。

各位代表！五年筚路蓝缕、五年奋斗拼搏，铸就了扎兰屯市经济社会发展的坚实基础。这些成绩的取得，归功于市委的坚强领导，归功于市人大、市政协和社会各界的监督支持，更归功于全市人民的奋力拼搏、踏实苦干。在这里，我代表市人民政府，向各位人大代表、政协委员，向为扎兰屯建设发展作出贡献的老干部、老同志，向全市各族干部群众和所有关心、支持扎兰屯经济社会发展的同志们、朋友们，表示最衷心的感谢并致以最崇高的敬意！

在看到成绩的同时，我们也清醒地认识到，扎兰屯市经济社会发展中仍存在不少困难和问题：一是产业规模不够大，质量效益不够高，重大项目储备不足，投资增长依然乏力。二是财政收支矛盾突出，财政保障压力不断加大。三是城乡建设、教育、医疗、养老等领域还有短板，距离群众需求和期盼还有差距。四是安全生产、金融和社会治理等领域风险尚未完全化解。五是个别干部作风不实、能力不足的现象依然存在。我们将正视矛盾、直面问题，采取有力措施，认真加以解决，决不辜负全市人民的期望！

二、今后五年工作思路和奋斗目标

各位代表，新一届政府履职的五年，既是“十四五”规划实施的关键期，更是扎兰屯大有可为的机遇期。市第九次党代会和市委九届二次全会暨全市经济工作会议上，已经明确了今后一个时期的发展目标，这是市委基于当前形势、立足市情科学谋划的发展蓝图。我们将在市委的坚强领导下，积极担当作为，勇挑发展重担，以永不懈怠的精神状态和一往无前的奋斗姿态，奋力开创扎兰屯发展新局面。

今后五年政府工作的总体思路是：坚持以习近平新时代中国特色社会主义思想为指导，坚持以人民为中心，坚持新发展理念，坚持深化改革开放，坚持系统观念，坚持稳中求进工作总基调，以推动高质量发展为主题，以深化供给侧结构性改革为主线，以改革创新为动力，以满足人民日益增长的美好生活需要为根本目的，统筹发展和安全，坚定不移走以生态优先、绿色发展为导向的高质量发展新路子，突出“绿色崛起、富民强市、共享繁荣”，深入推进三产融合、文旅融合、产城融合，努力把扎兰屯市打造成为内蒙古东部重要的绿色农畜林产品生产加工输出基地、度假休闲旅游目的地、商贸物流集散地，中国北方航空特色小镇、文博风情小镇、生态康养小镇，建设成为名副其实的呼伦贝尔副中心城市，在现代化新征程上谱写扎兰屯高质量发展新篇章。

主要预期目标是：地区生产总值年均增长3.5%以上；一般公共预算收入达到6.12亿元，年均增长4%以上；社会消费品零售总额达到33.16亿元，年均增长3%以上；城乡居民人均可支配收入分别达到4.5万元和2.86万元，年均增长3%和6%；固定资产投资达到33亿元。综合实力继续保持呼伦贝尔市第一方阵。

围绕上述目标，我们将重点做好以下工作：

——加快发展绿色产业，打造内蒙古东部重要的绿色农畜林产品生产加工输出基地。坚持绿色、低碳、循环、可持续发展，全面推动绿色农畜林产品精深加工和产业延伸升级。巩固提升绿色农牧业。坚决遏制耕地“非农化”、防止“非粮化”，进一步优化种植结构，建设高标准农田3.33万公顷，粮食总产量稳定在12.5亿千克以上。坚持“稳牛稳猪增羊”，鼓励规模化集约化养殖，牲畜存栏提高到180万头（只）以上。打造区域特色产业圈，积极引入现代肉羊养殖项目，融入呼伦贝尔草原肉羊品牌，逐步打响“岭东羊”品牌；整合优化全市黑木耳种植资源，发挥扎兰屯黑木耳欧盟认证品牌效应，把“小木耳”做成“大产业”。加快发展循环工业。围绕形成资源消耗低、环境污染少、经济效益好的循环工业经济框架，全力推进呼伦贝尔东北阜丰生物科技有限公司三期项目，打造世界级的玉米精深加工航母基地，到2026年全市玉米年加工能力达到400万吨。积极推进浆纸公司、呼伦贝尔松鹿制药有限公司等企业提质增效，加快扎兰屯市国森矿业有限责任公司15万吨氧化矿、淳江油脂5000吨大豆蛋白等项目投产达效。引进国内知名畜产品加工企业，发展分割肉和肉类熟食产业。推动岭东农畜林产品开发区建设，促进企业集聚、要素集中、产业集群化发展。全方位开展招商引资，推动各产业链补链、延链、强链、扩链。力争到2026年，全市招商引资总额突破40亿元；规模以上工业企业达到15家以上，年产值突破150亿元，税收达到7.5亿元。深入实施乡村振兴。巩固拓展脱贫攻坚成果同乡村振兴有效衔接，加快乡村产业发展，实施乡村产业项目150个，在特色种养、林下经济上做加法，在生态农业、设施农业上求效益。强化新型职业农民培育，扶持返乡人员兴办家庭农场、领办农民合作社。大力实施乡村建设行动，加快建设生态宜居乡村，让农村更有吸引力、农民更有归属感。

——高质量推进全域旅游，打造内蒙古东部重要的度假休闲旅游目的地。推动旅游、文化、体育融合发展，构建全域、全季、全产业链的旅游业新格局，全面叫响“塞外苏杭”旅游品牌。构建“四山一河”（金龙山滑雪旅游度假地、翠屏山映山红生态公园、扬旗山水上乐园、庙尔山国家森林公园、柴河月亮小镇）旅游经济圈。引进大型旅游集团和社会资本，大力开发森林湿地、火山天池、冰雪运动等旅游资源。凸显国家滑雪旅游度假地效应，将冰雪“冷资源”做成文旅“热产业”；建设翠屏山映山红生态公园，推动基础设施和游乐项目提档升级，让“美丽效应”助推“赏花经济”；开发扬旗山水上乐园，发展水上休闲运动项目，变“富水资源”为“亲水经济”；建设庙尔山国家森林公园，建设森林生活核心圈，推动森林旅游从“看风景”向“过生活”转变；开发柴河月亮小镇，提升游客接待服务能力，全面贯通柴河至阿尔山旅游线路。深度挖掘乡村旅游潜力。依托“乌阿海满”一体化发展机遇，大力发展农业观光旅游，培育10个以上休闲农业与乡村旅游示范点，同“四山一河”旅游经济圈优势互补，形成独具特色、多点支撑的旅游精品线路。到2026年，全市国家A级旅游景区达到5家以上，年接待游客超290万人次，旅游收入超23亿元。

——提振现代商贸物流业，打造内蒙古东部重要的商贸物流集散地。依托扎兰屯市区位、交通、商贸历史文化基础，推动商贸物流业与一产二产融合发展。加强专业市场建设，重点培育蒙东牲畜、生资、蔬菜及成吉思汗中药材等4个年交易额超亿元的专业市场。完善物流、仓储、加工、集散枢纽、信息服务等功能，利用高台子站升级改造契机，建设岭东铁路物流园。打造城市核心商圈，优化城市商业网点布局，规划建设高端酒店、商贸综合体等项目，壮大发达广场、永兴百货等商圈，建设传统历史文化商业街、特色餐饮街、休闲文化步行街等特色街区，打造高品质便民生活服务圈。优化升级电商产业，积极发展“直播电商”“生鲜电商”等新业态，推动线上线下供应链、服务链深度融合，提升“塞外扎兰”区域公共品牌影响力。到2026年，电商交易额突破50亿元，农产品上行交易额达到5亿元，快递吞吐量达到8000万件。支持对外贸易发展，大力支持呼伦贝尔东北阜丰生物科技有限公司、同德木业、鑫难公司等企业开展对外贸易，五年全市外贸出口额达15亿美元。

——推进生态宜居建设，打造中国北方重要的生态康养小镇。围绕生态产业化、产业生态化，高起点谋划、高品质打造，努力建设生态康养小镇，打通绿色生态资源向经济价值和民生效益转化的新路径。厚植生态环境新优势，全面落实河湖长制、林长制，持续推进污水处理、水源地保护工程建设，大力开展国土绿化行动，实施天拜山环境综合治理、雅鲁河两岸景观提升、秀水湿地公园建设等生态工程，加强生物多样性保护和林业有害生物防治，到2026年森林覆盖率提高到70.09%，争创自治区级森林城市。以“碳达峰”“碳中和”目标为引领，严守能源消耗总量、强度底线。严格执行“三线一单”生态环境分区管控要求，深入打好蓝天、碧水、净土保卫战，确保空气质量优良、水质稳定达标、土壤环境质量持续稳定。积极推动绿色转型，建成100万千瓦新能源基地，提升清洁能源占比。加快发展康养产业，坚持以规划为引领，积极引入民间资本，探索医养结合、旅养结合、居养结合发展模式。重点依托森林资源和“天然氧吧”，建设森林小镇、森林人家；依托铁路疗养院等疗养历史基础，开发康养地产、疗养基地；依托中药材基地、呼伦贝尔松鹿制药有限公司等龙头企业和丰富的医疗资源，在康养机构设立中医药服务阵地；打造集医疗康复、养生保健、休闲旅游等于一体的大康养产业新蓝海。

——丰富城市文化内涵，打造中国北方重要的文博风情小镇。立足扎兰屯市“产、城、人、文”资源，推动文博业、旅游业、现代服务业融合发展，努力建设有活力、有温度、有魅力的宜居宜业宜游文博风情小镇。实施城市更新行动，高起点谋划城市建设，大力推进老旧小区改造、河西新区道路建设、中央南路市政设施维护等工程，改造城市供水、排水、供热、垃圾处理等设施，优化城市景观，完善城市形态，提升城市风貌。彰显城市人文品质，全面推进两条历史文化街区建设，完成中东铁路建筑群遗址保护修缮工作；通过“新建一批、提升一批、完善一批”的方式建设博物馆群落，改建历史博物馆，新建教育、中草药、工业博物馆，到2026年博物馆数量达到16座，打造多点支撑的博物馆城。繁荣发展文化事业，升级改造吊桥公园，建设中东铁路博物馆三号馆，打造集水稻公园、火车餐厅、荷塘月色、田园嘉年华等于一体的文化风情园。大力发展乌兰牧骑事业，传承书画、根艺、剪纸、手工编织等优秀传统文化，建设非物质文化遗产示范基地，争创国家历史文化名城。

——发展临空产业经济，打造中国北方重要的航空特色小镇。立足呼伦贝尔、服务内蒙古、面向全国，打造集专业飞行、专业训练、通航维修、无人驾驶等功能于一体的临空产业集聚区。提升机场服务保障能力，完善成吉思汗机场公用设施，提高航空通达能力，到2026年旅客吞吐量达到25万人次，货邮吞吐量达到200吨。实现柴河通用机场通航，融入“乌阿海满”航空旅游圈。打造专业飞行训练基地，加快推动内蒙古飞行学院飞行板块提升、教学基地和实训基地扩建等项目，建设以扎兰屯为核心，若干个附属训练基地为补充的训练机场新体系，形成年培训600名学员、飞行12万小时训练规模。打造维修定检养护基地，支持杰普逊国际飞行学院拓展机务保障维修定检和通航业务，与中国民航大学、浙江万丰公司开展深度合作，建立NG飞机发动机维修厂，形成覆盖呼伦贝尔、辐射蒙东地区和东北三省的通用飞行器维修、定检、养护产业集聚区。打造民航培训教育基地，拓展国航公司专属基地培训业务，建设飞行员培养、复训、机型训练基地，争取中国民航大学域外培训教学基地落户扎兰屯市，建设中国民航系统培训教育基地。开展无人机培训、考试业务，创建内蒙古重要的无人机产学研开放创新平台。

——推进共建共治共享，更好地回应广大群众对美好生活新期盼。加快以人为核心的新型城镇化进程，不断完善城市功能，优化服务供给，巩固岭东区域医疗中心、文化中心地位。强化基础保障，抓住“两新一重”机遇，全力推动岭北四队互通、国道232线大兴至紫沟、省道308线蘑菇气镇至阿尔山、省道204线浩饶山至柴河至乌奴耳、齐海满客运专线、扬旗山供水管线等重大项目建设。依托互联网、大数据，构建系统完备、高效实用的现代化基础设施体系。提升发展活力，认真落实“科技兴蒙”战略，实施科技创新五大专项行动，推动新技术研发和成果转化应用，加强知识产权保护，力争科技型中小企业数量达到10家。积极稳妥推进各领域改革，持续深化“放管服”改革，突出为企业服务、为项目服务理念，全面落实助企纾困措施，打造高质量营商环境。增进民生福祉，坚持人民至上、生命至上，毫不放松抓好常态化疫情防控。全面落实就业创业扶持政策，新增城镇就业1.5万人，农村劳动力转移就业7.5万人次，城镇登记失业率控制在4.5%以内。深入实施全民参保计划，优化城乡社会救助体系，做好社会福利、殡葬服务和慈善事业。科学优化教育布局，全面提升教育质量，完成新区小学、新区幼儿园、职业高中新校区建设，补齐师资短板，留住优质生源，坚决打好教育“翻身仗”。深入推进“健康扎兰屯”行动，着力提升医疗卫生机构急救、中医药服务、疫情防控检验检测和医疗救治能力。维护稳定环境，深入贯彻总体国家安全观，构建大安全格局。从严落实安全生产、食品药品安全责任制。全面推进治理体系和治理能力现代化，健全社会矛盾纠纷多元化解机制，有效解决群众诉求。常态化开展扫黑除恶，严厉打击各类违法犯罪行为。深入普及国防教育，完善退役军人服务保障体系，促进军民融合发展。全面落实党的民族和宗教政策，坚定铸牢中华民族共同体意识。大力支持工会、共青团、红十字会、科协、妇联、残联、文联、工商联、关工委、老年体协等群团组织工作，统筹抓好审计、统计、气象、老龄、外事、档案、供销合作、机关事务等工作，继续加强与金融、税务、石油、电力、烟草、通信、邮政等部门的联系，推动各项事业全面进步。

各位代表，汗水浇筑梦想，实干铸就辉煌。全市上下历经脱贫攻坚、抗疫防疫的锤炼洗礼，团结奋进的力量更加凝聚，干事创业的热情越发高涨。我们坚信，在市委的坚强领导下，只要我们立足全局抓机遇，咬定目标加油干，各项事业必将实现更大突破，扎兰屯的未来必将更加美好！

三、2022年工作安排

2022年是新一届政府的开局之年，做好今年各项工作至关重要、意义重大。我们将深入贯彻市第九次党代会及市委九届二次全会决策部署，立足新时代、着眼新目标、把握新要求，以打造“三地三镇一中心”为引领，扎实做好“六稳、六保”工作，全力推动经济社会持续健康发展。

今年主要预期目标是：地区生产总值增长6.5%左右，达到190亿元；一般公共预算收入增长4%左右，达到5.57亿元；社会消费品零售总额增长5.8%左右，达到30亿元；城乡居民人均可支配收入分别增长3%和6%左右，分别达到4.12万元、2.32万元。

为实现上述目标，我们将重点做好七个方面工作：

（一）抓招商、优环境，在全面强化发展动能上加快蓄力。加大招商引资力度。坚持“抓项目就是抓发展、赢得项目就是赢得未来”的理念，组建专班，重点围绕农畜林产品加工、玉米全产业链、肉羊养殖、旅游商贸、康养产业、环境综合治理等方面，下大力气开展招商引资，积极引入社会资本，激发民间投资活力，力争引资8亿元以上。强力推进项目建设，按照“开工项目抓进度、续建项目抓投产、签约项目抓跟踪、储备项目抓前期”总体思路，坚持“六个一”项目工作机制，全力推动98个重点项目建设，完成固定资产投资27亿元以上。全面优化营商环境。持续深化各领域改革，积极落实助企纾困政策，开辟重大项目、重点企业政务服务“绿色通道”，坚持重点项目集中审批、帮办代办服务，着力解决项目手续办理慢、服务保障不到位等问题，用政务服务改进的“一小步”换取企业获得感提升的“一大步”。

（二）抓转型、促升级，在全面优化产业体系上持续发力。加速工业转型升级。延长产业链条，培育新兴产业，全力推动呼伦贝尔东北阜丰生物科技有限公司三期项目开工，力争年内完成投资5亿元；确保扎兰屯市国森矿业有限责任公司氧化矿综合利用选矿技术改造、呼伦贝尔松鹿制药有限公司养阴清肺口服液创新成果扩能改造等项目投产达效；完成中核汇能一期10万千瓦风电清洁供暖、20万千瓦风电及华能30万千瓦风电等项目建设，力争全年规模以上工业总产值突破120亿元。加速旅游业提档升级，加快完成旅游发展总体规划，完善柴河、秀水、金界壕等景区景点设施建设，丰富旅游产品供给。重点推动金龙山滑雪场升级，提升国家滑雪旅游度假地影响力；完成翠屏山映山红生态公园建设，确保“五一”前投入使用；进一步打造好五星村等乡村旅游示范点。力争全年接待游客210万人次，实现旅游收入18亿元以上。加速商贸物流业发展，加快推进汽车商贸城、岭东机动车交易市场、中药材交易市场等专业市场建设，积极推进居然之家商贸综合体项目落地。大力发展“直播电商”，重点推进正能量“网红”直播基地、电商创新创业产业园投入运行，全年电商交易额达到17.4亿元，增长45%；农产品上行交易额达到2.3亿元，增长50%。加速临空产业新突破，完成临空产业园飞行板块提升、维修机库续建项目，力争柴河通用机场开工建设；积极拓展机务保障、维修、定检等业务，争取四川三足乌公司民航无人机驾驶员执照、无人机驾驶员合格证考试中心落户扎兰屯市；全力推进临空产业园区NG飞机发动机维修厂前期工作。

（三）抓产业、强基础，在全面推进乡村振兴上加速行动。推动农牧业提质增效。夯实绿色农畜林产品生产加工输出基地发展基础，建设高标准农田1.13万公顷，粮食产量稳定在12.5亿千克以上。引入大型肉羊养殖企业，提升肉羊集中养殖规模，牲畜存栏稳定在150万头（只）以上。扶持壮大蒙源乳业，扩大高产奶牛数量，加速推动奶业振兴。做强黑木耳品牌，壮大种植规模，力争总量达到1000万袋；鼓励中草药种植，建设万亩道地药材基地，打造岭东地区中药材物流集散中心。巩固拓展脱贫攻坚成果，保持帮扶政策稳定，健全防返贫机制，坚决防止返贫致贫。争取乡村振兴资金1.5亿元，实施乡村产业、小型基础设施项目68个，持续提升脱贫质量。强化扶贫资产运营管理，确保经营性扶贫资产收益达到6%以上。实施乡村建设行动，巩固农村人居环境整治成果，加快实施畜禽粪污资源化利用整县推进、秸秆综合利用项目，深入推进农村生活垃圾、污水、厕所“三大革命”。保障农村饮水安全，实施务大哈气、大河湾农场等安全饮水工程。坚持实施危房改造，加强公共服务建设，持续提升农村教育、医疗、养老等服务水平。

（四）抓改造、提品质，在全面推进城乡建设上重点突破。着力塑造城市风貌。加速打造文博风情小镇，完成中东铁路沙俄建筑群修缮工作，改建历史博物馆，加快教育、工业、中草药等博物馆建设，争创博物馆之城。建成中东铁路博物馆三号馆，积极推动集水稻公园、火车餐厅、荷塘月色、田园嘉年华等于一体的文化风情园建设。注重凝结提炼城市精神，绘就“灵山秀水、世纪扎兰”城市特色，全面展示扎兰屯独特的魅力风采。提升城市承载能力，改造老旧小区24个，开发房地产54万平方米，加快城市道路、供水、排水、供热、垃圾处理等设施建设，不断完善城市功能。深入开展“文明在行动、满意在扎兰”活动，持续整治环境卫生，提升城市管理精细化智能化水平。加快康养小镇建设步伐，启动规划编制工作，积极对接江苏东方惠乐、南京易发集团、内蒙天璞置业等企业，引入1家四星级康养主题宾馆，努力实现康养产业破题。夯实城乡基础设施，加快开通高速公路南出口、西互通两个收费站，全力推进岭北四队互通工程建成通车，破除制约群众出行和企业发展的交通瓶颈；开工国道232线紫沟至大兴一级公路等重点基础设施项目，配合推动齐海满客运专线前期工作；强化乡村公路养护，持续巩固“四好农村路”创建成果。

（五）抓治理、重修复，在全

面构筑生态屏障上务求实效。高质量完成自治区环保督察问题整改，持续打好生态环境“四大战役”。打好蓝天保卫战，坚持碳排放总量、强度“双控”和峰值目标管理，推动重点企业排放技改升级，逐步淘汰更新国Ⅲ及以下排放标准营运柴油货车，加强散煤污染综合整治、道路和建筑工地扬尘管控。打好碧水保卫战，深入开展河道清“四乱”专项治理行动，坚决取缔非法入河排污口，严厉打击非法采砂等行为。健全水环境综合治理机制，加强水源地保护区建设和污水排放管理，确保水质稳定达标。打好净土保卫战，推进固态废弃物处理系统建设，全面治理农牧业面源污染，确保土壤环境质量持续稳定。打好生态修复持久战，实施人工造林200公顷、封山育林400公顷，启动自治区森林城市创建工作；加快完成惠风川河河道、二道桥河河道及2022年度侵蚀沟等生态治理工程，谋划引入社会资本开展天拜山环境综合治理，以实际成效回应人民对美好环境的期盼。

（六）抓民生、纾民困，在全面改善民生福祉上加力突破。凝心聚力抓好群众关注的民生实事项目，着力解决群众所期所盼的实际问题，切实提升群众的幸福指数。兜住兜牢民生底线，进一步促进就业，新增城镇就业3000人，农村劳动力转移就业1.5万人次；实施根治欠薪专项行动，及时解决拖欠农民工工资问题。优化城乡救助体系，实现基本养老、基本医疗保险应保尽保，健全弱势群体关爱服务体系和设施，完成未成年人保护中心建设，保障妇女、儿童、残疾人等群体合法权益。办好人民满意教育，加快改善教学条件，完成道东小学附属幼儿园及中和学校附属幼儿园建设，确保新区幼儿园、新区小学、职业高中项目主体完工；强化师资力量，通过公开招聘招考形式补齐师资短板，持续提升教育水平。优化提升卫生服务，深入推进“健康扎兰屯”行动，确保市医院传染病房、鄂伦春民族乡中心卫生院投入使用，加快推进市疾控中心项目前期工作，进一步提升医疗卫生服务水平。深入开展爱国卫生运动，积极争创国家卫生城。活跃发展文体事业，完成金龙山滑雪场升级改造工程，积极承办国家级冰雪赛事。实施文化惠民工程，确保乌兰牧骑馆投入使用，编排《忆扎兰》等2～3台精品剧目，丰富群众文化生活，展现扎兰屯市地域特色文化。

（七）抓安全、保稳定，在全面加强社会治理上用心用力。坚持常态化疫情防控。坚持“外防输入、内防反弹”总体策略，落实落细人、物、环境同防，重点在疫情监测预警、核酸检测能力、医疗救治能力、物资保障能力、人才队伍建设、信息化技术手段等方面下功夫，以坚决的态度、不懈的毅力、精准的措施持续巩固来之不易的防控成果。全力维护公共安全，坚决守住不发生区域性系统性风险底线，持续开展安全生产专项整治三年行动，确保不发生重特大安全生产事故和食品药品安全问题。加强防灾减灾救灾体系和应急救援能力建设，全面抓好防震减灾、防洪抗旱、森林草原防灭火和极端灾害天气应对等工作。依法加强社会治理，坚决防范和打击新型网络犯罪等各类违法犯罪活动，建设更高水平的“平安扎兰”。坚持和发扬新时代“枫桥经验”，畅通群众诉求表达、协商沟通、权益保障通道，走好“网上”群众路线，多渠道解决群众“急难愁盼”问题，保持社会和谐稳定。

四、全面加强政府自身建设

各位代表，重任千钧惟担当。我们将把抓落实作为首要政治任务，持续在转观念、强作风、重落实、优环境上下功夫，全力以赴打造人民满意的服务型政府。

（一）旗帜鲜明讲政治。坚持把政治建设摆在首位，提高政治站位、坚守政治信仰、把准政治方向，提高政治判断力、政治领悟力、政治执行力，不折不扣地贯彻上级党委、政府和市委决策部署，确保政府工作始终沿着正确政治方向前进，以经济社会发展的实际成效拥护“两个确立”、践行“两个维护”。

（二）依法履职守规矩。坚持以习近平法治思想为指导，全面推进依法行政，深入开展“八五”普法，促进严格执法、公正司法、全民守法。坚决落实重大行政决策公众参与、专家论证、风险评估、合法性审查和集体讨论决定制度，提升政府决策的科学化、民主化、法治化水平。主动接受人大法律监督、政协民主监督、纪检监察监督和社会舆论监督，以更加公开透明、科学合理的执政方式取信于民、惠及于民。

（三）担当实干提效能。紧紧围绕全市发展大局，切实加快政府职能转变。做到为民服务“用真情”，对民生实事逐项明确责任、建立台账，用心用情用力解决群众“急难愁盼”问题；做到推动项目“下实功”，对重大项目逐个跟进盯办、挂图作战，为全市经济社会发展开路护航；做到服务发展“有长劲”，大力纠治形式主义、官僚主义，腾出更多精力抓落实，共同凝聚起推动落实的强大合力。

（四）清正廉明做表率。坚决落实党风廉政建设主体责任，加强重点领域、重点岗位廉政风险排查防控，规范工程招投标、土地出让、产权交易、政府采购等行为，以减权限权、创新监管等举措减少利益寻租空间。严格执行中央八项规定及其实施细则精神，驰而不息整治“四风”。坚持过“紧日子”思想，严控“三公”经费，集中财力办大事，以政府的“紧日子”换取人民群众的“好日子”。

各位代表！风劲帆满，自当破浪前行，征途漫漫，更需快马加鞭。让我们更加紧密地团结在以习近平同志为核心的党中央周围，在市委的坚强领导下，攻坚克难，顽强拼搏，勇于担当、践行使命，真抓实干、开拓创新，奋力书写新时代扎兰屯高质量发展新篇章，以优异成绩迎接党的二十大胜利召开！

文件目录选编

市委文件目录选编

表15

文号	文件名称
扎党办字〔2022〕6号	关于印发《扎兰屯市2022年度招商引资工作方案》的通知
扎党办字〔2022〕11号	关于印发《扎兰屯市争创全国文明城市提名资格实施方案》的通知
扎党字〔2002〕12号	关于印发《扎兰屯市“转观念、强作风、优环境、重落实、树形象”学习实践活动工作方案》的通知
扎党办字〔2022〕38号	关于印发《扎兰屯市贯彻落实第二轮中央生态环境保护督察报告整改方案》的通知
扎党字〔2022〕48号	关于印发《扎兰屯市贯彻〈法治政府建设实施纲要（2021—2025年）〉实施方案》的通知
扎党字〔2022〕58号	关于认真学习宣传贯彻党的二十大精神的通知
扎党字〔2022〕63号	关于印发《扎兰屯市共青团基层组织改革实施方案》的通知

（资料来源：扎兰屯市政府网）

市政府文件目录选编

表16

文号	文件名称
扎政字〔2022〕2号	关于公布行政执法主体的通知
扎政字〔2022〕95号	关于印发《扎兰屯市行政许可事项清单2022年版》的通知
扎政办字〔2022〕8号	关于印发《国道232线紫沟至大兴段公路建设项目用地征收工作实施方案》的通知
扎政办字〔2022〕10号	关于印发《扎兰屯市2022年老旧小区改造工作实施方案》的通知
扎政办字〔2022〕25号	关于印发《扎兰屯市医疗保障基层服务示范点建设实施方案》的通知
扎政办字〔2022〕31号	关于印发《扎兰屯市自建房安全专项整治工作实施方案》的通知
扎政办字〔2022〕32号	关于印发《扎兰屯市房屋建筑违法建设和违法违规审批专项排查整治工作实施方案》的通知
扎政办字〔2022〕36号	关于印发《扎兰屯市综合治税实施方案》的通知
扎政办字〔2022〕40号	关于印发《扎兰屯市2022年农村危房改造乡村振兴实施方案》的通知
扎政办字〔2022〕41号	关于印发《扎兰屯市2022年农村危房改造（农村分散供养特困人员、农村低保户、农村低保边缘家庭）实施方案》的通知
扎政办字〔2022〕42号	关于印发《扎兰屯市创建全国基层中医药工作示范县实施方案》的通知
扎政办字〔2022〕43号	关于印发《扎兰屯市创建全国基层中医药工作示范县工作计划》的通知
扎政办字〔2022〕45号	关于印发《扎兰屯市2022年防内涝工作方案》的通知
扎政办字〔2022〕48号	关于印发《扎兰屯市“半拉子”工程大起底工作方案》的通知
扎政办字〔2022〕51号	关于印发《扎兰屯市城市精细化管理百日攻坚活动实施方案》的通知
扎政办字〔2022〕53号	印发《扎兰屯市待批项目大起底工作方案》的通知
扎政办字〔2022〕59号	关于做好2022—2023年采暖期城镇供热工作的通知
扎政办字〔2022〕61号	关于进一步加强12345政务服务便民热线工作的通知
扎政办字〔2022〕62号	关于印发《扎兰屯市地震应急预案（2022年版）》的通知
扎政办字〔2022〕64号	关于印发《扎兰屯市城市精细化管理秋季环境卫生集中整治工作方案》的通知
扎政办字〔2022〕66号	关于成立扎兰屯市集中打击整治危害药品安全违法犯罪工作领导小组的通知
扎政办字〔2022〕73号	关于印发《扎兰屯市岁末年初安全生产大排查大整治和督导检查工作方案》的通知

（资料来源：扎兰屯市政府网）

统计资料

扎兰屯市2022年国民经济和社会发展统计公报

2022年,全市坚持以习近平新时代中国特色社会主义思想为指导,深入学习宣传贯彻党的二十大精神以及习近平总书记对内蒙古重要讲话重要指示批示精神,全面落实中央、自治区和呼伦贝尔市重大决策部署,按照"疫情要防住、经济要稳住、发展要安全"重要要求,紧密围绕"绿色崛起、富民强市、共享繁荣"发展目标,努力克服各种超预期不利因素影响,积极落实稳经济一揽子措施,全市经济总体延续了稳定恢复的良好态势,经济社会实现平稳健康发展。

一、综合

根据旗市区统一核算结果,2022年全年地区生产总值为200.22亿元,按不变价格计算,同比增长2.6%。其中第一产业增加值完成70.07亿元,增长5.6%;第二产业增加值完成73.89亿元,下降2.4%;第三产业增加值完成56.26亿元,增长4.1%。三次产业结构调整为35.0∶36.9∶28.1。

全市城镇新增就业1521人,其中失业再就业620人、困难人员就业520人,城镇登记失业率为4.1%,全年农牧民转移就业人数2.56万人。

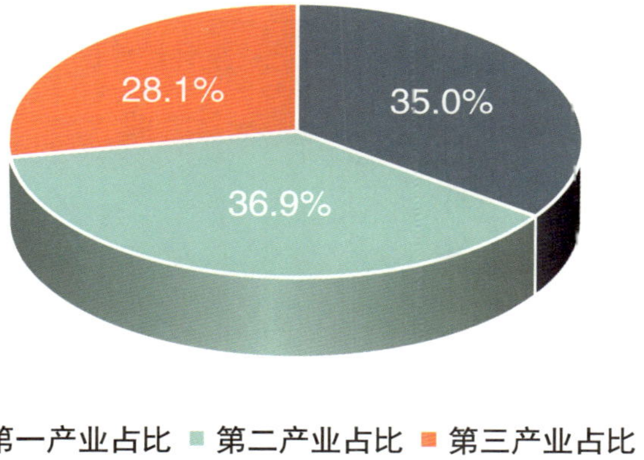

三次产业结构比

二、农牧业

全年粮食作物播种面积25.82万公顷,与上年持平。全年粮食产量14亿千克,下降1.1%。在粮食作物中,玉米产量12.17亿千克,下降2.8%;大豆产量1.54亿千克,增长46.9%;马铃薯(折粮)产量500万千克,下降94.0%。粮食平均亩产361.48千克,下降1.1%。

扎兰屯市牧业年度牲畜存栏148.57万头(只),减少1.7%。其中大牲畜存栏25.65万头(只),增长17.77%;羊存栏113.97万只,减少5.14%;生猪存栏8.95万头,减少2.93%。

三、工业和建筑业

年末扎兰屯市规模以上工

2018—2022年粮食产量及增速

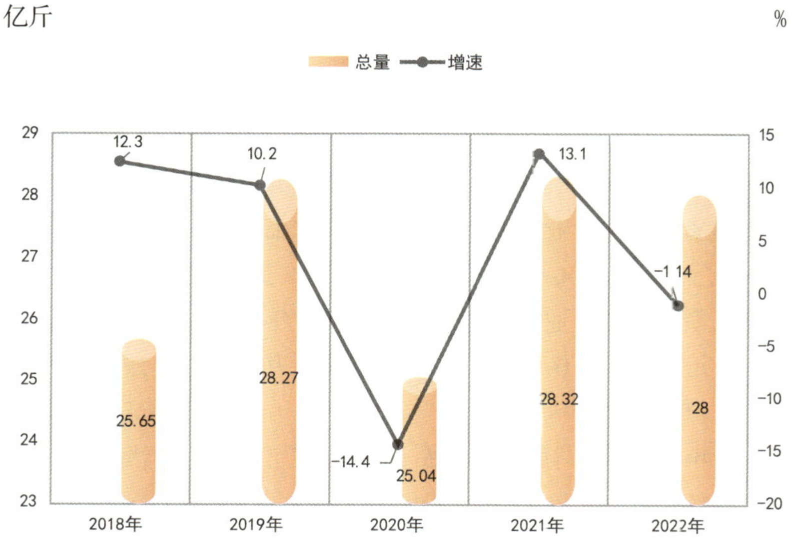

业企业 11 家，规模以下工业企业 17 家。全年实现工业增加值 66.49 亿元，增长 0.1%，占地区生产总值的比例为 33.2%。其中，规模以上工业增加值增长 0.1%，规模以下工业增加值增长 0.2%。规模以上工业企业产品销售率为 103.1%，增长 3 个百分点。规模以上工业企业实现利润总额 31.97 亿元，增长 88.2%。

规模以上工业企业产品产量

表17

指标	计量单位	2022 年	增长（%）
味精（谷氨酸钠）	吨	418111	19.4
铅金属含量	吨	10739	–9.4
锌金属含量	吨	87875	–15.1
硅酸盐水泥熟料	吨	213460	–30.3
水泥	吨	189405	57.8
人造板	立方米	16666	8.2
机制纸及纸板	吨	49201	–4.1
饲料	吨	112159	49.7
发酵酒精	千升	129352	44.0
中成药	吨	317	42.6
合成氨（无水氨）	吨	120927	33.2

扎兰屯市具有资质等级的建筑业企业 6 家，共完成产值 4.16 亿元，同比下降 29.8%。

四、固定资产投资

全年固定资产投资同比增长 48.3%。其中：房地产开发完成投资 2.99 亿元，同比下降 59.2%。按三次产业分：第一产业无投资；第二产业完成投资 18.50 亿元，增长 356.4%，全部为工业投资；第三产业完成投资 9.51 亿元，下降 35.1%。

五、商贸和旅游

全年扎兰屯市社会消费品零售总额 28.78 亿元，同比增长 1.5%。按经营地统计，城镇消费品零售额 22.29 亿元，下降 3.1%；乡村消费品零售额 6.49 亿元，增长 21.4%。按消费类型统计，餐饮收入 3.91 亿元，下降 11.7%；商品零售额 24.86 亿元，增长 4.0%。

全年共接待游客 218.9 万人次，增长 10.0%，实现旅游收入 19.2 亿元，增长 8.5%。

六、交通和邮电

全年铁路、公路完成货运量 889.25 万吨，其中铁路货运量 193.25 万吨；公路货运量 696 万吨；民航行货邮吞吐量 19.5 吨。

铁路、公路完成客运量 115.5 万人次，其中铁路客运量 22.9 万人次；公路客运量 92.6 万人；民航旅客吞吐量 6.93 万人次。

全年邮政行业业务总量累计完成 2400 万元，同比增长 3.5%。

七、财政和金融

全年扎兰屯市一般公共预算收入 5.19 亿元，下降 3.1%。全年全市一般公共预算支出 40.21 亿元，增长 12.1%。

年末扎兰屯市金融机构各项存款余额 209.82 亿元，同比增长 15.8%，其中：住户存款余额 187.77 亿元，增长 19.6%。扎兰屯市金融机构各项贷款余额 143.53 亿元，增长 7.0%。

八、教育和卫生

年末扎兰屯市共有小学14所，与上年持平，教学点33个，与上年持平，在校生1.62万人，同比下降4.6%，专任教师960人，增长5.3%。初中19所（含九年一贯制12所），在校生8823人，增长1.4%，专任教师876人，增长5.3%。普通高中2所，在校学生4431人，增长3.8%，专任教师320人，增长13.5%。职业高中1所，在校学生1632人，下降11.6%，专任教师81人，下降4.7%。特殊教育学校1所，在校学生294人，增长30.1%，专任教师36人，增长2.9%。幼儿园68所，减少4所，在园儿童6245人，下降4.9%，教职工927人，下降5.0%。

年末扎兰屯市拥有医疗卫生机构250个，与上年持平，其中：医院5个，乡镇卫生院21个，社区卫生服务中心（站）11个。医疗卫生单位病床数2128张，减少13张，其中：医院1630张，妇幼保健机构22张，乡镇卫生院416张，社区卫生服务中心（站）60张。卫生技术人员2890人，增加67人，其中：执业（助理）医师1174人，注册护士1270人，药师（士）139人，技师（士）144人，其他163人。

九、文化和体育

2022年扎兰屯市文体事业蓬勃发展，金龙山滑雪场获评首批国家级滑雪旅游度假地，吊桥公园被命名为内蒙古最美公园，成功举办雅鲁河夏日漂流季、冰雪嘉年华等系列活动，开展基层文艺演出144场，组织文化大集50次、群众性体育活动16次，举办“喜迎二十大”“书香中国”等主题展览87次，平安建设成效显著，乌兰牧骑被评为“全区民族团结进步模范集体”。

十、人口、人民生活和社会保障

2022年末扎兰屯市户籍总人口39.38万人，其中：城镇人口17.44万人，乡村人口21.94万人。

2022年人口及其构成

表18

指标	单位	年末人数	比例（%）
扎兰屯市户籍总人口	人	393846	100.0
其中：城镇	人	174440	44.3
乡村	人	219406	55.7
其中：男性	人	201411	51.1
女性	人	192435	48.9
其中：0~17岁	人	53876	13.7
18~34岁	人	74593	18.9
35~59岁	人	178857	45.4
60岁及以上	人	86520	22.0

2022年全体居民人均可支配收入3.23万元，同比增长5.0%。其中：城镇常住居民人均可支配收入4.18万元，增长4.5%；农村常住居民人均可支配收入2.35万元，增长7.4%。城镇居民人均消费性支出2.75万元，增长13.8%；农村（居）民人均消费性支出1.64万元，下降14.8%。

年末扎兰屯市参加城镇职工养老保险10.1万人，其中：离退休人员4.57万人。扎兰屯市参加城乡居民养老保险17.24万人，其中：离退休人员4.38万人。扎兰屯市参加基本医疗保险33.25万人，其中：城镇职工基本医疗保险5.27万人，城乡居民基本医疗保险27.97万人。

2022年扎兰屯市主要经济指标一览表

表19

指标名称	实际完成	增速（%）
地区生产总值	200.22亿元	2.6
第一产业增加值	70.07亿元	5.6
第二产业增加值	73.89亿元	–2.4
第三产业增加值	56.26亿元	4.1
社会消费品零售总额	28.78亿元	1.5
固定资产投资	28.01亿元	48.3
一般公共预算收入	5.19亿元	–3.1
一般公共预算支出	40.21亿元	12.1
全体居民人均可支配收入	3.23万元	5.0
城镇常住居民人均可支配收入	4.18万元	4.5
农村常住居民人均可支配收入	2.35万元	7.4
城镇居民人均消费性支出	2.75万元	13.8
农村居民人均消费性支出	1.64万元	–14.8

（资料来源：市统计局）

2022年扎兰屯市财政预算内收支情况一览表

表20

单位：万元

指标	金额	指标	金额
一般公共预算收入	51932	财政总收入(原口径)	197021
增值税(17.5%)	7478	一般公共预算支出	402076
企业所得税（20%）	14669	一般公共服务支出	24348
个人所得税（20%）	761	国防支出	40
资源税（20%）	2693	公共安全支出	12487
城建税（50%）	1942	教育支出	56278
房产税（50%）	1346	科学技术支出	2327
城镇土地使用（50%）	939	文化旅游体育与传媒支出	4502
印花税	1022	社会保障和就业支出	88283
土地增值税	609	卫生健康支出	40594
车船使用牌照税	1868	节能环保支出	16747
耕地占用税	725	城乡社区支出	25308
契税	3596	农林水支出	73408
环保税	307	交通运输支出	15057
其他税收收入	1	资源勘探工业信息等支出	819

续表 20

指标	金额	指标	金额
专项收入	2499	商业服务业等支出	798
森林植被恢复费	0	金融支出	50
行政性收费收入	2888	自然资源海洋气象等支出	2553
罚没收入	5420	住房保障支出	25535
国有资本经营收入	0	粮油物资储备支出	2865
国有资源有偿使用收入	3067	灾害防治及应急管理支出	1009
捐赠收入	96	预备费	0
其他收入	6	其他支出	344
上划中央收入	67507	债务付息支出	8724
上划自治区收入	19391	债务发行费用支出	0
上划市级收入	25152	政府性基金支出合计	22176
地方财政总收入	163982	财政总支出（原口径）	424252
政府性基金预算收入	33039		

（资料来源：市财政局）

2022 年中央主要媒体报道扎兰屯市题录选编一览表

表21

刊播媒体	题　目	刊播时间
《人民日报》	备年货 迎新春	2022.1.21
《人民日报》	内蒙古自治区呼伦贝尔市干部进行宪法宣誓	2022.2.10
《人民日报》	社区食堂 方便群众	2022.4.13
《人民日报》	全国人大常委会通过黑土地保护法——立法保护“耕地中的大熊猫”（坚持和完善人民代表大会制度）	2022.7.7
《人民日报》	走进夏日呼伦贝尔丨扎兰屯：打造文旅产业高质量发展新引擎	2022.7.8
《人民日报》	内蒙古扎兰屯：不一样的“特”巡	2022.7.27
《人民日报》	内蒙古扎兰屯：党建联建 助力乡村振兴	2022.10.28
《人民日报》客户端内蒙古频道	内蒙古扎兰屯：“1+1”工作法 做好巡察“后半篇文章”	2022.4.26
《人民日报》客户端内蒙古频道	内蒙古呼伦贝尔农垦：农资充足备春耕	2022.4.26
“人民日报”APP	内蒙古扎兰屯市：重点项目建设 绿色赋能高质量发展	2022.3.24
“人民日报”APP	扎兰屯市：让黑土地吃上“营养餐”	2022.4.15
《人民日报》海外版	走进冬奥	2022.1.11
《人民日报》海外版	图片新闻	2022.1.27
《人民日报》海外版	中国仍是全球增长最大引擎	2022.4.25
《人民日报》海外版	“粮袋子”有保障 稳价格有支撑——透视当前形势下的中国粮	2022.4.29

续表 21

刊播媒体	题　目	刊播时间
《人民日报》海外版	“五一”假期坚守岗位 劳动最美	2022.5.3
《人民日报》海外版	稳岗位 促生产 畅循环	2022.5.21
《人民日报》海外版	爱国卫生运动创造“中国奇迹”（人民健康这十年③）	2022.7.5
《人民日报》海外版	应用于航拍、表演、快递、农业、救援等领域无人机有“超能力”	2022.7.18
新华每日电讯	内蒙古高标准农田总面积增至 4600 万亩	2022.1.7
新华每日电讯	全民健身迎冬奥	2022.1.9
《光明日报》	乐享冰雪 喜迎冬奥	2022.1.4
光明网	内蒙古扎兰屯：杜鹃花开迎客来	2022.4.28
光明网	金秋十月 “瞰”丰收壮景	2022.10.14
人民网	国家税务总局扎兰屯市税务局荣获“全国普法工作先进单位”称号	2022.1.20
人民网	姹紫嫣红杜鹃坡	2022.4.28
人民网	内蒙古呼伦贝尔：智慧农业助力春播开犁	2022.4.29
人民网	稳岗位 促生产 畅循环	2022.5.21
人民网	防微杜渐、助企纾困	2022.5.23
人民网	爱国卫生运动创造“中国奇迹”	2022.7.5
人民网	大河湾农牧场有限公司耕种的黑土地上，农户喜获大豆丰收	2022.7.7
中国体育报	图片新闻	2022.1.10
CCTV13 新闻频道	内蒙古 今天是世界读书日 多地开展读书活动 共迎世界读书日	2022.4.23
CCTV13 新闻频道	不负春光好读书，世界读书日，多地小学开展各类主题阅读活动	2022.4.24
《科技日报》	内蒙古春播忙	2022.4.29
《经济日报》	立足资源优势发展“冷经济”	2022.4.28
《经济日报》	奋斗照亮新时代	2022.10.16
《经济日报》	冷资源释放热活力	2022.12.24
经济日报网	内蒙古扎兰屯：冰花篮 迎新春【中经视觉】	2022.1.23
《经济日报》新闻客户端	内蒙古扎兰屯：现代农业助增收	2022.4.7
《经济日报》新闻客户端	呼伦贝尔：智慧农业春播开犁	2022.4.28
《经济日报》新闻客户端	（组图）芒种将至农事忙	2022.6.5
《经济日报》新闻客户端	（组图）2022 年高考拉开帷幕	2022.6.7
《经济日报》客户端	呼伦贝尔：“冰雪经济”也是“金山银山”	2022.11.28
《经济日报》新闻客户端	“秸”尽所能 低碳发展	2022.12.12
新华网	内蒙古高标准农田总面积增至近 4600 万亩	2022.1.6
新华网	新华全媒 + ｜雪上萌娃“飞行记”	2022.1.7

续表 21

刊播媒体	题　目	刊播时间
新华网	萌娃滑雪记	2022.1.8
新华网	全民健身——扎兰屯冬日冰趣	2022.1.9
新华网	冬日乐享滑雪	2022.1.10
新华网	内蒙古扎兰屯：大豆丰收	2022.9.29
新华网	金秋丰收遍地欢歌	2022.9.23
新华社	全民健身——扎兰屯冬日冰趣	2022.1.8
新华社	乐享冬日运动	2022.1.11
新华社	内蒙古扎兰屯：别样新春　拥抱冰雪季	2022.1.31
新华社	诗意节气丨冬至阳生春又来	2022.12.22
新华社直播	生态中国丨内蒙古扎兰屯秋意浓	2022.10.23
新华社客户端	春分时　让我们放缓步看群鸟衔春而至	2022.3.20
新华社客户端	“养鸡书记”：用现代化产业激发乡村振兴活力	2022.4.21
新华社客户端	千城百县看中国丨内蒙古：“塞外苏杭”扎兰屯	2022.4.26
新华网客户端	遇见北疆杜鹃花海	2022.4.27
新华社客户端	田间地头农事忙	2022.5.1
新华社客户端	内蒙古呼伦贝尔：智慧农业助力春播开犁	2022.5.8
新华社客户端	千城百县看中国·乡音丨内蒙古：“垦三代”王旭的乡音乡情	2022.5.30
新华社客户端	一间幼儿园　祖孙三代传	2022.6.15
新华社客户端	千城胜景丨内蒙古扎兰屯：青山为枕　天池相伴	2022.7.4
新华社客户端	全景声丨听，丰收的交响	2022.9.23
新华社客户端	千城百县看中国丨内蒙古扎兰屯：万寿菊盛开喜迎丰收	2022.9.27
新华社客户端	内蒙古扎兰屯：走，“收秋”去	2022.9.28
新华社客户端	扎兰屯：秀水灵山的静谧假期	2022.10.5
新华社客户端	内蒙古柴河：秋景美如画	2022.10.7
新华社客户端	千城百县看中国丨内蒙古扎兰屯：麦穗金黄迎丰收	2022.10.9
新华社客户端	千城百县看中国丨内蒙古扎兰屯：沙果红了　农民富了	2022.10.9
新华社客户端	千城百县看中国丨内蒙古扎兰屯：一地双收显成果	2022.10.28
新华社客户端	二十大精神在基层丨内蒙古扎兰屯市：建设好卒中中心　提高基层防病治病能力	2022.10.28
新华社客户端	扎兰屯：十年禾下梦　今朝稻飘香	2022.11.5
新华社客户端	生态中国：内蒙古扎兰屯秋意浓	2022.11.23
央广网	甜蜜的“年味”	2022.1.19
央广网	内蒙古扎兰屯：大马力农机奏响春耕进行曲	2022.4.4

续表 21

刊播媒体	题　目	刊播时间
央广网	最美人间四月天 内蒙古扎兰屯杜鹃花开成海	2022.4.27
央广网	内蒙古呼伦贝尔：智慧农业春播开犁	2022.4.28
央广网	内蒙古扎兰屯市："五一"小长假乡村采摘游受热捧	2022.5.2
央广网	内蒙古扎兰屯：高寒水稻插秧忙	2022.5.31
央视新闻	内蒙古扎兰屯：冰雪嘉年华 喜迎冬奥会	2022.1.25
央视频	云赏好春光 杜鹃花开映山红	2022.4.30
央视频	在内蒙古种羊肚菌，一亩产出 5 万多！	2022.5.18
央视频	夜训出击火场谋打赢	2022.5.20
央视频	我是哪里的	2022.5.23
央视频	95 岁老人迷失路口民警一路将其安全送回家	2022.6.6
央视夜线 抖音平台	夜训出击火场谋打赢	2022.5.20
央视夜线 抖音平台	我是哪里的	2022.5.23
央视夜线	我是哪里的	2022.5.23
央视夜线 快手版	95 岁老人迷失路口民警一路将其安全送回家	2022.6.6
央视夜线 抖音版	95 岁老人迷失路口民警一路将其安全送回家	2022.6.6
央视新闻《正直播》	田园村色（中和福泉村和柴河绰尔河农场）	2022.9.4
央视新闻客户端	看锦绣山河 七彩丰收	2022.9.18
中央广播电视总台国际在线	内蒙古扎兰屯：杜鹃花海美景如画	2022.4.24
中央广播电视总台国际在线	"天空之眼"俯瞰扎兰屯	2022.4.25
中央广播电视总台国际在线	内蒙古扎兰屯：守护美丽家园	2022.4.26
中央广播电视总台国际在线	内蒙古呼伦贝尔市多举措推进乡村振兴	2022.5.18
中央广播电视总台国际在线	内蒙古扎兰屯：学民俗 迎端午	2022.6.2
搜狐网	扎兰屯市：秸秆变饲料 实现环保与增收"双赢"	2022.3.23
新华县融	春意浓浓迎春开 美丽扎兰入画来	2022.4.26
学习强国	内蒙古扎兰屯：青山为枕 天池相伴	2022.7.21
学习强国	大美边疆丨生态美 产业兴	2022.7.29
新华社三农抖音平台	樱桃采摘正当时 莫负初夏好时光	2022.5.23
新浪财经客户端	内蒙古扎兰屯市：推进水稻产业发展助振兴	2022.6.15
中国经济网	二十大时光丨奋斗照亮新时代征程——各地干部群众收听收看党的二十大开幕会盛况	2022.10.17
中国产业经济信息网	一场特殊的主题党日活动——"爱在阜丰"集体婚礼在呼伦贝尔大草原礼成	2022.7.14

（资料来源：市委宣传部）

扎兰屯市各级文物保护单位名录

全国重点文物保护单位名录

表22

序　号	名　称
1	金界壕
2	中东铁路建筑群（含 38 个遗址点）
	吊桥 沙俄管理人员住宅 1 号 沙俄管理人员住宅 2 号 沙俄管理人员住宅 3 号 沙俄管理人员住宅 4 号 沙俄管理人员住宅 5 号 沙俄管理人员住宅 6 号 沙俄管理人员住宅 7 号 沙俄管理人员住宅 8 号 沙俄管理人员住宅 9 号 沙俄管理人员住宅 10 号 沙俄管理人员住宅 11 号 沙俄管理人员住宅 12 号 沙俄管理人员住宅 13 号 沙俄管理人员住宅 14 号 沙俄管理人员住宅 15 号 沙俄管理人员住宅 16 号 沙俄管理人员住宅 17 号 沙俄管理人员住宅 18 号 沙俄管理人员住宅 19 号 沙俄管理人员住宅 20 号 沙俄管理人员住宅 21 号 沙俄管理人员住宅 22 号 沙俄管理人员住宅 23 号 沙俄管理人员住宅 24 号 中东铁路俱乐部旧址 沙俄森林警察大队旧址 铁道会议旧址 中东铁路扎兰屯卫生所旧址 中东铁路扎兰屯站水塔 中东铁路扎兰屯站旧址 铁路 5 号楼（原纳文慕仁盟工委办公地） 沙俄小学旧址 沙俄小学黄房 内蒙古人民自卫军骑兵 5 师旧址 六国饭店旧址 沙俄马厩 沙俄仓库

自治区级文物保护单位名录

表23

序　号	名　称	序　号	名　称
1	垦石园	4	乌兰夫同志工作旧址
2	纳文慕仁盟公署办公旧址	5	王家屯古城
3	侵华日军医院旧址	6	侵华日军军事掩体

扎兰屯市级文物保护单位名录

表24

序　号	名　称	序　号	名　称
1	中东铁路扎兰屯机车修理车间	57	中东铁路哈拉苏站员工住宅 3 号
2	中东铁路机车修理车间办公处	58	中东铁路哈拉苏站员工住宅 4 号

续表 24

序　号	名　称	序　号	名　称
3	中东铁路扎兰屯站养路工区	59	中东铁路哈拉苏站员工住宅 5 号
4	中东铁路扎兰屯站高级技术人员住宅	60	中东铁路哈拉苏站员工住宅 6 号
5	中东铁路扎兰屯站员工食堂	61	扎兰屯纸浆厂工业建筑群 1 号
6	中东铁路扎兰屯站员工住宅 1 号	62	扎兰屯纸浆厂工业建筑群 2 号
7	中东铁路扎兰屯站员工住宅 2 号	63	扎兰屯纸浆厂工业建筑群 3 号
8	中东铁路扎兰屯站员工住宅 3 号	64	扎兰屯纸浆厂工业建筑群 4 号
9	中东铁路扎兰屯站员工住宅 4 号	65	扎兰屯纸浆厂工业建筑群 5 号
10	中东铁路扎兰屯站员工住宅 5 号	66	扎兰屯纸浆厂工业建筑群 6 号
11	中东铁路扎兰屯站员工住宅 6 号	67	扎兰屯农牧学校建筑群 1 号
12	中东铁路扎兰屯站员工住宅 7 号	68	扎兰屯农牧学校建筑群 2 号
13	沙俄教堂旧址	69	扎兰屯林业学校建筑群 1 号
14	沙俄教堂办公旧址	70	扎兰屯林业学校建筑群 2 号
15	东正教堂旧址	71	扎兰屯林业学校建筑群 3 号
16	中东铁路阳光浴场办公旧址	72	扎兰屯林业学校建筑群 4 号
17	沙俄酒窖	73	扎兰屯铁路电厂旧址
18	中东铁路沙俄子弟小学旧址	74	革命烈士纪念碑
19	中东铁路扎兰屯成吉思汗站水塔	75	苏联红军纪念碑
20	中东铁路成吉思汗站员工住宅 1 号	76	原日本开拓团住宅旧址
21	中东铁路成吉思汗站员工住宅 2 号	77	原内蒙古军区干休所
22	中东铁路成吉思汗站员工住宅 3 号	78	原铁道部第一所疗养院旧址 1 号
23	中东铁路成吉思汗站员工住宅 4 号	79	原铁道部第一所疗养院旧址 2 号
24	中东铁路成吉思汗站员工住宅 5 号	80	原铁道部第一所疗养院旧址 3 号
25	中东铁路成吉思汗站员工住宅 6 号	81	扎兰屯发电厂
26	中东铁路成吉思汗站员工住宅 7 号	82	侵华日军兴安牧场办公旧址
27	中东铁路成吉思汗站员工住宅 8 号	83	侵华日军兴安牧场员工住宅旧址
28	中东铁路成吉思汗站员工住宅 9 号	84	哈拉苏日伪时期金矿旧址
29	中东铁路成吉思汗站兵营旧址	85	哈拉苏电影院
30	中东铁路成吉思汗站旧址	86	雅尔根楚新建大队第二生产队知青点
31	中东铁路高台子站养路工区 1 号	87	蘑菇气兴隆沟大队知青点
32	中东铁路高台子站养路工区 2 号	88	蘑菇气供销社榛子沟分销店
33	中东铁路高台子站养路工区 3 号	89	蘑菇气兴隆沟大队 5 小队知青点
34	中东铁路卧牛河站旧址	90	成吉思汗供销社大甸子分销店

续表 24

序　号	名　称	序　号	名　称
35	中东铁路卧牛河站养路工区 1 号	91	雅尔根楚供销社四道沟分销店
36	中东铁路卧牛河站养路工区 2 号	92	雅尔根楚公社四道沟大队 4 队部
37	中东铁路卧牛河站养路工区 3 号	93	哈拉苏铁路小学
38	中东铁路扎兰屯三道桥员工住宅 1 号	94	萨马街大桥
39	中东铁路扎兰屯三道桥员工住宅 2 号	95	达斡尔民族乡工农桥
40	中东铁路扎兰屯三道桥养路工区 1 号	96	丰收古城
41	中东铁路扎兰屯三道桥养路工区 2 号	97	林景权烈士纪念碑
42	中东铁路扎兰屯三道桥养路工区 3 号	98	苇莲河敖包
43	中东铁路南木站旧址	99	炮台砬子旧址
44	中东铁路南木站员工住宅 1 号	100	萨马街民族乡哈拉口子铀矿
45	中东铁路南木站员工住宅 2 号	101	南木林业局职工消费合作社
46	中东铁路南木站养路工区 1 号	102	南木林业局俱乐部
47	中东铁路南木站养路工区 2 号	103	扎兰屯成吉思汗庙旧址
48	中东铁路南木站养路工区 3 号	104	成吉思汗东德胜村清代墓葬
49	中东铁路哈拉苏站旧址	105	达斡尔族住宅
50	中东铁路哈拉苏站养路工区 1 号	106	朝鲜族传统民居
51	中东铁路哈拉苏站养路工区 2 号	107	王家大院旧址
52	中东铁路哈拉苏站养路工区 3 号	108	萨马街民族乡文化站
53	中东铁路哈拉苏站仓库旧址	109	卧牛河铁桥
54	中东铁路哈拉苏站兵营	110	辽代高台子古城
55	中东铁路哈拉苏站员工住宅 1 号	111	辽代九村古城
56	中东铁路哈拉苏站员工住宅 2 号	112	辽代西平台遗址

（资料来源：市博物馆）

扎兰屯市各级非物质文化遗产保护项目

自治区级非物质文化遗产保护项目

（共计2项）

表25

序号	编号	项目	申报地区（项目所在地）
一、传统舞蹈（共计 1 项）			
1	Ⅲ -1	鄂温克族舞蹈《野猪舞》	萨马街鄂温克民族乡
二、传统美术（共计 1 项）			
2	Ⅶ -1	《扎兰屯剪纸》	卧牛河镇

呼伦贝尔市级非物质文化遗产保护项目

（共计8项）

表26

序号	编号	项目	申报地区（项目所在地）
一、传统舞蹈（共计 1 项）			
1	Ⅲ—1	鄂温克族舞蹈《野猪舞》	萨马街鄂温克民族乡
二、传统曲艺（共计 1 项）			
2	Ⅴ—1	《山东快书》	扎兰屯市市区
三、传统美术（共计 2 项）			
3	Ⅶ—1	《扎兰屯剪纸》	卧牛河镇
4	Ⅶ—2	《根艺》	扎兰屯市市区、乡镇
四、传统手工艺制作（共计 2 项）			
5	Ⅷ—1	《桦树皮制作技艺》	南木鄂伦春民族乡
6	Ⅷ—2	《羽毛画制作技艺》	扎兰屯市市区
五、传统医药（共计 1 项）			
7	Ⅸ—1	《蛇伤治疗》	南木鄂伦春民族乡
六、民俗（共计 1 项）			
8	Ⅹ—1	《布特哈元宵节灯会》	扎兰屯市市区

扎兰屯市级非物质文化遗产保护项目

（共计116项）

表27

序号	编号	项目	申报地区（项目所在地）
一、民间文学（共计6项）			
1	Ⅰ—1	狐仙洞的传说	蘑菇气镇
2	Ⅰ—2	马鞍山化作“马鞍石”	浩饶山镇
3	Ⅰ—3	敖包岭的传说	浩饶山镇
4	Ⅰ—4	三仙洞的传说	浩饶山镇
5	Ⅰ—5	张三木头六的故事	蘑菇气镇苇莲河村
6	Ⅰ—6	月亮湖的传说	柴河镇
二、传统音乐（共计13项）			
7	Ⅱ—1	达斡尔民歌《农夫打兔》	达斡尔民族乡
8	Ⅱ—2	达斡尔民歌《马上的哥哥你在何方》	达斡尔民族乡
9	Ⅱ—3	达斡尔民歌《心上人》	达斡尔民族乡
10	Ⅱ—4	蒙古族民歌《牧兰》	洼堤乡
11	Ⅱ—5	蒙古族民歌《达耶也波》	洼堤乡
12	Ⅱ—6	蒙古族民事《不忘母亲恩情》	洼堤乡
13	Ⅱ—7	民歌《你不要害怕》（汉族）	蘑菇气镇（北安村）
14	Ⅱ—8	民歌《你会越来越漂亮》（汉族）	蘑菇气镇（北安村）
15	Ⅱ—9	民歌《扎兰屯你早》（汉族）	蘑菇气镇（北安村）
16	Ⅱ—10	民歌《青山不老》（汉族）	蘑菇气镇
17	Ⅱ—11	民歌《春风吹开满园花》	蘑菇气镇
18	Ⅱ—12	民歌《步步登高步步高》	蘑菇气镇
19	Ⅱ—13	民歌《永远不分开》	蘑菇气镇
三、传统舞蹈（共计3项）			
20	Ⅲ—1	达斡尔民族舞蹈《鲁日格勒》	达斡尔民族乡
21	Ⅲ—2	鄂温克族舞蹈《野猪舞》	萨马街鄂温克民族乡
22	Ⅲ—3	汉族舞蹈《大秧歌》	扎兰屯市市区
四、传统戏剧（共2项）			
23	Ⅳ—1	京剧	扎兰屯市市区
24	Ⅳ—2	评剧	扎兰屯市市区
五、传统曲艺（共计5项）			
25	Ⅴ—1	山东快书	扎兰屯市市区
26	Ⅴ—2	东北大鼓	蘑菇气镇（北安村）
27	Ⅴ—3	评书	扎兰屯市市区
28	Ⅴ—4	西河大鼓	扎兰屯市市区
29	Ⅴ—5	单出头（二人转）	扎兰屯市市区

续表 27

序号	编号	项目	申报地区（项目所在地）
六、杂技与竞技（共计 7 项）			
30	Ⅵ—1	鄂温克族竞技体育《抢枢》	萨马街鄂温克民族乡
31	Ⅵ—2	达斡尔传统体育项目《板棍》	达斡尔民族乡
32	Ⅵ—3	达斡尔传统体育《颈力》	达斡尔民族乡
33	Ⅵ—4	达斡尔传统体育《驼背》	达斡尔民族乡
34	Ⅵ—5	朝鲜族传统体育《荡秋千》	成吉思汗镇红光村
35	Ⅵ—6	朝鲜族传统体育《朝鲜式摔跤》	成吉思汗镇红光村
36	Ⅵ—7	朝鲜族传统体育《压跳板》	成吉思汗镇红光村
七、传统美术（共计 4 项）			
37	Ⅶ—1	剪纸	卧牛河镇
38	Ⅶ—2	雕塑	扎兰屯市市区
39	Ⅶ—3	根艺	扎兰屯市市区、乡镇
40	Ⅶ—1	回族剪纸	扎兰屯市市区
八、传统手工艺制作（共计 6 项）			
41	Ⅷ—1	动物标本制作	蘑菇气镇
42	Ⅷ—2	手工熟皮张	成吉思汗良种场
43	Ⅷ—3	皮影制作	大河湾镇
44	Ⅷ—4	手拍粉条	中和镇福泉村
45	Ⅷ—5	桦树皮工艺品制作工艺	南木鄂伦春民族乡
46	Ⅷ—6	羽毛画制作技艺	扎兰屯市市区
九、传统医药（共计 1 项）			
47	Ⅸ—1	蛇伤治疗方法	南木鄂伦春民族乡
十、民俗（共计 69 项）			
48	Ⅹ—1	鄂温克族“瑟宾节”	萨马街鄂温克民族乡
49	Ⅹ—2	鄂温克族“婚俗”	萨马街鄂温克民族乡
50	Ⅹ—3	鄂温克族“丧葬”	萨马街鄂温克民族乡
51	Ⅹ—4	鄂伦春服饰	南木鄂伦春民族乡
52	Ⅹ—5	鄂伦春传统饮食习惯“吊烧”	南木鄂伦春民族乡
53	Ⅹ—6	鄂伦春传统饮食习惯“敖布”	南木鄂伦春民族乡
54	Ⅹ—7	鄂伦春族“婚嫁”	南木鄂伦春民族乡
55	Ⅹ—8	鄂伦春族“丧俗”	南木鄂伦春民族乡
56	Ⅹ—9	鄂温克族狩猎	萨马街鄂温克民族乡
57	Ⅹ—10	鄂温克族服饰	萨马街鄂温克民族乡
58	Ⅹ—11	鄂温克族居住习俗	萨马街鄂温克民族乡
59	Ⅹ—12	鄂温克族饮食习俗	萨马街鄂温克民族乡
60	Ⅹ—13	鄂伦春族饮食习惯	南木鄂伦春民族乡

续表 27

序号	编号	项目	申报地区（项目所在地）
61	X—14	鄂伦春族居住习俗	南木鄂伦春民族乡
62	X—15	鄂伦春族宗教信仰	南木鄂伦春民族乡
63	X—16	鄂伦春族交通（传统）	南木鄂伦春民族乡
64	X—17	鄂伦春族传统礼仪礼节	南木鄂伦春民族乡
65	X—18	达斡尔族服饰	达斡尔民族乡
66	X—19	达斡尔族岁时	达斡尔民族乡
67	X—20	达斡尔族丧葬	达斡尔民族乡
68	X—21	达斡尔族饮食	达斡尔民族乡
69	X—22	达斡尔族婚嫁	达斡尔民族乡
70	X—23	达斡尔族禁忌	达斡尔民族乡
71	X—24	达斡尔族民居	达斡尔民族乡
72	X—25	朝鲜族婚嫁	成吉思汗镇
73	X—26	朝鲜族服饰	成吉思汗镇
74	X—27	朝鲜族饮食	成吉思汗镇
75	X—28	鄂温克族姓氏	萨马街鄂温克民族乡
76	X—29	镩铲（民俗实物）	萨马街鄂温克民族乡
77	X—30	石碾	萨马街鄂温克民族乡
78	X—31	蝇甩子	萨马街鄂温克民族乡
79	X—32	摇篮（鄂温克族）	萨马街鄂温克民族乡
80	X—33	风箱（风匣）	萨马街鄂温克民族乡
81	X—34	摇篮（达斡尔族）	达斡尔民族乡
82	X—35	达斡尔民居	达斡尔民族乡
83	X—36	达斡尔族纺车	达斡尔民族乡
84	X—37	仙人住	南木鄂伦春民族乡
85	X—38	鹿哨	南木鄂伦春民族乡
86	X—39	桦皮箱	南木鄂伦春民族乡
87	X—40	拼图皮包	南木鄂伦春民族乡
88	X—41	奥纱	南木鄂伦春民族乡
89	X—42	卡密	南木鄂伦春民族乡
90	X—43	温得	南木鄂伦春民族乡
91	X—44	猎帽	南木鄂伦春民族乡
92	X—45	萨勒巴齐	南木鄂伦春民族乡
93	X—46	木耙	达斡尔民族乡
94	X—47	坯模子	达斡尔民族乡
95	X—48	炕琴	达斡尔民族乡
96	X—49	阿涅卡	达斡尔民族乡

续表 27

序号	编号	项目	申报地区（项目所在地）
97	X—50	勒勒车	达斡尔民族乡
98	X—51	打绳机	达斡尔民族乡
99	X—52	撮罗子	南木鄂伦春民族乡
100	X—53	卡巴达拉嘎	南木鄂伦春民族乡
101	X—54	兔帽	南木鄂伦春民族乡
102	X—55	木铧犁	萨马街鄂温克民族乡
103	X—56	点葫芦	萨马街鄂温克民族乡
104	X—57	镰梯	萨马街鄂温克民族乡
105	X—58	其克密	南木鄂伦春民族乡
106	X—59	背篓	成吉思汗镇红光村
107	X—60	纺车	成吉思汗镇红光村
108	X—61	坛子	成吉思汗镇红光村
109	X—62	碾子	成吉思汗镇红光村
110	X—63	掏米盆	成吉思汗镇红光村
111	X—64	背架	成吉思汗镇红光村
112	X—65	石磨	成吉思汗镇红光村
113	X—66	碓具	成吉思汗镇红光村
114	X—67	象帽	成吉思汗镇红光村
115	X—68	翘翘板	成吉思汗镇红光村
116	X—69	《布特哈元宵节灯会》	扎兰屯市区

（资料来源：市文化馆）

索　引

本索引为综合性主题索引，包括正文部分各类目的内容。索引标目基本上按汉语拼音音序排列，标目后数字为页码，字母 a 为左栏、b 为中栏、c 为右栏。空两字起排的条目为上一主题的“附见”，同样按汉语拼音音序排列。同时编有表格索引、内页图片索引。

主题索引

0–9

A

B

C

H

J

K

L

M

N

P

Q

R

S

T

W

表格索引

图片索引

0–9

C

D

E

F

G

H

J

L

M